우리 문화 가이드 매뉴얼

우리 문화 가이드 매뉴얼

초판 1쇄 발행 2025년 12월 1일

지은이 김준기
펴낸이 장현수
펴낸곳 메이킹북스
출판등록 제 2019-000010호

디자인 홍규선
편집 홍규선
교정 안지은
마케팅 이지현

주소 서울특별시 구로구 경인로 661, 핀포인트타워 912-914호
전화 02-2135-5086
팩스 02-2135-5087
이메일 making_books@naver.com
홈페이지 www.makingbooks.co.kr

ISBN 979-11-6791-803-1(93910)
값 25,000원

KOREAN CULTURE GUIDE MANUAL

우리 문화

가이드 매뉴얼

김준기

메이킹북스

목차

한반도는 사계절이 뚜렷한 기온과 부드러운 산으로 이어진 평야, 강으로 예로부터 금수강산이라 불렸다. 산[1]과 강은 어머니 품같이 포근한 삶과 자연이 조화를 이루는 터전을 제공했다. 겨울은 춥고 건조하고 여름은 습기 차고 강우량이 농업에 적합하고 삼면이 바다로 한난류가 교차하고 산들은 병원 약국이 되고 비옥한 갯벌은 해산물 시장이 되며 우리네 밥상을 풍요롭게 차려줄 뿐 아니라 놀이터, 쉼터, 안식처가 된다. 이렇듯 먹거리를 자연에서 얻고 그 안에서 둥지를 틀었다. 자연은 사람을 품고 사람은 자연을 닮으며, 강산[2]을 유기적(有機的)인 생명체로 여기고 자연과 하나가 된 삶의 터전을 이루고 살아왔다.

산에 머물고 강에 기대고 살아가는 우리는 강의 고마움과 산의 위대함을 잊고 산다. 자연은 항상 말없이 거기에 있으며 우리에게 모든 것을 베풀어 주지만 받기에만 익숙한 우리는 그저 당연한 것으로 여기며 살아간다.

---

1) 큰 산줄기란 뜻의 백두대간(1,400km)은 백두산에서 지리산까지 이어지는 우리 산맥의 척추로 백두산의 백과 두류산(頭流山, 지리산)의 두에서 따왔다. 국토를 인간과 자연이 조화를 이룬 나무로 인식해 큰 줄기 대간, 작은 정간, 가지 정맥 등으로 나누어 열셋의 정맥이 갈비뼈를 이루고 그 사이로 10개 강이 흐른다.

2) 강은 산으로부터 흐르는 땅 기운이 빠져나가는 것을 막으며 강산은 서로 상생한다.

제1편 한옥 사랑채

한옥은 우리 민족문화, 정신, 생활, 민속, 건축뿐 아니라 삶이 오롯이 녹아 있는 그릇으로 북은 바람을 막아줄 산, 남은 개울이 흐르는 배산임수(背山臨水)로 자연은 집과 사람을 포근히 보듬었다. 풍수**(부록 1)**, 음양, 江山 등 자연을 집안 깊숙이 초대한 차경(借景)[3]은 우리 건축의 기본 틀이 되었다. 풍수는 자연과 자손의 번영을 위해 좋은 터에 조상을 모시는 오랜 삶의 지혜였고 배산임수는 자연과의 교감, 소통을 통해 인간과 자연의 유기적**(부록 2)** 관계를 이해하고 통찰력을 배양했다. 산은 물을 넘지 않고 물은 산을 가르지 않는다는 말은 선조의 江山, 자연에 대한 철학[4]을 깨우쳐 준다.

이 같은 건축 철학은 일반 서민의 집은 물론 궁궐, 사찰**(부록 3)**, 서원, 99칸 집**(부록 4)** 등이 모두 이 틀에서 벗어나지 않았고 현대 건축에도 많은 부분을 차지한다. 중국, 일본의 전통 가옥에 비해 한옥은 화려한 장식도 없고 밖에서 보기에 폐쇄적이며 비워진 듯 단순하게 보이지만 안으로 들어가면 각 건물과 우아한 지붕 선이 어울리고 뒤뜰과 편히 쉬기 좋게 조성한 툇마루가 자연스럽게 이어진다. 풍수가 터의 중심이듯 건물의 중심인 안채, 사랑채 마당은 각각 영역을 구분하며 풍성한 공간미와 개방감으로 여유로움이 돋보인다. 이러한 한옥은 같은 문화적 DNA[5]를 가진 중일 가옥과 전혀 다른 활기찬 생동감이 느껴진다.

일식 가옥은 대문채에 지붕을 달고 용마루를 씌운 겹처마로 건물 뒤쪽으로 중정 등을 배치했지만 좁은 통로를 따라 안으로 들어갈수록 복잡하고

---

3) 차경은 자연과 인간이 일체가 되는 천인합일(天人合一)을 상징하며 선조의 자연에 대한 철학을 극명하게 보여준다. 동양 건축은 안에서 밖, 자연을 바라보는 것에 중점을 두었다.

4) 용산 국립박물관 중앙현관(대청)으로 들이며 남산부터 앞마당 한강, 관악산까지 한옥의 진가를 확연히 깨우쳐 주는 배산임수를 보여준다.

5) 중국 큰 건물에서는 위화감, 거부감을 느끼고 복잡한 일식 가옥에서는 답답함이 배어 나온다. 마당, 정원이 있는 전통적인 한옥은 우리의 뇌리에 깊이 각인되어 있다.

불분명해 속마음(本音)과 겉(建前)이 다른 일본인의 성격을 그대로 보여준다. 자금성(紫禁城)을 닮은 중국 전통 사대부 집, 사합원(四合院, **부록 5**)은 사면을 둘러싼 두껍고 높은 담[6]과 건물은 ㅁ자 형태로 남북을 축으로 동서 건물들은 대칭을 이루며 철저한 위계성으로 권위적, 배타적이다. 집 자체가 견고해 마치 요새와 같은 느낌이다. 대문 옆 작은 감실(龕室)에 출입을 관장하는 신을 모셔 중국인의 대문에 대한 의미를 잘 보여준다. 실내 벽은 흰 종이, 지붕 기와는 검은 묵을 뜻하며 장원 급제를 상징했다. 사합원은 집안으로 들어서면 한눈에 집 안팎을 훤히 볼 수 있을 정도로 개방되어 좀처럼 속을 보이지 않지만 들어갈수록 알게 되는 중국인의 속마음을 닮았다. 이렇듯 전통가옥은 그 민족의 성격[7]을 가감 없이 나타낸다. 이에 비해 건물 배치, 구조 등 자연미와 인공미가 돋보이는 자유스러운 한옥은 대들보, 서까래 기둥 등으로 탁 트인 속살을 보이며 자신을 거침없이 드러내는 솔직담백한 우리 기질을 닮았다.

왼쪽부터 민가 마당, 사합원, 일식집 정문, 대들보 서까래

벼농사는 노동력이 매우 필요해 마을 사람이 함께 협동하는 품앗이(**부록 6**)

---

6) 담의 나라, 북경은 만리장성-북경성-자금성으로 둘러싸여 성의 도시라 불린다. 자금성 담장 높이만 10m다. 사합원의 담은 외부로부터 보호하고 자신을 드러내지 않고 속을 짐작하기 어려운 기만, 계략 등 의심 많고 은밀한 중국의 봉건적, 폐쇄적 사회 구조 담장 문화, 장막 문화를 대변한다.

7) 중국, 일본은 집 지을 때 반듯한 초석을 이용하지만 우리는 담백한 자연적인 순수미가 돋보이는 막돌을 사용했다. 집 지을 때 중국인은 먼저 높은 담을 쌓고 일본인은 길을 내지만 우리는 신에게 제사를 지낸다.

로 마을 사람 모두 이웃과 서로 믿고 의지하는 농경 집성촌이다. 마을 앞 작은 개천이 자연적 경계를 이루듯 초가집**(부록 7)** 싸리문은 대나무와 나뭇가지로 틀을 잡고 얼기설기 세운 울타리[8], 자그마한 막돌 담이다. 담장은 소유의 경계선이 아니라 단순히 집 안팎을 나누기 위한 단순한 칸막이에 불과했다. 얕은 담은 사적[9] 공간인 집 마당과 사회적 공간인 골목을 정겹게 이어주며 까치발만 하면 울타리 너머로 길손들과 서로의 안부를 확인하고 정겨운 덕담을 나눌 수 있다. 어깨를 부딪칠 정도로 좁은 토담 사이의 오롯한 골목은 세월의 체취와 선조의 삶 모습을 재현시켜준다. 이런 골목을 걷다 보면 개구쟁이 시절 뛰놀던 추억이 소록소록 살아난다. 하회마을 북촌 골목 돌담은 굶주린 사람을 위해 밥 한 공기를 놓아두던 작은 구휼구(救恤口, 밥 구멍)[10]이 있어 그 집안의 고귀한 마음씨를 담고 있다.

왼쪽부터 초가 싸리문, 비원 취병, 디딜방아, 구휼구

한옥은 춥고 눈 많은 북쪽과 더운 남쪽 지방이 각기 다른 지역적 특색을

8) 궁 정원 역시 작고 낮은 취병(翠屛)으로 장식했고 선암사, 마곡사 취병은 올망졸망한 키를 자랑한다. 취병은 조선 시대 조경으로 대나무로 틀을 짜고 조릿대와 신무대를 엮어 내부가 잘 보이지 않게 만든 야트막한 울타리다.

9) 70년대까지만 해도 갓 쓴 시골 노인들은 열차를 타면 제일 먼저 갓과 저고리를 벗어 걸며 마치 자기 집처럼 순식간에 사적인 공간을 만들었다.

10) 휼(恤)은 과부, 홀아비, 고아를 말한다. 하회마을은 항상 자손과 재물이 풍족한 행주형(行舟形)으로 마을에는 우물이 없고 돌담이 없고 유난히 토담이 많다.

보여준다. 남부는 피서와 통풍을 배려해 방과 부엌과 마당을 중심으로 한 거주용과 곡식을 쌓아두는 곡간채, 농기구와 자잘한 생활용품을 넣어두는 헛간채, 소를 기르는 외양간을 조성해 주거와 창고가 분리된 I자형 홑집이다. 매서운 시베리아 바람이 부는 북부는 보온을 강조한 온돌[11]과 강한 바람에 대비한 낮은 지붕 ㄱ자형 본채와 ㄴ자형 바깥채 등 전체적으로 ㅁ자형이다. 함경도, 평안도, 강원도는 보온을 위해 방을 두 줄로 배치한 북방가옥 특유의 겹집[12]이 많다. 중부 지방은 대체로 북부와 남부 특징을 혼합한 L자형이 주류를 이룬다.

왼쪽부터 I자형, L자형, 토시, 송시열 남간 정사

흔히 구할 수 있는 석회, 황토, 소나무, 옥수숫대, 대나무 등 단순한 재료로 만들고 선비정신으로 도배한 한옥은 낡아 허물면 언제든지 자연으로 돌아가는 친환경**(부록 8)** 가옥이다. 자연의 따스함과 아늑함이 녹아 있는 한옥을 보존하는 것은 자연을 공감하는 현대인에게도 중요하다. 단순히 편리함을 추구해 마치 빵틀에서 찍어낸 것 같은 획일적인 아파트는 과시적인 모습으로 주위를 둘러싸 우리를 위축시키며 사람 냄새가 나지 않는

11) 습기가 많은 일본은 제습 기능을 하는 다다미방이며 방 중앙에 화로를 들여 높은 천장으로 습기와 연기를 빨아낸다.

12) 앞뒤로 방을 들인 겹집이며 측면에 한 칸 더 있는 김조순의 사랑채 삼겹집 별채는 당시 최고 권력자의 집이었다. 1680년 송시열(1607-1689)이 지은 대전 남간정사(南澗精舍)는 대청마루 밑으로 개울을 끌어들여 무더운 여름 삼베적삼 아래 등 토시를 걸치고 대자리가 깔린 마루에 앉아 책을 읽거나 바둑을 두며 여유롭게 탁족을 즐겼을 것이다.

다. 아파트는 권위적, 과시적 모습으로 단순히 거주하는 건물로 전락하여 소외감이 들며 이웃과 단절된 사회가 되었다.

금방이라도 누가 대문을 두드릴 것 같은 양반집 솟을대문**(부록 9)**이다. 대문채(행랑채)는 문을 여닫고 손님 맞는 일을 하던 행랑아범의 작고 아담한 들창, 두꺼비 창이다. 처용부터 시작된 대문의 문배도(門排圖, 門神)는 아들, 벼슬을 상징하는 청룡, 딸과 재물을 의미하는 백호, 삼재 방지, 나쁜 귀신 쫓는 세 마리 매를 그린 삼작도, 기쁜 소식을 상징하는 까치 등으로 장식했다. 문배도는 새해를 송축하고 친지, 지인에게 길상, 벽사 그림을 나누어 주며 집안 곳곳에 붙이며 안녕과 복을 빌었다. 곳간채, 광은 도둑 막는 개, 부엌은 화재 막는 해태, 벼슬을 뜻하는 닭, 장원 급제를 상징하는 잉어는 흔히 아이들 공부방을 장식했다. 대문[13)]의 빗장은 거북, 물고기, 용, 박쥐 등 상서로운 벽사 동물로 단장했고 문고리, 자물쇠는 밤 지킴이인 올빼미, 박쥐로 은근한 분위기와 자연미를 살린 무쇠[14)] 장식이 주를 이루었다.

중남부 지방의 처마는 길고 높아 해가 낮은 오후나 겨울은 처마[15)] 깊숙이 빛을 들이며 겨울 햇살의 따사로움을 즐겼고 여름은 따갑게 내리쬐는 직사광선을 차단했다. 바람과 햇볕을 집 안으로 들이기 위해 벽을 대신한 많은 들문과 분합문으로 개방성이 뛰어난 널찍한 대청이다.

분합문만 올리면 대청, 넓은 앞마당, 뒤뜰 화단이 탁 트인 하나의 공간으로 연결되며 후덥지근한 공기는 위로 올라가 뒤뜰과 앞마당 사이에 대류

---

13) 대문은 안으로 끌어당기며 오복과 행운이 들어오길 기원했고 일부러 여닫는 소리가 나게 배려했다. 1880년대 청송 만석꾼 송소 심호택이 지은 고택 내외중문은 아무리 조심스럽게 열어도 소리가 난다. 일본은 외부인의 침입을 쉽게 알 수 있는 소리 나는 나무판자(나가 쓰보네)를 배치했다.

14) 무쇠는 양, 나무는 음으로 음양, 장식, 문양이 가구와 조화, 균형을 이루었다.

15) 깊고 긴 처마 아래는 흔히 쉬며 자연을 만끽할 수 있는 자그마한 툇마루를 조성했다.

현상이 일어나며 맞바람이 불어 대청은 항상 시원하다. 특히 대청 뒷담은 집 주위를 둘러싼 뒷산 구릉의 높낮이와 조화롭게 얕은 담을 조성해 뒷산은 마치 정원의 일부처럼 보인다. 대청은 문만 내리면 아늑한 실내를 연출해 문중 회의와 조상 위패를 모시고 제사[16]를 지내는 신성한 공간이 되었다. 경복궁 교태전은 화려한 꽃들이 만발한 뒤뜰 아미산 정원을 들이고 강릉 선교장**(부록 10)** ㄱ자형 정자, 활래정은 전체가 들문으로 연못과 풍치를 정자로 초대하며 연꽃 나라가 된다. 서민들은 대청에 집터와 집의 길흉화복을 관장하는 성주신께 드릴 성주단지를 모시고 초하루와 보름에 햅쌀로 정성껏 치성을 드렸다. 남부의 넓고 큰 대청에 비해 추운 북부는 보온을 위해 대청이 좁거나 아예 대청이 없는 곳도 있다. 대청 기단은 사대부[17]의 권위를 나타내 높이 쌓았다. 대청마루 밑은 항상 습기가 있어 통풍이 잘되도록 대청마루 밑을 띄우고 여름에도 가끔 불을 때 습기와 해충을 제거했다. 이러한 단순한 대청을 빛내고 품격을 높이는 묵직하고 질박한 반닫이는 옷, 책, 이불, 천 등 온갖 물건을 보관하는 다양한 용도로 쓰였다. 문양과 빛깔이 아름다운 느티나무**(부록 11)**와 튼실한 무쇠 장식을 곁들인 반닫이 위에 도자기 등을 올려놓는 유일한 장식품이기도 했다. 반닫이는 경첩의 크기, 문양과 모양에 따라 평양 박천 반닫이, 양산반닫이, 나주 반닫이, 개성반닫이 등으로 나뉘며 짙은 향토색과 지역적 특색을 나타낸다. 서민은 괴목 반닫이를 주로 사용했다.

---

16) 제(祭)는 사람과 소통하는 의식. 사(祀)는 같다는 사(似)의 의미로 조상의 혼령과 같은 마음으로 만나는 의미의 제사(祭祀)다.

17) 사대부(士大夫)의 士는 선비, 선비가 관료가 되면 사대부라 했다.

왼쪽부터 분합문, 용산 중앙박물관 차경, 활개정, 대청 기단

마당은 굵은 모래(백토, 마사토)[18]를 깔아 난반사된 햇빛을 방안으로 들여 조금이나마 어두운 방을 밝혔고 눈비가 오는 날에도 신발에 흙이 묻지 않고 발걸음 소리가 커 외부인의 출입을 쉽게 알 수 있었다. 근정전 앞마당, 조정(朝政)은 큰 화강암 판석을 깔고 햇빛을 들여 내부는 생각보다 밝다. 햇볕이 따가운 날 근정전 마당을 걸어보면 햇빛이 얼마나 부신지 알 수 있다. 선비는 마당 한구석에 작은 화단을 조성하고 계절 화초[19]를 심어 계절과 자연의 변화에 대한 통찰력을 기르며 항상 자연과 가까이했다. 서민 집 마당은 애를 낳으면 탯줄**(부록 12)**을 태우고 결혼식 등 집안 잔치가 열리고 부모님이 돌아가시면 상여가 나가는 등 우리의 삶을 극명하게 보여주는 공간이었다. 여름은 모깃불을 피우고 온 가족과 이웃이 평상에 앉아 얘기꽃을 피우고 가을에는 곡식을 타작했다. 식구가 늘면 마당을 중심으로 늘려나갔고 60-70년대 마당이 좁으면 장독대를 올려 쌓고 마당을 늘려 공간을 확보해 삶의 질을 높였다.

18) 화강암이 풍화한 부스러기 돌이나 모래를 말한다. 석굴암 가는 길 화강암 바위들이 모래 알갱이가 되어 흘러내리는 것을 볼 수 있다.

19) 선비들은 인격 수양의 수단으로 꽃의 상징성 등 내면적인 철학을 추구했지만, 일반 서민들은 부귀영화, 풍요를 상징한 모란, 복숭아꽃을 선호했다. 능소화는 양반들이 좋아해 양반 꽃으로 불렸다. 신숙주는 북당(北堂, 어머니 거주) 앞 작은 뜰은 아침에 피고 저녁에 지는 훤초로 장식해 빨리 근심을 잊으라는 뜻으로 망우초라 불렀다.

왼쪽부터 대청마루 뒤뜰, 반닫이, 남대문 판석(마사토)

남녀 구별이 엄격했던 만큼 남자들의 공간인 사랑(舍廊)[20]채와 안채의 경계를 분명히 했고 음양에 따라 사랑채 기둥은 사각이며 안채는 주로 원형이었다. 원형 기둥[21]은 하늘을 상징해 당상관 이상 사대부만 사용할 수 있었다. 바깥사랑채와 객사는 항상 빈객, 유학자. 유람객, 한량 등 손님들이 모여들었다. 가문의 평판과 명성은 나그네, 과객의 입소문으로 전해져 체면과 명예를 중시한 양반은 손님을 후하게 대접했고 유배**(부록 13)** 온 학자, 정치가에게도 대접에 소홀함이 없었다. 과객이 전해준 소식은 지방 관료나 사대부를 통해 순식간에 고을, 지방으로 빠르게 전파되며, 가장 hot한 뉴스가 되며 한양 트렌드를 따라 하는 것이 유행이었다. 선비 손님들은 품격이 있는 문장, 명망 높은 글을 정자 편액으로 남기기도 했다.

왼쪽부터 계도, 삼작도, 주련

사랑채 처마는 해의 위치와 각도, 처마 기울기를 계산해 주인의 신체, 문

20) 남편을 높여 부르던 사랑이며 선비란 선배(先輩)에서 나왔다.

21) 사찰 전각은 불상을 모시면 원형 기둥, 그 외에는 사각기둥이었다.

의 크기, 담 높이가 조화를 이루어 책을 읽을 때 눈이 부시지 않도록 안배했다. 여름철 강한 햇빛을 막아주고 방 안을 볼 수 없게 친 발과 유소(流蘇)[22]는 단순한 사랑방을 그나마 세련되게 꾸며준다. 사랑채 현판(편액)과 기둥 중간에 쓰인 경쾌하고 우아한 주련(柱聯, **부록 14**)은 담백한 묵향, 필향을 풍기며 소박한[23] 사랑채를 더욱 빛낸다.

나비가 날 듯, 물이 흐르는 듯한 주련은 단순한 나무 기둥을 서도(書道)로 수놓으며 격조 높은 장식을 보여준다. 이러한 퇴색한 주련과 현판은 수백 년 내려온 집안의 오랫동안 쌓아 온 지혜와 내력이 담긴 향기를 내뿜고, 주인은 이를 닮아간다. 사랑채는 책을 읽고 학문을 닦으며 친지들이 모여 친목을 도모하고 가문의 대소사가 이루어지는 사랑방, 손님 접대와 휴식 공간인 누마루[24], 자녀교육과 책을 보관하는 서루(書樓)로 이루어졌다. 학문을 닦아 유교의 근본인 수기치인(修己治人)과 도학군자가 되는 것이 목표로 문무를 고루 갖추고 전쟁에 나가서는 장수, 평시에는 재상으로 문무를 겸비한 출장입상(出將入上)이 사대부의 이상이었다. 때를 만나면 관직에 나가고 관직을 잃거나 가세가 기울면 낙향하는 것이 관례였다. 고구려 고국천왕 때 농부에서 재상까지 올랐던 을파소[25]는 때를 만나면 공적을 이루고 이름이 나면 몸이 물러나는 것이 선비의 도리로 여기며, 때를 만나지 못하면 학문을 닦으며 후학을 기르라 했다. 문무를 고루 갖추고 전쟁에 나가서는 장수, 평시에는 재상으로 문무를 겸비한 출장입상(出將入上)이 사대부의 이상이었다. 대학자로 이황과 쌍벽을 이루며 실천적 학문

---

22) 유소는 색실로 실을 꼬아 발, 가마, 깃발 등을 치장하던 매듭을 말한다.

23) 자기 방을 겸손하게 이르며 누실(陋室)이라 칭했다.

24) 서쪽 바깥사랑채는 남자, 동쪽 안 사랑채의 여자로 남녀 구별의 상징이다.

25) 을파소는 춘궁기에 곡식을 빌려 추수기에 갚는 사회보장제도, 진대법을 실행해 서민의 생활 안정과 나라 재정의 기초를 확립한 재상이다.

을 강조한 남명 조식(南冥 曺植, 1501-1572)[26]은 관직에 나간 적도 없는 죽림현사(竹林賢師)지만 그의 제자 곽재우, 김면, 정인홍은 나라가 위급하자 칼을 든 진정한 노블레스 오블리주(NOBLIS OBLIGE)를 실천한 선비로 목숨을 바친 영남 3대 의병장**(부록 15)**이다.

사랑채 누마루의 새 날개를 형상화한 처마는 선비의 이상향, 신선 세계를 보여준다. 계자난간(鷄子欄干)[27]에 조각된 구름, 꽃은 천상 세계를 뜻하고 기둥은 과거와 조상과 연결을 의미했다. 집 안팎 동정과 드나드는 사람들을 한눈에 살필 수 있도록 조성하고 주로 따듯한 계절에 사용해 처마가 유난히 높고[28] 깊다. 안강 양동마을 사랑채 관가정(觀稼庭) 누마루는 곡식이 자라듯 자식 자라는 모습을 본다는 뜻으로 마을 전경과 논에서 일하는 사람들을 볼 수 있다. 이 누마루에 명월, 사랑방에 청풍을 끌어들이며 자연의 이치를 배우며 신선 세계를 꿈꾸었다.

대나무를 엮어 만든 침상에 놓인 죽부인(竹夫人)과 나이 들어 목덜미가 뻐근해질 때부터 베기 시작한 앙증맞은 목침이 누마루를 장식하고 있다. 차가운 대나무로 엮어 만든 죽부인은 여름에 안고 낮잠 자기에 그만이다. 죽부인은 아버지가 돌아가신 후 3년 탈상 때까지 상청에 모시며 아들에게조차 물려주지 않았다. 사랑방은 아랫목과 윗목의 서열로 예의, 질서를 가르치는 곳이었다. 농경 민족으로 집단의식으로 연장자와 노인을 공경해 나이, 계급에 대한 순서를 정해야 편안한 사회였다. 갓**(부록 16)**과 두루마기가 걸려 있는 횃대는 자리 배열을 정하는 기준으로 횃대의 대각선

---

26) 한 손에 붓을 들고 한 손에 칼(경의검, 敬義劍)을 찬 유학자였던 조식은 명종에게 부패하고 무능한 관리들을 비판하고 나라가 썩었다고 직언하는 지부상소(持釜上疏, 도끼를 들고 하는 상소)를 올린다.

27) 계자난간은 닭 다리 모양으로 장식한 정자나 누마루 난간을 말한다.

28) 대문채 위에 다락방처럼 높게 자리 잡은 곡노에서는 농사 진행 상황을 엿볼 수 있다. 대문채에 높은 바깥사랑채를 올린 영광 연안 김씨 삼효문은 삼대에 걸쳐 유명한 효자를 낳은 가문을 상징했다.

이 서열이 가장 낮았다. 화사하며 섬세한 갓은 품위와 신분 상징으로 성년식**(부록 17)** 후 쓰는 것이 일상화되며 선비는 갓 없이 외출할 수 없었다. 남촌 딸깍발이**(부록 18)** 선비는 다 해진 가죽신을 신었지만, 갓만은 반듯한 것을 쓰고 양반 체통을 지켰다. 갓은 사회 직위에 따라 채양의 크기와 높이가 다르고 사대부들은 수정을 잇댄 길고 화려한 갓끈과 옥관자, 금관자, 수정, 마노, 산호 치장을 했다. 왕의 익선관 뿔은 매미[29]의 날개를 형상화한 것으로 한자 선(蟬)으로 발음이 신선(神仙)과 같아 불멸, 청렴을 상징했다. 매미가 옆으로 틀어져 있으면 문무백관, 없으면 서리(書吏)다. 밑이 넓고 위로 올라갈수록 좁아지는 동파관, 공신 모자인 오서관, 유생을 나타내는 복건, 정자관(程子冠), 앞 머리카락이 흘러내리지 않도록 고정하는 머리 장식 망건, 일종의 속 모자로 집안에서 간편하게 쓰던 탕건이다. 또한 모자는 양반과 서민 등 신분과 지위와 직업, 종교 등을 나타내며 춘하추동 모자가 달랐으며 수많은 다양한 모자**(부록 19)**를 썼다.

『경국대전』에 복식에 관한 규정을 두어 신분과 지위를 정했다. 문관 당상관(1-3품)은 평화, 장수와 충효의 상징으로 백학, 두루미 한 쌍을 홍색, 당하관(4-6품)은 한 마리를 청색으로 장식하며 문치의 나라를 상징했다. 조선은 학을 흉배할 수 없어 주로 공작을 흉배했으나, 明이 멸망한 후 조선은 소중화를 자처하며 학을 흉배했다. 특히 사헌부 관리들의 관복은 선악을 구별하는 해치로 장식했다. 무관 당상관은 주로 용맹을 상징하는 말, 호랑이 한 쌍을 홍색, 당하관은 한 마리를 청색으로 흉배하고 7-9품 하위직은 녹색으로 딱새 등 청빈한 동물로 장식했다. 또한 선비는 의관을 갖추고도 부채가 없으면 외출하지 않았다. 다양한 모양과 색깔이 있지만 들고 다니기 편리한 합죽선이 주를 이루었다. 따가운 햇볕과 비를 막고, 거

---

29) 매미의 긴 입 모양이 두 줄로 뻗은 것이 선비의 갓끈을 닮고(文), 평생을 깨끗한 이슬과 수액을 마셔 청(淸), 남의 채소와 곡식을 축내지 않아 염치(廉), 집조차 없는 검(儉), 겨울이 오기 전 죽을 때를 아는 신(信)으로 오덕을 상징했다.

북스러운 상대를 피해 얼굴을 가리고 노래를 부르거나 춤을 출 때 등 사용하며 부채에 시와 그림[30)]을 그려 존경하는 이에게 선물했다. 특히 합죽선은 180도 반원으로 펴지며 둥근 모양 단선, 깃털로 만든 우선(羽扇)이 고려 선[31)]이란 이름으로 불리며 중국, 일본에서 유행했다.

왼쪽부터 문관 당상관 흉배, 무관 당상관 흉배, 임금 흉배

좌식에 맞는 사랑방답게 언제든 손만 뻗으면 필요한 일을 할 수 있고 밥상이 들어오면 식당, 책상이 놓이면 서재, 이불을 깔면 침실이 되었다. 아랫목으로 8폭 병풍이 장식하고 사군자를 수놓은 작은 보료가 있었으며, 서안상(書案床), 문방사우(文房四友)와 작고 앙증맞은 순백자 토끼 연적을 모아놓은 깜찍한 연상(硯床)은 언제든 사용할 수 있게 가까이 자리 잡고 있다. 오동나무, 소나무로 만든 경상(經床)은 양쪽에 귀가 있어 두루마기 불경, 경전을 볼 때 편리했다. 종이나 비단에 시나 절절한 마음을 담은 간찰(편지)을 모은 서류 보관함[32)]에는 고비를 늘 사용했다.

부드러우면서도 질긴 족제비 털로 만든 황모필, 담비 털[33)]을 최고로 치며

---

30) 여백과 은유가 많은 동양화는 명확히 하기 위해 시와 그림을 혼용했다. 唐나라 장언원은 글씨와 그림은 기원이 같다는 내용의 서화동원(書畫同源)을 주장했다.

31) 병자호란 때 많은 조선인이 靑에 잡혀 와 당시 최고 부채와 농사꾼은 고려인이라 했다.

32) 항온, 항습이 잘 되고 뒤틀림이 적은 오동나무 상자에 종이를 보관했다.

33) 칡넝쿨로 만든 갈필(葛筆), 갈대로 만든 노필(蘆筆), 염소 털로 만든 모필(毛筆), 볏짚으로 만든 고필(稿筆), 죽필(竹筆) 등 다양하다. 추사 김정희는 고급 붓, 화선지, 먹에 대한 애착이 남달랐던 것으로 알려져 있다.

明에 보내는 조공품 중 첫째로 꼽혔다. 보령 남포 백운진상석은 입김만으로 벼루에 물방울이 맺혀 언제든 수백 번 먹을 갈며 생각을 정리해 글을 다듬었다. 송진이 엉긴 소나무를 태워 나오는 그을음을 모아 사슴 뼈를 녹여 붓고 사향노루 향을 아교에 개어 만든 송연묵(松烟墨)은 선비라면 누구나 탐내는 물건이었다. 방 한편은 잡다한 것을 넣어둔 아담한 문갑이 차지하고 특히 사방이 뚫려 있는 사방탁자는 심플하고 세련된 디자인으로 공간미를 담고 선비의 방에 고고한 문향(文香)을 풍겼다. 사랑채의 절제된 장식을 품격으로 인식해 원목의 특징과 소박하고 풍부한 무늬와 결을 살린 자연미를 자랑하며 사치하지 않고 문방사우에 걸맞은 가구면 만족했다. 이러한 군더더기 없는 최소한의 형태를 갖춘 고가구들은 덜어낼 줄 아는 대가들의 안목과 절제에서 탄생했다. 사랑채의 품위와 선비의 가치관**(부록 20)**과 조형미, 비움의 미학을 반영하는 미니멀[34)]한 가구들은 어느 곳에서나 현대적인 미를 담고 당당하게 빛을 발한다.

왼쪽부터 사방탁자 2종, 경상, 연상

사랑채에서 빠트릴 수 없는 가장 큰 장식은 병풍**(부록 21)**이다. 병풍은 폐쇄적, 개방성을 가진 움직이는 벽, 파티션(PARTIAN)이다. 방 크기에 따라 4폭, 8폭 병풍이 주를 이루었고 산수화 병풍 하나로 꿈에 본 무릉도원을

34) 깔끔하고 간결한 인간적인 미학, MINIMALISM은 최소 재료로 단지 기능과 본질에만 충실해 단순미와 절제미를 보여주며 친환경을 상징한다.

방안으로 들이며 신선 세계와 탈속을 꿈꾸었으리라! 아름다운 꽃나비가 나는 봄, 초가을 안개 낀 강가에 어부와 뛰어오르는 잉어, 운무가 낀 산과 계곡, 바위에 핀 소나무, 눈밭의 꿩과 기러기가 날아오르는 풍경이 금방이라도 뛰쳐나올 것 같은 병풍이다. 절개, 인내, 충성 등 선비의 미덕과 인격을 내뿜는 사군자-찬 서리 속에서 피는 매화, 한여름에 푸른 난, 늦가을 그윽한 향기를 내뿜는 국화, 매서운 바람에도 꺾이지 않는 대나무-가 주를 이루었다. 동양미를 상징하는 사군자같이 늘 청아하고 고고한 사군자 도자기, 병풍으로 장식하며 이상향을 꿈꾸었다. 생명을 존중해 생화를 꺾어 장식하지 않고 일 년 열두 달 꽃을 피운 화조도(花鳥圖) 병풍이 주를 이루고 병풍의 앞면은 산수화로 뒷면은 문자도[35], 서체도로 치장했다. 회화화한 문자도(文字圖)는 문자이면서 그림이고, 그림이면서 문자다. 방에 누워 병풍을 보며 유람[36]하는 와유(臥遊)가 유행하기도 했다.

병풍 치고 아기 낳고 병풍 앞에서 백일상, 돌상을 받으며 무병장수를 기원했고 원앙 병풍과 함께 합환주를 마시며 혼례를 치렀다. 환갑이 되면 부귀영화와 장수를 상징하는 모란[37], 소나무 병풍 앞에서 자식의 절을 받고 죽으면 병풍 뒤에 놓이며 자식들은 극락왕생을 기원했다. 이렇듯 병풍은 탄생부터 죽음까지 함께했다.

특히 누구에게나 인기 있던 것은 십장생[38]이었다. 오래, 행복하게 사는 것을 바라는 것은 동서고금을 가리지 않으리라! 왕도 일월오봉도 앞에서

---

35) 유교의 가르침을 적은 문자도는 주로 유교의 덕목인 효제충신예의염치(孝悌忠信禮義廉恥)를 그린 그림이다. 주술적인 의미로 쓰이기도 했다.

36) 18C 여행 붐이 일어나 금강·지리 한라산 유람이 유행이었다. 정선은 세 차례 금강산 유람하며 금강산을 하나 연꽃으로 표현한 금강전도(金剛全圖)를 남겼고 김명국과 최북은 조선통신사로 일본, 최북은 만주까지 여행했다.

37) 모란 병풍은 혼례식 때 신랑 신부가 맞절하는 초례청을 밝히는 병풍이기도 하다.

38) 中·日에 없는 십장생은 고려 때 시작되어 조선에서 유행한 우리만의 고유한 그림이다.

만조백관들과 국사를 논하고 지방 행차할 때도 항상 같이했다. 만권당(萬卷堂, **부록 22**)을 꿈꾸던 선비들은 평소 가질 수 없는 귀한 책과 산호, 족제비 털 붓, 옥도장 등 문방구와 장식품을 그린 책거리 병풍으로 장식했고 서민들은 출세와 행복을 염원한 민화(民話, **부록 23**) 병풍이었다. 도학적인 인격을 강조한 문예 군주 정조는 일월오봉도를 치우고 책가도(冊架圖, **부록 24**) 병풍을 세우기도 했다.

왼쪽부터 사랑채 병풍, 안채 병풍, 책가도 병풍

또한 한지는 바람과 수분이 잘 통하고 보온성과 흡습성이 탁월해 습도조절하고 빛과 열을 방안으로 자연스럽게 빨아들이고 은밀한 사적인 공간과 집안 분위기를 조성해 방의 온기와 정취까지 전달한다. 정밀한 결구법(結構法)으로 이어진 뼈대와 창살이 화사한 한지가 아우러지며 기막힌 조화를 이룬다. 창호는 띠살, 정(井)자살, 빗살, 용(用)자살, 아(亞)자살, 완(完)자살, 귀갑살, 숫대살 등 많은 문양이 있다. 용자살, 아자살, 완자살은 미닫이, 띠살, 정자살, 빗살은 주로 여닫이에 사용하며 길상을 의미한다. 가로 세로가 일정한 정자살, 용자살문은 단정하고 강직한 선비의 성품을 나타낸다. 이러한 날살문을 보완하며 가로로 덧댄 띠살문이 일반적이다. 밝은 명장지(明帳紙)[39] 미닫이문은 은은한 빛을 들이며 포근하고 아늑한 선비 방을 연출하고 또 필요에 따라 벽 안으로 넣었다. 겨울 덧문인 여닫이 맹장지(盲帳紙) 문은 바람을 막고 온기를 보존하기 위해 7겹까지 바르기도

39) 명장지는 빛이 잘 통하는 밝은 창호지를 바른 창을 말한다.

했다. 또한 문종이[40]를 바를 때 절개, 충절 상징하는 대나무 잎과 국화꽃, 잎을 넣고 겹으로 발라 햇빛이 비치면 푸른 잎은 살아났다.

창호 문의 직선미는 기와 골과 날아갈 듯한 처마 곡선과 어울리며 멋진 조화와 균형을 이룬다. 바람 소리, 새소리를 벗 삼고 대나무, 소나무 그림자, 달빛마저 초대해 시를 읊으며 거문고, 가야금(**부록 25**) 음률에 취한 선비였다. 창호문 역시 가야금, 대금 소리에 미세한 떨림으로 답하며 은은한 분위기를 연출했다. 선비들은 풍류라 하여 시(詩), 서(書), 악(樂), 가(歌), 무(舞), 화(畵, **부록 26**)를 사교와 수양의 방편으로 교양과 취미를 위해 음악과 악기를 가까이했다. 선비는 가까운 별서 정원에서 연주회, 주연을 열고 서로의 실력과 재주를 뽐내기도 하며 이를 담은 그림 계도(契圖)[41]를 남겼다.

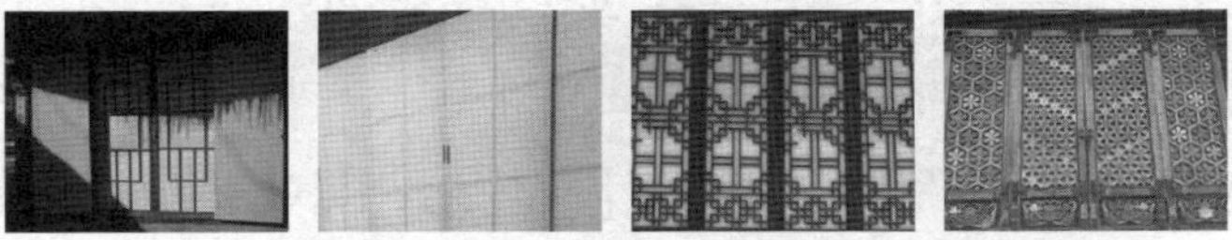

왼쪽부터 기막힌 사랑방들, 띠살문, 사찰 솟을꽃살문

또한 주로 절에서 보이는 화려한 솟을꽃살문[42]은 격자살과 빗살을 기본으로 마름모를 상하좌우로 서로 엇대어 배열해 격자 빗살문이라 한다. 내소사, 신흥사, 쌍계사, 조계사 등 대부분 절 문은 부처에 대한 열망을 담

40) 우리는 거친 면에 풀칠하여 보드라운 면이 방 안으로 향하게 바르지만, 일본은 반대로 도배하며 또 창살 바깥쪽으로 붙인다. 한국인은 성황당, 절에 행운을 기원하며 종이를 매달아 놓지만, 일본인은 좋지 않은 것을 떼어내기 위해 매단다.

41) 지인끼리 모인 특별한 행사를 그린 계도, 몇 달 같이 일한 사람끼리 모여 만든 계도가 있다.

42) 빗살문은 교살이라고도 하는데 45도, 135도 사선으로 교차한 마름모꼴 창호를 말한다.

은 연꽃, 모란, 해바라기, 국화가 불심을 내뿜고 있다. 대나무 숲을 헤치고 들어온 달빛 향기, 바람 소리와 함께 참선에 든 선사들이다. 창살은 동남쪽이면 촘촘히, 북서쪽이면 듬성듬성하며 남부 지방으로 갈수록 지붕이 높을수록 창살은 듬성듬성해지고 낮으면 촘촘해지며 빛의 양을 조절했다. 이 창살들은 지역과 방의 방향에 따라 모양도 제각각이다.

하지만 햇빛에 의지하는 작은 문으로 인해 방은 대체로 어두운 편이라 등문화가 발달했다. 사랑방은 단순한 무쇠 등경(燈檠), 안방은 아름답게 장식한 갖가지 다채로운 놋쇠 동경을 주로 사용했다. 높이를 조절하는 등경, 벽에 거는 괘등, 들고 다니는 제등, 도포나 주머니 속에 넣고 다니며 발아래를 비추는 순라군의 조족등, 그림이 연속해 보이는 주마등, 들보나 서까래에 매단 현등, 좌등 등 장소와 기능에 따라 가지각색이다. BC 200년경 중국에서 시작된 양초[43]는 왕실에서 조명과 제례용으로 사용하는 상류층의 전유물이었다. 우리 초는 벌집이나 꿀 찌꺼기를 끓여 걸러내서 만든 밀랍으로 구하기도 어렵고 값도 비싸 웬만한 재력이 있는 선비들도 제사 때만 사용했고 왕의 하사품에서도 최우선이었다. 서민은 동물성 지방인 소, 돼지, 생선, 콩, 아주까리기름, 피자마유 등 식물 기름에 심지를 띄운 등잔이 고작이었다.

한지와 제지 기술은 4C 불교[44]와 함께 한반도로 소개되었고 7C 후반 신라만의 독특한 종이, 출판문화로 발전하며 이를 전해준 중국이 오히려 다투어 수입했다. 신라지(新羅紙)는 唐 황제의 어진과 귀족, 상류층의 집을 장식하고 고려지**(부록 27)**로 만든 책은 큰 자랑거리였다. 문화의 나라 송

---

43) 삼국 시대부터 양초가 사용되었으나 원료를 구하기도 만들기도 어려워 조선 말기까지 상류층에서만 사용했다. 1880년 석유가 수입되면서 호롱불이 탄생했다. 고대 이집트에서는 밀랍, 동물 기름, 갈대에 섞어 만든 양초로 불을 밝혔다고 한다. 초를 넣는 초롱, 등을 넣는 등롱이다.

44) 고구려 372년, 백제 384년 백제, 신라 527년 불교가 전래하였다.

도 고려 종이를 대규모 수입했다. 고려지는 깨끗하고 매끄럽기가 마치 온주 비단과 같다고 찬사를 받으며 못사는 물건이 없었다. 장안의 인기를 끌던 먹 잘 받는 계림지, 추로 백 번 두들겨서 만든 백추지(百錘紙)[45], 상백지(桑白紙)라 불린 신라지는 조공 때 필수품이었고 용도에 따라 다양하고 명칭도 달랐다. 뽕나무 뿌리껍질로 만든 상백지는 질감이 푹신푹신하며 천처럼 질기고 금령지(金齡紙)는 색깔이 곱고 질기기가 비단과 같아 변하지 않고 오래 보존할 수 있는 잠견지(蠶繭紙)다.

어느 시인의 표현대로 만지면 쉽게 구겨지고 찢어질 듯 강하고 질겨 약하지 않은 한지다. TV에서 방영한 것과 같이 기름을 바르고 여러 겹으로 만든 한지 갑옷[46]은 화살조차 뚫지 못할 정도로 강하다. 한지로 만든 스피커 울림판은 가벼운 떨림으로 원음 재생력이 뛰어나다고 한다. 또한 한지는 다양하고 아기자기한 폭넓은 공예품[47]으로 부채, 옷, 함, 궤, 갓을 보관하는 갓집, 안경집, 빗접, 반짇고리, 바구니, 보석함, 실함, 바늘함, 문서함, 서류함 등 종류도 다양했고 술잔, 꽃병, 조족등, 접등까지 못 만드는 것이 없었다, 들기름, 콩기름을 먹여 사용한 종이 그릇은 씨앗을 보관했으며 꼼꼼히 옻칠한 기름종이로 만든 요강은 여인이 가마를 타고 여행할 때 필수품이었다. 이렇듯 한지는 생활용품, 공예품으로 우리 삶을 풍요롭게 했다. 한지는 부드럽고 유연하고 습기가 마르면 팽팽해지고 탄력이 있고 펄프처럼 잉크가 번지지 않아 필사하기 좋고 강한 내구성으로 복원[48]하기에 탁월하다. 베네치아 카 포스카리 대학교 연구 결과 8천 년 내

---

45) 팔만대장경은 백추지(百錘紙)에 송연묵으로 찍어 천년이 지나도 변하지 않는다.

46) 한지를 겹쳐 붙이며 옻칠을 반복해 만든 유성룡의 옻칠 갑옷(보물 460호, 漆皮)은 활과 창을 막아냈다.

47) 종이를 가늘고 길게 잘라 비비고 꼬아 끈을 엮어 갖가지 용기 등 생활용품을 만드는 지승(紙繩)공예는 종이를 예술의 경지로 끌어올렸다.

48) 성 프란체스코 성인(1182-1226)의 친필기도문이 2016년 이탈리아 도서 병리

구성을 가진 한지였다. 산성도, 두께, 표면 고름, 저항성 등에서 일본 화지(和紙)[49]보다 뛰어나다.

닥나무는 진주, 남원, 순창 등 남쪽에서 잘 자라며 종이의 생산량과 질도 으뜸으로 전라도가 예로부터 예향(藝鄕), 문향(文鄕)으로 불리며 예술, 문화가 발전한 것도 이러한 풍부한 종이와 연관이 깊다. 하지만 종이 제조 과정(**부록 28**)이 복잡하고 힘들어 종이는 귀하고 비싸 책값(**부록 29**)으로 어지간한 사대부 집안 살림이 거덜 날 정도였다. 선비들은 귀한 책은 빌려와 필사해 정성껏 콩기름을 바르고 능화판(菱花板, **부록 30**)을 만들 만큼 모든 정성을 기울였다. 한 번 읽은 책은 여백이 없을 만큼 기록하고 배접 재활용했고 궁중에서도 이면지를 재활용했다. 세종 이후 왕이 신하에게 내리는 단오 선물은 부채, 동지 선물은 책력, 책 선물이 관례였다. 정조가 과거 급제한 정약용에게 하사[50]한 것도 책이었다. 경국대전에 의하면 지방 관청소속 外 공장 장인을 전국 221개 지역에 두었고 그중 지장(紙匠)[51]이 가장 많았다. 1403년 태종은 주자소[52]를 설치하고 글자를 제조해 빨리 인쇄할 수 있는 첫 청동 계미자를 만들었다.

1415년 세종은 종이를 생산, 공급하는 조지서(造紙署)와 책 만드는 교서관을 설치했다. 또한 갑인자, 경자자, 병진자 등 9만 자 금속활자[53]를 제

학 연구소에서 얇고 내구성이 좋은 의령 한지로 복원되었고 루브르 박물관도 한지로 복원하고 있다. 이탈리아 국립 기록 유산보존 중앙연구소와 로마교황청 비밀문서에 쓰일 만큼 세계적으로 인정받았다.

49) 7C 종이 전래 후 닥나무, 삼지닥나무가 골고루 자라는 일본 후쿠이현 에치젠은 화지(和紙)의 중심지로 전통 종이 시장은 일본 화지가 세계 90%를 장악했다.

50) 한여름은 얼음 빙반(氷盤). 동지는 관상감에서 올린 책력(冊曆, 달력)이었다.

51) 전주에만 28명 지장이 있었다고 한다.

52) 태종 3년 충무로 극동 빌딩 자리에 주자소와 교서관이 있었고 현재까지 끈질기게 내려오는 충무로 인쇄 출판 거리다.

53) 금속활자 주성분은 구리 40-80%, 주석 25-38%, 납 22-32%다. 현존 최고 금속활자는 7점으로 남한 1점, 북한 6점이 있다. 개성 만월대(滿月臺)에서 최초

조하며 활자 전성기를 이룬다. 금속활자는 한 번 만들면 많은 책이 가능했으나 한자는 글자 구조가 복잡하고 수도 많아 한 번 활자를 만들려면 최소한 5만-10만 자 활자를 주조해야 하는 등 시간과 많은 공력이 필요해 국가도 벅찬 정도였다. 이마저 임란**(부록 31)**으로 대부분 약탈[54]당해 조선은 목판을 새로 만들어 쓸 정도였다. 목판은 한 가지밖에 인쇄할 수 없지만, 제작이 훨씬 수월했다. 16C 후반, 퇴계의 제자인 초간 권문해(1534-1591)가 지식과 문물에 대한 방대한 지식을 모은 최초의 백과사전[55]인 『대동운 부군옥(大東韻府群玉)』을 시작으로 미친 듯이 책을 모으고 기록하는 편집광인 간서치(看書痴)가 등장한다. 이에 따라 개인 문집을 내려는 사람이 폭발적으로 늘어났다. 난의 성장을 매일 기록하고 그림 그리는 이, 담배[56]에 대해 기록한 이, 여행기, 바둑, 조각에 미친 이 등 잡학으로 여겨졌던 것을 병적으로 열광하며 기록하기 시작한다.

17C 말 경제적인 여건이 좋아져 책 수요가 증가하며 책을 인쇄하는 개인 서점과 책을 빌려주는 가게도 생겨났다. 특히 18C부터 화려한 꽃무늬를 새긴 화전지(花箋紙)와 사군자 모양이 새겨진 시전지(詩箋紙)가 유행했고 학자의 활발한 저술 활동과 족보와 문집이 발행되며 조선 르네상스를 이룬다. 또한 중국 사신 때 수행원과 역관들은 많은 책을 수입했다. 역관 이상적**(부록 32)**이 제주까지 찾아와 김정희에게 책을 선물했고 이에 세한

금속활자가 출토됐다. 중국은 明 홍치제(弘治帝, 1488-1521년) 때 금속활자를 완성했다.

54) 한양 주둔 사령관(宇喜秀多家)이 훔쳐 간 계미자 89,014자가 1995년 일본에서 발견되었다. 임란 후 에도시대까지 책을 1억 부 정도를 제작했다는 일본 국립사료관의 추측이다.

55) 18C 유럽에서도 로크, 몽테스키외, 루소, 볼테르 등 계몽주의 학자들이 모든 지식을 기록하는 백과사전적 시기였다.

56) 1618년 광해군 때 靑에서 담배가 들어왔고 일부 양반에게만 유행하였으나 30년이 지나지 않아 전 국민의 애호품이 되었다. 양반, 부녀자뿐 아니라 어린아이까지 피웠다. 17C 『하멜표류기』 역시 조선에서 담배가 매우 유행이라 기록했다.

도(歲寒圖)를 보답한 일은 너무나도 유명한 일화다. 제주까지 책을 들고 찾아온 제자가 기특했으리라!

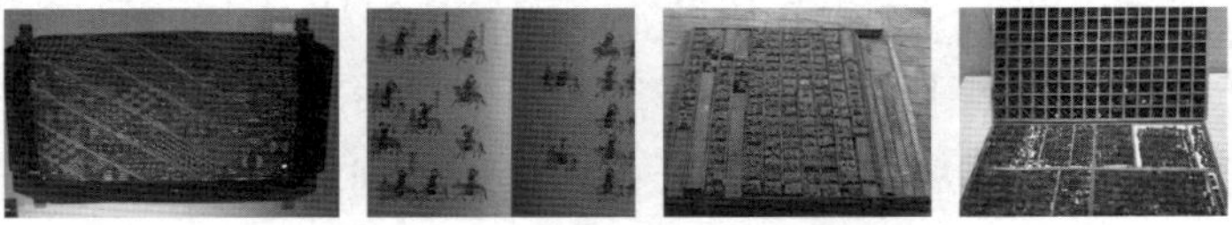

왼쪽부터 능화판, 의궤, 갑인자, 활자들

그러나 책과 출판에 대한 관심은 당시 어떤 나라보다 높았지만 단지 왕족, 선비 등 지식 계층만을 위한 소규모 수공업출판과 유통까지 나라에서 독점하며 대중화, 활성화하지 못했다. 문자는 문명과 비문명을 나눌 뿐 아니라 지배층의 가장 큰 권력이자 힘이었기에, 지식 계층은 자신의 기득권을 놓치지 않으려 철저히 통제했다. 백성의 우민화로 상류층의 권력이 유지되는 조선은 서민의 교육 기회는 열악했다. 그 어떤 사회보다 문맹률도 낮고 선비, 학자도 많았지만, 개인 구도와 도덕적 철학, 문학, 글쓰기에 치중해 민생 실천과 사회, 과학 발전이 없었다. 책을 대중화하지 못해 근대국가로 발전에 실패했다. 유네스코 문화유산에 등록된 세계문화 기록유산**(부록 33)**만 13건을 보유하고 있다. 1623-1910년, 288년(104,000일)간 날씨까지 빠짐없이 기록한 『승정원일기(承政院日記, 국보 303호)』, 태종부터 명종까지 13대(180년)에 걸친 『조선왕조실록』, 151년간 날마다 왕의 말과 행동을 기록해 동양 정치문화가 고스란히 담겨 있는 『일성록(日省錄, 1780-1910)』이다. 『훈민정음[57] 초판본(1997)』, 『동의보

57) 문자는 무당이 신탁(ORACLE)받아 그림문자로 표현되기 시작하며 한자, 이집트 글, 페니키아 등 전 세계 모든 문자는 추상적 이미지. 그림이 기원이었다. 1443년 세종의 애민, 민본정신으로 창제된 한글은, 전 세계 유일한 창의적인 문자다. 음성학, 언어학, 인체의 발성기관, 목구멍, 혀 모양, 입 모양, 성대 등

감』, 1377년 고려 우왕 3년 백운화상(1299-1375)의 현존 최고 금속활자본 직지(白雲和尙抄錄佛祖直指心體要節, 2001, **부록 34**), 이순신 『난중일기(국보 76호)』, 『훈민정음 초판본(1997)』, 조선왕조 의궤(2007), 새마을 운동 기록물, 5.18 민주화 운동 기록물, 해인사 장경각(1995)은 탁월한 인류 보편적 가치를 지닌 유네스코 문화유산이 되었다.

또한 세계 4대 기행문으로 손꼽힌 혜초의 『왕오천축국전』은 1908년 프랑스인 페리오가 둔황에서 발견한 이래 아직도 파리도서관에서 잠자고 있다. 요즘 우리 것을 찾는 이들이 많아 인사동 골목의 지전들이 활기를 띠고 있으며 찾는 이들이 많이 늘었다고 하니 한지가 유행하는 날을 기대해본다. 또한 종이의 유럽 전래는 우리의 뼈아픈 역사와 깊은 관계가 있다. 唐은 최대 숙적 고구려를 멸망시킨 후 고구려, 백제 수만 명을 포로[58]로 잡아가며 고구려인은 고씨, 백제인은 백씨 등 패망한 국가의 이름대로 성을 부여하며 위험한 변방이나 군사적 요충지에 군인, 노예로 배치했다. 토번과 돌궐의 침입을 막기 어려워지자 15-20만 용맹한 고구려 유민을 비단길 길목인 안서도호부(쿠차)와 난주로 이주시켰다. 고사계 장군은 하서군에서 종군했고 아들 고선지(高仙芝 ?-755, **부록 35**)도 안서도호부 副도호가 되었다.

토번과 사라센이 동맹을 맺었고 唐 현종은 국가적 사활을 걸고 무역로를 확보하기 위해 고선지를 선봉장으로 파견하며 중앙아시아 정벌을 시

을 기초로 천지인을 상형한 소리글자다. 독창적이며 과학적으로 천지인과 발성기관을 본뜬 5가지 기본음인 ㄱ, ㄴ, ㅁ, ㅅ, ㅇ과 하늘은 둥근 점(●)으로 표현했고, 대지는 ㅡ, 인간은 ㅣ로 표현하며 자연의 이치, 천지 만물의 조화를 자연스럽게 반영해 세계관과 음양오행의 이치를 담고 있다. 훈민정음은 28자와 33장으로 이루어졌고 이는 하늘 28숙과 불교의 우주관인 33천을 뜻한다. 다른 언어가 낼 수 없는 거의 모든 자연의 소리를 가장 가깝게 표현하며 인터넷 시대에 최적화된 문자다.

58) 唐은 고구려 유민 28,000여 가구, 20만 명을 잡아갔다. 둔황 벽화에서 고구려, 백제인 그림이 발견된 것도 이와 무관하지 않을 것이다.

작한다. 740년 1차 정벌을 시작으로 747년 2차는 1만 병사와 실크로드 분지, 고비사막과 히말라야 고산준령을 넘으며 대발률, 소발률, 석국 등 비단길 주위 70여 개 도시국가를 정복했다. 10년간 4차례 정벌을 성공한 고선지는 대장군이란 칭호를 하사받았다. 하지만 아랍 통합을 이루고 정교일치를 주장하는 압바스 제국이 동방으로 진출하며 두 제국은 충돌한다. 751년 7월, 압바스 연합군 30만과 고선지의 7만이 5일간 타슈켄트[59] 탈라스강에서 일대 격전을 벌였다. 그러나 고선지와 협력하기로 했던 카를륵의 배반으로 唐軍 5만이 죽고 2만이 포로가 되며 대패했다. 포로 중에는 기갑 공성 부대, 활 기술자, 금은 세공사, 지도 제작뿐 아니라 원정과 전투를 생생히 기록하는 종군사관, 화공, 또한 이들에게 종이를 제조, 공급하는 지공이 포로로 잡혀가며 종이가 이슬람으로 전해진다. 사마르칸트에서 첫 종이가 생산되고 이후 아랍에 널리 퍼지며 종이는 급속히 전파되었다.

794년 바그다드에 첫 제지 공장이 생기며 아랍의 종이 수요는 폭발적으로 증가했고 900년 이집트, 1100년 모로코 등 차례로 제지 공장이 세워진다. 피레네산맥을 사이에 두고 아랍과 적국이었던 프랑스는 1320년 제지공장이 생긴다. 아랍 왕들은 동양의 제지 기술과 값싸고 편리한 종이로 다투어 천문, 수학, 지리, 의학서적을 출판하고 그리스, 로마 고전, 철학을 번역하며 세계의 학문창고가 되었다. 그러나 아랍은 종교에 무한한 권위를 부여하며 신성한 코란[60]을 인쇄기로 찍는 것을 신성모독으로 여기며 필경사에게 의존했다. 9-13C 인구 백만 바그다드[61]의 30여 개 도

59) 타슈켄트는 당과 압바스 모두에게 전략적 요충지였다. 사람이 모이는 곳이란 뜻으로 티무르 제국의 수도, 사마르칸트는 종이, 출판 로드의 출발점이며 아직도 전통 종이 수공예가 유명하다.

60) 코란은 극도의 신성성이 강조되며 번역이 금지됐고 19C 이후 번역이 시작되었다.

61) 압바스 제국의 바그다드, 다마스쿠스는 유럽과 교역, 문물, 지식의 통로로 당시

서관(**부록 36**)은 그리스, 페르시아, 인도 문명의 정수를 담은 책을 수십만 권 보유했고 인구 50만 스페인 코르도바 도서관은 50만 권에 달하는 장서를 자랑했다. 한편 13C 십자군 전쟁으로 활발한 동서양 경제, 문화 교류로 인해 종이와 활판[62] 인쇄술이 전해지며 유럽이 오랫동안 잊고 있었던 로마, 그리스 문화를 일깨우며 르네상스[63]가 일어난다. 십자군 전쟁은 문화전쟁이었고 전쟁 중에도 알게 모르게 서로 영향을 주고받으며 미술, 건축, 의학, 기계학, 천문학, 지리학 등에서 정보와 지식을 공유했다. 양피지, 파피루스는 유럽 왕족, 귀족, 성직자의 전유물이며 사치품으로 부, 명예의 상징이었다. 하지만 양피지는 기름이 마르면 오그라들어 무겁고 비싸 실용적이지 않고 파피루스(**부록 37**)는 습기에 약하고 신축성이 없어 잘 찢어지고 했고 주기적으로 다시 베껴 써야 했다.

유럽은 수도원 사제 정도만 글[64]을 읽을 줄 알았고 그 수도원조차 변변한 책이 없어 수도사들은 성경, 복음서, 찬송가를 직접 쓰고 그림으로 장식한 필사본을 제작했다. 수도원은 필사본의 보물창고다. 죄를 용서받을 수 있고 신에게 가까이 가기 위해 필사에 집중했다. 지하 골방에서 작은 호롱불[65]에 의지해 과로한 눈을 비비고 굳어져 가는 손을 주무르며 밤새 성경을 필사(筆師, **부록 38**)하는 일은 고도의 집중력을 요하는 힘든 중노동

세계에서 가장 크고 부유한 도시였다.

62) 활판 인쇄는 宋 인종(1041-1048) 때 필승(畢昇)이 점토를 이용해 활자를 만들었으나, 내구성이 약해 실용화에 실패했다.

63) 스페인 코르도바, 톨레도를 중심으로 방대한 그리스, 로마 고전이 번역되며 스페인어, 불어, 독일어 영어로 다시 태어나며 르네상스의 기폭제가 된다.

64) 중세까지 글을 아는 사람은 신의 명을 받은 특권층에 한정되었다. 교황에게 서로마황제로 인정받으며 중세 문화를 탄생시킨 샤를마뉴 대제(742-814)도 문맹이었다.

65) 불이 나는 것을 염려해 수도사들은 추운 겨울에도 난로를 피우지 않았다고 한다. 필사는 불교에서도 부처의 세계, 천상으로 가는 길이다.

이었다. 한 권의 성경이 완성되기까지 숙련된 채색화가, 세밀화가, 필사가의 인내심으로 1년이나 걸렸다. 성서학자들은 여백에 주석을 달고 새로 깨달은 것을 추가하며 종교적 권위를 얻었다.

14C 중엽 이태리 아시시에서 가죽을 삶을 때 쓰는 동물성 젤라틴이 종이 접착력을 높이는 것을 발견하며 종이가 대량 생산되고, 구텐베르크는 포도주 압착기를 고정시킨 인쇄기를 고안하며 공장제 수공업이 시작된다. 책은 지식, 정보혁명을 이루며 순식간에 전 유럽으로 확산한다. 특히 1468년 구텐베르크**(부록 39)** 14행 성서출판은 로마교회와 유럽을 뒤흔들었다. 당시 성서를 다른 언어로 번역한다는 것은 이단**(부록 40)**이었다. 자유로운 사상, 철학 전파를 두려워한 왕과 로마 주교들은 책 소유를 금지했고 출판자를 악마로, 번역된 성경 소유자는 이단으로 몰며 화형에 처하기도 했다. 권력과 손잡은 종교는 자신의 기득권과 이익을 위해 종교적 광기로 온갖 명분을 붙이며 마녀사냥을 시작한다. 하지만 지식의 대중화, 보편화는 소수 통치자, 상류층에 의지하지 않고 이성적 과학, 진리 탐구, 지식을 바탕으로 계몽시대를 예고했다. 15C 런던에 최초 인쇄소가 문을 열었고 16C 독일에만 1,500개 인쇄소가 우후죽순처럼 생겨나고 베네치아는 유럽 최대 책 공장이 되었다. 책 한 권 필사하는 데 2개월이지만, 일주일에 책 500권을 인쇄할 수 있었다. 16C 백 년 동안 유럽 인구가 1억 정도일 때 20만 종 1억 4천만-2억 권가량의 책을 출판했다. 16C 동양의 작은 선물, 종이로 인해 혁명적인 르네상스, 종교개혁이 일어나며 중세[66]를 벗어나 과학, 계몽이 태동하며 근대화 산업혁명을 태동했다. 하지만 종이는 매우 귀하고 보급이 원활하지 않아 18C까지 교회에서조차 도난 방지를 위해 성경을 쇠고리로 묶어두었고 성서 한 권 가지는 것은 서

---

66) 인간의 모든 행위는 신에 대한 찬미였고 신 섭리대로 금욕적인 삶이 존중되었던 중세는 보통 6-7C부터 15C 르네상스 시대까지를 말한다.

민에게는 간절한 소망이었다. 교황 레오 10세가 베드로 성당을 개축하는 비용을 마련하기 위해 면죄부[67]를 팔자 1517년 10월 31일 마르틴 루터(1483-1546)는 비텐베르크대학 정문에 95조 반박문을 붙이며 불과 2주 만에 걷잡을 수 없을 만큼 빠르게 전 유럽을 뒤흔들며 종교개혁의 불씨가 되었다. 지식의 소수 독점은 깨어지고 교황과 상류층의 권력은 급격히 쇠락하기 시작한다.

1999년 독일 SPIEGEL지와 라이프지는 등 전 세계 언론이 지난 밀레니엄 동안 인류 문명에 가장 중요한 사건으로 선정한 금속활자로 인쇄한 구텐베르크 성서를 꼽았다. 독일 활자와 유럽문화에 대한 자긍심을 표현한 것이리라! 또한 책은 유럽 건축에도 절대적인 영향을 끼쳤다. 일반인들은 성경 없이 설교대, 합창 성가대 등 음악을 중심으로 한 큰 성당이 중심이었으나 성경책이 보편화되며 성경, 은총, 믿음을 주장하고 성경과 강론이 기본을 이루며 성당은 작아지고 개신교는 성상과 성화가 사라지기 시작한다. 신라 시대 현세 행위에 의해 다음 생애가 결정된다는 불교로 인해 화장이 성행하고 신라 왕릉이 작아지고 금관은 갈수록 금의 순도가 떨어지는 것과 같다.

사랑채 부엌 부뚜막에는 무쇠솥과 항아리가 놓여 있다. 단순히 물을 끓이고 사랑방을 데우는 부엌이다. 큰 항아리는 아마 목욕통[68]일 것이다. 몸을 정갈히 하는 것은 불교 규범[69]으로 특히 통일신라, 고려는 목욕이 유행했고 사찰마다 큰 목욕탕이 있었다. 그러나 조선은 유교의 영향으로 옷

67) 십자군에게도 면죄부를 나누어 줄 만큼 교황청의 오래된 관행이었고 구텐베르크는 면죄부를 대량 찍었다.

68) 일본인은 다다미가 서늘해 몸을 데우기 위해 목욕탕 문화가 발전했고 온돌로 몸을 데울 필요가 없는 한국인은 씻기 위한 탕이며 로마는 운동, 오락을 즐기는 친목 사교장이었다.

69) 보름과 그믐의 불교 의례에 앞서 몸을 청결히 하는 불교에서 삭발, 목욕에서 유래했다.

벗는 것을 천한 행동으로 여기며 선비는 옷을 입은 채 목욕했다. 또한 굴뚝 하나라도 용도에 맞는 문자와 상서로운 문양**(부록 41)**, 꽃을 단장한 와(瓦)편을 박고 담에 글을 새겨 넣거나 꽃 그림으로 장식했다. 켜를 맞춘 기와와 벽돌을 단정히 쌓고 아치형 뚜껑을 올린 굴뚝은 검은색과 회백색 백토가 기막힌 대조를 이룬다. 비록 깨어지고 오래된 재활용한 기와이기는 하나 세월의 때가 켜켜이 묻어나오며 예스러움이 배어난다. 높지 않은 담으로 연결된 마곡사 굴뚝과 요사채는 절다운 정갈함과 은근한 아름다움이 배어 있고 빈틈없이 우뚝 솟은 해인사 굴뚝은 정교함과 종교적 엄숙함으로 마치 그 자체가 전탑(塼塔)인 양 위엄이 솟아난다.

왼쪽부터 꽃담, 해인사 굴뚝 꽃담, 창덕궁 문자 굴뚝

뒤로 돌아가면 선조의 위패를 모신 사당**(부록 42)**은 높은 돌 기단을 쌓고 자손의 번성을 의미하는 잔디를 깔고 사당 앞마당을 단장했다. 조상의 권위와 힘이 자손을 보살핀다고 믿어 조상에 대한 공경이 첫 번째였다. 『경국대전』은 사대부 제사[70]는 아버지, 조부, 증조부, 고조부 4대 조상은 사당에서 지내며 5대조 이상은 무덤에서 모셨고 서민은 3대까지 모셨다. 갓 시집온 새댁은 먼저 사당에 향을 올린 후 시집 식구들에게 인사를 올리고 분가한 외별당(外別堂)[71]을 사당 쪽으로 배치해 새댁이 안채에 들어올 때마

70) 조상 영혼이 살아있는 사람에 영향력을 끼친다(동기감응설)는 믿음에서 출발했다.

71) 며느리들이 시댁의 가풍을 이어받으며 안채에서 떨어져 있었다. 시집가기 전

다 작은 문으로 고개를 숙이고 항상 시집 조상을 생각하도록 안배했다. 특히 향나무[72]는 조상을 이어준다고 믿어 항상 오래된 향나무가 사당 마당을 당당히 지키고 있다. 불천위(不遷位, **부록 43**)제사를 배향하는 양동마을 손중돈의 서백당 사당을 오백 년 묵은 큰 향나무가 호위하고 있다. 향나무는 은은한 향기를 머금은 선비의 인품을 상징했다. 향나무가 오래되면 속이 붉어지고 진한 향을 배출한다. 이 속살을 도려내 베에 싸서 보관해 제사 때 얇게 깎아 향을 피웠다.

왼쪽부터 사당 내부, 사당, 외별당, 양동 서백당 향나무

영혼이 돌아오도록 지붕 위에서 북망산천을 향해 망자의 이름을 세 번 부르는 고복 의식을 치르고 돌아오지 않으면 방이나 대청에 상청을 모시며 3-5일 장례를 치르고 사대부는 9일장을 치렀다. 장례 때 대나무 지팡이는 자식을 기르느라 속이 비어버린 아버지, 오동나무는 자식들이 애를 태워 근심으로 속이 찬 어머니를 상징한다. 자식들은 부모에 대한 불경 죄인으로 거친 베옷 상복을 입었고 장지로 갈 때 망자의 밥그릇을 깨는 것은 저승에 잘 가라는 의미다. 서민의 탈상은 백일, 왕가나 사대부는 3년이다. 3년 시묘살이는 부모 없이 아무것도 할 수 없었던 3년을 보답하며 부모 은혜, 죽음과 세월 무상을 이해하기 위해서였다. 이러한 관혼상제는 공동체 의식과 집단 질서를 잘 나타낸다. 국가에서도 효자각, 정문(旌

딸의 신부수업을 하던 별당이다.

72) 향나무는 향기가 강해서 모기, 파리가 접근할 수 없어 주변이 청정하다.

門)[73], 열녀문에서 충신이 나온다고 하여 효자, 충신, 열녀를 찾고 효자각, 열녀문, 정려문(旌閭門)을 내리고 부역과 세금을 면제했다. 효자각, 백원당(百源堂), 백원문(百源門, **부록 44**)은 사람의 첫 번째 덕목인 효를 상징하며 신(神)을 상징하는 百을 썼다. 살개도 나라 잃은 설움을 톡톡히 겪었다.

또한 동네마다 노인들 위한 기로연(耆老宴)[74]을 매년 봄 삼월 삼짇날과 중양절에 열었다. 세종은 사대부 70세 80세 이상 서민 남자 노인 86명을 모시고 궁에서 연회를 베풀고 이튿날 소현왕후가 여자 노인 228명을 모시고 영로원에서 잔치를 가졌다.

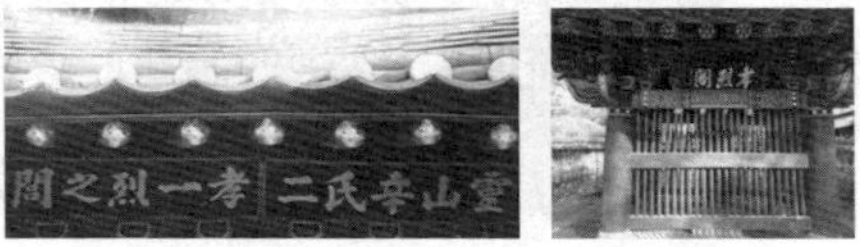

왼쪽부터 정자 정려문, 백원문

삽살(揷煞)개

대문채 옆에는 지난봄 태어난 토종 개 삽살개가 보인다. '삽살'이란 살(煞)을 들어낸다, 퍼낸다는 뜻으로 잡귀나 액운을 쫓고 망자의 영혼을 저승으로 인도해 주는 길잡이라고 생각했다. 삽살개는 추위와 질병에 강하고 김유신 장군이 군견으로 데리고 다닐 만큼 주인에 대한 충직성, 용맹성을 갖춘 명견이다. 중국 구화산 지장보살로 모셔진 김교각 스님이 唐으로 떠날 때 데리고 간 삽살개다. 9C 중국 〈지장보살도〉뿐 아니라 우리나라

---

73) 정문(旌門), 정려(旌閭)란 충신, 열녀, 효부를 배출한 가문 앞에 붉은색 문을 세워 그 행적을 표창하는 것이다. 신라 경덕왕은 최초 정려(旌閭)비를 내렸다. 효를 근간으로 삼았지만, 선충후효(先忠後孝), 선효후충(先孝後忠)이 문제가 되며 충효가 상충하는 경우가 있었다.

74) 나이 칠십을 기(耆), 팔십을 로(老)라 해 기로소라 했다.

〈지장보살도〉와 조선 문배도에도 자주 등장한다. 하지만 일제 때 털과 가죽이 모자란 일제의 무자비한 공출로 거의 씨가 마를 정도였다고 하니 삽의 무자비한 공출로 거의 씨가 마를 정도였다고 하니 삽살개도 나라 잃은 설움을 톡톡히 겪었다.

제2편 한옥 안채, 종부(宗婦)

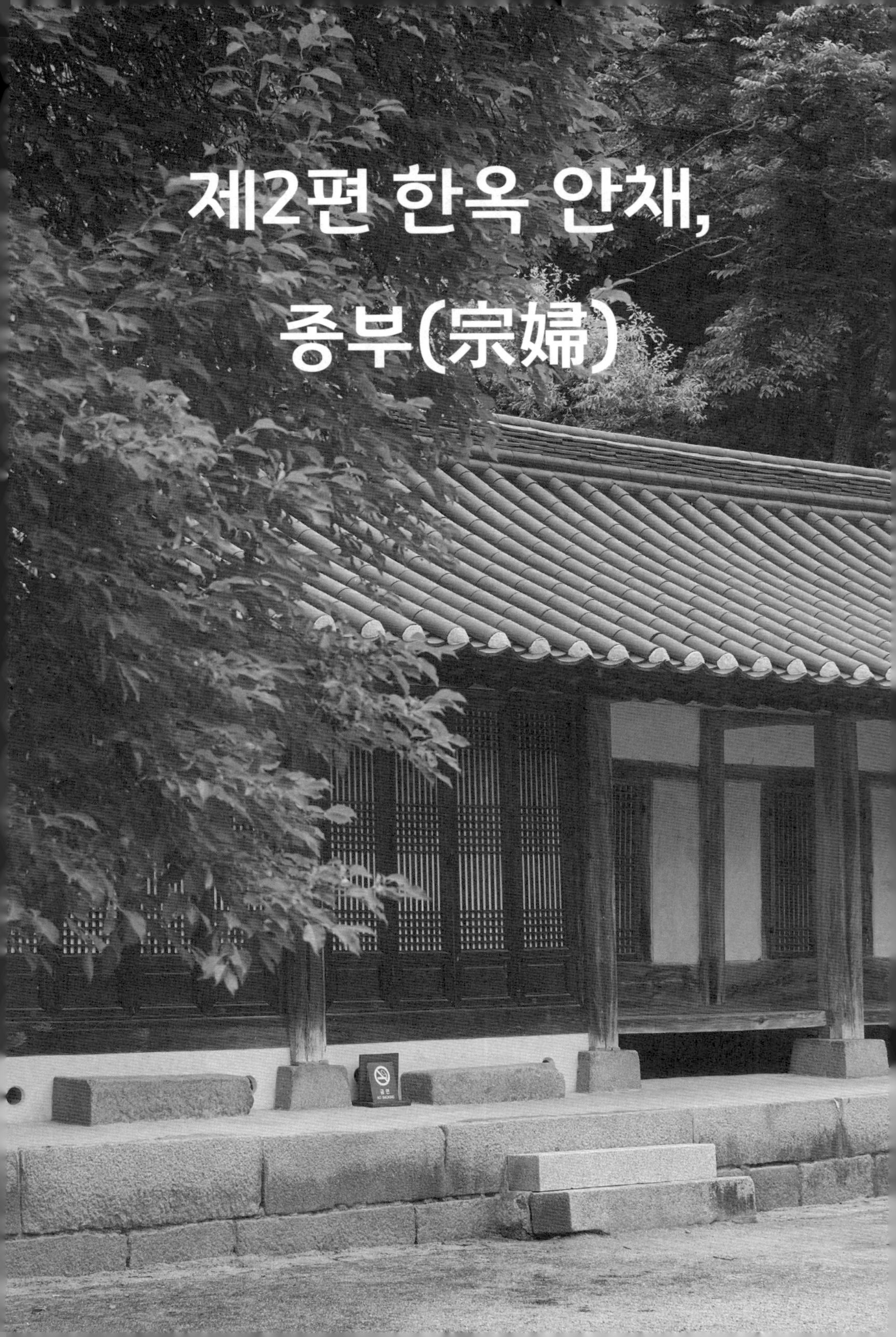

안주인의 단아함과 섬세한 품위를 간직한 안채는 사랑채, 내외중대문(中大門, 규문, 閨門)과 담으로 완전히 구분되며 대개 폐쇄적인 ㄷ자, ㅁ자 형으로 남자 친척, 형제라도 이유 없이 함부로 드나들 수 없었다. 또한 대문에서 안채가 직접 보이지 않도록 I 자형 사랑채가 정면을 막거나 꺾인 간이담, 헛담[75]을 세우고 때때로 마당에 키 작은 나무와 화초를 심기도 했다. 안채는 사랑채에 비해 낮게[76] 지어 안정감은 있으나 사방이 막혀 비교적 어두워 밝은 중정(中庭, 光庭)[77]을 마당에 조영하고 바람과 빛을 들이는 광창(光窓), 봉창, 바라지창을 많이 내었다. 사랑채 뒷마당에 남성을 상징하는 대추, 호두나무를 심듯이 안채는 다산을 상징하는 석류나무, 감나무, 배나무를 주로 심었다.

왼쪽부터 고택 헛담, 꺾인 중문, 솟을 중문

대청을 사이에 두고 흔히 안방과 며느리 방으로 나뉘고 안주인이 외출 때 균형을 잡기 위한 손잡이와 댓돌이 놓여 있다. 안방은 한쪽으로 쪽문을 내어 편하게 팔을 괴거나, 둘이 사랑을 나누어도 마당에서는 보이지 않는 30cm 정도 턱진 드나드는 창, 머름을 배치했고 툇마루와 연결된 뒷방은 수납공간으로 이용했다. 16C 장자상속이 본격화되면서 종갓집은 문중

---

75) 간이담, 헛담, 향장(嚮墻)은 안채가 직접 보이지 않게 만든 벽 혹은 담으로 사생활 보호와 액막이용으로 이용했다.

76) 안동 서애 류성룡의 충효당은 안채를 사랑채보다 훨씬 높게 지어 마치 사랑채를 내려다보는 듯해 류씨 가문의 여자들에 대한 깊은 존경심과 자부심을 보여준다.

77) 건물 내부 뜰이나 마당, 중정은 마치 하늘이 갇힌 듯 빛의 연못이 된다.

행사와 봉제사 접빈객(奉祭祀接賓客)[78] 등 제례와 손님 접대를 주재하고 대대로 내려오는 문서, 책자를 보존하는 가문의 지킴이다.

무엇보다 가장 중요한 일은 종손을 낳아 가계를 잇는 일이었다. 종손(宗孫)은 가문으로부터 철저히 교육되며 보호되었고 감사 벼슬과 바꾸지 않는다고 할 만큼 모든 이들로부터 존경받았다. 고결한 교양과 품위를 갖추어 치마 선비라 불린 종부(宗婦)는 시아버지 삼년상(길재, 吉祭)을 치르고 남편이 종손에 오르면 종부가 되며 뒤주 열쇠, 고방 열쇠, 반닫이 열쇠 등 집안 열쇠[79]를 받으며 안채를 이어갔다. 왕이 정경부인(정1품)에게 직첩(職帖), 교지(教旨)[80]를 하사하며 권위를 인정했다. 하지만 안주인으로 삼종지도(三從之道)[81]에 따라 갇혀 살아야 했다.

왼쪽부터 광정, 머름, 정경부인 교지, 충효당 사랑채(안채 가단 비교)

집안의 정신이 깃들어 있는 종손과 종부는 가문의 연장자들에게 정초 세배를 받고 제사의 아헌(亞獻, 제사 때 두 번째 술잔을 올리는 일)을 올리고 종부가 죽으면 사당에 위패를 모시며 사당의 주인[82]이 되었다.

---

78) 봉제사 접빈객은 조상 제사를 잘 모시고 손님 접대를 정성껏 하는 것을 사대부 최고의 미덕으로 여겼다.

79) 일본은 밥주걱을 넘겨준다고 한다.

80) 종5품 이하는 교첩(教帖)을 내렸다.

81) 결혼 전 아버지, 결혼 후 남편, 남편 사별 후 아들을 따르는 것을 말한다.

82) 안동 반변천 앞 반촌마을 청계 김진(清溪 金璡, 1500-1580)의 종택 오자등과택(五子登科宅)에서 김진과 그 부인 여흥 민씨의 불천위제사가 열린다.

『경국대전』에 이혼은 없었으나 처를 박대하거나 내쫓은 이는 관직에서도 쫓겨났고 칠거지악 외에는 부인을 내칠 수 없었다. 칠거지악은 시부모에게 불손한 경우, 자식을 낳지 못할 경우, 음탕한 경우, 질투하는 경우, 나쁜 병이 있는 경우, 말 많은 경우, 도둑질한 경우를 말한다. 또한 남편이 아내를 내칠 수 없는 삼불거(三不去)는 부모 삼년상을 같이 치른 경우, 가난할 때 시집와 집안을 일으킨 경우, 갈 곳이 없는 경우다. 첩이 있는 환갑이 넘은 홀아비라면 재혼[83]하지 않았고 첩을 정실로 들이지도 않았다. 상처한 양반은 거의 재혼하였지만 여자에게는 열녀문을 세우며 순결을 강조했다. 열녀문 집안은 부역과 세금을 면제했다.

첩은 족보에도 못 오르고 자식들은 호적에 따로 표시했고 언제든지 내쳐질 수 있어 안방마님이나 본처 자식의 눈치를 봐야 했으며 때로는 노비로 취급되기도 했다. 선비들은 첩이나 여자에 대한 문제는 부인 몫이라 여겨 거의 참견하지 않았다. 종부는 층층시하 시댁 식구 봉양과 가문만의 특이한 맛을 내는 음식 비법으로 일 년 12번[84]이 넘는 제사까지 책임지는 무겁고 혹독한 시집살이를 거쳐야 했으며 집안 어른이 택일해 합방[85]하는 날짜를 잡아주기도 했다. 천지의 기운을 얻기 위해 합방은 가문을 이끌어 갈 자손의 태자리로 기(氣)가 많이 몰려 있는 안채의 중심인 안방에서 이루어졌다.

종가의 교육은 수기치인 선비를 배양하는 것으로 안주인은 아이들의 교육을 책임지고 가족끼리 사랑과 우애를 가르치고 밖으로는 예의와 품위

---

83) 영조는 66세 때 15세인 정순 왕비를 새 비로 맞았지만, 철종의 부마인 박영효는 왕실 법도에 따라 재혼할 수 없었다.

84) 제사 12번, 12마당, 12 타작 등 12는 많다는 의미며 12폭 치마는 주변을 포용하는 여장부를 말한다.

85) 봄은 갑을(甲乙) 일이 좋고 여름은 병정(丙丁)일, 가을은 경신(庚申)일, 겨울은 임계(壬癸)일이 좋은 날이라 한다.

를 지키며 윗사람에 대한 예의범절이 우선이었다. 남자아이가 4-5세가 되면 교육은 할아버지, 아버지 사랑채로 옮겨가며 식사하는 법[86], 손님을 응대하는 법 등 가족과 손님과 위계질서 등 예절교육을 배양했다. 할아버지 품에서 세상 사람과 같이 부딪히며 살아가는 인생교육과 가르침을 배우는 격대(格代)[87]교육으로 제사를 통해 술을 배우기도 했고 노비 부리는 법, 농사짓는 법 등 실생활 교육을 받았다. 아버지가 자식을 직접 가르치기 힘들면 환가지교(換家至交), 환부지교(換父至交)가 양반 사이에서 유행했다. 섣불리 자식 교육을 맡았다간 교육은커녕 부자 관계가 원만하지 못하기도 했다. 이러한 격대교육, 밥상머리[88] 교육, 환부지교는 평생 교훈이 되며 선비는 자연 잉태되는 것이 아니라 교육으로 창조되는 것이었다. 이러한 종택(宗宅)은 현재까지 오롯이 그 가문만의 특유한 문화와 관습을 가지고 우리 문화의 정체성을 지키는 커다란 버팀목이다.

안채는 집 안쪽으로 숨겨두었지만, 안채 부엌과 연결된 작은 쪽문을 만들어 댓돌 위에 놓인 손님 신발의 개수와 품격을 보고 신분에 맞게 다과와 음식을 준비했다. 또한 언제든 원하면 부부 금실을 나눌 수 있도록 비밀스러운 자그마한 샛문(협문)[89]을 뒤편 툇마루에 배치했다. 안동 류씨 종가 양진당은 사랑채에서 안채로 가는 숨겨둔 쪽문이 2개로 하나는 사랑채 문, 또 하나는 안채 문으로 사랑채 주인이 안채로 가려면 안채에서 문

86) 아이들에게 음식에 대한 절제력과 참을성을 가르쳤다.

87) 할아버지가 손자를 교육하는 조손(祖孫) 교육을 말한다. 현재는 가족이 아니라 모르는 이에게 배우는 운전이다.

88) 조선시대 왕자들도 왕과 겸상하며 밥상머리 교육을 받았다. 1405년 태종과 식사 예절에 맞지 않는 일이 많은 양녕을 태종이 꾸짖었다는 실록이다. 본받아 가르치는 교(敎), 말로 얘기해 가르치는 훈(訓), 빛으로 가르치는 회(誨)로 이루어져 있다.

89) 상주 양반집은 사랑채와 안채를 연결하는 설렁줄을 설치해 줄을 한 번 흔들면 차와 다과, 두 번이면 음식을 내왔다고 한다. 15C 지어진 예천 권씨 종택은 안채와 사랑채가 다락으로 연결되었다. 다락은 통로나 광, 수납장으로 이용되었다.

을 열어주어야 들어갈 수 있었다. 그러나 안주인이 사랑채에 나오는 경우는 드물었다. 엄격한 남녀 구별에도 이처럼 안채와 사랑채를 연결하는 작은 틈을 두어 편리함과 실용성을 겸했다.

왼쪽부터 양진당 쪽문, 비밀 복도(뒷문), 사랑채와 부엌 쪽문

규방(閨房)은 다소곳이 고개 숙인 은밀한 규수[90]의 수줍음을 연상시키며 왠지 한 번 들쳐 보고 싶은 충동을 느끼게 하는 학과 원앙이 춤추는 발과 매듭으로 장식한 화사한 창호 문이다. 사대부 여인들은 한여름에도 바깥출입이 자유롭지 못해 발과 유소(流蘇, 매듭 술)는 안채의 필수품이었다.

고구려 벽화, 신라 금동반가사유상, 백제 금동향로에서 보이는 매듭과 술은 가마, 생활 용구, 종교 장식품으로 널리 사용했다. 봉술, 딸기술, 낙지 발술 등으로 불리며 길쭉한 비녀 매듭, 앙증맞은 병아리매듭, 국화매듭, 나비매듭은 여인의 향기를 담은 오브제였다. 선비들도 외출 때 호패 갓끈, 담배통, 안경집과 저고리, 겉옷에 달고 절에서는 법고에 색실을 달아 북을 치면 술은 가볍게 떨리며 한껏 운치를 내보인다. 소박한 민족문화이지만 그나마 분위기를 세련되게 연출한 화려한 매듭과 술이다. 문창살 역시 단순한 사랑채와는 달리 안채 격자살 문은 꽃문양으로 화려함과 우아함을 강조했고 중앙은 장수, 길상을 의미하는 팔각형 귀갑문 불발기창[91]으로 꾸몄다.

---

90) 규수란 담장 깊은 곳에서 생활하는 사람이란 뜻이다.

91) 불발기창은 흔히 안채의 문 중앙에 교창이나 완자창을 넣고 창호지를 얇게 바르고 나머지 부분은 두텁게 발라 빛을 반 투과시키는 채광용 장식 창을 말한다.

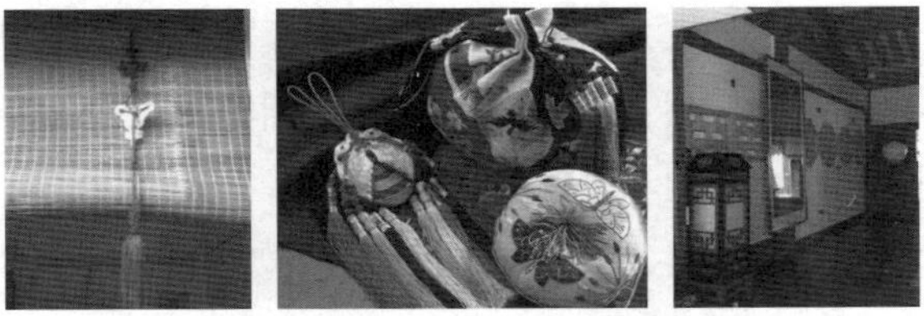

왼쪽부터 매듭, 복주머니, 팔각 불발기창

규수의 방은 비단실로 정성껏 한 땀 한 땀 섬세하게 수놓은 모란, 국화, 불로초가 핀 원앙금침과 세밀한 박쥐[92] 자수를 놓은 베개와 보료가 앙증맞게 장식하고 있다. 다산을 상징하는 박쥐는 왕의 베개도 치장했다. 자식을 기원하는 것은 왕과 서민이 다르지 않았으리라! 아담한 4폭 화조 병풍 역시 부부의 사랑을 표현한 원앙, 장수와 정결의 상징인 국화, 모란, 푸른 소나무와 날갯짓하는 학이 장식하고 있다. 특히 다산과 풍요를 상징하는 잉어, 포도, 석류, 수박 그림을 선호했다. 임란 이후 인구가 급감하며 다산의 상징인 과일 무늬가 특히 유행했다.

화사한 규방 가구는 다채로운 디자인과 세밀한 장식을 한 화각(華角) 또는 칠기(**부록 1**)로 치장했다. 혼수로 가져온 청실, 홍실을 엮어 사랑이 담긴 나전(螺鈿) 화조 자개장, 나비경첩을 박은 은은한 물결무늬 먹감나무 화장대, 칠보[93]로 장식한 향나무 보석함, 밤이면 잎이 합해져 부부 금실을 상징하는 자귀나무(합환수, 合歡樹)로 만든 농[94], 매섭고 고된 시집살이의 상징인 매화

---

92) 박쥐는 한자로 편복(蝙蝠)으로 복(福)과 발음이 같아 자식과 장수를 의미했다. 5마리의 박쥐는 장수(長壽), 부귀(富貴), 강녕(康寧), 유호덕(攸好德), 고종명(考終命)의 오복(五福)을 나타낸다. 부귀영화를 상징하는 모란은 망자의 다음 생의 부귀영화를 기원하며 장례식을 장식하기도 했다.

93) 칠보란 일곱 보석인 금, 은, 유리, 수정, 산호, 호박, 진주다. 화각이란 소뿔을 이용한 우리나라 고유한 각질 공예로 0.4-0.5mm 두께에 그려져 그림이 투명하다. 조선 왕실에서 가장 화려한 장식품으로 공주의 혼례품으로 주로 제작됐다.

94) 장을 포개면 농이 되며 이러한 장롱(欌籠)은 조선 후기부터 다량 보급되기 시작

나무 경대, 대추나무 등잔대가 그윽한 향기를 내뿜고 규방을 수놓고 있다. 놋쇠, 주석, 황동 등으로 만든 장수를 상징하는 학, 물고기 장석[95]과 십장생 쇠, 경첩으로 외장하고 내장은 갖가지 색종이를 붙이며 화사하게 꾸몄다.

왼쪽부터 장석과 두석, 나전 (칠기) 자개 십장생

주석, 백동 장식은 색깔이 쉽게 변해 손이 많이 가지만 동백기름, 오동나무 기름, 콩기름으로 닦아주면 나뭇결이 되살아나 더욱 격조 높은 빛을 발하며 새색시 방을 더욱 은은하게 빛냈다. 새색시는 가구를 새로 들여오거나 시어머니가 돌아가시면 가구를 바꾸기도 하며 집안 분위기를 새롭게 만들었다. 대물림되던 사랑방 가구에 비해 여성 고가구는 귀하다. 오래되어도 변하지 않고 색깔이 고급스러운 느티나무는 외장재로 소나무는 내장재로 주로 이용했다. 곰팡이와 해충을 방지하는 향나무, 단단하고 강한 대추나무, 색깔과 무늬가 아름다운 박달나무, 먹감나무[96], 부드럽고 습기를 잘 빨아들여 종이나 책을 넣어도 좀, 곰팡이가 생기지 않는 오동나무가 주를 이루었다. 오동나무는 봉황이 앉는 상서로운 나무로 여겨 거

하여 현재까지 혼수로 이어진다.

95) 장석, 두석은 목재가 틀어지지 않게 하는 장식품으로 무쇠, 구리와 금속의 부식을 막는 주석을 합금해 만들고 정중앙에 있는 장석을 경첩, 구석 장식은 귀잡이 장석이라 한다.

96) 감나무가 상처로 빗물이 흘러들어 나뭇결에 따라 움직이며 만들어진 깊고 진한 먹감나무 무늬다. 재질도 단단해 화살촉으로 이용했다.

문고, 가야금을 만들고 봉황을 장식했다. 예로부터 아들을 낳으면 소나무를 심고, 딸은 오동나무를 심어 딸의 혼수로 삼았다고 하니 옛 선조의 느긋함이 배어 있다.

여성에게 바느질과 의복을 만드는 재주는 반드시 갖춰야 할 덕목으로 지장 동고리와 규방칠우(閨房七友)[97]를 늘 곁에 두었다. 세심한 미적 감각과 손길에 따라 갖가지 여인의 소망을 담은 자수[98], 매듭, 방석, 보자기 등 생활용품과 각종 장신구를 고안했다. 수선화, 모란이 만개하고 불로초 사이로 사슴이 뛰놀고 나비, 벌은 꽃과 수작을 벌이고 원앙, 공작이 손이 가는 대로 자연이 펼쳐지곤 했다. 이 집 저 집에서 두 여인이 앉아 정겹게 주거니 받거니 두드리는 다듬질 소리가 새어 나올 것만 같다.

왼쪽부터 지장동고리, 보자기

더구나 손님이 오면 세밀하게 수놓은 방석을 내놓으며 자수 솜씨를 은근히 자랑하기도 했다. 보자기는 복(福)을 싸서 선물한다는 뜻으로 예절과 격식을 갖추는 의례용으로 널리 사용되었다. 밥상을 덮으면 상보, 책을 싸면 책보, 이불보가 되며 함보, 폐백보, 공양보, 경전보 등 귀중한 물건을 감싸는 그릇이었다. 별채 손님에게 음식을 낼 때, 이웃으로 백일 떡을 보내고, 부처님의 공물, 새해(**부록 2**)에 선배나 친구에게 작은 선물을 보

97) 규방 칠우는 바늘, 실, 가위, 인두, 자, 골무, 다리미, 지장 동고리는 색실 상자를 말한다.

98) 우리 자수는 신라 의복, 금동신발 자수, 익산 미륵사지 출토 금사 자수 등에서 보인다.

낼 때, 혼례를 약속한 사주단자를 담은 원앙 보자기[99]였다. 단순, 소박한 보자기는 여러 색깔 천 자투리를 모아 만든 재활용품이지만 실용과 장식미를 갖추어 현대적 디자인과 조형미로 손색이 없는 아름다운 규방 문화다. 하지만 가구, 옹기, 보자기 등 전통공예는 너무 흔해 내버려도 아쉬운 것이 없을 만큼 눈길조차 받지 못하고 천덕꾸러기로 내팽개쳐졌다. 하지만 외국인에게 화려한 색과 멋으로 비치며 세계적인 박물관과 언론이 극찬한 공예품이 되었다. 대수롭지 않게 여긴 천, 나무, 흙에 불과한 것이었지만 외국인이 먼저 우리 문화의 가치와 품격을 알고 우리에게 가르쳐 주었다. 타자의 시선 속에서 발견한 전통공예품이 이제는 예술품으로 인정받으며 골동품, 고미술로 다시 태어나 박물관에 전시되며 새삼 우리를 일깨워준다. 요즘 서양 퀼트가 유행이지만 이보다 우아한 보자기를 더 많이 볼 수 있기를 바란다.

한복은 북방 기마 민족 스키타이의 영향을 많이 받은 고구려 복식이 기원으로 전체적으로 몸을 감싸고 치마와 바지가 넓고 크다. 북은 추위와 거친 자연환경으로 상하 분리되고 몸에 달라붙은 옷으로 발전했고, 남은 통풍이 잘되고 일하기 편한 넉넉한 품과 통이 넓은 바지가 평상복이었다. 천지인을 상징하는 삼각형 저고리는 옷고름을 달아 생동감이 있고 직선과 곡선이 어울리며 선의 아름다움을 보여준다. 봄은 삼베로 여름을 대비했고 한여름에는 명주, 무명옷을 만들며 다가오는 계절에 준비했다. 신분, 계급에 맞는 의복을 규정한 『경국대전』과 국조오례의에 비추어볼 때, 부인의 신분에 따라 치마 길이가 달랐으며, 갖가지 색의 소매 줄무늬로 아들 숫자까지 알 수 있었다고 한다. 오른쪽 단추를 달고 왼쪽으로 여미는 한복이며 중국은 오른쪽으로 여몄다. 처녀와 유부녀가 치마를 돌려 입는 법부터 달랐고, 기생치마는 오른쪽으로 여미는 게 원칙이며, 첩이면

99) 혼수 보자기도 붉은색은 남자(양), 여자는 남색(음)이다.

왼쪽으로 여몄다. 마치 하와이 처녀가 꽃을 오른쪽 귀에 꽂고 유부녀는 왼쪽에 꽂는 것과 같다.

1363년 문익점이 들여온 면화는 15C 모든 서민이 입는 옷이 되었다. 16C까지 여성은 길이도 길고 품도 넉넉해 신분과시와 아름다움을 상징했으나 임란의 영향으로 17C 후 품도 작고 길이도 짧아지며 서민들의 경제적인 어려움을 잘 보여준다. 18C 이후 저고리의 길이는 더 짧아지며 19C 젖가슴이 밖으로 나올 정도로 짧은 저고리를 입었다. 이처럼 저고리는 시대 상황에 따라 부침을 겪는다. 흰색을 신성시하는 백의민족[100]이지만 식물 뿌리, 잎, 꽃, 열매 등 약용식물과 돌, 흙, 조개 등 자연에서 채취해 인체에도 유익한 자연 친화적 천연염색을 했다. 열을 내리고 피를 맑게 하는 치자는 자줏빛, 홍화는 붉은색, 황토는 주황, 쪽풀은 남색. 먹물은 검정, 오미자는 붉은색 등이다. 먹을 수 있는 음식에서 추출한 다양한 자연염료로 화려한 색채는 물론, 우아한 분위기까지 연출하는 친환경 염색이다. 제주도 떫은 감으로 물감 낸 갈옷을 보면 그 미묘한 색감을 잊을 수 없다.

1993년 온 국민을 흥분시킨 〈아! 고구려전(**부록 3**)〉에서 보듯이 오행적 우주관에 바탕을 둔 온화하고 은은한 파스텔톤의 화려함이 돋보이며 현대 화학 염료로 표현할 수 없는 깊이와 품위를 가진 색과 단청이었다. 고려 말 염료 기술이 크게 발달하여 특권층의 전유물이 아닌 서민들도 애용하기 시작했다. 명절이면 액을 떨치고 복을 빌고 오색(**부록 4**) 색동저고리[101]와 복주머니에 수복, 귀부를 새기며 선물했다. 하지만 염료는 손이 많이 가며 구하기 힘들고 값도 비싸고[102] 보관이 어려워 흰 두루마기와 검

---

100) 2천 년 전 『삼국지』 〈위지동이전〉에 기록된 백의민족이다. 고려 때 宋 사신 서긍 역시 고려인은 흰 모시옷을 입었다고 기록했고 19C까지 흰옷을 입었다.

101) 아이들 색동저고리는 자투리 조각을 모아 만들어 소박함을 보여준다.

102) 보라색 염료, 자초는 조선 말까지 1근당 쌀 5-8말, 홍화는 10-11말이었다.

정 치마, 흰 저고리[103]가 서민의 상징이 되었다. 조선부터 유교의 영향으로 청렴, 결백의 상징인 흰색이 주류를 이룬다.

이러한 색은 고대부터 많은 의미와 상징이 담겨 있고 시대 상황, 사회, 문화에 따라 달리 표현됐다. 오색[104] 중 남 주작(朱雀)은 벽사와 정열을 상징, 동 청룡(淸龍)은 생명, 성장, 숭고함을 의미하며 주작과 함께 대표적인 양의 색이다. 북 현무는 우주 탄생의 혼돈, 어둠, 정체, 죽음과 파괴, 두려움, 불안함, 어두움을 의미하는 음을 상징해 녹색으로 대체되기도 한다. 서 백호(白虎)는 신성, 순결, 영광, 상서로움을 상징하며 중앙 황토(黃土)는 존귀, 부귀, 풍요와 세계 중심, 우주 중심을 상징하는 황제의 색깔로 4방위 어느 쪽도 치우치지 않는 중심으로 천지의 중재자다. 또한 오곡, 오색 비빔밥은 오장 육부의 균형을 맞추어준다. 검은깨, 검은콩 등은 신장을 강화시키고 홍당무, 고추장 등은 노화를 막고 달걀노른자, 콩나물 등은 위장과 비장을 돕고 카로틴이 풍부해 시력과 암을 예방하고 흰밥, 흰 도라지, 달걀흰자 등은 폐에 좋다. 온갖 초록색 나물과 채소는 간을 도와 피로, 스트레스를 풀어준다.

머리 장식과 비녀, 노리개

고대는 물론 조선까지 남녀를 불문하고 머리를 기르고 남자도 상투를 틀기 전까지 비녀를 꽂았다. 조선 여인의 기본은 얼레빗[105]으로 머리를 정돈한 후 대나무로 만든 참빗으로 정갈하게 정수리까지 가르마 타고 동백기름을

---

103) 북한 처녀의 흰 치마, 검정 저고리를 보면 강렬한 대비로 단순하면서도 잘 어울려 우리에게 그리 낯설지 않다. 19C 서구 여행자들은 한복을 바람의 옷이라 부르기도 했다.

104) 몽골 오보의 오색 장식 중 적색은 생명과 피, 녹색은 땅, 흰색은 달과 영혼, 청색은 하늘, 노랑은 태양을 상징한다.

105) 살구, 대추나무로 만든 얼레빗은 머리 경락을 자극해 건강에도 좋았다. 얼레빗은 촘촘한 바늘마다 일일이 사포질한 참나무, 대추나무, 박달나무 빗이 유행했다.

바르고 비녀를 꽂은 쪽머리였다. 양반들이 갓 없이 외출을 못 하였듯이 부인들은 신분을 나타내는 비녀를 꽂지 않으면 외출할 수 없었다. 백제, 신라 왕관에서 보듯이 용잠[106], 봉잠, 떨잠, 비녀 등 뒤꽂이[107]가 달린 다채로운 갖가지 수식(修飾)을 착용했다. 쪽을 찐 후 비녀와 함께 꽂는 것이 뒤꽂이며 떨잠은 머리에 꽂는 작은 장식물을 말한다. 이런 장식품들은 재료와 형태에 따라 신분과 권위를 상징하며 머리모양 역시 신분, 계급에 따라 철저히 구분했다. 왕비의 대수 머리[108]를 장식한 봉황 산호 비녀, 용머리가 장식된 용잠은 왕족의 전유물이며 부귀의 상징인 가채는 통일신라부터 유행했고 크고 높을수록 선호해 무게가 3-4kg에 이른다. 궁녀 역시 가발을 썼으며 이를 고정하기 위해 화려한 비녀를 사용했다. 움직일 때마다 벌, 나비 장식이 흔들리는 국화, 매화 등 화려한 떨잠과 뒤꽂이는 여인의 대표적인 머리 장식으로 보는 이의 애간장을 녹였을 것이다.

왼쪽부터 대삼작 산호 노리개, 떨잠, 뒤꽂이

조선 후기 사치가 심해 가채(加髢) 없이 신행(新行, **부록 5**)을 하지 않았고 가채를 마련하지 못해 혼인을 미루거나 결혼 후 시부모에게 인사를 못 드리기도 했다. 영조[109]는 1756년 궁중뿐 아니라 양반, 서민에게 가채 금

106) 용잠은 용 형상 비녀, 봉잠은 봉황 형상 비녀다.

107) 무령왕 능에서 발견된 백제 시대 머리를 장식한 뒤꽂이다.

108) 가발이 7개인 왕비의 현란한 대수머리다.

109) 침방 출신 나인인 어머니(최숙빈) 때문에 영조는 어려서 궁 밖에서 생활해 서민의 애환을 잘 알고 있었다. 상류층 가채 머리는 초가집 한 채 값이었다.

지령을 내리고 족두리와 화관 사용을 권장하였지만, 족두리마저 사치하자 영조는 가채를 허락했다. 신부들이 쓰는 족두리는 원래 몽골 여자들이 외출할 때 쓰던 모자에서 유래했다. 이 족두리가 오늘날까지 결혼식에 쓰이며 여인의 가장 빛나는 아름다운 순간을 보여준다. 사모관대 결혼식은 서민이 평생 한 번 입는 관리 옷이었고 예식 때만 허용하던 화려한 호박과 옥을 장식한 노리개다. 결혼한 여자는 쌍가락지, 미혼인 여자는 한 개다. 생기 있는 피부를 유지하기 위해 스킨과 같은 미안수, 쌀과 조, 기장을 갈아 만든 미분을 기름에 개어 화장[110]했다. 특히 세정 작용에 탁월한 효과가 있는 인삼 사포닌이지만 서민은 꿈도 못 꿀 사치품이었다.

신라 때 요패(腰佩, 허리에 차고 신분을 나타내는 패)와 여인의 향낭(香囊)[111]에서 시작된 노리개다. 칠보 향낭, 필낭 등 노리개는 다산, 부귀 등 소망을 상징하며 화려하고 은은한 빛깔로 상의에 치장했다. 술이 하나면 단작노리개, 삼작노리개는 산호, 백옥 나비, 밀화불수(蜜花佛手, 부처님 손바닥처럼 만든 패물) 등 세 개를 묶은 것으로 천지인을 상징하며 노랑, 빨강, 파랑 매듭에 주로 나비, 박쥐, 매미 모양으로 길상과 고귀함을 뜻했다. 또한 사대부 집안 여인들에게 순결, 정절의 표상인 장도(粧刀)[112]는 필수 소지품이었다. 바다거북이, 물소 뿔, 옥, 은 등으로 장식한 장도는 남자에게도 충효예의를 상징하며 소지한 충절도다. 이러한 노리개, 패물들은 후손 대대로 물려주는 가보로 문화적 전통과 시대적 장식을 보여준다.

---

110) 인류 첫 화장은 주술적, 종교적 이유로 사용했고 동서양을 막론하고 밝은 피부가 젊음과 건강한 생식능력의 상징으로 여겼다.

111) 사향노루 수컷의 배꼽을 감싸고 있는 주머니, 향낭 주머니를 말려 넣고 다녔다. 미안수(로션), 향낭은 조선 말까지 유행했다.

112) 과일 깎거나 종이를 자를 때 이용한 장도는 기능과 다양한 재료에 따라 신분을 나타내며 남녀노소 모두의 필수품이었다.

안동 양반댁 부엌

소지황금출(掃地黃金出,)을 붙여 놓은 양반댁 부엌**(부록 6)**이다. 청소만 잘해도 재물을 불러들인다는 뜻으로 가족의 건강을 위해 부녀자의 부지런함과 청결을 강조했다. 귀신을 쫓는 엄나무로 장식한 부엌 살창은 연기, 습기를 밖으로 배출시키며 적당한 습도와 온도를 유지했다. 부득이 살창을 할 수 없으면 부엌 용마루 안쪽으로 구멍을 내 연기를 배출하는 전통 부엌 숨구멍, 까치구멍이다. 부뚜막에는 우리와 가장 가까운 생활용품인 큰 가마솥과 사기그릇이 보자기에 가지런히 덮여 있다. 만든 이의 소중한 땀과 정성이 깃들어 있는 한식은 아름다운 그릇에 음식을 담아야 완성된다고 믿었다. 여름은 시원한 사기 반상기, 겨울은 보온력 좋고 세련된 유기 반상기, 봄가을은 은사시나무 반상기 등 기능과 계절과 품격에 맞는 그릇을 사용했다. 청실, 홍실 사주단자와 선물을 담아 보내며 결혼식 원앙의 수줍음을 간직한 고급스러운 소반(小盤)[113]이다. 때로는 육신과 정신을 정화한다고 믿은 정안수 떠놓고 손자를 기원하는 애끊는 할머니의 소원을 담고 그 기원으로 탄생한 아기의 태를 받던 정결한 소반이다. 삼신 할머니에 바치는 지양상에서 탄생한 아이는 백일상, 돌상을 거쳐 결혼 때 전안상, 회갑상, 제사상에 이르기까지 우리 민족의 애환이 담긴 소반상이다.

안동 대갓집 간결한 선반에는 아담한 그릇, 쟁반, 올망졸망한 반상이 언제든 준비된 채 가지런히 포개져 있다. 여유 있는 안동 대갓집 부엌 선반에 앉은 소반상은 그 가문의 위세, 권력을 보여준다. 아마 시골 가난한 농부의 예식 때는 온 동네 반상이 징발되었으리라! 경주 최부자 집은 소반상이 400개가 넘었다고 한다. 이러한 소반이 1인용 각반(반상)으로 발전하며 조선 특유의 반상 문화를 이루었다. 원반, 4각, 8각, 12각으로 상판을 연잎 모양, 구름무늬로 형상화하여 구름 위 신선의 음식을 표현했다.

113) 고구려 무용총에도 그려져 있는 소반이다.

대를 걸쳐 내려온 가문 음식과 아름다운 그릇, 술이 조화를 이룬 한식이며 소반상이다. 풍요로운 지역에서 발달한 소반은 상판과 다리 모양에 따라 구분했다. 일주반(一柱飯), 통반, 회전반과 잘 빠진 호반(虎飯)[114], 개다리 상 등 다양한 모양과 약소반, 다과반, 교자상 등 용도에 따라 달랐다. 투조한 풍혈(風穴)판은 상다리를 치마처럼 펼쳐 만들고 바람구멍을 내었다. 상판은 느티나무, 은행나무, 상판을 받치는 아래 판은 피나무 등 다른 나무를 덧대어 뒤틀림을 방지했다. 고려 왕실, 귀족층이 애용하는 해주반은 당초문을 넣어 개성 양반의 화려한 고급 취향을 보이고 나주반은 가볍고 날씬한 여성을 연상시키며 투박한 강원도 반상이다. 통영은 예부터 칠기(漆器)가 발달해 십장생, 당초문 등 나전칠기를 입힌 나전반을 자랑했다. 찻상, 밥상이 되기도 하는 소반상은 신분의 고하를 막론하고 사용했지만, 신분에 따라 상이 달랐고 겸상은 상상도 못 했다. 사랑채에서 떨어진 별서 정원까지 매일 세끼와 간식을 날라야 해 소반은 주로 가볍고 튼튼한 은행나무로 만들었다.

왼쪽부터 소반상, 호반상, 안동 소반상들, 화려한 해주반

설, 추석, 제사 지내기 전 촛대, 놋그릇을 꺼내 윤이 날 때까지 짚과 황토, 모래로 닦으시던 아버님이 생각난다. 12C 고려 때 종묘제례 이후부터 본격적으로 쓰인 방짜유기[115]는 구리 78%, 주석 22% 합금으로 식중독균

---

114) 호랑이 다리 모양, S자 형태로 휘어진 호반상(虎飯床)이다.

115) 18C 이후 서민들에게도 유행한 유기는 쓰면 쓸수록 멋이 난다.

99.9%를 살균하고 유익한 미네랄을 생성하며 열전도가 빨라 영양소 파괴가 덜 되는 것이 과학적으로 입증되었다.
망치로 두들겨 세포 사이의 기포를 없애 높은 강도를 자랑하며 제기, 촛대, 향로 등 불교 제례용으로 징, 바라, 세숫대야, 요강으로 사용한 방짜유기다. 하지만 일제의 밥그릇, 수저까지 무자비한 공출, 한국전을 치르며 양이 줄어들었고, 1960-1980년 연탄 사용으로 유기는 급속도로 쇠퇴하며 양은이 대신한다. 유기는 연탄가스와 접촉하면 급속히 산화하며 녹이 슨다. 요즘 제사상은 사기 접시가 주류를 이루고 목기조차 귀하게 되었다. 농사에 필요한 네 신을 부르는 사물놀이 역시 방짜유기의 산물이다. 꽹과리는 하늘에서 울려 퍼지는 천둥을 상징해 뇌공(雷公)이라 불리고 굿판, 농악 판에 빠지지 않고 모든 악기에 선두에 선 징은 하늘신을 부르는 바람 소리로 악귀를 쫓는 주술적인 풍백(風伯)이다. 장구**(부록 7)**는 비, 북은 구름을 뜻한다. 북은 낮고 은은하면서도 맑게 울리는 소리로 양쪽 뺨에서 고음과 저음 소리가 나고 중앙과 옆을 칠 때 다른 소리가 난다. 특히 위아래로 치는 북에 비해 옆에서 치는 우리 북은 리듬이 다양하다. 한 사람이 매고 한 사람이 치는 메고, 오색 유소로 치장한 건고, 틀에 매달아 놓은 현고, 말 위의 마상고, 용 그림의 용고, 법고 등 종류도 많다. 이 사물놀이는 우리 삶 깊이 희로애락을 표현하며 큰 울림을 준다. 관객의 눈에 보잘것없어 보이는 작은 악기 4개가 무대 위에 놓였다. 그러나 공연이 시작되자 힘차고 광풍이 휘몰아치듯 정렬과 격렬한 힘을 보이고 때론 느슨한 몸짓으로 사람의 영혼을 울리며 관중을 열광의 도가니로 몰입시켰다. 울림과 어울림, 격렬한[116] 속도로 사람을 들었다 놓았다 해 관객들은

116) 말을 달리는 듯한 간결하고 빠른 사물놀이의 템포, 장단은 기마유목민들의 춤과 리듬에서 유래된 것이다. 장구 역시 원래 서역의 악기다. 중국 음악은 4박자, 일본은 2박자가 특징인데 우리 음악만 3박자로 자유 분망한 자연미, 개성, 걸쭉한 음유, 해학 등으로 흥겨움과 재미를 배가시켜 준다.

환성을 터트렸다. 민족의 흥(興), 정(情), 한(恨), 기(氣)가 녹아 마치 선상 소리 같은 사물이다.

왼쪽부터 방짜유기, 법고

온돌은 2500년 전 만주, 연해주 옥저, 고구려가 사용하기 시작했다. 『삼국지』 〈위지동이전〉에 고구려인은 장과 술을 잘 빚고 젓갈 등 발효음식을 매우 잘 만들고 구덩이를 길게 파고 난방한다고 기록했다. 두 자 정도 파 돌을 깔고 체로 곱게 친 황토를 반죽해 다져 만든 온돌은 한옥의 기본이다. 열기[117]를 오래 저장하기 위해 아궁이 부넘기와 구들 개자리, 연로(煙路, 연기길)를 지하로 묻고 굴뚝 밑에는 역풍을 막는 고래개자리를 만들고 굴뚝은 될수록 멀리 높게 설치했다. 부채살 모양 고래를 따라 열전도, 복사. 축열, 분배가 잘 되고 오래 저장되어서 한 번 불을 때면 따스함이 3-4일 지속된다. 계란이 굴러갈 정도로 경사진 온돌이며 장판은 콩물[118]로 코팅했다.

117) 고래와 구들을 데운 다음 열기가 빠져나가기 때문에 불기운을 빨아들이고 연기가 머물게 고안한 개자리다. 구들에 좋은 화산석 현무암이다.

118) 콩을 물에 불리고 맷돌에 갈아서 나온 즙액으로 방바닥에 여러 번 바른다.

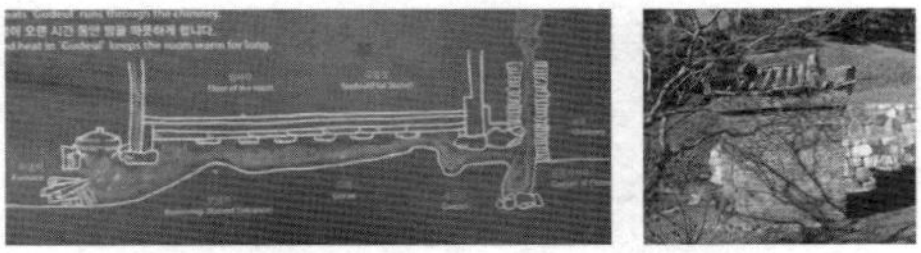

왼쪽부터 온돌 안내도, 김용사 굴뚝

담공선사가 만든 지리산 쌍계사 칠불암 아자방 온돌은 지게를 지고 들어갈 만큼 큰 아궁이로 한 번 불을 때면 스님 동안거 백일 내내 같은 온도를 유지했다고 한다. 네 귀퉁이의 모서리를 높게 조성해 수도했다. 불행하게도 아자방은 1951년 한국전 때 소실되었다. 문경 김용사 강원 설선당은 한 번에 300명이 들어갈 수 있는 중앙 7칸 측면 3칸 선방으로 큰 세 아궁이와 이에 걸맞은 굴뚝이다. 원적외선을 방출하고 통기성이 좋아 스스로 숨 쉬는 황토는 해독작용이 뛰어나며 과학적, 화학적 우수성이 증명되었다. 인체의 균형을 잡아주는 것이 건강의 원칙으로 열은 항상 위로 뻗치기 때문에 발은 차갑게 마련이다. 그래서 머리는 차갑게, 발을 따듯하게 만드는 두한족열(頭寒足熱)이 가장 이상적인 난방이다. 산모는 아랫목에서 아이를 낳고 노인은 아랫목을 차지하며 죽어 제사상을 받는 아랫목이다. 자연스러운 위계질서를 만든 온돌과 평생 가르침인 밥상머리 교육이 사라지며 장유유서 역시 빠르게 사라지고 있다. 구들은 구운 돌이란 뜻의 순우리말이며 일제 때 온돌이라는 단어를 사용했고 옥스퍼드 사전에도 실린 온돌이다. BC 1C 러시아 연해주 온돌, 바이칼호수 성터인 이볼가 유적, 교토 사가현에서도 온돌이 발견되었고 최근 알래스카 아막낙섬에서 3,000년 전의 것으로 보이는 쪽구들이 발굴되어 화제가 된 적이 있다. 이러한 온돌은 고대 한국인의 이동 경로와 관련이 있을 것이다. 전통 중국집 사합원 역시 벽돌을 깐 쪽 구들(캉, 炕, 부분 구들)을 이용했다. 13C 고려 말 상류층이 온돌을 사용하기 시작하고 조선 초 왕실은 쪽 구들을 놓고 16C까지 침대를 썼고 17C 궁에 제대로 된 온돌이 놓였고 임란 후 전국적으로 보급되며 본격적인 좌식**(부록 8)** 문화가 시작되었다. 또한 한식 때 궁에서 새 불을 밝혀 관청과 대신들에게 불씨를 나누어 주는 행사를 했다. 봄을 맞아 신성한 새 불씨가 집안을 흥하게 한다는 주술적인 의식이었다. 불씨를 재산이라 생각해 불이 꺼지거나 불씨를 빌려주면 복, 재물이 나간다고 믿어 항상 조심했다. 성냥이 없던 시절에 불씨를 보존하기는 쉬운 일이 아니었을 것이다. 60-70년대까지만 해도 연탄불을 가지고 이사하던 부모님이 생각난다. 매운 연기를 피해 눈물 지으며 밥 짓는 어머니를 상기시키는 재래식 아궁이며 집 주위로 낮게 퍼진 연기는 안개처럼 피어올라 선경을 연출하는 초가집들이다. 또한 끼니를 굶는 이웃을 생각해 밥 짓는 연기가 될 수 있으면 담을 넘지 않도록 낮은 굴뚝을 만들어 가난한 이들을 배려했다.

송소고택 굴뚝

얕고 납작한 돌을 깐 장독대가 마당 양지바른 한구석을 차지하고 있다. 사시사철 음식인 장과 갖가지 김치를 담은 올망졸망한 항아리들은 안주인의 손맛을 담고 넉넉함과 풍요를 보여준다. 8C 신문왕 때 장, 김치는 폐백의 중요한 품목이었다는 『삼국사기』의 기록이다. 신선한 채소를 보관하기 어려워 소금에 절여 보관했고 조선 시대에 건장(乾藏), 염장(鹽藏)을 비롯해 다양한 발효 기술과 저장 가공 기술이 발달했다. 하지만 극적인 변화는 임란 이후 들어온 고추**(부록 9)**였다. 이전까지 천초, 후추, 마늘, 생강으로 매운맛을 내었다. 17C 초부터 고추, 파, 마늘, 양파, 생강을 넣은 김치가 생겨났고 1700년 이후 고추는 전국적으로 재배되기 시작한다. 18C 후반 중국 배추가 들어와 통김치가 전국적으로 유행하며 본격적인 김장[119)]은 19C 중반부터 시작되었다.

김치 36가지, 젓갈 36가지, 떡 36가지, 죽 36가지 등 음식을 가르쳐 딸을 시집보냈다. 음식은 정성이 담긴 손맛이라 하며 어떤 재료보다 손맛을 따졌다. 땅에 묻어 배추김치, 동치미, 백김치를 겨우내 숙성시켰고 봄이면 오이, 냉이, 쑥 등 신선한 산나물과 어울리는 햇김치, 미나리 김치, 갓김치, 여름이면 열무김치, 부추김치, 오이김치, 가을이면 가지김치, 총각김치였다. 이렇듯 김치는 계절과 지방 특성이 있는 젓갈, 기후, 채소에 따라 200여 종류가 넘고 계절 음식에 양념, 젓갈이 조화를 이루고 고명을 올려 모양과 색을 내며 입맛을 돋운다. 동남아에서 크게 유행한 사스에 특별한 효능이 있다고 과학자들이 밝힌 김치다. 추운 지방은 기름진 음식이 주로 양념이 적고 싱겁고 담백하며, 더운 남쪽은 땀을 많이 흘려 젓갈과 양념이 짜고 맵다.

장 역시 마찬가지다. 사계절이 뚜렷한 기후와 영양분이 풍부한 토양에서 자란 채소, 약용식물로 다양하고 독특한 발효 문화가 발달했다. 사람을 소우주로 표현하며 약식동원(藥食同源), 신토불이(身土不二), 자연 계절 음식으로 유아기, 성장기, 임산부와 노년 음식이 달랐다. 삼국시대 후기부터 밥과 갖가지 채소 나물, 어류, 고기가 주식이었고 마을공동체가 한집안이라 여기며 공동 생산하며 나물을 비비고 국과 무친 음식이 주를 이루었

119) 2013년 12월, 유네스코는 김장을 한국인의 정체성과 일체감, 연대감, 소속감을 상징하는 문화로 인정하며 세계문화유산에 등록되었다. 2004년 3,500년 전 신석기 후기 김치를 저장한 옹기 항아리가 러시아 연해주 레티호프카 마을에서 발굴됐다.

다. 더운 여름에는 피부혈관이 확장되며 혈류량이 늘어나 높아진 체온을 조절하며 상대적으로 장기로 가는 혈류량이 줄어들어 장기는 차가워진다. 찬 장기를 보호하기 위해 따듯한 음식을 먹어야 해 여름철 뜨거운 음식을 자주 찾는다. 주 · 부식이 뚜렷하고 고유의 맛과 격식을 중시하던 한식은 6.25 후 경제가 어려워지며 한 가지 특성 있는 단품 요리가 중심이 되었다. 일식**(부록 10)**은 신선하고 다양한 식재료와 아름다운 계절뿐 아니라 날씨까지 담아내는 장식도 중요해 시각적인 면을 강조한다. 메주**(부록 11)**는 통풍이 잘 되는 곳에서 습도 30-49%, 온도 5-10도에서 40일이 지나면 메주 표면에 흰색 혹은 노르스름한 곰팡이가 피고 내부는 검은색 곰팡이가 피기 시작할 때 길일을 택해 장을 담기 시작한다. 음력 2월 독과 주변을 청소하며 음기를 염려해 여성의 입을 한지로 막고 빚는 시간과 장독의 방향까지 따졌다. 메주를 부수어 간수를 뺀 소금물에 2개월 담가두면 액체와 덩어리로 분리되며 액체는 간장, 덩어리는 된장이 된다. 귀신 쫓는 붉은 고추와 솔가지로 금줄[120)]과 항아리 안으로 꼬이는 벌레를 막고 잡귀나 부정한 기운이 버선 안으로 들어가 없어지라고 흰 버선을 거꾸로 매달았다. 숯은 귀신이 숯 구멍에 갇히면 빠져나올 수 없다는 액막이로 참나무 숯을 간장독에 넣고 습도조절과 살균했다. 해인사 장경각과 석굴암도 참나무[121)] 숯을 깔아 습도를 조절했고 마을 우물도 숯을 바닥에 깔고 자갈을 얹어 정화했다.

배가 불룩한 장항아리는 한곳에 집중되는 햇빛과 지열을 골고루 측면까

---

120) 금줄은 주술적 의미로 왼쪽으로 꼰 새끼줄이 들어오는 귀신을 쫓는다고 믿고 날카로운 솔잎과 붉은 고추를 같이 둘렀다. 여아의 금줄에 솔잎은 절개와 바느질하는 것을 상징했다. 마을 입구에 새끼줄 금줄을 걸어 외부 사람들의 출입과 역병을 막기도 했다. 고구려는 아들을 낳으면 금줄에 화살을 걸었다.

121) 참나무 숯을 간장에 넣어 살균하였고 오크통에서 숙성한 위스키며 다양한 용도로 쓰이는 참나무다. 장맛이 변하면 집안에 우환이 생기고, 장독대가 깨지는 것은 집안이 망하는 것을 상징했다.

지 퍼지게 해 온도를 일정하게 유지하며 습기를 조절한다. 어머니의 정성과 손맛, 햇빛, 바람 등 천지인의 조화가 빚어낸 기다림의 미학을 간직한 장이다. 간장 맛의 씨앗인 씨간장의 맛을 유지하기 위해 햇간장을 첨가해 균일한 맛을 대물림하며 지켜왔다. 예로부터 장은 하늘의 일이라고 하듯이 날씨에 따라 달라지는 장맛이기에 청명한 가을엔 자주 항아리 뚜껑을 열어 직사광선에 노출해 잡균을 없애고, 밤에는 수분이 들어오지 못하도록 뚜껑을 닫았다. 중국, 일본은 메주 없이 콩을 발효시켜 된장은 된장대로, 간장은 간장대로 따로 만들지만. 간장, 된장을 함께 만들고 덧 간장을 배합하는 것은 우리만 고유한 문화다. 국간장, 조선간장[122], 진간장 등 전통 간장은 집마다 맛이 달랐고 장맛이 좋아야 집안이 선다는 말이 있을 정도였다. 궁에서는 장을 보관하는 창고, 장고(醬庫)를 두었고 장고 마마상궁이 직접 장을 담그고 관리했다. 김유신의 고사가 말하듯 장에 주술적인 의미를 부여하며 가족의 무사함을 빌고 길흉을 엿보기도 했다.

이처럼 김치와 젓갈, 장은 인간에게 이로운 박테리아를 생성하는 발효 과학, 생명과학이다. 부드러운 복합적이고 풍부한 맛을 내며 은은하게 입안에 오래 남는다. 된장은 오래 둬도 상하지 않고, 비리고 기름진 냄새를 제거하고 매운맛을 부드럽게 하며 어떤 음식과도 조화를 이루며 음식의 풍미를 높이는 약이다. 쌀을 주식으로 하는 민족에게 부족한 필수아미노산이 풍부해 장운동을 활발하게 해 변비 예방, 혈압을 낮추고 항암효과와 독소를 제거해 간 해독에 탁월한 효과가 있는 약, 된장이다. 내가 잘 아는 외국 기자가 한 분 있었다. 60년대 말 한국에 와 28년을 살았다. 데모 현장에 취재할

---

122) 일본인이 양조 왜 간장을 대량 생산해 한국인의 입맛이 변하며 전통 간장은 빛을 잃기 시작했다. 일본의 미소는 고려의 말장(末醬)에서 유래됐다. 몽골 기마민족이 콩을 말안장에 넣고 다니며 발효시켜 수시로 먹던 청국장이다. 막장은 장을 담가 15일이 지난 후 먹을 수 있게 만든 속성 장을 말한다. 막된장은 메주를 소금물에 담가 숙성시킨 후 간장을 빼고 난 부산물로 만든 장을 말한다. 이외에 토장, 즙장, 두부장 등이 있다.

때 학생들이 yankie go home이라고 하면 학생 몇 살이냐고 물어본단다. 자신보다 어리면 내가 한국에서 더 오래 살았으니 네가 나가라고 대꾸하는 사람이다. 이렇게 오래 산 사람도 아침에 출근할 때 엘리베이터 안에서 나는 김치 냄새는 견딜 수 없다고 한다. 하지만 어쩌랴! 이것이 우리 냄새요, 문화인 것을! 하루도 김치를 안 먹으면 허전하니 어쩌랴? 단순히 식탁에 오르는 음식으로만 여기던 김치와 된장이 최근 현대과학으로 그 우수한 효능이 밝혀지면서 전통의 맛과 서구의 맛을 적절히 아우르는 세계음식이 되길 바라며 세계인의 식탁을 수놓기를 기대해본다.

요즘 거의 잃어버린 것 중 하나가 장독대며 옹기**(부록 12)**다. 옹기는 선사시대부터 우리와 같이 이어왔다. 옹기[123]는 진흙, 점토와 입자가 큰 모래가 섞인 질흙을 태토로 사용해 900-1,000℃로 구워 옹기 벽에 미세한 기공을 통해 원적외선을 방출하고 물은 통과하지 못하지만, 공기는 통과시켜 살아있는 숨 쉬는 그릇이다. 방부성, 통기성으로 간장, 된장, 김치, 젓갈 같은 발효음식을 보관하기에 좋다. 왕이 사약을 내릴 때 살려주고 싶은 인물은 독기를 흡수하는 뚝배기에 내린다고 한다.

옹기에 물을 보관하면 시원해지는 것도 옹기가 수분을 빨아들인 뒤 옹기 밖으로 서서히 기화시키기 때문이다. 쉽게 끓지도 식지도 않으며 음식이 식을 때까지 맛을 그대로 유지한다. 숙성에 오랜 시간이 걸리는 김치와 고추장, 된장과 쌀, 보리 등 곡식도 다음 해까지 보존했다. 옹기는 쓰임새에 따라 입, 목, 바닥, 어깨, 주둥이의 모양이 각각 다르고 독특한 지방색을 나타낸다. 일제 때 전국 3천 개 옹기 만든 공장이 있었다. 옹기의 윤을 내기 위해서 닦던 광명단에 납 성분이 있다는 것이 알려지면서 옹기는 급격히 쇠락한다. 더구나 아파트와 냉장고의 빠른 보급이 우리 생활을 변화시키며 오랫동안 우리 곁을 지키던 전통들이 너무 빠르고 쉽게 사라졌다.

123) 질그릇을 볕에 말린 뒤 유약 초벌한 오지그릇을 옹기라 한다.

파리 등 벌레 쫓기 위한 파란 망과 숯덩이, 빨간 고추가 둥둥 뜬 투박하지만 튼실한 장독이었다. 구부정한 허리에 아침, 저녁으로 장독을 여닫으며 투박한 손으로 장독을 연신 훔치시던 어머님이 눈에 선하다. 밖에서 일 보시다가 "얘야, 비 온다. 장독 닫아라!" 하시던 우리 할머니, 어머님들이었다.

절식과 신들

철마다 나는 음식을 절식(節食)이라 부르며 계절에 맞고 지방 특색과 고향 맛을 대표하는 음식과 떡**(부록 13)**은 제사나 주술적 의례[124)]에 빠지지 않는다. 설날 가래떡은 가족의 번성과 태양을 상징하는 태양 숭배를 나타내며 엽전 모양으로 돈을 잘 벌라는 뜻이었다. 솔잎을 켜켜이 깔고 찐 송편은 속이 꽉 찬 인생을 살라는 의미로 소나무처럼 건강하고 청정한 삶을 바란 선조의 철학이 담겨있다.

백일 떡은 완성의 의미로 오래 살기를 기원했고 돌상에는 깨끗하게 살라는 뜻으로 백설기를 올렸다. 의식이 끝나면 백설기, 시루떡은 이웃에 돌리곤 한다. 떡은 나누어 먹는 음식이었다. 첫 친정 나들이에서 시집으로 돌아올 때 가져온 인절미는 시집 식구와 며느리 사이를 접착시키는 떡이었다. 또한 계절에 맞게 봄은 쑥송편, 계피떡, 송기떡, 빈대떡, 여름은 증편, 깨 인절미, 가을은 송편, 겨울은 시루떡을 조상께 올리며 가족 화목을 기원했다. 꽃은 약용, 식용으로 꽃 음식, 꽃 요리가 식탁에 오른 것도 우리 음식 특징이었다. 철 따라 진달래, 찔레, 국화, 장미꽃으로 화전을 만들어 신선한 계절감을 느꼈다. 동지에 찹쌀로 빚은 옹심이를 넣은 팥죽을 쑤어 잡귀나 액을 물리치고 궁에서도 탈을 쓴 이가 묵은해의 잡귀를 쫓

---

124) 고대부터 풍년제는 전 세계 민족들의 보편적인 신앙으로 한국은 송편을, 중국은 월병을, 일본은 당고(団子)를, 미국은 칠면조구이, 호박파이를 즐겼다.

아내는 나례(儺禮) 의식을 거행했다. 조상에 대한 제의와 소원을 기원하며 떡은 일상사에서 빠지지 않았다. 또한 가문에 따른 특이한 떡살 문양은 그 집안을 상징하는 무늬였다. 이 문양들은 가문을 상징해 문중의 동의를 받아야 하며 남의 문중에서는 함부로 사용할 수 없었다. 장수, 지조를 상징하는 매화, 입신출세 물고기, 격자문, 귀갑문 등 길상을 상징하고 수레바퀴 무늬는 모든 일이 잘 굴러가기를 기원하는 문양이다. 힘든 세상살이지만 10월 상달고사를 건너지 않던 어머니가 생각난다. 시루에서 펄펄 김이 나던 콩, 팥떡을 시루째 놓고 삶은 돼지고기를 곁들이며 수줍은 얼굴로 막걸리에 설탕을 타서 드시던 어머니였다. 부뚜막을 지키는 조왕신(竈王)[125], 장독대 항아리 속에 곡식을 넣어 보관하던 터줏대감, 택지신(宅地神), 곡간에 숨어 사는 구렁이인 업으로 대표되는 재신(財神), 장독대는 철융신, 아랫목 고리짝엔 제석신(帝釋神), 뒷간엔 측신(廁神), 門神에게 떡을 바치며 함께 살아온 조상들이었다. 11월 동지 때 장독대에 팥죽을 뿌리며 가족의 안녕과 건강을 기원했다.

왼쪽부터 부엌 조왕신, 떡살 문양

전통주

전통주는 수백 년에 걸쳐 엄격한 봉제사 접빈객 제도에서 시작되었다. 조상 제사와 친지, 선배, 손님 접대를 위한 그 가문만의 가양주(家釀酒)다. 재

125) 조왕은 부엌의 신, 서울 진관사에서는 섣달그믐에 아궁이와 가마솥이 있는 공양간에서 조왕 불공을 올리는 전통이 깊다. 많은 절에서 조왕 불공 의식을 치른다.

료에 따라 봄이면 냉이주, 여름이면 매실주, 가을에는 국화주 등 계절마다 세시주가 있었다. 설날 아침 무병장수를 기원하며 나이가 어린 사람부터 마시는 도소주(屠燒酒), 정월 대보름은 귀밝이술을 마셨다. 궁에서도 술 빚는 날을 따로 정했을 정도로 정성을 다해 만든 왕의 술이었으며 술을 멀리한 세종의 건강을 염려해 신하들은 술 들기를 간언하기도 했다. 술은 풍류와 멋으로 질병 치료를 위한 약으로 사용되며 각 지방, 집안마다 독특한 술을 만들며 대를 이어와 그 종류를 헤아리기 어렵다. 1910년대 전국에 15만 개 양조장이 있었고 1930년 일제가 조사한 바에 따르면 가양주가 무려 수만 개였다고 한다. 名村(명촌)에 명가가 많고 명가에 명주라 한다. 한 가문의 맛은 장맛에서 보고 한 고을의 일은 술맛에서 본다는 말이 있듯이 가문의 향기가 배어있는 가양주(家釀酒)는 고을을 평가하는 기준이 되었다. 충렬왕 때 몽골에서 전래된 도수 높은 소주는 추운 북부의 술이며 남부는 탁주요, 경기 중부 상류층은 청주였다. 숙성시켜 여과한 맑은 술 청주는 약주로 불리며 제사 때 주로 썼다. 사대부 잔치에 소주였으나 성종 이후 사대부와 민간에서 유행했다. 전통주**(부록 14)**는 알코올 도수가 낮고 부드럽고 맑고 색, 향이 깊은 전통주는 항상 아랫목을 차지하고 겨울을 나며 술이 시면 식초로 만들고 대추, 마늘을 넣은 식초는 보양식품으로 이용했다. 증류한 소주를 거르고 난 후 찌꺼기에 물을 섞어 거른 탁주로 나뉜다. 막 걸렀다 해서 농부들의 술, 막걸리며 화주(火酒)라 불린 소주다. 주로 전라도는 곡주, 강원도는 옥수수 술, 감자 술, 경상도는 약재 술이 발달했다. 하지만 전통주는 명절용 술로서 그나마 명맥을 이어가고 있다. 언제쯤 빛을 발할 수 있을지?

정월 대보름은 농경 민족의 잔치로 1년 농사계획을 세우고 쌀, 보리, 콩, 조, 기장 등 오곡과 남근목을 매단 볏가릿대[126]를 세우고 금줄을 쳐 마을

126) 유럽 켈트족 역시 농사 시작에 앞서 5월 첫날 다산, 풍요, 번영을 상징하는 남

의 안녕과 풍어, 풍년을 기원하며 악귀와 삼재(바람, 물, 불)를 막고 풍년을 기원했다. 잡초를 없애고 해충구제를 위한 쥐불놀이, 연날리기, 줄다리기, 다리 밟기하며 마을 안녕을 기리는 마을 축제, 당산제, 동신제를 지냈다. 동산에 둥근 보름달이 떠오르면 달집에 불을 붙이고 달집이 서쪽으로 넘어지면 풍년이 든다는 속설이 있어 서쪽으로 넘어지기를 기원했다. 특히 제주도 오름 달집태우기는 유명하다. 나이 수대로 은행, 호도, 밤, 잣, 땅콩 등 부럼을 깨물어 이가 튼튼해지고 한 해 무사태평을 빌고 오곡밥을 먹고 봄나물을 나누며 동네 잔치와 제사를 지냈다. 2월 초하루 영등제를 지내고 난 후 머슴의 날이라 하여 볏가릿대 곡식으로 만든 송편(노비 송편)을 나이만큼 나누어 주며 노비의 힘든 일을 위로했다.

한과, 유밀과(油密果)

신라 신문왕 때 쌀, 꿀, 기름으로 미과(美果, 한과)를 만들었다는 기록[127]이다. 불교 공인 후 살생[128]을 금지해 원 침입 때까지 주로 채식했다. 제사상에도 어육을 올리지 못해 새, 물고기 모양을 만들고 밀가루, 찹쌀가루 등 갖가지 곡식 가루와 꿀로 반죽해 참기름에 튀긴 사치스럽고 고급스러운 유밀과(油密果)가 유행했다. 충렬왕이 원 왕족에게 선물하며 고려병(高麗餠)이라 불리며 원에서 유행했다. 사치스럽고 만들기도 힘든 과자여서 고려와 조선 왕들이 유밀과 금지령을 내리기도 했다. 한과 역시 단지 명절용이나 명절, 혼례식 때 사돈집에 보내는 이바지 음식으로 인식되며 겨

근을 상징하는 참나무 MAY POLE을 세우고 신을 위한 불 축제를 열었다. 동서양을 불문하고 대지는 자궁과 풍요를 상징했다.

127) 밤, 잣, 호두 등 갖가지 견과류로 만든 254종 한과를 만든 기록이 남아있다. 다식(茶食)은 차를 마실 때 곁들이는 과자다.

128) 宋 사신 서긍은 고려도경에 불교가 성해 소를 도축할 수 없다고 기록했다. 몽고 침략 이후 육식이 시작되었다.

우 명맥을 이어가고 있다.

삼신할머니와 탄생

천지인의 조화로 잉태한다고 믿은 선조들은 출산을 관장하는 삼신할머니[129]께 장(長) 미역국과 밥을 올렸다. 집안 가장 높은 장독대에 정화수 떠 놓고 할머니, 어머니가 매일 새벽에 빌어 태어난 우리들이다.

남아는 정화의 상징인 참나무 숯과 고추를 단 금줄을 치고 여아는 숯, 청솔가지, 종이를 걸어 삼칠일(21일)간 매달고 출산과 건강을 책임진 삼신할머니를 모시며 귀신과 액의 접근을 막았다. 안동 지방에서는 열 살이 되기까지 생일날 삼신상을 차렸다고 한다. 어머니 배 속에 잉태될 때 백이 들어오며 혼은 탯줄을 자르는 순간에 들어온다고 믿었다. 아이들의 50-60%가 천연두, 홍역 등 질환으로 죽어 아이들의 생명을 쥔 귀신들의 질시가 두려워 질긴 생명을 뜻하는 아명[130]으로 불리곤 했다. 황희는 도야지, 고종 역시 개똥이로 불렀다. 선비 초상화 중 30%가 마마 앓은 자국이 있으니 서민은 오죽하랴! 유아 사망률이 높아 죽음의 문턱을 넘은 아이에게 미래를 소원하는 백일잔치였다. 아들을 낳으면 기쁨의 환호가 딸을 낳으면 곡성이 울리던 시절이 불과 40년 전이었다. 엄마 배에서 빨리 나가라며 두들기며 생긴 몽골 반점이다.

---

129) 출산 직후 삼신상에 밥, 미역국, 물을 세 그릇씩 놓고 다산의 상징인 삼신 할머니에게 제사를 지내는 것이 우선이었다. 출산 후 3일째와 7일째, 14일째, 21일째도 삼신상을 차리고 밥과 국을 산모가 먹었다. 영국 켈트족 역시 삼모신(三母神)에게 제를 올렸다.

130) 귀한 자식일수록 이름이 천해야 액운을 멀리하고 명이 길어지고 행복하다는 생각이었다.

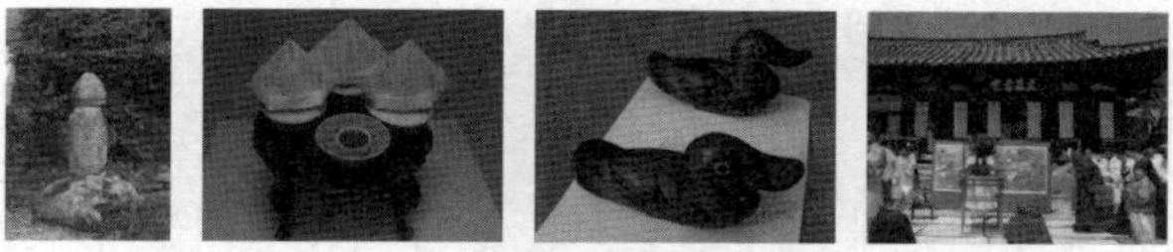

왼쪽부터 남근석 기자 신앙, 삼신상, 기러기, 혼인

혼인

고려 말 원의 처녀 공출로 인해 12-13세에 조혼**(부록 15)**이 성행하며 남자는 14-15세 관례가 끝난 직후 결혼하기 시작했다. 신랑과 신부의 태어난 해, 월, 일, 시를 적은 사주(四柱)를 보자기에 싸서 절개를 상징하는 향나무 함[131]에 넣어 보냈다. 태어난 해는 조상, 월은 부모, 일은 배우자, 시는 자식 덕, 말년 운세와 복을 나타낸다고 한다. 신혼 전날 밤 함진아비가 함을 들여오고 3일간 결혼식은 신붓집에서 했다. 혼례는 가문의 명예이며 효도의 상징으로 시댁 가문의 전통 계승이 중요한 일이었다. 혈통을 중시해 결혼식 전 먼저 조상에 고하고 혼서는 일부종사의 의미로 평생 간직하며 죽을 때 관 속에 넣기도 했다. 홍치마와 붉은 연지**(부록 16)**를 찍은 신부는 절개를 상징하는 소나무와 대나무를 앞에 놓고 하늘과 땅, 배우자에게 맹세하며 여자는 음으로 절 두 번, 남자는 양으로 한 번 한다. 신랑이 신부를 맞이해 시집으로 데려오는 친영례(親迎禮)[132], 신랑이 기러기[133]를 가지고 신붓집으로 가 신부 부모에게 올리는 전안례, 결혼식장에

131) 서민은 대나무나 버들로 엮은 반짇고리, 동고리, 바구니 사주단자였다. 동고리는 버들가지로 엮은 고리함이다.

132) 1414년 12월 12일 태종은 셋째 아들 세종이 혼인할 때 친영례를 주장해 세종이 이를 실행하였으나 이후 왕가에서는 시행되지 않았고 임란 후 양반가의 풍속으로 자리 잡았다.

133) 혼례 때 상 위에 올려놓는 산 기러기가 울 경우 불길하다 하여 다음 날로 미루고 계속 세 번 울면 파혼을 할 수도 있었다. 산 기러기는 구하기 힘들어 나무 기러기나 산닭을 올렸다.

서 신랑, 신부가 첫 대면하여 절을 하는 교배례(交拜禮)다. 기러기같이 한 번 인연을 맺으면 죽을 때까지 짝을 지킨다는 백년해로를 의미하며 기러기행렬과 같이 형제간에 우애와 순서를 존중하며 살기를 염원했다. 합환주[134)]와 합근례(合根禮)는 표주박으로 원래 하나였는데 둘로 나뉘었다가 하나로 합치는 의식이다. 성혼례(成婚禮, **부록 17**)를 거치며 혼인했다.

양가 부모들만 신랑, 신부의 선을 보고 정작 당사자들은 서로 얼굴조차 못 본 결혼풍습이었다. 부지런한 마음으로 시댁 식구를 공경하겠다는 서약인 폐백은 신부가 시댁 식구께 드리는 첫 예식으로 두렵고 어려운 자리였으리라! 첫 번째 서약은 시부모, 남편, 시댁 식구의 공경이었으며 이에 시부모는 자손의 번영을 상징하는 밤과 귀신을 쫓는 대추를 주었다. 혼인상의 밤은 조상과 후손을 이어가고 부모 은혜를 잊지 말라는 뜻이며 삼정승을 염원하는 뜻을 담고 있다. 조혼 시대로 너무 어린 나이에 결혼하는 것에 대한 어른의 염려와 배려로 첫날밤을 수선방(守善房)이라 부르며 여러 사람이 지켜주었다. 부모라도 어떻게 첫날밤을 가르칠 수 있겠는가? 또한 어쩌다 남편을 일찍 사별하거나 소박을 맞은 과부 보쌈은 다반사였고 보쌈을 기다리기도 했다. 보쌈을 기다리다 지친 과수댁은 새벽 동트기 전 동네 어귀 성황당에서 처음 본 남자를 무조건 따라가는 것이 관습이었다고 한다. 어쩌다 운수가 좋아 노총각이나 상처한 홀아비가 나타나 데리고 가면 과수는 횡재했다고 한다. 이처럼 성황당에서 기다리면 구제된다고 하니 얼마나 황당한 운명인가? 잘못되면 후처나 첩이 되니 이 또한 얼마나 가혹한 일인가?

134) 고구려 해모수 설화에서 시작된 합환주다.

제3편 한옥 정원

혼탁하고 덧없는 중앙정치에 환멸을 느낀 선비들은 자발적 유폐로 태만함과 게으름으로 삶의 여유로움을 찾으며 정원을 소요하며 아무것도 하지 않는 등 목적 없는 삶을 즐겼다. 자연을 벗 삼아 지은 정자는 기암괴석, 맑은 시냇물, 숲이 우거진 산기슭에 조영한 이상세계를 향한 선비의 은신처였다. 유유자적 거문고를 타며 틈틈이 책을 읽고 저술하며 선비의 문화, 예술을 창조한 고급 풍류 문화의 정수, 정원이었다.

옛 조상들은 남향집을 짓고 뒤뜰에 작은 정원, 정자를 조성하고 뒷산과 앞 개울을 정원으로 초대해 유유자적 탈속한 영생을 꿈꾸었다. 정원은 가장 자연스러운 게 가장 아름답다는 생각으로 가능한 인공적인 기교를 배제했다. 햇살과 바람, 비, 구름 등 자연의 순리를 따른 자연에 녹아든 원림(園林)[135]을 조성했다. 진정한 정원은 자연과 합일[136]이라 생각해 조선의 원림은 자연 그대로인 진산진수(眞山眞水)다.

자연을 품은 정원 작은 뒷산 언덕은 나지막한 담을 감싸고 푸른 소나무와 시원한 대나무는 그대로 정원수가 되어 은은한 솔향이 담을 넘는다. 고요한 정취 사이로 미풍에 출렁이는 대숲이 환상적으로 어디까지가 정원인지 자연인지 안팎의 경계마저 불투명하다. 개천을 담장 밑으로 끌어들인 소쇄원 오곡(五曲) 개울은 생동감 넘치는 작은 폭포와 소(沼)를 이루며 운치 있는 분위기를 연출한다, 안동 도산서당은 담을 대신한 연못으로 산을 앞마당으로 초대해 집과 자연이 하나가 되며 소나무는 집 소나무인지 山 소나무인지 애매하다. 멀리 보이는 산들을 괴석[137] 삼아 앉은 부석사(**부록 1**)는 불교 수미산을 지향하는 넓은 정원을 가졌다. 소백산맥 봉우리들은 마치 파도치는 듯 부석사를 호위하는 신장같이 장엄하고 당당한 기개를 자랑한다. 또한 부처 세계를 함축적으로 표현한 새 날개 형상 악양루는 위풍당당하게 세상을 관조하는 모양새다. 이렇듯 부석사는 주변 풍경과 정취를 끌어들이며 높낮이가 다른 지형을 따라 건물들의 조화로 장소를 극대화했다. 우리 정원은 형식에 얽매이지 않고 주변 환경에 맞는 자연미와 비정형이 상생하는 자유분방함이 특징이다. 의도적인 손을 타지

---

135) 원림은 집 밖 풍광 좋은 곳에 건물을 짓고 울타리를 쳐서 아름답게 가꾼 뜰을 말하는 정원(庭園)으로 메이지 때 나온 말이다.

136) 자연을 이해하고 조화, 균형을 이루기 위해 청풍과 명월을 초대해 자연이 되어버린 정원이다. 정자의 이름은 뜻에 맞게 주로 閑 자를 선호했다.

137) 가산과 괴석(怪石)은 산의 정기와 仙 정원을 표현하며 소우주를 상징했다.

않아 마치 그냥 내버려 둔 것같이 보인다. 중국 정원**(부록 2)**은 인위적인 장엄함과 과시적 화려함으로 무장한 거대한 건물과 가산(假山)이 크기를 강조해 사람을 주눅 들게 하고 위축시킨다. 일식 정원은 후지산조차 정원에 들여놓는 소유 개념의 정원이다. 우리 정원이 자연을 바라보는 정적, 선(禪) 정원이라면, 완곡한 곡선으로 연결된 일본 정원은 거닐며 즐기는 동(動)적인 정원이다.

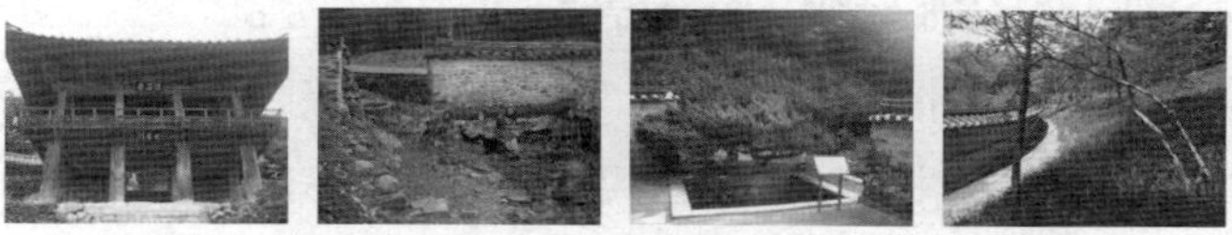

왼쪽부터 부석사 악양루, 五曲門, 도산서원 연못담, 뒷산 담

잘 가꾸어진 소나무 한 그루는 집의 분위기를 바꾸며 품격을 높여준다. 솔잎을 금줄에 달아 아이 탄생을 축복하고 솔가지로 방을 덥히고 밥하고 관솔불로 방을 밝혀 책 읽고 솔잎과 송홧가루 떡을 만들고 술을 빚었다. 아기 낳으면 대문에 솔잎 금줄을 장식해 아이 탄생을 축복하고, 솔가지로 방을 덥히며 밥하고, 관솔불로 방을 밝혀 책 읽고 솔잎과 송홧가루 떡을 만들고 술을 빚었다. 혼례 때 솔잎으로 장식한 교배상을 받고, 죽어 소나무 관에 들어가 꾸불꾸불한 산길을 돌아가 굽은 소나무 솔밭, 도리천에 묻혀 죽어서도 소나무를 떠나지 못하는 선조들, 신라 왕릉들이다. 촌부뿐 아니라 사대부, 왕릉까지 끈질긴 생명력으로 영원불멸을 상징하는 소나무로 둘러싸여 있다. 또한 송진으로 인해 나무가 붙었다 떨어지며 통풍이 순조로워 궁궐 재목과 절, 양반가, 서민의 집도 소나무였다. 이같이 탄생부터 무덤까지 이어지고 솔 맛, 솔 향기, 솔바람으로 우리 생활 곳곳에 스며들어 우리 문화를 소나무 문화라 칭한다. 소나무가 세금을 내는 나라는 우리밖에 없을 것이

며 태풍 때마다 전 국민이 소나무를 걱정한다. 운문사 반송은 우람한 자태를 뽐내며 해마다 막걸리를 공양받는 천연기념물(180호)이다. 솔, 육송, 황장목, 적송(赤松), 홍송(紅松), 춘양목, 미송, 강송으로 불리며 잡귀를 물리치는 액막이 나무로 여겼다. 강원도 적송은 다른 나무보다 천천히 자라 나이테가 촘촘하고 황장이 2배나 두껍고 곧게 뻗어 목재에 좋다. 조선은 궁궐, 관청건축**(부록 3)**을 위한 소나무 숲을 조성해 일반인의 출입과 벌목을 금지했다. 태종은 남산에 소나무를 심고 황장금표(黃腸禁標)를 설치했고 성저십리 외사산과 내사산에 금장(禁葬), 금송을 실시하고 왕릉[138)]은 능참봉(宗 9품)을 상주시키며 엄격하게 관리했다. 이리저리 휘어지고 굴곡져 우리네 인생 풍파를 상징하는 경주 왕릉 소나무는 부처 세계 도리천(忉利天)에서 자란다고 믿어 도리솔(忉利率)[139)]이라 불렸다.

왼쪽부터 솔밭 무덤, 법주사 정2품 소나무, 법주사 사천왕 소나무

왕릉은 배산임수, 음양에 따라 북[140)]은 소나무, 남쪽은 습기를 좋아하는

138) 이성계 5대조 이양무 삼척 준경묘와 황장목은 이씨 문중림으로 특별 관리한다. 황장봉산(관을 짜거나 궁궐 건축용 목재), 율목 봉산(신주 위패용 목재), 향탄봉산(숯을 생산하기 위한 목재), 송화 봉산(송홧가루를 얻기 위한 나무)으로 세분화해 관리했다.

139) 사진작가 배병우의 경애왕릉 주위에 곡선이 아름다운 도리솔 사진 한 장이 38,000$, 사진첩은 경매에서 46,000$에 팔렸다.

140) 물을 싫어하는 소나무는 북쪽 언덕에서 묘를 감싸고 있다.

오리나무, 버드나무를 많이 심었다. 소나무가 병풍을 이루며 묘역을 둘러싸고 있는 현충사는 충무공의 충절을 함축적으로 표현하고 홍살문(紅箭門)[141]은 법의 올바름과 위엄을 상징한다. 漢 때 운남성 마을 정문인 패루에서 유래했다는 홍살문과 일본 신사의 상징인 도리이(鳥居)[142]다.

왼쪽부터 홍살문, 도리이, 괘능 소나무 병풍, 약장

조상은 한 그루의 나무를 심더라도 상징성과 길흉화복에 맞게 장소와 방향을 정하며 배치했다. 동은 매화. 남은 동백, 목련이며 좌청룡 느티나무와 우백호 소나무였다. 키가 큰 나무는 곤란할 곤(困) 자와 같은 뜻으로 기를 빼앗아 간다고 믿고 차경을 방해하는 큰 나무를 집 안이나 문 근처에는 심지 않았다. 집 주변은 가문의 번성을 뜻하는 은행나무, 향나무로 장식했고 서민은 불과 양기를 상징하며 귀신을 쫓는 붉은 대추나무를 주로 심었다. 크게 자라는 팽나무, 은행나무, 느티나무는 마을 어귀를 장식하는 정자 목이며 수호신이었다. 풍수상 허술한 마을 입구나 집은 비보림(裨補林)[143]으로 주로 소나무, 대나무 숲을 조성했다.

엄나무 가시는 귀신을 쫓고 행운을 준다고 믿어 부엌 문설주에 매달았다.

---

141) 홍살문은 붉은 기둥과 태극 문양으로 잡귀를 쫓고 신성과 상서로움을 상징하며 춘향의 정절문, 사육신의 충절문 등 향교, 궁, 능, 묘의 입구를 장식했다.

142) 도리이는 신과 인간세계를 연결하는 의미다. 쓰시마 해신을 모시는 와타즈미 신사 앞 5개 도리이는 식욕, 재물욕, 수면욕, 성욕, 명예욕을 상징하며 지날 때마다 욕망에서 벗어난다고 한다. 새가 머무는 도리이는 솟대와 일맥 상통한다.

143) 최초 인공 비보림은 최치원이 조성한 함양 상림 숲이다.

동네 어귀에 이팝나무가 꽃이 많이 피고 오래가면 풍년을 예고한다고 해 천기목이라고 불리고 궁에서도 날씨와 농사에 필요한 나무를 심어 한 해 농사를 살폈다. 매일 거듭나라는 뜻의 허물을 벗는 회화나무(배롱나무)[144]는 상서로운 선비 나무라 불리며 궁궐, 서원, 사당, 정자를 장식하고 한약에 조예가 깊은 선비는 집 주위에 약초와 약용나무를 기르고 약장을 늘 곁에 두고 비상시에 대비해 구황목(救荒木)으로 과일나무와 밤나무, 도토리나무를 심었다. 바람에 따라 흔들리는 수양, 능수버들은 돈과 권력을 좇는 나무라 하여 천하게 여겼으며 동백은 꽃봉오리가 떨어지는 모습이 마치 사람 목이 단번에 떨어지는 것과 같다고 해 집안에 들여놓지 않았다. 봄에 피는 명자나무는 아가씨 꽃으로 쉽게 바람이 난다고 해 기피했다. 또한 周 나라에서 정한 규칙에 따라 황제 능을 지킨 불로장생과 신선을 상징하는 측백나무요, 학자는 모감주나무, 서민은 사시나무로 죽어서도 사시나무 떨듯 떠는 모양이다.

또한 나무는 그 민족과 국가, 역사**(부록 4)**를 대변한다. 인도인은 보리수 밑에서 부처의 설법을 들었고 몽골은 흰 자작나무숲에 모여 신에게 제사 지냈고, 영국 켈트족 주술사, 무당 드루이드는 지하와 천상 세계를 연결하는 참나무 밑에서 신을 위한 제례를 열고 죽어 참나무 숲으로 돌아갔다. 이를 이어받아 참나무로 도배한 미국 동부 아이비리그다. 일본은 하늘이 내린 삼나무라 여기며 황궁, 신사를 건축하고 인공림 중 40%가 삼나무다.

우리 정원은 백제 무왕(634년)이 별궁에 최초 건립한 궁남지(宮南池,)로 경

144) 껍질을 벗는 배롱나무(백일홍)같이 공부를 통해 나날이 새로워지라는 뜻을 품고 있다. 청렴, 결백, 지혜를 상징해 학자수라 불리며 가문이 번창하고 큰 인물이 난다고 주로 서원, 향교, 절에 많이 심었다. 또한 북극성을 의미해 황제의 나무, 자미(紫薇) 나무로 불린다.

주 임해전, 포석정 등 곡지(曲池)[145] 정원으로 이어져 왔다. 이러한 곡지 정원이 倭에 전해져[146] 한인(韓人) 연못으로 불리며 왜 정원의 모델이 되었고 19C 일본 열풍(JAPONISM, **부록 5**)이 불며 유럽에서 일본 정원을 모방하기 시작했다. 이 열풍으로 일본 문화가 마치 동양 문화를 대표하는 것처럼 덧씌워지며 유럽인에게 각인되고 ZEN BUDDHISM, BONSAI, GOI(鯉, 잉어)[147] 등 일본어가 현재까지 동아시아 문화의 표준이 되었다.

주제넘은 얘기지만 가이드를 하다 보면 서구 지식인과 여행객들이 한국에 대해 가진 평균적 지식과 몰역사성을 엿볼 수 있다. 동양이라면 중국, 일본문화, 역사에 견강부회(牽强附會)하며 중국, 일본 문화만을 동양 대표 문화로 여겨 한국 문화를 중국의 짝퉁(**부록 6**), 일본의 아류라고 생각하는 서구인이 많다. 19C 서양의 눈으로 21C 아시아를 재단하는 서양인이 안타까울 뿐이다. 동양인에 대한 진부한 고정관념을 떨칠 수 없는 유럽인이다. 특히 선교사 아들로 일본 대사이며 하버드 동양학 교수로 일본문화와 동양 언어에 정통한 라이샤워(E. O. REISCHAUER, 1910-1990, **부록 7**)는 동양문화사에서 한국 문화가 중국의 복사판이라고 단정했다. 한중일은 비슷한 문화 DNA를 가지고 있지만 자연환경과 조건에 따라 문화, 경제, 문물 역시 서로 상이(相異)한 특성이 있다. 전통 건축만 보더라도 조선은 자연성과 선, 균형에 대한 미감을 중시해 건물 배치나 모양새가 훨씬 자유롭고 유연하다. 불교, 유교 등 외국 문화를 자기화하며 우리만의 고유한 특징과 차이점에 대한 이해가 부족했다고 생각한다.

---

145) 8C 정토사상과 도교, 선종의 영향으로 불교사찰은 곡지 연못이 조성되었다. 2014년 실상사에서 타원형에 가까운 고려원지(苑池, 연못)가 발견됐다. 조선은 유교 영향으로 천원지방, 하늘은 둥글고 땅은 사각, 정자는 사람을 표현한 천지인으로 인식해 경회루, 창덕궁 부용정, 창경궁 춘당지는 사각이다.

146) 612년 노자공(路子工)은 백제에서 온 정원 장인으로 조경의 원류로 삼았다는 『일본서기』의 기록이다. 정원에 관한 가장 오래된 일본 책은 11C 작정기(作庭記)다.

147) 금붕어의 원산지는 송으로 16C 일본, 18C 유럽에 소개되었다.

왼쪽부터 부여 궁남지, 포석정, 창덕궁 부용정

임해전(臨海殿)과 문무왕(661-681)

신라의 정원, 임해전은 우리에게 많은 것을 상기시킨다. 인생의 대부분을 전쟁으로 보내고 죽어서까지 동해 호국용이 되어야만 했던 문무왕이 미래의 자신과 동해를 표현한 것은 아닐까? 수백 년의 길고 처절한 전쟁으로 지치고 힘든 세상을 떠나 무릉도원을 구현한 것은 아닐까? 674년 당과 치열한 전쟁 속에서 지어진 임해전은 세자를 위한 동궁(별궁)으로 건립되어 월지(月池)[148]라 불렸다. 문무왕이 당을 몰아내고 진정한 삼국 통일**(부록 8)**을 확신한 시기였다. 당은 부의 상징이 된 비단**(부록 9)**의 가치를 확실히 인식하며 누에의 밀수출을 엄격히 금지하고 실크로드를 확보하기 위해 국가적 사활을 걸고 국력을 집중시킨다. 비단길을 장악하면 강성했고 잃으면 쇠퇴했다.

669년 9월 치열한 대당 전쟁 중 신라에 행운의 여신이 찾아왔다. 669년 돌궐이 실크로드를 침입하고 670년 토번(티베트)이 안서 4진을 점령하며 실크로드의 목줄을 죄었다. 이러한 국제정세와 당의 허점을 꿰뚫고 있던 영민한 문무왕과 첩보전, 외교에 노회한 김유신은 당당히 맞섰다. 장기전에 대비해 축성술에 능한 고구려인들을 동원해 주장성[149]을 쌓고 한편으로 황제에게 몇 번이나 사죄사를 파견하는 등 화전 양면 정책으로 강력히

---

148) 1980년 임해전에서 월지(月池)라 쓰인 기와와 茶 자가 새겨진 토기가 발굴됐다.

149) 주장성은 신라 문무왕 때 당을 축출하기 위한 전진기지였다. 2007년 큰 건물터와 길이 64cm, 무게 19kg 초대형 기와가 발굴됐다. 매소 산성은 675년 신라와 고구려 부흥군 3만이 당군 20만을 격파한 연천 대성리 산성으로 추정된다.

반격했다. 675년 당 장군 이근행의 20만 대군을 연천 매소성에서 대파하고 676년 기벌포(서천) 해전에서 크게 승리하자 676년 唐은 토번과 전쟁에 모든 것을 걸며 평양 안동도호부를 요동으로 철수했다.

이렇듯 당이 국력을 서역 경영에 집중한 7C 후반-9C 초 동아와 한반도는 유례가 없는 평화로운 시대가 되고 신라가 국가안정을 이루며 경주 인구가 백만에 이르게 된 것도 이와 무관하지 않다. 신라는 통일 후 다양하고 실용적인 외래문화를 적극적, 자주적으로 수용하며 복합적인 문화를 창조하며 르네상스를 맞이했다. 현재 유명한 건물과 사찰들은 거의 모두 이 시기에 건립됐다. 통일 후 물밀듯이 밀려온 당 문화와 고구려, 백제의 정치가, 실력자, 기술자, 부자 등 수많은 사람이 각각의 포부를 갖고 신라로, 서라벌로 몰려들며 사회 전반에 걸쳐 급격한 변화를 가져왔으리라! 이 모든 유민을 적극적으로 받아들이며 하나로 통합하는 것은 신라 왕실의 국가적 과제였다. 임해전은 고구려, 백제, 신라인의 화합과 일체감을 이루기 위한 신라의 원대한 국가적 포부였고 급진적으로 상승하는 통일신라의 국력을 잘 보여준다. 정원은 수십 개 높은 전각, 정자 등 왕실에게도 버거울 정도로 큰 계획이었다. 삼국의 내로라하는 목공, 철공, 석공, 와공, 불화장이 어울려 실력을 마음껏 겨루고 모두가 새로운 미래를 꿈꾸었으리라! 먼지투성이의 마차와 소달구지가 선도산과 남산의 화강암, 목재를 싣고 산비탈을 오르내리는 가운데 장인들이 외치는 소리는 반월성과 경주를 뒤흔들었다. 목공은 수백 년 된 소나무, 참나무를 베고 산같이 쌓아 놓은 목재에 먹줄을 긋고 비계(飛階)를 세우고 석공은 날카로운 눈으로 치수에 맞는 크기로 쪼고 자르며 돌을 재단했다. 고구려에서 온 강한 철을 다룰 줄 아는 철공은 시커먼 연기를 뿜는 대장간에서 쇳물을 담아내고 백제에서 온 정교하고 세련된 예술 감각을 지닌 금은보석 장인, 깐깐한 염색공, 화공들은 색색 염료를 들고 불화를 세세히 치장했다. 삼국 장인의 정성과 국력이 총동원된 임해전은 이후 종교, 사회, 미술, 건축, 조형, 회화 등 신라 사회 전반에 큰 영향을 끼쳤다. 임해전은 연못, 섬, 구릉과 건물이 자연스럽게 어울리며 구름, 태양, 달을 초대한 신라인의 자연관과 창의성을 잘 보여준다. 낭산[150] 개울을 끌어들여 인공연못, 가산과 무산 12봉 등 음양, 천지인이 조화를 이룬 이상향을 구현한 함축적 정원이다. 낭산 냇물은 거친 돌과 모래, 진흙 등을 정화하는 2개 석조[151]와 앙증맞고 작은 폭포를 통해 물을 정화하고 3개 섬에 부딪치며 물길이 나누어지도록 고안했다. 세 섬[152]은 중국 史記에 발해만 동쪽에 도교**(부록 10)** 신선이 사는 방장, 영주, 봉래의 삼신산으로 금강, 지리, 한라를 뜻하며 연못은 바다를 표현했다. 도교는 1C 낙랑과 5C 고구려 무덤 벽화 등에 보이듯 유행했고 백제는 기와, 산수문전(山水紋塼)을 비롯해 백제 향로공예품 등 곳곳에 도교를 표현했다. 신라 역시 임해전 와당[153]에 도교를 상징하는 문양들이 나타난다. 조선 선비들은 별서(別墅, **부록 11**) 정원을 지어 도교적 신선 세계를 구현하고 곤륜산에서 서왕모가 열었다는 연회, 불로장생, 복숭아를 묘사한 회화, 시, 기행문이 유행했다.

---

150) 낭산은 경주 오악(五岳) 중 중악이며 왕실 발원 의례가 중점적으로 거행된 성산으로 치열한 나당 전쟁 중 679년 문무왕이 낭산에 사천왕사를 건립하고 오방 신상(五方神像)과 불교 문두루(文豆婁) 비법을 시행했다. 사천왕사는 최초 1금당 2탑으로 신라 사찰의 기본이 되었다.

151) 앙증맞은 수조는 마치 일본 禪 정원의 원조를 보는 것 같은 느낌이 든다.

152) 세 섬은 전통 일지삼산(一池三山)을 보여준다. 중국 정원 3대 요소로 山은 용, 황제를 뜻해 권력과 부, 바위는 신하, 물은 백성을 의미한다.

153) 추녀 전면 귀면(鬼面) 나티, 치우(용면, 龍面), 망와(望瓦)는 화재, 액을 물리치는 주술적인 문양을 장식했다. 처마 끝 암수 기와를 마무리 장식하는 막새는 대부분 동식물, 글자 같은 각종 무늬로 장식했다. 막새와 암수 기와를 통칭해 와당(瓦當)이라 부른다.

왼쪽부터 안압지 야경, 도교 선인들, 백제 향로

인간 세계를 뜻하는 서쪽은 직선의 호안 석축과 고구려 축성법에서 따온 치(雉)[154]를 쌓았다. 피안의 이상세계를 상징하는 동쪽은 200m, 리아스식 호안 1,580m 정원은 단조로움을 피해 섬세하게 굴곡진 연못과 언덕, 계곡을 만들고 매화, 난초, 모란, 연 등 길상, 장수를 상징하는 꽃과 나무를 배치해 동서의 조화로 바닷가 섬에 있는 착각을 불러일으킨다.

각 건물에는 화강암으로 만든 너비 29-30㎝, 길이 107m 기막힌 수로가 보인다. 빗물을 받아 월지로 흘려보내는 배수로다. 또한 연못 주위로는 고즈넉한 오솔길을 조성해 물 위에 비친 달과 풍경을 만끽하였으리라! 누각의 위치가 높아 정원을 비스듬히 내려다볼 수 있고 지형에 따라 각기 다른 경치를 감상할 수 있게 조성했다. 하지만 어느 한곳에서도 전체를 조망할 수 없게 만들어 아름다운 것, 좋은 것은 다 가질 수 없으며 만족할 줄 알아야 한다는 도교의 철학을 담고 있다. 말로 설명 못 하는, 안 되는 것이 자연의 아름다움이 아니던가? 1975년 임해전 준설작업과 발굴로 31채 건물터가 발굴되며 유물 3만 점이 출토됐다. 안압지 관의 30% 정도가 기와로 안압지는 기와의 보물창고다. 무릉도원을 연상시키는 산수

154) 고구려 성에서 보이는 요철같이 볼록 튀어나와 적을 공격하는 雉로 일자형, 원형 성곽에서 방어하기 힘든 단점을 잘 보완해준다. 이것이 발전한 동대문의 옹성(甕城)이다. 2016년 사비성 나성 터에서 538년 전후에 쌓은 것으로 보이는 길이 22.4m, 너비 5.1m, 높이 7m 가장 큰 치가 발견됐다.

기와, 봉황, 기린 등 동물 문양, 가릉빈가(인면조, 人面鳥)[155], 보상화 당초문**(부록 12)** 기와와 장인의 이름이 새겨진 기와와 다양한 전(塼, 보도블록) 등이 발굴됐다. 인도 신화 극락조 칼라윈카(Kalavinka)에서 유래한 가릉빈가는 사람 머리에 몸은 새로 아미타불 극락정토에 산다. 이 인면조는 중국 산해경(山海經), 그리스신화의 하르퓌아이(Harpyai) 등에서 보이고 조로아스터교의 主神 아후라마즈다는 하늘로 올라간 인면조로 그려지며 이란 페르세폴리스 궁전의 부조를 장식한 인류 보편적 신앙이다.

왼쪽부터 경주 남산 당초문, 통일신라 기와, 성당, 삼국기와

6C 단순, 소박한 신라기와였지만 황룡사(진흥왕 14년 창건, 선덕여왕 완성 553-645) 건축 때 백제 아비지가 석공, 기와공을 데리고 신라건축에 많은 영향을 주어 백제의 특징이 많이 나타난다. 백제 기와는 특유의 회백색으로 세련된 귀족적 화려함을 보이고 고구려 기와는 상서로운 붉은색을 띠고 연과 꽃잎은 도드라져 강한 힘이 느껴지며 인면 기와는 선이 굵고 부리부리한 눈과 큰 코 등 웅건해 역동성과 양감이 돋보인다. 통일 후 신라는 백제, 고구려 문화를 받아들이고 창의성을 더해 더욱 화려함을 나타낸다. 안압지에서 발견된 과장된 큰 두 눈과 날카로운 이빨을 드러낸 해학적인 황갈색 용면[156] 녹유 기와는 초벌구이 후 유약을 입혀 1,200℃에서

---

155) 자금성 잡상에게 보이듯 도교 신선은 인면조 청학을 타고 다닌다. 발해 문명에서 발생한 신조(神鳥) 토템의 계보를 잇는 고구려 덕흥리, 안악 1호 고분, 무용총 벽화, 무령왕릉의 동탁은잔(銅托銀盞)에서도 보인다.

156) 용면기와는 입에 당초(唐草), 연꽃, 초엽(草葉), 물고기 등을 물고 있다.

재벌구이한 것으로 본격적인 자기를 만들기 전 초보적, 시험적 자기 시편(試片)[157]으로 보인다. 불교가 전래하면서 상류층을 중심으로 불교식 장례법과 녹유골호(뼈 항아리)가 제작되기 시작한다.

왼쪽부터 녹유골호, 녹유용면 기와, 신라 미소

신라의 미소(길이 11.5cm, 보물 2010호)라 불리는 수막새[158]는 선덕여왕이 성신에게 제사를 지내던 영묘사(현 흥륜사) 터에서 발견됐다. 살짝 웃음 짓는 눈, 오뚝 솟은 코, 해맑은 미소가 돋보이는 7C 기와다. 1934년 일본으로 반출됐다가 1972년 10월, 기증 형식을 통해 돌아왔다. 황룡사 용마루와 지붕 끝을 장식하며 지붕의 화려함과 위엄을 높이고 잡귀를 쫓는 지붕을 장식한 국내 최대 치미(높이 180cm)가 발견되었다. 당시 동아시에 유행한 고대 투구를 닮은 치미는 너무 커 상하부 두 부분으로 나누어 구웠다. 또한 신라 입식 문화[159]를 대표하는 화려한 전(塼)들은 주로 보도블록으로 해인사 본당 앞을 장식했다. 679년 창건한 국찰 사천왕사 터에서 발견된 승려 양지가 만든 사천왕상 역시 녹유 전돌이다. 사천왕 전돌은 적

157) 7C 자기 녹유(綠釉) 기술이 梁나라에서 백제로 전래된다.

158) 일본인 의사 다카시 도신보가 기증했다. 사람 얼굴 모양 기와는 황룡사 터, 미륵사 터에서도 발견되었다. 잉어 형상 일본 치미 역시 용을 상징한다.

159) 신라는 장안을 모방해 주작대로를 건축하며 중국식 벽돌집이 유행했지만, 우리 환경에 맞지 않아 곧 사라졌다. 임란 후 좌식문화가 본격화되고 의자는 왕, 권력의 상징이 되었다. 자주 이동하는 유목민은 카펫 문화가 발달했다.

당한 신체 비례, 정밀한 갑옷, 강한 다리 근육 등 사실주의 조각으로 전체적으로 강한 서역 냄새가 난다. 이 녹유 기와와 전돌은 신라 왕실의 화려함과 사치를 단적으로 나타낸다.

왼쪽부터 사천왕상, 화려한 백제 와당, 황룡사 치미

신라는 왕족이나 최상류층 이외에는 단청[160)]을 금지[161)]했다. 단청의 주재료로 당시 금보다 귀한 고급 천연염료, 주황색 당채(唐採)가 선명한 빛을 간직한 채로 발굴되었다. 당채, 암채, 석채로 불리며 음양 조화를 표현하기 위한 진사(辰砂)[162)], 삼청(三靑, 푸른색), 황색, 양록(洋綠, 초록), 석간주색(돌가루, 밤색), 조갯가루(흰색)[163)] 등 오방색 천연물감을 말한다. 접착제는

160) 현 가장 오래된 단청은 수덕사 대웅전(1308년)이다. 전, 각, 당 등 건물의 품계에 따라 단청이 다르다.

161) 『삼국사기』에 귀족 등급에 따라 단청을 제한했지만 진골 이하는 금은 유석오채(鍮石五彩)로 장식할 수 없었지만, 헌강왕 때 진골들의 호화로운 집, 금입택(金入宅, 금으로 치장한 주택)이 35채나 있었다. 김유신의 집 재매정(財買井) 역시 금입택이다.

162) 중국 호남성 진주에서 시작되어 진사동으로 불리는 진사(辰砂). 주사(朱砂)는 귀신을 쫓는 적색 물감으로 주로 부적을 만들었다. 거울처럼 매끄러운 돌로 경면주사(鏡面朱砂), 진사(辰砂), 당채(CINNER)라 부른다. 유럽도 성화에 많이 사용했다.

163) 새로 단청한 남대문은 일본산 수간분채(水干粉彩)에 천연호분(胡粉, 조갯가루)을 썼다.

주로 대구, 민어의 부레[164)]로 빚은 아교, 소뼈 등으로 만든다. 단청은 고구려 고분 벽화부터 시작되어 궁, 사당, 절, 정자, 누각의 천장, 기둥과 건물에 따라 청색 · 적색 · 황색 · 백색 · 흑색 등 음양오행의 5가지 색을 기본으로 8방과 16방 간색(間色)으로 그린 그림을 말한다.

단청은 권위와 장엄을 나타낼 뿐 아니라, 실용적인 효과도 있다. 단청을 통해 목재의 거친 표면을 덮고, 벌레와 흠집을 방지할 수 있다. 악취를 제거하며, 풍해, 부식도 예방하는 효과가 있다. 목재는 대부분 소나무로, 기둥은 붉고 잎은 푸르다. 이같이 자연의 이치에 따른 상녹하단(上綠下丹)으로 녹색 천장은 천상 세계, 붉은 기둥은 인간세계를 나타내며 건물에 따라 조화롭게 장식했다. 궁 단청은 문양과 색채가 호화롭고 당당한 기품을 풍기며 화조, 칠보, 사군자, 보상화 등으로 불로장생, 수복강녕 등 왕실의 권위를 표현했다. 조선 단청은 고려 것을 그대로 답습하였으나 중기 이후 자연, 구조, 크기, 목적에 따라서 다양한 문양으로 발전했다. 중국, 일본보다 강한 명암, 보색 대비로 화려하게 장식했다. 검소, 검약이 기본인 사찰 단청은 종교적 의미와 신비감을 더하며 경건하게 채색했다. 통도사 극락전에서 보듯이 세월이 흐를수록 은은한 세월의 멋과 윤색된 맛이 피어난다. 유교 서원은 청, 홍, 백 등 극히 단순하고 간결하게 용도와 목적에 맞게 단청했다. 전통 단청은 색이 거의 바래지 않아 오랫동안 보존이 가능하지만, 화학 염료 단청은 20년마다 새로 단청해야 한다. 투명하고 밝고 깊은 느낌의 전통 물감에 비해 현대 화학 염료는 탁하고 가벼운 느낌을 준다. 1890년부터 화학 물감을 쓰기 시작했고 마지막 단청장 만봉스님(1910. 10. 7-2006. 5. 17)[165)]이 돌아가시며 1970년 이후 전통 물감은 사라지기 시작한다.

---

164) 민어 부레를 졸여 걸러내고 풀을 만들어 접착제로 썼다.

165) 단청장 제48호 혜각 스님을 이어 동원 스님이 단청의 맥을 계승하고 있다. 사찰 단청은 주로 스님들에 의해 이어진다.

왼쪽부터 임해전 배, 금령총 배토기, 상녹하담

난간 꽃봉오리 금동 장식과 옷걸이에서 건축 양식과 의복, 장식 등을 유추할 수 있다. 머리빗, 뒤꽂이 장식은 용강동에서 출토된 문인 토우와 비교해 머리 장식과 형태를 추측할 수 있다. 남자는 정수리까지 틀어 올리고 동곳을 꽂고 복두(幞頭)[166]를 쓰고 여자는 가채와 뒤꽂이 장식을 하고 저고리 위에 치마와 두루마기를 입었다. 계급에 따라 옷의 형태, 색, 옷감, 문양이 달랐다.

금령총에서 발굴된 배토기를 닮은, 8-9C 연못에 띄우고 놀던 5.9m 크기의 참나무와 소나무로 만든 배[167]가 출토됐다. 우리 토양은 강한 산성으로 목재 유물은 오래 살아남을 수 없으나 임해전 진흙 벌 속에서 온전한 모습으로 살아남았다. 또한 14면체 주령구[168]와 세택(世宅, **부록 13**)이라 쓰인 목간(木簡, **부록 14**), 투구와 실제로 사용한 흔적이 있는 나무로 만든 반질반질한 남근[169]이 발견됐다. 임해전은 문무왕 때는 사용되지 못했고 신문왕부터 영빈관으로 사신 접대나 연회장으로 쓰였다. 경순왕은 임해전으로 왕건

166) 복두란 귀족이 쓰던 모자를 말한다.

167) 2005년 창녕군 비봉리 패총 유적에서 약 8천 년 전 소나무로 만든 가장 오래된 신석기시대 길이 310㎝, 폭 62㎝ 크기의 배가 발굴되었다.

168) 사각형 6개와 육각형 8개로 된 주사위다. 조선까지 남자들의 주사위 관직 놀이, 명승지 놀이, 승경도가 있으며 숙종 때 인현왕후가 만든 여성들의 여행도가 남아있다.

169) 남근은 실용품으로 보기도 하지만 여성을 상징하는 연못에 아들 낳기와 나라의 안녕과 악신 및 질병의 추방·예방, 풍요를 기원하는 주술적 용도로 쓰인 것이리라! 황룡사 회랑에서도 사실적으로 조각된 짙은 회색의 남근 활석이 발굴됐다.

을 초대하여 연회를 열지만 4년 뒤 신라는 망하고 오리만 날아든다고 해 안압지(雁鴨池)라 불렸다. 대부분 안압지 출토품은 당시 궁중에서 실제로 사용한 유물로 제작연대와 생활상을 알 수 있는 귀중한 자료가 많다. 그 외에도 안압지에서 8C 중엽 화강암으로 조성한 수세식[170] 화장실이 발굴됐다.

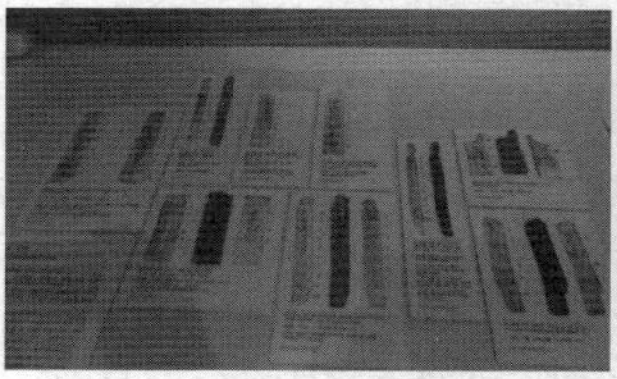

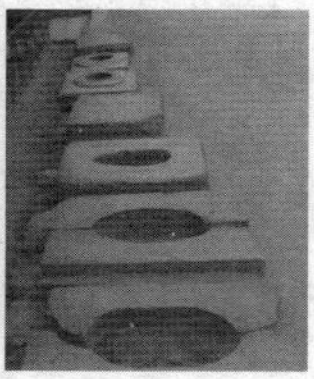

왼쪽부터 목간, 불국사 화장실

누각(樓閣), 정자(亭子)

누각[171]은 원래 왕실, 관공서에서 손님을 초대해 회의, 대접하던 높은 사각형으로 주로 법회나 강학, 집회, 학문을 토론하는 공공 건물이다. 신라 소지왕이 448년 정월 누각 천천정에 행차했고, 반월성 남동쪽에 월상루 정자가 있었으며 655년 백제 의자왕이 망해정(望海亭)을 세웠다는 기록이 있다.

고려 말 권문세가들은 신흥 사대부에게 밀려 지방으로 쫓겨나며 지방마다 파종가들이 생겨났다. 이들은 주위와 환경과 절묘한 대비를 이루며 자연의 푸근함을 느낄 수 있는 호쾌한 분위기와 절경 곳곳에 개인 정자를 세운다. 『순증동국여지승람』에 800개가 기록될 만큼 많이 조성되었다. 특히 15-16C 낙동강 상류와 광주를 중심으로 많은 누정을 조성하며 전국적으로 유행했다. 선비들은 산수의 안배, 정원 배치 등 풍수에도 뛰어

170) 불국사에서 8C 제작된 변기가 발굴됐고 익산 왕궁리에서 7C 화장실 유적이 나왔다.

171) 누는 높게 지은 집을 말한다.

나 정자와 서원 등 건물을 직접[172] 설계했다. 누각보다 작은 정자는 사적인 공간으로 사방이 탁 트이고 주위 경관이 좋은 곳에 정사각형, 육각형, 팔각형 등 다양하고 마루에 난간을 둘러친 것이 일반적인 형태다. 친지, 지인이 모여 세상 살아가는 얘기와 소식을 나누는 사랑방, 오락, 다과, 음악 감상, 시와 글을 짓는 쉼터, 풍류 놀이터, 자연, 학문을 담는 그릇으로 학문의 경연장, 문학 카페, 살롱(SALON)이었다. 때로는 손님을 초청, 접대하는 작은 주연을 열기도 했다. 불교 해탈, 도교 우화등선과 같은 의미로 신선 세계를 표현한 높은 문루(門樓)는 문은 아니지만, 사방이 탁 트인 문의 기능을 수행하며 또한 산에서 내려온 기운을 빠져나가지 못하게 하는 풍수적 의미도 포함하고 있다. 대부분 절이나 서원의 문루는 밑에서 보면 2층이나 계단[173]에 올라서면 1층으로 당당한 위계(位階)와 품위를 보이며 중심 건물인 본당과 일직선이다. 부석사 안양루 계단에 서면 본당 무량수전이 보이고 안동 병산서원**(부록 15)** 복례문(復禮門)[174]을 들어서면 만대루는 입교당과 축을 이루며 엄격한 상하관계를 보여준다. 이처럼 전통 문루는 누하(樓下)를 지나면서 숨어 있던 전각들이 본 모습을 보여준다. 송광사 우화각 역시 본당과 중심축에 있고 개울은 천연덕스럽게 우화각을 품어 주변 경관을 돌아볼 수 있게 배려했다. 이렇듯 건축의 원칙을 존중하고 주변의 풍경과 정취를 끌어들이며 상상의 나래를 표현했다.

사(司)는 높은 곳에 세워진 사방이 트인 정자, 누각과 같은 건물을 말하고 대(臺)는 경치를 감상할 수 있는 언덕에 있는 건물로 부산 해운대, 태종대,

---

172) 정도전의 경복궁, 정약용의 수원성과 같이 조선시대 대부분의 건축 책임자는 문인이었다.

173) 루이 14세의 베르사유 궁전은 역시 상승하는 계단으로 왕의 위엄과 권위를 한눈에 보여준다. 유럽의 성당, 궁은 높고 웅장한 천장과 기하학적 반복, 명암 대비 등 시각적인 효과를 이용해 존경심과 경외감을 극대화했다.

174) 복례문은 자기를 이기고 예를 회복한다는 뜻으로 류성룡은 도의 실천으로 예(禮)를 강조했다.

의상대 등이 있다. 찬 바다 기운이 따듯한 공기를 만나 운무가 끼인 언덕이란 뜻의 해운대는 최치원이 머물며 경치를 감상한 곳이며 영양군 석보면 두들마을 낙기대(樂飢臺)는 가난을 불편하게 여기지 않고 희롱하며 즐긴 경지에 든 선비일 것이다.

왼쪽부터 복례문의 위계, 만대루

전라도 정자와 유배 문화

조선 중기부터 정치판은 쓸데없는 허례허식, 소모적인 논쟁으로 사화와 당쟁이 극에 달하며 정적에게 유배 등으로 가혹한 형벌과 사약이 난무했고 많은 명성 높은 학자, 유명한 선비가 전라도로 유배[175]됐다. 유배 학자들과 그 지방 선비, 유학자들은 각자의 철학을 담은 정자를 세우고 세상을 뒤로한 채 향리에 묻혀 후학을 양성했고 현지인들에게는 최고의 학문을 접하는 기회였다.

가시나무 울타리에 갇혀 미래 희망은커녕 존재의 의미조차 상실한 비굴하고 비참한 나날의 연속이지만 초당에서 개인적 학문에 매달리며 영혼의 상처를 치유하였을 것이다. 오랜 유배에서 깨달은 여유로 상처 입은 또 다른 이들의 삶을 위로하는 사랑방, 사교장이었다. 이들의 학문이 정자 문화, 유배 문화로 불리고 문향과 묵향을 내뿜는 광주호 자락이다. 유

175) 유배된 관료, 선비 중 30% 이상 전라도로 유배당했다.

학의 태두 기대승, 호남 유림 거두 김인후(金麟厚 1510-1560, **부록 16**), 가사 문학의 원조 정철, 고경명, 백호 임억령, 박순 등 인물 하나하나가 문중 사당에 모셔질 만한 당대 최고 석학과 기라성같은 선비의 애틋한 사연을 담은 정자는 문화를 살찌우고 꽃 피웠다. 어미젖같이 둥글고 낮은 산, 풍요로운 들을 간직한 물길은 곡창지대를 적시고 유유히 흐르며 풍요한 사백(四白, 쌀, 면화, 소금, 종이)[176] 문화를 잉태했다.

이를 바탕으로 남도는 문학적 소양과 예술혼이 오롯이 남아 시서화창(詩書畵唱)의 본향으로 고전문학의 산실로 탄생했다. 화사한 배롱나무가 유명한 명옥헌(鳴玉軒)은 맑은 물소리가 옥구슬 구르는 것 같다는 정자로 소쇄원과 함께 2대 광주호 원림이다. 푸른 대나무로 사방에 둘렀다는 환벽당(環碧堂)은 나주 목사를 지낸 김윤제(金允悌, 1501-1572)가 을사사화를 계기로 낙향해 후학을 가르치며 송강 정철을 제자로 길러냈다. 가사 문학의 대표격인 〈성산별곡〉의 산실인 성산이 바로 식영정의 뒷산이다. 김성원, 정철, 임억령, 고경명은 성산 4 신선으로 불렸다. 그림자도 쉬고 간다는 식영정은 명종 때 서하당(棲霞堂) 김성원(1525-1507)이 정계에서 물러난 장인 임억령(林億齡)을 위해 1560년 지었다. 면앙정(俛仰亭)은 원만한 대인관계로 평탄하게 관직을 수행하고 귀향한 호남 유림 최고 거두 송순(宋純, 1493-1592, **부록17**)이 지었다. 송순이 87세, 그의 회방연(回榜延, 과거급제 60주년) 축하 잔치에 모인 당대 걸출한 대학자 기대승, 김인후, 임억령, 고경명, 박순이 모인 저명한 선비들의 큰 잔치였다. 잔치가 끝난 후 정철, 임제, 고경명, 이후백, 곽재우 등이 송순을 손 무등을 태우고 집까지 모셨던 일화는 호남 대대로 내려오는 전설이다. 누구도 부럽지 않을 뛰어난 제자를 가졌고 누구라도 부러워할 스승이었다.

---

176) 四百 곡창지대는 예로부터 수탈과 부역이 심했지만 가장 많은 서적 목판이 남아 있다.

왼쪽부터 명옥헌, 식영정, 환벽당, 독수정

이외에도 병부상서를 지낸 전신민이 고려 멸망 후 아침마다 송도(개성)을 향해 절하기 위해 지은 독수정(獨守亭), 세속에 물들지 않고 청정함을 지킨다는 물염정(勿染亭)은 16C 중엽 담양 출신 학자이며 관리였던 송정순이 지은 정자로 방랑시인 김삿갓이 찾아와 마지막 생을 마친 곳이다. 무등산과 광주호[177]가 조화를 이룬 광주에 유명한 정자만 40개나 있다. 정자는 마루만 있는 것, 건물의 둘레를 쪽마루로 둘러서 난간을 세운 것, ㄱ자, ㄴ자 정자, 정사각형, 육각형, 팔각형 등 다양하다. 경상도의 작은 정자에 비해 대부분의 호남 정자는 온돌을 들인 큰 정자다. 당(堂)은 후학을 가르치며 머물고 쉬는 공간으로 온돌을 배치했고 정(亭)은 주로 온돌이 없다.

소쇄원(瀟灑園), 양산보, 조광조

15세에 아버지(梁泗元)와 함께 한양으로 와 조광조(**부록 18**) 밑에서 공부에 매달린 양산보(1503-1557)는 17세에 현량과에 합격한다. 그러나 기묘사화(1519)에 휩쓸려 능주로 유배된 스승을 따라 양산보도 낙향하였으나 스승은 화순 쌍봉사[178]에서 사사[179] 당한다. 혈기 왕성한 18세 양산보는 과거에 대한 꿈을 접고 세상과 단절하며 스스로 자신을 유폐시키며 평생 은둔자로 지낸다. 당시 양반으로 과거의 포기는 인생의 포기였다. 출발도

177) 무등산이 화기(火氣)가 강해 세종 때 부채꼴 모양 광주호를 조성해 화기를 조절했다.

178) 신라 경문왕 때 철감선사 도윤(798-868)이 창건한 쌍봉사다.

179) 사사(賜死)란 죄인을 마지막으로 예우하며 사약을 내려 자결시키는 것이다.

못 하고 인생의 종착역이 된 소쇄원은 양산보의 이상이 응축된 소우주였다. 조광조와 양산보, 범상치 않은 인물들의 짧은 만남과 당시 혼란한 정치 상황을 극명하게 보여주는 소쇄원이다. 소쇄는 깨끗하고 시원하다는 뜻으로 송순이 이름 붙였다.

집은 그 가문의 혼 품격을 보이고 당호를 보면 주인의 성격을 안다고 했던가? 죽림에 묻힌 당호 역시 그의 뜻이리라! 광풍각(光風閣)[180]과 봉황을 기다리며 손님을 맞이하는 작은 사랑채, 대봉대(待鳳臺)다. 누구를 기다렸을까? 그가 진정 기다린 것은 세월이 아닐까? 까치봉 계곡에 살포시 내려앉은 소쇄원에서 달과 소나무그림자를 벗 삼아 송순, 정철, 김인후, 기대승(奇大升)과 세상을 잊고 시름을 달랬으리라! 서재 겸 사랑채인 제월당(霽月堂)은 마치 주인을 닮은 듯 쓸쓸한 소나무와 세월을 같이하며 외로움을 토해내고 있고 대나무 숲을 스치는 바람 소리는 고독한 삶을 산 양산보의 내력을 말해주는 것 같아 그저 쓸쓸하게만 들린다. 송순, 정철, 고경명, 김인후 등 대가들도 소쇄원의 절경에 반해 이름을 붙이고 헌시, 헌사를 쓰며 아낌없는 찬사를 바쳤다. 건립 당시 수십 채 정자가 있었고 현재보다 몇 배[181]나 컸다고 한다.

왼쪽부터 제월당, 광풍각

---

180) 광풍각은 宋나라 주돈이(1017-1073) 전에서 유래된 인품이 고귀하고 가슴에 품은 뜻은 훈훈한 바람과 깨끗한 달을 뜻하고 제월은 비 갠 뒤 밝은 달빛을 상징하며 수행을 통해 본래의 깨끗한 성품을 회복한다는 뜻이다.

181) 일제는 호남의 맥을 끊으려 소쇄원을 가로지르는 신작로를 내었다. 1755년 소쇄원도 목판 탁본이 보여주듯이 정자만 20여 채, 전체 면적이 1만여 평으로 현 주차장 자리에 정자, 한금정이 있었다.

고산 윤선도(孤山, 尹善道, 1587-1671)의 완도 보길도

한성 출신 윤선도는 26세 때 과거에 합격하며 봉림, 인평 대군의 스승이 되었으나 불의를 참지 못하는 강직한 성품으로 그의 인생은 영욕으로 점철됐다. 1616년 30세 윤선도는 이이첨을 향한 상소를 올리며 함경도 경원으로 유배당하고 다음 해 경북 영덕, 기장을 거처 영광에서 14년간 유배됐다. 1636년 50세 되던 해 고향, 해남에서 지내다 병자호란 때 51세 나이에 의병을 이끌고 강화도로 향하던 도중 삼전도 굴욕 소식을 접하고 제주도로 발길을 돌렸으나 풍랑을 만나 완도 보길도에 안주하며 자기만의 세상을 가꾸었다. 보길도에서 13년 은거와 출사를 번갈아 하며 85세 죽을 때까지 7차례 내려왔다. 남인 윤선도와 송시열을 우두머리로 하는 서인의 예송논쟁(1659년, **부록 19**)에서 패배하며 다시 유배가 시작됐다. 74세 때 함경도 삼수로 북청으로 다시 광양으로 유배되었다가 81세 때 풀려나 보길도에서 5년을 보내다 낙서재에서 생을 마감했다. 거의 일생을 유배지에서 보낸 고산은 계곡물을 가두고 자연으로 마음을 씻으라는 뜻의 세연정(洗然亭)을 조성했다. 고산 역시 훌륭한 조경 기술자로 홍수가 나도 세연지 연못물이 넘치지 않도록 조성하며 목조 건축의 정석을 보여준다. 水, 石, 月, 竹, 松을 친구로 벗 삼아 지은 오우가를 비롯해 어부 생활상을 4계절에 따라 각 10수씩 40수 한글 시조, 어부사시사 등 불후의 명작을 남긴다. 후학을 위한 낙서재, 연회와 게으름을 즐기던 부용동 원림은 산으로 둘러싸여 마치 연꽃을 닮았다. 부용동이 내려다보이는 산 중턱에 한 평 남짓한 개인 독서실 동천(洞天)[182]석실이다.

강진에서 매화가 유명한 강진 출산 소론 명문가, 이담로(李聃老·1627-1701)가 백운사 암자 터에 조영한 강진, 백운동(白雲洞)정원은 유상곡수와

182) 동천은 산으로 둘러싸인 경치 좋은 곳을 말하고 청하동천(青霞洞天)은 신선이 사는 하늘 마을이라는 뜻이다. 쌍계사 화계 동천, 강화도 함허 동천, 울산 운흥 동천, 한양 부암동 김정희의 백석동천(북서, 北墅) 등이 있다.

정갈한 나무숲이 자연스럽게 어우러져 소쇄원, 완도 보길도와 함께 호남 3대 정원이라 불린다. 1812년 다산이 풍경을 찬탄하는 백운동 12경 시를 짓고 초의는 〈백운동도〉라는 그림을 그리며 시첩을 남겼다, 강진에 유배 왔던 다산의 차맥(茶脈)이 이어지며 이씨 집안은 100년간 다산 집안에 차를 보냈다고 한다. 다산이 알려준 3번 솥에다 찌고 3번 말리는 삼증삼쇄(三蒸三□)로 白雲玉版茶(백운옥판차)다. 또한 의병 명문가로 을묘왜변 때 후손 이남은 왜구들과 전투 중 전사했다.

경남 정자

우 안동 좌 함양이랑 말이 있듯이 함양은 유교와 선비의 고장이다. 화림동 계곡을 중심으로 작은 연못과 작지만 작지 않은 8개 정자가 있다. 달을 희롱한다는 농월정(弄月亭), 자연과 같이한다는 거연정(居然亭)[183], 동호정(東湖亭), 군자정(君子亭)이 모여 독특한 아름다움을 이어가며 명성을 누리고 있다. 경남 정자는 호남 정자에 비해 호쾌하고 극적인 장소**(부록 20)**에 조성했다. 정자의 두 다리는 연꽃이 만발한 연못에 넣고 이상세계를 조성했다.

왼쪽부터 군자정, 거연정, 물확 석연지, 정자 다리

연꽃이 피어 물에 뜬 듯한 정자는 한 치라도 부처 천상 세계와 자연과 가

183) 자연에 내가 있고 내가 자연에 있다는 뜻의 거연정은 냇가 자연 암반 위에 조성했다.

까이하려는 조상들의 마음을 담고 있다. 또한 연못을 만들 수 없는 작은 마당이나 자투리땅이면 작은 석가산(石假山)을 조영하고 무한한 상상력을 자극하는 석연지(石蓮池,)나 물확을 배치해 하늘과 구름을 담아 서정적, 낭만적 이상향을 꿈꾸었다. 1456년 신숙주와 세조가 찬탈을 이루자 신숙주의 조카 신말주는 관직을 내던지고 불사이군을 상징하는 순창 귀래정(歸來亭)을 세웠다. 또한 생육신 원호가 단종을 그리며 지은 영월 관란정, 2칸짜리 허름한 집에 백 칸짜리 집이란 뜻을 지닌 허백당(虛百堂) 등 풍류를 즐기는 선조의 해학과 여유로움이 돋보이며 풍치를 자랑하는 누정이 많이 남아 있다. 서울 역시 남산, 북한산계곡과 한강을 따라 한명회의 압구정, 태종, 세종, 문종 등 세 왕을 보좌한 황희(1363-1452, **부록 21**)의 반구정. 태종의 둘째인 효령대군의 별장인 망원정[184], 예종 아들 제안 대군 유하정, 안산군 황화정 등 별서 정원이 전해 온다.

---

184) 1424년 가뭄이 심해 민심을 둘러보던 세종이 형, 효령대군의 성산동 망원정을 방문했을 때 비가 내려 희우정(喜雨亭)이라 했다.

제4편 서당, 서원과 과거, 성균관(成均館)

공자는 天命을 性, 성을 따르는 것이 道, 치국의 철학, 예악(禮樂)[185]으로 나라를 다스리고 예의, 도덕을 가르칠 수 있다고 주장했다. 禮는 사람이 마땅히 해야 하는 도리, 윤리로 개인의 수기치인(修己治人)과 사회질서를 확립하는 공경(恭敬)이 기본 실천 규범이었다. 樂은 마음의 양심으로 부끄러움을 알고 스스로 깨우쳐 자신을 다스리는 교양이었다. 또한 의례에 항상 걸맞은 樂이 수반되었다. 예(정치)가 질서를 확립하고 개인의 도덕과 백성의 악(樂)이 균형과 조화를 이루면 나라가 평안해 나라의 질서, 가정이 화평을 이룬다고 강조했다. 세종 역시 천지의 이치에 따른 예악으로 백성을 다스리며 음악을 집대성했다. 박연은 궁중 조례에 사용하던 순수 조선 음악 향악**(부록 1)**을 체계적으로 집대성했다.

고구려 소수림왕은 국내성에 귀족 자제만 입학할 수 있는 국립대학, 태학(太學)을 설립하고 경학, 문학, 무예를 가르치고 인재를 양성했다. 장수왕은 평민 자녀에게 글과 활쏘기를 가르치는 민간 교육기관 경당(扃堂)이라는 학교 겸 첫 도서관을 세웠다. 신라는 화랑도를 통해 인재를 키웠고, 통일하자마자 682년 신문왕이 국립대학 국학(國學)을 설치했다. 효경, 논어, 예기 등을 가르치고 능력에 따라 상, 중, 하 3품으로 나누어 관리를 선발했다. 992년 고려 역시 귀족만 입학할 수 있는 정원 300명 규모의 개성 국학을 설립했다. 1361년 홍건적의 침입 때 불탄 국학이 1362년 성균관(成均館)[186]으로 개편되며 새로운 학문, 성리학을 공부하는 중추 기관이 되었다. 1398년 건립한 조선 국립대학, 성균관은 궁과 같아 학궁(學宮)이라 불리며 왕족과 세자가 입학하여 반궁(泮宮), 성균관 앞마을을 반

---

185) 정치가 발전한 나라의 樂은 편안하고 세상도 화평하지만, 정치가 어지러운 세상은 음도 슬프고 백성만 고달파진다.

186) 성(成)은 악기 연주를 의미하고 균(均)은 덜하면 더하고, 넘치면 덜어내 음(音)의 균형을 이루는 악기의 조율을 의미하며 인재를 가르치는 것을 악기에 비유했다. 音의 시작과 끝을 모두 완성되었을 때 집대성(集大成)이라 하며 여러 사상을 조화된 것을 의미한다.

촌(泮村)이라 불렀다. 기숙사와 학비는 물론 생필품까지 제공하고 유의(儒醫)[187]와 노비도 파견했다. 세자를 위한 성균관 입학식[188]이 성대하게 열리지만, 세자의 공부는 그날 하루뿐으로 성균관의 상징적 의미였다. 현 성균관 건물은 임란 때 소실된 것을 1606년 중수했다.

성균관은 제사를 지내는 대성전(묘, 廟)을 중심으로 동무와 서무가 있는 문묘(文廟)가 제사와 배향 공간, 명륜당은 인간 윤리와 도덕을 밝힌다는 뜻으로 교육 공간으로 전묘후학(前廟後學)을 이룬다. 공자와 제자의 위폐와 정여창(1450-1504), 김굉필(1454-1504), 조광조(1482-1519), 이언적(1491-1553), 이황(1501-1570) 등 동방 5현[189]과 39人의 위패를 모셨다.

동 서무는 학자 112인 위패를 모셨으나 현재는 비어 있다. 대성전에서 매월 초하루와 보름에 분향하며 음력 2월과 8월에 큰 제사, 석전대제(釋奠大祭) 문묘대제(文廟大祭)를 거행한다. 이 제사의 음악을 문묘제례악(文廟祭禮樂)이라 한다. 2018년 10월 28일 2569주년 공자 탄생 추기(秋期)석전대제가 열렸다. 대성전 동문부터 대성전까지 검은 전돌은 엄숙한 제례 공간을 상징한다. 월대 또한 경복궁 강녕전 못지않게 크고 우람해 성균관의 위상과 자긍심을 보여준다. 혼령이 출입해 월대는 중앙 계단이 없다. 정문 삼문(三門)은 동으로 들어가 서로 나오고 중앙문은 혼령이 드나드는 문으로 서원 사당도 마찬가지다. 대성전 서쪽에는 전사청, 하급 관리의 수복청, 그릇을 보관하는 제기고 등 부속시설이 있다. 대성전 현판은 한석봉(1543-1695)의 친필이다.

---

187) 양반 출신 유림(儒林)의사를 말한다.

188) 왕의 후계자로 임명하는 책봉식을 치른 후 성균관에서 입학했다.

189) 동방 5현과 18현은 최치원(崔致遠), 설총(薛聰) 안유(安裕), 정몽주(鄭夢周), 김굉필(金宏弼), 정여창(鄭汝昌), 조광조(趙光祖), 이언적(李彦迪), 이황, 이이, 성혼(成渾), 김장생(金長生), 송시열(宋時烈), 송준길(宋浚吉), 박세채(朴世采), 김인후(金麟厚), 조헌(朝憲), 김집(金集)이다.

왼쪽부터 대성전, 향단, 명륜당

명륜당(明倫堂)

인륜을 밝힌다는 뜻의 명륜당은 향시나 소과에 합격한 생원, 진사를 합쳐 200여 명이 정원이며 23명 선생이 있었다. 전면에 큰 은행나무 두 그루로 행단[190)]을 조성했다. 명륜당은 종묘 영녕전과 같이 날개가 있으며 5개 잡상으로 장식했고 벽은 명망 높은 학자의 편액과 동쪽 날개에는 박문약례(博文約禮) 덕화만방(德化萬邦)이라는 큰 편액이 있다. 기숙사 동재와 서재는 좌우 10개씩 한 칸 작은 방들과 각 방마다 딸린 창과 작은 아궁이가 연이어 있어 이채롭다. 존경각은 도서관, 큰 도를 밝힌다는 비천당 별당은 과거를 보던 곳이다.

사액(賜額)서원, 소수서원(紹修書院)

서원이란 유생들이 숙식하며 학문을 닦고 공부하는 지방 사립대학이며 학문적으로 위대한 업적을 남긴 학자, 성현을 추모하고 제사지내는 곳이다. 성리학을 소개한 안향**(부록 2)**을 제향하기 위해 주희의 여산 백록동 서원을 본떠 세운 1543년 주세붕의 백운동 서원이 시원이다. 풍기 군수로 부임한 이황은 왕의 인가를 얻지 못하면 폐쇄될 것을 우려해 선조에

---

190) 행단(杏亶)이란 공자가 학문을 닦고 제자를 가르치던 곳이다. 중종 때 윤탁(尹倬)이 심었다고 한다.

게 주창해 서원 이름이 새겨진 편액을 내리며 1543년 최초 사액[191]서원, 소수서원(**부록 3**)이 탄생한다. 사액이란 왕이 서원 현판과 운영에 필요한 토지[192], 노비, 책, 운영비의 일부 혹은 전부를 하사함을 이르는 말이다. 사액서원이 되면 모든 조세를 면제받으며 지방 수령이 간섭할 수 없었고 정치, 사회적으로 독보적인 존재로 인식되며 너도나도 사액서원이 되고자 상소를 올려 지방마다 서원이 우후죽순으로 건립됐다. 서원은 선비들이 제사 지내는 사우(祠宇)[193], 서원으로 통칭하며 효종 때 150개, 17C 전국 650개로 늘어나고 그중 사액서원만 130여 개였다. 단순히 책방이며 아이들에게 성리학을 가르치던 도학 서원이 양반 패거리를 형성하고 경쟁, 성장하며 정치의 중심이 되고 16C 이후 파당을 만들며 정치세력화한다. 도산서원을 중심으로 이황의 계승자들, 산청 덕천서원은 남명 조식의 문인들, 논산 돈암서원은 김장생을 계승했다. 성균관 역시 점차 과거 중심으로 변질되었다.

왼쪽부터 소수서원 현판, 안향

191) 주자가 황제에게 주창해 백록동서원을 사액 받은 데서 유래되었다.

192) 조선은 왕토사상으로 토지를 기반으로 한 농업사회였다. 개혁가 정도전은 균전제를 주장했지만 왕자의 난으로 실시되지 못했다. 소수 권세 가문과 서원은 대규모 토지를 사유화하며 권력을 유지했다.

193) 사우(祠宇)는 위패를 모신 건물, 영당(影堂, 사당)을 말한다. 향사는 서원에서 올리는 제사다.

이황(1501-1570)과 도산(陶山)서당과 서원

중국 산서성 오대산(五臺山)은 문수 신앙 발원지로 한여름에도 평균기온이 섭씨 20도 정도여서 청량산(淸凉山)이라고도 불린다. 경북 청량산이 이를 닮아 성리학의 대가인 퇴계가 〈도산 12곡〉[194]을 지으며 이름 지었고 성리학의 본향[195]이 되며 도산서당이 자리 잡았다. 이황은 대과[196]에 합격해 34세에 중앙관리가 되지만 사화, 당쟁을 이기지 못하고 49세에 과감히 벼슬을 버리고 고향으로 내려왔다. 탐욕으로 가득 찬 정계를 피해 초야에 묻히길 바라며 고향으로 내려왔으리라! 동방의 주자라 불리던 이황을 명종이 애타게 찾으며 성균관 대사성을 제수하지만, 병을 이유로 출사할 수 없다는 등 온갖 핑계와 이유를 대며 후학을 기르기 위해 고향에 정착했다. 그러나 왕의 거듭된 부름에 한양 벼슬길과 고향길을 오가는 일이 69세 죽기 전까지 20여 차례 반복되었다. 풍수에도 뛰어난 건축가 이황은 좋은 장소를 찾으며 5차례나 터를 옮긴 후 얻은 토계에 6년간 공을 들여 1576년, 나이 60에 도산서당을 완성했다. 직접 설계도까지 그린 서당은 퇴계 사상의 핵심을 담고 있다.

퇴계(退溪)는 서당 앞 개울 이름인 토계에서 딴 것으로 계곡으로 물러나 학문을 익힌다는 뜻이며 도산(陶山)은 질그릇 굽던 도공이었던 순임금같이 인격을 도야해 성인을 따른다는 뜻이다. 서당 현판은 퇴계 선생이 직접 썼다. 산(山)자는 그림으로 표현됐고, 서(書)자는 새가 그려져 있다. 기

---

194) 〈도산 12곡〉은 주자의 무이구곡(武夷九曲)과 같이 청량산의 아름다움을 노래한 시다. 복건성 무이산(武夷山)은 주자학이 탄생한 곳으로 선계라 불린다. 채용신이 그린 〈무이구곡도〉가 전해 온다.

195) 신라 서성(書聖) 김생과 최치원이 청량산에서 공부했고 안향과 고려 성리학의 기둥인 이제현(李齊賢, 1287-1367)이 안동 출신으로 성리학의 연원이라 불린다. 당시 경상도 선비들은 자식이 15세가 되면 청량산 사찰로 보내 학문을 연마하는 것이 유행이었다.

196) 퇴계 이황은 과거시험에 세 번이나 낙방했다.

숙사 농운정사(濃雲精舍, **부록 4**)는 공(工)[197]자형 건물로 동 시습제(時習濟), 서 관란헌(觀瀾軒)이 마루와 연결되어 있다. 농(隴)은 언덕이나 고개를 말하며 농산의 구름과 물 한잔이면 손님 대접은 족하다는 뜻이며 시습은 열심히 배우고 몸에 익히니 즐겁다는 의미다. 맹자에서 나온 관란(觀瀾)은 평탄하게 흘러가는 물이 급격히 꺾이며 굽이치는 험난한 소용돌이가 일 때와 같이 인생의 급격한 변화가 있을 때를 조심하라는 말이다. 이 세 현판이야말로 퇴계의 인생 큰 가르침이다. 3칸 서당 완락재(琓樂齋)는 온돌방이며 암서헌(巖栖軒)[198]은 대청 마루방으로 대소 제례를 올리기도 했다. 짧은 지붕 아래 따로 처마를 덧대고 될수록 많은 창을 달아 한줄기 달빛이라도 더 들어오도록 건축했다. 달빛 아래 냉기 속에서 얼어가는 몸을 녹이며 책을 읽었으리라! 글을 쓴 이를 존경[199]하는 의미로 자신보다 높은 서가를 조영했다.

왼쪽부터 工자 농운정사 지붕, 암서헌, 도산서당

싸리문 하나에도 철학적 이름(유정문, 幽貞門)을 붙이고 작은 동산을 연꽃에

197) 상주 집 담장에 재활용한 기와로 공부할 공(工)자 장식무늬를 넣었다.

198) 암서헌(巖栖軒)은 학문을 통해 작은 자기 발전을 희망한다는 의미다.

199) 선비들은 수신(修身)은 겸손에서 시작한다고 인식해 자기를 내세우는 글은 쓰지 않고 주로 남의 글을 인용하며 자신을 낮추었다. 자신의 호 또는 현판에 겸손해지라는 뜻의 회(晦)자를 즐겨 썼다. 주자의 호가 회암(晦庵), 퇴계의 스승 이언적(李彦迪)의 호가 회재(晦齋)다. 퇴계의 사상의 핵심은 타인, 자연에 대한 존중과 배려인 경(敬)이며 병산서원은 예(禮)를 강조했다.

비유해 부용봉, 정우당 연못, 바위, 사군자를 의인화해 친구같이 여기며 자기만의 세계를 창조했다. 작은 연못은 연꽃을 심고 담을 대신하며 주위 산과 낙동강을 서당 안으로 초대한 전형적인 배산임수, 차경 정원을 조영했다. 특히 매화를 사랑해 늘 가까이 두고 분재한 작은 화단을 매화단, 매선(梅仙), 매형이라 부르기도 했다. 지혜의 나무, 철학자의 길, 명상의 숲으로 둘러싸인 도산서원은 교육의 집, 진리의 정원으로 고매한 교육자, 위대한 사상가의 삶과 철학**(부록 5)**을 오롯이 담고 있다. 젊어서 학문에 힘쓰고 중년에 이를 실천하며 학자, 관료로서도 최고에 오르고 궤와 청려장(青藜杖)[200]을 하사받았다. 영남학파의 태두로 맹자의 군자삼락(君子三樂)[201]과 군자오미(君子五味)를 즐긴 대학자였다.

왼쪽부터 북, 진도문, 도산서원

도산서원

퇴계가 돌아가신 후 유림과 제자들이 1576년 사당에 위패 봉안하고 수제자 월천 조목을 함께 모시며 상덕사(보물 211호), 전교당(보물 210호) 동,

200) 청려장은 신라부터 전해 온 것으로 정2품, 70세 이상으로 은퇴하는 신하에게 내리는 최고의 영예였다. 은퇴 고관들로 구성된 국정 자문기관인 기로소가 있었고 왕은 60세 이상이 되어야 참석할 수 있었다. 명아주로 만든 가볍고 단단한 지팡이로 신하의 무병장수를 기원하며 선물했다. 궤(几)는 팔을 얹어 몸을 편히 기대도록 팔걸이가 달린 의자를 말한다.

201) 맹자삼락(孟子三樂)이란 부모 형제가 다 살아계시고, 하늘을 우러러 주변에 부끄럼이 없고 죄를 짓지 않은 것, 천하의 인재를 교육하는 것이며 군자 오미는 교만하지 않은 위엄, 명확한 의무, 무욕, 부담스럽지 않은 배려 등을 말한다.

서재를 지으며 서원을 완성했다. 전형적인 엄격한 존엄과 위계를 보이는 유교의 전묘후학(前廟後學, **부록 6**), 좌우 대칭과 위계성을 이루며 조선 서원 건축[202]의 정형을 확립했다.

1574년 선조가 한석봉(1543-1605)을 불러 쓴 도산서원 현판이다. 한석봉이 선생에 대한 존경심과 경외심으로 부담을 느끼며 썼을 것이다. 전교당(강당)을 축으로 학문을 닦고 생활하는 공부방 동, 서재 박약재(博約齋)와 홍의재(弘毅齋)로 이루어졌다. 강학당, 전교당(典敎堂)[203]은 바른 교육으로 앞날을 밝힌다는 뜻으로 선비의 기개와 엄격한 규율과 존경, 권위를 상징하는 높은 축대 위에 자리 잡고 위계성을 강조했다. 원장 집무실 한존재(閑存齋)가 있는 전교당이 중심 건물로 단청은 단순한 청, 적색을 이용하며 정갈하고 단아한 서원 건축의 표본을 보여준다. 항상 한 단 높게 지었던 선생 숙소와 또한 선생의 그림자를 밟지 않기 위해 될수록 공부방은 떨어진 곳에 낮게 배치했고 공부할 때도 나란히 앉지 않았다. 전교당 오른쪽 앞마당에는 야간 행사와 제례, 강학 등을 위해 불을 밝히던 큰 등간, 정료대(庭燎臺)가 있다.

---

202) 소수서원-1552년 함양 남계서원-도산서원 순으로 건축되었고 소수서원, 도산 서원, 병산서원, 경주 옥산서원, 대구 도동서원은 5대 서원이다. 2019년 7월 성리학 문화역사가 인류문화의 탁월한 보편적 가치가 인정을 받으며 소수, 도산, 도동, 남계, 옥산, 병산, 필암, 돈암, 무성서원이 유네스코 세계문화유산에 등재되었다.

203) 지역을 대표하는 유학자를 모신 서원은 자율성, 다양성, 지역적 특성을 가지고 설립자의 철학에 따라 강학당 현판이 다르다 병산서원은 입교당(立教堂), 화천서원은 숭문당(崇文堂), 이율곡 자운서원은 강인당(講仁堂), 도동(道東)서원은 중정당(中正堂)이다.

왼쪽부터 도산서원 전교당, 병산서원 입교당, 광명실, 동재(박약재)

서원의 입학 자격은 생원과 진사였으며, 기숙사 정원은 약 15-20인이었다. 주로 양반, 선배들이 기거하는 박약재(博約齋)는 학문은 넓히고 약속은 지키라는 뜻이며 평민과 서얼, 후배들이 머무는 홍의재는 기품 있고 의연한 태도를 보이라고 주문했다. 서고 광명실(光明室)은 독서와 책은 서광을 준다는 뜻으로 선조와 이황의 친필이 보관된 도서관이며 목판고, 장판각은 습기로부터 서책을 보호하고 기숙사에서 접근하기 쉽게 기숙사 마당으로 연결한 2층 누각 형태로 높게 지었다. 학문을 향해 정진하라는 진도문(進道門) 처마에는 북을 달아 유생들이 지켜야 할 엄격한 규칙을 상징했다. 술은 엄격히 금지했고 어기면 퇴출당했다. 혈기왕성한 젊은이들을 산속에 가두고 하루 종일 공부시키는 것도 쉽지 않은 일이었을 것이다. 지난 4백 년 동안 여자들은 이 진도문을 넘지 못했다. 또한 서원은 공부하는 사람의 주의가 분산되지 않도록 나무를 빽빽이 심었다. 앞마당은 청렴한 학자를 상징해 학자수라 부르는 백일홍과 삼강오륜을 상징하는 가지 셋, 다섯 소나무를 심고 학문 번성과 학자의 배출을 기원하며 많은 열매가 열리는 은행나무로 행단을 조성했다. 그 외에도 벚나무, 느티나무, 자작나무, 후박나무 등 목판과 책을 만들 때 유용한 나무와 서원의 뜻에 맞는 나무를 주위에 심었다. 서원 앞마당 우물 열정은 뜨거운 마음을 정화한다는 의미로 세심정(洗心井)이라 불린다. 모든 제사 음식은 당주(堂主)가 직접 사고 7번 쌀을 씻으며 제물과 제수를 정성껏 준비했다.

상덕사(尙德祀)

덕을 높이 숭상한다는 상덕사는 퇴계와 조목을 모신 사당이다. 사당은 얕은 담으로 둘러쌓아 신성성과 독립성을 강조했다. 동입서출(東入西出)로 동쪽이 들어가는 제관의 문이며 서쪽은 제사 끝난 후 나오는 문, 중앙은 신문(神門)으로 계단이 없다. 정문 삼태극**(부록 7)**[204)]의 검정은 하늘과 죽음, 백은 땅과 탄생을, 청은 천지를 바탕으로 살아가는 인간을 뜻한다. 도교에서 청색은 영원, 장생불사를 의미한다. 음력 2월과 8월에 춘향, 추향이라 부르는 유림과 종중이 모인 제향**(부록 8)**을 올리고 평소에도 초하룻날과 보름날 밤에 분향한다.

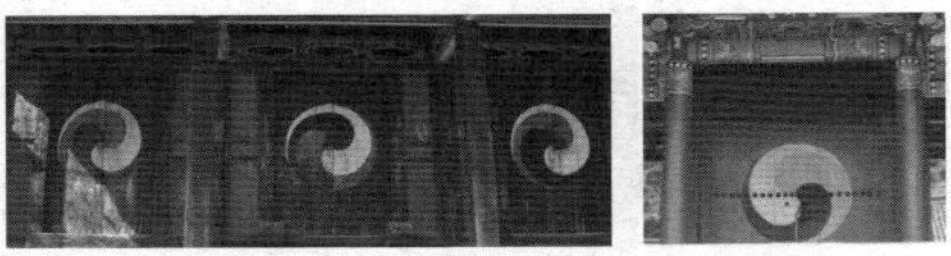

왼쪽부터 상덕사 삼태극, 현충사 삼태극

우측으로 재실과 제기와 제례를 준비하던 전사청, 사당 창고지기, 관리인 고직(庫直)이 머무르던 살림집이 보인다. 습기에 썩지 않게 기둥 밑 부분[205)]을 잘라냈다. 또한 임란 때 서책을 감추기 위해 서쪽 식당 마루 밑이 유난히 깊다.

204) 도산서원 문묘의 음양 문양은 黑白靑, 현충사는 黃赤靑이며 돌아가는 방향도 반대다. 음양은 원래 흑(黑)과 赤(적)이 원칙이나 흑과 적은 상극(수극화, 水克火)로 상생(목생화, 木生火)의 청과 적으로 조화, 보완하였다. 흑백의 문양은 금생수(金生水)를 상징한다.

205) 나무 기둥이 닿는 땅은 습기가 많이 차 일반적으로 주춧돌을 깐다.

시사단 별시(別試)와 정조(1752-1800)

예부터 우 안동 좌 함양으로 불리며 전국 인재 반이 영남, 영남 인재 반이 안동(**부록 9**)이라 했을 정도로 많은 인재가 나왔으며 영남학파 대부인 퇴계였다. 경상좌도는 선산 김종직을 비롯해 안동 류성룡, 의성 김성일, 경주 이언적 등 가문이 배출한 과거 합격자가 천 명을 넘었고 최치원, 정여창, 조식, 박지원을 배출한 경상우도 함양, 산청은 조선 석학의 고향이었다. 임란 후 문벌에 의해 관료가 되었고 류성룡(柳成龍, 1542-1607, **부록 10**) 후 남인(야당) 본거지인 영남은 노론 정치판에서 과거에 급제해도 철저히 배척당하며 변두리, 한직으로 밀려났다. 정조는 탕평책[206]을 실시하고 영남 인재들을 끌어들이기 위해 1792년 음력 3월 25일 남인의 정신적인 지주인 퇴계를 추모하며 시사단[207]에서 어제(御題)로 별시를 치른다. 왕이 친히 과거를 본다는 것은 지방 성균관[208]이라 불리던 도산서원의 위상을 보여주는 뜻깊은 행사였다. 특히 별시는 그 지방 출신들에게는 가산점도 주는 특권까지 있어 영남 선비에게는 좋은 기회로 영남 선비뿐 아니라 전국에서 수많은 유생이 시사단으로 모여들었다. 응시자가 너무 많아 강변까지 과거장이 되었다. 과거 보던 마당을 난장(亂場)이라 하였으니 얼마나 어수선했는지 짐작된다. 한양 과거 길은 한 달이나 걸리는 힘들고 험한 길이었다. 과거 급제라는 기쁜 소식을 듣는 문경(聞慶)새재만을 오간 과거 선비들이다. 추풍령은 가을 나뭇잎처럼 떨어지고 죽령은 죽 미끄러진다고 하여 기피했다. 과거 보러 가는 선비들은 성황당을 마주치면

206) 정조는 친위세력으로 37세 이하 문신을 중심으로 젊은 인재를 양성하는 초계문신(抄啟文臣)제도를 시행했다.

207) 안동 댐이 만들어지면서 수몰을 피해 9m 높이로 석단을 쌓고 강가에 배를 매어 줄을 당겨 시사단으로 갈 수 있다. 옛 그림에는 내려가는 길이 보이나 지금은 보이지 않는다.

208) 이중환은 『택리지』에서 조선 인재 절반 영남에 있고 영남 인재 절반은 구미에 있다고 기록했다.

돌을 던지고 당산목에 찰떡을 붙이며 급제를 기원했다.

왼쪽부터 시사단, 홍패, 어사화

중국과 조선 과거

	과거의 목적	세습 가능 여부	자격
중국 사대부	시험을 통한 신분 상승	세습 금지	누구든 과거 가능
조선 선비	위와 같다	세습 가능	선비만 가능

〈중국과 조선 과거 비교〉

과거는 3년마다 자, 오, 묘, 유가 들어가는 해, 즉 식년에 치르는 정기 시험인 식년시(式年試)와 별시(別試), 증광시(增廣試), 알성시(謁聖試)[209] 등 부정기적인 과거**(부록 11)**가 있다. 조선 관료는 주로 과거에 의해 등용하며 사회의 역동성을 불어넣었다. 그러나 과거는 양반만의 전유물로 과거에 합격해 벼슬에 올라 입신양명, 부귀영화. 서원의 위세를 떨치는 것이 가장 큰 영광이었다. 선비는 유일한 생계 수단으로 과거에 올인했고 큰 사회적 부작용을 일으켰다. 고창 선비 황윤석(黃胤錫, 1729-1791)의 이재난고(頤齋亂藁)를 보면 당시 그의 집안은 500석 정도 꽤 큰 부농이었는데

209) 알성은 성균관 유생들이 성균관에 모신 성현에게 참배하는 의식이다. 성균관 유생만이 응시할 수 있는 과거시험 관시(館試)다.

도 과거 뒷바라지하느라 양식이 떨어질 정도였으니 웬만한 집에서 과거는 꿈도 못 꾸었다. 또한 학력, 연령제한이 없어 합격까지 20-30년이 기본이었고 합격자 평균 연령이 34.5세였다. 어떤 선비는 40년간 과거에만 매달렸고 문신이며 유명한 화가인 강세황은 66세 장원급제했고 백봉수는 21년 만에 합격해 그나마 운이 좋은 편이었다. 흰 수염을 날리는 할아버지와 이제 막 관례를 치른 손자가 함께 치른 과거였다. 상피(相避)제가 있었지만, 세도가는 과거 출제를 미리 알고 합격자를 점찍고 대필해 주는 등 부조리가 성행했으니 폐해를 짐작할 만하다. 현직 당상관 아들, 손자는 물론 청백리 자손, 공신이나 전현직 고관 자식, 사위, 외손까지 과거 없이 관리로 채용하는 음서제도가 있었고 돈을 받고 벼슬을 팔았던 매관매직, 공명첩(空名帖)[210]이 유행했다. 태조부터 고종 31년까지 과거는 모두 748회가 치러졌고 급제자가 年 30명, 14,607명이다. 정조 때 인구는 7,403,606명, 한양은 189,153명으로 3%를 밑도는 한양 출신이 과거 합격자 43%를 차지했다는 조사가 있었다. 한양, 경상, 충청, 경기, 평안, 전라 순으로 과거 합격자가 있었고 전체 과거 합격자의 40%가 안동 김씨. 동래 정씨, 여흥 민씨, 전주 이씨, 청송 심씨, 파평 윤씨 등 21개 씨족 출신이다.

식년시는 3년마다 33인을 뽑았다. 별시는 왕 즉위 날, 왕세자를 정하는 날, 국가 경사가 있는 날 등에 시행했고 알성시는 왕이 공자 문묘와 성균관 행차 때 성균관 학생들을 대상으로 특별 시험이었고 외방별시(外方別試)는 왕이 행궁에 머물 때 시행했다. 알성시(謁聖試)는 시험 당일 발표하며 정원은 없었다. 소과, 대과로 나누어지며 예비고사인 소과(사마시)는

---

210) 1885년 민비는 생원, 진사 시험은 이만 냥을 받았고 1893년 식년시 대과는 십만 냥에 팔았다고 황현은 『매천야록』에 기록했다. 평안도에서 전라도에 이르기까지 고위 탐관오리 관리는 대부분이 민씨 집안으로 정3품 이상 당상관만 할 수 있는 금관자, 옥관자가 세 말이라 할 정도로 부정부패, 매관매직을 남용했다.

15세 이상 유생들의 사서오경을 평가하는 생원시, 진사 시험이었다. 진사, 생원에게는 대과 응시 자격과 성균관 입학 자격을 주었다. 3년에 한 번씩 생원, 진사시를 실시하고 100명씩 뽑았다. 대과는 보통 1차 과거시험 초시(初試, 합격자 300명 정도)와 복시(覆試), 왕이 주재하는 전시(殿試)로 이루어진다. 왕이 직접 출제하는 전시는 국가과제와 민생을 다스리는 현실적인 문제가 주를 이루었다. 예조 과거장과 성균관 비천당에서 시험을 보았으며 때로는 조정(朝廷)에서 왕이 직접 보기도 했다. 급제하면 종9품 벼슬이 주어지며 장원급제하면 종6품으로 시작했다. 과거급제 후 먼저 임명되는 곳은 현실에 대한 냉철한 분석, 비판적 사고, 정확한 판단을 기르기 위해 주로 사간원, 사헌부[211)]언관(言官)이었다. 세상 경험과 경륜이 적은 20대지만 혈기 왕성한 곧은 신념으로 목숨을 걸고 왕에게도 맞서는 언관이었다. 이들이 작성한 사초는 객관성, 독립성을 보장하며 사관만이 볼 수 있었고 사관의 허락 없이는 왕이라도 볼 수 없었다. 사헌부는 수장인 대사헌도 탄핵할 정도로 엄격한 내부 기강과 강직한 선비들로 이루어진 사정기관이었다. 과거급제 ▶ 언관 ▶ 경연관 ▶ 6조 당하관 ▶ 당상관 ▶ 의정부 당상관 ▶ 정승이며 과거급제에서 영의정까지 대략 30년이 걸렸다. 정승이 되려면 언관은 필수코스였다. 또한 율관, 역관, 의관, 지관 등 기술직 종사자를 위한 잡과는 중인, 평민이면 누구나 시험응시가 가능하였지만, 종8품이 주어졌고 종6품까지만 오를 수 있었다. 조그만 고을 원님도 원로 선비와 향소에서 인품과 현실 대처 능력 등을 시험하며 뽑았다.

조선 후기 전체 중앙정부 관료는 5천 명 정도로 쌀 10만 석이 지급되었

---

211) 신라 진흥왕 사정부-고려 어사대-조선 사헌부로 계승됐다. 정언(정6품), 헌납(종5품), 사간(종3품)-대사간(정3품 당상관)이다. 율곡 이이는 1569년 홍문관 교리, 1578년 대사간이 되었다. 언관들은 왕에게 직언하다가 사약을 받기도 했다.

고 정1품 관리는 쌀 38두, 콩 20두를 녹봉으로 받았다. 녹봉이 넉넉지 않아 부정과 부패가 성행했다. 관리들은 7시에 출근, 5시에 퇴근하고 관리들은 석 달에 한 번 받는 녹(祿)과 매월 받는 봉(俸)이었다. 가을에 거둔 세곡은 전국 10여 곳 조운창에 보관했고 이듬해 음력 2월부터 5월 한양으로 운송하여 마포 광흥창, 풍저창에 저장했다. 이를 나누어 주던 창고 마포 광흥창 앞은 이를 받으려는 관리들로 북새통을 이루었다고 한다.

관학파와 사림파 당파싸움

조선 초 성리학으로 무장한 사대부는 나라와 백성을 위해 자기 삶을 초개같이 버린 철학자, 사상가, 혁명가가 많았다. 그러나 고결하고 순수한 혁신적인 민본주의 선비정신은 왕자 난으로 싹이 잘리고 왕권을 대변하는 관학이 주류를 이룬다. 하지만 관학파의 순수한 근본정신도 쇠락해지고 순수학문과 인격도야에 힘쓴 청렴한**(부록 12)** 사림으로 넘어가며 과거 중심으로 변질하며 세조 후 사림은 급격히 정치 세력화한다. 이념과 형식, 문자에 갇힌 사림은 폐쇄적 문중 서원, 동종학파 등 학문적 순수 교배를 통해 배타적 세력으로 성장하며 결국 당쟁과 사화로 이어진다. 병자호란 이후 사생결단식 붕당정치, 당파싸움이 시작되며 광해군 때 훈구파와 김종직의 조의제문을 핑계로 사림파의 갈등이 표면화되었지만, 사실은 홍문관, 사헌부, 사간원 등 왕과 권력에 가까운 자리다툼, 밥그릇[212) 싸움이었다. 동서인 대립은 무오사화(1498) 갑자사화(1504), 기묘사화(1519), 을사사화(1545)로 비화한다. 궁을 중심으로 이념논쟁, 당쟁이 일어나며 조선은 끊임없이 정치적 소용돌이에 휘말린다. 단순한 대의명분과 비현실적인 예송논쟁, 문묘 종사, 폐비논쟁, 세자책봉, 제사 등으로 문중 사당

212) 이익은 이조 전랑을 둘러싼 밥그릇 싸움이라고 했다. 이조 전랑은 삼사 홍문관, 사헌부, 사간원 등 삼사 관리를 추천하는 권한이 있었다.

에 모셔질 올곧은 인재들이 죽어 나갔다. 살생부가 나돌며 죄와 벌은 왕의 입맛에 달려 있고 죄가 없으면 벌을 만들던 시기였다. 당리당략, 권모술수에 빠져 순식간에 뒤바뀔 수 있는 조정이었고 세상 물정 모르고 문자옥(文子獄)에 갇힌 유학자들에게 정치는 언제라도 피를 부를 수 있는 일이었다. 당쟁은 사화나 환국(換局)으로 이어지며 모두의 목숨을 건 전쟁이며 순식간에 구족이 머리가 잘리거나 폐족이 되며 평생을 가시나무[213] 울타리 안에서 살아야 했다. 관직에 나가는 것은 목숨을 거는 일과 같아 벼슬 사(仕)는 죽을 사(死)를 의미했고 궁은 이미 선비의 근원적 절망을 잉태하고 있었다. 개혁가 충신은 왕의 눈 밖에 나며 유배나 사약 받거나 저잣거리에 목이 걸리는 신세가 되었다.

그러나 임란 후 대폭 늘어난 양반은 서원을 중심으로 파벌과 지역을 대표하며 17C 이후 10대 문벌이 정치와 관직을 독식했다. 문벌 제도를 강화해 신분적 우위성**(부록 13)**을 유지한 양반은 군역, 부역을 면제받고 백성에게만 노역을 강요했다. 사대부, 유학자들은 대부분 수백 명 노비를 거느리고 착취하며 재산 모으기에 열을 올렸다. 왕은 사액서원에 토지 3결(약 150마지기)과 노비**(부록 14)** 7명을 내렸지만, 서원에서는 그 수십 배 땅과 2,000-3,000명 노비를 소유하고 대지주, 권력기관으로 절대적인 영향을 행사했다. 임란**(부록 15)** 후 군역**(부록 16)**, 부역이 없던 양반은 급격히 늘어나 숙종 6.7%, 정조 30%, 철종 44.6%로 많아지며 나라 재정은 점차 빈곤해졌고 관직의 부족으로 서얼 차별이 더욱 심해졌으며 서출에게 과거에 불이익을 주고 붙더라도 한직으로 보냈다. 안동 김씨 세도정치 아래 평생 변변한 벼슬도 없이 사대부에게 구걸해 상갓집 개로 불리고 멸시받던 대원군(1820-1898)은 허욕과 위선 덩어리인 양반의 파벌싸움과

213) 김정희는 제주도 유배지에서 탱자나무로 둘러친 위리안치(圍籬安置) 10년 유배동안 학문에 몰두하며 독창적인 한국 서체인 추사체를 창안했다. 정약용의 주군안치(州郡安置)다.

세도정치의 폐해를 몸으로 직접 체험했다. 어느 날 대원군이 말을 타고 괴산 화양(華陽)구곡 만동묘(萬東廟, **부록 17**)를 지나다 서원 유생들과 시비가 붙으며 집단 구타를 당한다. 대원군은 1868년, 1871년 두 차례에 걸쳐 철원매주(撤院埋主, 서원을 철폐하고 신주를 묻는 일)[214]를 실시하며 만동묘를 가장 먼저 철거했다. 대원군의 개인적인 원한이 더해진 정치개혁이었다. 서원 47개[215]만 남기고 폐쇄하고 서원의 토지와 노비를 몰수하고 호패법과 군역을 부과했다. 백성의 고혈을 빼앗아 지탱하는 서원 수는 900개(사액서원 130개)로 한 읍당 3개씩 있었다. 선비들에게 신앙인 유교와 서원 철폐는 삶과 정신적인 기반이 뿌리째 흔들리는 일이었기에 양반은 몰락했고, 먹고 살기 힘든 백성들은 환성을 질렀다. 비현실적 脫 물질주의, 反 세속주의를 주창한 사대부들은 책 속의 관념적, 철학적 청렴에 빠져 행동으로 실천하지 않았다. 사대부, 유학자들은 대부분 수백 명 노비를 거느리고 착취하며 재산 모으기에 열을 올렸다.

만동묘

214) 周의 예에 따라 단단한 밤나무를 사용한 신주(神主), 신위(身位)는 망자의 위패를 모셔두는 자리를 의미, 위패(位牌)는 망자의 이름과 죽은 날짜를 적은 정육면체 나무패로 죽은 사람의 혼을 대신한다. 영정은 제사나 장례 지낼 때 위패 대신 얼굴을 그린 족자다.

215) 영남 14곳, 전라도 3곳, 충청도 17곳 등 전국 47곳만 남기고 폐쇄했다.

제5편 석굴암(국보 24호), 석굴사원

석굴암은 민족의 얼굴이자 혼으로 잘 보존해 후손에 물려줄 의무가 있다. 음악을 자주 듣지 않으면 이해하기 힘들듯 우리 얼굴인 문화 유적도 자주 접해야 한다. 사랑하면 알게 되고 알면 보이나니 그때 보이는 것은 이전과 같지 않으리라는 조선 후기 문장가 유한준의 말이 생각난다. 우리 것을 꼼꼼히 보고 이해하면 남의 것도 잘 보인다. 밭 한가운데 무인석이 배례한 무덤, 뒷마당 옆 장독대 문이 고인돌이며 과수원에는 옛 사찰 일주문이 그대로 남아 있는 우리 문화다. 이같이 유적이란 멀리 있지 않고 관심만 있으면 우리 주위에 널려 있다. 바로 뒷산만 가면 절이요 정자가 있으니 너무 흔해 귀하지 않게 여겨지는 문화재다. 절은 부처의 집이며 마을의 한 부분으로 집안에 우환이 생기면 언제든지 제일 먼저 가야 하는 집이었다. 석굴암 가는 길에 큰 석비에 쓰인 우현 고유섭(又玄, 高裕燮, 1905-1944, 최초 미술사학자)의 글이다. 영국인은 인도를 잃어버릴지언정 셰익스피어를 버리지 못하겠다고 한다. 우리도 잊어서는 안 될 무엇보다도 귀중한 보물 석굴암 본존불이다.

99번 굽이굽이 산길을 돌아 토함산(745m)의 정기와 동해 아침햇살의 힘찬 에너지가 어울려 신라인의 웅대한 기상을 보여주는 민족의 성전(PANTHEON), 석굴암이다. 경주 들판이 넓게 펼쳐지고 동해안과 감포로 흐르는 대종천 계곡과 동해가 한눈에 들어오고 석굴암은 마치 부처 세계의 입구란 느낌이 든다. 영겁의 모습을 간직한 본존불은 죽어서도 나라의 안녕과 번영을 기원한 문무왕 능과 감은사[216]를 마주 보며 신라 자연주의 예술과 신비주의적 불교 조각의 정수를 보여준다.

---

216) 682년 신문왕은 아버지 문무왕의 명복을 빌며 감사하는 뜻으로 호국 원찰 감은사(感恩寺)라 칭했다.

왼쪽부터 석굴암 정문, 석굴암 전경, 아쇼카왕 유희좌

BC 3C 석가가 수도했던 굴을 본떠 인도에서 석굴사원**(부록 1)**이 조성되기 시작한다. 갠지스, 인더스강에 이르는 전 인도를 통일한 마우리아 왕조 3대 아쇼카(BC 268-232, 전륜왕, **부록 2**)왕은 불교 신자로 불교를 국가 이념으로 삼고 인도 전역에 8만 4천 탑**(부록 3)**과 사원을 조성한다. 이후 간다라 예술이 본격적으로 인도에 확산하며 쿠샨왕조(BC 1C-AD 4C) 카니시카(A.D 78-128)왕 때 불상, 탑, 석굴사원 등 조형예술이 절정기를 맞았다. 말발굽 형태 화강암 석굴사원 아잔타[217], 엘로라 등은 예배, 순례 중심지였다. 아프가니스탄 탈레반에 의해 무참히 부서져 버린 바미안 석불부터, 카스카르, 키질, 투루판, 쿠차, 둔황 등 실크로드**(부록 4)**를 거쳐 석굴암까지 석굴 로드, 부다 로드, DHARMA 루트다.

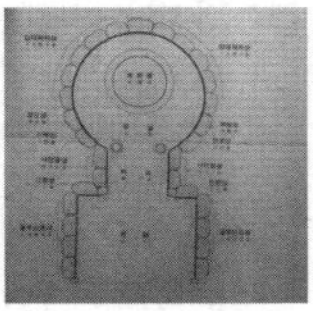

석굴암 평면도

아리안과 불교 탄생

BC 4000-3500년 전 러시아 우랄 남쪽 코카서스 지방에서 한 무리 백인

---

217) 1983년 34개 동굴수도원이 있는 아잔타는 힌두, 자이나, 불교의 성지로 세계 인류 문화유산이다.

종(ARYAN)[218]이 전 세계로 흩어지기 시작했다. 오늘날에도 그들이 어디서 왔는지 정확히 밝혀지지 않았지만, 당시 어떤 인종, 나라보다 우수한 문화와 철학을 가지고 가는 곳마다 문화 충격을 주었다. 산스크리트어로 고귀한 존재, 문명화, 선진화란 뜻을 지닌 아리안이다. BC 2500년쯤 이란고원으로 침입한 아리안은 페르시아(이란)[219]를 지배하며 불단에 불을 피우고 말을 희생물로 제사 지내는 조로아스터교(ZOROASTER, **부록 5**)를 창시했고 그중 한 무리가 이란의 철학과 종교로 무장한 채 북서 인도로 침입해 페샤와르, 펀자브에 정착하고 원주민 드라비다족을 복속시켰다. 당시 드라비다족은 자연현상을 신비화, 신격화하며 모든 것에 신이 존재한다는 일종의 원시 정령신앙(ANIMISM, VEDA, 詩, **부록 6**)을 숭배했다. 아리안이 밀[220], 철기를 소개하며 아직도 인도 북부는 반죽한 밀로 만든 난과 걸쭉한 카레, 남부는 인디카종 쌀밥 또는 쌀과 카레를 먹는다. 이후 북인도 아리안 풍과 남인도 드라비다 문화가 융합하며 인도 문화가 형성된다.

아리안은 철학, 종교와 신을 찬미한 노래, VEDA와 인도 전통 생활양식과 페르시아식을 접합, 승화시키며 힌두교로 발전시키고 자신들은 신의 사제인 브라만이 된다. 힌두교는 브라만이 중심이며 그를 통하지 않고서는 신에게 갈 수 없다. 대륙으로 가지를 치며 분화한 아리안족이 자신들의 우월성을 강조하고 토착민들을 지배하기 위해 고안한 것이 카스트다. BC 14C 색깔이란 뜻의 CASTE는 4성 계급구조로 분화하며 그들만의 혈통과

218) 학계는 AFRICAN ARYAN, EUROPIAN ARYAN, INDIAN ARYAN, ASIAN ARYAN으로 나눈다.

219) 이란 파르스 고원 사람이란 뜻으로 페르시안으로 불렸지만, 팔레비왕(1925-1979. 1. 5)때 이란으로 바꾸었다. 이란은 아리아인의 후예란 뜻으로 아랍 셈족과는 다르고 2차 대전 때 아리안의 후예를 표방한 나치 편에 섰다.

220) 年 강수량 1,000mm 이하로 건조하고 서늘한 지역에서 잘 자라는 밀은 BC 7천 년 메소포타미아에서 재배하기 시작해 BC 4000년 이집트에서 제빵이 시작되었다. 쌀, 밀, 옥수수, 감자가 4대 작물이다.

종족 보존을 위해 CASTE를 더욱 엄격히 적용하며 다른 계층끼리 접할 수 없는 신분사회가 뿌리내린다. 카스트는 피부색으로 바르나, 직업, 가문의 자티로 구분한다. 사제인 브라만은 지혜를 상징하는 신의 머리, 통치를 담당한 왕족, 귀족, 무사 계급인 크샤트리아는 용기를 상징, 신의 오른쪽 겨드랑이, 상인 농민, 평민인 바이샤는 신의 무릎, 허벅지, 근면을 상징하는 천민 수드라는 발꿈치에서 탄생했다고 한다. 절대적인 브라만의 권위 아래 힌두교는 자연현상을 기초로 한 선악의 싸움, 마하바라타를 기본으로 시바, 브라만, 비슈누의 삼신으로 발전했다. 이러한 다신적 애니미즘이 뿌리인 힌두교는 수많은 신들이 존재하며 후일 자이나[221], 불교 등으로 발전한다.

BC 5C 힌두교의 쇠락과 차별적인 CASTE에 反한 인간의 평등과 존엄을 역설하는 새로운 구도자들이 나타나기 시작한다. 그들은 자신을 무한한 자유로운 생각을 하는 사람이란 뜻의 SHURARAMA라 부르며 이들 중 진리를 깨우친 사람을 부처라 불렀다. 석가는 동인도 샤카(SHAKA)[222] 족 왕자로 8년간 우주 질서, 법(DHARMA)을 배워 인연(KARMA)을 깨달아 니르바나(NIRVANA, 진리의 천국)에 이른 깨우친 사람(MUMI)을 뜻한다. 고다마는 성스러운 소, 싯다르타는 모든 것을 이룬 사람이란 뜻이다. 마야부인의 오른쪽 옆구리에서 탄생한 크샤트리아, 석가는 탄생하자마자 7보를 걸었고 발자국은 연꽃**(부록 7)**으로 피어나며 깨달음을 이룬 부처를 상징한다. 탄생불[223]의 하늘과 땅을 가리키는 수인(手印, 天地印)은 인간의 평등

221) 크샤트리아 출신으로 서른에 출가한 니간타나타푸타는 철저한 무소유, 완전한 금욕을 주장하며 나체로 수행하는 자이나교를 창시한다. 자이나교 역시 쿠산 시대 때 불교와 같이 번성했다.

222) 사카족은 카스피해 동쪽 白 흉노라 불리는 스키타이계통 유목민인 월지족의 한 갈래로 중국에서 새(塞)족이라 불렸다. 샤캬족은 동물 의장 등 스키타이문화를 유지하며 헬레니즘적 문화를 적극적으로 받아들였다.

223) 마야 부인에게 부처의 수태고지(受胎告知)를 전한 것은 3쌍 상아를 가진 신성

과 귀함을 주장하며 힌두교의 CASTE를 부정한다. 천지인은 부처 탄생의 의미와 불교의 기본정신을 단번에 깨우쳐 준다.

왼쪽부터 수태고지, 탄생불

석굴암은 그 누구도 어떤 미사여구도 그 아름다움을 표현하기에 부족하다. 삼베를 짜듯 돌집을 지었다는 어느 시인의 표현처럼 석굴암은 화강암으로 수놓은 시(詩)다. 바위의 거친 질감이 느껴지지 않는 화강암의 정수를 보여주며 부처 세계와 우주를 담고 있다. 시인 타고르가 "돌의 언어가 사람의 언어를 초월한 곳"이라고 극찬한 인도 태양신 수리야 신전처럼 석굴암은 이런 찬사를 뛰어넘는다. 힘과 영원의 상징인 거대한 바위 신앙이 불교와 결합하며 우리만의 독특한 화강암 불교문화를 낳았다. 고구려의 화강암 건축**(부록 8)**이 우리 건축의 원류라 한다. 424년간 도읍지인 국내성(즙안)은 거대한 피라미드형 광개토왕비, 장군총, 무용총을 비롯해 제단(祭壇), 묘(廟, 신전), 무덤(塚) 등 크고 장대한 적석총이 많이 남아있다. 고구려의 힘찬 기상을 담은 영혼 불멸한 바위 신앙이 정교한 백제의 세련미와 소박한 신라 혼이 어우러져 통일신라 자연주의, 사실주의 조각의 백미를 이룬다. 다른 나라 불교 석굴들은 사암(砂巖) 벽을 파고 굴을 만든 것

한 흰 코끼리였고, 성녀 마리아에게 수태고지 한 것은 성령을 상징하는 흰 비둘기였다. 석가모니(SUKKAMUNI)는 비슈누의 화신이라 한다.

이지만 석굴암은 화강암 돔(DOME)으로 완벽한 천원지방(天圓地方)[224], 부처 세계를 표현하며 독보적인 창의성이 신비롭게 빛난다.

훌륭한 건축가에게 터가 중요하듯이 석장(石匠)은 돌의 절리와 결을 읽는 안목[225]을 최고로 친다. 이런 석공이 돌에 손을 대자 화강암은 찰흙으로 변하며 석공은 마치 떡 주무르듯 부처를 조영했다. 매끄럽고 부드러운 서양 대리석[226]조각과는 달리 단단해 잘 깨지지 않고 같은 돌에서도 균일하지 않은 화강암을 마치 찰흙같이 정밀하게 표현한 신의 손을 가진 신라 석공이었다. 생명이 없는 차가운 돌에서 온기를 느낀다는 최고 경지에 이른 석공의 솜씨는 이런 것인가? "나는 돌 안에 천사가 있는 것을 보았고, 천사가 자유로워질 때까지 다만 잉여 부분만 제거했다"라는 미켈란젤로 같이 신라 석공은 무한한 열정으로 돌에 숨어 있는 불성을 찾아냈고 자신은 그 돌부처를 닮아갔을 것이다.

석굴암은 절의 일반적인 형태와 같이 전실, 비도, 전방 후원으로 이어진 엄격한 위계를 보여주는 삼문**(부록 9)**이다. 깊이 14.8m, 높이 9.3m 석굴은 약 3,000톤, 108개 돌로 이루어지고 폭 6.5m, 길이 4.5m 전실은 10개, 비도 4개, 원실 24개로 총 39개 석상이 있다. 지름 6.7m, 높이 8m로 5단으로 쌓아 돔을 올린 후 30여 팔뚝 돌을 쐐기(ankering)[227]처럼 박아 지탱했다.

---

224) 사람의 둥근 머리는 하늘을 닮았고, 네모난 발은 땅을 뜻하고 천정 돔은 원만(圓滿), 모나지 않은 넉넉함을 뜻하며 무한한 우주 공간을 표현했다.

225) 석공들은 우리 돌은 열려있는 느낌이 들고 일본 돌은 차돌같이 단단하고 매끈매끈하지만, 숨이 막혀있는 듯하다고 한다.

226) 대리석은 질감도 매끈하고 부드러워 조각이 수월할 뿐 아니라 우윳빛이라 보기에도 좋다. 우리나라 대리석 탑은 원각사지 십층석탑(국보 2), 신륵사 다층석탑(보물 225), 안성 칠장사 혜소 국사비(보물 488) 등이다.

227) 현대 건축의 앵커링 기법으로 불리는 팔뚝 돌은 돌 못이다. 첨성대와 불국사 아미전 회랑 벽의 튀어나온 돌도 지반을 지탱하는 지진 방지용 팔뚝 돌이라고 한다.

왼쪽부터 황룡사 중문, 백제 미륵사 중문

현실적, 사실적, 역동적인 팔부신중을 비롯한 인왕상이 있는 사각 전실은 인간세계를 나타내며 하위 신중을 표현했다. 팔부신중(LOKAPALA)은 원래 힌두교 악신이나 부처의 가호를 받아 불교 수호신으로 재탄생한다. 팔부신중은 형태가 일정하지 않아 알아보기 힘들다. 마치 허공에 뜬 듯한 팔부신중은 각각 높이 2.65m, 폭 1.2m다.

가루다(GARUDA, 금시조, 金翅鳥)는 상상의 큰 새, 용을 잡아먹는다는 조류의 왕으로 삼지창(바즈라)을 들고 부처의 뜻을 전한다. 귓가에 새의 날개 모양이 조각되어 있다. 인도네시아 국적기 이름이며 동남아의 왕족이나 귀족은 지붕 위나 기둥을 가루다로 장식하며 일반인은 할 수 없었다. 힌두교 비슈누는 가루다, 시바는 소를 타고 다닌다.

마후라가(MAHURAGA)는 고대인도 신화에서 뱀을 교화시키는 신으로 땅속 요괴를 쫓아내는 힘과 창을 가지고 사람의 정기를 빨아먹는 귀신인 비사사와 함께 동방지국천왕의 권속이다.

천(DEVA)은 머리에 화염을 얹고 사방을 밝게 비추며 비와 구름을 일으키는 하늘 신으로 칼을 가지고 중생을 교화하고 불법을 수호하는 신들의 거처를 보호한다.

건달바(GANDHRVA, 乾達婆)는 사람 머리에 새의 몸을 하거나, 말의 머리에 사람 몸을 하는 등 형태가 일정하지 않은 노래와 음악의 신이다. 왼손은 천상에 있는 신성한 생명수, 소마(SOMA), 감로주병, 오른손은 삼지창을 들고 사자 관을 쓰고 있다. 수미산 남쪽에 살며 음식은 먹지 않고 향(香)만을 마신다. 중국에서는 상반신은 배꼽을 드러낸 반나체, 하반신은 천의를 두른 아름다운 선녀의 모습으로도 나타난다.
아수라(ASURA)는 얼굴 셋 팔 6개인 전쟁 신으로 양손에 해와 달을 들고 있으며 이 손이 바뀌면 세상은 아수라장이 된다. 산치 탑문에도 장식되어 있다.
긴나라(KINNARA, 緊那羅)는 반인반수(半人半獸)로 사람인지 짐승인지 일정하지 않다. 새 또는 동물 머리를 한 인도의 악신(樂神)으로 가루다와 함께 제석천의 음악을 담당한다.
약샤(YAKSA)는 방패와 창, 삼치장과 검, 철퇴를 잡고 하늘을 날며 사람을 잡아먹는 포악한 귀신으로 입과 목이 작아 음식을 삼킬 수 없어 늘 배가 고픈 아귀(餓鬼)로 염주를 가지고 있다.
용(DRAGON)은 힌두교 나가(NAGA, 상상의 거대한 뱀)와 중국 용의 결합으로 머리에 용을 이고 왼손에 여의주를 가지고 있다. 나가는 지킴이, 수호자로 나타나며 흔히 부처를 보호하는 수호신으로 표현된다. 이러한 8부 신중들은 통일된 일정한 도상이 없어 분별하기 힘들다. 8부 신중은 단독 상이 아니라 항상 복수의 신으로 표현되며 절, 불경에 따라 배치가 약간씩 다르나 석굴암은 관불삼매해경에 따라 인왕상과 8부 신중을 배치했다. 8부 신중[228]은 인도식 사리, 갑옷, 샌들, 가죽신을 신고 사막과 초원을 건너온 고행자의 모습을 생생히 보여주며 불교 전파를 상징한다.
비도 입구의 금강 역사상(DVARAPALA)은 자비와 지혜를 상징하는 두광을 가지고 두 눈을 부릅뜬 험상궂은 얼굴, 울퉁불퉁한 근육, 권법 자세가 강력한 힘을 느끼게 하며 수호신의 성격을 잘 보여준다. 입을 벌리고 있는

228) 632년 건립된 분황사 탑은 4면에 2구씩 8구 인왕상을 배치한 이후 신라 석탑은 기단부에서 탑신에 이르기까지 많은 부조상이 조각된다.

"아"와 입을 다물고 있는 "음"으로 산스크리트어의 시작과 끝을 통일하는 인간 생사, 환생, 영원, 완성을 상징한다. 오백 야차를 거느리고 불법을 수호하는 금강역사는 이천왕 또는 이왕이라 불리며 후일 국가 수호신, 개인적 벽사 기능 등으로 발전한다.

비도 4체는 남방증장 천왕, 동방지국 천왕, 서방광목 천왕, 북방다문 천왕(불국사로)으로 도리천(忉利天)[229]을 지키는 방위신 등이다. 사천왕상은 유연하면서도 당당한 체구, 자신감 있는 얼굴, 치밀한 갑옷 무늬는 세련된 조각을 보여준다. 전실 내벽 천사상, 제석천(BRAHMA)은 지혜의 상징인 힌두교 금강저**(부록 10)**를 들고 금강지 보살(VAJRAPANI)로 표현되며 범석천(INDRA)은 정병을 든 절대적인 지혜의 상징인 브라만으로 천둥과 뇌우의 신, 인드라, 관음보살로도 표현되며 무지개는 인드라의 활이라고 한다. 특히 기독교 천사인 미카엘과 가브리엘과 비교되기도 한다. 제석천과 범석천은 도리천을 지키며 4천왕과 8부 신중을 권속(眷屬)으로 삼는다. 비도를 가로지르는 홍예[230]는 인도 산치 탑문에서 유래된 것으로 추측된다.

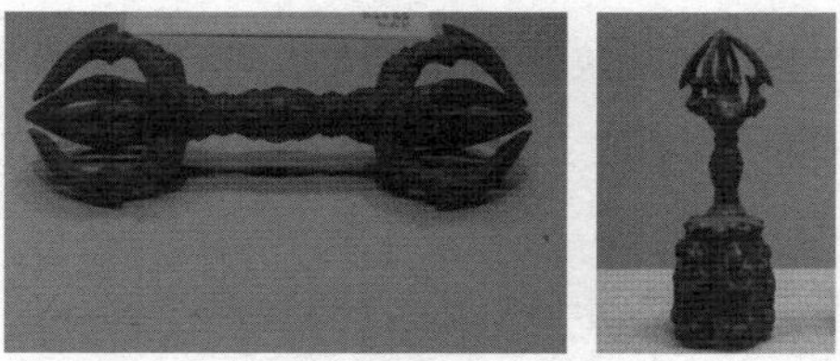

왼쪽부터 금강저(바즈라), 금강령

229) 수미산 꼭대기 제석천이 사는 도리천은 욕계 육천 중 제2천을 말한다.

230) 일제가 비도 기둥 사이에 홍예를 놓아 그 그림자가 부처 양쪽 귀를 연결한 띠를 두르며 마치 눈가리개를 쓴 듯해 일본을 바라보지 못하게 부처의 시야를 의도적으로 가렸다고 하는 설도 있다. 인도 산치 스투파의 홍예를 닮았다.

1907년 집배원에게 발견된 이후 일본인 측량기사가 2년간 치밀한 조사를 거쳐 29.7cm 당척(唐尺)[231]과 12자를 기본으로 정사각형, 정삼각형 및 내접하는 원과 다각형의 비례, 기하, 수리 등 세밀한 수리(數理) 체계와 과학적인 설계를 밝혀냈다. 균형을 이루며 안정감과 여유가 있는 금강 비례(1:1.414)[232]가 주를 이룬다. 이는 무량수전, 안압지, 경복궁 창덕궁 인정전 등 많은 전통 건축에 응용됐다.

	불국사 대웅전	해인사	화엄사 각황전	부석사
길이	15.60m	26.5m	26.3m	18.7m
폭	14.25m	18.2m	11.5m	13.3m
비례		1.6761	1.4615	1,5250

석굴암은 먼저 석굴을 조성했다. 높이 1.58m 연꽃대좌(PADMASA)[233] 본존불(3.26m)은 8C 통일신라 때 유행한 인도 굽타 양식으로 얼굴을 1로 할 때 얼굴, 가슴, 어깨, 무릎이 1:2:3:4 비율로 표현한 웅장하고 신비로운 남성상이다. 온화한 얼굴, 단정한 눈썹, 가늘게 반쯤 뜬 눈은 삼매경[234]에 빠진 모습으로 큰 귀, 둥그런 턱과 두툼한 볼, 곧게 뻗은 콧날은 오뚝하

231) 8C 신라는 첨성대, 불국사, 석굴암 건설에 당척(唐尺, 29.7cm, 1근 158g)을 사용했다.

232) 피라미드의 높이와 각 면의 비율, 파르테논의 높이와 길이의 비율이 서양 황금분할로 1;1.618 비율이며 TV 모니터와 같다.

233) 복련(復蓮)의 연화대좌는 수미단을 상징하며 인도 신화의 7산과 바다를 뜻한다. 대부분 부처 대좌는 연꽃형 팔각형으로 조성했다.

234) 한 사람이 깨달으면 모든 천지가 광명으로 중생을 구제한다는 화엄삼매다. 선정은 경지에 이르러 흐트러짐이 없는 상태, 입적(入寂)은 고뇌, 번뇌의 불이 꺼진다는 열반(涅槃)에 들어간 것으로 해탈과 같다.

다. 유일하게 남아 있는 채색[235]한 얇은 입술은 설법하는 듯 신비스런 미소를 머금고 마치 살아 숨 쉬는 듯한 모습을 보여준다. 당당하고 건장한 양감이 느껴지는 어깨에서 부드럽게 흘러내린 유연한 선과 잘록한 허리는 완만한 여유를 나타내고 석가모니의 정신을 표현하며 인간화시켰다. 한쪽 어깨를 드러내며 부드럽게 흘러내려 마치 우의(羽衣)[236]를 입은 듯 투명한 시스루 법의는 자연스럽게 흐르는 옷 주름을 입체적으로 표현해 얼굴에서는 양감을, 몸에서는 입체감을, 팔에서는 공간감을 보인다.

이마 중앙 DHARMA CHAKRA(법륜)는 지혜, 마음, 빛을 뜻하며 우주의 중심, 세상 모든 것을 볼 수 있고 우주를 이해하는 시바의 눈**(부록 11)**에서 비롯되었다. 현재 보석은 광복 후 다시 넣은 것으로 원래 것은 일본이 밀반출[237]했을 것으로 추정한다.

차크라는 동짓[238]날 해를 정면 방향으로 맞이하며 햇빛을 반사해 석굴암 내부는 빛의 바다[239]를 연출하며 환상적인 부처를 더욱 신비스럽게 밝혔고 태양 고도와 음영에 따라 시시각각 변하는 부처였을 것이다. 이마에 난 털은 빛을 발한다고 하여 백호라 부르고, 머리에 솟은 육계(肉髻)[240]는

---

235) 기림사 약사전 삼존불과 같이 통일신라는 불상 채색이 유행이었다.

236) 우의(羽衣)는 도교에서 나온 말로 새 깃털이나 곤충 날개로 만든 선녀나 도사가 입는 속이 비치는 옷을 말한다.

237) 1912년 총독 테라우치가 경주 방문한 후 석굴암 본존불 앞뒤에 있던 작은 小탑 2개도 사라졌다고 한다.

238) 월성, 첨성대 낭산, 석굴암, 감은사, 감포는 동짓날 해가 떠오르는 정면 방향, 동지일출선(冬至日出線, 동지 때 해가 떠오르는 방향을 표시하는 선)과 일치한다. 음이 극에 달해 망자가 재생하는 동지다. 신라인들은 사후에 머리를 동쪽으로 두어 태양의 신성한 기운을 받아들였다. 일본의 이세신궁도 마찬가지다.

239) 빛의 신앙인 천주교 역시 스테인드글라스로 자연광을 들이며 밝은 내부를 조성했다.

240) 머리를 금은보석으로 화려하게 장식하는 인도 상류층의 전통으로 간다라와 마투라 모두 부처 머리를 높게 꼬아 올린 육계로 표현했다. 나발과 육계는 부처로부터 발산하는 영기(靈氣)를 의미한다.

부처의 무한한 지혜, 깨달음을 의미하며 목에는 삼도**(부록 12)**가 보인다. 항마촉지인(BUMISPASHA, **부록 13**)으로 해탈을 표현했고 법의는 통일 후 유행한 우견편단[241]이다. 살아 숨 쉬듯한 생동감을 묘사한 살짝 휜 오른쪽 검지는 선정에 든 부처의 신비한 모습을 보여준다.

부처의 앉은 자세(ASANA), 팔(HASTA) 등 상징하는 뜻이 모두 다르고 손과 손가락이 조화를 이루며 진리와 불법을 상징하며 84,000개 수인(手印, MUDRA)이다. 8만 4천이란 인도에서 셀 수 없이 많다는 의미였다. 왼손은 고요함, 오른손은 지혜를 나타내며 엄지손가락부터 지(地) 수(水), 화(火), 풍(風), 공간(空間) 등 우주의 근본 5요소를 조화시키는 만물의 근원적 존재로 힌두교 우주관을 말한다. 요가[242]에서 시작했다고 하는 수인은 여러 붓다에게서 보이는 통인(通印, 기본 수인)과 특정 붓다만이 하는 별인(別印)이 있다. 악마를 쫓는 석가모니의 항마촉지인, 바라나시 녹야원에서 5인 제자에게 첫 설법을 펼치며 윤회, 팔정도를 상징하는 수레바퀴(법륜, 法輪)를 굴린 초전법륜인(初傳法輪印), 아미타불의 설법인이다. 설산에서 도를 닦는 선정인(DHYANA, ENLIGHTMENT MUDRA)이며 다섯 손가락을 가지런히 하고 손바닥을 밖으로 채 공포를 물리치고 소원과 축복을 비는 시무외(ABHAYA) 여원인(VADARA), 오른손 두 번째 손가락을 세워 인간세계를 표현하는 왼손으로 쥔 비로자나불의 지권인(智拳印, ELEMENTARY MUDRA)은 부처와 중생, 삶과 죽음, 번뇌와 깨달음이 하나라는 것을 의미한다. 물병과 연꽃을 들고 있는 관세음, 약함을 들거나 때때로 소원을 들어주는 보주를 든 형태로 나타나는 약사불, 신라 지권인은 오른손을 왼손이 감쌌

241) 8C 신라에서 유행한 왼쪽 어깨만 가사를 걸친 우견편단(右絹偏袒)과 오른쪽 어깨만 옷을 걸친 좌견 편단, 굽타양식 u 자형은 통견의(通絹依)라 한다.

242) 인도 전통 무용 오시디, 태국 전통춤 역시 요가에서 시작했다. 예수의 세 손가락 역시 삼위일체를 뜻하며 오른손 엄지, 약지와 중지를 들고 축복을 내리는 예수의 세 손가락 수인이 있다.

으나 고려 후기부터 반대로 나타나기도 한다.

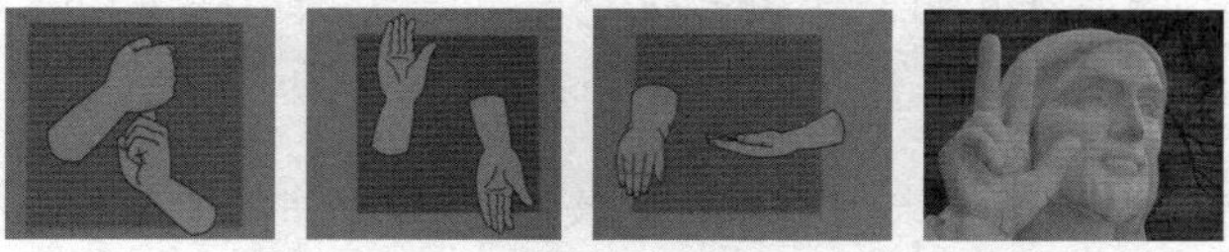

왼쪽부터 비로자나불 지권인, 설법인, 항마촉지인, 예수 수인

오른손 살짝 굽은 약지는 미묘한 생동적인 운동감을 보이며 부처에 무한한 생명력을 불어넣어 해탈을 직관적이고 예리하게 표현했다. 또한 부처는 일반인과 다른 특별한 32상(相) 80종호(種好)가 있으며 가슴에 만(卍)자가 있다고 한다. 부처의 지혜와 빛을 상징하는 타원형 광배(좌우 224.2cm 상하 228.2cm)[243)]를 본존불에서 1.8m나 떨어뜨리며 벽에 붙이는 탁월한 발상으로 마치 허공에 떠 있는 듯 조성해 참배자의 눈에는 원형으로 보이는 착시 교정수법을 고안했다.

또한 본존불은 큰 어깨로 인체 비례에 맞지 않은 모습을 보이지만 예배자가 예배드리며 올려다볼 때 완벽한 조화를 이룬다고 한다. 이렇듯 참배자의 위치와 시선까지 고려했다. 강건하고 묵직하지만 흐르는 듯이 부드럽고 유연한 선으로 처음 보는 사람도 낯설지 않고 어색하지 않은 편안함을 준다. 전체적으로 육감적 관능미를 보여주는 굽타 양식이라 한다. 신라 불상은 7C 전반까지 唐 불상을 모방하는 추상적인 모습을 보이나 7C 후반 통일의 기운이 충만하던 때 위엄 있는 얼굴, 당당한 용모로 힘찬 기운과 자신감 넘치고 왕성한 국력을 상징하며 8C 신라 절정기 사실주의 부처가 탄생한다. 9C 후 신라 쇠퇴기 때 부처 역시 쇠락한다. 왕이 죽으면

243) 광배(HAILER)는 석가 몸이 황금빛으로 빛났다는 것에서 유래되어 신격화, 신비화의 상징물이다. 전생에 공덕을 많이 쌓았기 때문에 나타나는 32상(相), 이를 세분한 80종호(種好)다.

신이 된다고 믿어 신과 세속 군주를 동일시하였던 앙코르 와트[244] 불상들이 왕의 얼굴을 닮아가며 통치자의 권위와 신성함을 나타내듯 석굴암 부처 얼굴은 경덕왕의 얼굴은 아닐까? 석굴암은 현장법사가 대당서역기에 기록한 526년 건립된 부다 가야의 대각사(大覺寺)를 기초로 했고 천장의 천개석은 용문굴, 감실은 바미얀 석굴**(부록 14)**을 참조해 굽타 양식 사실주의 부처를 조성했다. 광배를 중심으로 궁륭형 천장 좌우에 각각 5개씩, 10개 감실은 금강장, 보관을 쓰고 정병을 든 관음, 보주를 든 지장, 유마거사, 지혜의 잔을 든 문수, 보관을 쓴 미륵, 허공장(대세지), 경책(警策)[245]을 든 보현보살로 추측된다. 우측 감실 2체 보살은 일제 때 밀반출**(부록 15)**됐다. 현재 모두 39체 불상만 남아있다.

원래 인도에서는 불상을 제작하지 않았다. 석가모니는 열반하기[246] 전 제자들에게 자신을 숭배하지 말고 불상은 허상에 불과하므로 다만 불법과 계율만을 따를 것을 당부해 부처의 형상화는 금기시된 無 불상**(부록 16)** 시대였다. 제자, 보살은 인간으로 표현되었지만, AD 1-2C 불상이 조성되기 전까지 부처는 탑, 법륜, 만다라(曼陀羅)[247], 보리수, 연꽃, 원(圓), 손발 바닥을 표현한 불족적(佛足迹) 등 부처의 상징만을 숭배했다.

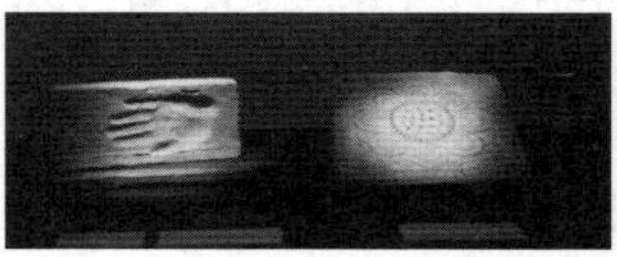

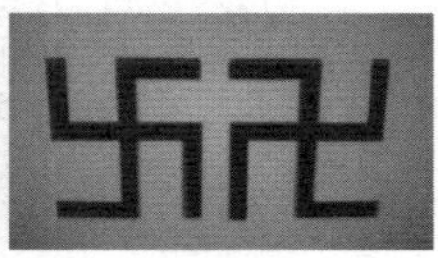

왼쪽부터 불족적 법륜, 만다라와 나치 하겐그로이츠

244) 앙코르 와트는 수리아 바르만 2세가 사후를 위해 지은 바라문(婆羅門)교 사원이다.

245) 경책은 좌선할 때 졸음이나 잡념을 끊기 위해 죽비 대신 사용하는 막대기를 말한다.

246) 열반하며 아무 말도 하지 않았다는 부처다.

247) 만다라(MANDALLA), 만다(曼荼)는 깨달음의 세계를 그린 그림을 말한다.

부처가 신상(神像)으로 표현되기 시작한 것은 알렉산더(BC ? -313, **부록 17**)대왕의 영향이다. 그리스인의 자부심과 신앙심으로 무장하고 자신을 영웅시한 알렉산더는 정복지마다 아테네 신상, 신전 등 그리스문화를 소개하였다. 인도는 이질적인 그리스문화에 신선한 문화적, 정신적 충격을 받으며 창의적인 영감으로 그리스풍 포도 넝쿨무늬와 이집트 팔메트 문양 등을 인도화하고 건축가는 장엄하고 화려한 불교 석굴사원을 짓기 시작한다. BC 1C 전반 인체를 통해 신을 표현했던 그리스 아폴로[248] 신을 닮은 출렁거리는 머리카락, 이목구비가 뚜렷하고 콧대가 우뚝하며 속이 비치는 로마의 토가(toga)를 입은 아름다운 동안(童顔) 얼굴의 불상, 다리는 결가부좌로 표현하며. 그리스, 로마, 이란, 인도 문화를 융합한 불교미술, 간다라[249]미술을 구현했다. 또한 동시대에 개방적이며 진취적인 마투라는 구체적이며 관능적인 인도 고유 굽타 양식을 선보이며 인도 조형미술의 전통을 이어갔다.

왼쪽부터 서양인 얼굴 간다라 부처, 인도인 얼굴 마투라 부처

반개한 눈을 내리깔고, 깊은 상에 잠긴 상대적으로 두툼한 법의를 입은 엄격한 구도자의 모습인 간다라 양식이지만, 인도적 미투라 불상은 비교

248) 알렉산더는 델포이 신전에 모셔진 태양신 아폴로 신에게 동방원정을 신탁했다고 한다.

249) 베다 시대(BC 15-16C) 인도로 들어온 아리안의 일파로 추정되는 건다라(乾陀羅)족이 사는 땅이라는 뜻의 간다라는 페르시아, 지중해로 통하는 교통요지로 페르시아 키루스왕(BC 558-528) 때 복속된 것으로 추측된다.

적 단순하게 얼굴과 신체를 묘사했고 표정도 한결 밝고 생동감이 넘친다. 유럽과 아시아의 결혼이라 불리는 간다라미술은 쿠샨왕조**(부록 18)** 때 전성기를 이루고 그리스, 로마에도 절대적인 영향을 끼치며 헬레니즘이라 불린다. 이러한 동서양 미술 양식이 혼재된 절의 처마 팔메트 장식은 이집트에서 시작되어 그리스, 로마, 페르시아, 인도, 중국을 가로지르며 한반도까지 문화 교류 흔적을 보여준다.

	간다라	만투라
머리	단순한 물결 머리	소라, 고동 모양 곱슬머리, 인도 터번을 두른 형태
얼굴	수염이 없고 윤곽이 뚜렷한 서양인 얼굴	수염이 있고 세련된 인도인 얼굴
자세	동적인 와상(臥像), 좌상	정적인 입상, 결가부좌한 좌상
의상	로만 스타일, 주름 진 토가라	엷은 투명, 세련된 인도식 사리
장신구	장신구 없음	인도식 장신구

본존불 뒤편으로 십대제자는 법화경에서 수기를 받은 순서에 따라 배치했고 대부분 실존 인물로 각양각색 옷, 신발로 장식한 성스러운 노인으로 표현했다. 우측 왼손에 잔과 자루 달린 향로를 들고 있는 사리푸트라(SARIPUTRA, 智慧第一), 오른손에 정병을 들고 있는 맏형 마하가섭(MAHAGASUP, 頭陀第一로 부처 입적 후 500여 명 아라한을 결집시키며 불교를 전파했다), 오른손으로 가사를 잡은 부루나(PURNA, 설법 제일, 說法第一), 아나율(천안 제일, 天眼第一, 왕족의 아들로 공부에 더욱더 정진하라는 부처의 힐문을 듣고 너무 열심히 해 눈이 멀지만, 세상을 보는 마음의 눈을 얻었다), 발우를 들고 있는 라훌라(RAHULA, 밀행 제일, 密行第一)는 장애(障碍)란 뜻으로 석가가 수행하며 목에

가시처럼 여긴 아들이다. 좌측 목건련(KOLITA, 신족제일, 神足第一)은 부처가 가장 신뢰하는 제자로 라훌라의 스승이며, 수보리(SUBHUTI, 해공 제일 解空第一), 엄지와 검지로 동그라미를 표시하고 있는 비구니 우파리(持律第一), 향로에 향을 넣고 있는 논의 제일 마하가전연(MAHAGATYAYANA, 論議第一), 깍지 끼고 있는 아난다(ANANDA)는 석가의 사촌 동생으로 환희, 기쁨, 무염(無染)이란 뜻의 다문 제일(多聞第一)이다.

주실 오른쪽 연꽃 위에 서 있는 보현보살(SAMANTAVADRA, **부록 19**)은 머리에 큼직한 원형 두광이 있고 天衣는 유려하고 목에 늘어진 영락과 작은 잔을 받들고 있는 오른손, 밑으로 내려 천의 자락을 잡은 왼손은 섬세하고 화려하다. 특히 신비스러운 여인 얼굴과 인도적 육감적인 선으로 농염한 관능미를 가진 11면 관음보살(觀音菩薩)은 뛰어난 예술미를 자랑하는 걸작으로 미스 신라로 불린다. 11면 관세음은 인도 힌두교 변화 신상, 아바타(AVATA, **부록 20**)로 표현된 부처를 머리에 모시고 있다. 유연한 허리곡선, 섬세한 손, 화려한 장신구 등 특히 여성미를 강조했다. 8부 신중, 인왕, 사천, 정진과 교화를 뜻하는 보현, 문수(MUNSURI)와 십대제자가 석가모니불을 중심으로 살아 있는 듯 자연스러운 모습으로 통일, 조화된 우주의 중심, 만다라의 세계를 표현했다. 석굴암은 부처가 제자, 보살, 천신, 불자들에게 묘법연화경(법화경)을 설법한 영산회상을 표현한 것이다.

왼쪽부터 십대 제자, 관음보살

또한 석굴암 본존불 아래 2개 샘물(요내정, 遙乃井)은 석가에 바치는 우물이었다. 샘물 위에 지어진 석굴암 내부의 습한 공기는 실내외 미세한 온도 차이에 의해 이슬 맺힘을 방지했다. 돌과 돌 사이에 구멍으로 통풍이 잘되고 지붕 외벽을 둘러싼 많은 자갈과 돌이 습기를 흡수해 항상 적절한 습도가 유지되게 안배했다. 항온, 방습, 환기, 결로 방지로 등 과학적인 설계와 뛰어난 황금비율로 완벽한 조화를 보이며 종교와 예술의 극치가 탄생했다. 이 기술이 1300년간 보존한 석굴암의 신비로움이다. 일제는 보수 공사하면서 우물을 없애고 관을 묻어 밖으로 빼었다. 석굴암 아래 작은 생명수가 그것이리라!

또한 석굴암 자체를 일본으로 반출을 시도하였으나 국민적 반대운동으로 일제는 1912년-1923년간 3차례 단순히 보수 공사만 했다. 보고서에 따르면 1912년 천장 ⅓이 파손되고 구멍이 뚫려 자갈과 흙이 흘러내려 본존불을 심각하게 훼손될 우려가 있다고 기록했다.

1962년 정부의 미숙한 석굴암 복원으로 두께 2m 외부 시멘트 돔은 빗물 누수로 인한 백화 현상과 시멘트가 녹아 내려 심각한 손상이 우려된다. 습도, 온도 등 자정능력이 사라졌다. 제대로 복원하지 못한 용도를 정확히 알 수 없는 많은 석조물이 오가는 길**(부록 21)**에 아무렇게 방치되어 있으니 통탄할 일이다. 그중 삼각형 지지대로 만들어진 광창(살창)은 동해의 햇살로 내부를 밝게 물들였을 것이다. 또한 석조수로(石造水路)가 있는 것으로 보아 석굴은 외부로 길게 이어졌으리라! 17C 석굴암을 여행한 선비가 쓴 글에서 굴속으로 꽤 걸어 들어간다고 하는 기록과 일맥상통한다. 전실 목조건물 역시 1963년 새로이 조성한 것이다. 오전 10시 석굴암의 예불 시간으로 불자들이 부처를 돌고 있다. 탑돌이[250)]와 네팔, 티베트는 경전을 새긴 마니

250) 고대 인도는 성인을 오른쪽으로 세 번 도는 인사법이 있었다. 이러한 성인 돌기가 부처 돌기로 탑돌이로 변한다. 탑돌이가 유행인 신라와 고려였다. 메카 사원 카바 신전을 7번 도는 이슬람이다.

차(윤장대, 輪藏臺)[251]는 시계방향으로 돌리며 예불한다.

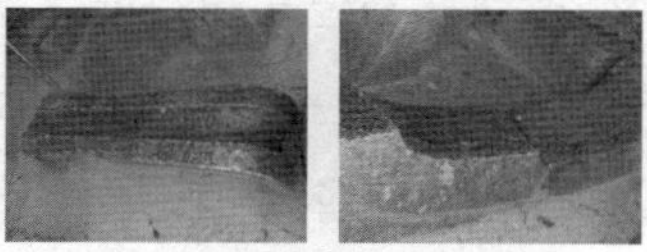

왼쪽부터 버려진 광창, 수로

수정전(극락보전, 아미타전. 미타전)

내려오는 길에 아미타불을 모신 작은 전각 수정전이다. 누구나 극락을 소원하고 아미타불이 주재하는 극락은 고통이 없다고 해 가장 인기가 있는 극락전이다. 쿠샨 왕조 때 정립된 Amitabha 정토 신앙은 극락정토를 말한다. 무한한 광명을 가진 자(無量光)라는 뜻의 무량광불, 무량수불로도 부른다. 화엄종 계통이면 주불로 모시며 극락보전, 주불이 아닌 경우는 극락전(極樂殿). 아미타전(阿彌陀殿). 무량수전(無量壽殿). 수광전(壽光殿)으로 부른다. 아미타불은 한 손은 들어서 엄지와 셋째 손가락을 맞잡고 한 손은 무릎에 대어 손가락을 마주 잡은 설법인이다. 생의 원력에 따라 상품상생부터 하품하생까지 9단계로 나누어 설하는 수인으로 상품은 엄지와 검지를 맞댄 모양, 중품은 엄지와 장지를 맞댄 모양, 하품은 엄지와 약지를 맞댄 모양이다. 협시보살로는 관세음보살(觀世音菩薩)과 대세지보살(大勢至菩薩), 혹은 관세음보살을 모신다. 한참 북핵 미사일로 시끄러울 때 김정은과 미사일이 불화 한쪽을 차지하고 있었다. 사찰과 불교도 정치의 영향을 많이 받는가 보다. 김정은과 미사일이 사라졌으니 말이다. 2025년 김정은과 미사일이 다시 나타났다.

작은 경상에 염주와 탁상시계가 놓여 있다. 외국인들이 꼭 물어보는 것

251) 윤장대(輪藏臺)는 경문을 새긴 법륜(法輪, 법)을 말한다.

중 하나가 탁상시계다. 시간이 멈춘 선방에서 왜 시계가 필요한지 물어보는 것이다. 납득할 만한 적당한 이유를 찾아봐야겠다. 슬쩍 다른 것으로 주의를 돌리며 불전함에 조각된 재물을 상징하는 두꺼비[252]와 염주로 건너뛴다. 여자는 백팔번뇌지만 남자는 끝없는 번뇌로 이어지며 골프홀 지름은 108mm, 야구공 바느질 108회로 농담하며 마무리한다. 염불하거나 절할 때 숫자를 세거나 진리를 헤아리는 염주(묵주)는 인도와 아랍을 거쳐 유럽에 소개되며 모든 종교에서 사용한다. 사막에서 수행하던 이집트 콥트교 수도자들이 시편을 50, 100, 150번씩 외우고 이를 헤아리기 쉽게 150알씩 꿰어 사용했고 15C 이후부터 현대 묵주와 같은 형태가 되었다. 주로 20년-30년 된 보리수 열매[253]로 만들고 그 외에도 향나무, 모간주, 흑단, 대추나무로 만든다.

252) 두꺼비는 재복과 기자(祈子) 신앙의 상징이었다.

253) 보리수 열매는 천은사 보리수나무가 유명하다.

제6편 불국사

불교만큼 아시아 각지에 종교와 문화에 심대하고 종합적인 영향을 준 종교도 없다. 한국 불교를 이해하지 않고서는 한국의 정신문화를 이해할 수 없다. 불교 전래 후 종교뿐 아니라 일상생활까지 큰 영향을 주었다. 2012년 3월 기준 국보 314중 179점, 보물 1,721점 중 1,079(70%)점이 불교 유적이다. 전국 전통 사찰 930여 곳, 이름난 절 폐사지만 2천 곳으로 불교를 모르면 한국 역사를 설명하기 힘들다. 외국인이 가장 많이 찾는 것도 절이다. 서구 교수들은 역동적인 간화선을 보고 싶다면 독보적이고 탁월한 한국 고찰을 찾아보라고 적극 추천한다. 전국에 200여 개에 달하는 템플스테이 사찰들이다. 부석사, 마곡사, 봉정사 통도사, 선암사, 대흥사가 유네스코 문화유산이다. 우리 절 건축은 지형과 주위 환경에 따라 약간씩 다르지만 대부분 전통 사찰은 임란 후 중건되며 사찰 구조가 정형화되었다. 일주문을 지나면 첫째 단은 종무소와 공양간 등 사무실과 일반인이 절 체험하거나 수행하는 거처, 둘째 단은 스님의 거처인 요사채와 선방 등이 있고 셋째 단은 석탑을 가운데 두고 양쪽으로 법당과 선원을 배치한 ㅁ 자가 일반적이다. 이 같은 도식화, 양식화된 전통 사찰 건축으로 외국 투어 전문가, 대학교수들은 한국 절은 정형화되어 이해하기 쉽다고 한다. 우리 절을 대표하는 불국사(국보 7개, 무주광정다라니경 포함)와 절의 일반적인 것을 알아보기로 하자. 다른 절은 그 절의 특이점을 접목하면 된다.

불교 전래 이전 신라 서라벌은 동 토함산, 남 지리산, 서 계룡산, 북 태백산, 중앙 부악(팔공산) 오악(5岳, **부록 1**) 사상으로 산마다 산신각을 짓고 산신에게 제사 지냈다. 이러한 산신 사상은 불교 전래 후 불교 하위 신앙으로 종속되었다. 산과 영원한 바위의 생명력을 숭배한 산신 사상은 고대부터 우리 삶과 가장 밀접한 인류의 가장 보편적인 신앙이다. 그리스인들은 올림포스산에서 공희제를 올렸고 마야는 마추픽추에 성소를 차렸으며 네팔, 티베트는 히말라야 산신제를 지냈다. 불교도 수미산이 우주 중심이며 부처 세계(MER, 수미산)[254]며 주위에 아수라, 인간, 지옥, 수라, 아귀 세계가 있다. 고대인에게 산으로 가는 것은 신에게 가까이 다가가는 일이었고 신과 대화를 나누는 신라인의 삶이 녹아있는 성산(聖山), 경주 남산이다. 사찰의 산문사액(山門賜額) 현판은 산과 절이 하나인 산사(山寺)[255]로 산과 절의 유기적 관계를 보여준다. 불교의 고향인 산이다. 토함산 불국사, 가야산 해인사, 영취산 통도사로 불린다.

모든 생명의 구원이라는 인류 보편적 교리를 가진 불교는 다른 철학, 사상, 종교를 개방성과 포용력으로 끌어안으며 급격히 전파된다. 개인적인 구도와 하나의 부처만을 모시는 것을 원칙으로 하는 상좌부불교, 소승불교(HIRAYANAE)[256]는 실론, 미얀마, 태국, 캄보디아 등 동남아 불교가 되었으며 중생구제를 위해 많은 부처를 모신 대승불교(MAHAYANAE)는 베트남, 중국, 한반도로 전파되었다.

언제 중국에 불교가 전해졌는지 확실한 문헌이 없지만, 낙양 동쪽 교외에 백마사 전설을 통해 역사가들은 서기 전후로 추정한다. AD 68년 인도 고승, 섭마등과 축법란이 흰 말을 타고 중국에 와서 漢 건축을 기본으로 백마사(白馬寺)를 건립했다. 당시 중국은 생사를 생명의 유기적인 관계로 받아들이는 도교(노장사상)가 주를 이루며 삼신산, 심산유곡을 신선 세계로 상상하며 집 안팎을 괴석, 꽃꽂이, 기이한 화초 등 분재 장식으로 꾸미는 것이 유행했다. 도교는 인과응보, 환생, 내세(來世)가 존재하지 않아 외래종교

254) 산스크리트어로 수정이란 뜻인 수미산(須彌山)은 연꽃 모양으로 아래는 좁고 가늘며 정상은 평편한 원뿔 모양이다. 불교, 힌두교, 자이나교의 성산인 티베트 KALIASH(6714m) 산이다.

255) 산에 절, 탑을 세우고 중생을 받아들이는 것을 개산(開山)이라 하며 산은 달마산, 관음산, 미륵산, 석가산으로 불리며 부처와 산은 하나가 됐다.

256) 부처 생존 당시 석가모니를 신앙의 대상으로 삼고 구전을 구체적으로 정리하고 자신의 해탈이 중심인 소승불교(근본불교시대)다. BC 1C 무렵부터 중생을 구제하려는 대승불교(부파불교)로 발전해 소승은 택시, 대승은 버스에 비유한다.

불교와 끝없이 대립하며 충돌을 피할 수 없었다. 불교는 유교, 도교와 치열하게 논쟁하면서 알게 모르게 영향을 주고받으며 서로의 장점은 빠르게 받아들이며 진화했다. 도교는 무(無)를 무위자연, 우화(羽化)를 득도, 해탈, 반야(般若)와 같은 개념으로 수용해 중국 토착 문화와 사상을 융합한 격의 불교(格義佛敎, **부록 2**)가 나타난다. 300년 격의 불교 시대가 지난 후 위대한 성자, 달마가 나타난다. 달마[257]는 불교를 아버지, 도교를 어머니로 명상불교, 禪 불교를 창안한다. 이를 잘 보여주는 도교의 상징인 선재 동자, 학, 폭포, 사슴, 소나무, 곤륜산 천도복숭아가 불교의 상징물이 되었다.

불국사 창건(751년, 경덕왕 10년)

신라는 통일 후 르네상스를 맞이하며 진가를 발휘한다. 토함산 야트막한 기슭에 세운 불국사(佛國土, 부처의 나라)는 통일이라는 어수선한 시기를 지나 왕권이 안정된 후 왕족의 뜻을 모은 이 땅이 부처의 나라이기를 바라는 신라인의 마음과 의지를 뚜렷하게 보여준 왕실 원찰, 국찰(國刹, **부록 3**)이었다. 눌지왕(訥祗王) 때 아도화상(阿道和尙)이 창건한 작은 절을 751년 경덕왕 10년 김대성[258]이 대대적으로 중창하며 법당, 요사채 등을 합쳐 70여 개 전각, 2천여 칸이었지만 1593년 5월 임란으로 소실되며 자하문, 범영루 등 석조만 남았다. 1604년(선조 37)부터 복구하며 이후 40여 차례 중수했고 1973년[259] 대대적으로 복원되었으나 원래 크기의 10%

257) 남인도 팔라바 셋째 왕자, 타밀人 달마가 527년 중국에 와 동굴에서 6년 면벽 수도하며 깨닫고 탐욕, 집착을 버리고 절대 자유를 구하는 仙宗이 탄생한다. 선종은 끝없는 명상, 엄격한 자기 훈련을 통해 부처의 마음을 읽어낸 달마가 창시한다. 부처생존 때 말씀과 행한 것을 기록한 경전(수트라)를 기본으로 공부하는 교종이다.

258) 지증왕은 덕업일신 망라사방(德業日新 網羅四方)에서 나온 말로 덕을 날로 새롭게 해 사방을 망라한다는 뜻으로 국호를 지으며 첫 중국식 왕 칭호를 사용하였다. 김대성은 현세 부모를 위해 불국사, 전세 부모를 위해 석굴암을 건축했다.

259) 1969년 11월 4일부터 3년 6개월의 대공사였다. 먼저 일주문, 사천왕문을 짓

밖에 되지 않는다고 한다. 가장 한국적 정형화된 절을 보여주는 불국사는 다른 절에서도 흔히 볼 수 있는 미륵전, 지장전, 산신각, 영산각 등 전각이 토함산 자락을 수놓았을 것이다. 본래 모습은 찾기 어렵지만 그나마 보존된 것이 다행스러울 뿐이다.

일주문(一柱門)

기둥이 한 줄로 세워져 일주문이라 불리며 부처와 중생, 생사, 지옥과 정토, 선악 삼라만상이 귀의해 신과 인간이 하나 되는 선문(禪門, **부록 4**)으로 불국토로 들어서는 一心을 상징한다. 누구에게나 열려 모든 이들을 받아들이는 일주문은 일즉다(一卽多), 다즉일(多卽一)을 의미한다. 마음에 달렸다는 일체유심조(一切唯心造)를 말한다. 대부분 일주문 주련[260]은 입비문래모존지해 무해공기대도성만(入批門來莫存知解 無解空器大道成滿)이다. 기존 속세의 지식과 오감 등 알고 있는 모든 것을 내려놓은 빈 그릇만으로 큰 도를 이룬다는 뜻이다.

일주문, 불이문(不二門, Non duality)은 절의 얼굴로 담과 문이 없는 것이 일반적이다. 불이문(범어사, 통도사), 회전문(청평사), 해탈문(마곡사, 도갑사, 관촉사)의 이름은 다르지만, 뜻은 같다. 대부분 사찰 일주문이 하나이지만 범어사 일주문은 돌기둥과 나무로 이루어진 삼문(三門)으로 각각 다른 편액은 절의 권위를 잘 나타낸다. 그러나 일주문 중 해인사가 가장 인상적이다. 봉황문을 뒤로한 채 엄격한 위계를 보이는 계단 몇 개를 앞두고 혼자 덩그러니 오가는 이를 붙잡지 않고 서 있는 모습이 쓸쓸하게 느껴진다.

고 70년 비로전과 담장을 쌓고 1971년 1월 11일 관음전과 연못 구품연지를 만들고 1973년 무설전을 완성했다.

260) 선불교 화두는 고정관념이나 기존 지식을 깨기 위한 것이다. 우리는 작은 머리에 너무 많은 것을 넣고 다니는 것은 아닐까? 해인사 법보전 주련은 원각도장하처(圓覺道場 何處)요? 원각도장(진리, 천국)은 어디에 있는가? 현금생사 즉시(現今生死 卽是), 지금 생사가 있는 바로 이곳이다.

하지만 많은 이들을 앞에 두고 사진을 찍어 외롭지 않을 것이다. 일주문을 지나면 양쪽으로 분재 같은 소나무 두 그루와 봄이면 하얗고 탐스럽게 피는 불두화**(부록 5)**가 이곳이 절이라는 것을 새삼 일깨워준다.

왼쪽부터 불두화, 분재 소나무, 절 단청 도교 상징들

불국사는 삼문(三門), 삼교(三橋), 삼지(三池)로 이루어져 있으며 이 셋을 넘어야 부처 세계가 있다는 것을 우리는 무심코 지나치곤 한다. 욕심 많고 고통스러운 인간세계를 표현하는 아름다운 연꽃[261]과 연지(蓮池)[262]는 절 들어가기에 앞서 자기 몸과 마음을 돌아보라는 뜻으로 경지(鏡池)라고도 한다. 힌두교 창조의 신 브라흐마가 연꽃에 앉아 우주를 창조했다고 한다.

연못의 섬은 부처 세계, 수미산(須彌山)의 상징이며 도교 무산 12봉을 뜻한다. 연지를 장식한 소나무와 대나무 등 사군자가 도교의 산수화와 일맥상통한다. 산수화는 단순히 산, 강의 풍경보다는 그것이 의미하는 충성, 절의, 예절과 같은 유교, 도교의 가치관을 내포하고 있다. 수양버들[263] 그늘에 거북은 봄볕에 졸고 잉어는 새끼들과 놀며 부처 세계를 만끽하고 있

261) 더러운 진흙 속에서도 청초한 꽃을 피우며 물까지 정화하는 생명의 꽃, 연(蓮)꽃을 사대부들은 군자의 꽃이라 여기며 시인 묵객의 사랑을 받아왔다. 많은 씨가 맺혀 다산을 상징하기도 했다. 이집트 왕궁의 정원 연못은 신의 향기를 품은 신성한 수련이 장식했다.

262) 7C 정토사상과 도교, 선종의 영향으로 절마다 연못과 선원이 조성되었다. 2014년 실상사에서 타원형 고려원지(苑池, 연못)가 발굴되었다. 선암사 일주문 앞에 타원형 연못, 삼인당이 유명하다.

263) 바람에 흔들리는 수양버들은 유교에서는 세파에 따라가는 변절자를 뜻하지만, 불교에서 중생의 몸과 마음을 청정하게 정화하는 상징이다.

다. 수많은 사람이 저마다의 인연으로 찾는 절이지만 홍교는 사진 찍는 이들이 많아 고요함이 단박에 깨진다. 당당한 위계성을 갖춘 천왕문 앞은 스님의 해탈을 염원하는 해탈매(解脫梅) 한 그루가 고고한 자태를 뽐내고 있다, 매화는 선사의 공력을 상징하기도 했다.

왼쪽부터 연지, 엄격한 위계성 사천왕문, 해탈매

일주문에서 자하문까지 엄격한 위계를 보이며 각 문은 인간계, 천상계, 극락계로 나눈다. 수미산 가장 낮은 사천왕이 지키는 욕계 제1천(天)은 인간계, 지옥계로 사천왕문(dikpala, **부록 6**)은 성속(聖俗)을 나누며 불교의 하위세계를 뜻한다. 또한 천왕문에 올라서면 일주문이 보이지 않게 조성해 인간세계의 굴곡. 부침을 형상화하며 인간사를 단박에 깨우쳐 준다. 하지만 사천왕문에서 자하문까지 일직선으로 변함없는 천상 세계를 나타낸다. 대부분 절은 천왕문을 지나며 그 절만의 본 모습을 보이며 당우(堂宇)가 전개된다. 4천왕은 인도 신화와 힌두교에 등장하는 악신이지만 불교에 귀의해 수미산 사방수호신으로 받아들이고 중국에서 무인상으로 변했다. 사천왕이 오행과 결합해 호국 신으로 서민들은 악귀, 액을 쫓는 벽사(辟邪) 방위신으로 모셨다.

남방 증장천왕(VIRUDAKA, 南方增長天王)은 험상궂은 인상에 큰 눈을 가지고 널리 많이 본다는 힌두교의 욕심 많은 천둥, 벼락의 신(INDRA)으로 부처의 교화를 받아 부처의 덕을 널리 알리고 만물을 소생시키며 재물과 복, 덕을 주관하는 신이다. 깨지지 않는 연꽃을 형상화한 금강저(金剛杵, 바즈라, VAJRA, 제석천이 아수라를 무찌를 때 쓴 삼지창), 칼을 들고 있다. 진리, 지혜와 참선에 들어간 수행자를 뜻하며 번뇌, 분노, 잡념을 제거하면 지혜는 저절로 생겨난다는 의미다. 중국에서 번뇌를 단칼에 베라는 지혜의 검으로 탈바꿈했다. 사람 머리, 짐승 몸을 한 반인반수 아수라(ASURA)와 피려다가 권속이다.

북방 다문천왕(VAISRAVARA, 北方多聞天王)은 우산과 탑을 들고 세상을 많이 보고 듣고 어둠 속에서 방황하는 중생을 제도한다. 창과 같이 생긴 우산은 악귀로부터 인간과 삼라만상을 보호하는 부처를 상징한다. 비사문천(VAISHURAMANI)이라고도 하며 탑을 보호하는 음악 신 나찰(RAKSASA, 羅刹)과 위덕(威德)으로 불리는 야차(夜叉[264], 긴나라)가 권속이다.

서방 광목천왕(VIRUPAKSA, 西方廣目天王)은 불법 닦는 것을 도와주고 악인을 벌하는 수호신으로 여의주를 탐하는 용을 잡고 있다. 세상을 넓게 보는 신으로 3개 큰 눈을 갖기도 한다. 힌두교의 끝없는 큰 뱀(NAGA, 마후라가)은 부처를 지키는 수호신이나 중국의 용은 불교 하위 신이 되며 인간의 생사여탈을 상징한다. 용 발톱[265]이 4개로 여기서도 인간사의 높낮이가 적용되는 것 같아 씁쓸한 생각이 든다. 용은 낙타 머리, 새우 눈, 사슴뿔, 뱀의 몸체, 잉어 비늘, 돼지코, 소귀, 호랑이 이빨, 독수리 발톱 등 열 마리 동물의 특징을 가지고 중국 내 여러 부족 토템이 하나로 통합된 모습이라 한다. 시대에 따라 변해 용은 양의 극수(9)로 81개 비늘로 정형화된다. 신라부터 강, 바다, 물을 주관하는 용왕으로 우리 삶과 뗄 수 없는 수신, 용은 용왕당, 용신당에 모시며 수신제를 지내고 조선 왕들도 경회루

264) 야차 천(天) 야차, 지(地) 야차, 허공(虛空) 야차가 있다.

265) 황제를 상징하는 용 발톱은 7개 혹은 5개, 왕 4개다.

에 용 그림을 걸어놓고 기우제를 올렸다. 악한 용[266]이 사는 못을 메우고 지은 비보 사찰이 많이 전해 온다. 반면 수메르, 바빌로니아뿐 아니라 성경 등 서양의 용은 사탄이나 악마로 표현되었다. 광목천왕의 권속은 용과 가루다(GARUDA, 富多那)다.

동방 지국천왕(DARASTRA, 東方持國天王)은 조화, 균형을 의미하는 비파와 같은 악기로 음악을 통해 모든 뭇 생명에게 부처의 가르침을 전하고 국토를 수호해 인간세계를 평온하게 한다. 권속으로 건달바와 인간을 잡아먹는 비사사(天, 毘舍闍)도 악기를 들고 있다. 이러한 사천왕[267] 얼굴색이 각기 다른 것은 세계인의 종교라는 의미며 사대천왕들은 팔부신중 등 36 신장을 거느리고 종파, 사찰에 따라 다르다. 어깨에 사자를 멘 헤라클레스는 인도부처의 수호신이 되었고, 우리에게는 사자만 남아 힘과 용맹을 상징하는 사천왕상 어깨 또는 복부에 묘사되었다. 이런 사천왕상은 누구에게나 무섭게 보이려고 애쓰는 것 같다.

---

266) 9마리 용을 쫓고 지은 통도사, 신륵사, 구룡사다.

267) 1665년 직지사 사천왕상 복장품 조성기와 묵서에 의하면 비파 타는 북방, 검을 가진 동방, 용의 남방, 탑과 우산을 가진 서방으로 확인되며 시대에 따라 지물(持物)도 변한다. 복장품은 오장에 해당하는 오보함에 오곡, 오향, 오약, 오색 천, 오색실과 금, 은, 칠보, 유리구슬, 호박 등 보물을 5방위로 나누어 불상이나 불탑에 넣는 것을 말한다. 금속활자로 인쇄된 最古 직지 심체 요결 상권도 복장유물이다. 복장품은 불상과 탑이 생명체임을 의미하며 복장유물이 빠진 불상은 죽은 불상이라고 한다. 77번 다라니를 외우며 77번 탑을 오른쪽으로 돌고 작은 탑을 77개, 77번 복사한 다라니경을 사리함에 넣는 것을 원칙으로 한다. 77억 부처가 하늘에서 내려와 중생 구도한다는 의미다.

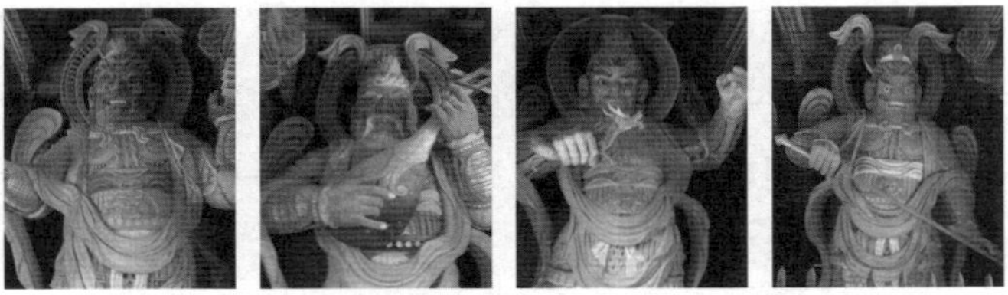

왼쪽부터 북방다문천왕, 동방지국천왕, 서방광목천왕, 남방증장천왕

우측으로 성보박물관 사이로 선승의 치열한 구도적 삶이 느껴지는 부도밭이 있다. 부도(浮屠)란 조사[268], 선사의 열반 후 다비[269]한 사리나 유물을 봉안하며 극락을 기원하는 승탑으로 신라 말 불교의 지방화, 토속화가 급속히 진행되며 속초 진전사 도의국사 부도가 기원이다. 일반적으로 돌로 만든 종 같다고 하여 석종형 부도라 부르고 인도 산치[270] 스튜파와 닮았다. 원(圓)그림을 유품으로 남기고 제자의 법명도 원자 돌림을 썼던 큰스님 성철(1912-1993)의 현대적 조형미를 살린 독특한 원형 승탑이다. 여주 법천사 지광국사 현묘탑(국보 101호)은 페르시아 스타일 창문과 기단석으로 가마 모양을 본뜬 화려하고 이국적인 부도다. 부도 기단석은 연꽃, 용과 사자 등으로 장식되었고 비석을 지고 있는 거북 머리는 모두 서방정토를 향하고 있다. 고대 힌두교는 거북의 등 위에 지구가 있다고 믿고 모든 것의 운반자라는 코끼리 발을 형상화한 거북 비석이다. 지구를 짊어진 코끼리와 거북이처럼 느릿느릿 쉼 없이 여러 사람에게 공덕을 알리라는 뜻일 것이다. 이 부도, 비석들은 사찰 경계를 나타내며 그 절만의 독특한 분위기가 나타낸다. 통도사는 가장 화려하고 웅장한 부도밭을 자랑한다.

---

268) 조사(祖師)란 종파를 새로 시작한 스님 혹은 사찰 창건주를 말한다.

269) 다비는 온 곳으로 돌아간다는 화장(火葬)을 뜻하며 파괴, 창조, 속죄와 정화를 의미한다.

270) 부처의 일생과 전생 499개 이야기, 자타카 설화가 새겨져 있는 산치 STUPA(사리탑)다.

왼쪽부터 지광국사 부도와 코끼리, 성철 부도

9C 초부터 신라는 통일의 웅건한 사상은 점차 사라지고 왕실과 귀족층은 궁궐, 저택을 사치스러운 비단과 금실로 치장하고 당와(唐瓦)라 불린 자기 기와로 장식하고 복도조차 화려한 녹유 전돌로 장식하는 등 사치가 극에 달했다. 왕족들은 화려한 타슈켄트 에메랄드, 인도 사파이어, 실론 루비 등 보석과 金銀 실로 만든 향낭, 페르시안 카펫, 인도네시아 침향, 향료 등 사치품이 넘쳐나 흥덕왕이 금지령을 내릴 정도였다. 또한 왕족의 무능과 부패로 왕위쟁탈전이 일어나며 골품제[271]가 무너지고 지방호족의 성장으로 급격한 변화에 대처하지 못해 급속한 쇠퇴기를 맞는다. 그나마 호국신앙으로 강력한 역할을 한 교종[272] 역시 단순한 기복, 벽사신앙으로 변질하며 백성들은 새 세상을 꿈꾸며 메시아를 기다렸다. 이때 장보고(?-851, **부록 7**)와 동시대에 출현한 선종은 문맹인 백성들에게 단지 부처를 믿고 참선(參禪)과 나무아미타불, 관음보살을 외우는[273] 것만으로 극락왕생을 약속하며 자신의 마음이 곧 부처란 뜻의 자심즉불(自心卽佛), 시심시불(是心是佛), 견성성불(見性成佛, 불심이 열리고 깨달으면 부처가 된다는 것)을 주장하며 백성의 염원을 반영했다. 왕이 곧 부처인 교종의 왕즉불(王卽佛)은 뿌리째 붕괴하기 시작한다.

---

271) 소수 지배층을 영구화하기 위해 왕족끼리만 족내혼이었고 이집트, 로마, 유럽에서도 성행했다.

272) 경주에 왕족, 귀족의 화려하고 큰 교종 사찰만 200여 개가 있었고 서민의 사찰은 남산에 150여 개였다. 唐 역시 안사의 난(755-763년) 후 경전이 기본인 교종은 급속히 쇠퇴했고 언제 어디서나 책이 필요 없고 쉽게 접할 수 있는 선과 염불이 기초인 선종이 번성했다.

273) 원효 역시 나무아미타불만 읊으면 정토로 갈 수 있다고 노래했다.

왼쪽부터 선사 진영, 통도사 개산조사당, 장보고 해로

왕실의 공식적인 후원과 지지를 받은 교종과는 달리 지방호족과 서민이 지원한 선승은 지방과 산으로 쫓겨 은둔하며 9산(九山, **부록 8**)선문을 개산했다. 선종은 주로 스승에게 받은 화두를 중심으로 스스로 정진하고 깨달아 간화선(看話禪), 조사선(祖師禪)으로 불리며 스승의 조상과 진영(초상화)[274]을 숭배하는 조사신앙이 발달하며 우리 불교의 주요한 특징**(부록 9)**이다. 달마**(부록 10)**는 잠은 참선을 막는 장애로 생각해 눈꺼풀도 없이 눈이 툭 튀어나온 우스꽝스러운 모습으로 마치 뒷산 도인, 선승으로 표현되며 우리에게도 친근한 모습이다. 선종은 뚜렷한 主佛이 없었으나 교종의 예법과 교의를 받아들이며 종파, 교리에 따라 구체적인 도상과 경전 등을 갖추고 주불과 협시불(夾侍佛)을 모시며 의례화, 정형화되기 시작한다.
박물관 터파기공사 도중 北宋 시대 자기와 명문 기와, 토우, 말뼈가 발굴되며 도로와 말을 관리하는 역원(驛院, **부록 11**), 마방(馬房)이 발굴되었다. 고려의 사찰은 관리들을 위한 국립여관, 국가의 중요한 공문서 수발, 우편, 군사정보를 관장하고 세미(稅米), 특산물수송, 교통을 담당하는 역원의 기능을 수행하는 기관과 겸하고 있었다. 또한 고을마다 서민의 요양병원 역할을 한 자복사(慈福寺)란 절과 치료나 간호를 담당한 대비원(大悲院)이라는 빈민 구호 기관을 운영했다. 사찰(寺刹)은 조선 예종 후 생겨난 말로 그전에는 원(院), 서(署), 사(司)로 불렸다. 신라 3원(三院)은 여주 고달원(高達院), 양주 도봉원(道峰院), 희양원(晞陽院)이며 마의태자가 신라 흥을 꿈

274) 선종 조사(祖師)와 관련된 불화는 선종화(禪宗畵), 선화(禪畵)라 부른다.

꾸며 건립한 충주 미륵대원이다. 안동 제비원, 양양 선림원 등 옛 이름이 전해오며 인덕원, 퇴계원, 조치원의 지명도 역원 이름에서 유래되었다.

왼쪽부터 미륵대원, 갑사 철 당간, 당간지주

두 번째 다리를 지나며 커다란 석단 위에 지어진 위풍당당한 불국사 전면이 웅장한 모습을 보인다. 석단은 수미산, 석가산과 부처 세계를 상징한다. 석단은 마치 거친 막돌을 쌓은 것 같지만 자세히 보면 먼저 큼직한 아랫돌에 작은 돌을 요철에 맞추어 끼워 자연석을 그대로 살리며 조영했다. 최대한 자연미를 살린 전통 그렝이 법**(부록 12)**으로 석공의 정성과 공력이 새삼 느껴지며 거친 숨소리가 들리는 듯하다. 앞마당에는 눈에 잘 띄나 누구도 눈길 주지 않는 큰 돌 두 개가 서 있다. 버려진 듯 서 있는 당간지주(幢竿支柱)다. 당(幢)은 깃발을 달아 특별한 행사, 법회나 큰 행사가 열릴 때 이를 알리는 역할을 하며 쇠통, 나무 기둥을 세우고 깃발이나 탱화를 걸었다. 네 칸이 떨어져 온전한 모습은 아닌 공주 갑사 24단, 안성 칠장사 15단 철 당간이다. 불국사는 현세불 석가모니 대웅전[275], 내세 극락세계 아미타전, 인간의 고통을 치유하는 관세음보살, 지혜, 진리의 비로전 등으로 구성되어 있다.

---

275) 보현-석가모니-문수를 모시는 불전은 대웅전. 아미타불 약사불 등 부처가 협시하면 대웅보전이지만 일반적이지 않다. 마곡사 대웅보전은 약사불, 석가모니불, 아미타불, 대광보전(大光寶殿)은 비로자나불을 모셨다.

왼쪽부터 석단, 부석사 9품 석단

자하문(해탈문)[276]은 극락문으로 불리며 부처 세계의 도리천(忉利天)을 뜻한다. 자하(紫霞)란 도교 신선 세계의 서기 어린 자줏빛 저녁노을이란 뜻이다. 아침 붉은 해가 푸른 바다를 꿰뚫는다는 의미로 도교의 홍하천벽해(紅霞川碧海)에서 유래했고 해인사 일주문 현판 홍하문(紅霞門)과 담양 정자 누하당(樓霞堂) 같은 뜻으로 도교와 불교의 관계를 잘 보여준다.

청운교(靑雲橋)는 학덕이 높아 성현의 경지에 오른다는 뜻으로 부처 세계를 상징하며 백운교(百雲橋)는 백운향(白雲鄕)이라는 뜻으로 흰 구름이 모이는 도교의 신선 세계를 말한다. 승주 선암사 승선교(昇仙橋), 송광사 우화루(羽化樓) 홍교 삼청교(三淸橋)도 같은 의미다. 청운교와 백운교를 둘러싼 타원형 연지가 있었다고 한다. 범영루(泛影樓)는 석가탑(무영탑, 無影塔) 그림자를 연못에 남겨 범영루(泛影樓), 무영탑(無影塔)이라 했을 것이다. 범영루 밑에 꽤 큰 돌 水路가 있다. 장맛비가 온 날은 이 수로로 많은 물이 쏟아진다. 본당과 무설전 앞마당 배수구일 것이며 흐르는 수로가 있던 연못이었을 것이다. 떨어진 물은 물보라를 일으키며 맑은 무지개와 안개가 피어나고 이른 아침햇살이 비치면 마치 붉은빛처럼 보여 자하문일 것이다. 안개가 걷히듯 무지와 미몽이 사라지는 것을 표현한 것이다. 임란으로 건물은 모두 불살라지고 연못 또한 메워졌다고 한다. 아마도 우리가

276) 해인사 해탈문(해동 원종대가람, 海東圓宗大伽藍)은 특이하게 온돌과 문간채가 있는 솟을대문이다.

서 있는 곳이 세 번째 연못이었으리라!

왼쪽부터 범영루, 종각 다리

자하문을 중심으로 목어, 운판이 있는 종루에서 범영루까지 대칭이며 안양문을 중심으로 또 다른 대칭을 이루지만 안양문이 자하문보다 한 단 낮아 전체적으로 비대칭을 이룬다. 경직되고 긴장된 분위기를 조성하는 대칭보다 인간에게 편안함과 공간감을 주는 비대칭 속에 불규칙과 비대칭의 조화로운 통일(diversity in the harmony)이 유네스코가 문화유산으로 선정한 이유 중 하나다. 계단을 거꾸로 세운 것 같은 특이하고 섬세한 역삼각형 9단 범영루는 화려한 구름계단을 뜻하며 수미산과 천상 세계를 재현한 것이리라! 하지만 우리는 이미 속세에서 너무 많은 업을 만들어 자하문 계단에 들어서는 것조차 허락되지 않는다. 33계단은 제석천(帝釋天)이 지키는 수미산 꼭대기의 도리천과 산 중턱 동서남북 사방에 4천왕이 호위하고 있는 32 부처 세계와 수미산을 더해 33天[277]을 의미한다.

계단 중앙램프는 탱화, 부처상, 향, 공양물, 불경 등을 메고 가는 가마길(연)이며 부처의 천상 세계의 길이다. 청운교 계단 밑은 홍교로 안양문(安養門) 역시 작은 홍교를 숨겨놓았다. 무지개 같은 홍교는 속계와 불계를 연결하는 의미로 안양문까지 시야가 트여져 사진 찍기가 그만이다. 작고 아름다운 홍교는 쌓은 것이 기막힐 뿐 아니라 석공의 유머가 돋보인다.

---

277) 이란 아리안-인도 아리안 베다(Veda)에 천(天). 공(空). 지(地)의 3계에 33신(神)이 있다고 기록되어 있다. 불교는 감각적 욕망 세계(慾界), 물질세계(色界), 천상 세계 무색계(無色界) 3계, 6도(六途)라고 한다.

백운교 계단 상부를 돌 지붕 기와로 표현하고 자하문 처마에 구름과 용으로 천상 세계를 수놓았다.

왼쪽부터 자하문, 안양문, 램프, 가마 연

아미전 안양문(安養門)은 지극히 행복하다는 뜻으로 극락의 또 다른 표현이다. 해탈을 얻는 문이니 행복할 수밖에 없지 않은가? 안양문으로 오르는 계단마다 만개한 연꽃을 새긴 연화교(蓮華橋), 깜찍하고 앙증맞은 칠보교(七寶橋)[278)] 중앙계단은 청운교 램프와 기막힌 대비를 이룬다. 연꽃을 밟기 미안하면 이 계단으로 올라가게 배려했다. 연꽃은 자세히 보지 않으면 마치 그냥 돌이 세월에 마모된 것같이 보인다. 희미하게 보이는 연꽃 문양과 계단 하나하나가 예뻐 자꾸 뒤돌아보게 만든다. 또한 안양문에서 내려다보면 연화교, 칠보교 계단이 보이지 않게 조성해 어떤 이들은 아미전 쪽이 훨씬 더 무게가 실리고 정성을 들인 것이라고 한다.

또한 석단 중간쯤에 삐죽이 1m 정도 튀어나온 잘 다듬어진 팔뚝 돌들이 일렬로 끝이 약간 위로 굽어진 옷걸이 형태로 나와 있다. 행사 때 탱화나 불구 등 무엇인가를 놓아두었던 것으로 추측된다. 아마 상대적으로 작고 왜소한 아미타전에 아름다움과 무게를 심어주기 위한 장치는 아닐까? 일렬로 있다가 석양에 길게 늘어지는 그림자가 우아한 실루엣을 연출한다.

278) 마음을 씻는 정심교, 지혜를 얻으라는 반야교, 도를 이루기 전에는 속세로 돌아오지 않는 해탈교, 속세 미련을 버리지 못했으면 돌아오라는 귀래교 등 많은 이름이 있다.

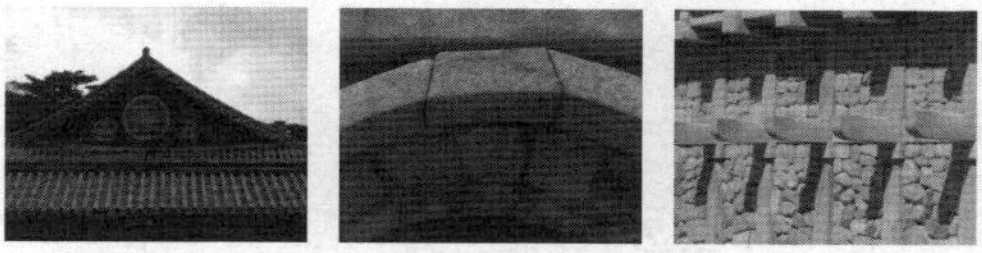

왼쪽부터 삼보와 卍, 석공 유머, 그림자

우측 언덕을 오르기 전 청정한 샘이 있다. 종교적 정화를 상징하는 샘물로 절에 들어가기 전 더러운 속세의 손과 입을 청정히 하라는 뜻이다. 조상들은 정한수를 떠 놓고 신께 빌었고 이슬람 역시 몸을 정갈히 씻은 후 예배를 본다. 언덕을 오르면 대웅전 합각처마에 흰색 원 안에 작은 붉은 원 3개와 만(卍, MANDALLA, 曼陀羅)자로 장식했다. 큰 원은 인과(因果)와 끝없는 윤회를 뜻한다. 흔히 전생에 무슨 죄를 지었기에 이렇듯 힘드냐고 하지만 태어난 자체가 업보요 죄인 것을 어쩌랴! 작은 원 3개는 삼보(三寶)로 불(BUDDHA), 법(대장경, TRIPITAKA, **부록 13**), 승(SANGA)을 말한다.

만다라는 7천 년 전 바빌로니아에서 어린아이 십자형 장난감에서 유래했다고 한다. 이것을 빠르게 돌리면 착시현상으로 수많은 무늬가 나타난다. 페르시아 조로아스터교는 卍을 수용하며 신의 정화된 세계를 뜻하고 4천 년 전 인더스 문명에서 인장, 문양으로 사용되었고 힌두교는 우주의 참모습을 의미하고 불교는 진리를 깨달아 윤회에서 벗어난 불교 세계(SWASTIKA)를 뜻했다. 다윗별, 이슬람 초승달, 가톨릭 십자가, 힌두교 아리안 신, 옴과 같이 종교적 상징물이 되었다. 그리스 도기(陶器), 지중해 연안의 화폐 디자인, 로마부터 북독일 켈트, 게르만, 스칸디나비아반도 고트족의 무기, 방패 등을 장식했고 하와이, 호주 원주민 또한 상서로운 문양으로 여기며 치장했다. 또한 태양 순환과 태양을 상징하는 성스러운 심벌이 되었다. 7C 측천무후 때 당나라에 소개되었으며 중국, 우리나라에서는 萬가지 덕을 의미하며 길상무늬, 탱화, 불상 제단을 뜻하며 보통 절을 나타낸다. 서구인들은 만다라 불화를 예배나 명상을 위한 그림, 신과 소통하고 신을 불러내는 우주 그림으로 인식했다. 卍은 나치 문양(HAGENKREUT)과 흡사해 혼동을 일으키지만, 자세히 보면 전혀 다르다. 나치는 순수한 원래의 뜻은 버리고 아리안 혈통, 순결과 고귀함, 불멸을 강조한 변형된 HAGEN(갈고리) + KREUTZ(십자가)다.

4물(四物) 목어, 운판, 법고, 범종

대웅전 왼쪽으로 목어와 운판이 덩그러니 걸려있으나 원래 불경을 보관하던 경루였다. 보통 절에는 사물이 같이 있지만 불국사 사물**(부록 14)**은 종각[279] 따로, 법고 따로 등 모두 떨어진 따로국밥이다. 4물은 곧 부처의 목소리로 진리와 법을 말한다. 동(東)-목(木), 서(西)-금(金), 오행의 원리를 따라 아침은 목어를 먼저, 저녁은 운판을 먼저 친다. 용두어신(龍頭魚身) 목어는 물에 사는 모든 생물의 영혼 구제를 뜻한다. 스님은 눈꺼풀이 없는 물고기와 같이 항상 눈을 뜨고 열심히 정진하라는 뜻이며 이 목어가 변형된 목탁을 항상 곁에 두고 게으름에 빠지지 말라는 의미다. 물고기는 강에서 바다로 자유롭게 오가듯 현세와 내세를 오가는 상징물이었다. 양반집도 물고기 풍경(風鏡)을 달고 은은한 소리를 들으며 마음을 다스렸다. 요령(遙鈴)을 확대한 운판(雲版)은 날짐승이나 허공을 날아다니는 생물의 구원을 위한 구름 모양 종으로 구름, 해와 달로 장식되었다. 불교에서 바람은 일체 거리낌이 없는 자유로운 마음, 구속과 장애가 없는 경지를 나타낸다. 법고는 가죽, 털을 가진 뭇짐승의 영혼 구제를 위한 북으로 채색한 문양과 시담으로 장식하고 범영루에 있다. 범종은 지하, 저승세계의 모든 생물의 영혼 구제를 상징하며 시각을 알리거나 사람을 불러 모으는 역할을 했다. 뭇 생물 모두가 부처가 되는 것이 대승불교의 기본이다. 새

---

279) 대웅전에서 볼 때 범종은 오른쪽에 배치하는 것이 원칙이다.

벽예불은 법고, 목어, 운판, 범종 순으로 28[280)]번 타종한다. 아침 범종은 모든 이의 원만한 성취를 위한 것이며 저녁예불은 법고, 운판, 목어, 범종 순으로 33번 타종은 하루의 참회와 반성과 망자의 극락왕생을 빈다. 새벽안개를 헤치고 나오는 해인사 범종 소리는 은은하고 장중하게 낮게 깔리며 애절하고 처절하기까지 해 지극히 인간적이다. 새벽예불을 마친 뒤 스님들은 마지를 들고 비로전에서 나와 기러기처럼 줄을 이루어 마당을 가로지르는 모습은 경건하다 못해 신비스럽다. 누구에게나 권하고 싶은 새벽예불이다.

왼쪽부터 목어, 운판, 북

마치 독을 거꾸로 엎어놓은 것 같은 거대한 범종[281)]은 우리 불교를 대표한다. 신라 종은 여의주를 물고 있거나 앞발로 여의주를 들고 있는 1마리 용과 음통, 용뉴(龍鈕)[282)], 연뢰를 배치하고 종 몸체 위와 아래는 보상화무늬(당초문)로 띠를 두른 것이 일반적이다. 성덕대왕신종은 건립 이유뿐 아니라 장인 이름, 직책까지 새긴 명문(1,037자)이 있다. 부왕을 위해 경덕

280) 28번 타종은 별자리 28숙, 인체 28맥과 일치한다.

281) 범(梵)은 신성(神聖), 청정(淸淨)을 의미하고 명문이 있는 종은 에밀레, 상원사 종(725년 주조, 국보 36호)뿐이다.

282) 용뉴(용 모양 종 고리)는 세밀하게 생동감 넘치는 용의 모습이 역동적으로 표현되었다.

왕(742-765)이 처음 주조했고 혜공왕이 완성했다. 성덕왕 원찰인 봉덕사에서 영묘사로 옮겼다가 1975년 박물관으로 옮겼다. 높이 3.75m, 지름 2.27m, 무게**(부록 15)** 18.9톤(12만 근)으로 구리 85%, 주석 14%, 납과 아연도 포함됐다. 종은 구리와 주석을 적절한 비율로 섞은 비례와 안정감 있는 구조가 소리에 절대적인 영향을 미친다. 종을 조각한 뒤 흙으로 감싸고 밀랍[283)]을 녹여 거푸집을 만들고 청동 쇳물을 부어 금속활자와 같은 방법으로 주조했다. 종이 너무 커 두 부분으로 따로 조성해 가운데 접합 부분이 보인다. 4개 유곽 안에 아름다운 연꽃, 연뢰(蓮蕾)를 9개씩 36개 장식했고 2개 연화문 당좌를 새겼다. 중앙은 연화좌 위에 무릎을 꿇고 향로를 들고 있는 비천상(飛天, 천인상, APSARA)[284)], 천사가 향을 공양하고 4현 비파를 연주하며 하늘로 날아오르는 우아한 모습을 한 쌍씩 조각했다. 극락조, 학을 타고 하늘을 날며 피리, 생황, 태평소 나팔 등 악기를 연주하거나 춤을 추고 꽃 공양하는 모습으로 나타난다. 서역 악기를 연주하는 비천상은 불교의 서역 전래를 의미한다.

왼쪽부터 천사 비천상, 악기을 든 비천상, 꽃을 든 비천상

---

283) 밀랍주조법은 섬세한 표현이 가능하고 두께 또한 얇게 주조할 수 있다. 신라 노반(露盤)박사, 야철 장인은 밀랍을 만들기 위해 많은 벌꿀을 키웠다. 국보 78호 반가사유상도 밀랍으로 주조했다.

284) 비천은 원래 고대 인도 긴나라와 건달바를 원형으로 하늘나라 악신(樂神)이다. 페르시아풍과 도교의 여선(女仙)처럼 우아한 모습이다. 비천은 부처 세계의 천사로 화관을 쓴 여인이 주를 이루지만 어린 동자와 남성이 보이기도 한다.

신라 종은 그날 기온, 습도, 기압을 고려해 타종해야 제대로 된 소리가 나온다고 한다. 에밀레종은 두께가 일정하지 않고 또한 종 안에 수많은 작고 미세한 기포로 소리가 스며들고 종뉴에 부딪치고 대나무를 형상화한 음통(音管, 길이 96cm)으로 들어가며 불필요한 음은 걸러내어 맑은 종소리가 먼 곳까지 전파된다. 이 음통이 에밀레종이 비밀이며 신라 종만의 탁월한 특징이다. 나라의 모든 걱정거리가 해소되었다는 피리, 만파식적(萬波息笛)에서 유래한 음통이다. 물리학, 화학, 재료학, 음성학 등 고도의 주조 기술과 음에 대한 탁월한 재능을 보여주며 국제학계에서 한국 종(korean bell)이라는 학명으로 분류된다. 현재 같은 모양 종을 만들 수 있어도 소리는 흉내 낼 수 없다고 한다. 에밀레종은 5차례나 이사했고 이사할 때마다 새로운 종 고리로 걸었으나 무게를 이기지 못하고 끊어져 원래 종 고리를 가져와 매달았다. 부식과 마모 정도가 심해 곧 박물관 내부로 옮길 예정이다. 지름 8.5cm 종 고리 하나를 만들지 못해 현재 포철에서 연구한다. 포철 과학 기술 연구소의 진단을 받았지만, 인이 전혀 검출되지 않았다. 신라 전통을 고스란히 이어받은 고려 종은 중소형 종이며 조선 초 사대부의 기상을 나타내며 대종을 많이 주조하였으나 하대로 내려올수록 종은 작아지며 중국식 쌍용이 보이고 음통도 없어진다. 중국, 일본 종은 쌍룡으로 좌우대칭을 이루어 앞뒤 구분이 어렵고 음통은 없다. 높이 매단 일본 종과 연꽃을 본뜬 사다리꼴로 주조해 밑면이 나팔처럼 벌어진 중국 종은 소리가 금방 퍼져나가 오래 담을 수 없어 여운이 짧다. 신라 종은 안으로 오므려져 있어 소리를 가두고 또한 공명 항아리에서 반사된 소리는 다시 종으로 들어가 소리가 팽창하며 긴 여운을 남기며 멀리 퍼진다. 마음으로 듣는 신라 종소리는 부처의 목소리, 진리다. 에밀레 전설은 아마 유교와 불교의 정치적, 철학적 대립에서 나온 낭설로 추측한다.

왼쪽부터 벌어진 중국 종, 높이 매단 일본 종, 단용

탑 시원, 전래와 분황사(芬皇寺, 국보 30호)탑

탑(STUPA)은 부처님께서 입적하신 후 만든 무덤, 기념물로 자궁, 유골, 진리의 씨앗이란 뜻으로 열반을 상징하며 예배와 신앙의 중심이다. 인도의 스튜파가 미얀마에서는 PAYA, 스리랑카는 DAGOVA라 불리며, 영어 PAGODA의 어원이 된다. 박물관에서조차 STUPA와 PAGODA에 대해 명확히 구분하지 않고 혼용한다. 1C 중국 누각 벽돌 문화와 인도 스튜파의 절묘한 결합으로 실크로드의 길목 감숙성에서 최초 인도풍이 강한 중국식 누각 전탑(塼塔)이 탄생했다. 중국은 밥그릇을 엎어놓은 것으로 인식해 복발(覆鉢, **부록 16**)이라 불렀다. 후대에 내려올수록 탑은 장식적인 요소가 더해지고 복발은 부차적 요소로 전락하며 희미한 존재로 남아 탑의 상륜부만을 장식한다. 분황사 탑은 중국식 벽돌 전탑을 모방해 모전탑(模甎塔, **부록 17**)이라 불리는 최초 전탑이다. 중국은 전탑(甎塔), 일본은 목탑(木塔)이지만 우리는 석탑의 나라다. 화강암 기단을 쌓고 벽돌과 크기가 다른 안산암(安山巖)으로 건축했다. 자연석 기단 위 화강암으로 조각된 수컷 2마리, 암컷 2마리 사자상이 배치됐고 사방 문과 감실을 지키는 부드러우면서도 힘차게 표현된 8구 신중(LOKAPALA)으로 장식한 9층 탑으로 추측된다. 첫 여왕[285]으로 정치적 입지가 불안한 선덕여왕(632-647)의 새

285) 여왕이 나오자 관료들의 우려와 조롱이 넘쳐났고 재위 16년간 불안과 정치적 위기가 빈번했다. 선덕을 지켜준 것은 김춘추와 김유신의 헌신적인 지원, 그리

로운 출발을 대내외에 천명하며 왕권과 위엄을 상징하는 기념물로 진평왕의 국가 사찰 황룡사(**부록 18**)와 같은 의미다. 황룡사, 황복사, 황성사 등에서 볼 수 있듯이 황(皇)은 왕실의 원찰을 의미했다. 향기로운 연꽃을 의미하는 분황사는 여왕의 출발을 대내외에 천명한 상징물이었다. 634년 여왕은 국가의 모든 역량을 동원해 연등회(**부록 19**) 축성식에서 귀족들의 반감을 불식시키고 왕의 입지를 재확인했다. 국가에 대한 충성, 불교에 대한 열정으로 무장한 여왕은 야외에 큰 제단[286)]을 쌓고 밤새워 국가수호, 백성의 안녕을 기원하는 백좌법회[287)]를 열며 축제를 주관했다. 법당은 진귀한 음식, 꽃 등 공양물이 쌓이고 큰 양초가 불을 밝혀 대낮보다 밝았고 잉어 등, 거북 등, 봉황 등, 계 등을 매단 높은 나무는 형형색색의 불야성을 이루었다.

절 마당 좌우 회랑을 중심으로 많은 관료가 초와 등을 들고 있었고 들어오지 못한 백성들은 야외에 앉아 소원을 기원했다. 특히 인왕경(仁王經)[288)], 법화경, 금강경 등 3대 호국 삼부경을 외울 때는 국가와 여왕에 대한 충성심과 존경심으로 이어지고 열광과 흥분으로 휩싸인 경주가 들썩였다. 황룡사가 왕실 중심의 귀족불교였다면 분황사는 선덕여왕 원찰로 원효(617-686, **부록 20**)와 자장이 주석한 법성종의 산실, 서민들을 위

고 자장의 종교적 힘이었으나 결국 비담이 난을 일으키자 신병으로 숨졌다.

286) 들에 단을 쌓고 밤을 새우며 법회를 올렸다 하여 야단법석(野壇法席)이란 말이 오늘날까지 회자된다. 화산활동에 의하여 형성된 화산석 안산암이다.

287) 백좌법회는 불상 100개, 보살상 100개를 불단에 모시고 승려 100명이 등불 100개, 100개 향불, 100가지 색깔 꽃을 뿌리며 부처의 가르침을 받는 큰 법회를 말한다.

288) 싯다르타의 출가 때 인도는 16개국으로 나뉘어져 치열한 약육강식의 시대로 부처님이 16개국 왕에게 백성의 평안을 주창했던 인왕경이다. 정토삼부경은 아미타경, 무량수경, 관무량수경을 말한다. 7C 삼국 전쟁이 치열했을 때 사천왕사 중심 호국신앙으로 정변, 전쟁 등 위기가 닥칠 때마다 신라인들은 강렬하고 힘센 금강역사, 사천왕, 팔부중 등 불상을 조영하며 부처가 신라를 보호하기를 기원했다.

한 대중 불교의 산실이었다. 석가모니 이전 과거 부처가 설법하던 7곳 전불칠처가람(前佛七處伽藍) 중 하나가 분황사라고 한다.

왼쪽부터 분황사 모전탑, 원효, 분황사 약사불, 백률사 약사불

1915년 발굴 때 진단구(건물을 세울 때 地神의 노여움과 액을 막기 위해 넣는 공양물)에서 금은 바늘, 바늘통, 실패, 가위, 유리병, 은제 합, 원반형 수정, 원형 조개껍데기 등 많은 여성용품이 발굴되어 여왕의 절이라는 것을 증명했다. 보광전은 약함을 들고 동방 유리광 세계를 관장하는 약사여래를 모신 전각으로 1909년 상량문 수리 때 구리 5,360근으로 1774년(영조 50년) 약사여래[289]를 주조했다는 붉은 글씨가 새겨진 건칠 약사발을 들고 있다. 머리만 발견되었고 신체는 후일 조성한 것으로 얼굴이 신체보다 훨씬 커 부조화를 이룬다. 팔부신중상이 새겨진 입상의 좌대는 신라시대 탑신석으로 보인다. 1965년 삼룡변 어정(三龍變魚井) 우물에서 목 없는 부처가 발굴되었다. 팔정도를 상징하는 돌우물은 원만한 원불(圓佛)을 상징한다. 석가탑(서탑, 국보 20)과 다보탑은 과거불 다보여래와 현재불 석가여래가 설법한 법화경의 내용을 구현한 동서 대칭 쌍탑이다. 석가탑의 본래 이름은 석가여래 상주(常住) 설법탑, 다보여래 상주 증명탑이다. 부드럽고 우

289) 분황사 청동 약사불 입상은 정유재란 때 소실되었다. 약사여래는 12서원으로 모든 중생이 부처가 되길 기원하던 부처다. 약사여래 전각을 유리보전(琉璃寶殿), 약사전, 약광전(藥光殿)이라 한다. 백률사 약사여래와 봉화 청량사의 紙佛(지불) 약사여래가 유명하다.

아한 백제탑의 곡선미와 단순하고 수직적 직선미를 강조한 단아한 신라 탑이 미학적 대립을 이루며 마음이 정갈해진다. 인간적이고 순수한 아사녀와 아사달의 사랑 얘기를 간직한 석가탑은 군더더기 장식을 배제해 단순, 웅장한 남성미가 돋보이며 고전 미술의 아름다움을 대표한다. 큰 기단**(부록 21)**, 지붕돌(옥개석, 屋蓋石)과 치밀한 비례와 완만한 체감율로 안정적인 조화를 이룬다. 음양오행에 따른 홀수(양수)로 3층 탑은 天地人과 삼보를 상징하며 팔정도(正道)를 상징하는 8개 연꽃이 탑을 둘러싸고 있다. 신라, 고려는 탑의 기단, 부도의 대좌는 8각이 기본으로 팔정도를 상징하며 신라 탑의 기단은 2층이지만 백제 기단은 단층이다. 석가모니 부처가 성불하자 8부 신중이 불법 보호를 위해 내려왔다는 것에서 유래한다. 탑신과 옥개석(지붕돌)은 한 개 통돌로 1, 2, 3층 몸돌과 지붕돌이 4: 3: 2 비례를 이루며 상륜부는 노반(露盤). 복발(覆鉢). 꽃잎 앙화(仰花). 9개 바퀴 보륜(寶輪). 보개(寶蓋)는 열반의 경지를 나타내는 불꽃 모양 장식품인 수연(水烟), 용차(龍車), 보주(寶珠)를 장식했다. 두 탑은 높이(10.4m)가 같다. 백제 사리장치[290]를 따르던 신라는 통일 후 1층 불경, 2층에 독창적인 사리공(舍利工)을 고안했다. 석가탑은 2층 몸돌에서 가로, 세로 41cm 사리공이 발견되었고 사리함 내부에 탑의 내력도 기록했다. 순도 96-97% 사리함 외면에 조각된 사천왕상 4구는 신체의 유연한 곡선과 턱수염까지 정교하게 표현했고 비파, 바라, 대금, 장구를 치는 등 세밀하고 우아한 금속기술을 보여준다. 1996년 4월 25일 감은사 동탑 해체공사 중 탑신부에서 사리구와 사리공을 발견했고 감은사 금제 사리함은 1959년 서탑 수리할 때 3층에서 발굴됐다.

---

290) 백제는 양(梁)나라 방식을 따라 탑 중앙 심주석 아래 사리함을 보관했다. 2009년 미륵사탑 1층 심주석에서 청동 함(含), 은제 호(壺) 금제 호로병(瓶) 순으로 마치 러시아 브요르카 인형처럼 삼중 상자에 보관한 사리함이 발굴됐다. 2007년 능산리(567년), 왕흥사지(577년) 목탑 터에서 사리 석함, 청동 사리함, 외병 은제 사리병, 내병 금제 사리병 등 4중함 사리장치가 발견되었다.

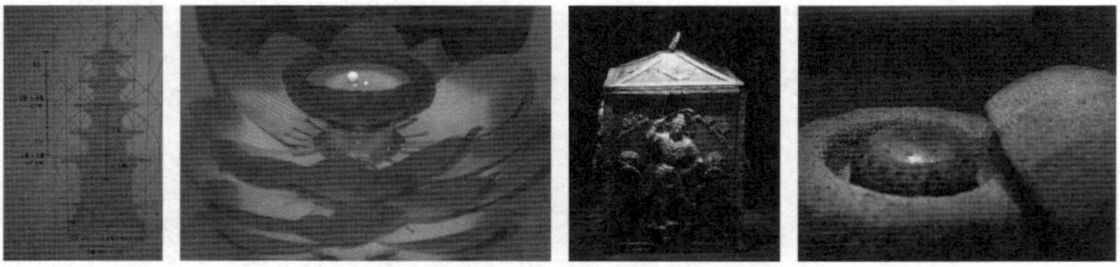

왼쪽부터 탑의 비례, 사리, 황룡사사리함, 신라 사리장치

석가탑은 1038년 지진으로 전면 해체했고 2012년 두 탑 모두 전면 해체 후 낡은 부재를 교체했다. 1966년 9월 초 석가탑을 해체 수리하며 금동제 외합, 은제 내합 은제완, 사리병 등 사리엄장구와 무병장수 벽사를 기원하는 세계 最古 목판 인쇄물, 무구정광다라니(無垢淨光大多羅尼經經, 국보 126)경과 탑 중수 기록, 고급 비단이 나왔다. 당 측천무후 때 그 당시만 쓰인 한자가 있는 것으로 보아 다라니경은 최소한 751년 이전 것으로 우리나라에서 가장 오래된 목판 인쇄물이며 특히 이 경전에는 종이 제작법까지 적혀 있다. 이렇듯 오래 보관될 수 있는 이유는 닥나무 종이를 삶아 나무망치로 오래 두들겨 밀도를 높인 두 장의 한지를 井자 형으로 서로 얽혀 아래위가 엇갈리게 덧댄 음양지(등피지)[291]이기 때문이다. 음양지는 우리만의 기술이었다.

종이 종류	1㎠당 밀도
무구정광 대다라니경	0.82gr
화엄경	0.64gr
일반 펄프 종이	0.35gr

291) 다라니경은 금동사리함 맨 위 비단 보자기에 싸인 채 폭 6.5-6.7cm, 길이 620cm로 55-63행 경문이 새겨져 있고 한 행에 7-9자가 쓰였다. 목판 인쇄술은 당 현종 때(712-756년) 시작됐다.

떡처럼 뭉쳐 나온 무구정광대다라니경은 일본 전문가가 30년 넘게 복원해 1989년 공개했고 현재 조계사**(부록 22)** 중앙 불교 박물관에 전시되어 있다. 성암 박물관이 소장한 다라니경 역시 동시대 등피지 변상도[292]로 밝혀지며 그동안 석가탑에서 발견된 다라니경이 중국서 제조되어 한국에 전래하였다는 중일 역사학자들은 침묵했다. 또한 화엄사 5층 석탑에서 발견된 변상도와 7m가 넘는 다라니경은 8C 초 것으로 판명되었고 안동 보광사 목조불상 복장에서 나온 보협인다라니경은 스님의 이름과 요(遼) 나라 통화 25년 인쇄했다는 기록이다.

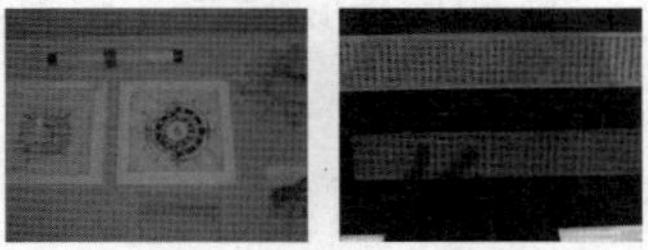

왼쪽부터 복장품, 무구정광다라니(모조)

서정적이고 여성적인 다보탑(국보 21)은 예술에 무심한 사람일지라도 세심한 석공의 공력과 정교하고 빼어난 균형미를 한눈에 알아볼 수 있다. 탑의 정형을 무시하고 파격적 상상력을 가진 장인은 돌탑을 마치 나무를 깎듯이 조성했다. 화려하고 세련된 다보탑은 연꽃대좌가 하늘로 솟아있고 많은 계단과 복잡한 기둥으로 몇 층인지 알 수 없는 기이한 구조로 어느 나라에서도 볼 수 없는 신라인의 독특한 창의력을 보여준다. 기단 사방계단 위에 석주를 세워 사자와 옥개석을 배치하고 그 지붕돌을 기단으로 팔각형 탑신을 올렸다. 팔각은 팔정도를 의미하고 상륜부를 떠받치는 부츠 형상은 불법의 동방 전래를 상징한 것으로 추측한다. 심오한 부처의 진리를 탑 하나에 다 담으려 했으니 그 얼마나 복잡하고 힘들었을까? 7

---

292) 변상도(變相圖)란 경전 앞 장에 불경의 내용을 압축, 요약한 그림이다.

가지 보물이라는 뜻에서 칠보탑(금, 은, 유리, 차거, 산호, 호박, 마노)이라 불린다. 특히 제 짝을 잃어버린 사자**(부록 23)**는 홀로 불법을 수호하느라 고생이 많다. 1924년 일제는 복원을 빌미로 해체 수리하며 금동불 2개 등 모든 부장품과 사자 3마리마저 밀반출하고 사자 한 마리만 남기고 싹 쓸어갔다. 보고서 한 장 남기지 않았다. 앞마당 8각 기둥 위에 장명등(長明燈)이라 불리는 꽤 큰 석등이 있다. 장식기능을 겸한 석등 8각 화창(火窓, 火舍石)[293]을 통해 본 부처의 얼굴은 마치 액자에 꽉 찬 모습이며 석등이 왜 그 자리에 있어야 하는지 잘 말해준다. 일몰 후 법당의 향과 등이 꺼진 후 석등에 등잔을 놓고 불을 밝혀 부처님께 예불을 드렸다. 부처님 밝은 지혜를 상징하며 부처의 가르침이 세상 어둠을 밝혀준다는 등이고 스승이 제자에게 주는 가르침을 전등(傳燈)이라 한다.

백제 미륵사에서 처음 시작된 석등은 8각 화사석과 4면에는 창을 만들고 사천왕상을 배치하는 것이 일반적이다. 화엄사 각황전 석등(국보 12호)은 문무왕 때 의상대사가 건립한 것으로 우리나라에서 가장 큰 높이 6.3m로 뛰어난 균형미와 아름다움으로 유명하다.

왼쪽부터 석등, 화창, 화엄사 석등

평양 청암리 폐사 터는 고구려 가람 배치의 표본으로 중앙 8각 탑을 둘러

293) 초와 등(燈)은 무명(無明)을 깨치고 밝은 눈과 진리, 지혜를 상징한다.

싼 품(品)자 형 1탑 3금당이다. 신라는 고구려식을 받아들여 황룡사는 일자형 1탑 3금당이었지만 통일 후 1금당 쌍탑 사천왕사를 시작으로 감은사, 불국사가 뒤를 잇는다. 백제 무왕이 건립한 미륵사 역시 고구려를 본딴 일자형 3탑 3금당**(부록 24)**이지만 곧 중국에서 시작된 남북 직선 축의 강당, 금당, 탑, 중문 형식으로 바뀌며 익산 정림사(5층 석탑 국보 9호)는 1탑 1금당 정형을 갖춘다. 이것이 일본에 그대로 전해져 일본 탑의 기원을 이룬다. 아스카시대 1탑 3금당 고구려식과 1탑 1금당 백제식이 혼합되었고 나라 천도 후 백제식으로 자리 잡았다.

왼쪽부터 일본 아스카사, 고구려 가람 배치, 백제 가람 배치

삼국 시대는 사리가 안치된 탑이 신앙의 중심[294)]이었으나 통일 후 점차 신자가 늘어나고 불법, 법당 중심으로 발전하자 금당은 커지고 탑이 작아지기 시작한다. 삼국은 왕족 중심 호법 불교로 도시중심 사찰이 유행하나 선종과 풍수지리의 영향으로 산지에 많이 창건된다. 좌우대칭이 원칙이나 산지 사찰은 지형상 좌우 비대칭을 이루기도 하며 후대로 내려오면서 다양한 형태로 발전했다. 고려 이후 토속신앙과 결합하며 세속화하며 전각들이 추가되어 현재의 모습을 갖추었다. 또한 화엄십찰을 건립한 의상의 부석사, 자장의 통도사 가람 배치가 다른 이유는 깨우친 선사의 생각[295)]이 달랐기 때문이다.

---

294) 불상 탄생 후 탑은 부차적 존재로 변하고 부처상이 사원의 핵심이 됐다.

295) 자장은 통도사를 건축하며 도를 이루는 정도(正道)는 없다고 해 통도사는 독

두 탑과 석등, 대웅전은 기하학[296] 질서와 비례, 균형, 조화를 이루고 음양을 상징하는 유기적 관계를 완성했다. 대웅전 계단을 중심점으로 두 탑과 대웅전이 원을 이루고 석등을 중심으로 두 탑과 본존불은 또 다른 원을 이룬다.

도리천에 있는 석가모니(현재불, 現在佛)의 집, 대웅전은 임란 때 소실된 후 1695년에 재건축했고 1765년 영조 때 중창했다. 우리 절들은 대부분 외침으로 소실되어 신라, 고려 양식이 아닌 조선 후기[297] 양식이다. 일반적으로 서까래는 30-40년, 기둥이나 보는 100-150년마다 교체한다. 건물이 얼마나 오래되었는지 역사적 가치가 중요하지만, 문화유산 건축물로서 본래 양식[298]을 얼마나 지키고 있는지와 예술적 가치 역시 중요하다. 제자 마하가섭(MAHASYAPA), 힘과 왕권을 상징한 사자를 탄 지혜를 뜻하는 문수보살(MUNSURI), 과거불(DIKPAMKARA), 석가모니, 미래불(MAITREYA), 우주의 운반자를 뜻하는 코끼리[299]를 탄 실천, 수행을 의미하는 보현보살(SAMANTHAVADRA), 제자 아난다를 우측으로 모셨다. 천장은 용, 코끼리, 사자로 장식했다. 본존불은 우람하며 당당한 몸매와 넓은 어깨, 큰 귀, 작은 입 등 뚜렷한 이목구비는 힘찬 기상을 표현하여 위엄을 나타낸다. 18C 중엽에 새로 만든 木佛로 원래 본존불은 임란 때 도난당

특한 가람 배치를 보여준다.

296) 남쪽 회랑과 대웅전 북문이 정삼각형(20.8m)을 이룬다.

297) 잦은 전쟁으로 원래 모습을 간직한 사찰이 거의 없고 현존 사찰 ⅔가 조선 후기에 중건됐다. 원래 모습을 간직한 건축이 남아있지 않은 우리나라 건축이 마치 일식을 닮았다는 얘기를 흔히 들을 수 있다. 하지만 이러한 건물들은 백제, 신라, 고구려식을 그대로 답습한 일식 건물이 다시 재탄생한 것뿐이다. 일본의 고적들을 보면 고구려, 백제의 부경, 신라 절의 건물을 유추할 수 있다.

298) 도쿄 메이지, 오이타 우사 신궁, 이세신궁은 일본 3대 신궁이다. 시조신을 모신 이세신궁은 300년 묵은 삼나무로 20년마다 같은 양식으로 새로 짓는다.

299) 파괴의 신 시바는 난디(황소), 창조의 신 비슈누는 가루다, 우주를 유지하는 신 브라흐마는 공작, 번개의 신 인드라는 코끼리 가네샤가 승물(乘物)이다.

한 것으로 추측된다. 신라는 삼신관을 쓴 부처가 유행이었으나 조선은 불꽃 모양[300] 보관을 쓴 불상이 유행했다. 화염 광배는 부처가 불을 뿜으며 하늘로 올라갔다는 전설과 페르시아의 불을 숭배하는 조로아스터의 영향으로 추측된다.

왼쪽부터 대웅전, 화염문, 사천왕상 화염문, 백제 왕관 화염문

불경, 종파에 따른 주불(主佛, **부록 25**)을 모신 건물이 중심이고 부속건물이면 부처 이름으로 불린다. 主불전은 주불과 협시불을 모신 삼존불, 오존불, 칠존불 등 다양한 불상과 이에 걸맞은 후불탱화가 있다. 대웅전 석가불의 설법인 수인은 석가가 설법을 전하기 위해 타고 다닌 수레바퀴를 형상화한 것으로 부처의 가르침을 뜻한다. 원래 석가불은 항마촉지인이 원칙이나 미래불, 과거불과 함께 책을 든 아난과 가섭도 설법하고 있어 이같이 표현한 것으로 보인다. 수인과 들고 있는 지물(持物) 등에 의해 구별되는 부처로 아미타불 설법인, 석가모니 초전법륜인, 비로자나불 지권인, 약사보살 시무외수인 등 정형화되어 있다. 하지만 9C 이후 종파의 다양성으로 도식화되었던 수인이 혼합되며 반드시 따르지 않아도 된다. 불상도 인간의 필요와 시대적 배경에 따라 나라와 지역, 민족, 사회에 따라 변화를 겪고 유행하며 점차 종파와 부처의 구별이 사라지고 시대와 지

---

300) 고구려, 백제 왕관의 화염(火焰)문은 강렬한 태양, 하늘을 상징하는 샤먼을 나타내는 것이라는 주장도 있다. 인도부처는 어깨 부분에도 불꽃이 표현돼 있다.

역 양식이 혼재되어 있다. 법당의 수미단(불단)[301]은 상단 보살단, 중단 신중단, 하단 영단(靈壇)으로 구성되어 있다. 상단은 중앙에 부처, 좌우 보살 등 불보살단(佛菩薩壇), 중단(神衆壇)은 불법, 사찰을 수호하는 범천, 제석천, 사천왕, 팔부중, 인왕 등 신장 호법신 등 낮은 단계의 신중들과 모셨다. 하단은 연꽃, 모란, 비천, 흰 코끼리, 물고기, 새우, 귀면, 용과 인간세계와 감로도를 봉안하고 한쪽으로 망자의 위패를 모신 영단(靈壇)이 있다. 불단은 육법공양(六法供養)으로 향(香), 등(燈), 차(茶), 꽃(花), 과일(果), 쌀(米) 가운데 향을 으뜸으로 쳤다.

눌지왕 때 고구려 사신이 처음 소개했고 인도 승려 아도(묵호자)가 향 사용법을 알려주었다. 향은 신비로운 향기로 악취, 곤충과 악한 기운을 물리치는 신성한 신의 음료, 음식이었다. 5천 년 전 이집트에서 미라를 만들 때 쓰던 향은 로마, 인도로 전파되며 고대인들에게 제의와 영생을 위한 필수품으로 자리 잡았다. 페르시아에서 온 동방박사들은 예수가 탄생하자 황금, 유약을 바치고 향료를 뿌리며 축하했다는 기록에서 보이듯 신에게 바친 천국의 향기였다. 1966년 다보탑 보수공사 때 발견된 유향(乳香, **부록 26**) 역시 부처에게 바치는 최상의 찬사였다. 수천 년 전부터 계절풍 **(부록 27)**을 이용해 항로를 개척한 이슬람 상인이 8C 불교의 길, 향료의 길, 해로로 경주에 자주 등장한다. 이들은 유향, 침향(Oud), 향신료, 사리함, 불상 등 교역을 위해 홍해에서 1년 이상 걸리는 경주까지(22,958km) 항해했다. 고대 지중해가 로마의 것이라면 아라비아해, 인도양은 이슬람의 호수, 안마당이었다. 4-9월 홍해 알렉산드리아부터 남인도까지 부는 남서 계절풍(히파루스의 바람)을 이용해 인도 캘리컷, 고아, 동남아시아 물루쿠 제도에서 향료교역을 마치고 신선한 물과 야채, 음식을 준비하고 말

---

301) 수미산 정상을 상징해 수미단이라 부른다. 로마 시스타나 성당 제단 뒤 미켈란젤로의 성화도 상단 천국, 중간 인간세계, 하단 지옥을 그렸다.

라카-광주-닝보-흑산도-진도로 왔다. 10월-3월 또 다른 북동 계절풍으로 40일 만에 말래카를 거쳐 아라비아로 돌아갔다. 723년 혜초도 이 해로를 따라 광주를 출발해 인도, 중앙아시아, 페르시아를 여행하고 727년 비단길로 귀환했다.

후불탱화는 영산회상도[302]로 상단은 주로 도솔천(욕계 6번째 하늘 4번째)[303]과 누각, 우산이 변형된 천개(天蓋)를 표현하며 중앙 부처님, 하단에 십대 보살, 4천왕, 8부 신중 등 하위 신을 표현했고 중앙 하단에 화기(畵記, 그림의 제작 경위를 적은 기록), 불화를 그리는 데 참여한 이, 시주(施主)자의 명단이 적혀있다. 화기는 부모의 무병장수, 자식의 출세, 가정의 안녕, 화목과 현세의 영화로운 부귀와 극락왕생이 대부분이다.

BC 3-2C 인도 불교사원에서 처음 불화를 그렸고 삼국 시대에 불화가 전래했다. 현존 가장 오래된 불화는 무위사 극락보전 아미타삼존도(1476년)다. 불화는 산중 탱화, 감로도(甘露圖, **부록 28**), 후불탱화**(부록 29)** 등 예배용 불화, 장식용 벽화, 괘불, 불전도 등이 있으며 화엄경, 연화경, 법화경 등 불경과 부처에 맞게 조영한다. 하지만 다양한 경전과 부처와 내용을 설명하고 나라와 지역, 시대에 따라 표현이 다르다. 특히 우리 불화는 강렬한 색깔 대비로 시각적 효과를 극대화했다. 주로 석가모니는 영산회상도(靈山會上圖), 약사불은 약사회상도, 아미타불은 아미타 회상도가 후불탱화다. 달이 뜬 물가 바위에 앉은 선재 동자에게 불법을 설파하는 수월관음도, 아미타불이 극락에 환생할 이를 영접하며 오른손을 내민 아미타내영도(阿彌陀 來迎圖)[304], 극락을 묘사한 아미타 정토도, 용선접인도(龍船接人

---

302) 석가모니 부처의 깨달음을 얻은 후 영산(靈鷲山)에서 16 아라한에게 법화경을 설법하는 모습을 형상화한 영산회상도(靈山會上圖)다

303) 도솔천은 마애불이 머무는 천상 세계를 말한다.

304) 아미타내영도는 누구나 소망하는 극락왕생을 구체적으로 생생하게 묘사해 큰 감동을 준다.

圖)가 대표적이다.

우리가 자랑하는 고려 불화는 세계 불교 미술사에서 가장 화려한 명작으로 꼽힌다. 부처가 튀어나올 것 같다는 찬사를 받는 고려 불화는 개경으로 환도한 1270년부터 약 120년간 유행했다. 금가루를 아교풀에 갠 금니(金泥)[305]를 비단의 앞뒷면에 반복해 칠하는 배채법(背彩法)[306]으로 섬세한 묘사와 화려함이 돋보인다. 단아한 형태, 파스텔톤 색채와 구도로 은은한 배경, 장엄한 분위기 등 환상적인 분위기다. 어깨와 팔을 따라 흘러내리는 천의(天衣)가 겹치는 무늬는 주름 위로 그대로 무심히 장식하며 당초문, 모란문 등을 금니로 표현했다. 마치 웨딩드레스를 입은 듯 투명한 비단 사라의(紗羅衣, 비단으로 짠 직물)는 현대 패션 시스루 룩(SEE THROUGH LOOK)을 연상시킨다. 2003년 샌프란시스코 아트 뮤지엄에 수월관음도(水月觀音圖)[307]가 전시됐을 때 뉴욕 타임스는 모나리자에 결코 뒤지지 않는다고 극찬했다.

우리 종이가 유명하지만, 서민들에게 불경 책은 엄두도 못 냈으리라! 대부분이 문맹이며 불경, 종이가 매우 귀한 때 불화는 그 자체가 부처, 절이었으며 백 마디 말보다 훨씬 효과적으로 눈으로 읽는 경전이었다. 서양 역시 가난한 이들의 성경이라 불린 성화가 성당, 교회의 벽을 수놓고 있다. 또한 대웅전 황토벽이 소리를 잘 흡수해 잡음과 울림이 없고 잔향[308]

---

305) 성스럽고 환상적인 분위기를 연출하는 금니는 금방 굳어진다. 고대부터 황금, 황금색은 성스러움, 고귀함·신비로움을 상징하며 최고급 미술품에 사용됐다. 현재도 독재자들은 자신의 궁을 황금으로 화장실까지 도배하고 있다.

306) 배채법은 화면 뒷면에 물감을 칠해 앞으로 배어나도록 하고 앞면에서 보강하는 기법으로 색채가 선명하게 드러나며 쉽게 변색하지 않는다. 색깔을 더욱 선명하면서 은은하게 만들고, 변색이나 물감이 떨어지는 것을 방지한다.

307) 고려 불화는 160여 점 중 일본에 120점이 있고 국내 20점만 있다. 특히 수월관음도는 세계에 80여 점, 국내 3점뿐이다. 1991년 10월, 경매에서 176만$에 낙찰된 수월관음도다.

308) 잔향이란 소리가 난 뒤 사람에게 들리지 않을 정도로 줄어드는 것을 말하고 공

시간도 짧고 오래 말린 나무 역시 소리가 흡수되고 창호 문은 울림통 역할을 해 목탁, 독경 소리가 맑게 들린다. 중세 유럽예배는 음악과 성가를 중심으로 웅장한 음악이 필요해 음파를 반사하고 잔향이 오래 남는 높고 거대한 대리석 성당을 건축했다.

불당	성당
공간이 작고 천장은 낮아 공명이 작다.	공간이 크고 높아 공명이 크다.
소리를 흡수	소리를 반사

불국사 회랑 기둥은 하늘, 부처 세계를 상징해 원형 기둥이다. 사람 팔뚝을 형상화한 배흘림기둥(ENTASIS)은 멀리서 보면 불룩한 것이 티가 안 나고 똑바로 보인다. 곧바른 민흘림기둥은 중간이 가늘고 굽은 듯 보여 시각 교정 장치인 배흘림기둥이다. 대웅전은 동서 복도로 익랑(翼廊)으로 연결되어 있고 작은 계단 바깥쪽은 마치 앙증맞은 버선코 모양으로 장식되어 있다.

왼쪽부터 배흘림기둥, 회랑 원형 기둥

명은 같은 주파수에서 떨리는 것을 말한다.

무설전(無說殿)은 염화시중의 미소[309)]를 연상시키며 석가가 열반하며 나는 아무런 말도 하지 않았다는 전설을 무설전은 대변해 준다. 참다운 진리는 말로 할 수 없는 것을 보이며 스스로 깨치는 무설전이다. 무설설(無說說) 무법법(無法法)으로 설하되 설한 자가 없고 들은 자도 없는 무심의 경지를 말한다. 모처럼 내리는 가을비는 마치 모든 중생에게 골고루 설법을 주듯이 회랑, 마당, 탑을 적신다. 무설전은 불국사보다 백 년 정도 앞선 문무왕 때부터 대승의 꽃이라 불리는 화엄경을 강의하던 작은 절이었다. 장택민 주석이 방문하며 기증한 무상선사 김교각(684-762) 선사의 전신상이 무설전을 더욱 빛내고 있다. 선사는 성덕왕 셋째 아들로 720년 중국으로 건너가 구화산에서 신라 불교를 크게 떨치고 741년 티베트에 선불교를 소개했다. 성도성 청도 대자사에서 열반했다. 입적 후 삼 년이 지나도 육신이 썩지 않아 신도들이 등신불로 조영해 안후이성 구화산 육신보전에 모셨다. 중국 오백나한 중 석가모니가 첫째, 달마가 307번째 무상은 455번째 지장보살이 되었다. 우리에게는 다소 생소한 이름이나 중국인에게 김교각은 신라 불교를 의미한다. 연화경을 필사해 탑을 만든 묘법연화경 보탑과 8개 팔과 지물을 가진 시바신이 전시되어 있다.

왼쪽부터 무설전, 무상선사, 시바신

관음전(觀音殿)은 북쪽**(부록 30)** 높은 곳에 있어 올라가는 계단은 두 명이

---

309) 부처님께서 설법하시다가 연꽃 한 송이를 들어 말없이 대중에게 보이시니 가섭존자만 미소를 보였다는 고사다.

올라가기 위험스럽게 보인다. 그나마 요즘은 난간을 만들었다. 왜 이렇게 좁고 급경사일까? 욕심 많은 중생이 한꺼번에 올라오는 것을 바라지 않는 것인가? 한 계단, 한 계단 오르는 일 그 자체가 수행이며 부처에게 가는 길이 바로 깨달음의 길이라는 것을 일깨워주기 위한 천국의 계단을 상징하는 것은 아닐까? 관음전 왼쪽 자목련이 있는 야트막한 담장은 사진 찍기 좋다. 목련[310]은 중국 원산으로 절에 특히 많이 심었다. 부처와 속계를 이어주는 관음전 꽃살문은 기하학적인 무늬, 모란, 국화, 연꽃을 수놓은 솟대 살문[311]으로 가장 화려하다. 꽃문을 통해서 들어가는 법당이다. 문양 문살은 만발한 장미, 모란, 연꽃이 관음전 품격을 높여준다.

자그마한 정자 안에 여성적 몸매의 천수천안(千手天眼, **부록 31**) 십일면 관세음보살은 오른손의 연꽃은 모든 중생의 불성(佛性)과 깨달음을 표현하고 왼손은 인간의 욕망, 갈증을 상징하는 성수(聖水, SOMA)를 담은 정병을 든 관능적인 모습이다. 이 관음상은 1973년 불국사 중창 당시 조성된 목불로 원래 것은 향나무로 만들었다고 하나 임란 때 소실됐다. 부처도 아름답지만, 후불탱화가 더욱 마음에 든다. 최고 불화, 탱화를 그렸던 민족답게 화려하지 않고 은근한 아름다움이 돋보이며 티베트 탄트라(TANTRA)를 연상시킨다. 42개 팔로 표현된 관음은 화살, 방패, 칼, 검, 곤봉 등 무기와 피리, 공후, 쟁, 생화 등 악기, 금강저, 금강령 등 의식 용구와 천 개 손, 눈으로 인간을 제도한다. 수많은 생명의 소리를 듣기 위해 천 개 눈과 손도 모자랄 것이다.

---

310) 목련은 북쪽을 향하는 북향화로 왕이 계신 곳을 향한 충절의 꽃이라 불리며 절이나 서원에 많이 심었다.

311) 춘양목을 5-6년 소금물에 넣었다 말리며 반복해 뒤틀림을 방지했다.

왼쪽부터 11면 관음, 고려 관음, 마리아 관음

많은 사람이 관음상을 보고 여성이냐 남성이냐를 묻는다. 부처나 보살은 단지 깨달은 자를 표현할 뿐이며 성의 분별을 초월해 무의미하다. 당 측천무후 이후 관음보살이 처음 여성으로 표현되기 시작했고 신라 중기 이후 여성으로 인식된 관음보살이다. 관음의 사랑과 자비를 여성의 상징이라 여기며 이 같은 모습으로 조영했으리라! 시대에 따라 변하는 미의 기준, 미의식이지만 관음은 섬세함을 가진 여성상으로 표현된다. 다른 나라 역시 관음은 여성상이다. 여성적, 관능적인 관음을 처음 본 서구인들은 아기 예수를 안은 어머니 마리아의 모습을 연상하며 마리아 관음으로 불렀다. 일본에서는 관음보살에 십자가를 걸기도 했다. 또한 많은 사람이 부처의 수염**(부록 32)**을 묻는다. 로마 초 수염을 남성 상징으로 여기며 그리스도는 수염이 있었고 후기 상류층이 수염을 자르자 그리스도 수염이 사라졌다. 동방기독교를 답습한 그리스 정교회는 수염을 허용했고 비잔틴 정교회를 받아들인 러시아는 턱수염이 귀족의 상징이었다. 우리도 삼국 시대부터 수염이 전통이었고 고려 정중부의 난에서도 알 수 있다. 이렇게 시대와 인간의 입맛에 따라 변하는 시대상과 전통을 반영한 화가, 예술가들이며 절대적인 기준이 없이 시시때때 변했다. 서구미인[312)]의 기준인 성모 마리아 역시 마찬가지다. 5C 로마는 풍만한 마리아, 9C 비잔틴은 날씬하고 중세의 성모 마리아는 보관을 쓰고 권좌에 앉은 장엄한 성

---

312) 동양의 이상적인 미인은 모성에 기반을 둔 여인상이다.

인, 여왕으로 그려졌지만, 16C 르네상스 시대 성모 마리아는 아름다운 비너스로 나타나기도 하고 평범한 옷을 입은 소박한 성모상도 등장한다. 또한 탱화 한구석에 자리 잡은 도교에서 비롯된 선재 동자는 인간을 구원하는 관음보살을 만나 간절한 모습으로 기원하는 불교 시동으로 표현된다. 현실 고통을 구제하는 자비와 구원의 관음보살은 특히 뱃사람들에게 유행해 해수관음상을 많이 조성했고 4대 관음 암자는 양양 낙산사, 남해 보리암, 여수 향일암, 강화 보문사로 모두 바다를 조망하고 있다. 비로전(VIROCANA) 내려가는 계단에 서면 처마[313] 끝이 길고 높게 솟은 비로전 지붕 곡선을 잘 볼 수 있다. 이만큼 뚜렷이 볼 수 있는 처마 선은 찾기 힘들다. 비로자나불은 남성다운 넓은 어깨, 당당한 자세로 신라의 웅휘한 기상을 뽐낸다. 이 부처는 극락전 아미타불, 백률사 약사여래와 함께 신라 최고 금불 동상으로 꼽힌다. 화엄종 연화장세계[314] 본존불로 영원한 불법, 진리, 지혜, 빛을 상징하고 인간세계를 제도해 대일여래(大日如來)로 불린다. 모든 부처의 근원, 진신(眞身)인 비로자나불[315]은 법신불(진리의 자체), 보신불(법신의 아바타로 생각이나 형상 등으로 재현된 것) 등으로 나타난다. 선운사, 대흥사, 해인사는 비로자나불을 주불로 우 석가모니와 좌 노사나불(수행으로 무궁무진한 공덕을 지닌 부처로 삼신불 중 보신불(報身佛 뜻함)을 배치하고 대적광전, 대광보전이라 부르고 부속 전각은 비로자나불을 중심으로 보통 문수, 보현보살이 협시한다. 시담[316]을 둘러친 제단에 단정한 지권인이다. 시담

313) 한옥 백미인 처마 선이 자연스럽게 이어지면서 한국의 미를 명확히 보여준다.

314) 연화장세계는 영원불멸의 빛이자 진리를 뜻한다.

315) 세계 7대 불가사의로 불리는 인도네시아 샤일렌드라 왕국이 AD 811년 건설한 504개 불상과 72개 불탑이 있는 보르부도 역시 가장 높은 곳에 자리 잡은 비로자나 부처다.

316) 시담(SIDAM)은 산스크리트 이전 형상화된 상징적인 기호, 문자를 말하며 MANTRA는 다라니를 몇 자로 압축한 주문으로 거짓 없는 진언(眞言), 도덕, 종교, 법률을 말한다. 옴마니반메훔의 옴(Om)은 우주 태초의 본원적 소리, 마

역시 뜻있는 가르침이리라!

후불탱화는 전체적으로 거대한 본존불과 아래쪽에는 2구 협시보살과 사천왕을 배치했다. 부처의 큰 귀는 귀걸이를 많이 하는 인도 관습에서 유래되었고 중생의 고통을 잘 듣기 위해서였다. 또 많은 질문 중 하나가 금칠이다. 어느 문명이나 힘과 번영. 영생과 불멸의 상징으로 신에게 예물로 황금을 바치며 신을 형상화했다. 황금마스크로 유명한 투탕카멘왕이며 소피아성당은 10톤 금으로 치장했다. 천장을 장식한 닫집(CANOPY)은 청금석, 황금, 유리 등으로 장식해 눈부시게 장엄[317]하다. 집 속에 또 다른 꽃집이란 말이다. 닫집은 열대지방에서 인도 상류층이 사용한 양산, 일산(日傘)에서 전래했다.

왼쪽부터 비로전, 옴 메니반메움

비로전 마당의 자그마한 부도각에는 유래를 알 수 없는 부도가 있다. 이 부도는 일제 때 반출되었다가 해방 후 돌아온 사연 많은 승탑이다. 좁고 답답한 부도각에 갇혀 안쓰럽게 보이는 부도는 깨지고 마모가 심하지만 수준 높은 조각 솜씨를 담고 있다. 4면 불은 법의가 비칠 듯 섬세하고 정교한 항마촉지인 석가모니, 가슴에 양손이 모여 있는 것으로 보아 설법인

니(mani)는 여의주(如意珠), 반메(padme)는 연꽃을 의미한다.

317) 모든 종교의 특성인 화려함을 불교에서는 장엄(莊嚴)이라 표현한다.

의 아미타불, 정병, 연꽃의 관음보살, 고리가 6개 육환장(六環丈)[318] 석장을 들고 있는 지장보살이 희미하게 보인다. 지장(KSITIGARBHA, **부록 33**)은 인도의 地母神에서 유래한 지하 세계 신으로 좌 도명존자(道明尊者), 우 무독귀왕(無毒鬼王)과 10대 전륜왕, 심판자를 데리고 지옥의 중생들을 극락으로 인도할 때 석장으로 지옥문을 열어 중생을 구제한다. 망자의 사진을 놓고 지내는 천도재와 49재 등 늘 죽음과 가장 가까이 있다.

망자는 1년 열두 달, 인간의 육십갑자를 각기 나누어 관장하는 시왕(十王)[319] 앞에 나가 7일씩 7번 49일[320]간 재판받고 이승을 떠나 윤회의 굴레인 육도(六道)에 의해 다음 생이 결정된다. 5번째 시왕이 사람의 생애를 꿰뚫어 본다는 무시무시한 염라대왕이다. 主 불전은 원통(圓通)전, 부속 전각은 명부전(冥府殿), 지장전, 시왕전이다. 지장보살을 비롯하여 시왕과 판관, 지옥 사자 등 사후세계와 관련된 것들이 배치되며 이승에서 저지른 선과 악업이 보인다는 우두나찰, 마두나찰의 심판대인 업경대(業鏡臺)[321]가 사자 위에 놓여 있다. 시왕(十王)은 전생의 업이 모두 보이는 명경대(明鏡臺) 앞에서 망자의 죄, 업을 심판한다. 대부분 원통전은 어둡지만 그나마 귀여운 동자들이 밝게 웃으며 다음 생을 기약하고 있다. 고려 불화의 지장보살은 흔히 두건을 쓴 모습으로 표현된다. 또한 저승의 강, 삼도천(三途川)을 건너는 용선접인도(龍船接引圖)는 뱃머리는 번(幡)을 든 인로왕보살(引路王菩薩), 선미는 육환장, 보주를 든 지장보살이 인도하며 상단은 이

---

318) 육환장(六環杖)은 고리가 여섯 개 달린 지팡이로 지옥, 아귀, 축생, 수라, 사람, 하늘 육도를 윤회하는 중생들을 구제한다는 뜻이다.

319) 시왕(十王)은 명부에서 망자의 죄업을 심판하는 왕으로 진광왕, 초강왕, 송제왕, 오관왕, 염라왕, 변성왕, 태산왕, 평등왕, 도시왕, 오도전륜왕이다. 지장은 로마 저승의 신 PLUTOAU, 그리스신화 HADES와 같다.

320) 망자를 위해 망자의 위패를 보관하고 음력 3. 3일, 9.9일 제사를 모신다.

321) 전생의 업이 모두 보이는 거울로 명경대라 부르기도 한다.

들을 맞이하기 위해 아미타불이 구름을 타고 영접하고 있다. 서양은 저승 뱃사공 카론이 인도하는 지옥 강(STYX)을 건너며 돌아올 때는 망각의 강(레테 강)으로 온다고 한다.

왼쪽부터 저승사자 명경대, 시왕과 동자, 반야용선

부도각을 돌면 작고 평범하고 순수한 세계가 펼쳐진다. 왕실과 상류층을 위한 불국사지만 이곳은 서로 다른 소망이 깃들어 있는 서민의 탑과 부처 세계가 펼쳐진다. 담장, 나무, 대문 할 것 없이 수많은 작은 탑들은 비록 기와 부스러기와 잡석으로 쌓아 볼품없어 보이지만 정성이야 어디 가겠는가? 석가탑, 다보탑을 쌓은 이의 공력에는 미치지 못하지만, 정성과 마음은 뜨거울 것이다. 신혼부부의 간절한 소망, 오랜만에 나들이 온 촌로의 자식, 손자에 대한 사랑이 구구절절 배어 있는 탑의 천국이다. 불국사 현세불 대웅전은 다른 불당에 비해 비교가 안 될 정도로 크다. 왕족들에게도 미래는 불확실했고 그저 현세의 삶이 영원히 이어지길 바라며 현세불과 법당을 성대하게 꾸몄다. 부러운 것 없이 만족스러운 삶을 사는 귀족, 왕족이 구태여 미래, 내세를 구할 필요가 있겠는가? 반면 그들을 위해 노역에 시달린 힘없는 서민들을 위한 극락전은 자그마하다. 경주박물관 황룡사 관에 보관된 초대형 치미에 절규하듯 일그러진 얼굴은 무엇을 표현하려고 한 것일까? 다듬지 않고 손가락으로 꾹꾹 누른 듯 비뚤어진 코, 처진 슬픈 눈 등 생생한 고통이 느껴지는 얼굴을 표현한 치미는 분명시대에 항거하고 자신의 운명에 오열하는 생생한 모습을 담고 있다. 어떤 예술보다 가슴에 와닿으며 인간적인 솔직하고 순수한 부조상이다. 와공 역시 피할 수 없는 부역으로 힘들게 살아가는 그들의 심경을 드러내놓지 못하고 보이지 않는 저 꼭대기 치미 귀퉁이에 숨겨 놓았을 것이다. 장인들 역시 지친 몸을 추스르며 그들 자신이 손수 만든 부처에 현세 기복과 미래 구원을 간절히 기원하며 예불을 드렸으리라!

왼쪽부터 나한전 뒤 돌탑들, 황룡사 치미의 장식조각

나한전, 아라한(阿羅漢, ARAHAN)

나한전(羅漢殿)[322]은 응진전(應眞殿)이라고도 하며 설법하는 석가모니불과 16나한을 모셨다. 나한은 석가의 제자들로 모든 사람의 부러움을 받을 만한 사람, 최고 경지에 도달해 윤회에서 벗어난 사람으로 더 이상 닦을 것이 없는 제자를 말한다. 주존 석가모니불을 중심으로 ㄷ자 모양 제단에 좌측부터 나한, 가섭, 부처, 아난, 나한 순으로 모신 것이 일반적이다. 실존 인물인 나한은 중국에서 도교와 결합해 신선처럼 묘사되거나 선종 조사가 나한으로 모셔지며 인간의 희로애락을 담은 나한들은 일반 백성들이 친근하고 쉽게 접근할 수 있어 나한 신앙이 유행했다. 보통 16나한, 오백나한을 말한다. 미륵 도장인 법주사 팔상전 5백 나한의 표정은 모두 다르다고 한다. 하지만 봉정사, 실상사 나한전이 가장 인상적이다. 스님

---

322) 석가모니를 중심으로 우측 빈도라바라다바자, 가나가바라타자, 나구라, 카리카, 지바카, 라후라, 안가다, 아지타, 좌측 가나가바차, 소빈다, 바다라, 바자라푸트라, 판타카, 나가세나, 바나바시, 수다판타카를 봉안했다.

의 일상생활이 곧 선이며 득도의 길이라는 것을 보여주는 자유 분망한 조각상으로 부처의 설법을 아랑곳하지 않고 바늘 꿰는 모습, 등 긁는 모습, 고개를 돌려 서로 얘기하며 웃는 모습, 조는 모습 등 우리의 애환을 적나라하게 표현해 질박하고 인간적이다. 나한 신앙은 당나라의 삼장법사 현장이 소개하며 7C 이후 중국에서 크게 성행했고 통일신라 말 선종이 들어오면서 나한 신앙이 본격적으로 성행한다.

왼쪽부터 불국사 나한전, 봉정사 나한전, 창령사 아라한

나한전을 나오면 초석만 남아 있는 전각 터가 세월의 허무함과 쓸쓸함을 보인다. 어떤 전각이었을까? 아마 신라시대 가장 유행하던 미륵전은 아닐까? 신라는 왕이 무당이었을 정도로 샤머니즘이 발달한 사회였으며 미륵(MAITREYA, **부록 34**)은 화랑(花郎)으로 아바타 될 수 있다고 믿었다. 석가모니가 미처 제도하지 못한 모든 중생구제를 위한 미래불이다. 신라는 끝없는 전쟁으로 백제와의 전쟁으로 평화로운 미륵 세계를 꿈꾸었고 백제 역시 미륵의 이상세계를 바라고 미륵사를 창건하며 미륵불을 선호했고 통일 후에는 서방정토를 염원하며 아미타 신앙이 유행했다. 조선 역시 관음, 아미, 미륵신앙이 유행했다. 또한 백제와 신라는 완벽한 예술의 경지를 이룬 부처, 미륵반가사유상을 창안했다. 단순한 삼산관을 쓰고 상체는 당당하며 늘씬한 높이 93.5cm 국보 83호의 흘러내린 발은 연꽃을 살포시 밟고 젖힌 발바닥과 뺨에 댄 2개 손가락, 새끼손가락은 미묘한 움직임을 상상하며 마치 살아 숨 쉬는 듯 부처에 자연스러운 생동감을 불어넣

었다. 화려한 장식과 보관에 태양과 달을 장식한 금동 일월식 반가사유상(국보 78호)는 유난히 높이 솟은 코와 달걀형, 여성적인 얼굴에 결가부좌(結跏趺坐)를 하고 있다. 국보 83호는 7C 사비시대 것으로 78호는 신라 것으로 추측한다. 미륵반가사유상은 6-7C 신라에 소개되었고 이러한 좌불상은 간다라 예술의 영향을 받은 것으로 추측된다. 또한 83호와 쌍둥이처럼 닮은 일본 국보 1호 미륵반가사유상이다. 한국산 적송으로 통나무를 파고들어 가는 조각 기법이 일본에서는 보기 힘든 것이며 『일본서기』에 632년 신라 사신이 가져온 불상을 고류지에 안치했다는 기록도 있기 때문이다. 이 불상은 603년 신라 도래인 하타 가문이 건립한 교토 광륭사(廣隆寺)에 있다. 미륵불을 모신 전각이 주불이면 미륵전, 부속 전각은 용화전(龍華殿)이라고 한다. 용화는 미륵불의 정토를 말한다.

왼쪽부터 일본 광륭사 반가상, 국보 83호, 국보 78호

극락전(아미타전)

아미전은 1750년 영조가 중건했다. 들어가는 16계단이 세 부분을 이루니 108번뇌 중 인간 48 소원을 담고 있다. 힌두교에서 시작된 108번뇌는 눈(眼識, 色), 귀(耳識, 소리, 聲), 코(鼻識, 냄새, 香), 혀(舌識, 맛, 美), 몸(身識, 감각, 觸), 의식(意識, 정신, 法)의 6근, 6경(境)으로 12, 선과 악, 중용의 마음으로 36, 과거, 현재, 미래로 108번뇌가 된다. 6근에서 비롯된 모든 행동을 업(CARMA)이라 한다. 하지만 법당과 회랑은 왠지 모르게 마음에 들지 않

는다. 극락전은 1925년 일제가 아무 역사적 고증도 없이 졸속으로 지어 엉성한 기단부, 살창, 석등이 조화롭지 못하다. 1970년대까지 아미전 좌우에 승방이 있었다고 한다. 돼지해에 돼지상이 발견되어 화제가 되기도 했다. 회랑 밖으로 나오면 벽면에 튀어나온 팔뚝 돌들이 보인다. 최근 학성에 의하면 이 돌들은 벽과 기둥에 전달되는 습기 차단과 건물 하중을 분산시켜 지진**(부록 35)**에 대비하는 역할을 했다고 한다. 『삼국사기』에 218건의 천문 관측과 424건 기상현상과 지진 피해가 기록되어 있으며 토우(土雨)[323]로 기록된 황사다.

절 구조와 건축에 대해 의문이 생기고 미진한 부분도 많지만, 하나 눈에 거슬리는 것이 있다. 바닥 돌들이 일직선으로 땅바닥에 깔려있지만, 회랑 바깥쪽 처마는 너무 짧다. 바닥 화강암 자체가 건물과 외부를 분리하며 부처 세계와 인간세계를 분명히 구분 지었을 것이다. 비 오는 날 처마에서 떨어진 빗물은 바닥 돌 안쪽으로 떨어지며 마사토가 패여 나간다. 최소한 바닥 돌 바깥쪽으로 빗물이 떨어지거나 돌 위로 떨어지게 해야 했을 것이다.

왼쪽부터 팔뚝 돌, 울력, 발을 드리운 선방

암자(SANTUARY)

범종 옆에 굳게 닫혀 있는 조그만 문은 스님 수도처다. 고즈넉한 분위기

323) 아달라왕 때부터 우토(雨土), 토우(土雨), 하진(下塵) 등으로 표현된 미세먼지다. 고려 역시 474년간 일어난 5천여 건 천문 현상을 기록했다. 16-19C까지 조선에서도 지진이 자주 일어났다고 기록되어 있다.

가 느껴진다. 끝없는 윤회에 의해 시루떡처럼 쌓인 업을 털기 위해 말 없는 묵상, 침묵 수행하는 스님이 신과 만나는 곳이다. 인간이 정한 세속 시간과 다른 시간이 존재하며 모든 것을 내려놓고 구원을 얻는 선방이다. 현생이란 단지 다음 생에 성불하기 위한 껍데기에 불과한 몸만을 가진다는 불교다. 막 하안거가 끝나고 만행에 나서는 스님이 보인다. 길거리에서 깨달음을 얻고 길거리 철학자가 되기 위한 만행이다. 하안거는 인도 수행자들이 우기를 피해 3개월간 모여 외출을 삼가고 수행한 것에서 유래했다. 하안거는 음력 4월 보름-7월 보름, 동안거는 음력 10월 보름-정월 대보름까지 각 100일을 말한다. 불교 하안거와 같은 가톨릭 피세정념(避世靜念, RETREAT)이다. 피정은 자기 성찰의 시간으로 잠시 일상에서 벗어나 묵상과 침묵, 기도 등 자기 수행을 하는 것을 말한다. 문 없는 절 방에서 수행하는 무문관(無文關)[324]수행이다.

울력과 오신채

마곡사 축대 밑으로 자그만 채소밭을 일구어 푸성귀를 심으며 스님의 가벼운 노동과 생명의 소중함을 말하며 선농일체(禪農一體)를 상징한다. 부석사 입구에서는 매년 가을이면 동네 온 주민과 스님이 모여 배나 사과를 따며 신성한 노동의 즐거움을 신자들과 함께 누렸으리라! 운문사 입구 큰 텃밭에서 김장을 준비하는 스님과 보살이 땀을 흘리며 배추와 무를 캐며 한겨울 식량을 준비하고 김해의 이름 없는 절 요사채에 걸어놓은 시래기는 참 인상적이었다. 여름은 상추쌈이요 겨울은 청국장에 시래기라는 말이 생각나며 스님의 소박한 밥상을 연상시킨다. 불교 전통적 수행 방법으로 더 나아가 일일불작 일일불식, 하루를 노동하지 않으면 하루를 먹지 않고 자신이 쓸 양식과 물건은 자신이 준비한다는 생활철학이다. 오신채

324) 무문관 밥 구멍은 매일 단 한 번 11시에 열리며 전할 말은 메모지로 통한다.

란 파, 마늘, 부추, 달래, 무릇은 피와 장을 뜨겁게 하는 체력 보강 식품으로 스님들이 멀리하는 채소다. 또한 맛을 쫓는 현대인의 입맛을 욕심이라 하며 수행, 정진에 필요한 만큼만 얻는 소식(笑食, 小食, 蔬食)이 사찰음식이며 탐욕을 버리고 중도를 찾는 공양이다. 고행과 수도를 위한 소박하고 재료 본연의 질감을 살린 투박하고 거친 음식이다.

그밖의 전각들

조선의 억불정책으로 강당, 강학이 중요하지 않은 작은 선종 사찰만 살아남았다. 그러나 임란 후 승병으로 인해 임란 때 소실된 왕실 원찰과 삼보사찰을 중심으로 17C 초부터 많은 사찰이 크게 복원되기 시작한다. 17C 이후 또한 민간신앙과 습합해 많은 삼신각, 삼성각, 지장전 등 부속 전각이 생기기 시작한다.

팔상전이란 석가모니 생애의 중요한 일대기를 여덟 장면으로 나타낸 팔변상도를 모신 전각이다. 마야 부인에게 부처님의 수태를 처음 알리는 3쌍의 상아와 작은 귀를 가진 인도코끼리의 특성이 잘 표현된 도솔래의상(兜率來義相)-비람강생(毘藍降生相)상-사문유관상(四門遊觀相)-출가유성상 왼쪽에 비사천문이 갑옷을 입고 어둠을 밝히는 화살을 들고 석가의 수행 길을 인도하는 모습이고 숄 모양의 천을 두르고 있는 여인상은 그리스, 로마의 밤의 여신과 일치한다. 말은 금방이라도 성문을 박차고 튀어나와 하늘을 날 것 같고, 석가의 모습은 그리스 태양신의 표현에서 유래된 유성출가상(逾城出家相)-설산수도상(雪山修道相)-수하항마상(樹下降魔相)-녹원전법상(鹿苑轉法相)-쌍림열반상(雙林涅槃相)이다. 현 최고(最古) 유일한 목탑으로 남아있는 법주사 팔상전(八相殿, 국보 55)과 통도사 용화전(보물 1041호) 팔상도가 가장 고풍스럽다.

왼쪽부터 교토 법륭사 5층 탑, 법주사 팔상전

유리보전은 시무외 수인과 약함을 가지고 동방 유리광정토(東方藥師琉璃光淨土)를 다스리는 약사여래와 협시불로 머리에 해를 장식한 일광보살과 달을 장식한 월광보살을 모신다. 백률사 약사여래상(국보 28호)이 유명하다. 신라 초 조성된 약사불은 대부분 소형 금동불로 귀족 중심 약사 신앙이었다. 수세기에 걸쳐 이어온 삼국 전쟁과 특히 6-8C 동아시아를 휩쓴 천연두가 창궐[325)]해 7C 말-9C 초까지 약사불이 전국적으로 유행했다. 죽음과 질병은 분노한 신이 인간에 내리는 징벌이라 믿었고 구하는 것도 부처의 몫이었다. 처용에서 보듯이 병은 역신이 들어오는 것이었다.

왼쪽부터 영산제, 청량사 유리보전, 독성

영산(靈山)전은 석가가 영축산에 모인 제자를 위해 법화경을 설법한 영산회 장면을 묘사한 불화를 모신 전각이다. 영산제란 부처의 설법을 재현한

325) 천연두(天然痘)는 두창(痘瘡) 혹은 마마(smallpox)라고 불리며 30% 사망률이다. 7-8C 동북아를 휩쓸며 선덕여왕도 앓는 등 크게 유행했다.

불교 의식으로 음악, 미술, 무용이 결합한 종합예술로 서울 신촌 봉원사, 선암사가 유명하다. 주로 부처의 일생을 그린 팔상도가 봉안된다.

독성(獨聖)각의 하얀 눈썹을 한 도인 모습의 나반존자(那般尊者, 빈두로 존자)[326]는 12 인연을 홀로 깨우쳐 독성으로 불린다. 그는 인간에게 신통력을 보인 죄로 부처 세계에서 추방되어 동방으로 가 포교했다고 한다. 신통력이 뛰어나 인간의 한 가지 소원은 이루어진다고 한다. 미륵불이 출현할 때까지 중생을 제도하기 위해 천태산에서 수행해 천태각(天台閣)이라고도 한다.

북두칠성을 모신 도교의 칠성각(七星閣)은 기자(祈子)신앙과 현실적 기복을 기원하며 절마다 칠성도가 유행했다. 칠성 여래는 대부분이 불화다. 치성광여래는 흰 소가 끄는 마차 위 연화대에 앉아있는데 이는 태양이 두 마리 흰 소가 끄는 마차를 타고 우주를 1회 돌면 1년이 된다고 믿는 힌두교에서 유래했다. 별의 군주로 인간수명, 재앙을 주관하는 치성광여래(TEJAPRABHA, 북극성)를 주불로 손에는 홀을 쥐고 관복과 관모를 쓴 일곱, 북두칠성을 의인화한 칠원성군이다. 주로 해를 상징하는 일광보살, 달을 상징하는 월광보살, 다섯 인물은 화, 수, 금, 목, 토를 상징하기도 한다. 좌우로는 칠성여래, 붉은 관복을 입은 칠원성군은 탐랑성군, 거문성군, 녹존성군, 문곡성군, 염정성군, 무곡성군, 파군성군이다. 파성군은 길흉화복과 부귀영화를 관장하는 신으로 상달고사 때 돼지머리를 놓고 소원을 빌었고 전장에 나가서 지휘자 깃발에 북두칠성을 그려 적을 물리친다는 의미를 포함한다. 정수리가 뾰족한 태상노군, 삼채유성, 별이 그려진 관을 쓴 28수 등이 있다. 당송, 원대에 매우 성했다. 또한 죽어 관 밑에 북두칠성을 뚫은 칠성판이다. 돌아가셨다란 말은 이 칠성으로 돌아갔음을 의미한다. 이처럼 우리 삶과 깊은 관계가 있는 북두칠성이다. 하늘

326) 존자(尊者)는 존경받는 사람이란 뜻이다.

숭배 사상, 일월성신이 기본으로 죄지으면, 하늘이 벌한다고 믿어 하늘에 빌며 기댔다. 태양, 별, 달은 인류의 가장 원시 신앙 대상이며 상상력의 원천이다. 밤하늘 별을 바라보며 무한한 상상의 날개를 펴고 자신의 소원을 기원하며 갖가지 신화와 전설이 탄생했다. 한 나라의 정체성을 상징하는 국기 문양 역시 태양과 달, 별이 많이 있다. 고구려 고분벽화 천상도와 북두칠성 역시 내세의 새로운 탄생과 시작을 상징한다. 별자리가 운명을 결정한다는 조로아스터교를 받아들인 힌두교, 불교다.

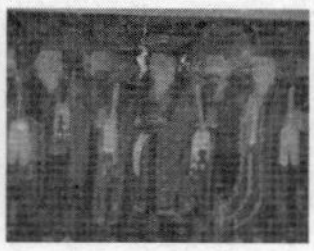

왼쪽부터 북두칠성, 칠성각 북두칠성신, 산신각

원시 정령신앙에서 출발한 산신각은 보통 한적하게 떨어진 높은 곳에 배치하며 전통적 산신과 불교의 관계를 보여준다. 불교는 토속신앙을 받아들이며 제일 먼저 산신각, 칠성각을 조성하고 이는 불교 토착화에 지대한 영향을 주었다. 긴 눈썹이 휘날리며 하얀 깃털 부채, 불로초를 든 산신할아버지와 소나무, 호랑이로 장식한 산신각 탱화다. 불로초를 들고 있는 할머니 산신 탱화도 있다. 절의 수호신인 호랑이는 영물로 여겨 해학적이며 익살스럽고 신격화된 산군으로 표현되며 산신령의 메신저 또는 산신과 동일시되기도 한다. 문수보살이 중생들에게 지혜를 전할 때 주로 호랑이가 등장하며 민간에서는 벽사로 호랑이 그림을 대문에 걸었다. 19C 조선을 여행하며 기행문을 쓴 외국인들은 조선에서는 6개월 사람이 호랑이 사냥을 하고 나머지 6개월은 호랑이가 사람사냥을 한다고 할 만큼 호랑이가 극성을 피웠다고 기록했다. 19C 서구 부유층의 귀족적, 마초적 남성의 용맹을 상징하며 코끼리, 사자, 호랑이 등 트로피(TROPHY) 맹수 사냥이 전 세계적으로 유행하며 많은 일본인 포수들이 호랑이를 사냥했다. 일제를 과시하려고 호랑이 특별 사냥부대까지 만들며 호랑이를 싹쓸이 했다. 나라를 잃자 치욕스런 것은 사람뿐이 아니었다. 먹이사슬의 정점인 호랑이가 없어지자 산돼지가 극성을 부리는 세상이 됐다. 산신, 칠성, 용왕은 3대 고유 토착 신앙이다.

삼성각(三聖各)은 독성, 산신, 칠성을 모신 전각을 말한다. 삼성신앙(三聖信仰)이 조선 중기 이후 성립되었다. 토속적인 불교 하위 신을 모셔 각(閣)이라 한다. 부산 범어사는 나한전, 독성전, 팔상전은 세 법당이 한 지붕 아래 건축된 특이한 형태이며 홍예목과 기둥 사이에 동자승이 인상적이다. 대부분이 사찰의 한적한 구석에 자리 잡고 있으며, 한두 칸 정도 소박하고 아담한 전각이다.

국사단(局司壇), 가람각(伽藍各)은 토지, 호법신을 모신 전각으로 사찰 입구에 있다. 천왕문을 들어선 담장 안쪽에 자리한 통도사 가람각이며 해인사 국사단이다. 전각은 봉안된 존상의 명호나 별칭을 따르며 위계로 따진다면 전각당 순이다. 불교의 토착화 과정을 보여주는 칠성각, 삼성각 등 도교, 토착 민속신앙이 불교와 습합된 우리네 절이다.

제7편 자기(瓷器) 탄생, 발전

실크는 로마 카이사르 시대부터 유럽에 많은 영향을 준 중국의 가장 큰 수출품으로 당나라 수도 시안을 온통 화려한 등으로 장식하고, 황실과 귀족이 사치를 누린 원동력이었다. 중국 왕녀 신화[327]에서 숨겨 갔다고 한다. BC 1C 로마에 전해진 실크는 화려하고 사치스러운 황제들이 비단을 걸치고 콜로세움에 나타나면 실크는 시장에서 사라졌다. 여인들은 신비스럽고 몸을 감싸는 비단의 감미로운 촉감에 열광했고 황제들은 사민들에게 실크를 금지하기도 했다. 아우렐리우스 황제는 황후와 애첩들에게도 비단옷을 금지할 정도였다. AD 2C 로마의 산업과 교역은 어느 때보다 흥성했고 사회는 풍요로웠다. 비단은 나일강 변 이집트 알 할리 시장에서 서쪽 영국 브리타니아의 홍등가까지 로마제국을 뒤덮었다. 몇 달의 여정을 거쳐 바그다드, 비잔티움, 베네치아, 로마 궁성에 도착하면 비단 1파운드와 같은 무게의 금 5-6파운드와 맞교환해 제국의 금이 고갈될 정도였다. 로마 전성기 때 국가 지출의 삼분의 일이 실크 때문이었다고 한다. 어떤 역사학자는 이로 인해 로마가 멸망했다고 하니 아마 직접적인 원인은 아닐지라도 상당한 영향을 미쳤을 것이다.

1C 동한 시대 도기(陶器)를 굽던 중 나무 재가 태토의 장석, 석회와 접착해 완벽한 방수가 된 것을 우연히 발견하며 자기(磁器)가 탄생했다. 도기는 유약(**부록 1**)을 쓰지 않고 1,000℃ 이하에서 한 번 구운 원시 토기로 내구성이 약해 잘 깨진다. 오랜 세월 풍화작용으로 생성된 화강암인 백강석, 고령토를 빻아 채로 거른 고운 흙을 사용해 점성이 높고 내구성이 좋은 자기가 3C 본격적으로 생산된다. 유약은 천연잿물(재+물)로 자기 표면에 얇은 유리질 막을 씌워 표면이 매끄럽고 반투명한 코팅이 되는 방부제다. 이러한 청자는 청동제기의 모양과 옥(**부록 2**)의 색깔을 모방한 손

327) 시집가는 왕녀가 머릿속에 누에를 숨겨 갔다고 한다.

으로 빚은 인조(人造) 보석[328]이었다. 옥은 예의, 충성, 부귀, 장수의 상징으로 영원불멸의 보물로 황제, 귀족 전유물로 허리에 차는 패옥(佩玉)으로 늘 패용했고 형태와 용도에 따라 시신, 묘를 장식하며 권력을 의미했다. 둥근 옥벽(玉璧)을 만들어 하늘과 태양을 숭배했고 방형 옥종(玉琮)을 만들어 땅에 제사를 지냈다. 황제의 장례는 인체의 모든 구멍을 막는 새옥(塞玉)[329]부터 가슴에 얹는 원반 옥벽(屋壁) 등 금실로 짠 금루옥의(金縷玉衣)로 장식한 수의를 입혔다. 옥과 고대 전통 상징인 청동제기는 원료가 부족하고 제작도 힘들어 자기로 빠르게 대체되며 옥, 청동제기는 빠르게 사라지기 시작한다.

왼쪽부터 가슴 새옥(塞玉),장옥(葬玉), 청동 제기들, 자기 제기들

도공들은 좋은 태토(胎土, 바탕 흙), 열량이 풍부한 숯, 투명하고 매끄러운 유약을 연구해 마침내 1,300℃ 이상 열을 내는 터널형 고화도 오름가마(등요, 登窯, **부록 3**)도 고안했다. 등요는 폭 2-3m, 길이 20-30m, 경사 15도 정도 경사진 아담한 구릉에 자리 잡고 가마 안쪽으로 갈수록 좁아져 불을 빨아들이는 굴뚝 역할을 하고 불과 압력이 강해 단열효과가 뛰어나다. 안쪽부터 큰 자기를 쌓고 가마 입구와 창을 완전히 막고 불을 가두어

---

328) 17C부터 유럽에서 1kg 청화백자는 금 1kg과 맞거래되며, 하얀 금으로 불렸다.

329) 낙랑 고분에서도 장례용 玉 세트가 나왔다. 신선과 불로장수의 비법을 서술한 도교 책, 포박자(抱朴子)에 따르면 시신의 눈(2), 귀(2), 코(2), 입(1), 음양(2)에 넣어 시신의 부패를 방지했다. 선사 무덤에서 흔한 토기, 석기 등 부장품은 한 점도 없이 단지 옥으로만 장식하기도 했다.

높은 온도를 유지했다. 가마 칸마다 온도를 일정하게 유지하는 것이 자기의 생명으로, 불의 조화로 탄생해 불의 미학[330]이라 불린다.

온도가 높으면 무늬, 색깔이 변하거나 날아가 버리고 낮으면 무늬가 번진다. 반죽한 후 물레에서 성형, 건조해 문양을 넣고 건조한 후 800-1,000℃에서 서서히 불을 때 태토는 강도가 좋아지며 시유(施釉)하기 좋다. 초벌구이[331] 후 철화, 청화 문양을 새기고 유약을 바른 후 먼지와 파손을 방지하고 가마에서 자기가 엉겨 붙은 것을 방지하기 위해 갑발(匣鉢)[332]에 넣어 1,300℃에서 2-3일 2차 재벌한다. 공기 중 산소의 비율에 따라 비색 청자[333]의 독특한 맛을 낸다. 흙, 땔감, 유약이 발전하고 도공의 미적인 감각이 더해지며 저장성 용천요(龍泉)[334], 월주요, 후베이성 자주요, 강소성 길주요, 경덕진요, 감주요 등 가마가 탄생한다. 토기가 시작된 이집트, 바빌론, 인도는 좋은 태토와 열량이 높은 땔감을 구하기 힘들고 1,000℃ 저화도 가마는 산소가 유입되어 좋은 자기를 생산할 수 없다.

---

330) 같은 흙, 유약을 써도 불에 따라 색이 다양하게 나타난다. 5층 가마 1층은 대체로 푸른빛, 2층은 약한 비파 색, 3층은 노란색 다완이 나왔다. 평평한 곳에 만든 평요(平窯)다.

331) 초벌구이한 도기는 문양을 그리거나 유약을 입힐 때 고르게 흡착되고 그릇의 변형을 막아 준다. 유약은 800-850℃의 열을 받으면, 유리질화되어 표면에 피막이 형성되기 시작한다. 온도가 급격히 오르면 표면이 단단해져 유약의 흡착이 어렵다.

332) 갑발(匣鉢)은 도자기 구울 때 도자기를 담는 원통형 그릇으로 일정한 온도를 유지할 뿐 아니라 이물질, 티를 제거해 더 깊은 청색이 나와 주로 고급자기에 쓰였다.

333) 월주요의 청자 색깔을 신비롭게 여기며 비색(秘色)이라 불렀다. 1123년 서긍은 고려인은 청자의 맑은 벽옥색을 고려인들은 비색(翡色)으로 부른다고 기록했다. 철분의 함량이 낮은 비취색, 높은 짙은 녹색이다. 비색은 3% 철분이 함유된 태토와 산소의 화학적 반응에서 나온다.

334) 용천요는 청자 CELADON이 탄생한 곳이며 백자는 PORCELAIN이라 한다.

왼쪽부터 오름 가마, 저화도 가마, 7C 상주 반지하 가마

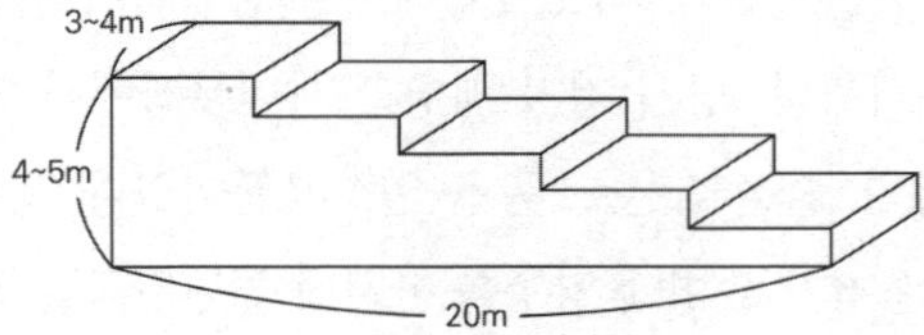

5단 오름가마 모형도

7C 중엽부터 이러한 자기는 장강과 황하 일대 항구와 중국 최대 무역항 영파(寧波, 닝보, 명주)를 중심으로 한반도, 동남아, 인도, 아라비아, 이집트까지 수출하는 세라믹 로드였다. 특히 사치스럽고 화려한 元, 明 자기는 유럽, 아랍으로 대량 수출되며 중국 경제뿐 아니라 자기의 형식, 문양에 절대적인 영향을 끼쳤다. 자기를 해로로 운반하면 볏짚과 볍씨 등으로 포장해 충격을 흡수하는 완충재로 사용하고 육로일 경우 진흙으로 완전히 밀봉해 서로 부딪쳐 깨어지는 것을 방지했다. 몇 년 전 홍콩 앞 바다에서 13C 남송(1129-1279) 때 인도로 향하던 길이 30m, 폭 10m 보물선(남해 1호)에서 수천 점 청자와 주문 제작한 아랍풍자기를 발견했다. 중국은 인도, 아랍, 아프리카를 연결한 바다 비단길(SPICY ROUTE), 바다 병마용이라 부르며 떠들썩했다. 남동 중국해에는 명, 청, 아랍, 네덜란드, 영국, 스페인 등 2천여 척이 넘는 난파선[335]이 있을 것으로 추정된다. 우리

335) 만력제(재위 1572-1629) 때 자바, 중국을 왕래하던 난아오(南澳) 1호, 보물선을 발굴하며 자기, 목기, 유리, 약 자재 등 엄청난 보물이 나왔다.

서해 역시 많은 유물이 발굴되는 보물창고, 난파선의 공동묘지[336]다. 개펄이 유물을 코팅해 마치 갓 구운 듯한 생생한 자기가 발견된다. 우리나라에서도 1975년 신안선**(부록 4)**을 시작으로 주꾸미 청자로 유명한 대섬 고려청자 보물선, 마도 1, 2호, 원형에 가깝게 발견된 3호, 조선시대 조운선, 마도 4호가 발견됐다. 마도 2호에서는 참기름과 꿀을 담은 국보급 청자 매병[337]이 나왔다. 당시 청자 매병은 사대부집에서 단순히 간장, 고추장, 꿀, 참기름병, 술을 담는 그릇 등 일상용품이었다. 왕과 상류층은 천 마리 학을 수놓은 청자 술병에 명주를 마시며 천년왕국을 꿈꾸었으리라!

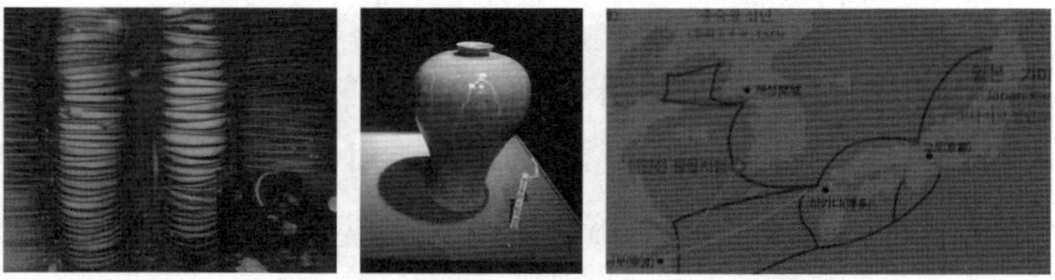

왼쪽부터 자기 선적, 목간과 청자 매병, 신안선 경로

한편 5-6C부터 한반도에 유입되기 시작된 자기는 백제, 가야, 신라 왕실, 귀족들에게 명품 자기**(부록 5)**가 선풍적인 인기를 끌었다. 828년 흥덕왕 때 김대렴이 절강성 천태산에서 차 종자를 수입해 지리산에서 선사들이 처음으로 재배했고 최치원은 부모님에게 차를 보낼 정도로 신라 상류층과 화랑들의 정신세계를 강조하며 차[338]와 자기가 크게 유행했

---

336) 마도(태안 안흥량) 해역은 조선왕조실록에 1392-1455년 사이 200척이 침몰했다고 기록된 배 무덤이라 불리던 곳이다. 한 해 세곡선의 30%가 사고를 당하기도 했다.

337) 매병은 원래 뚜껑이 있다.

338) 차와 뗄 수 없는 불가분의 관계 찻잔이다. 무덤에서 가장 많이 발굴되는 찻잔으로 고려자기의 50%가 찻잔이다. 선사들은 절을 건립하면 반드시 차나무를

다. 7C 중반부터 시험적으로 기와와 전돌에 유약을 입혀 비교적 낮은 온도 1,100℃로 재벌한 녹유(綠釉) 기와, 녹유 벽돌, 녹유 골호 등 녹색, 갈색 연유(緣釉)를 씌운 시유(試釉)자기가 시험적으로 생산된다. 장보고(?-851)가 저장성 월주요(越州窯, **부록 6**)를 대량 수입하고 청해진(완도 장좌리 장도)[339]에서 본격적으로 월주요 청자를 흉내 내기 시작하며 최초 청자가 탄생한다. 10C 중반부터 남해안 일대에서 본격적인 청자를 제작하며 고려로 넘어간다.

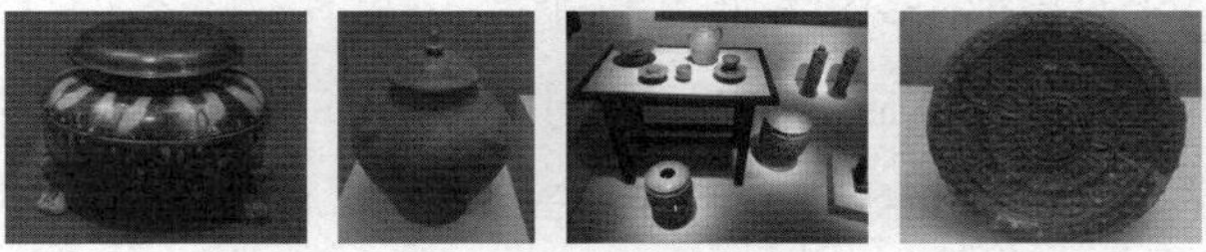

왼족부터 조양동 당삼채 골호, 녹유 골호, 고려 다방, 청자기와

강진과 부안은 물, 땔감, 고령토, 규석 등 좋은 흙이 풍부할 뿐 아니라 해운이 편리해 중국의 자기 기술을 받아들이기 쉬워 전국 400여 가마 중 200개가 있는 청자 성지로 거듭났다. 이 두 곳에서 전체 자기 생산량의 80%를 생산했다. 법성포와 영산포(**부록 7**)는 소금, 옹기, 젓갈, 세곡, 지방특산물이 사계절 성시를 이루며 광주, 나주, 목포 주변 평야와 1,500개 섬과 개성[340]으로 이어지는 교통 요지였다. 강진에서 개성까지 순풍을

심어 아직도 절에는 많은 차나무가 내려온다. 중국은 석회질 물과 황토물로 인해 끓여도 냄새가 나 선사 시대부터 차가 발달했다. 유럽 역시 석회암이 주성분으로 샘과 우물이 좋지 않아 로마시대부터 알코올 0.75% 스몰비어라 불리는 맥주를 마시거나 물을 섞은 와인을 마셨다.

339) 군, 산업, 상업의 특구인 청해진은 851년 문성왕 때 폐지되었다.

340) 조선은 매년 200만 석 호남 세곡선과 진상품을 실은 배가 개성과 한양을 왕래했고 1900년까지 年 15,000척에 이르렀다. 한국전 때 평안도-황해도 사람들이 뱃길을 이용해 월남했고 1960년대까지 이용했다.

만나면 일주일이면 도착하였으나 육로는 몇 달씩 걸리는 힘들고 험한 길이었다. 5월-10월 중순 남에서 북으로 흐르는 해류와 해풍으로 영산포-신안 압해도-부안 격포-고군산 열도-태안 안면도-강화-개성, 남해안은 사천 늑도-부산-큐슈-나가사키 등 일본과 연결되고 흑산도를 거쳐 중국까지 이어지는 국제교통로였다, 어느 시대든 대규모 화물은 해로[341]였고 바다는 고속도로였다. 바다를 장악하는 것은 부[342]를 의미했다. 고려 인구 6백만, 개성은 인구 70만 국제도시로 한강, 임진강, 예성강이 합쳐지고 중국과 무역하기에 편리한 천혜의 국제 항구였다. 해상호족이 세운 고려는 엄격한 신분제 사회였지만 포용성[343], 개방적인 다양성으로 어느 나라보다도 활발한 국제 교류가 이루어졌다. 해상교통과 무역을 중시해 조운 제도를 새로이 정비했고 개성 상인들은 여진, 金, 일본은 물론 동남아시아까지 진출했다. 귀화인이 17만(8.5%)으로 개성에만 최소한 아라비아 상인 1-2천 명이 거주하는 집단촌이 있었고 이들에게도 성과 관직을 하사했다. 또한 보의 설치, 이앙법[344] 등 비약적인 농업기술 발전으로 부를 이룬 장원과 귀족 사대부가 탄생한다.

외국 상단이 도착하면 순식간에 임시천막(KIOSK)이 세워지고 큰 시장이 열려 밤낮없이 온갖 인종과 언어가 난무했다. 털모자, 부츠를 신고 검은

---

341) 오늘날 80% 화물은 바닷길이다. 16C 식민지 버지니아를 건설한 영국의 월터 롤리는 바다를 제패한 자, 세계를 지배한다고 주장했다.

342) 고려는 이슬람 천문, 역산, 의학과 중국 인쇄, 화약, 도량형을 과감히 도입했고 불교, 도교, 유교, 산신 및 조상 숭배 등 다양성이 존중된 다원사회였다. 12C 초 宋 사신 서긍은 닝보에서 출발해 38일 만에 개경에 도착해, 한 달 정도 머무르며 경험한 일들을 글과 그림으로 기록한 고려도경을 남겼다. 고려왕 역시 황제의 황색 옷을 입었다고 기록했다. 13C 개경이 10만 호, 인구가 50만 정도로 유럽에서 가장 컸던 피렌체 인구가 10만 정도였다.

343) 고려 거울 황비창천(煌丕昌天)은 험한 바다를 배 한 척이 거침없이 새로운 세계로 나가고 있는 진취적인 해상인 고려인의 모습을 조영했다.

344) 고려 공민왕 때 모를 키워 옮겨 심는 이앙법이 처음 도입되었다.

담비 가죽으로 치장한 만주 모피 사냥꾼, 곱슬머리, 높은 코, 깊은 눈을 가진 아랍 대상, 페르시아 상인, 맨발 남방인, 일본인들이 상품을 거래했다. 산더미처럼 쌓인 물건과 상가 사이로 갖가지 과일과 차로 갈증을 풀고 막 잡아 올린 생선을 파는 좌판이 뒤섞인 떠들썩한 시장이었다. 융단, 생강, 후추, 계피, 용연향 등 향신료**(부록 8)**와 진주. 에메랄드, 코끼리 상아로 인삼, 고려자기, 화문석, 합죽선, 약재, 차, 비단, 종이로 교환했다. 10C 문양이 없는 순청자시대, 11-12C 음양각 청자 시대를 거쳐 12C 말 태토에 이질적인 흙을 접합하는 혁신적인 기술과 탁월한 예술혼으로 섬세한 빙열(균열)을 이루는 독창적인 상감(象嵌), 입사(入絲, **부록 9**)한 비색 상감 청자가 탄생했다. 이질적인 금속, 나무의 어우러짐이 상감의 핵심이다. 상감은 다채로운 색감 표현이 가능해 더욱 세련되며 한층 더 발전된다. 열을 오래 저장할 수 있고 자기끼리 부딪치는 것을 방지하기 위해 5칸[345] 가마도 고안했다. 부드러운 여성적인 곡선미, 세심하고 서정적인 그림이 어우러져 중국조차 극찬[346]하며 다투어 수입했다. 또한 도공들은 뛰어난 조형감각으로 신라 토기, 토용같이 갖가지 모양 상형 청자를 만들었다. 의례나 의식, 생활용품, 감상용 식기, 연적, 벼루, 붓꽂이, 도장, 문방 용품, 다구(茶具), 술병, 술잔, 청자 피리, 장구, 청자 변기까지 만들었다. 차 문화의 절정기 때 고려는 차의 나라**(부록 10)**라고 해도 과언이 아닐 만큼 차와 불교가 유행했다. 연등회[347]에서 부처님의 공양물뿐 아니라

---

345) 부안 유천리 가마에서 온도가 가장 낮은 배기구 옆에 초벌 전용 칸이 있는 고려청자 가마 2기를 발견했다.

346) 南宋 시대 태평 노인의 수중금(袖中錦, 소매에 넣고 다니는 책)에 고려 비색 청자, 建州 차, 蜀의 비단, 절강(浙江)의 칠, 河北 정요(定窯) 백자를 천하제일 명품으로 꼽았다.

347) 6C 신라부터 시작된 연등회는 진흥왕 12년, 551년 봄 경주 황룡사에서 열렸고, 겨울에 열리는 팔관회와 함께 가장 큰 2대 국가적 행사였다. 불교 행사지만, 고려는 토속신에게 제사를 지내는 무속적 성격이 더해진다. 2012년 국가무형문화재 제122호로 지정되었다.

다례가 정례화되었고 왕이 신하에게 선물로 하사하고 사찰과 왕실을 중심으로 관리와 외국 사신들에게 차를 접대하는 다방(茶房)을 운영했다. 화려하고 사치스러운 청자 원형 의자까지 있는 일반인들의 다점(茶店)이 성행했다.

왼쪽부터 청동 향로, 청동접시, 상감 청자, 나전 칠기

고려가 정치적으로 안정된 11C 후반 상감 청자는 대량 생산되며 청자의 학 무늬는 매우 역동적이고 생생한 모습으로 절정에 이르지만 12C 말 무신 난과 13C 몽골 침입 등 정치적 혼란으로 나무에서 쉬고 있는 학이 자주 등장하는 등 청자도 급격한 쇠퇴기를 맞이한다. 도공, 화공 등 예술가 역시 세월의 부침을 민감하게 느끼며 긴장감과 예리한 감각을 잃는 모양이다. 왕조가 쇠퇴하면 문화 역시 창의성이 떨어지고 창의력 없이 기존 기술만 되풀이하는 등 쇠락한다. 김유신 묘의 사실적 생동감으로 기운찬 십이지신상과 무열왕릉의 머리를 곧추세운 웅건한 기상을 느낄 수 있는 거북, 거침없이 용틀임하는 역동적인 용 조각은 통일에 대한 당시의 강렬한 진취적 기상을 보여 주지만, 쇠퇴기 괘릉의 얕은 십이지신상과 생기를 잃은 거북들은 단순히 박제화된 장식품이 되는 것과 같다. 경주박물관 현관에 전시된 8C 절정기에 제작된 것으로 보이는 원숭이 상은 높이 치켜든 턱, 야무진 입과 당당한 몸체에서 내뿜는 힘찬 기운으로 보는 이를 압도하며 무솔리니 턱을 연상시킨다. 왕의 무덤을 장식하던 12지신 상 중

하나일 것이다.

왼쪽부터 원숭이상, 무열왕릉비 용과 거북

한편 몽골의 침입으로 수도를 항주로 옮긴 남송(南宋, 960-1279)은 농사법의 개량과 경제의 발달로 인구는 1억 4천만까지 늘고 서민들까지 차 마시는 습관이 보편화되며 찻집이 유행하며 자기 수요를 더욱 확산시켰다. 이에 도공들은 자기의 분업화, 전문화를 이루며 대량 생산 체제를 갖춘다. 하지만 宋은 만주와 서방으로 가는 유일한 통로였던 영주(靈州, 요령성 조양)와 압록강까지 金(거란)에 막혀 고려와 외교**(부록 11)**에 적극적으로 매달렸다. 비단, 자기 수출이 모두 바닷길밖에 없어 해로와 선박이 절실해 강력한 수군을 재건하고 조선술과 해상 무역로를 발전시키며 대형선박을 건조하기 시작한다. 1078년 신종은 길이 100여 m에 이르는 거대한 무역선(神舟, **부록 12**)을 건조하며 해상무역을 선도하지만, 송은 곧 몽골에 멸망한다. 몽골은 대지를 어머니의 순결한 흰 젖에 비유하며 흰색 게르에서 생활하고, 백마를 신에게 바치며 흰색을 숭배한 몽골 문화로 인해 청자는 점차 쇠락하며 백자[348] 시대가 도래한다.

---

348) 唐 때 형요에서 백자가 출현했다. 고려 백자는 상아색이며 조선백자는 우윳빛이나 한겨울 눈 같은 흰색이다.

일본 차

9C 초 당 구법승인 최징(最澄)이 저동 차나무와 차를 사가(慈賀)현 비예산에 심으며 일본에 차가 전래되었다. 이후 14C 다이묘 등 상류층과 승려에게 다도가 급속히 유행하며 고려와 조선 막사발이 다완으로 선풍적인 인기를 끈다. 고려 막사발(고려 다완)은 그저 손[349] 가는 대로 일일이 손으로 만들어 똑같은 찻잔은 없고 마치 만들다 만 것같이 소박하고 모자란 듯하다. 이런 멋이 자연스러움과 독창적인 개성을 중요하게 여기며 소박한 멋을 즐기는 일식 다도와 다인의 취향에 어울려 가마쿠라(1192-1333), 무로마치(1336-1573)막부를 거치며 최고급 찻잔이 된다.

다다미(180×90cm) 몇 장 깔고 단순히 족자와 생화 꽃꽂이로 장식하고 휴식할 수 있는 작은 다실과 예의범절을 가진 다도, 정자 문화가 유행했다. 연속적인 긴장 속에 사무라이와 다인의 분위기와 잘 어울렸다. 최초 다실(茶室)인 동인제는 다다미 4장 반으로 무로마치막부 8대 장군 아시카가 요시마사가 죽은 뒤 정원을 절로 개조하며 다실의 표준이 됐다. 도요토미 히데요시의 차 스승이며 다성(茶聖)으로 불린 센 리큐(千利休, 1522-1591)는 1582년 검을 차고는 서서 들어갈 수 없고 기어들어 가야 할 정도로 작고 낮은 문(높이, 폭 60-70cm)[350]을 가진 1칸 다실을 조성하고 다도 정신으로 화(和), 경(敬, 존중), 청(淸, 청결), 적(寂, 고요)을 차의 철학으로 주창했다. 하지만 차를 가르쳐 준 조선 여인과 사랑에 빠진 센 리큐는 차를 전해준 조선 침략을 반대하다 도요토미에게 사사(賜死) 당한다.

중국 청화백자

唐 때 장강 이북은 주로 청자, 이남은 백자를 생산한 북청남백(北淸南

---

349) 신라 토용에서부터 내려온 손기술이다.

350) 닌자 때문에 큰 다실을 만들기 어려웠다.

白)이었으나 원 이후 백자가 주류를 이룬다. 唐 말 강서성 경덕진요(景德鎭, JINGDEZHEN KLIN)를 宋 진종 황제가 황실 어요로 지정하고 경덕을 새기며 유명해졌다. 경덕진 고령산의 고령토는 뼈대를 이루는 석영(LIMESTONE), 살을 이루는 점토(KAOLI)[351], 접착제인 장석(FELSITE)이 골고루 잘 섞여 점성과 일정한 형태를 유지하는 가소성(可塑性)이 뛰어난 최고 백자 원료였다. 경덕진요는 고령토로 백자의 새로운 기원을 이루고 사람 키만 한 대형자기를 생산하며 元으로 이어진다. 아랍으로부터 전해진 청금석(靑金石, LAPIS LAZULI, 코발트, **부록 13**) 안료는 1,300℃에서도 녹지 않고 더욱 신비스러운 푸른색을 낸다. 금보다 비싼 물감 청금석은 아프가니스탄 동북부 KADAKHSHAN 판지시르 계곡에서만 생산되어 회회청(回回靑)이라 불린다.

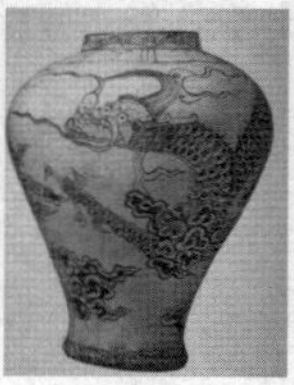

왼쪽부터 송(宋) 백자, 용문 청화백자, 중국 청화백자

이슬람이 코란을 읽을 때 졸음을 쫓기 위해 즐겨 마시던 커피(**부록 14**)였지만 마호메트(570-632)가 금은 잔, 식기 사용을 금지하자 아랍이 서둘러 대용품으로 찾은 것이 청화백자였다. 청화백자 잔과 식기는 아랍제국에서 폭발적인 인기를 끌며 대량생산체제를 갖춘 중국조차 그 수요를 감당

351) KAOLINE이란 단어는 경덕진에서 유래되었고 元은 고령토를 어토(御土)라 하며 서민은 금지했다. 경복궁 근정전, 사정전의 큰 칠보 향로는 아마 경덕진요에서 수입한 것이리라! 우리나라 여주, 광주의 고령토가 제일 좋다.

할 수 없었다. 아랍은 우상숭배를 낳을 수 있는 사람과 동물 형상을 엄격히 금지해 궁전과 모스크는 푸른 나무, 화초, 꽃 등 식물 문양, 기하학적 도안과 아랍 서체로 치장했다. 이슬람인에게 푸른색은 물과 나무가 풍성한 천국, 신의 세계, 왕의 색이었다. 코란의 가르침을 적은 서체[352]와 취향에 맞는 문양으로 장식한 맞춤형 자기까지 주문하고 성대한 모스크와 왕궁 안팎을 청색 모자이크[353]와 화려한 색깔 타일로 도배하며 신을 찬미했다. 아랍인은 페르시아 세밀화 등 소재와 다채로운 문양을 중국에 전파했을 뿐 아니라 아프리카, 유럽에 자기를 소개하는 등 판로까지 개척하며 중국에 엄청난 부를 가져다주었다.

왼쪽부터 모스크, 서체접시, 아랍 문양

동남아[354], 인도, 아프리카 역시 청화백자로 궁과 성전, 집 안팎을 도배하고 장례 의식, 부장품**(부록 15)**으로 장식했다. 아랍과 인도는 중국 도공을 초청해 자기 제작을 시도하였으나 질 좋은 태토(바탕흙)와 높은 온도를 내는 땔감이 부족해 실패했다. 아프리카는 동양과 훨씬 가깝고 유럽은 신의 시대로 암흑시대였다.

---

352) 아랍 서체는 18C 유럽에서 CALLYGRAPHY로 발전한다.

353) 고대 그리스, 로마의 장식인 모자이크가 2C 아랍으로 전해지며 전형적인 아랍 장식이 되었다. 형형색색 유리, 타일, 자기 등을 넣어 붙인 모자이크는 작으면 작을수록 고급 장식이다. 작은 무늬들이 끊임없이 사방으로 반복되는 이러한 문양은 영원한 진리의 세계를 상징했다.

354) 13C 베트남은 청화백자를 제조하기 시작한다.

더구나 몽골은 자유로운 왕래와 국제무역, 문화교류, 종교적 공존을 중시하며 칸발릭(베이징)에서 중앙아시아, 아랍, 유럽, 아프리카까지 종횡으로 연결하며 단일시장으로 통합했다. 베이징의 5개 시장 중 북은 말 시장, 남은 양 시장, 서는 위구르, 티베트 등 중앙아시아인 시장으로 시리아, 이집트, 페르시아인은 물론 베트남, 인도 남방인 등 막 도착한 카라반과 이제 떠날 준비를 하는 상인으로 넘쳐났다. 바다에 익숙하지 않은 원은 대양을 자신들의 호수, 뒷마당으로 여기는 아랍인을 고위 관리, 선원으로 특별 우대했다. 아랍 다우선(**부록 16**), 천문기구를 받아들여 나침판을 개선하며 지도를 제작하고 대규모 항만을 건설하며 해로를 개척하는 등 해양 무역에 적극적이었다. 아랍인들은 광주, 천주, 교주, 양주에 모스크를 건립하고 집단거주지를 형성했다. 마르코 폴로(1254-1324, **부록 17**)의 표현대로 수 킬로에 이어진 양주, 항주 부두, 운하는 항구의 크기와 번성함을 대변해 준다. 이런 항구에서 거래되는 최고 상품은 비단과 청화백자였다. 원의 조세 80-90%가 강남에서 나왔고 재정수입 70%를 무역으로 얻었다.

그러나 십자군 전쟁 이후 동방무역이 활발해지며 동양의 진기한 물건의 가치는 더욱 천정부지가 된다. 유럽 왕가와 상류층 역시 궁, 별장, 장원, 교회를 청화백자로 도배했다. 유럽 왕가들 역시 백자생산을 시도하였으나 1,100℃에서 점토는 녹아내리고 밀착도가 낮은 태토와 유약으로 깊고 푸른색을 내지 못했다. 투박하고 조악한 질그릇 도기가 유럽의 주류였고 1800년까지 부드러운 찰흙과 규조토로 만든 제철용 세라믹[355] 내화벽돌조차 국가기밀이었다. 유럽 부의 절반을 갖고 있던 피렌체 메디치 가문에서 덴마크 왕족에 이르기까지 왕실과 귀족들은 중국식 건물과 정원을 만들고 붉은 중국풍 병풍, 그림, 청화백자와 비단으로 장식하는 등 중국 열

---

355) 세라믹은 방탄복부터 컴퓨터, 항공기 엔진과 우주선까지 최첨단 산업에 널리 쓰인다. 저온에서 만들어진 유럽 자기는 강도가 약했고 유약도 뜨거운 물에 닿으면 쉽게 녹아내렸다.

풍**(부록 18)**에 빠져든다.

16C 말부터 유럽제국과 귀족들은 자신의 힘을 과시하고자 그림, 조각, 건축 같은 조형예술과 고급문화를 추구했고 청화백자는 왕권과 부의 상징으로 유럽 왕실 문화 수준을 재단하는 척도가 된다. 백자는 백색 황금이라 불리며 그 무게와 같은 금으로 거래되는 황금 그릇이었다. 당시 유럽은 끝없는 종교전쟁[356]과 수백 개 작은 소국으로 나뉘어 끝없는 영토전쟁으로 전쟁 비용을 마련하기 위해 신용과 왕실 담보대출이 성행했다.

1743년 3월 눈발이 날리는 어느 날 스웨덴 무역선 예테베리(700여 톤) 호는 동양으로 처녀 출항했다. 항해사는 조류를 읽을 줄 알고 바람에 실려 온 육지 냄새를 맡을 수 있는 네덜란드 출신이었고 하급선원들은 스웨덴과 영국인이었다. 17개월 만에 지친 모습으로 돌아온 예테베리는 단 한 번 교역으로 당시 스웨덴 GNP 30%를 넘는 상상을 초월한 엄청난 쾌거를 이루었다. 이후 132차례 항해하며 황금기를 이끌었다. 1784년 2월 22일 신생 국가 미국의 첫 상선 황후호[357]가 뉴욕을 출항해 8월 26일 광동 황포항에 도착, 1785년 5월 중순 돌아온 황후호의 홍차, 자기, 비단은 미국에서도 중국열병을 일으켰다. 또한 중국으로 영국 모직물, 유럽 금, 남미 銀**(부록 19)**, 아랍 유리, 아프리카 상아, 보르네오 자단이 물밀듯이 쏟아져 들어왔다.

한편 드레스덴을 바로크 예술의 중심지로 만든 작센 계몽 군주 아우구스트 2세**(부록 20)**는 폴란드[358]의 지배권을 놓고 스웨덴과 전쟁을 벌인다.

---

356) 아랍은 유럽을 전쟁의 땅이라 불렀다.

357) 특이한 것은 황후호의 첫 수출품이 모피, 면화와 대부분 인삼이었다는 점이다. 1686년 태국 외교사절단이 태양왕 루이 14세에게 인삼을 진상한 이후 유럽 곳곳에서 인삼을 재배했다. 17-18C 인삼은 동양의 만병통치약으로 불리며 서구의 무역에서 빼놓을 수 없는 교역품이었다.

358) 1795-1918년 폴란드는 프로이센, 러시아, 합스부르크왕가에 의해 분할 점령 당하며 지도에서 사라졌다.

하지만 전비 조달이 어려워진 왕은 하얀 금, 백자를 제작하기로 하고 도전적, 과학자 양식을 소유한 연금술사 프리드리히 뷔트거(1682-1719)를 ALBREICHT 성에 가두고 백자 생산을 독려한다. 끝없는 협박과 회유를 받으며 두 차례나 도망갔다 잡혀 온 뷔트거는 십여 년간 수많은 반복된 실험과 시행착오를 거치며 계량화, 수치화하고 드레스덴에서 백토를 찾고 마침내 1708년 유럽 최초 백자 마이센을 생산한다. 16C 이탈리아 메디치가에서 자기를 모방하기 시작한 이래 드디어 유럽의 꿈이 이루어진다. 마이센은 중국 양식을 모방한 동물 문양, 식물 등 유럽식 정서에 맞는 정교한 자기를 고안하고 독자적인 쌍칼 문양을 새기며 중국 도자기 2배 가격으로 선풍적인 인기를 끌었다. 뷔트거는 진정한 의미의 연금술사였다. 아우구스트 2세는 1710년 6월 6일 ALBRECHT 성에 왕립 자기 제작소를 건립하고 자기 생산에 박차를 가한다. 이어 모든 유럽 왕가가 영감과 영향을 받으며 오스트리아 합스부르크, 프랑스 부르봉 왕가, 영국 하노버 왕가 역시 다투어 자기 생산에 총력을 기울인다.

왼쪽부터 아우구스트, 마리아 테레사

특히 합스부르크 마리아 테레사(1717-1780, 재위 1740-1780, **부록 21**) 황후는 1744년 앙숙이던 작센 왕국 자기 기술자(**부록 22**)를 몰래 빼내 자신이 좋아한 녹색 꽃문양을 넣은 마리아 시리즈 자기를 만들게 시켰다. 마리아 시리즈는 전 유럽 왕실의 명품이 되며 마이센보다 2배 높은 가격으로 불티나게 팔렸다. 쉔브룬 궁[359] 천장과 벽, 바닥을 온통 자기로 장식해 오늘날까지 자기의 방[360]으로 불리며 황후의 자기에 대한 깊은 관심과 열정을 보여준다.

왼쪽부터 마이센, 드레스덴, 프랑스 리모주, 영국 웨지우드

그녀의 10명 자녀는 유럽 왕가와 혼인하며 그녀는 전 유럽 왕가의 할머니가 되었다. 황후의 취향과 양식이 그대로 딸들에게 이어지며 각국 왕실로 전파되었고 왕실은 취향에 맞는 자기를 대량 생산한다. 태양왕 루이 14세(1638-1715)는 베르사유궁을 백자로 장식했으며, 루이 15세는 1740년 세브르[361] 국립 자기 공장을 건립하고 중앙에 유화물감으로 세밀화를 넣고 둘레를 금으로 채색한 로코코양식을 선보였다. 1768년 영국은 WEDGE WOOD**(부록 23)**를 필두로 로얄 덜튼, 본차이나[362]를 설립하고, 프랑스 리모주, 독일 로젠탈, 로열 코펜하겐 등 각국이 국가 브랜드를 만들며 국력을 쏟아부었다.

---

359) 레오폴드 1세가 1696년 짓고 마리아 테레사가 1749년 완성한 궁전으로, 나폴리 왕국 왕비가 된 마리아 카를리나, 루이 16세 왕비 마리 앙투아네트(1755-1793)가 태어난 궁이다.

360) 포르투갈 산토스 궁전의 청화백자 방을 시작으로 유럽 왕실들은 자기 방을 꾸미는 것이 유행이었다.

361) 세브르 국립 도자 요업소는 고려청자 등 250여 종 보유하고 있는 자기 박물관이 있다. 서양자기는 빈틈없이 꽉 차고 대칭적인 미를 강조한다.

362) 고령토를 수급할 수 없었던 영국은 1748년 영국 도공이 소뼈 가루와 진흙을 혼합해 만든 순백색 본차이나를 개발했다.

조선 분장회청사기(粉粧灰青沙器)

화려한 고려 귀족문화가 쇠퇴하기 시작하고 13C 여말 원의 영향을 받아 청화백자가 소규모로 생산되었으나 왕조가 바뀌는 어수선한 시기에 비싼 회회청을 수입할 수 없었다. 14C 후반 조선에서는 사대부 유교문화로 전환하는 과정에서 자유롭고 추상적, 야성미가 돋보이는 분청자기가 출현한다. 분청자기는 회색토[363]로 만들고 900-1,000℃에서 초벌구이하고 태토의 거친 면을 다듬기 위해 백토를 발라 재벌 해, 마치 분칠을 한 것 같아 분장 자기로 불린다. 세종 때 전성기로 200년 정도 유행한 분청자기다. 거침없는 자유로운 붓 터치, 과감한 생략, 살아있는 문양, 여백미 등 간결하고 세련되어 마치 한 폭의 현대 추상화와 같다. 신라 토기, 토용의 소박한 자유 분방함을 연상시키며 마치 신라 장인**(부록 24)**의 DNA가 조선 도공에게 부활한 느낌이다. 물고기와 물결, 산 등 유교적, 도가적 자유스런 삶을 주로 표현해 한국미의 원형이라 불리기도 한다. 화려하지만 차가운 느낌의 백자보다 단순하면서 담백한 동적인 분위기를 풍기며 서민적인 분청자기는 누구라도 다가가기 쉽고 포근해 보인다. 우리나라에서만 제작되었던 분청자기는 왕실과 서민이 애용하며 소박하고 실용적인 그릇으로 대량 생산된다. 이후 백자가 유행하며 분청자기는 조선에서 점차 사라지지만 오히려 일본 쇼군, 다이묘, 다인들에게 큰 인기를 끌며 일본에서 재탄생한다. 전라도, 경상도, 공주 계룡산 학봉리[364], 연기 금사리 등 전국적으로 관청 이름이 새겨진 분청자기가 있다. 두 마리 물고기[365]

---

363) 흙이 좋지 않아 태토 위에 백토(화장토) 분장을 한 후 유약을 발랐다.

364) 계룡산 가마(1480-1540년)는 철화 분청자기가 주를 이룬다. 산돼지 털 등 짐승 털로 만든 거친 붓으로 백토 분장 후 유약을 칠하고 거친 표면이 묵직한 분위기를 나타낸다. 조선의 고유한 기법으로 발전했다.

365) 물고기 무늬는 물고기를 뜻하는 어(魚)가 풍요로움과 여유를 뜻하는 여(餘)와 발음이 같아 그림이나 장식에 즐겨 애용했다.

는 소과, 대과 합격을 뜻하고 포도 넝쿨은 장수와 풍요를 상징한다.

왼쪽부터 분청사기, 화조문 백자

조선백자와 청화백자

그러나 왕조가 안정되자 1467년 가까운 한양 근교에 관요를 지으며 사대부의 청렴, 결백, 검소한 생활을 상징하는 담백한 순백자[366]로 이어진다. 세종은 꾸밈없는 달관한 듯 단아한 백자를 왕실 그릇으로 정하고 봉황, 십장생, 호랑이, 용 등 장수, 기복을 상징하는 그림을 넣은 순백자, 상감 백자를 생산한다. 광주 관요**(부록 25)**는 10년마다 땔감이 풍부한 곳으로 가마를 옮겨 광주 우산리, 번천리, 금사리에 300여 가마가 있다.

고령토 순도가 청자보다 높고 철분 함량은 청자에 비해 낮은 백자는 청자보다 높은 온도인 1,300-1,350℃를 유지해야 해 더 많은 땔감이 필요했다. 표면에 미세한 균열이 있는 청자지만, 화력이 좋은 5년 이상 말린 소나무로 구운 백자는 티 하나 없다. 분원은 자기 바닥에 관요 이름과 소요 기관까지 새기며 잦은 도난**(부록 26)**을 방지했고 자기 품질의 향상과 책임감으로 도공 이름을 새기기도 했다. 『경국대전』에 기록된 사기장은 사옹원 380명, 외공장 99명, 분원에만 552명으로 수비장(水飛匠), 조기장(造器匠), 마조장(磨造匠), 건화장(乾火匠), 화청장(畵靑匠), 화장(火匠), 온도를 관리

366) 세종 태항아리가 현존 조선백자 중 가장 오래되었다.

하는 감화장(監火匠) 등으로 분업화되었다. 세조 때 청화백자가 소량 생산되었고 16C까지 왕실의 전유물이었다. 하지만 사대부들이 암암리 청화백자를 들여오자 17C 중반부터 관요를 중심으로 소량 생산하기 시작한다.

왼쪽부터 청화 기와, 철화 백자, 진사백자

임란이 발발해 교류가 중단되고 청화 안료 수급이 어려워지면서 양각 무늬를 넣은 순백자가 다시 유행하고 특히 매화무늬를 새기거나 덧붙인 철화백자와 진사백자(동화백자, 銅畫白磁) 등 조선 특유의 미감을 살린 다채로운 백자가 탄생한다. 표면에 철분이 많은 산화철 안료로 무늬를 그린 후 유약을 입힌 철화백자**(부록 27)**는 철의 농도에 따라 다양하고 묵직한 짙은 검붉은 색 무늬와 흰빛이 선명한 대비를 이룬다. 산화 銅 안료, 진사(辰砂)는 붉은색을 띠며 분청자기와 백자에 널리 사용됐다. 이러한 진사와 철화가 많은 진채, 진사백자, 철화백자는 육중한 느낌을 주어 서민적 질박한 삶과 힘찬 생명력이 느껴지며 서민의 일상생활에 널리 이용되며 유행했다. 청화, 철화, 진사를 동시에 사용한 다채 장식 백자도 유행했다. 숙종(1661-1720) 때 화폐경제와 무역이 발달하고 18C 영정조 때 르네상스**(부록 28)**를 맞이해 청화의 수요가 급격히 늘어났다. 정조는 청화를 생산했지만, 곧 사치스러운 풍조가 만연해 청화를 금지[367)]하지만, 청화에

367) 明 황제도 청화백자를 금지할 만큼 사치스럽고 비쌌다. 5대 선덕제(재위 1425-1435)부터 만력제(재위 1572-1629)까지 2백 년간 청화백자 전성시대

대한 열망을 막지 못해 청화가 다시 유행했다. 봄은 은근한 연두색 새순이 돋아나는 상감 청자, 한여름 푸른 바다를 닮은 청화백자, 담청색 가을 하늘을 담은 청자, 겨울은 따스함을 느끼는 분청자기 등 계절과 어우러지는 다채로운 자기 문화가 꽃을 피웠다. 깔끔하고 정교한 일본 자기는 화려한 장식미를 지나치게 강조해 왠지 가볍고 경박스럽고 明 자기는 우아하고 淸 자기는 무겁게 느껴진다. 깊고 맑고 조선 자기는 맑은 속살을 드러내는 듯 소박한 절제와 세련된 균형미를 보여준다.

한편 7C 후반 일본에서 유약을 바른 토기가 나타나지만, 청자를 경험하지 못하고 임란 때 납치된 조선 도공으로 인해 백자로 넘어갔다. 일본은 임란을 자기 전쟁(燒物戰爭)이라 부를 만큼 조선 도공은 물론 점토와 유약까지 훔쳐 가 조선에서 도공은 씨가 마를 정도였다. 조선에 진주한 장군 중 도공을 끌고 가지 않은 이는 없었다. 사가번 나베시마(1536-1618, 鍋島直茂)에게 납치된 계룡산 출신 이삼평(?-1655)은 18년간 고령토를 찾아 헤매다 규슈 히젠번(肥前藩) 아리타 이즈미(泉山)에서 백강석(고령토) 광산을 발견하며 1616년 일본 최초 자기를 생산해 도조(陶祖)로 숭배되며 도산신사(陶山神社)에 모셔진다. 1598년 8월 15일 정유재란 때 남원성이 함락되고 쓰시마 번주 시마스 요시히로(島津義弘)에게 납치당한 심수관, 시마즈에게 끌려간 심당길 **(부록 29)**은 조선 오름 가마만 사용하며 일본 3대 도맥, 가고시마 샤쓰마야기(薩摩窯)를 탄생시킨다. 1867년 파리박람회에서 대상을 받으며 성가를 날리고 1873년 오스트리아 빈 박람회에 금가루로 정교하게 사계절 꽃 그림으로 장식한 높이 155cm 금수 대화병(大花餠)을 출품하며 명성을 얻는다. 조선 옹기 제조법을 도자기에 접목하며 큰 자기를 만들 수 있었다. 죠슈번주 모리 테루모도(毛利輝元)에게 납치당한 이작광은 돌아와 아우인 이경 등 도공을 데리고 하기에 정착하며 순백색 백자인 미가와우치(三川內窯) 자기

다. 광주 관요를 발굴해도 청화백자 파편은 거의 나오지 않을 정도로 귀했다.

의 원조로 하기야기(萩燒)가 꽃을 피웠다. 1592년 큐슈 다이묘 호소카와 다다오키(細川忠興)에게 끌려간 사천 출신으로 아가노야키(上野燒)로 유명한 김존해(金尊楷)도1598년 조선에 돌아와 형제 친척을 데리고 일본으로 갔다. 히라도 영주 마쓰우라 시게노보(松浦鎭言)에게 끌려간 웅천 출신 고려 할머니와 고세기의 히라토 자기(平戶窯)는 나가노 야기(中野窯)라 불렸다. 이 밖에 박평의, 이우경의 나가사키 하사미(波佐見) 자기 등 이름 모를 조선 도공이 만든 명품 자기들이다. 천민[368]이던 도공들은 성인, 웅천명신(熊天明神)으로 사당에 모셔지며 해마다 제사를 받는다.

영주들은 외부와 차단한 채 성 아래(城下町)에 도자기 마을[369]을 조성해 격리하고 엄격한 통제와 감시하며 자기 생산을 독려했다. 이렇게 생산된 자기들은 막부, 중앙정부와 상류층의 선물용으로 함부로 거래할 수 없었고 도쿠가와 막부의 경제를 좌지우지하는 버팀목이었다. 수백 년간 전쟁으로 피폐한 경제를 일으키는 원동력은 조선에서 잡혀 온 도공과 활자 등 조선 문물이었다.

1600년 네덜란드 상선 데리프데호가 규슈에 난파한 후 막부는 1609년 동인도 회사와 통상을 맺었고 애덤스(1564-1620)[370]는 도쿠가와 이에야스(1542-1616)의 통상, 외교 고문이 되며 서양 문물을 가르치며 막부의 개혁, 개방을 이끌고 막부를 대신해 통상하며 일본을 적극적으로 유럽에 소개했다.

368) 굶주리고 천대받는 천민보다는 나은 삶이었으리라! 1697년 숙종 때 광주분원에서 굶어 죽은 도공만 39명이고 일이 너무 고돼 도망가는 도공도 많았다.

369) 자기 마을은 비요(秘窯) 마을로 불리며 웅천 도공 100명을 규슈 히라도성 아래 고려(高麗)정이라는 마을에 가두고 자기 생산을 감시했다. 도공의 후손들은 복식과 수염, 상투를 바꾸지 않고 조선인끼리 혼인하며 수백 년 전통을 지켰다.

370) 1600년 영국 성공회 교인으로 네덜란드 동인도 회사에서 일하던 윌리엄 애덤스는 도쿠가와에게 미우라 안진(三浦 按針)이라는 이름을 하사받는다. 미우라는 그가 사는 영지 이름이고 안진은 도선사라는 뜻이다.

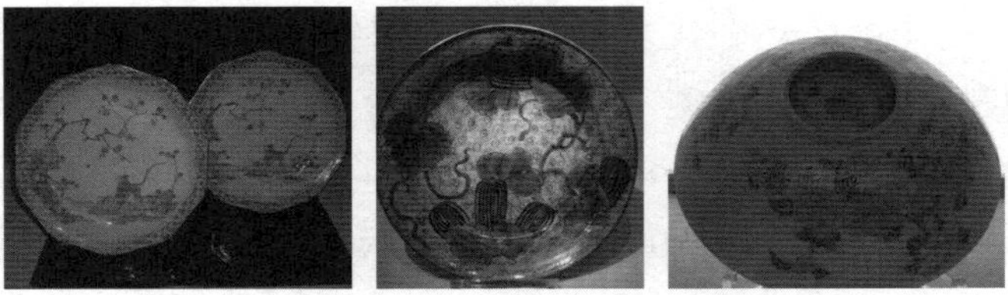

왼쪽부터 아리타 자기, 이마리 자기, 사쓰마 야기

도쿠가와는 큐슈 히라도에 있던 상관을 1636년 나가사키[371]에 운하를 파고 가로 120m, 세로 75m, 인공 섬(데지마, 出島)을 조성해 그나마 종교에 소극적인 개신교 네덜란드인의 포교 활동을 제한하며 半 쇄국정책**(부록 30)**을 썼다. 이후 2백 년간 일본의 유일한 대외교역 창구가 되며. 이삼평의 아리타(有田)[372] 자기를 수출한다. 아리타 자기가 생산된 지 불과 30년 만에 유럽과 아랍 자기 시장을 점령하며 일본경제를 이끈다. 막부는 더욱 많은 관심과 투자로 자기 생산에 박차를 가하고 유럽, 인도풍, 푸른색을 선호하는 아랍 문양을 과감히 받아들이며 그들의 입맛에 맞는 첨단자기를 생산한다. 대규모 수공업에 의한 표준화된 중국 자기와 달리 소규모 수공업으로 일본 취향을 담은 채색 자기는 유럽에서 큰 인기를 끌었다. 또한 경덕진에서 유행하던 붉은 상회(上繪)[373] 기술과 오채(五彩) 자기를 받아들여 금과 화려한 붉은색으로 인도풍, 아라비아 무늬를 넣은 가키

---

371) 네덜란드 상인은 나가사키로 중국 도자기 트렌드, 기술, 재료를 들여오며 첨단 채색 자기까지 생산했다. 중국이 구하기 힘든 회회청조차 네덜란드 상인들이 조달했다.

372) 아리타 자기가 선적되던 항구 이름을 딴 이마리(伊万里焼) 자기다. 아리타는 인구 2만 중 60%가 도공으로 현재 이삼평 14대손이 살고 있다. 도잔(陶山) 신사 입구 도리이(鳥居)는 청화자기로 만들었다. 히젠번에서 생산되어 히젠 도자기라고도 불린다.

373) 17-18C 자기 표면에 채색하고 800℃로 굽는 상회 자기가 중국에서 유행했다. 유백색 바탕에 선명한 색으로 화려한 가키에몬이다.

에몽(柿右衛門) 자기를 고안해 유럽, 아랍 시장에서 선풍을 일으켰다. 또한 부산에서 가마 요를 운영하며 17C 말까지 조선 도자기를 대량으로 사들였다. 네덜란드는 조선 자기에 대해 많은 관심을 보이며 직접 교역을 추진했다. 1669년 히라도에 주재하던 동인도 회사의 COREA라는 무역선이 조선으로 출발했으나 제주 근방에서 태풍으로 좌초했다.

때마침 1673년 오삼계(吳三桂 1612-1678)의 삼번(三藩)의 난으로 광주에서 네덜란드 선원 살해 사건이 발생하자 청은 항구를 폐쇄하고 외국과 무역을 금지한다. 자기의 안정적인 공급처를 찾아 나가사키로 몰려들며 네덜란드**(부록 31)**는 17C부터 2백 년간 7천만 개 자기를 수입해 유럽, 아랍 왕실에 공급하며 인구 2백만 도시국가는 전 유럽 왕가 재산을 능가하는 제국이 되었다. 이러한 자기로 도쿠가와 이에야스는 화려한 에도시대(1603-1867, **부록 32**)를 열며 250년간 르네상스를 맞이한다. 근대화로 접어든 에도는 18C 초 인구 110만 명으로 상공업이 발전하며 서민문화가 성장했다. 또한 19C 말 유럽으로 팔린 조선 도공의 자기는 군함, 무기가 되어 일본으로 돌아왔다. 러일전쟁의 사령관 도고 헤이하치로(東郷平八郎)의 주함 미사카도 영국에서 구입한 전함이다. 특히 자기 가마는 진화해 대용량 철 용광로로 변신하며 일본 근대화에 원동력이 되었다.

천주교도와 도공

임란**(부록 33)**으로 여주, 광주, 이천 관요가 쇠퇴하자 관요와 도공들은 소백산 깊은 계곡, 문경, 경상도 오지 청송[374] 등으로 숨어들며 숯막, 옹막을 짓고 막사발**(부록 34)**, 옹기 등 소박하며 투박한 서민 도자기(民窯)를 생산했다. 전통 장작 망뎅이 가마에서 생산한 막사발의 본향인 문경 옹기며 찻사발이 유명한 청송 자기다. 특히 19C 초 천주교도**(부록 35)**는 곧

374) 문경에서 장딴지를 망뎅이라 불러 토기 벽돌을 쌓아 만든 6칸 망뎅이 가마다.

순교와 죽음을 의미해 천주교도는 산으로 숨어들며 옹기장이로 변신했다. 옹기장이 90%가 가톨릭 신자로 옹기장이의 종교라 불렸다.

달항아리(FULL MOON JAR)

자주적, 고유한 문화가 꽃피우던 숙종 말부터 영정조 르네상스 때 홀연히 등장한 달항아리다. 값비싼 청화 안료를 쓸 수 없어 소박하고 단순한 우윳빛 회백색 달항아리를 광주 관요에서 생산했다. 전통 물레에서 만들 수 없어 큰 사발을 두 개 겹쳐 만들어 제 무게를 이기지 못해 이지러지고 주둥이 부분이 비틀어지고 유약조차 균일하지 않다. 아주 둥글지도 일그러지지도 않아 어딘지 모르게 허술하고 어수룩한 우리를 닮은 달항아리다. 1,300℃ 가마 속에서 불을 만나 달로 재탄생했다. 달을 신비화하고 영험한 존재로 여긴 우리 정서와 토끼 왕국의 이상세계를 꿈꾸던 달항아리와의 만남이다. 화려한 문양, 색채와 기교가 전혀 없고 달관한 듯 절제미와 소박하고 원숙한 맑은 속살을 보이며 마치 뭔가를 가득 채워주기를 기다리는 듯 무한한 상상력을 자극한다. 풍만한 곡선과 둥근 어깨가 넓고 넉넉해 어느 자리에서도 당당하게 존재감을 드러내며 박물관 자리를 빛낸다. 비움과 덜어내기로 대변되는 미니멀리즘과 동양 미학을 대표하며 자기 예술의 진수**(부록 36)**라 불린다. 묵직한 무게감과 역동적인 아우라를 뿜어내며 박물관마다 탐을 내는 세계의 보물이다. 국내 7개 달항아리는 국보 3점, 보물 4점이며 외국에 십여 점뿐이다. 40여 년 전 크리스티 경매에서 127만$[375)]에 팔렸다. 우리는 아직 달항아리의 용도도 정확히 모

375) 국보, 보물로 지정된 자기는 100여 점에 이른다. 1995년 뉴욕 크리스티 경매장에서 15C 조선 청화백자 접시가 308만$에 팔려 당시 세계 자기 경매 사상 최고가를 경신해 조선 자기의 우수성을 세계에 각인시켰다. 1996년 11월 뉴욕 크리스티 경매에서 845만$에 팔린 17C 청화백자 용문 항아리는 자기 사상 최고가였다.

른다. 화병, 제기, 꿀, 기름 용기인지, 그저 장식품이라는 등 이견이 많다. 달항아리에서 처연한 비장의 미가 느껴지는 것은 무슨 이유일까?

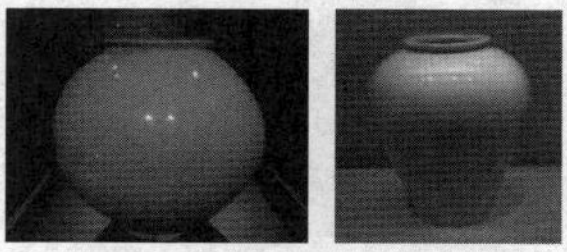

왼쪽부터 달항아리, 입호 백자

19C 말 이후 분원은 완전히 쇠락하며 더 이상 생산되지 못했다. 그 후 중국 사행단과 통신사, 무역상이 수입한 외국산 수입 도자기에 자리를 내준다. 고종은 서양식 정찬을 즐길 때 수입 양식기를 사용했다. 수입 도자기는 왕실, 상류층이 애용하며 자기 문화 전통은 맥이 끊어졌다.

제8편 경복궁

무르익은 자연과 예술이 녹아든 도시인들의 휴식처, 궁이다.

백두산에서 뻗어간 정맥과 12 지맥의 기가 응집되고 한강, 예성강, 임진강이 합수되는 명당, 한양을 새 수도로 하자는 도참설[376]이 크게 유행했다. 1101년 윤관은 도읍지로 경복궁 터로 옮길 것을 숙종에게 올리고 1104년 숙종은 북악산 기슭에 남경(한양) 이궁인 연흥전(延興殿)을 건축했고 보우는 공민왕에게 남경 천도를 주장했다. 도선(827-898)은 전국의 정기가 모이는 한양으로 왕성이 들어설 것이며, 주인은 李씨[377]가 될 것이라 예언했고 의상(625-702) 역시 왕도를 정할 때 정씨가 참견하면 5대조 안에 왕족 간 큰 싸움(**부록 1**)이 벌어지고 200년 안에 큰 난이 난다고 예언했다.

한편 고려 말 안향이 들여온 성리학으로 무장한 관학파를 중심으로 개혁이 싹트며 이에 부응한 정도전과 이성계(1334-1408)의 야심과 어우러진 위화도회군(1388년)이었다. 이성계는 명의 허락을 얻어 단군조선을 계승한다는 의미로 국호를 조선, 한강(**부록 2**) 북쪽, 볕이 잘 드는 북악산은 양(陽), 남쪽은 음(陰)을 상징해 수도를 한양(漢陽)[378]으로 부르며 수도로 정했다. 1392년 7월 17일, 개성 수창궁에서 즉위한 이성계는 개성 호족의 격렬한 반대를 무릅쓰고 궁궐이 완성되기 전 1394년 10월, 개국 공신을 이끌고 한성부 객사(**부록 3**)를 임시 이궁으로 사용하며 한양으로 천도했다. 신도(新都)궁궐도감을 설치하고 주례(周禮)에 따라 사직과 종묘, 궁궐과 주작대로(56척)를 본뜬 도로를 만들고 배산임수(背山臨水), 좌묘우사(左 종묘,

---

376) 도참(圖讖)이란 국가와 개인의 운명 등 길흉화복을 예언하는 것을 말하며 참요(讖謠)란 정치적 상황이나 시대적 상황을 대변하는 노래를 말한다.

377) 고려는 주기적으로 이(李)씨를 상징하는 오얏(자두)나무를 잘라내며 기운을 눌렀다. 이후 벌리(伐里), 번동(樊洞)으로 불리게 되었다.

378) 낙양(洛陽)은 황하 지류인 낙수 북쪽 도시다. 70년대 서울대학이 관악산으로 이사하며 음이 성해 여성 대통령이 나올 것이란 소문이 돌기도 했다.

右 사직단), 북좌남향(北左南向)[379], 북궁후정(北宮後庭), 전조후시(前朝後市, **부록 4**) 등 주례와 풍수에 따라 관청을 배치했다. 1392년 12월 4일 공사를 시작하고 건설 현장을 7번이나 찾을 만큼 천도가 당장 시급한 이성계였다. 1395년 9월 29일 임시 준공[380]하며 12월 28일 입궐하였다. 어수선한 왕조 초였기에 시급한 건물만 지은 미완성된 궁은 기본적인 최소한 관청만 있었다. 운이 다한 개성에서 새 왕조를 여는 것에 큰 부담을 느꼈을 것이다. 태조실록에 의하면 강녕전, 동소침인 연생전, 서소침인 경성전 등 내전과 근정전, 동서 각루, 중추원, 삼군부 등 1,390칸이었다고 하니 1876년 대원군이 중건한 7,225칸에 비해 얼마나 초라하였겠는가? 검소하면서도 누추하지 않게 화려[381]하면서도 사치스럽지 않은 것이 총감독 정도전의 생각이었다.

김사행은 경복궁과 숭례문을 설계했고 정도전은 광화문(**부록 5**) 등 각 전각 이름을 비롯해 사대문과 사소문 이름을 지었다. 시서화에 통달한 정도전의 지식과 맹자[382]의 민본주의적 철학을 대변하는 경복궁이다. 경복궁은 중국 전통 3문(**부록 6**) 법칙을 따랐다. 궁(宮)은 왕과 관리가 사용하는 건물을 말하고 궐(闕)은 궁을 둘러싼 대문, 담장과 그 부대시설을 말한다. 하지만 호족과 기득권의 반대가 심하고 정종은 골육상쟁, 왕자의 난이 일어난 한양을 견딜 수 없었던지 1399년 개성에 궁을 새로 지으며 개성으

379) 북쪽은 조상, 과거를 상징하고 남향은 미래 자손을 상징한다.

380) 천도 후에도 1494년까지 공사는 계속되었다. 1405년 10월 20일 태종이 창덕궁으로 들어가면서 한양 환도가 공식적으로 이루어졌다.

381) 김부식이 백제 궁은 검소하나 누추하지 않고 화려하나 사치스럽지 않다(검이불루, 화이불치, 儉而不陋 華而不侈)고 백제의 미학을 『삼국사기』에 기록했고 정도전은 궁이 사치스러우면 국가 재정이 궁핍해지며 백성이 힘들고 궁이 누추하면 권위와 위엄이 서지 않는다고 했다.

382) 맹자의 민본주의는 왕이 인덕을 쌓아 왕도정치로 백성을 다스려야 하며 이를 어기면 하늘이 왕조를 바꾼다는 역성혁명이다. 仁의 의로움을 해친 한 남자 주(紂)를 죽였을 뿐 왕을 죽인 것은 아니라고 주장한 맹자다.

로 재천도했다. 1400년 즉위한 태종은 1404년 9월 경복궁이 준공되자 한양으로 재천도하며 천도, 재천도로 숱한 우여곡절을 가진 경복궁이다. 박자청**(부록 7)**이 수라간, 사옹방, 세수간 등 118칸을 새로 지었지만, 태종은 1405년 창덕궁[383)]으로 옮긴다.

1426년 세종은 홍례문(興禮門), 근정문 동쪽 일화(日華)문, 서쪽 월화(月華)문 등 관리들이 드나드는 협문을 만들고 관리와 궁내 관리인들이 출입하는 서문을 영추문(迎秋門), 왕 친인척과 상궁이 출입하는 동문은 건춘문(乾春文)이라 이름을 지었다. 동궁과 신무문을 완성하며 교태전을 새로 지어 법궁다운 규모와 틀을 갖추었다. 1395년 태조는 한양 방위를 위해 도성 축조도감을 설치하고 전국에서 20만 명을 동원하여 다듬지 않은 석재, 자연석으로 토성과 석성을 혼합하여 내사산**(부록 8)**을 연결한 도성을 쌓았다. 산은 높이 5m, 평지는 8m, 두께 5.5-7.5m, 총길이 18.1km, 성안 면적은 16.5㎢로 20여 만을 수용하는 한양이었다. 2016년 사대문안 28만 명이 거주한다. 도성 밖 십 리까지 성저십리라 부르며 한성 행정구역으로 정했다. 1488년 왕조의 기틀을 마련한 세종은 32만을 동원해 성을 새로 쌓으며 성곽과 4 대문을 완성했다. 목멱산, 인경산이라 불린 남산에 목멱산신(木覓, **부록 9**) 사당을 지어 왕성의 기가 빠져나가는 것을 막았다. 사시사철 맑은 물이 흐르는 남산 계곡은 청학동, 삼청동, 인왕동, 백운동과 함께 신선세계를 상징하며 한양 5동이라 불리며 철 따라 단풍 구경하고 피서를 즐기던 선비의 쉼터, 나들이 터였다. 1910년 고종은 높이 262m, 면적 2.89㎢ 서울의 숨통, 남산에 공원을 조성하고 일반에 개방하지만, 일제는 소나무를 베어내고 벚꽃, 아카시아를 심었다. 높

383) 1394년 이성계 한양 천도-1397년 왕자난-1399년 정종 개성 천도, 1400년 2차 왕자난-1402년 태종 즉위—1404년 9월 한양으로 재천도했다. 하지만 태종은 1405년 창덕궁이 완공되자마자 옮겼다. 왕자 난으로 겪은 많은 죽음에 대한 개인적인 기억 때문이리라!

이 262m, 면적 2.89㎢ 남산은 서울의 숨통, 등산로다. 남산 남쪽이 잠두를 닮아 잠두봉이라 불렀고 잠실(蠶室)을 조성했다. 서울이 한강이 중심이듯이 한양은 청계천이 중심이었다. 경복궁에서 발원한 내수(內水), 청계천은 북서-동남으로 한강은 북동-서남으로 흐르며 청계천과 합류해 경복궁을 태극 형태로 감싸고 흐른다. 큰 개울[384]과 남산, 북악, 인왕의 수많은 실개천이 흘러드는 청계천은 조선 초부터 해마다 홍수에 밀려온 토사와 오물로 오염되어 큰 문제였고 왕들은 십수 년에 한 번씩 대대적인 청계천 준설공사를 했다. 광통교, 장통교, 수표교, 하랑교, 효령교, 태평교, 오간수문, 송기교, 모전교, 영도교 등 10개 큰 다리가 있었다. 현재 청계천은 다리 22개, 징검다리 25개다.

1396년 이성계 둘째 부인 계비 신덕왕후 강씨가 죽자 태조는 정동에 능을 만들었지만, 1408년 태조가 죽자 태종은 1410년 조선 최초 돌다리 광통교[385]를 세우며 신덕왕후 묘비, 문인석 등을 뽑아 광통교 디딤돌로 쓰며 신장석을 거꾸로 세웠다. 죽어도 화해할 수 없는 계모였다. 청계천 복원공사 중 발견된 신덕왕후 능 신장석에 새겨진 조각과 문양은 당대 최고 걸작이었다. 1420년 세종은 상왕인 태종이 뚝섬인 낙천정에 기거해 행차**(부록 10)**가 빈번해 수표교를 놓았다. 수표교는 근처에 말을 사고파는 마전이 있어 마전교라 불리기도 했다. 1955년 청계천 복개 공사로 장충단**(부록 11)**으로 옮겨졌고 청계천 물과 하천 높이를 표시하는 연꽃 모양 수표(水標) 돌기둥[386]은 갈수, 평수, 대수로 구분하여 9척은 위험, 10척은 홍수로 분류했다.

---

384) 청계천의 발원지는 인왕산 수성동, 물소리 계곡이며 삼청동천(三淸洞川), 백운동천(白雲洞川), 흥덕동천(興德洞川), 남소문동천(南小門洞川), 창동천(倉洞川)이 5대 지천이 있다.

385) 을축년 대홍수는 7월, 8월, 9월 네 번 내린 장맛비로 한강의 물길이 바뀔 정도였다.

386) 민속박물관 들어가는 입구에 서 있다.

왼쪽부터 수표, 장충단 수표교

수표교, 청계천

조선은 외침이 많아 의도적으로 큰길이나 다리**(부록 12)**를 건설하지 않았다. 현재 남아 있는 홍교를 보아도 알 수 있듯이 교각 기술도 상당히 발전하였으나 대부분 다리는 우마차 수레가 하나만 지나가도 옆으로 피할 정도로 좁은 다리며 수레바퀴 축이 수레 자체보다 좁은 이유도 길이 협소해서였다. 청계천, 종로를 중심으로 북쪽은 궁과 가까워 북촌 혹은 웃대라 불리며 6부 관청과 주요 공공 기관, 종친부 등 사대부들과 권세가가 살아 정치·경제의 중심지였다. 또한 왕실의 의복, 천연염색, 옻칠, 금박도장 등 많은 공방이 있었고 일제 강점기 대량으로 지어진 개량 한옥이 지금까지 잘 보존된 것도 이와 무관하지 않다. 서촌 역시 이들을 보필하는 하급 관리, 역관, 의녀, 의관, 궁녀, 화가, 서예가 등이 거주했고 청계천 변 서린동은 시전상인이나 궁, 관청에서 근무하는 아전, 중인 등 하급 관리나 내시의 집단 거주지였고 사역원(司譯院)이 있는 적선동에는 역관이 많이 살아 중촌(청계천, 종로일대)이라 불렸다.

경복궁(국보 224호)

북한산(종산, 宗山) 보현봉을 중심축으로 경복궁 주맥을 이루며 주산(主山, 진산, 북악산, 주인 산)-근정전-안산(安山, 남산, 탁자 산)-바람막이 수호 산, 진산(眞山, 관악산, 손님 산)으로 이어지며 한양을 아늑하게 감싼다. 무학은 의상의 예언을 들며 정궁은 인왕을 중심으로 한 동향을 주장했고 정도전은 북악을 중심으로 한 전통 유교적 남향 궁을 주장하며 격렬히 논쟁했다. 인왕산 중턱에는 마치 선승이 승복을 입은 것 같은 선(禪)바위가 있다. 무학은 이 선바위[387]를 성 내부로 들이자고 했고 정도전은 이를 반대했다. 다음 날 눈이 왔는데 바로 정도전이 주장하던 대로 성 내부에만 눈이 내렸다. 무학은 이는 하늘의 뜻이라며 정도전의 뜻대로 경계선**(부록 13)**을 정한다. 무학은 호랑이가 웅크려 있는 듯한 인왕산(338m)이 장손을 의미하는 낙산(129m)보다 훨씬 더 크고 우람해 조선 내내 정용(장남)이 쇠하고 방용(차남 이하)이 득세한다고 하였으니 조선 518년 27명 왕 중 적장자[388]가 왕이 된 경우는 문종, 단종, 연산군, 인종, 현종, 숙종, 순종 등 7명뿐이다. 좌청룡 낙산은 남자, 태양, 아침, 양기, 벼슬, 명예, 우백호 인왕산은 여자, 달, 밤, 음기로 재물, 예술, 문화를 상징한다. 또한 외척의 상징인 인왕산이 낙산보다 커 조선 5백 년간 외척 세도가 그칠 날이 없었고 주산인 북악산 형제봉은 우람하지만, 손님, 관악산이 훨씬 높고 위용이 있어 조선은 외세 침략이 빈번했다.

왼쪽부터 숭례문, 광화문 해태, 禪 바위

경복궁(景福宮)은 호쾌한 경치와 주위 환경이 조화와 균형을 이루고 북악산 기운을 받아들이며 동양 철학을 곳곳에 감추고 있다. 정전인 근정전

387) 장삼을 입고 있는 것 같아 장삼 바위라고도 불리며 기자신앙의 장소였으나 현재 巫신을 모신다.

388) 적장자(嫡長子)란 정실부인에게서 태어난 맏아들을 말한다. 왕 7명들 역시 대부분 단명하거나 왕위를 제대로 지키지 못했다.

을 축으로 엄격한 위계성에 따라 전각 크기와 위치는 좌우대칭[389)]을 이루고 지위가 낮은 건물은 처마도 낮게 배치하는 등 동양 건축**(부록 14)**의 문법을 보여준다. 동양 궁은 자연 속에서 정원과 주위 환경을 담은 작은 독립건물의 유기적 조합이지만 성당을 중심으로 발전한 서양 궁은 거대한 집합적, 종합적 건축으로 발전했다. 왕과 왕비, 세자, 어머니, 할머니 처소는 전(殿), 후궁, 대군 처소는 합(閤), 전과 당의 부속건물인 각(閣)과 정(亭)은 왕과 왕비, 왕실 가족의 경연, 휴식 공간이었다. 권위에 맞는 독립된 주거 공간이 있고 주로 그 공간에서 기거했다. 경복궁[390)]은 총 7,225칸으로 전(殿)이라 부르는 큰 건물이 17동, 당(堂) 86개, 세 발자국 걸으면 각(閣)이요 다섯 발자국은 당(堂)이라고 부를 만큼 큰 건물만 150채가 넘었다.

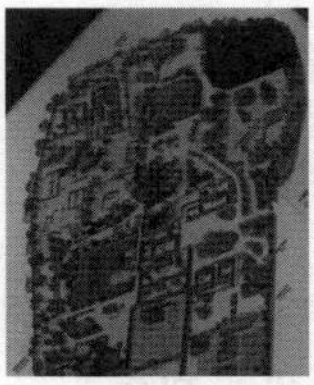

경복궁 중심축

389) 축선 상의 건물은 등급과 위계를 나타낸다. 전각의 칸수는 3, 5, 7의 홀수로 오행의 숫자를 기초로 했다.

390) 경복궁(430,000㎡, 54 ACRE)은 가로, 세로 560m, 870m로 인구 9백 명 바티칸(0.44㎢)보다 약간 작고 창덕궁은 13만 평이다. 5개 궁궐은 한양(17.66㎢)의 10%를 차지한다. 자금성은 720,000㎡다.

경복궁	자금성
북한산	조산(가산, 假山, 堆秀山)
응봉 북악산	
창덕궁 창경궁 경복궁 경운궁 경희궁(덕수궁)	자금성
신무문	신무문
후원	제안전
왕비전 대조전 통명전 교태전 융복전	음 곤녕궁
양의문	음양 연결 교태전
왕 침전 희정당 강녕전 회상전 함녕전	양 건청궁
	건청문
선정전 문정전 사정전 숭정전 덕흥전	보화전
선정문 문정문 사정문 숭전문	중화전
인정전 명정전 근정전 자정전 중화전	태화전
인정문 명정문 근정문 자정문 중화문	무영전 태화문 문화전
궁내각사 진선문 홍례문 흥례문 궁내각사	
옥천교 금천교 금천(영제교)	내금수교

<table>
<tr><th colspan="3">경복궁</th><th>자금성</th></tr>
<tr><td colspan="3">돈화문 홍화문 광화문 흥화문 인화문(대한문)</td><td>오문(午門)</td></tr>
<tr><td colspan="3">사직단 월대 종묘</td><td>월대</td></tr>
<tr><td colspan="3">주작대로</td><td>주작대로</td></tr>
<tr><td>예조</td><td rowspan="6">육
조
거
리</td><td>의정부</td><td></td></tr>
<tr><td>해태 사헌부</td><td>이조 해태</td><td>오문(伍門)</td></tr>
<tr><td>병조</td><td>한성부</td><td></td></tr>
<tr><td>장혜원(노비관할)
형조</td><td>호조</td><td></td></tr>
<tr><td>공조</td><td>기로소(국정자문
위원회)</td><td></td></tr>
<tr><td>사역원(통역원)</td><td>우 포도청</td><td></td></tr>
<tr><td colspan="3">보신각(종루)</td><td></td></tr>
<tr><td colspan="3">청계천</td><td></td></tr>
<tr><td colspan="3">남대문</td><td></td></tr>
<tr><td colspan="3">남산</td><td></td></tr>
<tr><td colspan="3">한강</td><td></td></tr>
</table>

광화문(光化門)

정문은 그 문만의 고유한 의미와 정체성, 상징성을 극명하게 보여준다. 더구나 한 나라 궁궐 정문 광화문은 우리 문화의 성격, 미와 고유성을 가진 조선 왕실과 국가 권위를 상징하는 문이다. 현재도 한국의 이미지 중 가장 많이 표현되는 광화문, 숭례문이다. 광화문을 중심으로 관청들이 양쪽으로 마주 보고 줄지어 선 육조(六曹)거리를 조성해 광통교까지 이어졌다. 관리들이 궁으로 들기 전 마지막으로 의관을 정제한 후 입궁할 수 있도록 배려해 예부가 광화문 바로 앞에 자리 잡았고 사헌부 한 쌍 해태는 관악산의 화기를 누르기 위해 남향으로 배치했다.

신라부터 유래한 해치(해태)는 중국 동북에 사는 상상의 짐승으로 몸 전체는 비늘로 덮여 있고 이마에 외뿔, 눈은 아주 밝게 빛나고 화재와 재난을 물리치고 선악을 구별하는 영물로 행운을 준다고 여겼다. 조선은 궁과 관아에 해태상을 세우고 하마비[391)]의 표시로 쓰였고 관악산 화기를 누르기 위해 남쪽을 바라보고 있다. 같은 이유로 관악산 기슭 호압사에 동물 석상을 세우고 숭례문 현판은 세로로 썼고 현판을 금색으로 썼다. 대원군은 신라 때 조성된 시흥 호압산(315m) 정상에 한 우물[392)]이라 불리는 큰 직사각형 우물을 서쪽으로 옮겨 새로 크게(동서 22m, 남북 12m) 축조했다. 경회루 연못에 구리로 만든 용을 넣었고 근정전 상량식 때 용(龍)자 1,000자로 물 수(水) 자를 그린 화마 부적을 상량문과 함께 넣고 경회루와 궁 곳곳에 방화 부적을 묻었다. 목조건물 근정전은 화마가 무엇보다 무서운 재난이었다.

---

391) 대소인원계하마(大小人員階下馬)라 적혀있는 하마비는 전장에서 이긴 장수나 말을 타고 궁이나 종묘, 사찰에 오는 고관대작들은 누구나 1품 이하 10보, 3품 20보, 7품 이하 30보 거리 밖에서 말을 내려야 하는 표시였다.

392) 산 정상에 있으나 물의 양이 변함이 없고 가뭄에도 마르지 않아 가뭄 때 기우제를 지내기도 했다.

왼쪽부터 관악산 한 우물, 하마비

1867년 건축한 광화문은 어삼문(御三門)[393]으로 중앙 어간(御間)은 넓고 높은 천장은 봉황, 동문은 기린**(부록 15)**으로 문관, 서문은 현무로 무관을 상징하는 동물로 장식했다. 1900년대까지 광화문 앞에는 4개 계단 어도와 약 30m에 달하는 큰 월대(月臺, 궁궐의 주요 건물 앞에 돌로 쌓은 널찍한 대)와 40여 개 동자석 난간이 있었다. 일제는 자동차가 광화문을 드나들 수 없다는 이유로 월대를 없애고 지반을 돋우며 기단[394]은 땅속으로 넣고 신작로를 만들었다. 1907년 조선 박람회를 열며 경복궁 담을 허물고 전각을 뜯어 파는 등 왕궁을 놀이터로 철저히 파괴[395]하며 조선 지우기에 올인했다. 북악산에서 내려온 조선의 맥을 끊기 위해 1939. 7. 25일 경복궁 후원에 총독 사저인 경무대(청와대)를 짓고 궁의 권위를 높이고 감시나 궁을 보위하던 광화문 양쪽 궁 문루인 동십자각 안쪽으로 길을 내고 서십자각은 아예 없애 버렸다. 1925년 남산 식물원 자리에 일본 시조 아마테라스를 모신 대선궁이라는 조선신궁[396]을 짓고 신궁은 경성부 청사(서울

393) 어삼문(御三門)이란 한 지붕 아래 세 문을 말하며 가운데 왕의 어간은 근정문, 서문은 무관 월하문, 동문은 문관 일화문이다.

394) 2008년 시루떡을 쌓듯 황색 점토와 잡석을 번갈아 6단으로 쌓은 광화문 기초석이 발굴되었다. 월대는 궁이나 누각의 권위를 높이기 위해 쌓은 대를 말한다.

395) 허전하게 보일 만큼 철저히 파괴된 경복궁은 1991년부터 복원 시작하며 2024년 고종 중건 당시(500동) 80% 정도가 되었다.

396) 현 남산 한옥 마을 터는 일본 헌병 사령부, 구 안기부 자리는 일제 통감부가 있었다.

시청)-총독부 청사(중앙청)-경무대(청와대)로 이어졌다. 1926년 완성된 총독부가 광화문에 가려 남산 신궁이 보이지 않자 1927년 광화문을 건춘문 북쪽으로 이전했다. 해방 후 다시 원래 자리로 이전되지만, 한국전 때 불타고 석축만 남아 1968년 졸속으로 건축되고 2007년 중건됐다.

왼쪽부터 광화문 봉황, 기별청

대목장은 황장목을 찾아 방방곡곡을 돌아다니다 마침내 강릉 성산면 보광리에서 찾아 산신께 제를 올린 후 나무를 베고 음지에서 7년 동안 말린 다음 역사를 시작했다. 강원도 강송과 울진, 봉화의 수령 150-250년, 지름 56-94cm 정도 춘양목을 으뜸으로 치며 11월 말부터 2월 초 적송이 제일 좋다. 황장목은 결이 곱고 단단하며 뒤틀리거나 표면이 트지 않고 잘 썩지 않는 최고 목재다. 광화문 안쪽 좌우는 관청사무실로 오위도총부, 내금위의 무반의 사무실 등이 즐비했고, 행랑으로 연결된 2층 궐내 각사는 서고나 창고로 쓰였다. 흥례문은 새로 복원되어 고졸한 맛은 없으나 산뜻하고 경쾌해 마치 새색시 같은 수줍음이 엿보인다. 흥례문 목재는 국내뿐 아니라 북한에서도 구할 수 없어 미국산 다글라스 소나무를 썼다. 치수(治水)를 상징하는 용, 천록, 귀면 도깨비 등 서수로 장식한 금천(禁川)[397]의 영제교다. 북악산 지기가 빠져나가는 것을 막는 궁 안 개울을 금천이라 부르고 왕의 영역을 상징했다. 관리들은 금천에 비친 자

397) 근정전 앞을 서에서 동으로 흐르는 금천(禁川)은 명당수라 한다. 왕릉 앞을 흐르는 개울을 역시 금천이라 하며 홍살문 앞에 설치했다.

기 모습을 보며 청정한 마음으로 국사를 돌보고 사리사욕과 모든 액을 물에 흘려보내라는 뜻을 내포했다. 똬리를 틀고 있는 용은 사람들이 하도 만져 반들반들하고 양쪽에 걸려 있는 주먹코 천록[398]은 혀를 날름거리며 빙그레 웃으며 오가는 이들을 반갑게 맞이한다. 동쪽에 있는 천록은 등에 난 구멍을 수리한 흔적이 보인다. 이 석수들은 혹시 궁에 들어올지 모르는 액을 물리치는 것으로, 본래 무서운 얼굴이어야 하지만 누구나 반기는 듯 익살스럽고 우스꽝스러운 해학적인 표정을 하고 있다. 19C 말 금천교에 정오를 알리는 오포대가 있었다고 한다. 관리들의 출입문인 유화문 옆으로 3 정승 회의실인 빈청이 자리 잡고 6조를 맡아 왕을 보좌하는 비서실인 승정원과 서책, 장서, 문서의 관리를 맡아 왕을 자문하는 홍문관, 왕조실록의 편찬 등 기록을 담당하는 춘추관과 주자소(鑄字所)가 있었다. 또한 병조에 소속으로 궁궐 안 시위와 의장을 담당하는 내병조, 내명부(內命婦), 나라의 소식, 인사 등을 알리는 기별청, 왕실 의상, 모자, 신발 장신구 등 전반적인 생활을 지원하는 상의원(尙衣院), 내의원과 등 왕을 보좌하는 중요기관들이 있었다.

근정문을 들어서면 인왕산과 북악산의 선을 살린 근정전 추녀와 지붕은 주위 산세와 어울리며 탁 트여 시원한 개방감을 주고 우람한 인왕산과 북악산 자락을 마당으로 초대했다. 높이 22m의 근정전은 정면 5칸, 측면 5칸으로 내부 역시 탁 트인 통층이다. 인왕과 북악, 두 산 사이에 걸려 있는 처마 선[399]이 산뜻하고 날아갈 듯 경쾌한 느낌을 준다. 용마루의 자연스럽

---

398) 천록(天祿)은 잡귀를 막는 상상의 신령한 사슴, 용의 아들로 불을 조절하는 사자처럼 생긴 용, 산예(狻猊)는 불과 연기를 좋아해 향로를 장식하며 도마뱀을 닮은 석룡은 무관의 흉배, 꽃병, 병풍을 장식한 상상의 동물이다.

399) 일제 때 조선 문화를 연구한 민속학자 야나기(1889-1961)는 중국문화를 크기와 힘, 일본은 색, 조선 문화의 특성을 유연한 곡선의 아름다움으로 규정했다. 마치 하늘을 찌를 듯 날카롭게 치켜 올라간 중국 처마와 거의 직선에 가까운 일본 처마다.

게 늘어진 이 선이 가장 부드러운 선이 되며 한국 건축미를 여과 없이 보여준다. 농악대의 선, 승무의 선, 한복의 선, 고려 자기의 미끈한 선, 앞산 구릉과 어울리는 왕릉의 완만한 선은 우리 문화의 큰 축을 형성하고 있다. 화강암 판석이 깔린 넓은 널찍한 근정전 마당은 왕의 즉위식, 책봉식, 결혼식, 외국 사신 영접, 만조백관과 공식적 업무를 보는 등 5일마다 열리는 조참례, 조회(朝會)가 열리는 정원(庭園)이라 하여 조정(朝庭)이라 불렀다. 정종, 세종, 단종, 세조, 성종, 중종, 명종이 이곳에서 즉위식을 했다. 예식이 열리면 각 품계 옆으로 정승을 비롯해 판서가 서고 왕세자, 대군 등 종친들 모두가 각자의 자리에 도열하고 고위 관리들 옆에는 낮은 관리와 관헌들이 줄지어 시립했다. 근정문 양옆으로 호위 좌 청룡, 우 백호기가 나부끼고 문 바깥 역시 삼군과 호위군이 겹겹이 늘어서 의례를 거행했다. 넓고 울퉁불퉁한 박석(薄石, **부록 16**)은 햇빛을 난반사시켜 근정전을 밝히고 가죽신을 신은 관료가 미끄러지지 않았다. 박석은 마치 불규칙, 무질서하게 보이지만 높낮이와 빗물을 고려해 조성했다. 중간중간에 잔디를 심어 한여름 발이 뜨거울 때 피해 있었고 근정문에서 근정전까지 경사져 빗물이 빠지게 조성했다. 또한 큰 쇠고리는 마당에서 의례를 거행할 때, 행사 중 비, 눈이 오거나, 햇볕이 강한 경우 커다란 천막(차일, 遮日)을 쳤던 것으로 보인다. 때때로 왕이 직접 보는 과거 전시(展試)가 치러지기도 했다. 외국인들이 묘지석 같다고 하는 품계석이 나란히 줄지어 있다. 품계란 직품(職品)과 관계(官階)를 부르는 말로 궁의 주인인 왕을 중심으로 동쪽 문반, 서쪽 무반으로 둘을 합쳐 양반이라 부르고 1품에서 4품까지 대부(大夫)와 5품에서 9품 사(士)를 더한 사대부(士大夫)다. 정(正)과 종(從)은 3품까지며 4, 5, 6, 7, 8, 9품은 정품만 있고 문반 12, 무반 12다. 정치를 총괄하는 영의정, 관리를 통솔하고 외교를 처리하는 좌의정, 국내 일을 담당하는 우의정, 판서는 정2품 장관, 종2품은 차관이다. 자신의 품계가 적힌 홀(笏, SCEPTOR)[400]을 들고 고개를 숙인 관리들이 연상되는 품계석이다. 삼도라 부르는 중앙 어도와 문, 무반의 길이다. 왕이 뚜껑이 없는 가마(여, 轝)를 타고 오르는 답도(踏道, 월대 중앙 램프)다. 답도의 우측은 영의정, 좌측은 좌의정의 길이며 태평성대를 상징한 봉황[401]을 조각해 천상의 세계로 묘사된다. 황제의 용상에 오르는 계단을 폐(陛)라 하며 그 밑에 엎드린 신하라는 뜻으로 폐하(陛下)다. 전, 각, 합은 전하(殿下), 각하(閣下), 합하(閤下)라 부르며 부모의 무릎은 슬하(膝下), 장군의 막사 또는 깃발은 막하(幕下), 휘하(揮下)라 한다. 월대는 상하월대 2단으로 구성되었고 장대석을 두른 난간은 연잎 두 장을 묶어 장식했다.

왼쪽부터 품계석과 박석, 월대 봉황, 북 방향 거북, 11-1시 시간 쥐

상월대는 정3품 이상만 오를 수 있다. 답도에 오르기 전 하월대 오른쪽 끝에 보이는 두 마리 해태는 왼쪽은 수놈, 오른쪽은 어미로 새끼 한 마리를 안고 웃고 있는 모습이다. 이는 백성에 대한 왕의 사랑을 상징하며 잡귀를 막고 왕의 권위를 나타낸다. 월대 난간과 층계 기둥머리에 사방 신과 하월대는 12간지와 방향이 정확히 일치하지 않는다. 세상 풍파를 다 겪은 듯한 원

400) 자장이 중국식 홀을 소개했다. 4품 이상 상아홀(笏)이다. 영국 여왕 역시 홀을 들고 있다.

401) 이집트가 시조인 봉황(PHOENIX)은 독수리와 비슷하고 황금색을 띠고 영원히 죽지 않는다고 믿었다.

숭이 상이다. 이러한 석수와 12지신은 계절과 시간에 대한 분별력과 변화무쌍한 하늘의 조화와 땅의 균형 등 통찰력을 배양하기 위해서였다. 농업국가에서 계절과 때를 이해하고 날짜와 시간을 정하는 것은 권력의 상징이었고 왕뿐 아니라 누구에게나 중요한 일이었다. 하월대 중간에 불귀신을 쫓기 위해 방화수를 담아 놓던 소방 쇠솥, 드무가 보인다. 드무는 널찍한 독을 이르는 순수한 우리말로 돌 위에 가마솥처럼 놓여 있고 겨울 물이 어는 것을 방지하기 위해 불을 때 돌이 검게 그을린 흔적이 남아 있다. 경복궁 처마에서 밑을 내려다보던 화마가 드무에 비친 자신의 얼굴에 놀라 도망간다고 한다. 참 어수룩한 귀신이고 이런 귀신을 믿었던 이들은 얼마나 순진했을까? 또한 지붕 위 잡상[402]은 예부터 내려오는 벽사 토우로 건물의 화재와 귀신을 막고 길상을 기원하며 장식했다. 첫 번째는 불교의 삼장을 깨우친 현장(弦長)법사를 말하며 손오공, 저팔계, 사화상, 마화상, 삼신 보살, 이구룡, 천산갑, 이귀박 등 아홉이다. "JOURNEY TO WEST"로 번역된 중국소설 『서유기』에서 전래했다. 하늘을 상징하는 양(陽)수인 홀수로 9는 가장 크고 무한함을 상징해 조선 왕과 왕비는 9개, 왕자나 대비는 7개다. 잡상은 최소 3개, 최대 11개(대한제국 상징, 경회루)까지 홀수[403]로 배치했다. 덕수궁 중화전만 특이하게 짝수인 10개다. 용두는 기와로 잡상이 아니다. 자금성은 청학을 타고 있는 도교 선인과 11개 잡상이며 손오공이 맨 마지막이다. 청학은 신선이 타고 다니는 상상의 인면조로 얼굴은 사람, 몸은 새를 닮았는데 여의주를 물고 여덟 개 날개, 두 가닥 긴 꼬리와 외발을 가진 새라고 『습유기(拾遺記)』에 기록했다. 이 새가 울면 천하가 일시에 태평해진다고 한다. 일본은 불을 다스리고 자유를 상징하는 잉어로 처마를 장식했다.

---

402) 치미, 귀면 기와, 잡상은 지붕을 장식하는 주술적인 의미였다. 고대 이집트와 그리스, 유럽 성당도 악령을 몰아낸다는 gargoyle이 장식했다. 빗물을 외부로 뱉어내는 토수구로 기독교 문화의 상징이다.

403) 궁 전각의 칸수 역시 모두 홀수다.

왼쪽부터 잡상, 중국 청학의 선인 잡상, 근정전 정(鼎), 드무

근정전은 5칸으로, 4 분합문, 3 분합문인 중앙 어문은 임금만 이용하며 신하들은 양옆 문을 이용했다. 근정전 문 양쪽에는 향로 같은 큰 솥이 있다. 예로부터 밥을 하는 솥은 천자의 권력을 상징하는 신물이었다. 솥 1개는 10만 군사를 뜻하며 황제는 9개 정이 있었고 열정(列鼎)[404] 제도라 했다. 황제는 향을 피우고 전쟁 승리와 백성의 안녕을 기원하며 하늘에 제사를 지냈고 정을 양도하는 것은 곧 양위를 의미했다. 솥의 다리 셋은 왕의 권력, 명예, 부를 상징하고 산예를 형상화한 사자 얼굴이요, 다리는 코끼리 형상으로 불교의 영향을 바로 보여준다.

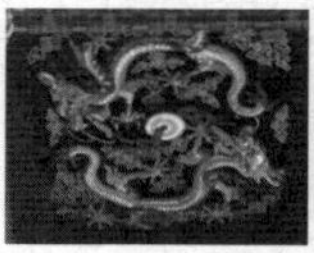

근정전 칠조룡, 근정전 칠보향로, 사정전 운룡도, 바닥 전돌

왕의 즉위식, 문무 관료의 조회, 외국 사신 접견 등 큰 국가공식 행사를 거행하는 근정전(190평)은 천장까지 탁 트인 통층과 화려한 단청으로 권위를 보여준다. 어좌에 보개(寶蓋)를 조영해 위엄과 존경을 표현하고 우

404) 구정(九鼎)은 하(夏)나라 우(禹)왕 때 9주의 쇠를 모아서 만든 아홉 개 쇠솥으로 외적이 침략을 방지하는 신물로 여기며 후일 周禮의 구정(九鼎) 제도로 발전했다. 솥다리가 세 개인 정(鼎)은 천지인, 천하 통일을 상징했다. 다리가 없으면 부(釜)라고 한다.

물천장은 여의주를 물고 승천하는 두 마리 7조 용(七爪黃龍)으로 장식하며 권위를 한층 높였다. 칠조 용**(부록 17)**은 음양오행을 상징한다. 발톱 숫자에 따라 서열을 나타내며 오조 용 이상이면 황제 격이고 그 미만이면 제후나 태자의 상징이다. 황(黃)은 황제 색으로 중심, 최고를 의미하고 청룡은 시작과 새로움을 상징하고 왕 혹은 고급 관리를 뜻했다. 전주 경기전 태조 어진은 청색이다. 왕의 상징인 일월오봉도의 해와 달은 음양, 왕과 왕비, 다섯 봉우리는 백두, 금강, 지리, 묘향, 북악과 화수금토, 수(壽), 부(富), 강녕(康寧), 유호덕(攸好德), 고종명(考終命)의 5덕[405], 인의예지신(仁義禮智信) 5상과 오곡 신을 상징한다. 좌우대칭인 일월오봉도의 소나무는 하늘과 사람을 이어주는 신목, 바위는 영원불멸을, 폭포는 수복 강녕을, 파도 치는 바다는 세상 풍파를 의미하며 왕이 다스리는 삼라만상을 상징한다. 일월오봉도는 우리 고유한 문화로 왕이 먼 길을 가더라도 어디든지 항상 동행하며 곁을 지켰다. 일반 서민이 결혼식에 흔히 놓던 민화 일월오상도는 소나무에 걸린 해와 오동나무의 달을 그려 부부의 백년해로와 효도를 상징했다. 커다란 백자 향로는 크기로 보아 경덕진에서 수입한 숯을 넣는 난로였을 것이다.

검은 돌바닥은 북극성과 북두칠성이 있는 도교 신선의 자극궁(紫極宮)을 상징하며 자금성도 마찬가지다. 전돌 바닥을 보는 사람마다 겨울에 얼마나 추웠을까! 물어본다. 하지만 겨울에는 분합문을 내리고 두꺼운 방석을 깔고 화로를 들여 생각만큼 춥지 않았고 한겨울에는 주로 편전을 사용했을 것이다.

---

405) 마음의 여유를 의미하는 유호덕(攸好德)이며 자식들 앞에서 편히 죽음을 맞는 고종명(考終命)이다. 중국은 수(壽), 부(富), 귀(貴), 강녕(康寧), 다남(多男)을 의미한다.

사정전

왕의 권위와 무궁한 발전을 의미하는 운룡도 앞에서 매일 중신들이 왕을 알현하는 상참과 조선의 대소사를 결정하고 신하와 경연[406] 등 왕이 일상 업무(편전, 便殿)[407]를 보던 정치의 중심인 왕의 개인 집무실, 사정전이다. 벽 전체를 흰 창호로 입혀 투명한 정치를 강조했다. 사정전 양옆 부속 집무실인 서 천추전, 동 만춘전을 번갈아 이용했으며 때로는 대신들이 알현하기 위해 기다리는 장소이기도 했다. 함실아궁이[408] 만춘전은 한국전 때 소실된 것을 1988년 복원했다. 앞쪽 긴 회랑은 책을 보관하던 서고 겸 왕의 개인물품을 보관하던 창고였다. 태종은 엄정한 군 집행을 위해 사정전 앞에 큰 북**(부록 18)**을 설치했다. 앞마당에 해시계 앙부일귀가 놓여 있다.

『조선왕조실록』에 의하면 왕은 하루 5시간 정도 근무했지만, 궁이 집이요 집이 집무실인 관계로 업무와 비업무의 구별이 없었고 온종일 업무의 연장이었다. 힘들고 어려운 직업이었다. 만기친람(萬機親覽, 왕이 모든 정치를 직접 돌봄) 하면 만병(萬病)이 생길 수밖에 없었다. 매일 아침, 저녁으로 대왕대비 전에 문안드리고 관료의 문안을 받는 것도 큰 업무였을 것이다. 또한 궁 안에서조차 몇 걸음만 움직여도 연[409]이나 가마를 탔으며 세수까지 궁녀의 몫이었다. 운동은 꿈도 못 꾸었고 하루 다섯 끼 보통 12첩 이상으로 식탐을 조절하기 어려웠다. 소화불량, 보약으로 인한 약물중독, 열악한 의료 환경, 많은 처첩과 격무로 스트레스에 시달렸다. 특히 조선왕조 가계에는 당뇨가 있었고 혈액 순환이 원활하지 않은 탓에 비만

---

406) 미국 백악관 WEST WING 집무실인 오벌(OVAL) 오피스보다 2배 정도 크다고 한다.

407) 1950년 9월 24일 경복궁에 폭탄이 투하되며 만춘전이 사라지고 활자와 각종 무기를 보관하던 만춘전 회랑도 대파됐다.

408) 부뚜막이 없이 군불만 때는 함실아궁이다.

409) 왕들은 개(蓋) 또는 일산(日傘)이라는 우산을 쓰고 행차했다.

과 고혈압 등 온갖 성인병에 시달리고 종기[410]는 세종, 문종, 효종, 정조의 목숨을 앗아간 큰 병이었다. 전쟁터에서 일생을 보내며 단련된 이성계 역시 58세에 왕위에 오른 뒤 앓기 시작하며 1408년 창덕궁에서 죽었다. 27세부터 약 먹은 세종대왕은 종합병원이라 불릴 만큼 병이 많았지만 부인 6명에 자식 18남 4녀를 두었다. 고종은 특히 감기에 자주 걸렸다. 질병 없이 장수한 조선 왕은 없었고 현대인처럼 많은 병을 앓았다. 왕 평균 수명은 왕 43.7세[411]로 조선 왕조 518년 스물일곱 명의 왕 중 60세 이상을 살았던 왕은 5명, 고려 국왕의 평균 수명은 42.3세로 34왕 중 60세 이상을 산 왕은 7명이다. 고려 관료 평균 사망 나이는 60.7세로 그나마 중세 유럽에 비하면 나은 편이다. 당시 일반 서민은 40세를 넘기기 힘들었고 양반 역시 45세 전후로 환갑은 큰 경사였다. 특이하게도 청백리 선비는 68세, 온종일 조아려 허리 병으로 고생한 내시가 평균 70세로 가장 장수했다. 하지만 조선 내내 궁내 위생(**부록 19**)이 가장 큰 문제였다.

전통 의학은 도교 양생론을 기본으로 하였기에, 몸에는 선천적인 기운이 있으며 장수와 건강의 비결은 신체적, 정신적 수행의 조화를 통해 유지된다고 믿었다. 타고난 환경, 가계, 개인별 특성을 이해하고 신체의 조화와 균형을 중요시했다. 365개 혈, 12개 경락, 24개 척추뼈, 5장 6부는 우주의 법칙과도 일치하며 소우주인 인간으로 마치 날씨가 나쁘거나 비가 오면 관절이 쑤시는 것과 같은 이치라 여겼다. 왕은 얼굴빛, 눈빛, 손톱 색깔을 보고 목소리, 숨소리를 듣고 하루에 4번 진맥했다. 용변이 매화꽃을

---

410) 조선 왕 7명이 종기(등창)로 사망했다.

411) 중국 황제 평균 수명 38세, 17C 초 영국인의 평균 수명은 30세, 18C까지 유아 사망률은 60%, 1940년대 유럽인 평균 수명 45세, 미국 47세로 2차 대전까지 미국인 대부분 가정에서 할아버지를 볼 수 없었다. 1970년대 한국인 평균 62세, 65세 이상 노인 인구는 4%였다. 현대인들은 왕보다 좋은 음식, 더 나은 의료로 19C 평균 수명 35세가 200년 만에 80세가 되며 수명이 2배로 늘었다.

닮았다고 하여 매화틀이라는 이동식 변기에 짚을 잘게 썰어 깔고 재를 뿌려 궁녀들이 "감축드리옵니다"를 외치면 내의원 어의와 시의들이 일제히 내려와 용변을 검사하였다. 장막을 치고 구멍을 뚫어 혀를 진찰했고 왕비는 손에 붕대를 감고 맥 뛰는 부분만 남겨놓고 맥을 짚었다. 명주실로 손목을 감고 방 밖에서 맥을 감지했다고 하지만 이는 근거 없는 얘기다. 왕실은 식의(食醫), 침의, 약의 등 4명 어의**(부록 20)**를 두었고, 식의를 으뜸으로 쳤다. 약식동원(藥食同源, 식의동원, 食醫同源), 신토불이(身土不二)같이 계절 음식으로 건강을 다스리는 식의였다. 세종 어의 전순의는 음식을 통한 치료가 으뜸이고 약은 다음이라 했다. 소우주인 인간과 대우주인 천지자연의 음식이 동화할 때 우리 몸은 안정된다고 생각해 자연의 모든 것이 음식이며 약이었다. 하지만 왕의 병의 경중에 따라 어의의 생사가 결정되기도 했다. 왕의 수라상은 계절에 맞는 음식과 과일 등 전국 특산물과 정성으로 올렸다. 오전 5시경 기상해 어른들에게 문안드리고, 오전 7시 오곡을 갈아 부드럽게 쑨 죽을 초조반(初早飯, 간단한 식사)으로 올렸다. 아침 수라는 오전 10시 음식 재료와 조리법이 겹치지 않는 12첩[412] 반상으로 국, 찌개, 전골, 찜, 조림, 젓갈 등 놓는 위치가 정해져 있었다. 첩이란 기본적인 밥, 김치, 장, 국을 제외한 나머지 뚜껑이 있는 반찬 수를 말하며 중심 요리가 없다. 반상기란 격식을 갖춘 밥상으로 사기나 놋쇠 등으로 만든 한 벌 그릇을 말한다.

수라상 3개는 수라를 먼저 맛보는 기미(旣味) 상궁, 수라 상궁, 전골 상궁 등 세 명이 수발을 들며 수저는 찬 것과 더운 것이었다. 밥은 새옹이라 부르는 숯불 담은 화로에 은근히 뜸을 들여 지은 돌솥 밥이다. 궁중 비빔밥인 골동반과 왕이 갈비를 손으로 들고 씹을 수 없자 만든 것이 떡갈비였

412) 양반은 9첩 이하, 서민은 5첩이었다. 진찬이 끝나면 음식들은 바리바리 싸 사대부 집으로 보내지기도 했다.

다. 내의원은 철마다 계절별 보양 음식을 준비했고 사옹원에 딸린 4백여 명이 왕의 수라와 궁궐에 음식 공급을 담당했다. 왕이 먹고 나면 신하들에게 골고루 나누어 주기도 하여 궁중 음식은 사대부에게 전해지고 다시 중인, 서민들에게 전해지기도 했다. 점심은 간단한 식사였고 오후 5시 저녁 수라상으로 정식은 하루 2끼**(부록 21)**였다. 오후 9시 간식으로 국수 위주의 반과상(飯果床)으로 다과, 약식이었다. 이러한 진수성찬은 결국 식탐으로 이어졌다. 극심한 가뭄으로 기근이 발생하자 수라를 세 번으로 줄이고 반찬 가짓수도 줄여 5첩 이상을 물리친 영조였으며 이러한 소식이 영조의 장수 비결이었다. 고종은 양식도 좋아해 덕수궁을 중심으로 프랑스 요리가 유행하기도 했다. 1896년 아관파천(俄館播遷) 때 고종이 러시아 공사관에서 처음 커피 맛을 보았으며 1900년경 덕수궁에 최초 서양식 다관, 카페 정관헌을 짓고 커피를 즐겼다. 고종은 커피로 독살당할 뻔한 커피광이었다. 교태전 옆 왕, 왕비의 수라를 위한 내소주방(內燒廚房)과 진찬 등 잔치와 의례를 위한 외소주방(外燒廚房, 난지당), 별식인 다과와 후식과 음료, 죽, 전 등 간식을 담당한 생물방(生物房, 복회당), 생과방(生果房) 등 큰 건물이 17동, 인원만 400명이었다. 음식 책임자[413], 주방장인 반감이었고 내시, 상궁과 나인들은 단지 음식 시중을 들었다. 숙수(熟手)라 불리는 궁중 남자 요리사 13명이 대전, 왕비, 대왕대비, 세자 수라간 등에 항상 대기했다. 구한 말 이 숙수들이 궁을 떠나며 고급 요릿집이 생겼다.

왕의 사적인 생활공간과 침실로 들어가는 강녕전 향오문(嚮五門)은 오상(五常), 오례(五禮)를 지향한다는 뜻으로 왕은 항상 군자(內聖外王)같이 공부하며 정치에 임해야 한다는 뜻이 담겨 있다. 강녕전(康寧殿)은 왕이 스스로

413) 고기 요리 담당, 찜 요리 전문가, 채소 요리 전문, 굽는 요리 전문가, 밥 짓는 반공, 떡 전문가 등이 있었다. 프랑스 역시 혁명 후 귀족이 몰락하면서 궁중 요리사가 궁을 떠나며 근대 고급 레스토랑이 탄생했다. 1840년대까지 영국 상류층 밀 빵, 중류층은 호밀빵, 하류층은 감자였다.

도덕적 수양을 해 편안해야 나라와 백성이 평안하다 뜻으로 왕은 침소에서도 자신과 백성의 안녕을 염려하라는 정도전의 철학이 담겨 있다. 왕은 매일 저녁 강녕전에서 남산을 바라보며 1거 봉수**(부록 22)**가 피어오르는 것을 보고서야 편안히 잠자리에 들었을 것이다. 우물 정(井)자형 9개 방으로 나누고 중심에 왕의 침전을 두고 8개 입직 상궁의 방으로 둘러싸며 안전을 최우선으로 큰 가구도 배치하지 않았다. 왕과 왕비의 곁에서 보필하는 지밀상궁**(부록 23)**, 나인, 내시들이 밤새 교대로 왕을 보좌하였고 약방 기생은 만일에 대비해 잠자리를 지켜 왕의 사생활은 존재하지 않았다. 좌우로 배치된 부속 침전인 연생전과 경성전은 회랑으로 연결되어 ㄷ자형이었다. 앞마당에 작은 월대는 언제든 붉은 장막을 둘러치고 왕의 주연**(부록 24)**이나 잔치를 베풀 수 있었다. 악사와 무희들은 월대 밑에서 연주했다. 강녕전, 교태전은 1995년 복원됐다.

왼쪽부터 강녕전 월대, 삼태극, 전국 봉수대

하늘과 소통과 음양 조화를 위해 강녕전, 교태전에는 용마루가 없다. 임금 외 또 다른 용이 있을 수 없으며 임금이 용에게 기운을 뺏긴다 하여 용마루가 없다는 속설과 감히 누가 왕의 침소를 내려다 볼 수 있겠느냐는 의미가 숨겨져 있다고 한다. 또한 용이 비를 잘 다스려 주기를 희망하는 소원을 담고 있다. 강녕전 섬돌에 새겨진 삼태극[414]이 조각되어 있다.

---

414) 근정전 서쪽 하월대 계단 소맷돌에는 4개 파형 사태극 문양이 조각되어 있다. 이처럼 시대와 장소에 따라 이 태극, 삼태극, 4 태극 문양이 다양하게 표현했다.

1438년 세종은 농사와 날씨를 관장하던 왕립 천문 기상대 흠경각(欽敬閣, 조선 초 서운관, 관상감)을 침전 바로 옆으로 설립해 왕에게 자연의 운행과 시간 등을 보고했다. 장영실이 중국 수차 동력 장치, 이슬람의 구슬을 이용한 인형 구동 장치를 참고해 만든 당시 가장 정교한 최고 자동 물시계 자격루와 옥루가 있었다. 흠경각은 명종 때 화재로 소실됐다. 앞으로 팔각 돌 테두리에 팔각 정자를 세운 흔적을 보여주는 어정 우물이 있다. 또한 경회루 옆 간의대(천문대)를 설치해 운영했지만, 곧 후원으로 이전했다.

왼쪽부터 사정문, 향오문과 강녕전, 양의문, 굴뚝, 연기구

교태전 양의문(兩儀門)은 음양이 세상으로 열린다는 뜻으로 강녕전, 경성전, 연생전, 흠경각, 함원전은 5행, 사정전, 천추전, 만춘전과 합쳐 팔괘를 이루며 왕비의 다산을 기원했다. 문의 서쪽 굴뚝은 만수무강, 동은 천세 만세의 길상문이 조각되어 있고 담과 굴뚝 중간에 기와로 연기 구멍을 내어 모기, 파리 등 해충을 쫓았다. 사정문(思政門)의 사가 넷이요 강녕전의 향오문(嚮五門)의 오가 다섯으로 숨겨진 5문의 형식을 보여준다. 교태전(交太殿)의 클 태(太)는 팔괘의 하늘 건(乾)과 땅 곤(坤)을 내포하며 큰 음양이 어울려 천지가 교류[415)]하는 태평성대를 이룬다는 뜻이다. 풍수상 가장 좋은 터로 평가되는 교태전은 뭇 생명을 주관하는 삼신할미가 사는 북극성을 상징한다. 세종 때 청기와로 지은 왕비 침실, 함원전과 일자형

415) 하늘과 소통해 교태(交泰), 통명전(通明殿), 대조(大造)이다.

부속 침실, 동소침 원길헌, 서소침 함광헌[416]이 있었다.

외국인들은 교태전에 가장 관심이 많은데, 교태전에서 스페니시 하렘을 연상하며 질문도 많고 여인의 궁금증과 특유의 수다로 언제나 떠들썩하다. 여인의 짙은 향수 냄새와 암투, 번민 등 은밀하고 에로틱한 상상을 하는 듯하다. 왕가의 결혼이 선포되면 전국 양반 자제들은 혼인할 수 없었으며 15-20세 양반의 처녀들은 사주단자(사주가 적힌 문서)를 제출해야 했고 간택은 대왕대비, 왕대비가 가문, 부덕, 용모를 보며 간택, 재간택, 삼간택했다. 간택되면 가문의 영광이기도 했지만 일이 잘못 틀어지는 날에는 딸과 가족은 물론 가문 모두가 멸문지화를 당하기도 하였기에 대다수 양반가에서는 이를 반기지 않았을 뿐 아니라 오히려 꺼렸다고 한다. 왕실과 결혼하면 아무 때나 궁에 출입할 수 있고 왕의 곁을 지키며 모든 정보와 권력을 독점할 수 있어 조선 중기 후 권력에 집착한 서인들은 권력의 핵심인 왕실 결혼에 올인했다. 화려하고 성대한 왕실 결혼(**부록 25**)은 주로 왕실의 개인 자산 내탕금으로 충당하였지만, 1년 예산 2%가 들어갈 정도였다고 한다. 내탕금을 관리하는 내수사와 결혼 주무 부서인 가례도감을 중심으로 20개 관청과 수많은 장인이 동원된 왕실 행사였다. 부마 간택 역시 모든 양반 가문에서 단자를 받으며 시행했다. 부마는 과거에 응시할 수 없고 벼슬도 못했지만, 가문의 위상에 절대적인 영향을 미쳤다. 궁녀들에게 최고 신분 상승은 왕의 승은(承恩)을 받는 것이었다. 승은을 입은 이는 치마를 뒤집어 입고 승은 입은 것을 과시하며 후궁(後宮, **부록 26**)과 같은 대접을 받았고 임신하면 품계가 주어지고 후궁이 됐다. 혹 아들이라도 생산하는 날에는 왕비와 버금가는 권력을 누릴 수 있어 모든 여자의 꿈이었다. 후궁과 왕비 주변에는 항상 탐욕과 욕망을 위한 이들이

416) 경복궁 서소침 경성전 강녕전 동소침 연생전, 만춘전, 천추전
서소침 함광헌 교태전 동소침 원길헌
창덕궁 서침전 융경헌 대조전 동침전 흥복헌 소덕당, 보경당

모여들었고 이들 사이의 사소한 일이라도 경쟁, 갈등, 권모술수, 증오와 복수로 이어지며 피를 부르고 독배가 되었다. 왕후와 비빈뿐 아니라 관료와 제왕, 궁녀와 내시, 인척의 온갖 간계, 기만과 암투가 판치는 가장 화려하면서도 가장 음험한 분위기를 풍기는 교태전이었다. 특히 왕자들의 대립과 반목은 형제일지라도 왕권에 대한 도전으로 받아들여지고 이들에게 충성 경쟁하는 관료들의 줄서기와 반목을 불러오며 궁은 언제라도 목숨을 요구하기도 했다. 대권을 승계한 왕자는 반란이나 정변에 대비해 형제들을 평생 유배를 보내거나 사약을 내리기도 했다. 후궁[417]의 관례는 9명이었으나 평균 4.1명을 두었고 여색을 탐하는 왕을 제외하고는 많은 후궁을 두지 않았다. 태종, 성종, 숙종은 각각 9명 후궁이 있었다. 후원에 거처한다고 하여 후궁(빈궁)으로 후원 함화당과 집경당 일대가 후궁들의 거처였다. 경국대전에 따라 품계가 없는 왕비부터 정1품 빈(嬪), 종1품 귀인(貴人) → 정2품 소의(昭儀), 종2품 숙의(淑儀) → 정3품 소용(昭容), 종3품 숙용(淑容) → 정4품 소원(昭媛), 종4품 숙원(宿怨)까지 8품계[418]였다. 머무는 건물도 교태전과 같은 모습이었으나 한 단계 격이 떨어지게 지었다. 왕비의 평균 수명은 51세, 왕비 중 환갑을 넘긴 사람은 18명에 불과했다. 내명부 수장으로 정신적 중압감, 스트레스로 왕비의 수명이 짧았다고 추측한다. 후궁[419]은 57세, 일반 사대부집 여인들은 45세였다.

여인들만의 공간인 교태전은 얼마나 많은 궁녀와 나인이 있었겠는가? 하루에도 수백 명 여인이 드나든 만큼 궁녀들 특유의 수다, 스캔들, 가십,

---

417) 고려 국왕의 34명, 비는 135명으로 왕 1명당 평균 3.97명, 대략 4명의 왕비와 첩을 두었다.

418) 정5품 이하는 궁녀로 정5품 상궁(尙宮) → 종5품 상복(尙服) → 정6품 상침(尙寢) → 종6품 상정(尙正) → 종7품 전빈(典賓) → 7품 전설(典設) → 정8품 전찬(典贊) → 종8품 전등(典燈) → 정 9품 주궁(奏宮) → 종9품 주변궁(奏變宮)이었다.

419) 왕은 후궁의 방에 갔고 주로 후궁들은 긴 밤이 아니라 짧은 밤으로 왕을 모셨다.

등 루머가 끊이지 않았을 것이다. 그 많은 수다와 재잘거림을 그 누가 감당할 수 있으랴! 후궁, 궁녀, 나인, 상궁 등 500-600명 모두에게 입단속시키기는 어려웠으리라! 그 많은 인원과 궁의 안살림을 도맡아 하는 것은 왕비였다. 교태전 양쪽은 2단 계단을 가진 문 없는 문, 홍살문이 공간을 안팎으로 명쾌히 구분했다. 가장 비밀스럽고 은밀한 거래와 음모가 생산되는 교태전을 확실히 인식시키는 홍살문이다. 이 문을 드나들며 궁녀들은 보고도 못 본 척, 들어도 못 들은 척 행동[420)]을 조심하라는 뜻을 포함하고 있다. 수십 번의 말보다 매일 마음속에만 존재하는 문, 홍살문을 지나며 몸으로 행동 조심을 실천하였을 것이다. 계단 역시 서둘지 말고 침착하라는 뜻이 배어 있다. 이렇듯 말하지 않아도 이해할 수 있는 암호를 숨겨놓은 경복궁이다.

왼쪽부터 홍살문, 아미산 봄, 아미산 겨울 풍경

구중궁궐 꽃 대궐이라는 말과 같이 어느 궁이나 왕비의 침전이 가장 아름답다. 가구 역시 왕실을 상징하는 붉고 투명한 옻칠 자개와 주칠[421)]한 최고급 화려한 가구가 주류를 이루었다. 교태전[422)]은 방문만 열면 나무와

---

420) 섣달그믐 궁녀들에게 입조심시키는 주술적 쥐 부리 글려라는 의식을 행했다.

421) 주칠(朱漆)은 진한 붉은 색을 띤 황하수은 광물, 진사(辰砂)를 사용해 만든 안료로 사대부에게 허용되지만, 서민이 사용할 수 없는 조선 왕실의 칠이었다.

422) 강녕전의 남성성을 상징하는 월대와 같이 교태전은 여성성을 상징하는 요철

꽃들이 가득 찬 꽃이 아미산[423] 정원이 들어온다. 교태전 창살은 넓고 명장지와 불발기창으로 절기마다 피어나는 꽃의 향기와 자연의 푸른 빛, 달빛을 끌어들이며 밤마다 더욱 환하게 은근히 밝혔으리라! 경회루를 지으며 퍼낸 흙으로 만든 가산(假山) 아미산은 단순함을 피하고 변화를 주기 위해 계단식 축약식 정원으로 아미산, 도교 성지를 모방한 무릉도원을 상징한다. 계절 변화를 한눈에 알아볼 수 있는 화초와 길상과 화려함을 상징하는 난초, 모란과 여성적 괘석, 분재로 장식하고 두꺼비 석연지는 불사약을 훔쳐 먹고 달로 도망간 항아를 뜻하며 달, 신선 세계를 연출한다. 산동성 박산현 아미산, 도교 성지를 모방한 무릉도원을 상징한다. 궁궐에서 갇혀 지내는 답답하고 단조로운 왕비의 생활을 배려한 정원이다. 왕비는 궁 안팎의 번잡한 모든 일을 잊고 자기만의 천상을 거닐고 있는 자신을 상상하였으리라! 4개 굴뚝은 육각, 전돌 기둥을 쌓고 전돌마다 학, 매화, 박쥐, 귀면 등 벽돌을 4개씩 배열하고 길상을 소망했다. 단순한 굴뚝을 재치 있고 세련된 조형물로 장식했다. 이러한 석물, 화초와 굴뚝으로 인해 정원은 마치 꽉 찬 듯 풍성한 느낌을 준다.

건강한 왕자의 생산을 기원하던 왕비의 산실(産室)인 건순각(健順閣)이 교태전 한구석에 남아 있고 전돌로 세운 좁은 협문 연휘문은 순산한 왕자의 불로장생을 위해 불로초(영지)를 물고 오는 봉황을 새겼다. 왕자 생산은 자신과 가문의 미래가 걸린 가장 중요한 문제였다. 자식에 대한 욕심은 끝이 없었고 이로 인한 스트레스, 불안은 극에 달해 숙종부터 정조까지 정비 소생 왕자는 없고 모두 후궁에게서 탄생했다. 임신 3개월부터 건

(凹凸) 모양이며 창덕궁 대조전도 같은 형태다. 교태전 뒤편은 ㄷ자 형태로 아미산(峨眉山)을 감싸 북한산, 북악산 정기를 받아들이며 왕비의 다산과 왕실의 번창을 기원했다.

423) 관음보살 보타산, 문수보살 오대산, 지장보살 구화산, 보현보살 아미산이다. 아미는 나비의 눈썹을 뜻한다.

순각으로 옮긴 왕비는 본격적인 태교를 배우며 왕도 접촉하기 힘들었다. 거처 주변에서 가야금, 거문고를 연주했고 상궁·나인들은 밤낮으로 『천자문』, 『동몽선습』, 『명심보감』을 낭독했다. 왕비는 아이를 낳아도 첫 삼칠일만 수유할 수 있어 젖조차 제대로 물릴 수 없었고 왕자는 철저히 격리되어 유모[424)]나 상궁의 보살핌 속에 양육됐다. 또한 왕비는 봉황무늬 활옷, 가체, 족두리, 옥대는 물론 당혜(가죽신)를 신고 내전 이동 때에도 얼굴이 보이지 않는 너울을 썼고 부모 생신, 병문안, 상을 당한 경우에만 궐 밖 출입이 허용되어 거의 평생 궁 안에서 보내야 했다.

왼쪽부터 불로초 문 봉황, 凹 모양 대조전, 건순각

경회루(慶會樓)

인왕산과 백악산 전경을 연못으로 들이며 주변 정경을 담아 마치 한 폭 풍경화를 연상시키며 항상 많은 사람이 모여 사진을 찍기 바쁘다. 1395년 태조는 개국 공신들에게 십장생이 새겨진 칠기 함과 비단을 하사하며 경회루에서 작헌례란 큰 연회를 베풀었다. 연회가 무르익을 무렵 배극렴이 기생을 희롱하여 너희 기생은 아무 때나 사내의 품에 안긴다고 하자 설중매라는 기생이 재상처럼 두 왕조를 섬기지는 않는다고 하여 배극렴은 차마 얼굴을 들지 못했고 이성계가 껄껄 웃었다는 고사가 전해 온다. 태종

424) 세자와 유모, 보모는 건강과 첫 훈육과 인성을 책임진다고 믿어 봉보부인(奉保夫人)이라 칭하며 종1품을 하사했고 재상에 버금가는 대우를 받았다. 3-4개월 전 왕비는 산실청(産室廳), 후궁은 호산청(護産廳)이라 부르는 산실을 준비했다. 그믐, 보름이 아닌 날에 맞춘 왕비의 합궁이었다.

12년(1412년) 공신과 연회를 베풀고 외국 사신 접대와 새 왕조의 권위와 위엄의 상징으로 크게 중건[425]했다. 고려 서운관 소속 풍수가였던 하륜이 명명한 경회루는 임금과 신하의 덕을 상징하는 만남의 장이었다.

경회루는 임진왜란 때 불탄 뒤 고종(4년) 1867년 4월 20일 다시 지었다. 천원지방을 상징하는 연못은 4,375평, 건물 288평, 정면 7칸, 측면 5칸으로 양을 상징하는 24개 외(外) 석주와 음을 상징하는 24개 둥근 내(內) 석주로 조성했다. 外 석주 기둥은 24절기. 內 석주 12 기둥은 12달을 의미한다. 총 48 기둥은 불교의 인간 백팔 번뇌 중 48개 인간 소원을 뜻하며 기둥이 만들어낸 36개 사각형은 동양의 36궁으로 하늘의 별자리를 의미하고 주역 숫자 6이 기본이다. 유불도가 공존하는 문화 혼합주의(SYNCRETISM)를 보여준다. 경회루 1층은 전돌 바닥이며 2층은 나무 마룻바닥이다. 3단 누마루 우물 구조인 2층의 중심 마루는 임금과 가족, 중진은 고위 관리, 외진은 하급 관리의 자리로 천장과 기둥의 높낮이가 차이가 있다. 경회루 연못은 원래 1개 섬인데 물길을 조성하기 위해 연산군 때 둘로 나누었다. 경복궁 이외의 4대 궁은 모두 1개 섬이다. 경회루 돌기둥은 원래 바다 용궁을 재현한 아름다운 용 조각이 있어 그림자가 물위에 비치면 연못의 푸른 물결과 붉은 연꽃 사이로 보이고 헤엄치며 승천하는 모습은 장관을 이루어 조선 제일 절경으로 불렸다고 한다. 또한 가뭄이 들면 경회루에 용 그림을 걸어놓고 왕이 화룡 기우제를 지내기도 했다. 경회루 물빼기 공사에서 발톱이 5개인 조악한 용을 발견했다. 아마도 대원군이 경복궁 복원 후 넣은 것으로 추정된다. 담 너머 경회루로 가는 3개 돌다리와 1950년대 이승만 대통령이 지은 하향정(荷香亭)이 보인다.

---

425) 박자청이 땅이 습한 경회루 주변으로 큰 연못을 파고 크고 화려한 3층 누각을 새로 지었다.

왼쪽부터 경회루, 경회루 정자, 대원군 용

수정전(집현전)

경회루 옆 외로이 서 있는 수정전은 세종**(부록 27)**이 훈민정음을 창제한 옛 집현전이다. 수정전은 궁에서 두 번째로 큰 건물로 월대까지 갖춘 40칸이며 부속 전각으로 도서관인 장서각이 있었다고 하니 세종이 얼마나 집현전에 많은 신경을 썼는지 알 수 있다. 1443년 세종 25년 신하의 수 없는 반대에 부딪히면서 훈민정음을 창제한 곳이다. 언어란 인간의 생생한 삶과 온갖 경험, 문화, 정신이 수세기에 걸쳐 자연과 함께 쌓아 온 기억이 녹아 있는 그릇으로 한글은 우리의 혼이며 정신이다. 어리석은 백성이라도 소외당하지 않고 차별 없이 백성의 권리를 찾아주는 지극히 백성을 사랑하는 민본정신이 한글 창제의 기본이다. 한글은 독창적이며 과학적으로 천지인과 발성기관[426)]을 본뜬 5가지 기본음인 ㄱ, ㄴ, ㅁ, ㅅ, ㅇ과 하늘은 둥근 점(●)으로 표현했고, 대지는 ㅡ, 인간은 ㅣ로 표현하며 자연의 이치, 천지 만물의 조화를 자연스럽게 반영해 세계관과 음양오행의 이치를 담고 있다. 훈민정음은 28자와 33장으로 이루어졌고 이는 하늘 28숙과 불교의 우주관인 33천을 뜻한다. 한글은 쉽고 간편하였으나 중화사상에 빠져 중국 닮기에 올인한 선비들은 언문이라 부르며 천시했고 조선 내내 하층민의 언어가 되었다. 문자가 권력이며 힘이었던 당시 학식 있는 선비들 모두가 중화주의자[427)]였다는 것은 조선의 비극이었

---

426) 자음은 혀와 입 모양, 모음은 사람, 땅, 하늘을 묘사했다. 어금니 소리 ㄱ은 혀뿌리가 목구멍을 막는 모양이다.

427) 조선 왕들 역시 마찬가지였다. 1705년 숙종은 임란 때 군대를 보낸 明 신종을 위

다. 집현전 학자들이 주동이 되어 단종 복위 운동을 벌이자 세조는 집현전을 폐지했고 대원군 때 경복궁 복원과 함께 수정전으로 바뀌며 대원군(1820-1898, 수렴, 1863-1873) 정치개혁의 산실이 됐다. 사정전에서 수정전까지 직접 복도로 연결되었고 수정전 앞 보루각(報漏閣)과 앙부일귀가 있었고 서북쪽에 간의대가 있었다. 우측 넓은 마당으로 학문, 정치, 행정을 담당하며 왕의 자문기관 홍문관, 왕명 출납을 맡았던 승정원, 회의하던 빈청, 음식을 조달하던 사옹원, 의복을 만들던 상의원, 사복시 등이 있었지만 일제 시대 때 모두 파괴되어 수정전만 살아남았다.

왼쪽부터 수정전, 기단, 세종 천문 기구들

자경전(慈慶殿, 보물 809호)과 조대비(효명 세자 비, 신정왕후, 1808-1890)

고종이 조대비 60회 생일을 축하하며 지은 44칸 대비전은 자경전[428], 자전(왕의 어머니)이라 한다. 자경전 민수전 등 대비의 거처는 동조(東朝)라 하여 궁궐 동쪽에 두었다. 자경전은 조선시대 왕의 인척과 외척의 권력 대립을 극명하게 보여주며 교태전을 마주 보고 있다. 어느 궁이나 대비의

해 창덕궁 대보단을 짓고 직접 술을 따르고 1893년 고종 역시 대보단을 찾았다.

428) 자경전은 1915년 총독부가 경복궁에서 조선물산공진회를 개최하면서 공진회 사무실, 행랑은 창고, 총독부 박물관 사무실로 해방 때까지 사용됐다. 정조는 어머니 혜경궁 홍씨를 위해 서울대 의대 자리에 사도세자 사당, 경모궁(景慕宮)과 왕비의 침전 통명전이 내려다 보이는 창경궁 언덕에 자경궁을 지었다.

거처는 왕비의 거처와 가까우나 그보다 약간 높은 곳에 자리 잡고 왕비의 처소를 내려다보는 형국으로 대비와 왕비의 미묘한 관계를 보는 듯하다. 아마도 시어머니와 며느리의 관계가 일반 서민보다 더 복잡하였음을 극적으로 보여준다. 꽃담은 끝없이 이어지는 귀신 잡는 덫을 상징하는 거북을 닮은 육각형 귀갑문, 우주의 근원, 장수를 의미하는 무시무종(無始無終) 무늬로 장식했고 중앙은 삼화토(三和土, 석회석, 진흙, 돌을 섞은 흙)로 대나무와 바자문, 영산홍, 국화와 만다라, 귀갑문과 석류, 월매도를 액자같이 연출했다. 삼국 시대부터 시작된 꽃담은 화려하지 않고 소박한 우리 궁궐 건축을 그나마 아기자기하고 아름답게 장식하며 조선 전통미의 특징인 소박함과 검소함을 잘 보여준다. 앞마당에는 기막힌 솜씨의 해태 한 마리가 빙그레 웃고 있는 모습이 외로워 보인다. 복안당은 겨울용, 천연루는 여름 침실이며 시녀들의 협경당은 지붕이 낮다. 뒷마당에는 화마를 잡아주는 불가사리와 해태를 장식한 뒤뜰 십장생(十長生)[429] 굴뚝은 마치 장난감같이 앙증맞게 줄지어 있다. 아미산과 십장생 굴뚝은 우리나라에 둘밖에 없는 굴뚝 보물(810호)이다.

영조의 장인, 안동 김씨 김한구, 김구주 이후 외척이 정치의 주도권을 가진다. 정조 사돈인 김조순은 1802년 딸(순원왕후, 1789-1857)을 12세였던 순조와 결혼시키며 세도정치의 기반을 닦고 서원을 중심으로 파벌을 만들어 관직을 독식하며 절정기를 이루었다. 평안도에서 전라도에 이르기까지 고위 관리는 안동 김씨 집안으로 정3품 이상 당상관만 할 수 있는 금관자, 옥관자가 서 말이라 할 정도로 부정부패, 매관매직이 성행했다. 왕실 어른은 없었고 다만 외척 세도만이 존재했다. 나랏일이 집안일이 돼버렸고 국고를 쌈짓돈 다루듯 했다. 순조는 아들 효명을 세자로 책봉하고

---

429) 십장생은 해, 달, 산, 돌, 물, 소나무, 불로초 거북, 학, 사슴을 말한다. 도교에서 유래한 십장생, 수복, 장수와 길상화다. 5가지 옥으로 장식한 왕의 면류관이다. 귀갑문은 벽사를 상징했다.

세자비로 풍양 조씨(신정왕후)를 맞으며 4년간 대리 청정하지만 효명(후일 익종으로 추존)은 22세에 왕이 되지 못한 채 죽는다. 효명이 죽자 그의 8세 아들이 헌종으로 즉위하니 할머니 순원왕후가 수렴청정(垂簾聽政)[430]한다. 왕이 어린 왕세자만 남기고 돌아가면 대왕대비, 왕대비의 수렴청정은 조선의 법이었다. 왕이 일찍 죽으면 대부분 왕비는 장수하며 왕실의 큰 어른이 되었고 왕위 결정권 역시 대왕대비, 왕대비의 몫이었다. 가장 큰 어른이며 가까운 핏줄인 할머니, 어머니는 어린 왕의 절대적인 보호자가 되었다. 성종의 어머니인 장희왕후가 첫 번째 수렴청정을 했고 이후 명종, 선조, 순조, 헌종, 철종, 고종을 대왕대비가 수렴 청정했다.

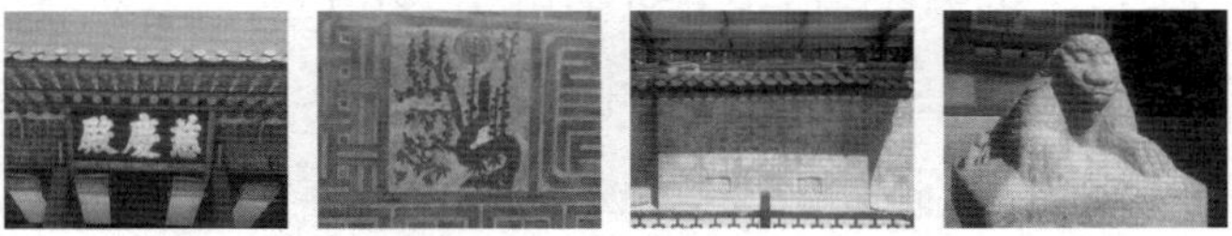

왼쪽부터 자경전, 자경전 매화, 십장생 굴뚝, 자경전 석수

헌종(1827-1849)마저 후사 없이 죽자 순원왕후는 강화도령 이원범을 철종(1831-1863)[431]으로 들인다. 1857년 드디어 순원왕후가 죽자 남편이 일찍 죽어 왕비가 되어 보지도 못하고 안동 김씨 세도에 눌려 뒷방 마님으로 밀려나 있던 조대비는 대왕대비가 된다. 수십 년 안동 김씨 세도정치에 넌더리 내며 숨도 제대로 못 쉬던 조대비와 이를 눈치챈 대원군의

430) 수렴청정(垂簾聽政)이란 태 왕후, 왕후가 직접 정치에 참여하는 것을 말한다. 성종이 13세에 왕위에 올라 정희왕후(貞熹王后·1418-1483)가 20세까지 7년 동안 조선 최초로 수렴 청정했다. 이후 조선에서 6명의 대왕대비가 왕이 20세가 될 때까지 수렴청정했다.

431) 철종은 할아버지, 아버지, 형까지 모두 천주교에 연루되어 사형당하고 어린 이원범은 강화도 유배되었다. 사도세자의 서자 은언군 손자인 철종은 1849년 19세에 왕이 되었다.

은밀한 밀서 한 통으로 한을 풀 기회를 잡는다. 조대비[432]와 힘없는 왕족, 풍류객, 파락호 행세하며 절치부심하던 대원군은 마치 홀아비, 과부의 만남이었다. 마침 철종이 앓아눕고 조대비는 병구완을 이유로 강녕전으로 들어가 외부인 출입을 막으며 옥쇄를 감추고 1863년 12월 초 철종이 사망하자 대원군의 둘째 아들(이명복)을 익성군(翼成君)으로 봉해 계승하고 왕(고종, 1852-1919, 재 1863. 12-1907. 7. 19)으로 선포한다. 연 날리고 제기 차던 12세 소년은 갑자기 왕이 되었다. 화계사의 풍수가 정만인이 연천 남연군(대원군 아버지, 이구)묘를 이전하면 두 황제가 나올 것이라는 예언에 따라 1846년 26세 대원군은 충남 가야산으로 이장 후 고종이 태어나며 20년이나 느긋이 준비한 원을 풀었다. 이러한 인연으로 화계사는 왕실 원찰이 되며 대원군의 놀이터, 안식처가 되었다. 평생을 변변한 벼슬도 없이 미친 사람으로 행세하며 안동 김씨에게 구걸해 상갓집 개라고 불리며 멸시받던 대원군이다. 파벌싸움과 세도정치의 폐해를 몸소 체험한 대원군은 1868년 극단적인 서원 철폐로 이어지고 왕의 위신과 권위를 세우기 위해 1865년 영의정 조두순(1796년-1870년)과 함께 경복궁을 중건한다.

경복궁은 임란 때 불탄 이후 아무도 돌보는 사람이 없어 폐허가 되었고 경회루는 수초가 가득하고 새들만 노는 연못이었다. 1865년 봄 인구 20만 한양에 연인원 37만 명을 동원하며 1867년 중건한다. 대원군이 경복궁의 재건에 매달리며 당백전이란 임시화폐까지 발행하여 국가 재정은 파탄에 이를 지경이었다. 부역 나온 이들은 다치고 죽기가 부지기수였고 원성이 자자하여 땡전 한 푼 없다는 말이 나오기도 했다. 경복궁이 완성되자마자 고종은 창덕궁에서 경복궁으로 옮겼다. 대원군은 왕권을 강화하고 중앙집권적 정치와 내정 개혁을 이루며 과감히 인재를 등용하지만,

432) 신정왕후는 경복궁 흥복전(興福殿)에서 승하했다. 흥복전은 경복궁 대조전과 같이 헐려 창덕궁 대조전 옆에 재건축되었다.

19C 말 해일처럼 밀어닥친 기존 전통, 삶, 가치관을 송두리째 뒤엎는 대변혁과 서구 열강의 야심을 이해하지 못했다. 더구나 남연군묘 도굴사건으로 대원군은 서양인은 상대할 수 없는 오랑캐로 여기며 결국 쇄국정책과 기독교 박해로 이어지고 서구열강과 일본의 제물포 침략(**부록 28**)의 빌미가 되었다. 19C 서구 제국주의[433]의 함포 외교를 흉내 낸 제물포 침략이었고 방향키 없이 흔들리는 조선은 먹잇감, 사냥터로 전락했다.

후원과 향원정 건천궁(1888-1909)

탁 트인 시야로 인왕산과 주변 풍경을 품은 경복궁 후원이다. 후원은 큰 건물이 17동, 487칸이나 있었지만 다 철거되고 복도로 덩그러니 연결된 후원 침전인 함화당과 집경당만이 총독부 박물관 사무실로 살아남았다. 그늘 속에서 숨죽이며 10년을 기다린 1873년 겨울, 만 21세 고종은 대원군과 조대비의 섭정에서 벗어나 정치적 동반자인 명성황후와 함께 독립적인 친정체제를 구축한다. 2층 정자 향원정(香遠亭, 1층 온돌, 2층 마루방)[434]을 새로이 조성하고 주변에 시계탑을 세우는 등 서구식, 중국식 건물을 세우고 취향에 맞게 후원을 대대적으로 중수했고 1887년 3월 6일, 동양 최초로 750개 전등[435]을 달아 향원정 일대를 마술처럼 밝혔다. 또

---

433) 현 아프리카 국경분쟁은 종족, 언어, 문화, 종교에 관심없이 단지 제국주의의 입맛대로 남의 땅을 이리저리 나누고 찢으며 현재까지 분쟁이 극심하다.

434) 연꽃향이 멀리 갈수록 더욱 향기를 낸다는 뜻의 향원정은 1456년 세조가 연못을 파고 취노정(翠露亭)이란 정자를 조성한 기록이 보이듯이 정취가 뛰어난 왕의 휴식처, 쉼터였다. 원래 북쪽 건천궁 쪽에 있던 향원정의 다리, 취향교(醉香橋)가 한국전 때 파괴된 것을 복원하면서 남쪽으로 연결했다. 현재는 재복원되었다. 시끄러운 도심 한가운데서 무심한 백로가 먹이를 찾는 한가로운 풍경을 볼 수 있는 곳이다.

435) 2015년 왕의 편전으로 내각회의 경연, 외국 사신을 접견하는 흥복전 부속 건물, 영훈당과 향원지 사이에서 전기등소(電氣燈所)가 발굴되었다. 자주 꺼져 도깨비불, 건달불로 불렸다.

한 1888년 창덕궁 연경당과 같은 사대부가의 사랑채, 안채, 서재 등 상류 주택 건축 양식을 갖춘 단청하지 않은 백골집으로 250여 칸 별궁, 건청궁[436]을 건축했다. 왕실의 권위를 드러내는 섬세한 치장으로 격조 있는 규모를 보이는 장안당은 실내 복도를 통해 곤녕합, 서행각으로 연결되었다. 나라와 자손들이 영원히 평안하기를 바라는 뜻에서 왕의 침전을 장안당(長安堂), ~~추수부용루~~(秋水芙蓉樓), 황후 침전, 곤녕각(坤寧閣), 사시향루(四時香樓), 옥호루 등 전각을 지었다. 하지만 옥호루에서 명성황후가 일본 군인과 낭인들에 의해 살해된 후 다시 찾지 않았다고 한다.

왼쪽부터 향원정, 집옥재 세로 현판 기단, 집옥재, 협길당

1867년 경복궁에 큰불이 나자 고종은 창덕궁으로 이어했고 1888년 경복궁으로 환궁하며 창덕궁 함녕전의 별당인 집옥재(集玉齋)와 협길당을 옮겨 오며 중국풍을 가미했다. 고종의 개인 서재 집옥재는 처마가 짧은 중국식 벽돌 건물과 조선 한옥 양식이 혼합된 건물로 다락 복도를 통해 협길당으로 연결했다. 지붕은 중국풍 黃龍으로 장식되어 있고 현판이 세로로 쓰인 유일한 궁 건물이다. 돌출된 누마루와 많은 아름다운 살창으로 경복궁 내에서 가장 정교하고 화려하다. 고종 개인 서재로 외국 사신 접견과 신임장을 받던 응접실이다. 기단 역시 궁궐 어느 건물보다 높아 외국 사신과의 관계를 고려한 집옥재의 위상을 한층 높여준다. 팔우정은 팔각형 2층 정자다.

---

436) 1909년 건천궁은 헐리고 총독부 미술관-국립 현대 미술관-국립 민속관으로 사용되다가 1998년에 철거되고 2007년 복원됐다.

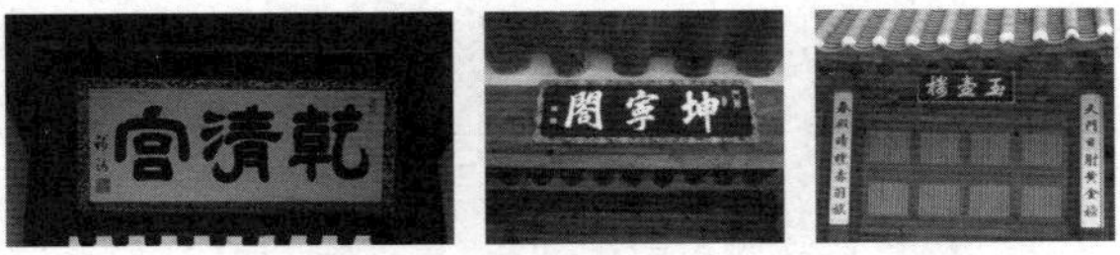

왼쪽부터 건청궁, 곤녕각, 옥호루

19C 우리나라에 큰 영향을 끼친 주요 국내외 사건들을 살펴보자.
강화도조약(1876) → 임오군란(1882. 7. 23) → 조미 통상조약(1882) → 톈진 조약(1884) → 청불전쟁(1884. 8) → 갑신정변(1884. 12) → 영국 거문도 점령(1885. 4. 15) → 동학(1894. 3) → 갑오경장(1894. 7) → 청일전쟁(1894. 7. 15-1894. 9. 17) →시모노세키 조약(1895. 4. 17. 랴오둥반도, 대만 할양) → 삼국간섭(1895. 4. 23) → 을미사변(1895. 10. 8) → 아관파천(1896. 2. 11-1897. 2. 20) → 한러조약(1900. 3) → 제1차 영일동맹(1902. 1. 30) → 러일 전쟁(1904. 2. 8-1905. 7) → 태프트, 가쓰라 밀약(1905. 7. 29) → 포츠머스 조약(1905. 9. 5) → 2차 영일동맹(1905. 8. 12)→ 을사늑약(1905. 11. 15) → 헤이그회담(1907. 6. 15) → 고종 퇴위(1907. 7. 19) → 한일합병(1910. 8. 29)으로 숨 가쁘게 전개된 내우외환이었지만 조선은 국제 정세 파악은커녕 국내 사건만으로도 벅찼다. 이에 반해 일제는 1869년 6월 메이지 유신 후 조선은 사활선, 만주는 이익선[437]이라 부르며 1873년부터 정한론**(부록 29)**을 앞세워 28년간 대륙 침략을 철저히 준비한다. 시장, 석유, 황금을 차지하기 위한 제국주의의 식민지 사냥 시대였으며 한반도도 예외는 아니었다.
1882년 임오군란이 일어나자 8월 10일 정여창(丁汝昌)의 북양수사(北洋水師) 함대 3척이 인천항에 도착했고 열흘 뒤 마상보를 외교 통상 고문으로 23세 원세개(遠世凱, 1859-1916. 6)를 군관으로 왔다. 민씨는 청국에 진

437) 주권선은 주권이 미치는 국토이고, 이익선은 국토의 존망과 관련된 선으로 조선과 중국이라도 상관없는 것이라 했다.

압군 파견을 요청했고 대원군은 군란 수괴로 톈진(天津)으로 납치당한다. 민란을 신속히 수습한 공으로 북양대신 이홍장의 신임을 얻은 원세개는 1885년 10월 조선 주재 교섭, 통상 대표, 감국(監國) 대신이 된다. 그 후 원세개는 1886년 고종의 폐위를 종용하는 등 온갖 간섭과 국권을 농락하며 속국이 될 것을 강요했다. 1885-1894까지 원세개는 실질적인 조선의 왕 행세하며 상왕으로까지 불렸다. 한편 1884년 청불전쟁에서 청의 패배로 조선 간섭이 없을 것으로 예단한 김옥균, 홍영식, 박영효 등 급진 개화파는 일본을 모델로 삼고 창경궁 통명전(通明殿)[438]에서 터진 고대수의 폭약을 시작으로 갑신정변(1884. 12)을 일으킨다. 그러나 백성의 지지가 약했던 위로부터의 혁명은 3일 만에 끝난다. 갑신정변 후 일본과 청이 맺은 톈진조약[439]으로 청은 조선의 정치적 주도권을 장악하고, 일본은 경제적 침략을 본격화했다. 임오군란과 갑신정변을 진압하며 자신감을 얻은 원세개는 거칠 것이 없었다. 속국에 무슨 해외공관이냐며 중국 국내를 담당하는 이사부(理事府)를 설치하고 1887년 고종이 주미공사로 박정양을 임명하자 상의하지 않았다는 이유로 중지시켰다. 그에게 조선은 그저 달콤한 먹잇감이었다.

한편, 영국 군함 세 척이 거문도를 점령하며 러시아 함대 태평양 진출을 막았다. 1887년 리홍장이 러시아에게 조선의 영토를 점령하지 않겠다는 약속을 받아내자 그제야 영국(그레이트 게임, **부록 30**)은 거문도에서 철수했고 청은 그 대가로 조선에서 우선권을 인정받는다. 이때부터 청과 전쟁을 염두에 둔 일제는 1883년 인천을 개항하자마자 1884년 부산-시모노

---

438) 1882년 4월 한미 통상 조약을 체결한 사람은 이홍장이 보낸 중국인으로 조선은 청의 속국이라는 문구를 포함시켰다. 박정양은 원세개의 방해를 뚫고 워싱턴에 입성했고 1883년 영국, 독일, 1884년 러시아, 이탈리아, 1886년 프랑스와 수교했다.

439) 조선에 변란이나 중대 사건이 일어나서 파병할 때 그 사실을 상대에게 통보한다는 것 등 이는 후일 청일전쟁의 구실이 되었다.

세키 해저케이블을 깔고 참모본부 측량국은 야포와 차가 통과할 수 있는 길, 마차길 등 한반도와 대륙으로 가는 길을 정밀하게 측정하며 측정하며 청일전쟁에 대비했다. 때마침 기름을 부은 동학란이었다. 전라도 고부군수 조병갑(조대비 조카)의 학정으로 일어난 동학란이 남부 전역으로 번지자 조선은 반란을 진압하지 못하고 청의 파병을 요청했다. 일본은 청일 텐진 조약(1884)을 빌미로 조선에 출병하며 한반도는 전운이 감돌았다. 중국은 예로부터 동북을 취한 자가 천하를 얻는다고 하며 조선을 잃으면 중국이 불안하다는 순망치한(盾亡齒寒)을 주장한다. 하지만 베트남을 차지하기 위한 청과 프랑스 전쟁(1884년)을 세밀히 연구하고 청의 약점을 빈틈없이 분석하며 10년을 기다리며 철저히 준비해온 일본의 덫에 걸려든다. 1894. 7. 25일 이른 아침 풍도(현 안산 대부도) 앞 바다에서 시작된 청일전쟁으로 일제는 한 달 만인 8월 중순 평양전투에서 청 육군을 소탕하고 9. 17일 압록강하구 해전에서 청의 북양함대를 섬멸하며 전쟁은 막을 내린다. 청군 35,000명, 일본군 8,000이 사망한 일방적인 전쟁이었다. 근대적 군사교육과 무기로 무장한 일본군에 비해 구시대적 청군[440]과 무기는 오합지졸에 불과했다. 또한 청일 전쟁 중 미국, 영국은 음양으로 일본을 지지하고 독일, 프랑스는 관심 밖이었다.

전쟁 후 이토 히로부미(伊藤博文, **부록 31**)와 이홍장이 체결된 시모노세키 조약[441]으로 청은 요동 반도와 대만과 딸린 섬(센카구) 등을 할양하고 당시 일본 예산 4배에 달하는 은 2억 냥을 배상했다. 그러나 러시아가 주도한 독일, 프랑스의 삼국간섭으로 요동 반도를 돌려주고 대가로 러시아는 부

---

440) 리홍장은 독일 불칸 조선소에서 크루프 대포로 무장한 최신식 철갑선 두 척을 구입했다. 일본은 서양 함대 제도와 구조, 역할 등을 철저히 배웠지만 청은 그저 함선만을 구입하려 했다는 독일 재상 비스마르크의 기록으로 이미 전쟁의 결말을 유추할 수 있다.

441) 시모노세키 조약을 맺은 식당이 현재 관광 명소로 전시되고 있고 센카구 열도는 아직까지 분쟁의 빌미를 제공한다.

동항 여순을 차지하고 남진 정책을 더욱 노골화한다. 일제의 약점을 눈치챈 명성황후(1851-1895)와 고종은 더욱 러시아를 끌어들이나 결국 을미사변을 맞이한다. 일제에게 친러파, 명성황후는 눈엣가시로 첫 번째 제거 대상이었다. 1895년 10월 8일 새벽 일본 영사 미우라 고로(영사, 육군 중장 출신)의 암살 명령을 받은 8명 장교와 낭인들은 용성문으로 침입한다.[442] 이들은 명성황후를 찾지 못해 궁녀, 시녀들을 닥치는 대로 살해했다. 임오군란 등 국내외 혼란과 불안정으로 신변 위협을 느낀 명성황후가 사진이나 어진을 남기지 않았기 때문이다. 옥호루에서 어린 세자가 한 여인의 시체 앞에서 우는 것을 보고 육군소위 미야모토 마케타로는 여우 사냥은 끝났다고 보고한다. 증거를 없애기 위해 시체는 녹산에서 불태웠다. 육군 대본영 가와가미 소로쿠 육군 대장과 야미가타 아리모도 육군 대신 등 군부가 계획하고 미우라의 지휘 아래 조직적으로 이루어진 조선 국모 살해 사건[443]이다.

자기 집, 경복궁에서 아내의 살해를 경험한 고종은 암살이 두려워 출궁한 엄비(嚴妃)[444]를 궁으로 들이며 을미사변 넉 달 만인 1896년 2월 11일 새벽 엄비와 함께 8인교 상궁 가마를 타고 영추문(迎秋門)을 통해 러시아 공사관으로 도망간다. 아관파천(俄館播遷, 1896. 2. 11-1897. 2)은 국제적인 논란을 일으키고 고종의 친러 정책은 영국, 미국, 일본의 거센 반발을 불러왔지만 러시아는 더욱 세력을 확대하며 벌채권, 금광 채굴권 등 이익

---

442) 낭인과 군인에게 경복궁 길을 내준 우범선은 1903년 고영근에게 살해당한다.

443) 아파나시 이바노비치 세레딘 사바틴(1860-1921)은 1900년 덕수궁에 러시아식과 조선풍을 가미한 서양식 다관 정관헌, 러시아 공사관 건축 공사에 참여하며 고종의 신임을 얻는다. 1895. 10. 8일 새벽 4시, 왕의 호위 임무를 맡아 궁에 체류 중인 사바틴은 건청궁 곤녕합에서 사건의 현장을 목격한다. 사바틴은 해관원을 모집하던 묄렌도르프에 의해 조선에 왔다.

444) 엄비는 러시아 공사관에서 황태자 이은을 수태하며 순헌황귀비(純獻皇貴妃)가 된다.

을 독차지하고 러시아 공사는 이때 조선을 차지해야 한다고 전문을 보내기도 한다. 고종(광무제)은 아관파천 동안 수리한 경운궁으로 돌아와 그해 1897년 10월 12일 대한제국**(부록 32)**을 선포한다.

한편 러시아의 태평양 진출**(부록 33)**을 막았던 영국 거문도 점령에서 보듯이 세계 곳곳에서 러시아와 항상 대립하던 영국의 관심은 오로지 러시아의 만주, 극동 진출을 막는 것이었다. 러시아는 청과 1858년 애혼 조약, 1860년 북경 조약, 1881년 이리 조약 등으로 중국 위협이 사라진 대신 일본이 가장 큰 문제였다. 일제 역시 마지막 걸림돌은 러시아였고 일제는 영국, 프랑스, 독일과 연이은 회담, 조약으로 한반도 침탈 계획을 하나하나 실천해 나가고 있었다. 이런 국제 정세 속에서 1896년 5월 23일 고종은 외사촌 민영환을 러시아 니콜라이 2세 황제 대관식에 보내지만, 일본의 농간으로 대관식에 참석하지도 못한다. 이때 외상 로마노프는 대관식에 참석한 일본 야마가타 외상에게 4차례 비밀 회담으로 조선을 38선으로 갈라먹기를 제안한다. 그로부터 50년 후 조선은 스탈린에 의해 분할된다. 이런 은밀한 조선 갈라먹기 협상은 1593년 명과 히데요시의 조선 분할, 1894년 영국 외무장관 존 킬버리와 청의 분할, 1903년 주일 러시아 공사 로마노비치 분할 등 현기증이 날 정도다. 러시아 남진 저지에 목을 맨 영국의 본심을 눈치챈 이토는 1901년 영국 촌구석에서 휴가를 즐기던 영국 외상 랜스 다운을 찾는다. 조선에 대해 거의 아는 것이 없었고 관심조차 없었던 인물이었다. 영국은 러시아의 남진만 막아준다면, 이라는 단서를 달고 1차 영일동맹을 맺는다. 이 동맹은 일본의 조선 지배를 인정한 최초 조약으로, 이 조약으로 러시아를 고립시키고 손도 대지 않고 코를 푼 영국이며 대륙 진출의 막강한 힘을 얻은 일본이었다. 일본은 러일전쟁에 적극적으로 대비하며 조선의 마지막 숨통을 끊는다. 영국과 신생 강대국으로 떠오른 미국의 전폭적 지지를 얻은 일본 앞에 거칠 것이 없었고 늙은 제국 러시아는 독일군을 모델로 배우고 있는 일본의 군사력을 과소평가했다. 한반도를 둘러싼 정세가 급박하게 돌아가자 러일 전쟁을 예감한 고종은 1904년 1월 21일 중립을 선언하지만 스스로 지킬 능력이 없는 중립 선언은 단지 힘없는 군주의 외침이었다. 조선 땅에서 또다시 일어난 외세끼리의 땅따먹기 싸움이 시작되었다. 1904년 2월 9일 오전 10시 일 군함 5척이 인천 팔미도에서 러시아 바략**(부록 34)**함과 코레츠함을 한 시간 만에 침몰시키고 산동 여순항에 주둔하던 극동함대를 궤멸시키고 평안도 정주에서 19개 사단 24만 일본군은 30만 육군을 격퇴했다. 한편 영국은 러시아 발탁함대가 1904년 9월 페테르부르크 크론슈타트 해군기지에서 출발해 라트비아 리예파야 항구에서 보급품을 싣고 동해로 온다는 정보를 일본에 주고 모든 영국령에서 러시아 함대의 석탄, 물 등 원료, 식량 공급을 금지하고 수에즈 운하를 막았다. 일본은 1905년 2월 22일 독도**(부록 35)**를 시네마현으로 급히 편입시키고 월미도 등대[445]를 설치하는 등 차근차근 준비하며 함대를 동해로 끌어들였다. 발트함대가 식량, 물, 석탄 공급 없이 3만km, 8개월, 지친 모습으로 1905년 5월 27일 대한해협에 모습을 드러냈을 때 함대 사령관 도고 헤이하치로(東鄕 平八郎, **부록 36**)는 전쟁은 끝났다고 할 만큼 발트함대는 지치고 초라한 행색이었다. 1905년 5월 날씨가 맑으나 파도가 높다는 도고 헤이하치로의 전문으로 시작된 전투였다. 러시아 순양함 돈스코이호 등 38척 가운데 21척을 격침시키고 7척은 나포되었으며 3척만 블라디보스토크항구에 도착했다. 일방적인 승리였다. 조선은 자기 땅을 전쟁터로 내주고 가장 큰 피해자가 되었다. 1905년 9월 5일 일본은 루스벨트 대통령과 하버드 동문인 가네코 겐타로를 파견했고 미 햄프셔 군항에서 고무라 주타

445) 1903년 6월 1일 러일 전쟁에 대비해 일본이 세운 최초 월미도 등대다.

로(小村壽太郞) 외상과 러시아 비테[446] 재상이 포츠머스 조약을 체결하고 루스벨트는 노벨 평화상을 받았다. 러일전쟁 후 필리핀이 목표였던 미국은 1905년 7월 29일 태프트(27대 대통령)-가쓰라[447]밀약을 성사시킨다. 1905년 9월 19일 최대 규모 아시아 순방 외교사절단과 루즈벨트(1858-1919, **부록 37**) 대통령 딸, 엘리스를 태운 오하이오호가 제물포에 도착했다. 고종은 황실 가마에 태워 숙소까지 보낼 만큼 극진한 대접을 했지만 이미 사절단은 도쿄에서 밀약을 체결한 뒤였다. 거칠 것 없는 일제는 노골적으로 강제 합병한다.

왼쪽부터 미사카함 도고, 포츠머스 조약식

1905년 11월 6일 이토 히로부미는 남산에 대포를 설치하고 기병 800, 포병 5,000명을 동원하여 덕수궁을 에워싸고 고종을 협박하며 1905년 11월 18일 새벽 1시 덕수궁 별채 중명전에서 불법적, 강제적 을사늑약(乙巳勒約)[448]을 체결했다. 을사늑약 협상 대표에 대한 고종의 위임장이 없고 조약 체결 비준서 등이 국제 조약에 필요한 요건을 갖추지 못하고 조

446) 현명한 재상 비테는 일본이 전쟁을 수행할 능력이 없다는 것을 눈치채고 전쟁 배상 협상을 거부한다.

447) 가쓰라 다로(1848-1913, 桂太郞)는 메이지, 다이쇼시대에 세 번 수상을 재임한 역대 최장 총리이다.

448) 늑약이란 강제로 체결된 조약을 말한다.

약의 명칭조차 없는 점 등 불법성과 강제성으로 국제법 학자들은 이를 조약으로 인정키 어렵다고 한다. 고종은 을사늑약의 부당성을 알리기 위해 미국인 헐버트를 통해 T. 루스벨트에게 친서를 보냈고 1906년 독일 빌헬름 2세에게 밀서를 보내지만, 황제에게 전달되지도 못했다. 1910년 8월 22일 일제는 많은 군대와 경찰을 배치하고 왕과 왕비를 위협하며 창덕궁 흥복헌에서 조선을 합병하였지만, 일제는 이미 1910년 5월 주일 영국대사 맥도날드를 통해 한일합방을 통고했다. 인정전에서 한일합방 조서를 양위했고 1910년 8월 29일 남산 통감 관저에서 한일 합병조약을 맺으며 조선은 지도에서 사라진다. 우리의 지정학적 운명은 100년 전이나 지금이나 다르지 않다. 6자 협상이니 동북아의 평화니 떠들며 우리를 불안하게 만들고 있다. 아직도 자기의 이해관계에 따라 주판알을 튀기는 자칭 우방국들이 아닌가? 설익은 외교로 또다시 먹잇감으로 사냥터가 되어야겠는가? 역사에서 교훈을 얻지 못하는 민족에게는 미래가 없다는 말이 있듯이 같은 실수를 반복할까 두려울 뿐이다.

동궁과 자선당(慈善堂)

동궁은 왕세자와 세자빈이 생활하는 자선당과 왕세자가 제왕학[449]을 배우는 서재인 비현각(丕顯閣)으로 이루어져 있다. 자선이란 착한 성품을 기른다는 의미며 삼비문을 지나 중광문-진화문 거치는 자선당으로 만물의 생성을 상징하는 동쪽[450]으로 미래의 왕, 태자로 東宮(동궁)이라 불린다. 삼비(三丕)란 왕이 되기 위해 갖추어야 하는 세 가지 덕목 학문, 자질, 치도를 말하며 사람을 볼 줄 아는 것, 인재를 선택하는 법, 적재적소에 쓸

---

449) 이(理)를 강조한 주희(朱熹)의 주자학은 절대군주에게 충성하는 제왕학의 학문이 되었다.

450) 해가 지는 서북쪽은 왕, 왕비가 죽으면 관을 임시 모시던 태원전(빈전)이 있다.

줄 아는 것이 기본이었다. 새벽 5시부터 하루 12시간씩 이어지는 혹독한 제왕학 공부로 성군은 태어나는 것이 아니라 훈육되고 교육되는 것이었다. 제왕학 교과서는 남송시대 진덕수(1178-1235)가 지은 대학연의(大學衍義)다. 대학의 뜻을 해석한다는 의미로 대학연의(大學衍義)다. 사서오경을 비롯한 다양한 경서와 정관정요(貞觀政要), 자치통감(資治通鑑) 등 사서에서 제왕학과 관련된 것을 가르쳤다. 아침에 조강, 낮에 주강, 저녁 석강이었다. 비현각 바깥으로 왕세자 교육을 위한 시강원(侍講院, 춘방, 春坊)과 계방이란 관청이 있었다. 김종직은 성종의 선생, 경연관, 윤선도는 선조의 서연관이었다. 미래의 태양인 동궁전에 신하들이 줄서기를 시작하며 후계자 자리를 놓고 세력다툼이 시작되었다. 일제 때 오쿠라 다케노스케(석굴암 편 참조)가 자선당을 뜯어 일본으로 가져가 박물관을 지었으나 관동 대지진으로 불이나 목조건물은 소실되었고 석재들은 정원석으로 버려져 있었다고 한다. 일본은 1995년 자선당 석축과 기단을 반환했다.

왼쪽부터 자선당 석축과 기단, 비현각

청와대

조선 시대는 용문당, 용무당이라고 하는 무관의 건물과 훈련하며 무과 과거 시험장으로, 제천 행사장과 왕의 농사체험 장소로 사용하던 곳이었으나 1929년 일제는 모두 파괴하고 총독부 관저를 지었다. 해방 후 1948년 5월까지 군정청장 하지, 1948년 정부 수립 후 이승만이 경무대로 사용했고 청색 기와가 있어 윤보선 대통령이 청와대로 개칭했다. 청자기와 15만 장, 드무와 잡상이 배치된 청기와 건물이며 역사 기록을 맡았던 춘추관의 이름이 남아 있다. 1978년 영빈관을 새로 지으며 기둥 높이 13m 둘레 3m인 통돌을 진안에서 가져왔다고 한다. 원래 지명은 숨은 골, 대은암동(大隱岩洞)[451]으로 불렸고 풍수적으로 기가 매우 강해 신의 거처, 신만이 살 수 있는 곳으로 누구도 들어가면 좋지 않은 말년을 보낸다고 한다. 일제 총독 중 2명이 전범으로 체포되어 종신형을 받았고 1명은 옥사해 노년에 평탄하지 않은 삶을 살았고 현 대통령들도 말로가 좋지 않다. 청와대는 65ACRE(76,000평, 250,000㎡, 백악관 73,000㎡의 3.4배)다.

왼쪽부터 청와대 영빈관, 청와대 집무실

451) 대은(大隱)은 크게 깨달아 절대적인 자유를 누리는 은자를 말한다.

제9편 경주와 박물관

통일 전후 7C 후반 신라 인구는 약 650만 정도였다. 전성기인 8C 서라벌[452]에 17만 8천 936호가 살았는데, 호당 인구는 8.2명, 인구 백만으로 현재 경주보다 5배나 컸다고 한다. 시안, 콘스탄티노플과 비교되는 큰 국제도시였다. 소지왕 때 최초 시장이 생긴 후 지증왕 때 동쪽에 시장을 새로 세웠으나 포화 상태가 되어 효소왕 때 서시와 남시를 설치하여 도성의 내시(內市)와 합쳐 큰 시장이 넷이고 헌강왕 때 서라벌에는 집마다 참나무[453] 숯을 피워 매연을 걱정할 정도였고 거리에는 노랫소리가 가득했던 태평성대라고 『삼국사기』는 기록하고 있다.

경주는 국보 29, 보물 72, 사적 명승지 74, 도 지정 유형문화재 29, 기념물 15, 기타 167, 모두 386점 등 각종 문화재가 있어 지붕 없는 박물관이라 불린다. 남산은 신라의 신들이 사는 땅, 신과 소통하는 성산이며 불교 세계 수미산으로 신라인의 만달라, 올림포스[454], 마추피추였다. 인류 문명이 신전을 중심으로 발전한 것과 같이 경주도 남산을 중심으로 발전했다. 남북 8km, 동서 4km 468m 금오봉과 494m 고위봉 계곡에 13개 왕릉, 절터 150개, 불상 130개, 석탑 100개, 석등 22개 등 700여 점 유물은 신라인이 남산을 얼마나 신성시했는지 보여준다. 원시 시대의 거석문화, 바위 신앙과 부처가 공존하는 거대한 박물관이다. BC 57년 육촌[455]의 추대로 박혁거세의 건국 설화를 전하는 우물**(부록 1)** 나정(알영정)은 신라인의 고대 제

---

452) 서라벌이란 아침 해가 가장 먼저 뜨는 성스러운 땅을 말하며 쇠를 만드는 곳이란 뜻도 있어 금성(金城)이라 불렀다.

453) 신석기까지 고대인의 움막의 재료는 참나무였고 신라 초까지 참나무가 대표적인 나무였다. 기후변화로 현재는 소나무가 대신한다.

454) 높은 산은 신이 사는 신성한 장소, 종교적인 공간이다. 그리스 올림포스, 중국 태산, 일본 후지산, 단군신화 태백산이 그렇다.

455) 6촌은 알천 양산촌 이씨, 돌산 고허촌 최씨, 무산 대수촌 손씨, 취산 진지촌 정씨, 금산 가리촌 해씨, 명활산 고야촌 설씨다. 고허촌 촌장이 나정에서 말 울음소리를 듣고 박혁거세를 모셨다. 박혁거세의 거는 거둬들이는 수확을 뜻하고 세는 무쇠를 뜻하는 이두로 무쇠를 거둬들이는 사람을 의미한다.

사 터였고 왕비의 탄생을 알리는 알영정뿐 아니라 멸망을 말하는 포석정까지 신라 역사가 깃든 남산이다. 남산은 계곡마다 스님의 건강과 도량을 좌우하는 맑은 약수가 나와 최고 수행터, 쉼터였다.
왕의 후원을 받는 절은 대체로 크고 장엄하며 불상은 귀족적, 권위적인 엄숙한 부처지만 聖山 남산의 사찰은 작고 아담하며 7C 중엽부터 서민적인 불상과 마애불이 조성되기 시작한다. 절 밖으로 나와 서민과 함께 어울리는 불상들은 마을에서 흔히 볼 수 있는 아이 얼굴, 경주댁 아줌마, 할머니 얼굴을 닮아 있다. 남산 삼체 석불은 7C 초반 추상적, 생동감이 넘치는 본존불은 둥글둥글한 얼굴에 큰 코, 함박 웃는 환한 아기 미소와 가슴에는 어린아이 장난감같이 구슬을 꿴 영락(瓔珞)을 걸치고 있어 아기 부처라 불린다. 서산 마애 삼존불**(부록 2)**을 똑 닮아 백제와 신라 부처가 한 뿌리임을 보여준다. 햇빛에 따라 시시각각 달라지는 모습이었으나 1988년 보호각을 세운 후 여래상의 환한 미소가 그늘에 가려 잘 보이지 않는다. 통견의와 시무외 여원인을 한 본존불과 길게 늘어트린 장식, 영총 등으로 보아 관음과 대세지보살로 추측한다. 신라 부처는 6C 추상적이었으나 7-8C 통일의 힘찬 기운을 느끼듯 근엄하고 강건한 부처, 8C 불교 조각이 정점에 이른사실주의적 부처가 탄생하며 8C 신라와 불교가 정점에 이른다.
9C 이후 신라가 쇠퇴하며 부처 역시 급격히 쇠락한다. 오롯한 남산 오솔길을 따라 걷다 보면 오가는 이의 친구가 되는 석불은 마치 우리 얼굴을 보는 것 같다. 2006년 5월 남산 열암곡[456]에서 8C 조성된 것으로 추정되고 1430년 발생한 지진으로 쓰러진 것으로 보이는 무게 약 80톤, 연화대좌가 100cm, 불상 460cm, 전체 높이가 560cm에 이르는 대형 불상이 발견됐다. 다행히 얼굴 부분이 땅에 닿지 않아 보존 상태가 아주 좋은

456) 2025월 7월 열암곡 마애불을 세우는 작업을 위한 회의가 열렸다.

국보급이라고 한다. 남산 어딘가 또 다른 부처가 우리 손길을 애타게 기다리는지 모르겠다.

경주 국립박물관

1913년 경주 고적보존회가 경주 동헌을 진열관으로 처음 사용했고 1921년 일제의 금관총 발굴조사를 계기로 경주시민들이 모은 성금으로 수장고를 마련하자 일제는 1933년 조선 고적 보호령을 제정하고 총독부 박물관을 국립박물관으로 정식 개관했다. 1945년 경주 분관이 되며 1975년 현재 건물로 이전했다. 유물 25,000여 점을 상설 전시(80,000점 보유)한다. 역사와 전통, 망자와 산 자를 연결하는 매개체로 우리의 정체성을 가장 잘 보여주는 박물관**(부록 3)**은 신라인의 삶, 가치, 우주관, 내세관 등 그 시대 삶을 담고 있는 블랙박스다. 우리는 박물관에서 흔히 자기 나름대로 꼼꼼히 보았다고 하지만 항상 빠뜨리고 또 모자란 것이 있다. 빈곤한 지식으로 유물의 아름다움을 일일이 깨우치기는 힘들고 그저 아는 대로, 나름대로 느끼는 것밖에 없는 초보자다. 세심한 관찰과 자기만의 해석으로 유물에 생명력을 불어넣으며 깐깐한 관람객들에게 구수한 입담으로 맛깔나게 풀어내는 해설사의 안목이 부러울 뿐이다. 알면 알수록 더 깊이 빠져드는 유물이다. 박물관 마당에 쌍 거북 비석 받침은 원성왕을 위해 최치원이 쓴 비석과 사천왕상이 조각된 석물이다. 토함산 서쪽 동곡사(현 숭복사)에 있었다. 9C 사각기둥 돌기둥은 구정동 석실분(돌방무덤)에서 발견된 것으로 돌기둥에는 살짝 휘어진 방망이, 폴로 스틱을 어깨에 걸친 무인이 조각되어 있다. 조선 억불정책과 전쟁으로 몸체를 잃어버린 불두와 늘씬한 중생사 관음보살 몸체는 머리가 없는 채로 남산에서 발견되어 박물관에 전시하던 중 두상을 만나 재회했다. 분황사 우물 속에서 목이 잘려져 있는 통일신라 석불이 많이 발굴됐다. 이 머리 없는 불상들은 대부분 전쟁이나 조선 억불 정책으로 훼손됐다.

왼쪽부터 불두, 중생사 관음보살

반구대 암각화(국보 285호, 세계문화유산 17번째)

경주 박물관 입구에서 제일 먼저 보이는 7,000-2500년 전 신석기, 청동기, 철기시대 그림을 담고 있는 선사시대 반구대(盤龜臺, 울주군 대곡리) 암각화[457]다. 신석기부터 시작해 신라까지 수천 년을 이어 온 암각화는 1995년 국보 285호로 지정되었다. 인간이 문자를 사용하기 이전에 절벽, 바위, 동굴에 새겨진 것을 선사 미술이라 한다. 대부분이 자신이 사냥하고 싶은 동물 모습을 형상화하고 신에게 무사안일과 사냥의 성공과 감사를 표현하고 또 죽은 동물의 영혼을 달래고 속죄의 의미를 담은 주술적, 제의적 의미를 담고 있다. 고대인들에게도 먹거리가 가장 큰 문제라는 것을 한눈에 보여주며 한국 미술사의 기원이라 불린다. 특히 반구대는 신성한 하늘, 산, 생명의 강이 공존하는 종교터로 다른 암각화와 다르다. 남자는 주로 사냥과 식량(**부록 4**)을 공급하고 여자는 주로 채집했던 시기. 사실적인 사냥 모습과 삶을 표현하다가 점차 자기들만의 추상, 기호와 이념 등 상징 세계로 발전했다.

---

457) 암각화는 다채로운 광물과 식물성 안료에 동물 피, 기름, 새알 등을 섞어서 물감을 만들었다.

왼쪽부터 제사장 얼굴, 제사장 벽화, 반구대

고대인의 거대한 캔버스, 암각화는 너비 10m, 높이 4m 매끈한 바위에 군더더기 없이 단순하게 표현했다. 왼쪽은 주로 고래 48점 고래, 거북, 물개, 물새, 어부, 사냥꾼, 어부, 그물, 배 등 바다 동물과 각종 어류를 합해 97점, 오른쪽은 여우, 늑대, 족제비, 사슴, 산돼지, 호랑이 등 육지 동물 105점과 이해하기 힘든 기하학적 문양 100여 점 등 총 353점을 새겼다. 큰 동심원은 신석기 시대 것으로 태양과 비, 기하학적 마름모와 타원형 무늬는 청동기 시대 것으로 풍요와 다산의 상징인 여성성을 상징하는 것으로 추측한다. 글자와 단순한 그림은 신라인의 것으로 추측된다. 특히 생동감 있는 11종류 69마리 고래 그림이다. 지금은 장승포 항구에서 26km 떨어진 반구대지만 벽화를 만들던 신석기 초기는 간빙기로 바닷물이 반구대 바로 앞까지 바닷물이 들어왔다고 한다. 세계적으로 가장 오래된 고래잡이**(부록 5)** 암각화로 고래잡이를 지휘하는 제사장, 사냥 배[458]와 작살 등을 보이고 배 그림은 우리 선박의 원형을 잘 보여주고 이 고래들이 새끼를 낳고 미역을 먹는 것을 보고 산모의 미역 먹기가 시작했다고 추측한다.

암각화 왼쪽 위에는 고래잡이 사냥 성공을 축하하는 잔치를 벌이고 하늘에 감사하며 춤을 추는 부족장 혹은 종교의례를 주관하는 무당을 배치했다. 마치 접신의 경지에 접어든 제사장은 힘, 사냥의 성공이나 풍년, 풍

458) 창녕 비봉리 패총에서 최초로 소나무 배와 노가 출토되었다.

요, 다산을 기원하며 주술적 의미로 거대한 성기[459]를 강조했다. 마치 그는 먼 곳을 응시하며 무엇인가 찾고 있는 듯 보인다. 오른쪽 아래 신비한 힘을 가진 지도자라는 것을 보여주는 무당 얼굴이다. 인류 탄생 후 본능적으로 자신의 흔적을 남기고 싶어 그리기 시작한 얼굴이다. 또한 호랑이 다리를 묶거나 사슴 목에 올가미를 씌운 것은 정착했다는 것을 상징한다. 이러한 암각화는 노르웨이, 흑해 연안, 시베리아, 알타이, 몽골, 한반도까지 분포하며 유라시아 대륙, 실크로드의 선사 문화를 보여준다. 이러한 암각화는 경주 금장대[460], 청동기 시대 문양과 신라시대 명문까지 있는 울주 천전리(국보 147호), 강원도, 남해, 고령, 안동, 여수, 포항 등 전국적으로 분포하며 2014년 강화도에서 기우제 때 쓴 것으로 보이는 암각화가 발견되었다.

수렵 및 채집 생활로 떠돌던 인류는 1만 년 전 첫 토기를 발명했다. 생명과 직결되는 물, 음식물을 끓이고 다양한 수확물을 요리, 저장할 수 있어 먹거리가 풍부해지고 다양해져 영양 상태가 개선되며 수명이 늘고 유아 사망률이 감소해 인구가 급격히 증가했다. 선사인들의 건강을 획기적으로 바꾼 토기는 인류의 정착, 농경 생활을 의미하며 인류학자들은 문명시대와 비문명시대로 구분하는 척도가 된다. 우리나라에서 가장 오래된 토기는 1만여 년 구석기 말, 신석기 초기 유적인 제주 고산리 유적(사적 412호)에서 나온 고산리식 토기로 낮은 온도에서 구워져 잘 깨지는 원시적 토기다.

459) 고대의 큰 성기는 동서를 막론하고 힘, 다산의 상징으로 신성시했다.

460) 고령 장기리, 안화리에도 암각화가 있다. 신장 石門子의 암각화, 카자흐스탄의 탐갈리 암각화 등 전 세계에 공통으로 널리 분포한다. 2010년 유네스코 세계유산 잠정목록에 등재된 반구대 암각화다.

빗살무늬 토기

신석기인은 물과 식량을 구하기 쉬운 강가나 바닷가에 터전을 잡고 작은 모래, 고운 점토로 다양한 무늬를 새기며 밑이 뾰족한 마치 빗으로 빗은 것 같은 빗살무늬 토기**(부록 6)**를 고안했다. 강변 펄이나 모래밭 등 부드러운 흙에 꽂아 이용했고 뾰족한 빗살무늬 토기는 열효율이 높다. 당시 주된 단백질 공급원은 그나마 채집하기 쉬운 굴, 조개로 패총에서 가장 많이 발굴된다. 사냥에 실패할 경우를 대비해 살아있는 조개, 굴, 물고기를 저장하기도 했다. 무엇을 먹느냐가 아니라 얼마나 많이 먹느냐가 중요했다. 또한 토기가 점차 커지는 것은 저장 능력이 향상되는 것을 의미하며 본격적인 농경, 목축이 이루어졌음을 뜻한다. 소유와 빈부 차이가 생기며 소유를 분명히 하고 물을 끓이거나 조리할 때 양을 조절하기 위해 수평 방향으로 점, 선으로 사선, 평행선, 곡선 등 갖가지 기하학적 무늬와 점토를 붙인 띠들을 규칙적, 대칭적으로 넣었다. 이 문양들은 비, 햇빛, 풍요를 상징하며 원시 토우의 특징이다. 이 토기는 한반도 신석기시대를 대표하며 양양 오산리를 비롯해 전국적으로 분포한다. 우리 직계 조상**(부록 7)**은 요동, 만주 송화강, 압록강, 대동강 유역에 거주한 곰 토템 부족으로 빗살무늬 토기, 적석총 등을 남겼다. 빗살무늬 토기는 동시베리아 흑룡강 끝자락 치치하얼, 에벵키족부터 스칸디나비아반도 사미, 핀, 랩족에 이르기까지 유라시아 전역에서 발견되며 광대한 시베리아 몽골 문화를 보여준다. 만리장성 이남에서는 발견되지 않는다. BC 2100년경 해수면이 상승으로 산, 구릉으로 거주지를 옮긴 청동기[461] 시대인들은 거칠고 굵은 흙으로 구운 단단한 민무늬토기의 표면은 거칠고 문양도 조악하고 밑이 납작한 토기로 바뀐다. 청동기 시대를 대표하는 민무늬토기와 고인

461) 신석기 시대의 혈연 중심 모계사회가 붕괴하고 청동기 시대부터 부계사회로 접어든다. 또한 지역공동체를 이루고 외부인과 접촉하며 공존하기 시작하며 부족끼리 갈등도 심해지기 시작한다.

돌이 등장한다. 적갈색, 적색을 띤 민무늬토기는 거친 점토로 빚고 지표에서 600-800℃에서 구워 입자끼리 결합력이 부족해 마치 틈이 있는 것 같이 보인다. 청동기 초기부터 나타난 민무늬토기의 상부에 뚫린 구멍은 운반하기 쉽게 끈으로 연결한 손잡이가 있었을 것으로 보인다.

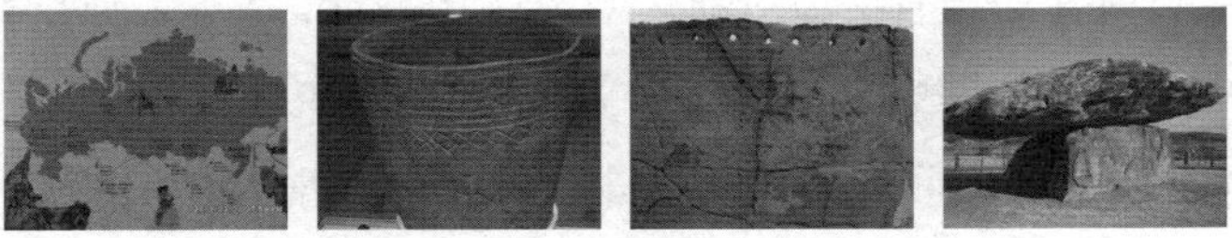

왼쪽부터 빗살무늬 토기 분포도, 빗살무늬 토기, 상부 구멍들, 고인돌

지붕이 없고 밀폐되지 않은 가마에서 700-850℃에서 구운 원시 토기는 신라 사로국[462] 초기까지 사용되며 신라, 가야인의 생활 용기인 연질 토기(軟質)[463]로 이어진다. 연질 토기는 낮은 온도 800℃ 이하에서 구워 갈색 계통 붉은색을 띠고 약해 쉽게 깨진다. 기원 전후 삼국 시대 물레와 더 높은 온도에서 구울 수 있는 半 지하 굴가마가 나타나기 시작하며 전체적으로 균형이 잘 잡히고 굽이 생기는 등 모양도 다양한 새로운 종류의 토기가 나타나기 시작한다. 4C 이후 오름식 굴가마(등요, 登窯, **부록 8**)에서 참나무, 소나무 숯으로 1,000-1,100℃ 안팎에서 구운 검은 색, 짙은 회청색을 띠는 단단한 경질(硬質)토기가 등장한다. 산화철 성분을 함유해 두드리면 쇳소리가 나며 연질 토기보다 훨씬 단단하다. 삼국시대 유적에서 가장 많이 출토되는 경질토기는 기능성이 높아지고 미적 욕구가 첨가

462) 사로국은 경주, 대구 일대에 있는 진한(辰韓) 12개 小國 중 하나로 6촌이 다스리던 사로국(斯盧國)이 나머지 소국들을 통합해 나가며 신라가 탄생했다.

463) 상주 상촌리, 장곡리 일대 半 지하 굴가마(등요, 登窯)에서 7C 말-8C 초 부장품으로 추정되는 주로 붉은색 연질 토기(와질토기, 瓦質토기)가 발굴되었다. 단단하기가 기와와 비슷해 와질토기로 불리는 1-3C, 초기 철기 시대 토기로 고운 진흙으로 굽고 온도가 경질토기보다 낮아 경도가 약하다.

되면서 모양, 형태, 문양들이 다양하고 정교하게 발전했는데, 권위, 권력을 대변하며 주로 상류층 무덤 부장품으로 발굴된다. 경질토기가 마치 유약을 바른 것같이 부분적으로 반질반질하게 윤이 나는 것은 고온에서 구울 때 규석, 장석 같은 모래 성분이 녹아 흘러내려 자연적으로 토기 표면에 부드럽고 투명한 유리질 막을 형성한다. 자연유(自然油) 토기라 불리며 청자, 백자 같은 인공유약이 아닌 자연 유약 효과가 나며 방수성, 접착력, 강도가 뛰어나다.

4C 전후부터 유행한 신라, 가야의 독창적인 투창(透窓) 기법은 토기를 굽는 과정에서 찡그려지거나 터지는 것을 방지하기 위한 설, 무게를 줄이기 위한 설, 여성의 유방이나 산을 나타내는 장식설 등이 있다. 신라의 굽다리 그릇, 양념단지, 장군의 다리와 몸통에 삼각형, 장방형 원형 투창 장식은 상류층의 권위와 장식적인 미를 반영한다. 투창 크기, 모양은 유행에 따라 토기의 시대적, 지리적 구분이 가능해 토기 양식의 변천 과정을 말해준다. 특히 불을 잘 다루던 가야는 단단한 토기를 제작할 수 있어 투창은 빗살문, 사격자문, 세모와 네모, 또는 혼합하는 등 기하학적 문양을 화려하고 세련된 문양을 일직선으로 배열했다. 높고 긴 신라 제기 받침대 기대는 투창 장식이 엇갈리고 대좌 부분이 유난히 큰 백제의 기대는 세모 문양이 주를 이룬다.

왼쪽부터 쇠뿔 손잡이 시루, 투창, 등잔 토기

쇠뿔 손잡이 항아리(시루)는 쇠뿔의 힘과 지배층의 권위를 상징하고 부장품으로 많이 쓰인다. 구멍이 뚫린 장군은 침전물이 생겨 윗물만을 이용하는 토기로 소줏고리, 시루, 떡살, 뚝배기, 장구 등 다양하다. 6C까지 철이 부족해 쇠솥을 만들 여유가 없어 대부분이 시루에 밥을 쪄 유난히 많이 남아있다. 삼국시대 후기 시루는 토기에서 무쇠[464])로 바뀐다.

토우(흙을 구워 만든 장식 인형)

국내 최고 신석기 거주지인 양양 오산리에서 BC 5570-5480년 것으로 추정되는 가장 오래된 토우(土偶, **부록 9**)가 발견되었다. 토우는 생전에 누렸던 부, 지위가 내세로 이어지길 바라는 상징적인 의미로 무사, 악사, 시종 등 흙으로 만든 인형, 토용(土俑)[465])과 갖가지 실용적인 것을 부장했다. 502년 지증왕이 순장(**부록 10**)을 금지하자 대용품으로 인물상, 기마상 등 작은 토용(土俑)은 더욱 활기를 띤 것으로 여겨진다. 토우는 사물, 인물, 물건을 본뜬 토기를 통칭한 말로 상형 토기, 독립된 형태 토용, 항아리 등에 붙은 장식 토우로 구분한다. 상형 토기는 수레, 집, 배, 오리, 말 모양 등 다양하며 사물형, 인물형 등으로 구분한다. 대부분 물, 술, 간장 등 액체를 담던 그릇으로 제의용, 부장용 장식품으로 생로병사의 기쁨과 슬픔을 다양하게 표현했다. 탄생에서 죽음까지 사실적 생동감과 단순함을 보이며 사물의 본질을 적나라하게 표현했다. 장인의 지문까지 남아 있고 토기 뚜껑은 맞는 것이 없을 정도로 틀에 박히지 않고 그냥 손가락으로 꾹꾹 눌러 만든 질박함, 투박함이 돋보인다. 비록 대부분이 무덤 부

464) 가마는 검다에서 온 말로 무쇠의 색깔이 검어 가마솥이라고 불렸다. 가마솥의 두께는 화력을 오래 유지하고, 둥근 바닥 가운데가 가장자리보다 두꺼워 열이 고루 전달된다. 무쇠 뚜껑 역시 수증기 발산을 막아 주어 불과 시간의 조화로 최상의 음식이 탄생한다.

465) 토용은 원래 漢 나라에서 순장 대용품으로 시작되었다.

장품이지만 밝은 표정의 토용들로 희로애락, 익살과 해학을 보여준다. 1946년 토우총에서 손으로 자신의 임신을 가리키는 토우가 처음 출토되었고 여인 배의 구멍은 출산을 상징한다. 아이들과 같이 간 부모가 보기 민망할 정도로 적나라하게 표현한 성행위를 보여주는 대담한 토우로 장식된 토기(보물 195호)는 신라인의 성에 대한 순박하고 자유로운 性 의식을 표현했다. 뱀[466)]과 개구리는 부활과 불사를 상징하고 성기와 큰 젖가슴은 풍요와 생명 탄생을 의미하며 유라시아에서 널리 발견되는 구석기 시대 빌렌도르프 비너스[467)]를 연상시킨다. 비너스는 다산, 풍요의 상징으로 여러 문명권에서 보편적으로 나타난다.

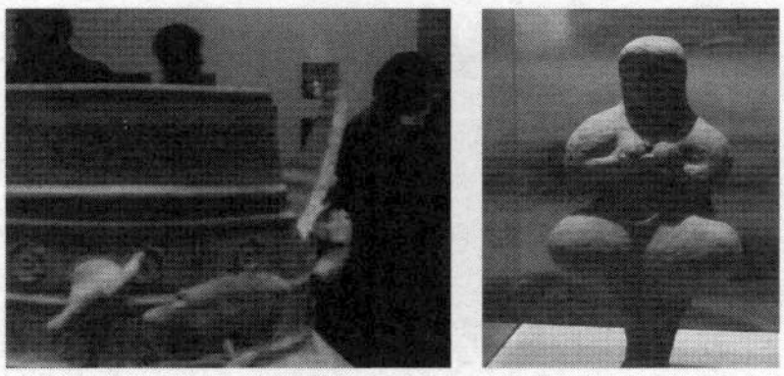

왼쪽부터 자유분방한 토우, 유라시아 비너스

『삼국지』 위지동이전 변진편에 새가 죽은 이의 영혼을 천상으로 안내한다고 기록되어 망자의 영원한 안식, 사후세계의 소망을 상징한다. 오리는 계절을 알려주고 이승과 저승, 조상을 연결하는 전달자, 메신저였다. 3C 이후 머리에 볏이 붙은 오리 모양 삼한 새 토기는 상류층의 권위와 신분을 나타내며 하늘, 땅, 물 등 어느 곳에서나 자유롭게 먹이를 구하는 염

466) 뱀과 개구리 토우는 8000년 전 발해 연안 요동에서도 발견됐다. 뱀이 아니라 용이라는 중국이다. 영주 순흥 고구려 석실 고분벽화의 뱀 역시 영생을 의미한다.

467) 1908년 오스트리아 빌렌도르프 근교 구석기 지층에서 발굴된 11.1㎝ 높이의 여자 조각상 〈빌렌도르프의 비너스〉는 커다란 유방, 굵은 허리, 볼록 나와 있는 배, 풍성한 엉덩이로 생식과 다산의 상징인 地母神으로 여겨진다.

원을 기원하며 부장한 것으로 여겨진다. 새 토기, 목기, 청동기 등 다양한 유물은 조령신앙(영매)의 유래를 실증한다, 이런 새 토기는 페르시아 것을 닮아 실크로드를 통한 문물교류를 추측할 수 있다.

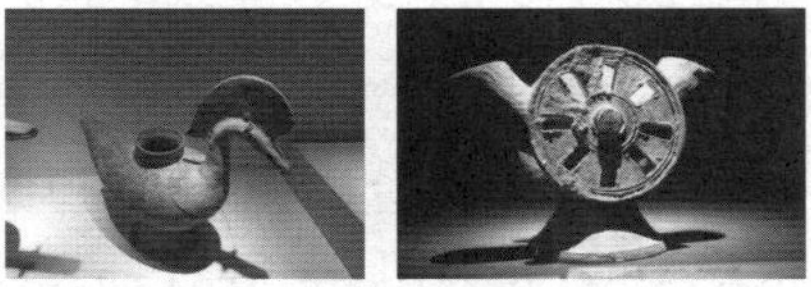

왼쪽부터 가야산 오리, 가야 바퀴형 뿔잔

또한 4C 금관가야와 아라가야 토기, 5C 대가야 토기, 6C 중반부터 신라의 토기들이 여러 곳에서 출토되는 것은 가야의 힘에 따라 토기도 부침을 거듭하며 형태, 크기를 달리한다. 가야의 경질토기는 5C 중후반 일본에 영향을 미쳐 아스카문화를 대표하는 스에키 토기의 기초가 되었다. 5C 중반 새가 날아왔다는 뜻의 일본 아스카(飛鳥)는 한반도에서 날아간 새, 조상[468]의 혼령이 날아와 점지해준 땅이라는 의미로 해석된다.

왼쪽부터 수로 부인 토기, 인물 토기, 집 모양 토기, 문인상

468) 고대국가 야마토와 고분 문화를 건설한 왜의 야요이인들은 왜의 북서쪽 경남, 전남을 향해 망인의 인골을 두고 조상신을 모셨다.

그 외에도 1986년 용강동 고분에서 출토된 지위가 높은 관료로 보이는 아랍계 문인 상은 점토로 만들어 구운 다음 몸 전체에 백토를 입히고 붉은색으로 채색했다. 덥수룩한 수염으로 아랍 문인 상이라 불리며 唐 옷[469]을 입고 동곳과 복두를 쓰고 두 손을 가지런히 마주 잡고 홀(笏)까지 들고 있다. 1987년 황성동 돌방무덤에서 출토된 남편을 잃고 애도하는 여인상(높이 16.5cm)은 초승달 같은 가는 눈, 오뚝 솟은 코 등 용모와 옷매무새가 단정하고 머리 모양까지 뚜렷이 표현되었고 오른손에 작은 술병까지 들었다. 아마 남편에게 마지막 이별주를 올리는 듯해 일명 수로 부인 토기라 불린다. 사사리 덧널무덤에서 출토된 집 모양 토기(20.3cm)는 저승에서 편안하고 넉넉한 삶과 풍요로움을 기원한 것이리라! 대구에서 출토된 집 모양 토기는 지붕이 짚이나 풀로 고정한 초가지붕으로 보이고 굴뚝이 있어 사람이 거주하는 살림집이다. 기둥을 세운 2층 고상 건물(高床建物)로 사다리를 이용해 출입하는 독특한 구조다. 고구려 벽화, 신라 건축 문헌을 보면 이 고상 건물 토기는 주거용보다 곡식을 저장용 창고(부경)로 추정한다. 또한 팔작지붕과 기왓골까지 당당하게 표현한 기와집 모양 골호가 발굴되었다. 개가 멧돼지를 사냥하고 있는 모습, 노래하고 춤추는 사람과 흥겹게 연주하는 악사, 두 손을 배에 대고 목청껏 노래 부르는 남편과 발목까지 드리운 주름치마를 입은 여자는 희망과 풍요를 노래하였을 것이다. 계림로 25호 독널무덤에서 5C 수레(길이 12.8cm)와 짚신 토용이 출토되었다. 배, 수레바퀴, 신발은 내세로의 먼길과 망자의 영원한 안식을 바라는 간절한 소망을 담은 부장품일 것이다. 씨앗을 보관하던 용기로 추측되는 토기로 눈, 코, 입 등은 대나무 칼로 간략하게 표현했고 얼굴의 풍부한 감정 표현을 잘 나타냈다. 이러한 토우, 토용 주술적 장식품으로 당시

469) 649년 김춘추가 귀국한 후 신라는 복식을 唐式으로 고쳤고 이후 唐風 유물이 많이 발굴된다.

상류층의 복식과 머리모양, 생활양식을 엿볼 수 있어 무한한 상상력을 불러일으킨다. 어쩌면 그렇게 현재를 살아가는 우리의 꿈과 닮았는지? 이런 장인들의 DNA가 고려 도공에게 넘어가 고려 시대 변기까지 다양한 청자가 등장한다. 하지만 토우는 통일 후 빠르게 사라졌다. 이런 토용이 조선으로 이어지며 악귀로부터 망자를 지켜주는 상여에 붙였던 사람이나 동물 모양 나무 인형 꼭두들이다. 호랑이를 탄 꼭두가 저승사자다. 이별, 슬픔을 아름다운 배웅으로 승화시키며 그 표정 하나하나가 해학과 익살이 느껴진다.

왼쪽부터 조선 꼭두, 투르판 묘 지킴이, 옹관묘, 시신

가야는 낙동강을 경계로 동신라, 서가야로 구분되며 2C-3C부터 562년 대가야가 신라에 복속된 6C 중반까지 존속했다. 불을 다루는 능력이 탁월했던 가야는 특이한 독창적 예술성을 보여주는 특이한 상형 토기를 많이 남겼다. 종류도 굽다리접시(고배, 高杯), 그릇받침(기대, 器臺), 항아리 등 다양하지만 특히 부장용 상형 토기는 매우 다채롭다. 새, 오리, 신발, 집, 바퀴, 말, 짚신, 뿔, 등잔. 웬만한 주변 사물 모두를 토기에 응용했다. 또한 함안 아라가야 말이산 고분에서 사슴 머리와 V자 모양 원통 뿔로 장식한 특이한 뿔잔이 발굴되었다. 4C-5C 아라가야 고분에서 출토된 통 모양 굽다리접시, 불꽃무늬 굽다리접시, 잔에서 공통으로 불꽃무늬가 나타난다. 그 외에 유명한 도기 바퀴 장식 뿔잔(보물 637호, 국립진주박물관 소장),

오리(김해 출토), 신발(보물 556호), 집 토기(현풍 출토) 등이 있다.

김춘추**(부록 11)**는 고구려와 군사동맹을 맺기 위해 사신으로 떠나며 손가락을 베어 김유신과 피의 맹세를 했다. 예로부터 훈족은 충절 맹세, 형제 약속을 하며 각배(LYPTON)로 피를 섞은 술을 마시며 결속을 다지고 동료와 신뢰와 맹세, 전쟁 승리를 기원하는 오랜 풍습이었다. 부산 영도 동삼동 유적에서 BC 4천 년 것으로 보이는 토기 각배가 처음 발견되었다. 탈해왕이 각배를 사용했다는 기록으로 보아 각배는 왕과 귀족의 전유물로 신성시했음을 알 수 있다. 조선시대까지 전장에 나가는 장수에게 승리를 기원하며 龍年, 용달, 용일, 용시에 만든 사인검과 왕이 직접 각배에 술을 하사하며 용기를 북돋아 주었다. 기마민족 문화가 조선까지 생생히 살아있음을 보여주는 백자 각배다. 훈족 각배는 원래 물소 뿔, 소뿔 등 짐승 뿔로 만들었으나 페르시아, 그리스, 로마는 각배를 풍요의 상징으로 받아들이며 근동, 지중해 지방에서 크게 유행했다. 이란, 그리스 등 중동과 훈족에게 유행하던 각배, 서역식 AKINAKES 단검이 중국, 백제, 고구려에서는 발견되지 않고 한반도 구석진 신라, 가야에서만 발견되며 유행하는 이유는 무엇일까? 이는 신라가 5C 중앙아시아를 비롯해 페르시아와 광범위한 교역을 했으며 특히 스키타이문화가 상류층의 주류였다는 것을 상징적으로 보여준다. 서로 간 스키타이 훈족과 동으로 간 훈족[470)]**(부록 12)** 신라다.

470) 신장 누란(樓蘭, 정절국, 니야)에서 BC 2천 년 전, 수레바퀴, 말채찍, 안장과 금발에 하얀 피부, 오뚝한 코, 코카서스족 미소녀와 소뿔 각배가 같이 발견되었다.

왼쪽부터 스키타이인 각배, 페르시아 각배, 신라 각배, 조선 청백자 각배

1924년 발굴된 5C 금령총(관 지름 28m, 세로 150cm, 가로 60cm)에서 죽은 아이[471]를 천상으로 인도하는 다채로운 말 치장과 마갑으로 치장한 기마 인물형 토우(국보 91호) 한 쌍(주인 높이 26.8㎝, 하인 높이 23.4cm)이 발굴되었다. 갑옷으로 보이는 것을 옷을 입고 더운 여름날 땀이 찬 듯 고개를 쳐들고 삼각 모자를 젖힌 모습까지 정밀하게 표현했다. 하인은 수건을 동여맨 상투 머리에 웃옷을 벗은 맨몸으로 등에는 봇짐을 메고 오른손에는 방울 같은 것을 들고 있다. 마치 길을 안내하고 있는 듯하다. 갸름한 긴 얼굴은 미간이 좁고 가늘고 긴 눈, 이마가 넓고 얼굴과 코가 길고 뒷머리가 납작한 편두 머리(偏頭)[472]로 당시 상류층의 생김새를 잘 묘사했다. 반면 장식이 단순한 시종 토우다. 이 토기들은 말 등에 있는 깔때기 모양 구멍에 물이나 술을 부으면 말 가슴의 대롱으로 따를 수 있는 주전자다. 또한 망자의 환생, 천상 세계를 상징하는 배 모양 토용이 나왔다. 불교 삼도천, 기독교 요단강은 동서고금을 막론하고 인간의 상상력이 같다는 것을 보여준다. 노를 젓는 것이 힘든지 뱃사공은 혀까지 빼물고 노를 젓고 있다.
신라 무사와 비교되는 가야의 기마 인물형 뿔잔(국보 275호, 높이 23.2㎝, 폭 14.7㎝)이다. 가야 토기 특징 중 하나인 나팔 모양 굽다리접시(고배) 위에

471) 다른 고분보다 작고 환두대도도 작고 곡옥도 없어 아이의 묘로 추정한다.

472) 수천 년 전부터 흉노 지배층은 갓 태어났을 때부터 돌로 머리를 눌러 머리뼈를 위로 삐죽하게 만드는 편두(扁頭)를 했다. 화려한 금관을 쓴 아프가니스탄 여성 역시 편두였다.

판갑옷과 투구와 얼굴을 보호하는 볼 가리개까지 쓰고 완전무장을 한 무사가 오른손에 창, 왼손에 방패를 든 형태로 세밀하게 사실적으로 표현됐다. 2개 뿔은 내부가 비어 술이나 물을 담을 수 있는 뿔잔(각배)으로 장식성이 강조돼 의례용으로 추정된다. 각배와 주전자가 한 쌍이다. 무사의 갑옷, 투구, 말의 투구와 갑옷과 함께 발굴됐다. 기마 민족에게서 널리 유행한 기마 인물형 토우지만 백제, 고구려에서는 보이지 않는다.

왼쪽부터 신라 기마 인물형 토우, 배 모양 토용, 기마 인물형 가야 뿔잔

시베리아 세형(細形)동검과 중국 비파형 요령(遼寧)식 동검

BC 10C 무렵 알타이지역에서 일어난 청동기 문명이 초원길을 통해 오르도스를 거쳐 요하(遼河, 현 랴오허강) 일대에 스키토-시베리아 계통의 요령식 동검이 출현한다. 요령성에서 많이 출토되어 요령식 동검이라 불린다. 요령식 비파형 동검은 아연이 없고 주석의 함유량이 적어 경도가 떨어진다. 이후 한반도로 이어지고 진화하여 BC 4C 20% 정도 아연을 포함한 독특한 고조선 문화의 원형, 한국식 세형동검이 탄생한다. 세형동검이 만주와 한반도 남부까지 광범위하게 분포된 것은 우리 민족이동과 문화의 전래를 뜻한다. 세형동검은 유라시아 기마민족 스키타이(오르도스, ORTHOTH)[473]문화의 동물 문양이 첨가되며 한국식 청동

473) 노천 석탄광 등 광물자원이 풍부해 흉노 청동기 문화가 탄생한 오로도스는 동물 문양 조형예술, 등자, 휜 칼(月刀), 복합궁 등을 발전시켰다.

기 문화로 발전했다. 이러한 동물 의장(意匠)은 역동성, 동력감을 보이며 마호형(馬虎形) 대구(帶鉤)[474], 각배, 신라 금관, 요패로 이어진다. 평양, 황해도, 부여 송국리, 여천 적량동 등 전국적으로 출토된 요령식[475] 동검이나 세형동검 모두 중국식 검과는 달리 칼날과 손잡이를 따로 만들어 부착했다. 중국 화하(華夏)족 청동기의 특징은 만주와 한반도에서는 전혀 발견되지 않는다. 고조선 동검이라고도 불리는 세형동검은 중국과 조선의 자연적인 국경을 확실히 구별해 주는 유물이다. 폭 140km 습지, 대능하, 요택(遼澤, 갯벌)[476]은 인위적인 국경 만리장성**(부록 13)**이 아니라 唐과 고구려의 천연적인 경계선이었다. 유라시아 초원 지대에서 발견되는 더듬이 모양 촉각식(觸角式銅劍) 동검이 연해주 옥저유적에서 출토되기도 했다. 또한 이 시기에 고인돌**(부록 14)**이 출현해 고대 한국인은 고인돌에 비파형 동검을 꽂아두고 망자를 위로했다.

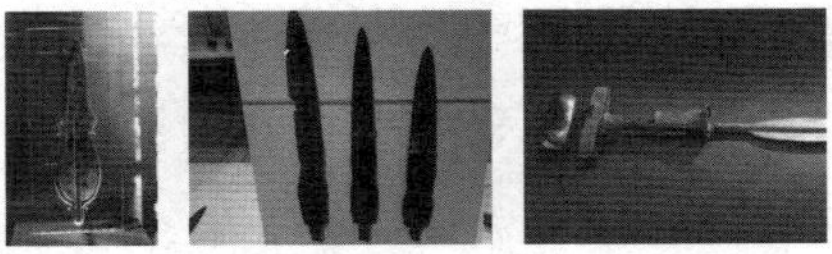

왼쪽부터 요령식 동검, 세형동검, 두 부분으로 나뉘는 비파형 동검

샤머니즘

무당은 청동검, 청동방울, 청동거울을 착용하고 신과 조상을 부르며 마

474) 평양 석암리 9호 고분 출토 보물 454호 용문 상감 옥금제 버클이다. 호형대구는 말을 탈 때 옷을 고정하기 위해 허리에 찾던 고리다.

475) 1974년 4월 19일 부여 송국리 독널 묘에서 발굴된 최초 요령식 동검이며 1967년 대전 괴정동에서 발굴된 세형동검은 가장 오래된 BC 4C 것으로 추정된다. 세형동검이 등장하기 전 한반도를 비롯해 만주 지역에서 양날 비파형 동검이 사용되었다.

476) 요택을 건너 돌아갈 물자를 모두 불태우며 전쟁의 승리를 다짐했던 唐 태종이다.

을의 안녕과 풍요, 전쟁 승리를 기원하는 등 중요한 행사를 할 때마다 신과 인간을 연결했다. 대지와 하늘을 상징하는 거북이 등껍질, 사슴 어깨뼈[477]에 줄을 맞추고 둥근 홈과 작은 구멍을 낸 뒤 불로 태워 나타나는 방향, 모양, 색깔을 보고 길흉화복과 하늘의 뜻을 읽은 무당이다. 문자 대신 그림 언어를 사용하던 시기 무당의 언어, 기호가 갑골문**(부록 15)**이며 무당의 신탁으로 시작된 기호와 문자[478]다.

무당은 몽골, 이집트, 유럽 켈트족, 남미 등 어느 문화권에서나 존재하는 인류의 보편적인 문화다. 알타이 몽골어 하늘의 아들, 우두머리, 지배자, 왕, 우두머리를 뜻하며 칸(KHAN)[479]은 튀르크어 무당(샤먼)을 뜻하는 캄(KHAM)이 원형이다. 단군왕검, 삼한(三韓)의 한(汗), 거서간, 마립간의 감, 칸, 역시 칸(干, 巫堂, SHAMAN)으로 일본에서 가미(神)로 변형되었다. 이사금(尼師今)은 이빨 수로 연장자를 결정해 우두머리로 삼았고 18대 실성왕까지 이사금 칭호를 사용했고 마립간은 조선 품계석과 같은 말뚝을 의미한다. 무당은 자작나무로 치장한 사슴 토템[480] 마스크와 모자를 쓰고 태양을 반사하는 동경을 가슴에 달고 동령을 흔들며 천지신명과 조상신에게 부족의 안녕을 기원했을 것이다. 무당굿은 점차 의식화, 의례화되며 우리 민족의 희로애락을 담고 이승과 저승의 경계에서 화해시켜 주는 당

---

477) 중국 남쪽으로 내려가면서 소뼈가 갑골의 주재료가 된 것은 급격히 농경사회로 진입했음을 보여준다.

478) 세계 거의 모든 설형, 쇄기, 상형문자는 무당, 신관, 제관이 신탁받아 만든 기호, 문양에서 비롯되었다.

479) 공(工)자는 하늘, 땅을 연결하는 기둥을 상징하고 나무 옆에서 신을 부르는 무당(巫堂)이다.

480) 특정 동식물을 자기 씨족과 혈연관계가 있다고 생각해 이를 숭배, 제사하는 토템이다. 구석기 시대뿐 아니라 현재까지 사슴뿔은 天地를 잇는 시베리아 샤먼의 전유물이고, 신라 금관의 사슴뿔 모양과 일맥상통한다. 15,000년 전 프랑스 트루아 프레르 동굴 벽화에 그려진 샤먼의 사슴뿔이며 영국 켈트족 드루이드 무당은 사슴 가면을 쓰고 지하 세계와 천상을 잇는 신목 참나무 아래서 처녀를 희생물로 바치며 신과 소통했다.

산굿, 샘굿, 당굿 등이 있다. 무당굿(**부록 16**)에서 유래한 즉흥적 리듬의 민속 노래, 시나위가 태평무, 살풀이춤과 판소리의 시원이다. 세형동검, 동경과 곡옥은 지석묘에서 같이 출토되며 무당에게 필수품으로 보이고 현재도 무당은 신을 부르기 위해 청동방울, 바라 등으로 의식을 이끌어간다.

청동방울(청동팔주령, 靑銅八呪鈴)

청동방울(銅鈴, **부록 17**)은 구석기 시대부터 유라시아대륙에 폭넓게 널리 퍼진 기마민족 무당이 조상신을 부르던 고유한 주술(呪術) 유물로 우리 동령은 시베리아 것보다 모양도 다양하고 섬세하다. 동령은 중국에서는 보이지 않고 동시베리아와 한반도에서 발견되어 우리의 뿌리를 잘 보여준다.

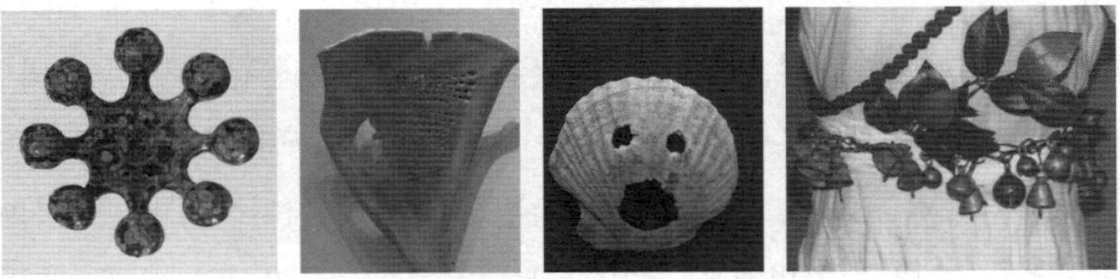

왼쪽부터 청동 팔주령, 갑골문, 가면, 무당 방울들

청동거울(銅鏡, 동경)
다뉴세문경(多紐細線紋鏡, 국보 141호, BC 4-5C)

동아시아에서 넓게 사용하는 무당의 주술, 마법의 도구인 동경은 태양 빛과 무한한 힘을 상징해 하늘과 교감하고 미래를 예언하는 등 백설 공주의 마법 거울이었다. 동경의 원은 우주의 생성, 소멸, 순환을 의미한다는 설, 구름이라는 설 등 다양한 학설이다. 다뉴세문경은 고리가 여러 개라는 뜻의 다뉴(多鈕)와 세밀한 문양의 거울이라는 세문경(細文鏡)이다. 논산에서 출토된 지름 21.2cm, 다뉴세문경은 구름, 태양을 형상화하고 머리카락보다 얇은 깊이 0.7mm, 폭 0.22mm인 직선 13,000개, 작은 동심원이 100개가 넘는 수많은 정교한 선과 원으로 주조해 현대 기술로도 재현하기 힘들다고 한다. 2,400년 전 고조선 시대 초정밀 기술이다. 앞면은 거울이고 뒷면은 중심에서 약간 비킨 반원형 고리를 2-3개 달아 끈을 꿸 수 있도록 했다. 중국 사신도[481] 청동거울은 가운데 꼭지가 하나로 한반도의 것과는 다르다.

청동방울은 산과 대지를 뜻하고, 청동검은 권력을 상징해 석관묘와 석곽묘, 적석총 등 거의 모든 우리의 고대 전통 묘제에서 출토된다. 사악한 기운을 막기 위한 주술적 의미로 동경을 부장하거나 때로는 일부러 깨뜨린 거울, 부러트린 칼을 넣고 망자와 재회를 기원하며 반쪽씩 나누어 가졌을 것으로 추측된다. 이런 동경은 지장전 우두나찰과 마두 나찰의 업경대 거울로 진화하며 권선징악의 상징으로 심판대에 놓여 있다. 거울은 고대 인류의 보편적 신앙으로 韓中日 시조는 모두 신이 준 동경을 가지고 인간 세계로 재림했다. 중국은 漢부터 새 왕조가 들어서려면 신경(神鏡)이 출현한다는 거울에 대한 참위(讖緯) 사상이 있어 천하를 통치하는 것을 거울을 본다고 표현했고 대원군 역시 옥경(玉鏡)[482]을 가지고 다녔다. 환웅**(부록 18)**은 신을 기원하던 이들을 위해 비, 구름, 바람 신을 데리고 천부인(天符印, 거울 天鏡, 칼)[483]과 씨앗을 갖고 홍익인간 이념으로 신시를 다스리기

481) 사신도는 황제가 관리를 지방에 파견할 때 방향에 따라 사방신(四方神)의 홀을 내려준 데서 연유했다. 석관의 사신도는 벽사, 기원을 상징하며 고구려 고분벽화와 신라 왕릉 12지신상으로 계승된다. 왕의 관 외부에 눈을 그린 이집트의 관, 로마의 관 속에서 발견된 가면 역시 벽사, 기원을 상징했다.

482) 조선 후기까지 유리 거울이 아닌, 청동이나 백동으로 만든 금속 거울이었다. 칼은 악한 자를 벌하는 도구, 거울은 하늘신, 방울은 환인의 목소리, 얼굴로 추정한다.

483) 일본은 야다노 가가미라는 동경(銅鏡)을 신궁에 모시며 황실의 전통으로 삼고 있다. 대도(大刀, 구사나기 노겐), 동경(銅鏡, 거울 야타노 가가미) 곡옥(曲玉)은 일왕의 즉위신기(卽位神器)다. 2019년 5월 13일 나루히토, 새 왕 즉위에

위해서 태백산 신단수(神壇樹)로 내려왔다. 일본 시조신 아마테라스는 야다노가가미라는 동경과 신하를 데리고 악을 징벌하기 위해 하늘에서 내려왔다. 신이 하강할 때부터 선악, 지배, 피지배계급으로 뚜렷이 구분된 일본 신화다. 신에 의탁하고 범신론과 주술적인 무속신앙이 발달해 8백만 신이 존재하는 일본이다.

왼쪽부터 다뉴세문경, 중국 사신도 동경, 청동기 문양들

대전에서 발견된 청동 농경문**(부록 19)**은 나체[484]로 성기를 드러내놓고 머리에 기다란 깃털을 꽂고 바람에 머리카락까지 날리며 따비로 밭을 가는 남성과 추수하는 여인까지 정교하게 표현했다. 나무에 앉아 있는 독수리 두 마리는 신조 사상과 북쪽을 바라보는 솟대[485]의 유래를 보여준다. 솟대는 강원도 산촌 오지에 아직도 남아있다. 무속에서 독수리는 용맹, 용기, 강인함을 나타내며 무당을 상징한다. 서아시아가 기원인 머리가 둘인 쌍 독수리 문양은 이란계 스키타이**(부록 20)** 기마민족이 주로 사용하며 고대 그리스 제우스의 승물(乘物)이 되며 로마, 비잔티움의 수호신과 프랑스, 나치, 러시아, 미국의 상징으로 계승되었다. 새는 계절을 알려

즈음해 거북이 등껍질을 태워 점을 치는 일본 황실 기복(龜福) 행사가 열렸다.

484) 조선 말까지 함경도에서 풍년을 기원하며 입춘에 남자가 나체로 밭을 가는 풍속(나경, 裸耕)이 남아 있었다. 유희춘(1513-1577)은 함경도 유배 생활에서 본 나경 풍속을 글로 남겼다.

485) 솟대는 소도의 경계를 나타내기도 했다. 스칸디나비아 라플랜드 원주민 사미, 랩, 핀, 야쿠트족이 세운 교회 지붕 동쪽으로 향한 새는 솟대와 같은 의미다.

주고 망자를 천상으로 인도하며 조상의 메시지를 전해주는 전령사였다.

왼쪽부터 청동 농경문 뒷면, 농경문의 새 장식, 솟대

둥근 고리 큰 칼, 환두대도(環頭大刀, **부록 21**)는 漢에서 기원해 3C 한반도로 전해졌고 삼국과 가야 모두 남성 왕 고분에서 빠짐없이 출토된다. 전투할 때 손목과 칼을 끈으로 묶어 떨어뜨리지 않게 손잡이가 둥그런 칼이다. 은제 칼집 속에 철검이 있고 손잡이는 용, 봉황 또는 다리가 셋인 삼족오(三足烏, **부록 22**)가 장식되어 있어 왕이 장식용, 의식용으로 사용했다. 여의주를 문 용이 조각된 백제 무령왕 환두대도, 조우관과 환두대도를 착용한 고구려 사신, 천마총 봉황 장식 환두대도(보물 612호), 고리에 잎사귀 3개를 새긴 가야의 삼엽문(三葉紋) 환두대도에서 보듯이 삼국 모두 환두대도를 애용했다. 1973년 경주 계림 14호분에서 키 150-160㎝, 나이 20-39세로 추정되는 남성 두 명이 발굴됐다. 신분이 더 높은 좌측의 피장자는 36㎝ 황금보검(보물 635호)[486], 우측 피장자는 환두대도를 차고 있었다. 황금 단검의 칼의 자루는 삭아 없어졌고 황금만 남았다. 동아시아 최초 발굴된 황금 단검으로 칼과 칼집에 금테를 두르고 빨간 석류석, 붉은 마노로 상감해 그리스와 동로마 세공 기술과 유럽서 유행한 월계수 무늬로 장식했다. 4-6C 게르만족, 고트족, 훈족이 애용하며 발칸반도, 페르시아, 카자흐스탄에서도 유행했다. 형태, 재질, 문양, 상감은 유

486) 우즈베키스탄, 키르기스스탄, 알타이, 신장, 위구르의 쿠차(庫車) 키질(克孜) 석굴 벽화에서도 흡사한 칼이 발견됐다.

렵과 제작 기법이 이들과 비슷하고 금속 성분은 우크라이나 크림반도, 헝가리 출토 금제품의 구리 성분과 유사했다. 1928년 카자흐스탄 보로로에서 출토된 것과 흡사해 중앙아시아 유목민이 동유럽 장인에게 주문한 것이라 설, 중부유럽에 살았던 켈트 왕족이 선물한 것이라는 등 여러 학설이 있다. 신라 역시 5C 이사금에서 마립간으로 넘어가는 시기에 많은 단검이 만들어진다.

왼쪽부터 환두대도, 삼족오, 황금단검, 몽골 칼

철과 고구려

4천 년 전 히타이트(터키)에서 기원한 철**(부록 23)**은 히타이트-중앙아시아 스키타이-키르키스탄-중가리아-이르쿠츠크-알타이산맥 파리지크-몽골-고조선으로 소개되어 우리 철 문화는 시베리아 카라스크(KARASK) 철 문화의 영향을 보인다. 당시 유라시아 기마민족, 흉노의 철기문화는 어떤 곳보다 발전했다. 고구려는 앙숙이던 수, 당을 통하지 않고 기마민족이 애용하던 북방 초원로(STEPPE ROAD)[487]를 통해 페르시아, 중앙아시아와 직접 교류했다. 초원로는 내몽골과 고구려가 장악한 국제 무역도시,

487) BC 2C 이집트, 메소포타미아로부터 팔메트 벽화, 궁륭 귀잡이 천장법, 기둥 주구와 나무 한 그루를 가운데 두고 양쪽에 새 한 쌍을 배치한 문양이 그리스, 로마, 페르시아 문화가 중앙아시아 초원로를 거쳐 고구려에서 유행했다. 벽화에 등장하는 고구려 벽화의 서역인과 씨름 등은 고구려의 선진문물에 대한 진취성을 대변한다.

영주(현 랴오닝성 타오량)로 연결되었다. 산성 축조 등 뛰어난 과학기술과 막강한 수군으로 발해만 해양까지 정복한 동이족, 예맥족, 선비족이 혼합된 다민족, 해양, 농경 제국, 고구려다. 고구려는 동아시아 최초로 신성하고 큰 기마 병사란 뜻의 개마무사로 구성된 철 기갑 기마군단과 긴 기병창을 고안했다. 평양 근처 낙랑 정백동 1호분에서 출토된 BC 3C 고구려 비늘 찰갑옷(札甲, **부록 24**)은 수당 제국에 당당히 맞서 싸운 최고 전투력과 국력을 대변해준다. 찰갑 기마병을 선두로 창수, 검수, 부월수, 궁수 순으로 전투행렬**(부록 25)**을 이루며 만주벌판을 정복하고 제국을 건설했다. 말과 갑옷을 위한 가벼운 철을 제조했고 전투력을 극대화하는 등자(鐙子)도 개량했다. 당시 최고 고구려 철 주조술은 현대 기술과 별반 차이가 없을 정도로 우수했다. 고구려는 고분벽화에 제철 신(대장장이 신), 제륜신(마차 신, 바퀴신)의 중요성을 강조했다. 권근, 하륜이 쓴 『동국사략』에 BC 13C 고조선은 이미 철에 대한 지식과 가공 기술이 발달해 연철과 선철, 강철을 제련했고 BC 975년 철로 만든 화폐를 사용했다고 기록했다. 홍천군 일대에서도 BC 7C 철이 발견되었고 광주 신창동 유적은 BC 2C 초기 철기시대 집단생활의 유적이며 진한은 철전을 사용했다. 철(鐵)자를 파자하면 금(金)과 동이(夷)다. 중국[488)]은 BC 8C 경 북만주 선비족으로부터 철이 전래했고 BC 307년 전차가 등장한다. 부여에서 철을 가지고 내려온 백제는 철 무기로 마한을 정복하고 가야 역시 철을 매개로 왜와 긴밀한 관계를 가졌다. AD 1-2C 가야와 백제를 통해 왜[489)]에 철이 소개된다. 3-4C 동아시아의 핵심적인 무기는 철이었다.

---

488) 殷(BC 1600년?-BC 1046년) 때 청동기 유물이 많이 나오는 것은 기마민족의 영향으로 추정한다. BC 4C 초 청동기가 주류를 이루고 漢에 이르러 철 기술이 발전해 무기, 농기에서 철기문화가 확산했다.

489) 2C 연오랑(燕烏郎)과 세오녀(細烏女) 부부의 전설은 태양과 불로 상징되는 철기와 비단의 일본 전래를 말한다.

왼쪽부터 고구려 야철신, 철편, 고구려 철기병

김수로왕과 겨루어 패배한 석탈해(AD 57-80)는 배를 타고 가락국을 떠나 토함산에서 내려와 남의 집 마당에 철, 숯 등을 묻고 집을 빼앗는다. 석탈해의 설화는 철기 이주민이 청동기 토착민을 밀어내는 과정을 신화[490]를 통해 말해준다. 탈해는 몽골어로 대장장이란 뜻이다. 당시 철제무기, 마구를 장악한 제철 기술자는 권력과 부를 상징하는 왕과 상류층이었다. 가장 늦게 철이 소개된 신라였지만, 3C 철제무기를 대량 생산할 수 있는 대형 용광로와 황성동 큰 야철지 공방[491]은 신라의 국력을 대변한다. 제철 공방은 경주 근방 40여 개가 전해진다. 사라리 130호 고분 관 밑에서 마치 GOLD BAR 같은 철괴가 10개씩 7열로 70개가 발굴되었다. 저승길 노자나 신에 대한 선물이었을 것이다. 또한 국내 최초 마갑(馬甲)이 1934년 경주 황남동 109호 고분에서 출토되고 이후 신라, 가야, 백제의 것이 전국에서 발굴되었다. 고대 전쟁은 말을 탄 장수나 왕을 잡는 것이 승패를 결정하기도 해 말을 보호하는 것이 중요해 말 갑옷(마갑, 馬甲)이 발달했다. 2009년 쪽샘[492] C10호 묘에서는 5C 경 마갑과 그 위에 장수가 입은 것으로 짐작되는 찰갑 옷이 발견됐다. 경주 구정동 3호분 묘에서 철판을 일일이 두들겨 만들고 쇠못으로 조립한 판갑옷이 두 세트가 발굴되었다.

---

490) 예(濊)족 김수로와 맥(貊)족계 제철 집단 석탈해의 치열한 권력 쟁탈전을 보여준다.

491) 1973년 계림로 1호 고분, 1992년 6월 함안 가야읍 도항리 마갑총에서 발굴되고 공주 공산성에서 우리나라 최초로 출토된 옻칠을 한 가죽 말 갑옷도 있다.

492) 쪽빛 하늘이 비칠 정도로 맑고 맛이 좋은 물이 솟아난다는 데서 유래한 쪽샘은 4-6C 신라 왕족과 귀족들의 거주지며 묘역이었다.

어깨와 목을 보호하는 견갑까지 갖춘 4C 것으로 추정된다.

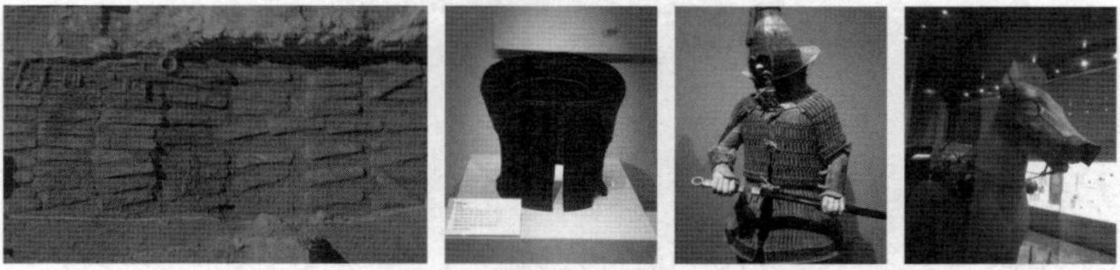

왼쪽부터 사사리 철궤, 판갑옷, 찰갑옷, 마갑

황남대총에서 제사용, 의례용으로 추정되는 3-4마리 분량 말뼈가 봉분 꼭대기에서 출토되었다. 기마 민족에게 말은 신성한 짐승으로 왕이 죽으면 백마(**부록 26**)를 바치며 봉분 꼭대기에서 하늘에 제사[493)]를 지냈다. 고구려도 묘 위에 향당을 짓고 제사 지냈다. 왕의 혼령을 저승세계로 인도하는 영물로 나정 우물가에서 박혁거세 알을 소중히 보살피던 백마였다. 말은 왕과 군가를 지키는 가장 강력한 무기며 교역, 사냥 등 일상생활에 없어서는 안 되는 동물로 국가가 특별히 관리했다. 중국에서 말과 수레는 국력의 척도로 만승(萬乘)의 나라, 천승(千乘)의 나라로 구분했다. 칭기즈칸, 알렉산더 대왕의 대제국도 말의 힘[494)]이었다. 황남대총 남분과 금관총에서 금동판에 오색영롱한 딱정벌레 날개를 장식한 금동 말안장이 출토되었다. 금관총은 안장틀에 비단벌레 날개로 촘촘히 장식하고 천마총의 말은 수천 마리 딱정벌레(jewel beetle)[495)] 날개로 9마리 용(龍)을 형상화한 용마였다.

493) 무덤 조성 직후 제사가 행해졌고 음식을 여러 개 큰 항아리에 담아 무덤 주변에 놓고 제사 지내며 1년 동안 상복을 입었다.

494) 20여만 마리 말을 타고 한국전에 참전한 중공군이다.

495) 딱정벌레는 곤충의 왕이라 불리며 재생, 부활을 상징했다.

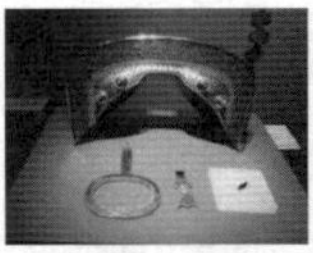 

왼쪽부터 딱정벌레 말안장, 알렉산더와 애마

2-3C 전후 가야는 철을 무기로 왜를 용병으로 이용했고 이것이 후일 가야 임나일본부설**(부록 27)**을 만든다. 왜는 가야를 금의 나라, 무쇠의 나라란 뜻으로 소라라고 부르고 철을 수입하며 단기간에 중앙집권체제를 이룬다. 일본은 임나일본부의 존재를 주장하지만, 부산 복천동 고분에서 왜의 판갑옷을 1세기 이상 뛰어넘는 가야 4C 마갑[496], 철 조련 기술, 공예 기법 등 정교한 무기가 출토되자 일본 사학계는 침묵**(부록 28)**했다. 또한 5C 김해 대성동 가야 시대 고분에서 당시 최고 녹 방지 인도 제철 기술[497]로 만든 철기 유물이 발굴되었고 남방계 인도인과 비슷한 염기서열도 발견되었다. 해양 세력의 유입을 보여주는 허황후(AD 49년 김수로왕과 결혼) 이야기는 신화[498]에서 역사로 이어지는 인도-가야의 관계를 다시 한 번 말해준다. 500년 역사의 가야는 육가야, 김천 감문국, 영천 벌국, 상주 사벌국, 경산 압독국, 함안 안나국. 비화국, 합천 다라국 등 많은 소왕국 이름이 전해온다. 가야는 마을 족장 9명이 구지가(龜旨歌)를 불러 하늘에서 황금알 6개가 내려오며 여섯 아이가 탄생했다. 첫 번째 아이인 김수로의 금관가야를 중심으로 발전한 아라가야, 소가야, 대가야, 고령가야,

496) 가야 무사는 말도 갑옷으로 무장했고 무거운 판갑을 사용해 기동성과 유연성이 떨어졌지만, 이후 20-30개 철편을 가죽으로 연결해 머리나 신체의 굴곡에 맞춘 찰갑옷을 제작했다.

497) 신의 검이라는 다마스커스의 검을 제작한 인도 철강과 제철 기술이다.

498) 신화는 암시와 은유(隱喩)로 포장하지만, 사실적 의미, 팩트를 가지고 있어 역사를 캐는 블랙박스다.

성산가야는 마치 그리스 폴리스 같은 도시국가연맹[499)]이었다.

신라 고분

고분 도시답게 경주는 어디를 가나 풍만한 여인을 닮은 고분이다. 자연 닮기를 염원한 왕릉은 앞산과 어우러져 마치 태고부터 존재한 것처럼 자연의 일부가 되었다. 돌을 쌓고 나무로 곽을 만든 적석총은 중국에서는 발견되지 않고 알타이 훈족들이 살던 중앙아시아 카자흐스탄**(부록 29)**, 키르키스탄, 우즈베키스탄, 타지키스탄, 투르크메니스탄에서 발견되며 고대 신라인의 이동로를 확실히 보여준다. STAN은 땅[500)]의 의미로 그들이 사는 땅을 말한다. 적석총은 세월이 지나면 목곽이 썩어 돌의 무게를 이기지 못해 붕괴하여 그 모습이 마치 사과와 같아 고고학자들은 사과형 고분이라 부른다. 도굴이 어려워 대부분이 축조 당시 모습을 그대로 간직한 처녀분이다. 신라 고분은 단장 묘, 황남대총 같은 낙타 형, 가족묘인 다곽묘로 분류한다. 이러한 고분은 풍부한 유물의 다양성을 보여주며 사회와 정신세계를 담은 보물창고다.

대능원(38,000평)[501)] 천마총

1971년부터 개발된 대능원은 봉분이 남아 있는 무덤들만 복원했다. 대능원을 걷다 보면 봉분이 사라진 무덤 비석만 보이기도 한다. 3-5C 축조된 24기 고분이 있으며 김씨 최초 왕인 13대 미추이사금(262-284)부터 22대 지증왕(22대 500-514)까지 김씨, 석씨계 왕족 묘역으로 추정된다.

---

499) 가야는 국가라 해야 큰 곳은 4,000-5,000호, 작은 곳은 600-700호에 불과한 도시국가로 전 가야 4만-5만 호, 인구 20만-25만 정도로 추산된다.

500) IRELAND, FINLAND, LAPLAND와 같다.

501) 미추왕을 대릉에 장사지냈다는 『삼국사기』의 기록에서 따온 대릉원이다.

김씨와 석씨의 왕권 다툼에서 승리한 내물왕(17대, 356-402) 이후 왕실은 김씨계가 독점하며 석씨 왕실은 사라진다. 신라 왕족은 왕성 가까운 평지 묘역에 묻히며 삶과 죽음이 공존했다. 능[502], 묘는 망자가 확실한 것이고, 무덤이 커 언덕과 같은 묘를 말하는 塚과 墳은 주인이 불분명한 것을 말한다. 대부분 신라왕의 무덤처럼 피장자를 모르고 특별한 유물이 나오면 그 유물의 이름을 붙인다. 1921년 일제가 졸속으로 발굴하며 최초 금관이 나온 금관총(1921년 발굴, **부록 30**), 1926년 스웨덴 쿠스타프 황태자가 신혼여행 때 발굴에 참여하고 유일하게 금관(보물 339호)에 봉황이 장식된 서봉총(국보 129호), 자작나무 껍질로 만든 말다래가 나온 천마총, 1924년 금관과 금방울이 나온 금령총(金玲塚), 1946년 5월 9 광개토대왕의 호우(壺杅)총, 금동신발이 출토된 식리총(飾履塚)이다.

천마총 가는 길목은 단풍, 백일홍(CRAPE MUTLE), 은행나무, 흑송, 적송 대나무가 많아 특히 꽃과 나무에 대해 관심이 많은 여자는 빼놓지 않고 꼭 물어본다. 오른쪽으로 거대한 느티나무가 보인다. 시골 어디를 가든지 느티나무는 덩그러니 마을 입구를 당당하게 독차지하고 그늘을 만들어 동네 어른의 쉼터가 된다. 이러한 정자목, 당산목은 비보 풍수의 전형으로 마을의 안녕과 풍요를 기원하는 동신제를 지내는 마을 지킴이로 동네 터줏대감이다. 조금 가다 보면 대나무숲 옆, 100호 고분에서 대형 환도가 출토되어 검총으로 불린다.

---

502) 고대로부터 단(壇)은 신, 왕을 모신 제단, 묘(廟)는 황제, 왕, 성인의 위패를 모신 신전, 총(塚)은 무덤으로 제사의 3위 일체였다.

왼쪽부터 안동 하회 느티나무, 부산 녹나무

1973년 황남대총 발굴 때 수로가 지나는 길에 있던 천마총의 훼손을 막고 또한 당시 고고학 발굴 수준이 낮고 경험 부족으로 그나마 작은 천마총을 먼저 발굴했다. 발굴 전 망자에 대한 예의와 존경으로 제례를 올리고 발굴이 끝난 후에는 발굴 경위서와 주변 흙을 정리해 석함에 넣고 발굴 장소에 안치한다. 망자의 옷, 살, 뼈가 썩어 흙이 되고 이 흙은 곧 무덤 주인이기 때문이다. 지하에서 오랫동안 묻혀 있던 유물들이 비와 직사광선, 바람을 만나면 빠르게 훼손되기 때문에 가장 먼저 큰 천막을 치고 수로를 조성해 물을 차단한다. 오래된 나무 역시 직사광선 아래에서 3시간이면 금이 가며 훼손돼 나무 유물은 특수 처리된 화학물 속에서 보관한다. 500-525년에 조영되어 소지왕 또는 지증왕 무덤으로 추정되는 천마총은 1m 정도 지하에 직사각형 목곽 무덤방에 목관과 부장품을 안치하고 6m 정도 돌무더기를 쌓고 표면에 찰흙[503]을 입혀 흙이 쓸려가지 않도록 한 적석목곽분**(부록 31)**이다. 6C 이후부터 무덤 밖으로 드나들 수 있는 문과 연도(羨道)를 설치해 추가 매장이 가능한 중국식 석실묘가 축조되고 장례 절차 역시 중국식으로 변하기 시작한다. 백제 무령왕 능도 같은 형식이다. 이러한 석실묘는 들어가기 쉬워 대부분이 도굴당했다. 왕건에게 경주 사심관으로 임명된 경순왕 능은 신라왕 가운데 유일하게 경주에

503) 120호분(북서-남동 26.1m, 북동-남서 23.6m)은 이례적으로 화강암이 풍화한 모래 마사토를 이용해 축조한 첫 돌무지 덧널무덤(적석목곽묘)이다.

서 멀리 떨어진 파주에 있다. 신라왕 능이라고 보기에는 소박한 장명등, 망주석, 석수 한 쌍만이 경순왕 능을 지키며 석양을 바라보고 있다. 몰락한 군주는 죽어서도 외롭게 홀로 있다.

고대인들에게 태양은 풍요와 생명의 상징이자 산자의 땅으로 머리가 동향**(부록 32)**이며 내세를 밝히는 등잔을 부장했다. 서쪽은 망자의 땅으로 신라 왕릉도 서쪽에 있다. 목관 주위 검은 흙은 발굴하는 도중 급격히 공기에 노출되어 산화작용이 일어나며 색깔이 변한 것을 의미한다. 천마총은 적석목곽과 관은 녹나무(CAMPHOR TREE)[504]를 사용했다. 중국 황제는 측백나무, 왜왕은 금송. 신라는 주로 녹나무였다.

머리 근처에서 깨어진 채로 발견된 2개 토기에서 발견된 백여 개 달걀[505]은 생명, 태양, 하늘, 재생을 의미했고 아마 저승길 양식이었을 것이다. 열 손가락 모두 반지를 착용했다. 반지와 달걀은 내세에서도 왕족으로 부활하기를 기원하며 부장했을 것이다.

다리와 머리 근처에서 높이 1.8m 2개 부장궤가 발견되었고 머리 부장궤에서 많은 쇠솥, 토기 등이 발굴됐다. 천마도(국보 제207호), 금관(국보 제188호), 관모(국보 제189호), 금제 허리띠(국보 제190호) 등 국보, 보물만 10여 점과 장신구 8,766점, 무기 1,234점, 마구류 504점, 그릇 226점, 기타 796점 등 11,297점이 출토되었다. 관 내부에서 금관만 발견되었고 내관은 관 밖에서 발견되었다. 대부분 금관이 주로 머리 근처가 아닌 복부[506]

---

504) 녹나무는 물속에서도 잘 썩지 않고 장뇌향(樟腦香, Camphor)이라는 방충제가 있어 예부터 애용하였다. 창녕 송현동 7호 고분도 녹나무 구유형 목관이다. 녹나무는 주로 일본, 한국 남해안 제주도에서 자생한다.

505) 달걀 3개는 깨지지 않고 온전한 모습으로 출토되었다. 최근 은평 뉴타운 개발하던 중 조선시대 무덤에서도 달걀이 발견되었다. 기독교 달걀 역시 부활을 의미한다. 여성 왕족으로 추정되는 쪽샘 44호 무덤 망자도 열 손가락모두 반지를 끼었다.

506) 고흥 길두리 발굴된 백제 금동관은 상자에 담아 부장했다.

근처에서 발견되어 관을 쓴 채로 매장했는지 아닌지조차 정확히 알 수 없었다. 황남대총 북분 왕관은 긴 머리카락을 싸맨 후 얼굴 전체를 뒤집어 쓴 데스마스크 형태였으며 出 자형 장식들은 모두 합쳐진 세모뿔 모양으로 발굴되었다. 이로 미루어 볼 때 신라 금관은 일상용 왕관이 아니라 의식용, 혹은 부장 위세품(威勢品)이라 추측된다. 또한 왕관은 보통 85-86% 금으로 순도[507]가 높은 금은 연성이 강해 변형이 쉽고 굽어지거나 휘는 성질이 있어 튼튼하게 세울 수 없다. 만약 왕관이 일상품이라면 매우 튼튼하게 제작해 순도 또한 낮았을 것이다. 銀을 합성해서 강도를 높이고 금관의 관모 안에 직물, 가죽, 자작나무 껍질을 섬세하게 가공한 별도의 모자를 썼다. 신라 금관은 모두 6점**(부록 33)**으로 出 자형 장식의 순도는 80-89%로 銀을 10.9%(교동), 18.8%(서봉총)를 넣었다.

나주, 단양, 파주 신라 고분에서 발견된 금동관은 변방을 지키던 왕족의 것으로 추측된다. 금관은 왕의 전유물이고 금동관은 왕족의 것으로 남녀 모두 금관을 사용했다. 내물왕 이후 신라 금관은 대부분 김씨 왕묘에서 출토되며 13대 미추이사금부터 내물(17대, 356-402), 실성(18대, 402-417), 눌지(19대, 417-458), 자비(20대, 458-479), 소지(21대, 479-500), 지증 마립간(22대, 500-514)까지 150년간 황금 문화의 절정기였다. 김씨는 金을 숭상하는 사람들이었다. 김알지의 김은 금, 알은 알타이어에서 金[508]을 상징한다. 하지만 법흥왕(23대, 514-540)이 나라의 기본인 율령을 반포하며 중국식 연호를 쓰기 시작하고 527년 불교 공인**(부록 34)**과 불교식 장례

---

507) 익산 왕궁리 유적에서 보듯이 백제 장인들은 고도의 제련, 정련 기술을 갖고, 0.15mm 금판에 금강경을 새겼고 0.3mm 금실에 돋을새김 무늬를 새길 정도로 세공 기술이 발달했다. 왕흥사 금제 사리병 순도는 98-99%, 무녕왕(462-523)릉은 97-99.8% 순도를 보인 금세공 기술이다.

508) 알타이산은 금의 산이라는 뜻이며 기마민족은 비상시 운반이 간편하고 어디서나 교환이 가능한 금을 숭배했다. 9C 이슬람은 신라를 황금의 나라로 묘사했다. 금관을 비롯한 금장식 공예품이 풍부한 이유를 경주의 풍부한 사금에서 찾기도 한다.

로 바뀌며 지증왕이 부장을 금지하자, 금관은 사라지며 649년 당나라 면류관으로 바뀐다.

1965년 우즈베키스탄 사마르칸트 궁전터에서 7C 속다이나(康國) 바르흐만(650-670) 왕의 벽화(높이 2.1m, 가로 11m)가 발굴됐다. 벽화에 깃털을 꽂은 조우관(鳥羽冠)[509] 모자와 둥근 환두대도를 가진 사람은 고구려 사신으로 추정된다. 당시 백제, 고구려인들은 동이족의 특징인 새 깃털을 꽂은 조우관과 환두대도는 상류층의 장식이었다. 신당서에 고구려 관료는 청라관(靑羅冠)과 항라관(亢羅冠)을 썼다고 기록되었고 무용총 고분의 사냥하는 사람도 조우관을 썼다. 650년 당시는 대당 전쟁이 한창이던 시기로 돌궐과 사마르칸트까지 사신을 보낸 고구려의 폭넓은 외교관계를 설명해준다. 고조선부터 튀르크와 매우 친밀한 관계였고 고구려는 돌궐(튀르크)[510]과 돌궐의 지배에 있던 속다니아와 교류도 활발했다.

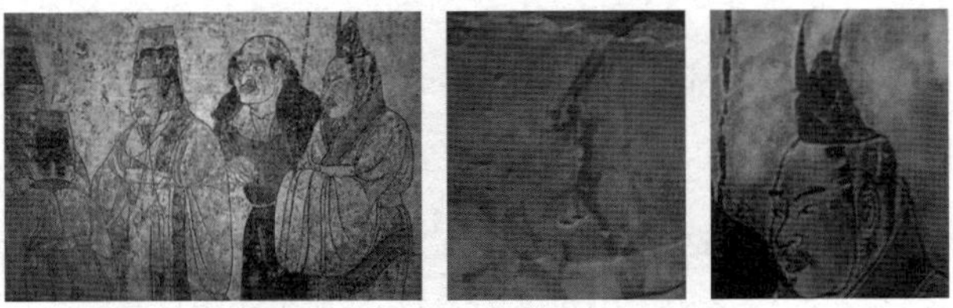

왼쪽부터 사마르칸트 벽화, 백제 조우관, 고구려 조우관

또한 현세 권력이 내세로 이어진다고 믿어 큰 무덤을 만들던 왕족들이 인과응보로 내세 삶이 결정되는 불교의 영향으로 왕릉조차 점차 작아지기

509) 중국이 동이(東夷)족의 특징으로 기록한 고구려 조우관(鳥羽冠)이 신라와 백제, 가야에서도 유행했고 아메리카 인디언도 머리에 깃털을 꽂았고 바이킹은 깃털 달린 투구를 사용했다.

510) 4-5C 돌궐 아사나(阿史那)의 무덤에서 고구려 계통 등자(鐙子)가 나왔다. 이란계 상업 민족 속다니아(소그드인, 강국)다.

시작하고 부장과 순장(殉葬)은 급속히 사라지며 대신 토용(土俑)이 유행한다. 당시 부장과 순장은 신분을 나타내는 풍습이었고, 왕이 죽으면 아끼던 물건은 물론 시녀, 마부 등 신하를 질식사시켜 남녀 각각 5명을 따로 만든 공간에 순장했다. 당시 왕과 같이 순장되는 것은 개인으로나 가문에게도 영광이었다. 만약 죽이지 않고 순장했으면 그 많은 토기가 온전하게 남아있지는 않았을 것이다. 황남대총 남북분에서 각각 10명이 순장되어 순장이 발굴되지 않은 천마총보다 이른 시기에 조성된 것으로 여겨진다. 또한 계급 순위에 따라 가장 낮은 신분이 먼저 묻히고 호위무사, 왕의 순으로 묻혔다. 신라, 가야는 순장이 크게 유행했지만, 백제는 순장 풍습이 없었다. 문무왕의 첫 불교식 화장[511]은 문화, 사회 등 생활양식이 불교식으로 바뀌었다는 것을 의미하며 이후 고려까지 불교식 화장이 이어졌다. 법흥왕은 말년에 머리를 깎고 법운이라는 법명을 사용했고 부인은 영흥사에 기거했고 지소태후, 보도부인 등 많은 왕족이 절에서 말년을 보냈다. 5C 중엽-6C 말 고령가야 지산동 고분(사적 79호)에서 순장용 곽을 발굴하며 고위관리도 순장하였음을 보여준다. 649년(28대, 진덕여왕 2년)부터 자장이 소개한 唐나라 복식과 면류관으로 바꾸며 금관이 완전히 사라진다.

천마총 금관(국보 188)

천마총 금관은 4단, 여느 금관보다 큰 59cm의 길이에 개수도 3배나 많은 382개 구슬 영락(瓔珞)이 달려있다. 거기에 곡옥도 많아 화려함이 돋보인다. 꽃봉오리 모습으로 장식한 出형 나뭇가지 각 단은 1세대를 의미하며 4단은 한 가족이 4대째 왕위를 이어가는 것을 의미한다. 3단 금동관과 4단 금관이 같이 발굴되는 것은 3단 금동관을 쓰던 왕족이 4단 금

511) 장례는 종족적, 지역적, 신앙적 관습으로 의식에 대한 사회적 합의, 묵인 없이 쉽게 바뀌지 않는다.

관을 쓰는 왕이 되었음을 의미한다. 대부분 금관은 3단이며 4단은 천마총, 금령총, 서봉총 4개다. 5단은 없는 것으로 보아 한 가족이 5대를 상속하는 경우는 거의 없는 것으로 보인다. 出자형 3개 입식은 하늘과 대화할 수 있는 신목(神木)[512]을 상징한다. 고대 세계에서 나무는 우주 중심, 시작, 생명의 씨앗을 상징하며 지상과 하늘, 인간과 신을 연결하는 성스러운 것으로 현재도 신의 기를 받는 것은 무당의 신대다. 사슴 역시 신목처럼 하늘과 땅을 잇는 신령한 존재로 사슴뿔[513] 2개로 치장된 왕관은 신라인과 몽골인의 세계관과 종교관의 유사성을 보여주며 정체성을 말해준다. 특히 순록 2마리와 새, 나무로 장식된 돌궐 사르마트 금관[514]은 신라 서봉총 봉황과 같은 양식으로 기원을 짐작할 수 있으나 신라 금관은 더욱 상징성이 강한 디자인으로 형상화되었다.

금판을 얇게 두드려 당초문과 하트모양을 투조해 입체감을 더했고 금실로 물고기 비닐, 낙엽 같은 영락(瓔珞)을 수없이 매달았고 금관 테의 좌우에도 귀고리 형태의 장식을 달았다. 금관, 장신구, 술잔, 등잔에 매달아 움직일 때마다 흔들리며 생동감을 느끼게 하는 영락은 중앙아시아에서 시작된 것으로 자작나무 잎을 상징하는 것으로 추측된다. 하지만 신라인들은 금잔과 토기 잔에 작은 영락을 매다는 기발한 발상을 보여준다. 술이나 차를 마시다 그릇만 흔들면 소리가 나 시중이 달려왔다.

---

512) 신라 出 자형 관이나 장식들은 중앙아시아 기마민족의 유물에서도 발견된다. 스키타이 샤먼의 관, 흑해 북쪽 고분에서 나온 사르마트 금관, 아프가니스탄 고분의 틸리아테페 금관과 연관이 있을 것이다.

513) 영국 켈트족 역시 나무처럼 생긴 뿔을 달고 사는 사슴을 하늘과 사람을 이어주는 신령한 동물로 여기고 드루이드 무당은 사슴뿔 모자, 가면을 쓴다.

514) 우주목, 불꽃 나무, 단군신화의 신단수(神檀樹, 단군이 내려와 정치를 펼치던 곳) 역시 생명을 상징하며 하늘, 땅을 잇는 우주의 영매였다. 풍성한 가지들이 사방으로 퍼지며 나무의 힘찬 생명력을 표현했다.

 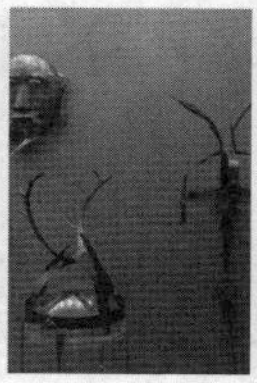 

왼쪽부터 신라 금관, 몽골 사슴뿔 모자, 몽골의 신목

새 날개 내관은 역시 화려하고 가장 두꺼운 금판이다. 금관의 안쪽에 천을 댄 흔적이 있어 천을 붙여 고정해 금관을 썼을 것이며 신라에만 있는 독특한 끝이 둥그런 삼각형 형태의 내관(內冠 국보 189호)은 가장 많이 사용한 실용적, 일상적 관모로 판단된다. 자작나무 껍질로 안쪽 밑을 두르고 T자, 격자, 초승달, 당초문을 투조(透彫)[515]했다. 가장 많이 출토된 새 날개형 관식(冠飾)은 당화문 투조로 영락이 달려 있고 금관의 안쪽 전면에 부착한 것으로 보인다. 최근 신라 귀족 묘가 모여 있던 쪽샘 지구에서 자작 껍질로 만든 관모의 앞, 귀, 정수리를 장식하던 금은 장식 등 관모 풀 세트가 발굴되었고 오키나와 산 야광패(夜光貝·자개 등에 쓰인 소라껍데기)로 만든 국자도 발굴되었다. 백제 무령왕과 왕비의 관식도 각 2쌍씩 나와 국보 154호, 155호로 지정돼 있다.

 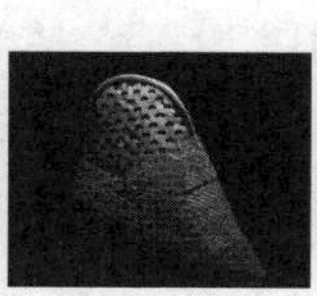 

왼쪽부터 신라 내관, 내관, 금잔 영락

515) 투조는 재료를 도려내 모양, 무늬를 제작하는 기법으로 고구려 화염문, 연화문, 구름무늬와 기술이 백제, 신라로 계승되었다.

자작나무 곰 토템

하늘이 보이지 않는 시베리아 은백색 하얀 수피를 가진 자작나무 수림지대에서 사는 사람의 생활방식이 같다는 것은 몽골족과 문화가 얼마나 넓게 퍼져 있는지를 잘 보여준다. 자작나무 펠트 천막(BIRCH BARK TENT) 지붕을 엮은 귀틀집을 짓고 계절에 따라 이동하며 사막 낙타와 같은 시베리아 순록(RAIN DEER), 사슴을 방목했다. 순록 젖으로 아이를 기르고 고기를 먹고 가죽옷을 만들고 뼈, 뿔, 힘줄은 활의 도구로 사용하는 등 전적으로 순록에 의지해 살았다. 이들은 유라시아대륙에 광범위하게 분포한 곰 **(부록 35)** 토템을 가지고 있었다. 곰은 구석기 시대부터 12C까지 유라시아대륙에서 백수의 왕으로 숭배되었다. 게르만, 슬라브, 켈트, 스칸디나비아 고트족에게 곰은 힘과 용기를 상징했고 덴마크 왕실과 아메리카 체로키 인디언의 조상은 곰이었고 우리 역시 단군신화에서 보듯 곰의 자손들이다. 한민족은 60-70% 알타이 퉁구스족 등 북방 기마민족과 30-40% 동남아, 중국을 거쳐 들어온 남방계 쌀 재배 민족의 혼혈을 이루고 벼농사를 시작하며 급격히 인구가 증가하며 선사시대를 형성했다고 믿어진다. 또한 기원 전후 기마민족이 대규모 남하를 시작하며 선주민을 정복하고 지배층을 이루었다. 지질학자들은 빙하기인 1만 년 전까지 해수면은 현재보다 130m 정도 낮아 중국과 한반도는 물론 일본열도까지 연결되어 있었고 이후 서해가 생기며 반도로 분리되었다고 한다. 인류는 작은 배로도 끊임없이 개척했으며 우리가 상상하는 것보다 훨씬 더 많은 이동과 교류가 있었을 것이다.

곡옥은 청동기 시대부터 시작되었으며 최초 발견된 충남 안면도 고남리 패총 곡옥은 푸른색 비취로 크기는 새끼손톱 절반 정도다. 이 원시 곡옥은 머리와 꼬리 부분이 크기가 같아 달을 상징하는 것으로 추측된다. 비취, 유리, 마노, 호박, 순금, 수정 등 그 재질이 다양하고 금관, 요패, 수식, 목걸이 등에 장신구로 부착했다. 구멍을 뚫어 사용한 곡옥은 생김새가 특이하며 밖으로 휜 등 부분과 휜 배 부분에 새끼를 달고 있는 것도 발견되어 모자곡옥이란 이름이 붙었다. 생명과 다산의 상징으로 추측되는 곡옥은 자손이 많거나 가계를 이은 왕의 금관(천마총)은 곡옥이 많고 자손이 없거나 가계가 끊긴 왕(금령총)은 곡옥이 없다. 그러나 곡옥은 아직도 학자들 간에 그 모양과 의미에 대한 학설이 많다.

1) 인간 생활에 밀접한 영향을 주는 달을 형상화했고 예로부터 달은 풍요의 상징으로 선사시대부터 달을 보며 제를 올린 것은 고대인의 오랜 전통이었다. 아직도 달을 보며 간절한 소망을 기원하지 않는가?

2) 씨를 품고 있는 식물 씨, 열매, 동물의 태아를 닮아 생명의 씨앗을 상징한다.

3) 동물 이빨이라고도 하며 이는 고대 사냥꾼이 자신이 사냥한 짐승 이빨을 목에 건 장식을 의미한다고 한다. 영화 〈크로커다일 던디〉와 같이 파푸아 뉴기니 원주민들은 아직도 사냥한 동물 이빨로 장식한다.

4) 러시아 역사학자 루덴코가 발굴한 BC 3C 전후 피지리크 고분에서 발견된 태피스트리[516)]에서는 카펫 위에 앉아 있는 왕 모습의 동양인 남자에게 말을 탄 이슬람 장수가 마치 전쟁의 출전을 알리는 것 같은 모습이 발견되었다. 이슬람 장수와 말은 많은 곡옥으로 장식되어 있으나 왕은 곡옥이 없다. 전쟁터에 나가는 장군은 오로지 전쟁의 승리와 목숨을 보전하는 일이 첫 번째일 것이다. 이러한 이유로 곡옥은 장군과 말을 보호하기 위한 호신용 부적으로 보기도 한다.(『금관의 비밀』, 김병모)

이 외에도 부활을 의미한다는 학설이 있으나 아직 정설은 없다. 굽은옥, 유리구슬을 4-6줄로 엮은 가슴걸이는 최상류층 무덤에서만 발굴된다.

---

516) 태피스트리(TAPESTRY)란 다채로운 색실로 두껍게 직조한 호화로운 벽걸이 직물 그림을 말한다.

왼쪽부터 곡옥, 피지리크 고분의 곡옥, 금관 곡옥

금제 허리띠(국보 190호, 7.5㎏)는 길이 125㎝, 44개 금판에 17줄 띠드리개를 연결해 금관보다 금이 2배나 더 들어간다. 백제[517], 고구려는 없고 신라에서만 보이는 왕족, 귀족들의 전유물이며 이십여 개 장식들이 무엇을 상징하는지 정확히 알 수 없다. 초록과 밤색 곡옥과 금으로 만든 곡옥, 항상 눈을 뜨고 인간을 수호한다는 물고기, 칼, 유리병, 숫돌, 향통(香桶), 약주머니, 침통, 족집게, 숫돌, 손칼, 등이 달려 있다. 향낭 혹은 약낭은 질병 퇴치, 칼은 전쟁 승리, 등은 어둠과 악을 퇴치하고 밝은 미래를 상징하는 부적의 의미였을 것이다. 생활필수품을 허리에 매달고 다닌 북방 유목민족 풍습에서 유래된 것으로 추측한다. 다산을 상징하는 물고기 문양은 BC 10C 고대 메소포타미아에서 시작되어 페르시아 조로아스터교의 善神 아후라 마즈다가 두 마리 물고기(쌍어문)[518]를 만들어 악신으로부터 생명의 나무를 지키게 했다는 전설에서 유래되었다고 한다. 몽골 오르도스 지방 무당의 생명과 평안을 기원하는 물고기 부적과 관계가 있는 것으로 추측하기도 한다. 이러한 문양은 동방으로 전파되며 힌두교, 불교, 자이나교에 영향을 주고 인도와 가야의 소통을 추측하게 하는 김수로왕 묘도

517) 백제 송산리 고분에서 신라 은제 허리띠가 발굴되었다. 이는 나제 혼인동맹으로 시집온 신라 여인의 것으로 추측하는 역사학자다.

518) 물이 귀한 사막지대에서는 물을 상징하는 물고기가 생명이며 수호신이었다. 쌍어문이 장식된 통도사 삼성각, 양산 계원사 대웅전, 울산 개운사, 김해 은해사다. 오르도스 지방 무당의 생명과 평안을 기원하는 물고기 부적과 관계가 있는 것으로 추측한다.

물고기 문양으로 장식했다. 가야(gaya), 가락은 산스크리트어로 부처가 성도한 성스러운 장소 또는 물고기를 뜻한다. 왕은 이러한 왕관과 허리띠로 치장하고 신의 신탁을 받는 무당[519]이었다.

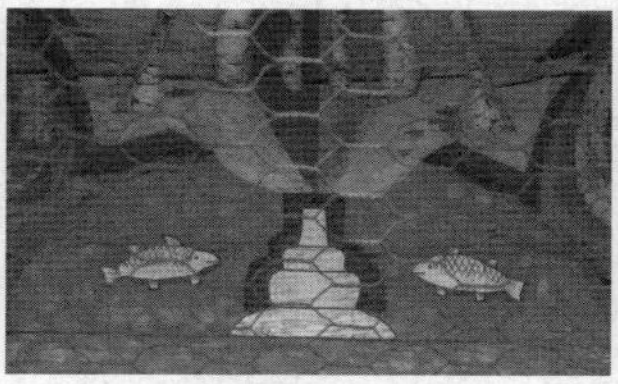
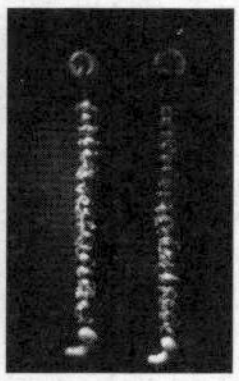

왼쪽부터 허리띠 물고기 문양, 김수로왕 물고기, 세환 귀걸이

귀걸이는 북방 기마민족의 고유한 풍습으로 흉노, 선비를 거쳐 고구려, 백제, 신라를 거치며 저마다 독특한 모양으로 진화해 왜로 전래했다. 조선 시대, 선조가 금지할 정도로 귀걸이 문화가 성행했고 18C 초까지 조선 조공사, 연행사로 중국에 가면 중국인들은 귀걸이를 보고 조선인임을 알았다고 한다. 신라 귀걸이는 수백 개의 작은 금 구슬과 금실로 꽃잎무늬 등을 정교하게 세공한 귓불에 꽂는 주환(主鐶), 연결고리, 엽형옥(葉形玉)으로 장식했다. 둥근 반지 모양 굵고 속이 빈 여자용 태환(太鐶) 귀걸이와 얇은 남자용 세환(細鐶) 귀걸이로 나뉘지만 두껍고 더 화려한 남성용 태환 귀걸이도 있다. 고분에서 굵은 귀고리나 드리개(태환), 은장도, 가락바퀴(실 감는 도구) 등이 발견되면 여성 묘, 반면 세형 귀고리, 드리개(세환), 장식 달린 큰 칼(장식대도), 고리 자루 큰 칼(환두대도) 등이 보이는 고분의 주인공은 남성이라고 추정한다. 300여 쌍이 확인된 귀걸이는 시대를 내려오며 점점 커진다. 경주 보문동 부부 합장 석실묘에서 국보 귀걸이가

519) 『삼국사기』 신라본기도 차차웅, 자충(慈充)을 무(巫)라 했다.

출토됐다. 신라 귀걸이는 적석목곽묘에서 주로 출토되다 보니 돌무더기가 무너져 내리면서 대부분 찌그러진 모습을 띠고 있음에 비해 이 귀걸이는 석실묘에서 출토되었기에 완벽한 모습으로 보존될 수 있었다. 6-8C 켈트족 귀걸이와 많이 닮았다. 삼국시대 귀걸이 네 쌍 국보 중 세 쌍이 무령왕릉 출토품으로 1쌍 금귀걸이(국보 156호, 무게 90g)와 2쌍 왕비 금귀걸이(국보 157호)가 출토됐다.

1973년 8월 22일 천마총에서 천마문 금동 장식 말다래 1쌍과 백화수피(白樺樹皮, 자작나무 껍질, 국보 207호, 73.2×55.2㎝), 대나무 등 세 종류 말다래가 한 쌍씩 모두 3쌍[520], 6점이 망자의 머리 쪽에서 발굴됐다. 말다래는 진흙이 튀지 않고 사람과 말을 보호하는 보호대 겸 장식이었다. 죽제, 옻칠한 칠기제는 형태를 알아보기 힘들 만큼 손상되어 있었다. 죽제 말다래는 얇고 가는 대나무살 바탕 위에 마직천을 대고 금동판 10개를 조합해 금동 못으로 부착했다. 백화수피 천마도**(부록 36)** 말다래는 죽제 말다래 한 쌍 밑에서 아래위로 포개져 눌러 붙은 상태로 발견되었다. 위의 것은 손상이 심각했고, 아래 것은 비교적 선명하게 천마도가 보전되었다. 기름과 방부제 성분이 많아 습도, 기온 변화에 강하고 벌레를 막아내는 자작나무[521]로 만들어 그나마 보존된 것이라고 한다.

왼쪽부터 천마총, 목곽황남대총 부장궤, 천마총 달걀, 천마도

520) 2000년대 들어 보존 기술의 발달로 전문가들이 죽제 말다래와 천마를 확인했다.

521) 결혼식 때 화촉(樺燭)을 밝힌다는 말은 자작나무 등잔대에 화려한 밀랍 초에 불을 붙인다는 의미다.

자작나무 껍질을 종이처럼 얇게 자른 후 뒤틀림을 방지하기 위해 종횡으로 겹치고 그 위에 부드러운 자작나무 껍질 앞판 1장, 뒤판 2장을 붙였다. 사선으로 누비고 투조한 천마 문양 금동 판 10여 개를 금동 못으로 마무리한 후 천마를 그렸다. 고구려 무용총 수렵도와 매우 유사하게 뒤로 날리는 말갈기와 꼬리털 등의 표현에서 역동성이 느껴진다. 이마에 뿔 하나가 솟아 있고 입에서 신비로운 흰 기운, 영기를 내뿜으며 꼬리가 휘날리고 있다. 우주에 충만한 초자연적 신령한 기운을 형상화한 서기(瑞氣)는 고구려 영기문(靈氣, AURA)에서 유래했다. 천마 주위는 연속된 불꽃, 구름, 운기문(雲氣紋), 당초문은 망자의 신성함을 나타낸다. 또한 천마도 외곽은 천과 가죽을 덧대고 넝쿨무늬 등 무늬를 배치했고 금동 판에는 영락이 남아있었다. 서수도와 부채 모양으로 지름 40cm 기마 인물도가 새겨진 채화판 2장이 부장 궤에서 나왔다. 말 목둘레를 장식했을 것으로 보이는 새 그림이 그려진 둥근 서조(瑞鳥)문 채화판은 자작나무 껍질 8장을 도넛처럼 동그랗게 붙이고 그 위에 그림을 그렸다. 최근 채화판 적외선 촬영으로 기마 인물 7점, 서조 5점이 더 발견되었다. 천마도의 흰색 안료는 고구려 벽화와 같은 연백(鉛白)이고 붉은 진사, 천마와 넝쿨무늬 등은 검은 먹, 녹색은 석록으로 보인다. 곱게 간 물감 가루를 아교 물에 개어 붓질했다. 말다래는 금관총, 금령총에서도 발굴되었다.

청동 동복(銅鍑)은 고기 삶고 제물을 올리는 그릇인 청동 동복(銅鍑)은 고대 북방 흉노족을 대표하는 유물로 다리와 뚜껑은 집단이 숭배하던 토템으로 표현했다. 신라 가야, 백제의 거의 모든 고분에서 발견된다. 특히 금령총에서 출토된 기마무사 토기(국보 91호) 하인은 말에 동복을 싣고 방울을 들었다. 최근 일본에서 반환한 서봉총에서 출토된 양 머리 솥은 봉황머리 주둥이와 새를 조각한 뚜껑은 천마총의 것과 흡사하다. 동복은 조상, 신에 올린 제기, 향로로 변하며 황제, 왕권의 상징이 되며 중국 황제의 신물인 다리 셋(TRIPODOS) 달린 솥, 정(鼎)이다. 종묘 제사를 보면 동복은 가짓수도 많고 또 얼마나 중요한 제물인지 잘 보여준다.

왼쪽부터 스키타이식 청동 솥, 오르도스식 청동 솥, 용머리 청동 솥

황남대총

1975년 7월 발굴한 황남대총(98호 고분)은 남북 직경 120m, 동서 직경 80m, 북분 높이 22.60m, 남분 21.9m에 이르는 가장 큰 고분이다. 먼저 간 남편의 남분(424-450년)을 먼저 조영하고 북쪽 가장자리를 파내어 부인의 북분(450-475년)을 연결한 표주박 형으로 내물, 실성, 눌지 마립간의 고분으로 추정된다. 남분에서 유물 24,900점, 60대 남자 왕의 것으로 보이는 턱뼈와 치아가 발견되었고 또한 관 밖에서 순장(殉葬)으로 보이는 신장 148㎝, 나이 15-20세, 10여 명 남녀 뼈들이 출토되었고 북분도 10명의 흔적이 보였다. 북분은 26,000점, 20세 정도 여자 뼈와 부인대(婦人帶)라 쓰인 허리띠가 발견되어 부인 묘로 판명되었다. 남분은 금박으로 장식한 주곽과 부장 곽이 발견되었고, 금관 없이 금동관, 은관 1개와 장신구는 적고 주로 무기 유물이 발견됐다. 주곽만 있는 북분은 어느 금관보다 아름답고 많은 곡옥(출자형 왕관에 16개, 사슴뿔에 9개, 머리띠에 11개)이 달린 금관(국보 191호) 1개가 발견되고 장신구가 많았다. 귀에 걸어 장식한 금제 귀고리만 열 쌍과 청옥을 넣고 표면을 누금세공과 금사로 구획을 정하고 터키석으로 장식한 이란풍 냄새를 풍기는 금제감옥(金製嵌玉) 팔찌, 유리

잔(국보 제193호), 옻칠한 앵무조개 잔이 발굴되었다. 가는 금실을 잘라 열을 가한 후 1㎜도 안 되는 금 알갱이를 일일이 손으로 붙인 누금(樓金)[522] 기법은 서역에서 온 것으로 보인다. 금은 세공품, 보석, 유리그릇 등 사치스러운 서역산 명품 보석으로 치장한 이 여인은 누구인가? 어떻게 부인의 능이 왕의 것보다 더 클 수 있으며 왕보다 많은 유물이 출토되는가? 황금의 나라로 전성기를 누렸던 신라 5C 왕의 고분에서 어떻게 금관도 없이 금동관, 은관만 발굴되는가? 우리 고대사의 가장 큰 미스터리 중 하나다. 역사학자들은 부인 집안의 도움으로 왕이 되었거나 여자 집안이 훨씬 더 지체 높았을 것으로 추정한다. 항아리 3개에서 소, 말, 바다사자, 꿩, 오리. 참돔, 다랑어, 농어, 상어, 조기, 전복, 소라, 거북 뼈 등 많은 음식 쓰레기가 출토되었다. 또한 황남대총에서 유난히 많은 백성의 암장(暗葬)이 발견되었다. 백성들은 왕릉은 특별한 곳이라 믿어 몰래 자신의 무덤을 조성하였으리라!

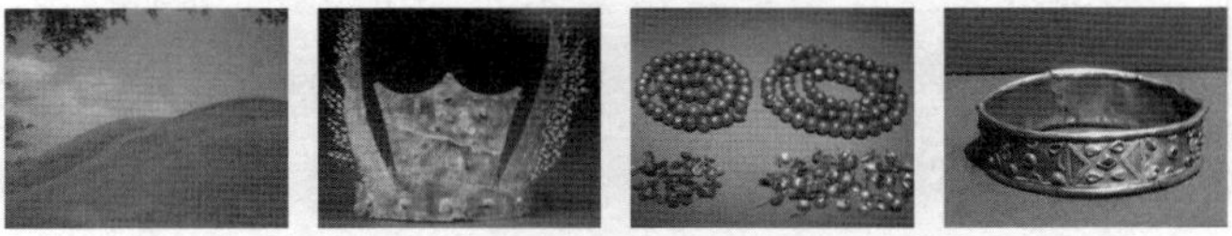

왼쪽부터 황남대총, 남분 은관, 누금 구슬, 금팔찌

유리

BC 2C 부여 합송리, 김해 양동리,·의창 다호리 고분에서 유리구슬이 발굴되었다. 월성군 내산면에서 유리 가마터 발견과 경주 조양동 고분에서 발굴된 유리 등으로 추측해 유리구슬은 기원 전후부터 제작되었다고 믿어진다. 신라, 가야인은 유리를 매우 좋아해 그 자체가 보석이며 귀중품

522) 누금이란 작은 금 입자나 금 알갱이로 표면을 장식하는 기법이다.

으로 왕릉에서만 출토되어 신라 상류층이 유리(**부록37**)를 얼마나 애용했는지 잘 보여준다. 또한 불교에서 가장 신성시하는 사리를 모신 용기도 유리로 만들어 봉안할 만큼 금보다 귀중했지만, 고려시대 자기로 대체되면서 쇠퇴한다. 2013년 3월, 4C 초 조성된 대성동 91호 고분에서 5cm 유리병 손잡이가 출토되었는데, 우리나라에서 발견된 로마 양식 유리 용기 중 가장 오래된 것으로 인정받았다. 또한 황남대총 북분과 남분에서 각각 4개, 7개 유리 제품이 출토되었다. 굽이 달린 표면을 정교하게 깎아 무늬를 조각한 연노랑 유리잔(보물 624)은 4-5C 중동에서 제작되고 흑해 연안에서 커트[523] 장식이 추가되어 신라에 유입된 것으로 추정된다. 남분에서는 입 모양이 봉황 머리를 닮아 봉수형(鳳首形) 포도주(국보 193)병이라 불리는 연한 녹색의 달걀 모양 몸체에 금실이 감긴 푸른색 손잡이가 있는 물, 술을 담던 유리병이 발굴됐다. 발굴 당시 180여 조각으로 발견되어 2010년 국립중앙박물관이 복원했다. 고대 그리스부터 유행한 오이노코에(OINOCOE)라는 그릇에 기원을 둔 것으로 4C 말-5C 시리아, 로마 등 흑해 연안에서 제작된 것으로 추측된다. 천마총의 7.4㎝ 짙은 코발트색 유리잔(보물 628)[524]은 두께가 일정하지 않고 이물질도 있지만 투명하고 기포도 없고 상부는 촘촘한 세로선 무늬, 하부의 벌집 모양 연주문(連珠文, **부록 38**) 무늬는 4-5C 지중해 동부에서 유행한 그레꼬 박트리아(BC 246-138, 대하)의 영향을 보이며 이집트에서 제작된 것으로 추정된다. 또한 미추왕릉에서 발견된 상감 유리구슬(보물 634호)에 붉은 마노, 비취색 벽옥으로 치장하고 지름 1.5cm 손톱 크기 투명한 수정구슬에 4명 서역인 얼굴과 6마리 새가 정교하게 묘사된 인면 유리구슬 목걸이는 세계 어

523) 로만 글라스를 업그레이드한 사산조 페르시아(226-651)는 용기 표면을 연마해 다양한 무늬를 넣는 등 커트 장식을 발전시켰다.

524) 연주문(連珠紋)은 구슬 모양 동그란 무늬를 연속해서 촘촘하게 배열한 문양을 말한다.

디에 내놓아도 뒤지지 않을 명품이다. 인도네시아 동 자바에서 전해진 것으로 추정한다. 이러한 유리는 출토지와 시기가 명확해 학술 가치가 뛰어나다고 한다. 삼국 중 유리를 가장 먼저 받아들인 나라는 백제로, 왕관에 어란(魚卵)문을 새겼으며 미륵사 사리호(舍利弧)에서 어란형 유리알 수백 점이 발굴됐다.

왼쪽부터 황남대총 보물 666호, 황남대총 유리병, 천마총 유리, 미륵사 魚卵 유리

김해 양동리 가야 유리 목걸이 역시 어디 내놓아도 빠지지 않을 만큼 심플하고 모던하다. 유리 전래 이전에 동물 이빨, 옥으로 만든 목걸이다. 백제 무령왕릉에서도 동남아시아 유리로 장식된 동자상이 발굴되었다. 아마 왕 또는 왕비 노리개였을 것이다. 그 밖에도 어란(魚卵)문을 장식한 유리잔은 박트리아 유리로 추측하지만, 기포가 많고 비교적 성형이 매끄럽지 못해 신라 최초 유리잔으로 추정하기도 한다. 하지만 가마, 각종 도구, 공방지가 없어 이러한 유리그릇들은 수입품으로 추측한다. 신라의 유리그릇 생산은 이르면 6C 말, 일반적으로 7C 이후다. 이러한 다채로운 유리는 지중해 동부 연안, 페르시아에서 만들어진 로만 글라스로 추측되며 실크로드와 해상로를 통한 활발한 국제교류를 잘 보여준다. 이외에도 장식 보검, 금팔찌, 금관 등 장신구의 금세공 기술 역시 서아시아에서 전래한 것으로 추측한다. 12C 고려 사리 유리병은 1,000℃ 미만에서 제작되는 일반적인 유리와는 달리 강도가 일반 유리의 2배 정도인 석영유리다.

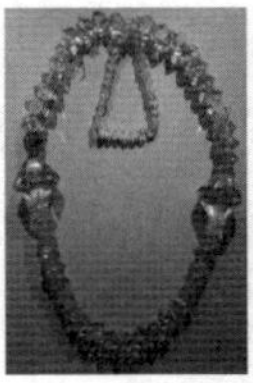

왼쪽부터 가야 양동리 수정목걸이, 서역계 유리 목걸이(얼굴, 새)

금동신발은 피안의 세계로 인도하는 아름다운 꽃신이었다. 쇠, 동판에 금을 도금해 중앙 6각형 무늬와 5각형, 봉황 등 다양한 문양이 새겨져 있어 스키타이의 직접적인 영향을 보여준다. 허리띠, 팔찌, 목걸이가 착용된 채 발견되는 데 비해 금동신발은 주로 관 외부 발 근처에서 발견된다. 백제 무령왕과 왕비의 금동신발은 발치에서 나란히 발견됐다. 하지만 5C 전후 公州 수촌리 1호분에서 격자무늬와 T자 문양이 새겨진 금동신발은 매장자의 뼈가 남아있는 채로 출토되었다. 식리총 금동신발은 연꽃, 새, 가릉빈가, 육각형 등 섬세한 문양을 투각했고 멧돼지도 보인다. 조로아스터교에서 멧돼지는 망자의 영생과 환생을 뜻해 역시 망자가 극락정토에서 환생하기를 기원하는 정토 신앙을 말해준다. 황남대총 금동신발은 T자 문양이 연속적으로 장식했다. 나주 장촌[525] 고분에서 연꽃무늬와 도깨비 문양이 정교하게 투각되고 발등에 탈부착이 쉬운 용머리 장식과 발목 덮개, 연꽃을 새긴 화려하고 정교한 금동신발이 발굴되었다. 무용총 벽화에서 보이듯이 전쟁터에서 미끄럼을 방지하고 붙잡으려는 적을 발로 차며 보호하기 위해 호신용 못을 박았다는 실용설과 장식용 영락과 천을 댄 흔적이 있고 실제 사용하기에 너무 크고 내구성이 약해 특별한 의식이나 망자의 극락왕생을 기원하는 부장품으로 추정한다. 또한 경주 봉오동에서 금속으로 만든 주머니 모양 발걸이에 옻칠을 입힌 8C 유물(보물

525) 현존하는 신라 금동신발은 총 21쌍이며, 이 중 12쌍이 경주 고분에서 발굴됐다.

1151호, 높이 15cm)이 출토됐다.

왼쪽부터 정촌 고분 신발, 식리총 금동신발

재미있는 것은 단추다. 현재 남자 단추는 오른쪽, 여자는 왼쪽이지만 고대인 옷의 남자 단추는 왼쪽이었다. 왼쪽에 단추가 있으면 끼우기가 불편하다. 고대 단추는 권위와 힘의 상징이었고 시종이나 시녀들이 채워주었음을 의미한다. 18C 제복과 같이 집단의 정체성을 나타내는 근대 오른쪽 단추가 만들어지며 단추는 명예의 상징이 되었다. 단추를 떼인다는 것은 사회적 지위의 박탈을 의미했다.

신라 금관총에서 최초로 발견된 청동제, 은제 숟가락(**부록 39**)이며 일반인의 생필품이 된 것은 고려 이후였다. 물새 부리처럼 만든 국자형 숟가락은 물새가 고기 잡는 것을 보고 만든 것으로 추정되며 흉년 때 남보다 더 먹기 위해서 숟가락이 좁고 커졌다고 한다. 흔히 부장품으로 많이 발견되지만, 17C 이후 사라진다. 신라인들은 불교 전래 후 육식 금지로 채식 위주로 된장, 간장, 두부 등 콩 요리가 발달하였으며 이러한 불교식 식단을 소선(素膳)이라 했다.

첨성대(瞻星臺, 국보 31호)

밤하늘에 새겨진 글을 읽고 천문대(天文臺, **부록 40**) 첨성대였다. 별을 노래하는 농부(農夫)를 뜻하는 별이며 그 농부의 뜻을 읽은 여왕이었다. 하늘의 뜻은 국민의 단결, 나라의 결속을 말하는 가장 큰 힘이며 권력이었다. 최초로 여자가 왕이 되었으니 왕족, 귀족, 백성들까지도 의구심을 떨치기 힘들었으리라! 이런 불안한 국내외 정세 속에서 백성의 기대에 부응하고 하늘의 뜻을 베푸는 현명한 왕이 되길 기원하며 건립한 첨성대였다. 토기 기대(器臺)를 닮은 높이 9.17m 첨성대는 돌을 쌓은 바닥은 사각형, 둥근 몸통은 천원지방(天圓地方)을 상징한다. 12층까지 곡선으로 흙, 재갈을 채우고 위쪽으로 갈수록 오므라든 직선을 혼합해 안정감 있고 그 중심에 창을 낸 독창적 건축물이다. 하단 12층은 열두 달, 상단 12층과 합쳐 24절기, 창 부분까지 27단은 27대 왕을 뜻한다. 비를 기원하는 의미를 담고 있는 정상의 넓적한 井자형 2단 판석을 합쳐 음력 한 달 29일, 전체 돌 수는 361개 반으로 음력 일 년과 같다. 정상은 2.2m²로 매우 좁지만, 판석의 각 면은 정확히 동서남북을 가리키며 태양의 부활, 일 년의 시작을 의미한다. 춘, 추분에 태양이 정남에 있을 때 첨성대 밑바닥까지 햇빛이 들어와 춘분, 추분, 하지, 동지를 측정했다고 한다. 중간에 튀어나온 팔뚝 돌은 둥근 구조물을 지탱하는 역할을 한다. 남향인 중앙 사각형 입구 양쪽으로 사다리를 걸었던 흔적이 보이며 안에서 다시 사다리를 타고 꼭대기로 올라가 앉아 별과 천체를 연구한 것으로 보인다. 당시 반월성 주위는 수많은 관가와 부유층들이 모여 사는 곳으로 가장 번화한 장소였지만 높은 첨성대 위에 올라가 자유로이 천문을 관측하였으리라! 첨성대를 지은 이후 삼국유사는 일식 67회, 행성 40회, 혜성 출현 63회, 유성과 운석 낙하 42회 등 총 226회 천체현상을 기록했다. 첨성대에 대해 많은 이견과 학설이 있다. 천계와 연결하는 우주 우물을 형상화했다고 하는 설, 첨성은 별을 관측하는 것이 아니라 별을 우러러본다고 해석해 제천의식을 행하던 곳이거나 계절이나 시간을 측정하는 용도였다는 해 시계설 등 많은 학설이 존재한다. 정확한 것은 아직도 밝혀지지 않아 학자들 간에 의견이 분분해 많은 의문이 남아있다. 현대인의 일반적인 질문은 외부에서 정상까지 사다리를 놓으면 될 일이지 왜 좁은 창문으로 들어가며 2번이나 사다리를 놓았을까? 또한 경주를 찾는 사람들이 외국인이 가장 실망하는 첨성대다. 흔히 땅에서 별을 보나 첨성대에서 보나 무슨 차이가 있냐는 것이다. 우리는 21C 시각과 안목을 가지고 1500년 전을 재단하려 한다. 오늘날의 눈으로 유물을 평가하고 재단하는 현대인이다. 그 시대 빛깔을 지닌 유물을 이해하려면 우리가 역사와 유물을 만든 이의 생각으로 들어가야 한다. 2016년 9월 경주 지진으로 인해 기울어져 훼손이 심각한 첨성대[526]다.

왼쪽부터 토기 기대, 첨성대, 혼일 강리 역대 국도

어느 겨울 영묘사 옥문지(玉門池)에서 흰 개구리들이 모여 우는 것을 보고 경주 서쪽 외곽 여근곡(女根谷)에 출몰한 백제의 침입을 예측해 쉽게 물리치고 당 태종이 보낸 모란 자수에 나비가 없는 것을 보고 꽃에 향기가 없음을 이해한 여왕이었다. 자신이 죽을 날과 시를 알고 무덤 자리를 정했다는 혜안의 여왕이다. 선덕여왕은 죽기 전 도리천(忉利天)에 묻어 달라 유언하였으나 신하들이 도리천을 알지 못하자 낭산이 도리천이라 했다. 첨

526) 2009년 첨성대는 해마다 평균 1㎜씩 기울어진다.

성대 31단(2단 기단 포함)과 후일 낭산 기슭에 건립된 사천왕사, 자신의 무덤을 합쳐 33천 불교의 이상향, 도리천으로 보고 낭산에 묫자리를 정했다고 한다. 사천왕사[527]의 건립을 예언하고 부처의 세상을 염원한 여왕의 선견지명이었다.

반월성(半月城)과 석빙고

도성은 국가의 중심이자 왕조의 위세를 나타내는 상징이다. 『삼국사기』에 따르면 박혁거세가 BC 37년 금성(金城)을 쌓았다고 하지만 아직 어디인지 명확히 알 수 없다. 월성은 둘레 2,340m 면적 20만 ㎡, 흙을 쪄서 토석과 섞어 지은 토성으로 천년 세월을 이기지 못하고 남아있는 것은 거의 없다. 월성이 축조되자 금성은 점차 쇠락한 것으로 보인다. 탈해왕 때 자신의 집터를 왕성으로 정하고 AD 101년 파사왕 22년 금성 동남쪽으로 월성을 건축했고 소지왕 때 증축해 신라가 패망할 때까지 왕궁이었다. 금성[528]에는 왕족들이 따로 기거했다. 월지궁, 영창궁, 영명궁이라 불린 반월성은 재생의 상징으로 만월은 달이 차 기우는 의미로 쇠퇴하는 국력을 말한다. 왕이 정사를 보는 남당, 신하의 조례를 받고 외국 사신을 만난 조원전, 왕실 물품을 보관하는 내황전, 망은루와 월상루가 기록으로 보인다. 반월성 방어를 위한 해자는 1.5m, 길이 300m 좁은 V자형 도랑으로 적을 방어하는 역할을 했다. 강돌로 3-5단으로 쌓은 1차 해자, 성벽 쪽으로 깨진 돌로 쌓은 2차 해자, 잡석과 깨진 돌로 쌓은 3차 해자가 발견되

527) 첨성대-사천왕사-선덕왕릉-불국사-감은사-대왕암이 동지 일출선상(冬至日出線·동지 때 해가 떠오르는 방향을 표시하는 선)에 있다는 것이 밝혀졌다. 679년 문무왕이 창건한 사천왕사는 최초 1금당 2탑이며 감은사도 쌍탑이다.

528) 정궁인 반월성이 좁아 별궁(남궁)이 있었다. 동천동 아파트 건설 현장과 반월성 옆 우물에서 통일 신라 시대 경주에 남궁이 있었음을 알리는 남궁지인(南宮之印)이라는 글자가 새겨진 기와가 발견되었다.

었다. 최초 해자[529]라고 여겨졌으나 이후 많은 해자가 발견된다. 2017년 서쪽 성벽 기초석 하단에서 50대 남녀 인골 2구 등 서쪽 벽에서 최소한 27구 인골이 발굴되어 사람을 주춧돌 아래에 묻으면 건물 등이 무너지지 않는다는 인신 공양을 보여준다. 1915년 처음으로 성벽 일부가 발굴된 이후 3-10C 유물 10만여 점이 나왔다.

포석정은 30cm, 깊이 22cm, 길이 22m로 조립한 인공 물길이다. 이 물길에 술잔을 띄우면 대략 12곳에서 술잔이 머물게 되는데 술잔이 머물면 그 자리에 있던 사람이 술잔을 비우며 풍류를 즐겼을 것으로 추정된다. 유상곡수연(流觴曲水宴)을 즐기던 유배거(술잔이 흐르는 도랑)이다. 동진의 명필 왕희지가 353년 저장성 사오싱현에 조성한 난정(蘭亭) 유상곡수연 원조다.

529) 환호(環壕, 적의 침입을 막으려 도랑)를 두르고 나무로 틀을 짜고 사이에 접착력이 서로 다른 흙과 모래를 층층이 교대로 넣은 다음 찧어 쌓은 토성이다. 해자에서 526년 법흥왕 때 것으로 추측되는 6-7C 한자를 우리말로 표기한 가장 오래된 이두 목간과 5C 후반-6C 제작된 소그드인으로 보이는 터번을 쓴 토우와 2017년 월성에서 발견된 스키 타는 토우가 출토되었다. 신라 최초 해자가 발견된 울주군 검단리다.

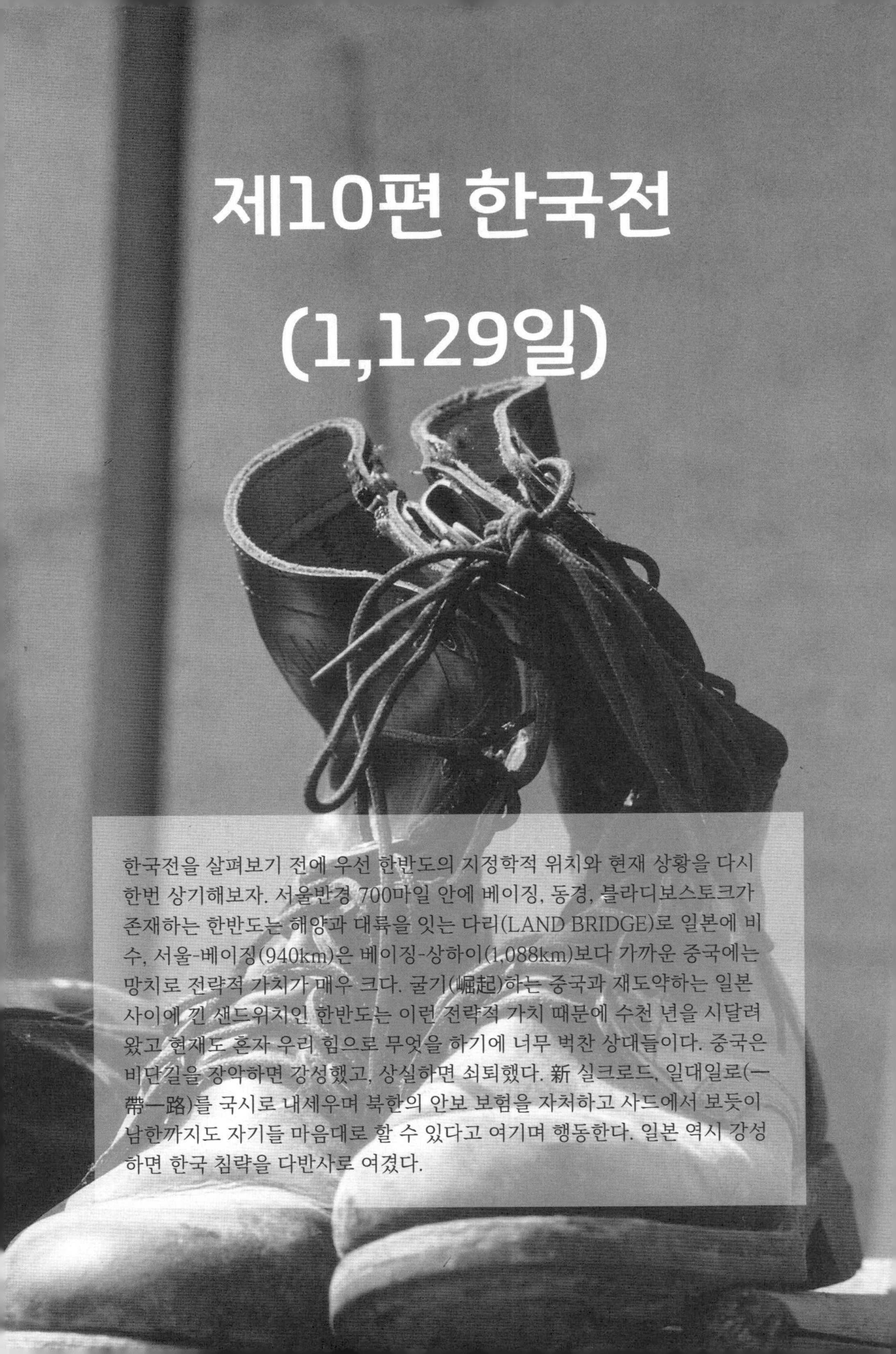

제10편 한국전 (1,129일)

한국전을 살펴보기 전에 우선 한반도의 지정학적 위치와 현재 상황을 다시 한번 상기해보자. 서울반경 700마일 안에 베이징, 동경, 블라디보스토크가 존재하는 한반도는 해양과 대륙을 잇는 다리(LAND BRIDGE)로 일본에 비수, 서울-베이징(940km)은 베이징-상하이(1,088km)보다 가까운 중국에는 망치로 전략적 가치가 매우 크다. 굴기(崛起)하는 중국과 재도약하는 일본 사이에 낀 샌드위치인 한반도는 이런 전략적 가치 때문에 수천 년을 시달려 왔고 현재도 혼자 우리 힘으로 무엇을 하기에 너무 벅찬 상대들이다. 중국은 비단길을 장악하면 강성했고, 상실하면 쇠퇴했다. 新 실크로드, 일대일로(一帶一路)를 국시로 내세우며 북한의 안보 보험을 자처하고 사드에서 보듯이 남한까지도 자기들 마음대로 할 수 있다고 여기며 행동한다. 일본 역시 강성하면 한국 침략을 다반사로 여겼다.

2차대전 중 루스벨트, 처칠, 장개석은 이집트 카이로(1943. 11. 22-25일)의 메나하우스 호텔에서 5일간 회담을 열고 전후 처리, 동맹국 문제 등 전략을 논의하고 일본이 강탈한 만주, 대만, 평후제도 등을 중국에 반환하고 빼앗은 모든 지역에서 일본을 퇴출한다는 카이로 선언[530)]을 발표했다.

스탈린(1878. 12. 18-1953. 3. 5)은 전쟁을 이유로 불참했다. 회담 직후 미영러가 참가한 테헤란 회담(1943. 11. 28-12. 1)이 열리고 카이로선언문을 재확인했다. 얄타(1945. 2. 4-11일, **부록 1**)에서 무조건 항복을 제안했고 베를린 남쪽 포츠담회담(1945. 7. 17-8. 2)에서 항복을 재확인하지만, 일본은 거부한다. 승리를 목전에 둔 연합국은 전후 세계질서 재편을 논의하지만 서로 속셈이 달라 이견을 보였다. 1차 대전으로 강대국의 지위를 잃어버린 처칠은 인도와 식민지에 대한 기득권과 종전 후 프랑스와 연대해 독일을 견제하는 것을 주장했고 미국은 중국을 도와 소련과 일본을 견제하려 했다. 장개석은 당장 대일전에 미국의 지원이 절실했고 만주 점령과 한반도 영향력 확대를 목적으로 조선 독립**(부록 2)**을 주장했다. 또한 스탈린의 가장 큰 숨은 전략은 동유럽[531)]의 합병이었다. 언제나 땅따먹기에 열중한 제국주의다. 영토적 야심이 없었던 미국은 식민지 해체로 영국과 프랑스의 국력을 약화하려 약소민족의 독립을 주장했다. 1945. 4. 30일 히틀러의 자살로 유럽전쟁은 막을 내리고 태평양전쟁이 생각보다 일찍 끝날 것을 예감한 스탈린은 5월 유럽 주둔 동시베리아 연해주 25만을 중무장해 재빨리 동북아로 이동시키며 만주와 러일전쟁[532)]에 대한 보

530) 1943년 카이로 회담에서 루스벨트는 일제 치하의 한국인을 노예와 같은 상태라고 표현했다.

531) 양차 세계대전으로 치명상을 입은 스탈린은 완충지대(동유럽)가 필요했다.

532) 볼셰비키 혁명으로 러일전쟁을 수행할 수 없었지만 어쨌든, 러시아인들에게는 큰 상처였다. 1945. 7. 6일 연합군은 일본을 독일과 같이 분할통치할 계획도 있었지만 정작 쪼개진 것은 한반도였다.

복과 일본에 대한 영토적 야심을 드러낸다. 스탈린은 이미 루스벨트에게 몇 차례 일본을 분할통치할 것을 요구하였으나 미국은 반대했고 더구나 일본과 전쟁**(부록 3)**을 한 적이 없어 무리하게 자기주장만 할 수 없었다. 대신 한반도와 홋카이도까지 요구했다. 반면 루스벨트는 미군 희생[533)]을 줄이기 위해 스탈린에게 1905년 러일전쟁 때 빼앗긴 사할린과 쿠릴 열도**(부록 4)**를 미끼로 던지며 대일참전을 은근히 종용했다. 스탈린은 1943년 10월 모스크바 외상 회담에서 대일참전을 약속하고 1943. 11. 28일 테헤란 회담에서 재차 천명했다.

왼쪽부터 얄타 회담, 카이로 회담

1945년 4월 5일 스탈린이 일소 중립 조약을 파기시키, 일제는 소련의 만주 침공을 예단하고 외교와 간첩을 통해 침공 시기를 예측한다. 스탈린은 동아시아 전황을 면밀히 주시하고 대일참전 시기만 엿보며 때를 기다린다. 하지만 1945년 4월 11일, 루스벨트가 뇌출혈로 갑자기 사망하고 대소 강경파 트루먼(1945-1951)이 집권하며 상황이 크게 변한다. 더구나 1945년 7월 17일 원폭 실험 성공으로 러시아 없이 전쟁을 조기에 끝낼 수 있다고 생각한 트루먼은 스탈린이 필요하지 않았다. 유화적인 루스벨트에 비해 교활하고 사악한 스탈린의 팽창주의와 야망을

533) 일본의 옥쇄정책으로 최소 백만 미군이 희생될 수 있다고 생각했다.

파악하고 원폭까지 보유한 트루먼에게 스탈린은 관심 밖이었다. 1945년 8월 6일, 오전 8시 히로시마(LITTLE BOY), 8월 8일, 11시 나가사키(FAT MAN)에 서둘러 원폭을 투하했다. 이에 놀란 스탈린은 원폭 투하 12시간 만인 8월 9일 0시 서둘러 대일 선전포고했다. 유럽전쟁의 승리로 사기충천한 소련군은 탱크, 대포, 전투기의 엄호를 받으며 전격전(BLITZKLIEG)[534]을 전개했다.

소련군은 흑룡강을 건너 만주 동부 철도를 타고 불과 며칠 만에 하얼빈과 만주 주요 도시와 통신 기관을 점령하고 만주의 산업기지, 도시를 습격해 조직적으로 약탈했다. 한때 백만을 자랑하던 관동군은 원폭과 태평양 전쟁 패배로 본토 수비에 급급했다. 이러한 관동군과 만주의 실정을 누구보다 정확히 꿰뚫고 있던 전략가 스탈린이었다. 한반도는 별 관심도 없이 일본에 모든 관심을 집중하였던 스탈린은 단 2주일 전투로 만주를 전리품으로 챙기고 극동군 25군 사령관 이반 치스차코프(1900-1979) 대장은 웅기, 나진[535] 등을 거쳐 8월 24일 평양에 입성한다.

스탈린의 북한 점령과 계속된 남진으로 놀란 워싱턴은 1945. 8. 12일 38선[536]을 확정하고 스탈린에게 더 이하 남진을 경고했다. 미국의 잠재

534) 1945년 8월 9일, 0시 10분 유럽에서 전투 경험이 많은 바실리예프가 지휘하는 극동군이 4,000㎞ 소만 국경을 넘었고 관동군은 후퇴하기 바빠 83,000명이 전사하고 일본인 60여만 명이 포로로 잡히며 대부분 시베리아 광산이나 각종 공사 현장으로 끌려갔다. 소련군은 691명이 사망했다. 일본군은 만주 90만, 만리장성 이남에 125만이 주둔하고 있었다.

535) 1944년 10월 스탈린은 모스크바에서 웅기, 나진, 청진을 소련군이 점령해야 한다고 제의했고, 미영은 묵인했다. 러일 전쟁의 상처가 큰 스탈린은 일본을 견제하기 위해 절실히 필요한 북한 친소 정권과 부동항이었다.

536) 미 전쟁부차관보의 지시로 국방성에서 두 명의 대령 손에 30분 만에 38도선 기준 분단이 결정되었다. 39선도 있었지만 수용하지 못했다. 1945년 초 루스벨트와 스탈린의 얄타밀약으로 분단은 싹이 트기 시작했고 1946년 2월 15일 얄타밀약이 언론에 유출됐다. 스탈린은 얄타회담 직후 한반도 점령계획을 세우고 비밀리에 북한을 통치할 인물을 찾았다.

력과 힘을 잘 알고 있던 스탈린은 남진을 중단하고 김성주(김일성)를 북한으로 보냈다.

1945년 9월 19일 김일성은 동북항일연군**(부록 5)** 일행 5백 명과 함께 블라디보스토크에서 푸가초프호를 타고 원산으로 들어온다. 국내의 반일 민족 세력들은 무장투쟁으로 일생을 보낸 상당수 동북항일연군[537]의 출현에 크게 동요했다. 빨치산 경험밖에 없는 김일성은 북조선 공산당 분국 대회를 열며 입북 한 달 만에 최고 권력을 손에 넣는다. 스탈린에게 통치의 자신감을 보여주고 러시아 군부와의 협력 등 정치적 이유로 국민적 지지가 필요해 1946년 3월 5일, 친일 잔재 청산을 빌미로 3개월 만에 무상몰수, 무상분배를 원칙으로 국가가 소유권을 갖고 농민에게 경작권만 주는 토지개혁을 전격 시행한다. 수백 년 숙원인 부동항을 얻은 스탈린도 북한에 관심[538]을 보이고 국가 건설, 토지개혁, 군대 창설 등을 적극적으로 지원해 남한보다 빠르게 국가체제를 확립했다.

1945년 8월 18일 이범석, 김준엽, 장준하 등 광복군이 미군 비행기를 타고 여의도 비행장에 도착했으나 일본군의 완강한 저지로 다음 날 중국으로 돌아갔다. 10월 16일 이승만[539]이 여의도를 통해 개인 자격으로 33년 만에 귀환했고 김구**(부록 6)** 등 임정 요인 역시 개인 자격으로 11월 23일

---

537) 1931년 9월 18일, 푸이를 앞세워 만주국을 창설한 일제는 1931년 만주사변이 일어나며 중일전쟁이 본격화되자 대규모 동북항일연군 소탕 작전을 벌였다. 동북항일연군은 궤멸하고 독립운동가, 동북 항일연군들은 임정과 소련으로 망명했다. 1940년 11월 김일성, 김책, 안길, 최석천(최용건), 최현, 강신태 등 조선인 동북항일연군도 중국인 주보중(周保中)을 따라 소련으로 도피했고 1942년 8월, 하바로프스크에서 소련 원동 방면군 88보병여단이 창단하며 훈련받는다. 88여단은 후일 북한군 모체가 된다. 1925년 황포군관학교에 입학해 중공 지도부와 인맥이 넓은 최용건은 조선인민군 총사령관 겸 민족 보위상이 된다.

538) 미국은 한반도에 관심이 없어 개입하지 않고 다만 품위 있는 철수만을 원했다.

539) 반공 극우주의자 이승만은 미 정계와 관계가 좋지 않아 워싱턴은 그의 귀환을 달갑지 않게 여겼다.

오후 4시 여의도 공항으로 귀국했다. 한반도에는 본토 방위를 위해 일본군 등 35만 명이 무장하고 있어 이들의 무기 해제를 이유로 오키나와에 주둔 중이던 맥아더의 24군단 7사단이 1945년 9월 8일 급히 남한으로 들어왔다. 미군은 군정청(1945. 9-1948. 8. 15)[540]을 세우고 사령관 하지 소장(R, Hodge, 1893-1963)은 군정청이 한반도 유일 합법정부임을 천명했다. 직설적이며 전형적인 야전 군인인 하지 소장은 한국 역사·문화에 대해 무지했고 행정, 정치 경험이 없어 이승만, 김구 등 남한 지도자들과 크고 작은 마찰이 생겼다.

1945년 9월 런던에서 전승국 외무장관이 모여 전후 문제를 논의하지만, 이 회의 직후 스탈린은 9월 20일 북한 단독정부를 수립하라는 지령을 내린다. 이에 따라 1946년 2월 북조선 임시 인민 위원회가 출범했고 1948년 북조선 단독정부 수립이 신속하게 일사천리로 이루어진다. 하지만 1945년 12월 모스크바에서 미영소·3국 외상 회의가 열리고 5년간 한반도 신탁통치가 결정되어 남한은 반탁, 찬탁으로 나뉘며 해방정국은 더욱 혼란 속으로 빠져든다. 국무장관 마셜은 한국 문제를 유엔으로 넘겼고 1947년 유엔 한국위원단이 구성되어 1948년 유엔 감시 아래 자유선거를 통해 통일 정부를 세운다는 의결이 나왔지만, 스탈린은 1949년 3월 17일 조소(朝蘇)군사 비밀 협정, 3월 18일 조중 상호방위조약을 맺으며 북한을 봉쇄했다. 마침내 1948년 5월 10일 남한만의 단독선거가 시행되어 1948년 8월 15일 대한민국 정부가 수립되고 1948년 9월 파리 UN 총회에서 찬성 48표, 반대 6표, 기권 1표로 한반도 유일한 합법정부[541]로 승인받는다. 이 승인이 훗날 한국전 때 UN 16개국이 도와주는 결정

540) 1945년 9월 9일 중앙청에서 아베(阿部) 총독과 하지 중장이 항복문서에 서명하며 미군정이 시작되고 8월 26일 평양에 도착한 치스차코프 대장은 일본군 사령관 다케시타 요시하루(竹下義晴) 중장에게 항복을 받는다.

541) 대한민국 건국은 이후 다른 나라의 독립에도 영향을 주었다.

적인 계기가 된다. 북한의 급진적 토지개혁은 강력한 정권이 없어 지지부진한 남한사회를 불안하게 만들자 김일성을 의식한 이승만도 재빨리 토지개혁을 시행했다. 모스크바대에 유학한 조선공산당원으로 빨갱이란 소리를 듣던 죽산 조봉암[542)]이 지주 중심의 농업 체제 철폐를 주장하고 설계한다. 대지주 김성수 역시 기득권을 버리고 동참하며 토지개혁은 한국전 1개월 前 완성되었다. 1950년 3월 10일 농지개혁법을 통과시키고 5월 전체 농지 70%를 유상 몰수해 소작농에게 싼값으로 유상분배하고 소작농은 소출 30%를 5년간 나누어내는 조건으로 토지소유권을 얻으며 농민 92%가 자작농[543)]이 된다. 토지개혁은 국민을 하나로 결집하며 국민통합을 이루고 이승만은 농민의 전폭적인 지지를 받는다. 한편 미소 공동위원회의 결정에 따라 양국 군대의 남북한 동시 철수에 합의하고 1949년 6월 29일 미 군사고문단은 500명만 남고 모두 철수했으며, 9월 19일 소련 역시 군사고문단[544)] 3천 명만 남고 철수했다. 그리고 1년 뒤 북한은 남침을 단행한다.

연해주 군관구 군사위원, 북한 주재 특명 대사 스티코프(STYKOV, 1907. 2. 28-1964. 10. 25)[545)]대장은 실질적인 북한 통치자로 남한적화에 관한 모든 일을 지휘하며 스탈린[546)]에게 보고했다.

---

542) 조봉암은 김일성에게 선거자금까지 받았다.

543) 토지개혁 전 남한 농가 200만 호 중 땅이 없는 완전 소작농이 49%, 작은 토지를 갖고 소작을 병행하는 소작농이 35%, 자립농과 지주가 17%였다. 자작농의 자식들은 부모와 가족, 자신의 땅을 지키기 위해 한국전에서 자원하며 목숨을 걸고 싸웠고 농지개혁과 교육의 선진화는 70년대 경제성장의 원동력이 됐다.

544) 소련 군사고문단 단장인 니콜라이 바실리예프 중장은 북한군을 효율적으로 편성해 훈련하고 남침을 위한 준비를 지휘, 공격 작전을 수립했다.

545) 스탈린-말렌코프-스티코프-김일성의 체제로 이어졌다. 스탈린의 오른팔 외무장관 말렌코프의 사위인 노련한 백전노장 정치군인 스티코프다.

546) 스탈린은 워싱턴을 혼란스럽게 만들기 위해 가명(papanove, 필리프)을 쓰기도 했다.

1949년 2월 22일 스탈린을 영웅시하던 박헌영과 김일성은 모스크바를 방문해 3월 5일 스탈린을 만났다. 그들은 남침하면 남한 내에서 인민 혁명 봉기가 일어날 것이라며 전쟁에 반대하는 스탈린을 끈질기게 설득했다. 미국이 절대 참전하지 않을 것이며 참전하더라도 미군이 개입하기 전 한 달 안에 남한을 적화할 것이라며 경제, 군수 물자원조 등을 요구했다. 그러나 스탈린은 며칠 내에 조선으로 상륙이 가능한 미군 20만이 일본에 주둔하고 있어 아직은 때가 아니라며 남침을 거절한다, 김일성은 정부 수립 전 남침을 위한 군사 정치조직을 재정비하며 속전속결로 10만 인민군을 양성했다. 특히 48년 말 임표가 만주에서 국민당을 궤멸시키고 홍군이 베이징에 무혈입성하자 김일성은 모택동에게 북한군 간부 육성과 군사훈련을 위해 팔로군(홍군) 소속 조선의용군의 조속한 송환[547)]을 요구했다. 이로써 대장정, 국공내전과 항일전쟁에서 산전수전 다 겪은 조선의용군 정예 3개 사단, 5만 병력과 남일, 방호산, 김무정**(부록 7)** 등이 1949년 4월-1950년 4월 북한으로 귀환하게 되었고, 김일성은 전쟁 승리를 확신[548)]하며 적극적으로 전쟁을 준비했다. 이들은 북한군 기간요원, 교관으로 충원되며 1950년 초 20만 북한군 전력은 대폭 향상되며 강군으로 거듭났다. 조선의용군은 남침의 주력으로 이들 없이 남침은 불가능했다.

한편 1930-1940년대 많은 미국인이 소련과 공산주의에 미온적 호의적 태도였지만, 1940년대 말 동유럽 전체가 소련의 위성국[549)]이 되며 미국은 공산주의와 스탈린의 목적을 분명히 인식하기 시작한다. 對蘇 강경 기

547) 1949년 4월, 북한 노동당 김일(박덕삼)이 베이징을 방문해 홍군에 소속된 조선인 사단을 조선으로 보내 달라고 요청했다.

548) 1949년 8월 29일 소련의 핵 개발과 중국의 공산화가 김일성에게 한반도 통일에 대한 열망, 자신감으로 몸이 달아 있었다.

549) 불가리아 1945년, 루마니아 1948년, 헝가리 1949년 5월, 유고 1948년 11월, 동유럽 국가들이 차례로 소련의 위성국이 되었다.

류가 대세로 자리 잡고 MACATHYSM 광풍이 불며 소련에 동조하는 공산주의자라는 이름으로 몰려 수많은 사람이 중형을 선고받거나 사형되며 미국에서 더 이상 공산주의가 버틸 수 없었다. 1947년 2월 그리스마저 소련의 팽창주의적 공산화 위협에 처하자 트루먼은 국내외적으로 무능한 대통령이란 비난이 쏟아졌다.

1947년 트루먼은 공산주의 위협에 강경 대처하고 자유 국가에 군사, 경제를 지원한다는 트루먼 독트린과 마셜 플랜(**부록 8**)을 발표한다. 트루먼 독트린은 미국 외교정책의 기초가 되며 NATO가 탄생한다. 1949년 중공의 통일과 소련이 핵 개발로 미국은 전 세계 어느 곳에서도 더 물러서서는 안 된다는 전략을 세우고 국방비[550)]를 2배 이상 확대하며 냉전 시대의 막이 올랐다. 유럽 재건에 집중하던 미국은 1950년 1월 12일 한국을 태평양 방위선에서 제외한다는 애치슨라인(ACHISON LINE, **부록 9**)을 발표한다. 한반도와 대만, 동아시아의 전략적 가치[551)]를 무시한 워싱턴의 근시안적인 결정으로 미국의 태평양 전략이 무너지기 시작했고 스탈린, 모택동에게는 큰 희소식이었다. 1949년 8월 스탈린의 원폭 실험, 10월 중국 인민공화국이 탄생한 상황에서 하물며 애치슨라인까지! 스탈린은 한반도에서 전쟁이 나더라도 미국은 전략적 우선순위가 떨어지는 한반도에 개입하지 않으리라고 예단해 모택동의 동의를 전제로 1950년 1월 30일 남침을 승인하는 극비 전문을 스티코프에게 보낸다.

1949년 12월 21일 스탈린의 70회 생일을 맞아 모택동은 소련을 방문한다. 1945년 8월 14일 장개석과 소련이 맺은 불평등 중소 우호조약을 조

---

550) 공산주의자들의 공세로 미국이 1950년 초부터 국방비를 3-4배 증가한다는 정보를 입수한 스탈린은 남침을 승인하고 1949년 말부터 대규모 소련 군사 장비가 북한으로 반입된다.

551) 이용 가치가 없을 때는 가차 없이 버렸고, 언제든지 버려질 것이다. 계륵(鷄肋)인 한국이다.

정하기 위한 핑계였지만 내심으로는 스탈린에게 신생 중공의 정통성과 자신의 권력을 인정받고 싶었다. 국공내전이 치열했던 1947년부터 스탈린을 만나기를 희망했지만, 이런저런 핑계를 대며 여러 차례 거절한 스탈린이었다. 스탈린은 장개석을 모택동보다 높이 평가했고 이를 잘 아는 모택동은 스탈린에게 인정받고 싶어 조급한 상태였다. 한 달 넘게 체류하며 대만해방과 소련의 군사원조를 절실하게 요청했지만, 미국을 핑계로 스탈린은 거절한다. 중소 우호조약은커녕 아무 소득이 없어 귀국할 명분조차 없는 모택동에게는 치욕적인 방문이었다. 1월 30일 스탈린은 회담을 끝내며 김일성의 남침 계획[552)]을 설명하고 자기는 장비, 무기를 제공할 것이라고 얘기했지만, 모택동에게는 무시할 수 없는 명령이었다. 스탈린에게 모택동은 마음대로 다루어도 되는 인물**(부록 11)**로, 참전 결정은 다만 통보하는 절차에 불과했다. 모택동은 자기 형까지 죽인 스탈린의 회유와 압박에 굴복해 참전을 약속한다. 중공 공산화로 김일성은 적화 통일의 환상을 갖고 3월 30일 스탈린을 재방문한다. 스탈린은 김일성에게 원조를 약속하며 먼저 모택동의 지원을 받으라고 조언한다. 하지만 막상 전쟁이 나자 스탈린은 모택동을 밀어 넣고 자신은 뒤로 숨는다. 한반도 분할을 기획한 스탈린은 자신의 손으로 얄타밀약을 깨고 싶지 않았고 미국이 두려웠다.[553)] 그에게 가장 중요한 것은 동유럽 공산주의 체제 안정이 최우선으로, 누가 이기든 지든 상관없는 한국전이었다. 다만 미국이 유럽에 신경을 못 쓰게 한반도에 묶어두는 것이 그의 시급한 전략이었다.[554)]

---

552) 김일성은 스탈린에게 남침 승인을 수십 번 요청해 허가받았다.

553) 스탈린은 극동에서조차 미군과 마주치기를 부담스러워해 남침 지원은 체면치레에 불과했다.

554) 스탈린은 美中을 한반도에 붙잡아두려 야코프 말리크(1906. 12. 6-1980. 2. 11)를 회의장에서 퇴장시키며 파병 거부권 행사를 포기했다. 스탈린은 1950년 체코 대통령에게 보내는 편지에 말리크를 불참시킨 것은 미국을 한반도에 묶어두면 유럽에서 더 유리할 것이라고 썼다. 워싱턴은 남침을 스탈린의 서유

그는 또한 중국의 공산화는 찬성했으나 통일은 적극 반대하며 두 개**(부록 10)**의 중국으로 남기를 원했다.

1950년 5월 13일 김일성은 모택동을 만나 스탈린이 남침에 동의했음을 강조하며 지지를 요청했다. 모택동은 항일전 때 조선 혁명가들의 공로를 잊지 않았고 국공내전 때 김일성의 도움을 잊지 않았다고 했지만, 국민당 내전, 대만, 티베트 등 내부 문제를 이유로 파병을 넌지시 거부했다. 한반도에 관심이 없었고 거부할 대의명분도 마땅하지 않았다. 하지만 김일성의 모스크바 방문을 알고 있던 모택동은 중국과 상의도 없이 일방적으로 승인한 스탈린에 대한 불만을 표출했다. 소련대사를 불러 항의도 했지만, 스탈린은 모택동이 반대하면 남침은 불가능하다며 달랬고 중국은 뒤집을 힘도 없었다. 하지만 스탈린은 모택동을 계속 압박하며 참전을 종용했다. 김일성은 1950년 6월 10일 전쟁 준비가 끝났다고 스탈린에게 전쟁 개시를 허락받았고 스탈린과 모택동에게 알리지 않고 1950년 6월 25일 보슬비 내리는 일요일 새벽 전쟁을 일으킨다. 스탈린의 오판, 김일성의 무지한 야욕, 모택동의 오만이 빚어낸 한국전이다. 북한군은 하루 10km씩 남하해 8월 15일까지 부산을 점령하는 계획으로 소련제 전투기 100대, 최정예 T34 전차 240대, SU-76 자주포 170여 대, 야포 565문을 앞세운 전격전을 구사했다. 팔로군 출신 최정예 북괴군을 필두로 전쟁 개시 70시간 만에 미아리에 나타난 탱크는 파죽지세로 남하했다. 전쟁 개시 9시간 만에 트루먼에게 보고되며 미국은 한반도는 물론 일본, 태평양[555]까지 잃을 수 있다는 불안감에 휩싸이며 한반도는 태평양방위에 필수적인

럽 침공의 전초전, 위장 전술로 오판했다.

555) 1907년 전함 전면에 구리판을 장착한 프리깃함을 선두로 대 백색함대가 태평양 항해에 나서며 태평양 국가를 자임한 미국이다. 바다를 제패한 자, 세계를 지배하며 부강을 뜻했다. 아시아 태평양 국가는 세계 인구 65%, 육지 60%를 차지해 아시아에서 멀어지는 것은 곧 미국의 쇠퇴를 의미한다.

보루로 재인식하게 되었다. 곧 워싱턴은 강경하고 적극적인 군사 개입으로 급선회한다. 트루먼은 맥아더에게 한반도 참전을 준비하라는 명령을 내린다. UN도 6. 28일 안보리에서 만장일치로 참전이 가결되었고 트루먼은 전쟁 선포 대신 평화를 위한 치안 활동으로 세계 경찰 활동으로 포장하며 6월 30일 영빈관(블레어 하우스)에서 신속한 참전을 발표했다.

한편 한국전쟁 발발을 보고받은 맥아더는 도쿄사령부에서 10시간 동안이나 사라진다. 워싱턴은 사령관을 찾지만, 부관조차 그의 행방을 몰랐다고 한다. 맥아더는 이미 만주 상공을 비행하며 전쟁을 구상 중이었다고 그의 회고록에서 기록하고 있다. 그는 누구보다 스탈린의 사악한 국제공산주의 혁명을 이해하고 있었고 전쟁에서 이기려면 반드시 만주를 먼저 폭격해야 한다고 워싱턴에 보고서[556]를 올렸다. 한반도의 역사, 정치, 지리를 정확히 꿰뚫은 탁월한 보고서였다. 하지만 2차 대전으로 많은 젊은이를 잃은 당시 미국은 반전 분위기가 팽배했고 그는 확전론자로 인식되며 건의는 무시됐다.

한국군은 치밀한 계획을 세운 북한군의 상대가 되지 못하고 제대로 저항도 못 하고 전투마다 파죽지세로 밀려났다. 남한은 8개 사단, 95,000명으로 38선에 4개 사단 약 5만 명이 중점적으로 배치되어 있었지만, 탱크를 저지할 만한 무기는 없었고 탄약은 7일 치에 불과했다. 다만 춘천의 김종오 장군의 6사단만이 3일간 북한군의 남진을 막았다. 6사단은 일요일 외출을 허용하지 않아 병력이 충분했고, 예비대가 신속하게 투입되어

---

556) 당시 만주는 南北 1,700km, 東西 1,400km, 인구 3,000만(조선인 2백만)을 넘고 철 93%, 시멘트 64%, 화공약품 69%, 기계생산 95%, 전력 78%를 생산하는 중국 최대 중공업지구로 심양(봉천)은 화약 공장. 안산(鞍山)은 최대 제철소, 군수공장이 있는 만주를 폭격하고 중국 해안선을 봉쇄한다는 전략이었다. 2021년 인구 1억 960만이다. 1860년 함경도, 평안도 일대에 극심한 흉년이 들며 러시아 연해주로 이주가 시작되었다. 1900년대 연해주 인구 20%가 조선인이었다. 1945년 8월, 연해주에 거주하는 조선인의 수는 216만이었고 그중 100만 이상이 만주사변 이후 동북으로 이주했다.

북한군 2사단[557)]은 춘천 봉의산에서 치열한 전투를 벌여 2사단은 전력의 40%를 잃었다. 2사단은 춘천을 점령하고 수원으로 진격해 수도권을 포위해 국군 증원부대와 한강 이북 국군을 섬멸해 반격할 싹을 자르는 것이 전쟁 초기 김일성의 가장 큰 전략이었다. 하지만 춘천 전투 패배로 어긋나기 시작했다. 춘천에서 북한군을 72시간 동안 막아내 한국군과 유엔군이 재정비할 수 있는 시간을 벌었다. 춘천 전투 패배로 군단장과 2사단장 이청송을 숙청할 정도로 김일성에게 충격을 준 춘천 전투였다.

국군은 한강을 경계로 미군 지원군이 올 때까지 지연작전을 피는 것이 전부였다. 6월 27일 최초로 한강 하구를 넘은 북한군 6사단은 김포를 점령했고 별다른 전투도 없이 노량진에서 사라진다. 6월 28일 서울 시민 백만이 피난도 못 간 상태에서 한강 인도교를 폭파했지만, 일부 철교는 폭파되지 않았다. 승리에 도취한 김일성은 서울을 함락시키고 박헌영이 호언장담하던 좌파 봉기를 기다리며 진격을 서두르지 않았다. 7월 3일 북한 주력군은 한강을 넘었다.

6월 29일 맥아더가 한강 방어선을 돌아보고 수원 비행장에서 국군 지휘관과 회의 도중에도 북한 야크기가 공중을 휘젓고 날아다닐 정도로 한국군은 맥없이 붕괴했다. 맥아더는 7월 1일 24사단 34연대 경무장한 스미스(Charles B. Smith) 중령이 이끄는 1대대 540명을 급파했다. 스탈린과 김일성이 미처 예상치 못한 미군의 발 빠른 참전이었다. 그러나 7월 5일 오산 죽미령에서 북한군 정예 4사단의 소련군 T-34 전차 33대를 맞아 고군분투했지만, 힘없이 제대로 반격도 못 해보고 무너졌다. 180명이 사망, 실종하는 완벽한 패배였다. 죽음의 부대라 불린 스미스 대대였다. 소련제 무기로 무장한 조선족 정예 사단을 唐 나라 군대로 극단적으로 과소

557) 북한 인민군 2사단 이청송 중장은 중국 항일 의용군 출신으로 스페인 내전에 참전하고, 소련의 대독일전에 투입됐다가 인민군에 투신한 베테랑이었지만 소양강을 건너지 못했다.

평가했던 북한군과 첫 번째 조우였으나 결과는 참담했다. 스미스 부대는 단 2주일간 훈련해 편성한 미숙련 초보 병사[558]가 대부분이었다. 미군은 몇 주만 견디면 집으로 돌아갈 수 있다는 가벼운 생각으로 한국전에 참가했다. 점령군으로 안락한 생활을 즐기던 주일미군 대부분은 제대로 된 훈련조차 해본 경험이 없었다. 참전부터 제한 전쟁을 표방해 일주일, 한 달이면 끝날 것으로 생각한 군 지도부 역시 갈피를 잡지 못하고 우왕좌왕했다. 이후 맥아더는 대규모 지상군 참전을 요청하고 인천 상륙(CHROMITE, **부록 12**)을 계획한다.

북한군은 개전 한 달 만에 7월 20일 대전을 빼앗고 낙동강까지 거침없이 내려왔지만, 탄약, 무기, 식량을 투입하는 긴 병참이 가장 큰 문제였다. 1950년 8월 1일 8군 사령관 조지 워커(G, WALKER, 1889. 12. 3-1950. 12. 23)[559] 중장은 낙동강을 따라 포항, 영덕, 칠곡 다부동, 영천, 대구, 왜관, 창령, 마산, 통영을 연결하는 남북 135km, 동서 90km의 마지막 낙동강 방어선(워커라인)을 구축하고 한국군 5개 사단과 미군 3개 사단 총 95,000명을 투입했다. 1950년 8월 말 미군지도부와 유엔군은 오판과 전략과 전술이 미숙한 작전을 거듭한 끝에 낙동강까지 밀려왔다. 국토 8%만 남은 상황에서 최후 보루로 더는 물러설 곳이 없는 국가의 운명을 결정하는 최후의 방어선이었다. 8월 4일 폭파된 낙동강 다리를 사이에 두고 마지막 숨을 고르며 양쪽이 모든 것을 건 최대의 전투였다.

---

558) 미국은 1945-1949년 대대적으로 군을 감축했고 단 5년 만에 최강 미군은 무력하고 미숙한 군대로 변했다. 지휘관 대다수가 지휘 경험, 전투 경험이 없었고 병사들은 소총 관리도 못 할 정도였다. 더구나 정예 병력 대부분은 소련의 침략에 대비해 유럽에 주둔시켰다.

559) 워커 중장은 유럽에서 패튼 휘하의 용장(勇將)으로 STAND OR DIE를 천명하며 워커 라인을 구축했다. 그의 아들 역시 한국전에 참전했다. 1951년 12월 23일 워커가 교통사고로 숨지자 후임으로 매슈 리지웨이 중장이 왔다. 그의 이름을 딴 워커힐호텔이다.

다부동 전적지

이 방어선이 확보되어야만 인천상륙작전도 가능해 맥아더에게 절대적으로 필요했다. 이 선이 무너지면 미 정부는 전면 철수할 예정이었고 이는 곧 대한민국의 포기를 의미했다. 김일성은 충주까지 내려와 8. 15일 행사를 대구에서 개최할 것이고 9월 16일까지 부산 점령을 호언장담했다. 4개 사단을 집중적으로 배치하고 15사단을 증원하며 공격을 독려했다. 또한 아군의 후방을 노리고 대구를 우회해 8월 11일 포항을 뚫고 제2군단장 무정(武亭)의 3개 사단과 포병, 기갑 화력을 전략적 요충지, 다부동 황학산에 배치하며 8. 1-9. 24일까지 국군 1사단을 맹공격했다. 다부동이 무너지면 임시수도 대구가 적 포화의 사정거리에 들어가고 부산까지 밀릴 수 있는 상황이었다. 55일간 고지를 빼앗고 빼앗기기를 10번이나 반복하며 아군 1만여 명이 죽고 적군 24,000명이 죽거나 다쳤다. 이 전투의 패배를 이유로 무정은 후일 숙청당한다. 소련 T34와 미국 M46 탱크 간 첫 전차전이 벌어지기도 했다. 북괴군 5개 사단이 마지막 총공격을 위해 모든 군수품과 병력을 왜관에 집결시키고 있다는 정보를 획득한다. 8월 16일 워커 중장은 B-29 98대를 동원해 960톤으로 융단폭격[560]했다. 북한군의 탱크, 탄약, 포, 보급품은 날아갔고 북한군 9만 중 반 이상이 전멸했다. 한편 하루 만에 개성을 점령하고 6월 26일 북한군 중 가

560) 미군은 한국전에서 635,000톤 폭탄을 투하했고 이는 일본에 투하한 폭탄의 4배로 당시 서울, 평양, 원산, 함흥은 초토화되어 2차 세계대전 독일, 일본이 입은 피해보다 훨씬 심각했다. 주일 미군기지 요코다(橫田), 오키나와 가데나(嘉手納)에서 매일 B29 폭격기가 날아왔다. 1945. 2. 13-2. 15일 美英 폭격기 5천대가 작센의 수도 드레스덴에 49,000톤을 투하한 것이 융단폭격의 기원이다.

장 먼저 한강을 건너 사라진 방호산의 6사단은 서해안을 따라 은밀하고 신속히 기동했다. 천안, 공주를 거쳐 금강을 도하, 7월 20일 서남 지구 전투사령관 이응준 소장을 궤멸시키고 25일 여수, 31일 진주를 점령했다. 한국전 최대의 승부처인 낙동강 전선의 뒤통수를 치기 위해 방호산의 유령부대가 8월 4일 진주와 진동리에 홀연히 나타났다. 마산에는 미 제24사단의 3개 연대 병력과 국군이 전투에 밀리며 미군은 9월 1일 상주에 있던 제25사단을 급파해 가까스로 저지한다.[561)] 북한 6사단과 7사단은 수천 명 사상자와 포로 3천 명 등의 궤멸적인 타격을 입고 격퇴되었다. 비록 성공은 못 했지만, UN군의 간담을 서늘케 한 한국전에서 가장 대담하고 전격적 우회 기동작전이었다. 워커 장군은 그의 신출귀몰하는 은밀한 기동 능력을 높이 평가하며 한국전에서 가장 큰 위기였다고 기록했다. 9월 5일 영천 대첩이라 부른 낙동강 전투로 기적적으로 살아남은 대한민국이었다. 지리멸렬한 북한군은 도주하기에 바빴다. 낙동강 전선에 10만을 투입했으나 38선을 넘어 도망간 북한군은 25,000명 정도로 추산되고 미처 도망 못 간 북한군은 지리산으로 들어가 빨치산**(부록 14)**이 된다. 한편 워싱턴은 극비리에 인천상륙작전 직전까지 원산, 군산으로 상륙할 것이라는 거짓 정보를 계속해서 흘렸고 기만작전을 위해 9월 12일 이리(익산)를 공습하고 전함 미주리호[562)]에서 엄청난 화력을 쏟아내며 영국군이 군산으로 상륙했고 9월 15일 06:00. 학도병 772명이 주축이 된 영덕군 장사 상륙작전을 감행하는 등 양동 기만작전을 펼쳐 적을 혼란스럽게 만

---

561) 한국 해병대의 목숨을 건 혁혁한 전과를 거두며 미군으로부터 귀신 잡는 해병이란 별칭을 얻은 마산 전투(1950. 8. 2-9. 14일)다. 1950. 7. 27일 하동에서만 25사단 300여 명 미군이 사망했고 마산 전투에서 미군은 3천여 명 사상자가 발생했다.

562) 미주리호는 1950년 8월 한국에 도착해 1950년 9월 15일 인천 상륙의 유인책으로 삼척을 포격하고 흥남 철수 때 중공군을 막아내며 최후에 탈출했다. 1955년 퇴역, 1986년 재취역하며 걸프전에 투입됐다.

들었다. 모택동과 군사령관, 전략가 임표(林彪, **부록 15**)는 김일성에게 인천 상륙의 위험을 몇 번이나 경고했지만, 김일성과 소련 고문단들조차 무시했고 낙동강에서 악전고투하던 북한군은 이미 손을 쓸 수 없었다.

1950년 9년 14일 자정 팔미도 등대에 불을 밝히고 미 해병 1사단, 영국군, 캐나다군, 프랑스군과 육군 7사단과 한국군 등 7만 5천 병력과 261척 함대가 9월 15일 오전 인천 상륙을 감행한다. 인천상륙작전의 성공으로 전세는 일거에 완전히 역전되었다. 북한군 1,350여 명을 사살하며 하루 만에 인천을 점령하고 노량진을 통해 9월 28일 서울 수복했다. 낙동강 전선 부대는 북진해 9월 28일 육군 4사단은 서울에 입성해 인천에 상륙한 유엔군과 합류했다. 10월 1일[563] 국군이 38선[564]을 넘고 전쟁이 긴박하게 돌아가자 모택동은 북한을 잃으면 신생 중공, 만주가 위험하다고 판단했다. 동북항일연군 출신으로 만주(**부록 16**)에 기반이 단단한 김일성이 만주에 망명[565]정부를 세울 것까지 심각하게 염려한 모택동이다. 주은래는 10월 3일 평양과 원산을 잇는 선, 중공의 전략적 마지노선(RED LINE, **부록 17**)을 넘어오면 전쟁에 개입할 것을 강력히 경고하며 참전의 대의명분(**부록 18**)을 쌓는다. 이 선은 예로부터 중공에 적대적인 세력이 넘어오면 자동 개입한다는 이른바 순망치한(脣亡齒寒)이다. 이처럼 중국은 북한에 대해 확고한 전략이 있으나 미국은 단지 일본의 공산화, 태평양을 방어하기 위한 전략이었다.

워싱턴과 유엔 회원국 사이에서 긴밀한 논의가 이루어졌지만, 영국과

---

563) 한국 육군 제3사단이 38선을 넘어 북진을 시작한 10월 1일이 국군의 날이다.

564) 주중 인도대사 파니카르(KALVALAM,M, PANIKKAR)는 유엔군이 38선을 넘으면 중공의 전쟁 개입할 것을 워싱턴과 UN에 알렸다. 인도는 중공 수립 두 달 만에 중공을 승인했고 1950년대 미국 내 중국인의 비자 업무를 주미 인도 대사관이 대행할 정도로 두 신생국가는 친밀했었다.

565) 초등학교부터 만주에서 다닌 김일성이다. 스탈린은 모택동에게 참전 대신 만주에 김일성의 망명정부를 제안했지만, 모택동은 거부했다.

UN은 북한군을 38선 밖으로 몰아내는 게 목표라며 38선 이후 진격을 허가하지 않았다. 이승만의 강력한 반발과 승리에 들뜬 맥아더의 설득으로 워싱턴과 마샬은 어쩔 수 없이 9월 28일 38선 이북으로 진격을 허락했다. 미국은 이승만(1875-1965)을 지도자로 인정하지만, 의견 차이가 매우 컸다. 이승만은 국제정치는 미국에 의존했지만, 국내 문제는 자주적 국수주의자(**부록 19**)였다. 이승만이 한국전 중 거제도 반공포[566] 석방과 국군만으로 압록강까지 진격을 명령한 것을 보더라도 그가 얼마나 자주적이었는지 증명된다. 전쟁이 유리해질수록 이승만은 38 수복과 현실적으로 무리한 북진 통일을 주장하여 미국과 갈등[567]을 빚는다. 이승만은 "내가 통제하지 못할 정도로 단독 행동할지도 모른다고 미 언론이 보도하는 것이 스탈린과 모택동을 혼란스럽게 만들고 미국을 돕는 일"이라고 말했다. 모택동조차도 정작 무서운 적은 미국이 아니라 변화무쌍한 이승만이었다고 회고했다. 4년 재임한 주한 미 대사 무초는 이승만이 지겨운 늙은이지만 국제정치 감각은 탁월하다고 보았고 존 F. 덜레스 국무장관, 로버트슨 미 국무부 차관보, 역시 그의 지혜와 통찰력을 높이 평가했다. 부통령 닉슨조차 이승만의 깊은 혜안에 감동하였다 한다.

한편 1950년 10월 1일 3사단이 38선을 돌파했다는 보고를 접한 직후 모택동은 다급히 만주의 왕, 군벌 고강(高崗, 1905-1954, Gao Gang)을 불러 전쟁을 준비시키고 동북 변방군사령관 등화(鄧華)도 출동을 완료하고 압

566) 이승만의 반공포로 석방으로 분노한 모택동은 1953년 6-7월 한국전 최후의 대격전으로 불리는 금성 전투에 24만 병력을 투입했다. 대만과 체제 경쟁이 심각한 모택동에게 대만을 택하는 중공군 포로는 치욕이었다. 중공군 반공포로 14,000명은 중국 송환을 거부해 1954년 1월 20일 미 수송선 16척에 나누어 타고 1월 23일 대만 지룽항에 도착했다. 포로 90%가 장개석 국민당군이었다.

567) 미국은 1953년 6월 18일 0시 기습적으로 반공포로를 석방하고 북진 통일을 주장하는 이승만을 제거하려는 친위쿠데타((Ever-ready)를 계획했다. 아이젠하워는 이승만이 미국의 정책에 정면 대응하고 있다고 생각해 닉슨 부통령을 보내 전쟁을 확전시키지 않겠다고 약속하라고 요구했다.

록강에 대기하라고 지시한다. 고강은 한국전 내내 후방 병참기지로 군수품, 탄약과 양식 등 전쟁물자 지원을 적극적으로 수행해 스탈린과 중공군 참전 총사령관 팽덕회가 한국전 1등 공신이라 한 인물이다. 트루먼의 제한 전쟁임을 눈치챈 모택동은 북경에 임시 병영 사령부를 차리고 한국전을 지휘한다. 모택동은 오만한 스탈린에게 최선을 다할 것을 약속하며 전쟁은 모택동에게 넘어가며 국제 대리전이 된다. 전쟁 초 소련공군도 중공군 복장을 하고 전투에 참여하지만, 미국을 의식한 스탈린은 곧 발을 뺀다. 10월 4일 모택동은 주덕, 유소기, 주은래, 임표, 등소평 등 수뇌부가 총출동해 마지막 참전 회의[568]를 연다. 그때까지도 참석자들은 내심 출병을 반대하고 전쟁 귀신 임표 역시 해방전쟁조차 끝나지 않았음을 들어 한국전 참전을 노골적으로 반대했다. 만약 참전한다면 38선 이북 진출에 반대한 영국과 인도를 끌어들여 유리한 국제적 환경을 조성하고 국지전으로 끝내야 한다고 주장했다, 하지만 참전은 이미 모택동이 스탈린과 약속한 사항으로, 스탈린에게 인정받고 미국에 신생 중국의 힘을 과시하기 위해 준비한 자원을 총동원하고 정예부대를 파견키로 이미 마음을 결정한 모택동이었다. 다만 중공 인민군의 공식 이름이 아니라 인민들이 자원해 참전했음을 강조하며 인민 의용군으로 포장했다. 맥아더의 전략에 관해 철저히 연구한 모택동은 그의 숨통을 단번에 꺾는 극적인 전술과 반전이 필요했고 그의 오만한 자만심을 이용했다. 중공군을 우습게 평가절하했고 그만큼 대비가 허술한 유엔군이었다. 모택동은 중공군의 희생은 크게 신경 쓰지 않았다. 어차피 총알받이, 죽을 목숨이었다. 이들 외에도 다른 수십만이 대기하고 있었다. 유엔군에게는 자원이 전쟁이었지만 모택동에게는 인간이 자원인 전쟁이었다.

---

568) 1950년 5월 13-16일 김일성이 극비 방문한 이후 간부회의가 있었다. 9월 9일 심야 5명 서기와 총참모장이 참석한 긴급회의에서 모택동은 참전을 분명히 천명했고 다만 시기만이 문제였다.

압록강 건너는 중공군

10월 8일 스탈린의 공군 지원을 요청하며 주은래를 소련으로 보냈지만, 스탈린은 얄타협정과 국내문제를 내세우며 직접적인 지원을 거부했다. 그래도 모택동은 중국이 참전하면 미군이 진격을 멈출 것으로 과신했다. 한국전 출병을 요구하는 스탈린과 김일성의 다급한 요청이 연일 쇄도했다. 10월 15일 주은래는 소련대사에게 심양에서 12만 병력이 대기[569)]중이라 했고 스탈린에게 2월부터 만주에 34만이 집결해 소련 전투기와 무기가 도착하기를 기다리는 중이라 했다.

10월 10일 알몬드 장군의 10군단은 서울, 평양을 견제할 수 있는 원산에 상륙해 함경도로 전진했다. 인천상륙작전의 성공으로 크게 도취한 맥아더는 적을 평가절하하며 점차 무모하고 독단적인 작전을 펼치기 시작한다. 10군단을 워커의 8군과 동서로 분리해 자신의 직속 휘하에 두고 도쿄에서 직접 관리했다. 이에 따라 미 8군과 10군단 사이에 높은 적유령, 낭림산맥이 가로막고 있어 동서 130km 공백이 생기며 허술한[570)] 전선이 형성되었다.

10월 20일 미 공수연대 전투단이 김일성을 체포하기 위해 평남 숙천, 순천에서 공수작전을 펼치기도 했다. 10월 26일 김일성은 초산 동쪽

---

569) 1950년 7월 김일성 특사를 만난 모택동이 파병을 위해 4개 군단, 32만 명을 대기하고 있다는 베이징대 기록이다. 미 CIA는 70만 병력이 만주에 대기 중이라고 보고했다.

570) 한반도 지형을 제대로 숙지하지 못한 맥아더의 거듭된 오판, 오만함으로 큰 곤경에 빠진다.

70km, 장진호 서쪽 50km 떨어진 임시 사령부, 강계에 숨어 있었다. 8군은 평양으로 진격해 10월 25일 국군 1사단과 함께 평양에 입성했고 국군 제6사단 제7연대가 26일 압록강에 도달해 통일은 바로 눈앞에 있었고 오만에 가득 찬 맥아더는 크리스마스 만찬은 집에서 할 수 있다고 호언장담했지만, 곧 악몽으로 바뀐다. 戰神 임표가 건강을 이유로 한국전 참전을 고사해 16세 때부터 국공내전, 항일전에서 산악행군, 야간 이동, 매복, 기습, 기만전술의 경험이 많은 팽덕회**(부록 20)**가 중공군 사령관이 된다. 1950년 10월 3일 중공군은 베이징-심양을 거쳐 10월 19일 안동[571)]에서 비밀리에 압록강을 건넜다. 팽덕회는 정면 승부에 능한 미군을 기만전술, 상대의 의표를 찌르는 기습과 은밀한 포위공격, 집중 공세로 후방과 단절시켜 각개 격파하며 낮에는 잠복하고 밤에만 공격하는 변칙적인 전술을 김일성과 재확인한다. 팽덕회는 이 전쟁은 맥아더와 나의 전쟁이라며 김일성의 전쟁 능력을 경시하고 전쟁을 주도한다. 그동안 단둥에서 유엔군의 전쟁 전술, 진격 방향 등을 세밀히 연구해 유엔군의 약점을 정확히 파악한 부사령관 등화는 치밀한 덫을 놓고 기다린다. 10월 16일부터 소규모 중공군부대가 압록강을 넘어오기 시작하고 뒤따라 10월 19일 최정예 팔로군(인민해방군 4야전군)이 단동(丹東)-압록강 단교(斷橋)를 넘었다. 한국군이 평양을 수복한 10월 25일 오신천(吳信泉)의 39군 115, 116, 117사단 3만 5천 명이 안동, 장순(長甸)에서 압록강을 도하해 청천강 주변에 매복했다. 10월 25일 국군 2군단은 박천-운산-초산-희천-고토리-단천을 잇는 선까지 진출했고 미군 역시 영변과 박천으로 진격했다. 중공군은 운산(雲山)에 주둔 중이던 미 8군과 기병 1사단 사령부를 은밀히 포위한다. 팽덕회의 13병단, 18만 명도 10월 25일[572)] 창성교

571) 1965년 안동이 단둥(丹東)으로 바뀐다.

572) 평북 온정리에서 중공군과 한국군 6사단 2연대가 벌인 1 25일 첫 대규모 전

와 통화, 즙안-만포, 초산으로 들어와 강계, 희천, 덕천에 매복한다. 국공내전 항일전으로 단련된 무려 30만 대군이 세 갈래로 물밀듯이 몰려들었지만, 방심한 미군이 전혀 눈치채지 못할 정도로 은밀하게 암행한다. 그들은 야간에만 엄청난 속도로 기동하는 올빼미, 박쥐 군대로 평생 전쟁이 일이었던 팽덕회의 전술이 빛을 발한다.

10월 25일 국군 1사단이 평북 운산에서 솜옷을 입은 중공군과 첫 전투를 벌이고 26일 산발적으로 여러 곳에서 중공군과 조우한다. 그러나 대규모 부대가 참전했다는 확증이 없다는 이유로 중공군의 참전을 인정하지 않았고 단지 북한군의 패잔병으로 인식한 맥아더의 가장 큰 오판이었다. 또한 중공군의 전력조차 시골 게릴라 수준으로 평가절하[573)]해 대수롭지 않게 생각했지만, 그들은 對日戰과 國共 내전에서 추운 중국 북부, 만주의 산악지대에서 전투 경험이 풍부한 군대였다.

하지만 10월 25일 어둠이 깔린 초저녁 중공군이 총공세를 퍼부으며 인해 전술을 선보인다. 중공군의 1차 운산(雲山, 10. 25-11. 5) 대공세였다. 20만 중공군 기습을 예견하지 못한 상태에서 11. 1일 갑자기 나타난 소련 미그 15에 미군 F-51, F-80이 격추되면서 공군[574)]의 지원도 기대할 수 없어 유엔군은 막대한 타격을 입고 후퇴한다.

특히 중공군은 모택동의 명령대로 미군보다 전투력과 장비가 열악한 한국군을 중점적으로 공격해 치열한 전투를 치르며 병력 대부분을 잃어 유엔군은 한국군을 보호해야만 했다. 1사단 8연대는 운산 전투에서 반 이상이 전사하거나 포로가 되고 10월 26일 국군 2사단이 궤멸됐다. 미 기

투가 북조선 항미원조 기념일이다. 年 인원 3백만이 참전해 백만의 사상자가 생긴 전쟁이 자신들이 이긴 전쟁이라고 한다.

573) 소총, 수류탄으로 무장한 중공군을 농민군대로 오판하며 방심을 불러왔고 워싱턴은 정확한 정보와 전략이 미흡해 우왕좌왕했다.

574) 첫 제트전투기 전투가 한반도에서 벌어졌다.

병 1사단 8연대 역시 반 이상이 전사하거나 포로가 됐다. 제대로 된 무기도 없어 전력도 열악한 전형적인 후진국 군대라고 폄하했지만, 북한의 산악지대는 중공군에게 유리한 비정규 산악전, 게릴라식 전술을 펼치기에 용이했다. 워커는 후방 서쪽을 공격해 들어오는 중공군으로 인해 미 8군의 고립이 걱정되어 11월 4일 청천강 남쪽으로 퇴각한다. 맥아더**(부록 21)**는 전혀 다른 복장을 한 중공군 포로를 보고서도 참전을 의심했다. 전쟁 초 만주를 둘러볼 정도로 한반도와 만주의 지형적, 역사적, 정치적 특성을 누구보다 잘 이해했고 참전을 미리 예견할 정도로 날카로운 맥아더였으나 인천상륙작전의 성공으로 오만해진 맥아더는 판단이 흐려졌다. 더구나 수년간 내전으로 피폐화된 중공이 무리하게 개입하지 못할 것으로 예측했다. 결국 중공군의 개입을 인정하고 11월 8일과 9일 신의주 암산리, 만포진, 혜산진의 압록강 교량에 대해 폭격을 시작하며 새로운 전쟁을 계획했다. 맥아더는 작전이 자기 뜻대로 돌아가지 않자 최후의 무기 원폭에 기댈 생각이었지만 워싱턴의 생각은 달랐다.

11월 6일 미 8군 25km 전방에 매복해 있던 중공군은 전투를 중단하고 홀연히 후방 방어선 낭림산맥과 개마고원으로 사라진다. 후속부대와 보급품을 기다리며 유엔군의 반응을 살펴보고 있었다. 11월 24일 맥아더가 유엔군의 마지막 크리스마스 총공격을 직접 진두지휘하기 위해 신안주 비행장으로 왔고 11월 25일 중공군 2차 공세가 이어진다. 압록강까지 전진하느냐 38선으로 후퇴하느냐가 걸린 대회전이었다. 전투는 순조로운 듯했으나 11월 6일 이후 사라졌던 중공군 18개 사단이 11월 25일 미 8군 4개 사단, 국군 4개 사단 유엔군 1개 사단 등 9개 사단 전면에 나타났다. 중공군 13병단 6개 군단 18만과 북한군 1개 군단 3만으로 2차 공세(11. 24-12. 10일)가 시작됐다. 1차 공세 후 본격적인 대규모 작전이었다. 순식간에 개천과 군우리의 미 2사단도 밀리고 11월 28일 총공세 불과 4일 만에 청천강 이남으로 후퇴하며 12월 4일 평양까지 함락된다. 미군은 11월 24일 시작된 2차 청천강 전투에서 1만 명이 전사한다. 미 육군 3, 7사단, 미군 특수작전 부대, 영연방 특공 중대, 2개 한국군 사단(3, 수도사단), 제1 해병사단, 3사단으로 구성된 10군단이 원산에 상륙해 동해안을 따라 북상했다. 11월 6일, 미 7사단 일부는 북청-혜산진으로 진격해 11월 21일 혜산진 탈환한 후 11월 30일 국군 3사단 22연대에 혜산진을 인계하고 나머지 병력은 동쪽에서 북으로 이동했다. 10월 27일 원산에 상륙한 미 해병 1사단은 장진호 서쪽에서 북쪽으로 미 육군 7사단은 장진호 동쪽으로 전진해 강계 부근에서 서부 전선 8군과 합류해 적의 보급로 차단하려는 계획이었다. 한편 대만 침공을 위해 샤먼(廈門)에 집결하고 있던 송시룬(宋時輪, 1899-1991)의 9병단(20군, 26군, 27군단), 12개 사단 18만 병력 3개 군단 중 2개 군단은 10월 초 국공내전 때 임시 중공군 사령부가 있던 눈에 익은 임강(臨江)현 다리쯔(大栗子)에서 압록강을 건너 만포진으로 1개 군단은 10월 중순 만포, 중강진-장진호를 향해 남동쪽으로 이동했다. 한국전을 위해 특별히 경험 많은 사병과 고급 지휘관으로 새로 편성된 부대였다. 적이 원하지 않는 방법, 시간, 장소에서 매복, 포석(布石)과 형세(形勢) 등 눈에 드러나지 않는 조건을 잘 활용하는 기습의 달인 황포군관학교**(부록 22)** 5기 송시룬이다. 예기치 못한 적의 허를 찌르는 과감하고도 무리한 포위 작전이었지만 성공하면 적의 예봉을 꺾을 수 있고 담대한 전술에 적은 사기를 잃을 것을 예견했다. 경무장한 중공군은 지형지물을 이용해 야음을 틈타 산길로 이동해 11월 21일 개마고원과 장진호 근방으로 집결, 완벽히 은폐, 매복했다. 중공군 20군은 미 해병 1사단 서쪽, 26, 27군은 장진호 북쪽과 북동쪽 산악지대에 배치해 장진호를 에워쌌다. 11월 22일 미 해병 1사단은 장진호에 도착해 26일 개마고원 장진호로 깊숙이 진격했고 이동하는 동안 간헐적 소규모 전투가 있었을 뿐 그다지 큰 저항은 없었다. 해병 1사단장 올리버 스미스(O.P. Smith) 장군은 눈 덮인 산에 적의 매복 가능성을 의심하지만, 맥아더 사령부와 알몬드(E. Almond) 육군 소장은 장진호 일대는 험준한 산악지형으로 18만 병력이 매복한다는 것은 불가능한 일이라며 무시했다. 전략가 송시륜을 폄하했고 모택동 역시 미군을 과소평가했다. 주민들이 유담리에 대규모 중공군이 집결되어 있다고 정보를 주었으나 단지 북한군 패잔병으로 인식해 믿지 않았다. 사려 깊은 스미스 장군은 방심하지 않고 만약에 대비해 꼼꼼히 요충지에 소수 인원을 배치하고 임시 활주로까지 건설하며 신중하게 전진했다. 10월 25일 국군 3사단 26연대가 장진호에서 솜옷을 입은 중공군 포로를 생포했다. 포로를 통해 10월 말부터 잠복해왔다고 말하며 희천에도 1만이 있고 20군 58, 58, 60사단이 해병 1사단의 보급로를 차단하기 위해 남쪽으로 이동한다는 것을 알았지만 때는 이미 늦었다. 11월 27일 밤, 희미한 달빛 아래 지옥문이 열리고 악마들이 나타났다. 수만 명이 나팔, 뿔피리, 꽹과리의 생소한 소리와 고함을 지르고 갑자기 목전에 나타나 수류탄을 던지며 물밀듯이 나타났다. 생소한 소리에 방향, 숫자도 가늠할 수 없어 극심한 공포가 엄습했다. 야밤에만 공격해 밤마다 들려오는 장송곡 같았다. 사전 준비가 턱없이 부족한 한국전이었지만, 특히 심리전에 능한 중공군에 대한 대비가 전혀 없었다. 중공군은 국민당에게서 노획한 무기가 主 장비[575]로 박격포와 수류탄이 전부였지만 미군의 현대식 무기 앞에서도 거침없었고 죽음도 두려워하지 않았다. 총알받이 소모품에 불과했지만, 그 숫자의 위력은 경이로웠다. 동료의 팔, 다리가 날아다니는 가운데 시체를 밟고 밀려오는 그들은 좀비 떼였다. 약한 번 제대로 써보지도 못하고 모두 같은 운명이 되리라는 것을 알고 있

575) 중공군 장비는 북한군보다 빈약해 T-34 전차도 없었지만 홍군은 대장정·국공내전·중일전쟁을 경험한 단련된 정예군이었다.

는 듯했지만 멈추지 않았다. 원시와 첨단, 변칙과 정공법의 대결이었지만 가장 큰 적은 동장군과 칼바람이었다. 해발 1,000m, 영하 30-40도를 오르내리는 혹한 속에서 생전 처음 보는 인해 전술이었다. 부전호와 혜산진 방면으로 진격하던 미 제7사단 일부와 해병 1사단은 지옥의 불[576]이라 불린 계곡에 고립되었다.

장진호 전투

그해 겨울은 유난히 추웠다. 시베리아, 만주의 매서운 추위를 간과한 맥아더는 충분한 방한복을 지급하지 않는 등 겨울 준비에 소홀히 해 유엔군은 한국전 내내 전투보다 추위와 동상으로 시달렸다. 전투보다 동상으로 사망한 군인이 더 많았다. 수통의 물은 물론 얼어붙은 전투 식량을 씹어야 했고 손이 얼어 기관총은 제대로 사격할 수 없고 수류탄은 불발되기 일쑤였다. 부동액이 얼어 탱크, 자동차는 작동이 안 됐고 모르핀마저 얼어 약도 맞아 보지 못하고 죽어간 전우의 시체를 제대로 수습도 못한 미군 최악의 전투였다. 세심한 공중지원과 포격으로 가까스로 버티던 중 철수 명령이 떨어지고 스미스 장군은 다급히 후퇴한다. 그나마 공중지원과 폭격으로 후퇴 작전은 성공했다. 2주 만에 해병 1사단과 7사단 2만여 명 중 4,200명이 전사, 실종됐고 부상 4,528명 등 비전투원까지 모두 17,843명이 사상자였다. 7사단 1개 대대 2,500명 중 살아 돌아온 이가 375명에 불과했으나 이마저도 대부분 동상에 걸려 걷기도 힘들 정도

576) 미 해병 1사단 병사들에게는 단지 불과 얼음으로만 기억되는 한국전이다.

의 궤멸적인 타격을 입은 장진호 전투 였다. 9병단 일부가 이미 미 8군과 10군단 사이 낭림산맥을 타고 내려와 원산을 점령해 흥남이 유일한 탈출구였다. 장진호 남동쪽에서 흥남으로 이어지는 좁은 골짜기 길만 남았다. 10군단도 퇴로가 차단되며 큰 위기에 빠진다. 그나마 동부전선에 배치된 미 육군 3사단이 탈출할 때까지 배후를 방어해 12월 24일 흥남**(부록 24)** 철수의 버팀목이 됐다. 3사단은 장진호 전투 흥남 방어 작전 등에서 1만 명이 사상자였다. 이어 10만 군인과 피난민이 뒤섞여 아비규환을 이룬 흥남 부두였다. 지형에 맞는 유연한 전술과 열악한 보급과 극한적 환경에 익숙한 중공군에게도 장진호 매복은 목숨을 건 도박이었다. 언 감자를 씹으며 총도 제대로 쏴보지 못하고 죽어갔다. 해가 뜨자마자 산 중턱에 포진한 중국군을 공격했지만 아무도 움직이지 않았다. 대부분 남방 운남성[577] 출신으로 모두 얼어 죽은 것이었다. 엄청난 혼란 속에서 총알받이 소모품으로 버려진 중공군 9병단, 18만 중 전사, 동사자만 51,000여 명에 이르며 완전히 궤멸[578]하여 사라진다.

워싱턴과 정치권에서는 더 이상 한반도에 발이 묶여서는 안 된다는 인식이 나타나기 시작하며 원폭[579] 사용과 전면 철수가 공론화된다. 트루먼이 핵은 전장의 사령관에게 있다고 선언했지만, 막상 맥아더가 핵을 요구하자 트루먼은 핵은 대통령의 무기라며 거절한다. 하지만 트루먼은

---

577) 장개석의 운남성 60군과 93군은 1946년 3월과 9월 만주에서 전투 중 홍군에 항복하지만, 이들을 믿지 못한 모택동은 임표의 50군으로 재편성해 대부분 송시륜의 9병단으로 흡수되어 장진호 전투에 투입되었다. 어제는 국민당군, 오늘은 팔로군으로 조선으로 넘어왔다. 신라 662년(문무왕 2년) 정월 고구려와 전투를 하면서 신라는 보급품을 평양으로 보내라는 唐의 요구에 따라 김유신은 군량을 운송하지만 한 달 넘게 눈보라와 함께 강추위가 불어닥쳐 사람과 말이 얼어 죽었다.

578) 9병단이 전력을 재정비해 다시 전선에 나타난 것은 51년 4월이며 1952년 9월 한반도에서 완전히 철수했다.

579) 1950년 12월 24일 트루먼에게 원폭을 강력히 제안했다.

1951년 4월 원폭을 실은 B-29를 괌으로 파견하며 위협을 주는 전시효과를 노리기도 했다.

12월 31-1월 10일까지 중공군의 3차 공세가 이어지며 새해 아침 38선을 넘고 1월 4일 중공군 39군 116사단을 선두로 사령관 한선초(韓先楚)와 북한 1군단이 서울에 입성했고 삼척, 홍천, 원주가 차례로 적의 수중에 떨어졌다. 제공권을 장악한 미군이지만 30km 속도로 남진한 중공군이다. 서울을 점령한 현실주의자 팽덕회는 급한 남진을 우려하며 병참, 전열 정비 등 전선을 재점검하고 휴식과 재충전하며 더 이상 남진[580)]을 주저한다. 동장군도 걱정이었지만 너무 길고 부실한 병참 라인이 큰 문제였다. 참전 초 만주에서 원활하게 보급됐지만 38선까지 내려오며 탄약, 장비, 식량을 적시에 공급받기 힘들었다. 백만에 가까운 중공군은 자신들의 식량과 탄약도 부족해 만주와 본국에 전적으로 의존해야 했고 더구나 2,000여 대 미 폭격기는 보급, 철도를 집중적으로 폭파해 차량과 보급물자 손실이 엄청났고 전투력은 저하됐다.

1951년 1월 서울까지 빼앗기고 한반도 중부지역까지 퇴각한 유엔군은 붕괴된 전선과 전력을 재구축했다. 그러던 중 중공군의 전술, 전력, 보급 등 중요한 정보를 파악했다. 열악한 보급으로 인해 공세는 길어야 10-15일 이후 3주 정도 숨을 고르며 준비기간을 갖고 다시 공세를 감행한다는 패턴을 읽었다. 대책이 수립되면서 유엔군의 반격이 시작되고 세 차례 연승에 자만해진 중공군은 1951년 2월 11-18일 4차 대공세를 시작했지만, 점차 패퇴하였고[581)] 3월 15일 유엔군과 백선엽의 1사단은 서울을 재탈환했다.

---

580) 전쟁의 주도권을 빼앗긴 김일성과 팽덕회의 불화가 본격적으로 시작됐다. 모택동의 말도 잘 듣지 않던 김일성에게 팽덕회가 성이 찰 리가 없었다.

581) 1951. 2. 13-15일 중공군 주력 39군 116사단이 유엔군 병참기지가 있던 지평리에 나타난다. 미군, 프랑스군이 주축인 양평 지평리 전투는 중공군에게 계속 밀리던 UN군이 거둔 첫 승리로 서울 수복의 계기가 됐다. 2차 대전 프랑스의 영웅 몽클라르 장군은 4성 장군으로 예편한 뒤 한반도에 대대급 부대를 파견하자 스스로 중령으로 계급을 낮춰 현역 복귀를 신청해 참전했다. 1964년

하지만 이후 전쟁은 북진, 남진이 아니라 양쪽 모두 공격보다 방어에 주력해 38선 주변을 크게 벗어나지 않는 소강상태가 되었다. 모택동과 김일성은 소련에 군수물자 지원을 거듭 요구했지만, 스탈린은 시늉만 했다. 유엔군은 70만으로 화력은 우세하지만, 인력이 불충분했고 중공군과 북한군은 112만[582]으로 인력은 충분하지만, 전쟁 장비가 불충분해 어느 쪽도 승기를 잡기 힘든 상황이었다. 전황은 더욱 불투명해지며 지루한 진지전, 참호전이 되며 참혹하고 무의미한 희생이 이어진다. 1951년 4월 11일 트루먼이 전쟁 확산론자로 인식된 맥아더 장군을 전쟁 중 갑자기 해임[583]하고 리지웨이 장군이 후임으로 온다.

워싱턴은 지쳐가고 전쟁이 쉽게 끝나지 않을 것을 예감하며 1951년 5월 17일, 트루먼은 한국전쟁 정전을 위해 스탈린과 3번이나 접촉해 휴전 중재를 요청했다. 미국은 2차 대전에 많은 젊은이를 잃었고 또다시 이름도 모르는 동북아 작은 나라 전쟁에 개입해 젊은이들의 희생을 원치 않아 빠른 휴전이 대세였다. 김일성은 모스크바의 승낙을 받고 1951년 6월 3일 베이징에서 중공의 힘을 세계에 과시한 것에 만족한 모택동, 주은래와 정전에 동의했다. 6월 30일 리지웨이 장군은 정전[584] 회담을 제의했고 1951년 7월 10일 첫 휴전 협상이 시작되었다. 정전회담은 747일간 575차례 이루어졌다.

6월 3일 드골이 직접 몽클라르 장군의 장례식을 집행하며 앵발리드 성당 지하에 안장되었다.

582) 중공은 전쟁 기간 3백만을 동원했고 60만 병력을 항상 유지했고 사상자가 152,000명으로 주장하지만, 미국은 최소한 전사 40만, 부상 486,000명으로 추정한다.

583) 합참의장 브래들리, 육참총장, 콜린스, 국방장관 마샬, 클라크 등 참모본부 장군들의 지지가 없었고 맥아더는 친구들에게 배신당했다고 생각했다. 맥아더는 핵 사용을 강력히 주장해 트루먼과 사이가 나빠진다.

584) 정전협정으로 전쟁은 끝냈지만 끝나지 않은 전쟁이 지금까지 이어진다. 평화협정을 위해 임시로 체결하는 협정이다.

한편 미군의 우세한 공군 화력을 잘 아는 중공군 부사령관 진갱(陳賡)[585]은 이때를 틈타 갱도 건설을 주장한다. 평강, 철원, 금화를 잇는 철의 삼각지에 병력, 식량, 장비, 탄약을 집결시키며 대규모 병참 갱도를 건설하기 시작한다. 1951년 8월-1952년 12월까지 휴전선 인근 동해안에서 서해안까지 280km, 높이 1.8m, 폭 1.2m, 깊이 5m, 총길이 4,000km 동굴 갱도가 완성되어 지하장성(地下長城)이라 불렸다. 중공군의 인해전술을 다시 한 번 확인한 갱도였다. 미국은 휴전회담에서 양보를 얻으려 엄청난 폭격을 했으나 갱도 덕분에 정전협정이 체결되는 날까지 미군의 화력에 이전만큼 밀리지 않았고 보급선도 단절되지 않았다.

그러나 이승만은 안전 보장 없는 휴전을 반대하며 단독 북진이라는 배수의 진을 쳤다. 미국의 최우선 정책이 유럽 재건이라는 것을 잘 아는 스탈린은 미국을 한반도에 붙잡아두고 중국을 견제하기 위해 겉으로 휴전을 찬성하는 척하지만 반대[586]하며 소모전을 펼쳤다. 스탈린은 이이제이를 구사하며 한국전을 교묘하게 모택동에게 떠넘겼고 19951년 2월쯤 워싱턴은 스탈린의 음모를 눈치챈다. 16주면 휴전할 것을 예상했지만 전 전선에서 전투는 여전했고 상대방을 비난하고 책임을 서로 떠넘기며 중단과 재개를 거듭해 언제 끝날지 알 수 없었다. 1953년 5월 24일부터 조금이라도 더 남진하기 위해 중공군의 마지막 대공세가 철의 삼각지에서 벌어졌다. 1953년 3월 5일 스탈린이 사망하자, 그제야 휴전회담[587], 포로

585) 황포군관학교 1기생 진갱은 군벌 토벌 중 자살하려는 장개석을 등에 업고 탈출해 장개석은 그를 최측근 시위 참모로 기용했으나 그는 공산당이었다. 한국전 초기 베트남에 주둔했던 진갱은 호치민에게 땅굴 파는 것을 강력히 조언했다. 1951년 3월 15일 서울을 재탈환하자 지원군 3병단 사령관으로 1951년 3월 24일 압록강을 도강해 5차 공세에 참전했다.

586) 1951. 6. 23 말리크 소련 대표가 유엔에서 휴전회담을 제의하기도 하지만 1951년 8월 스탈린은 김일성의 휴전 요청도 거절한다. 스탈린은 이미 철저한 한반도 전쟁 계획을 세우고 동유럽을 완벽하게 점령할 생각이었다.

587) 1951년 7월 10일 첫 회담이 개성 한옥 고택인 내봉장에서 열렸다. 최대한 군

송환**(부록 25)**이 빠르게 진행되었다.

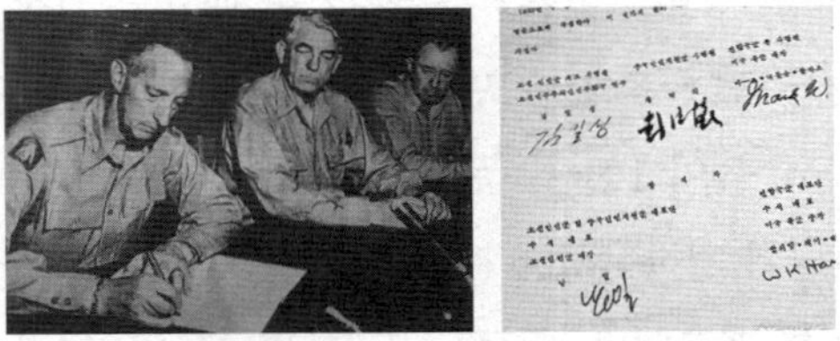

왼쪽부터 휴전협정 조인식, 휴전협정

신속한 휴전을 원한 모택동은 중공의 위상을 보여주기 위해 김일성을 제치고 협상을 주도했다. 기자 출신으로 기만, 선전, 선동전의 대가, 중공의 괴벨스라 불린 모택동의 아들, 마오안잉(毛岸英)을 후계자로 교육한 모사꾼 이극농(李克農, 李克農·1899-1962)을 파견한다. 아이젠하워는 7월 12일 이승만에게 휴전 동의를 얻고 이승만은 그 대가로 한미방위조약(1953. 10. 1)[588]을 체결했다. 승부사 기질로 휴전과 맞바꾼 한미상호방위조약이다. 1953년 7월 27일 유엔군 사령관 마크 웨인 클라크, 수석대표 터너 조이 해군 제독[589], 중공 인민지원군[590] 사령관 팽덕회, 북한 대표 남일,

---

사 전략적으로 유리한 결과를 끌어내기 위해 휴전 회담장에서의 팽팽한 신경전이 벌어졌다.

588) 이 조약은 중국 봉쇄, 소련 저지, 일본 견제라는 다양한 효과를 지니는 한국방위의 지렛대다.

589) 조이(1895-1956) 제독은 회담에서 불리한 의제는 빼고 모호한 문자로 의무를 회피하고 문안을 임의로 해석하는 등 계산된 속임수, 기만, 편법, 꼼수에 치를 떨며 공산주의자와 이극농의 권모술수에 관한 책을 썼다.

590) 전쟁에 참전한 중공군은 총 300만, 정전 당시 120만, 장군만 450명이며 미군은 1,789,000명이 참전, 36,634명이 전사했고 GDP 4.2%(3,410억$)를 지출했다.

이상조[591]가 김일성의 이름으로 서명한다. 참가한 남한인은 기자[592] 2명 뿐이었고 소련은 휴전협정에 참가하지도 않았다. 종전 축하 폭죽이 터졌으나 평화는 오지 않았다.

왼쪽부터 판문점 안내도, 판문점 회의실, 북한 판문각, 돌아오지 않는 다리

전쟁으로 내부 결속하고 지배체제 강화, 권력 유지 등 지도자로서 성공을 이룬 김일성은 전쟁 후 두 가지를 가장 후회했다.

첫째 서울 점령 후 박헌영이 호언장담한 3일간 남한 민중봉기를 애타게 기다렸으나 결국 봉기는 일어나지 않았고 귀중한 시간만 낭비해 유엔군은 전열을 정비하고 대규모 유엔군이 부산으로 상륙해 반격의 기회가 되었다.

둘째 대전 점령 후 주력부대를 영남과 호남으로 나눈 것이다. 부산은 그나마 항구가 있어 유엔군**(부록 26)**과 수만 톤 물자를 쏟아낼 수 있었지만, 호남은 항구가 없어 유엔군이 와도 상륙할 수 없었다.

맥아더의 가장 큰 실수는 전쟁 초 적의 전력과 중공군의 개입을 과소평가했고 인천상륙작전 성공으로 오만해지며 동계전투에 충분히 대비하지 못한 것이 가장 큰 실책이었다.

스탈린의 한국전 목표는 첫 번째 동북아 극동함대의 부동항이었다.

---

591) 1989년 9월 초, 소련 민스크에 거주하던 74세 이상조가 57년 만에 고향 부산을 방문했다. 1955년 소련 주재 북한대사로 부임한 뒤 1956년 8월 종파 사건이 나자 귀국하지 않았다.

592) 기자는 美中北의 정치적인 타협으로 우리의 운명이 또다시 외세에 의해 결정되었다고 탄식했다.

1947년부터 30년간 웅기, 청진항을 조차하려 했다. 러시아는 흑해 크림 반도 부동항을 차지하려고 1568년부터 제1차 대전까지 오스만 튀르크와 무려 12차례 전쟁을 치렀고 미국 페리 제독을 흉내 내며 1861년 일본을 침략했을 만큼 부동항은 러시아의 오랜 염원이었다.

두 번째 유럽 공산주의의 확산과 미국의 관심을 동북아로 돌리는 것이었다. 당시 미국의 관심은 오직 유럽 재건이었고 스탈린은 동유럽에 대한 확실한 기반을 닦기 위한 발판으로 한국전을 이용했다. 미국이 정치, 군사적으로 한반도에 묶여 있기를 원해 모택동의 참전을 유도했고 휴전을 적극적으로 반대했다. 1950년 5월 대만 침공을 목전에 둔 중공군이 북한으로 이동하며 대만은 살아남아 스탈린이 원하던 대로 2개 중국이 고착화되었다. 한국전에 대한 확고한 전략을 가진 교활하고 유능한 스탈린은 최고 승리자가 되었다.

모택동은 신생국으로 한반도 영향력 축소와 북한이 붕괴하여 미국과 국경을 마주하는 것을 원치 않았다. 아시아 혁명의 책임자를 자처한 모택동은 막대한 희생을 감내하며 참전해 소련과 사회주의 국가에서 중국의 힘과 영향력을 보여주고 아시아 공산주의 혁명의 맹주로 인정받았다. 중소동맹을 강화시켜 소련의 원조도 끌어내고 동북아에서 미국의 힘을 견제했다. 개인적으로 자신을 적대시하던 군벌과 국민당에 소속되었던 팔로군을 한반도로 밀어 넣어 총알받이로 소모시키며 내부 반대[593] 세력을 제거했다.

장개석**(부록 27)**은 한국전이 터지자 미국의 원조[594]로 대륙 수복을 꿈꾸

---

593) 1950년 11월 10일 모택동은 국민당 잔류세력, 反 혁명 세력 등 정치적 반대파를 제거하며 강력한 중앙집권체제를 이루었다.

594) 미국은 국공 전쟁과 對日戰 때 장개석에게 60억 $, 106개 사단, 200만 국민당 군을 현대식 무기로 무장시키고 군사고문단을 지원했다. 국민정부의 몰락은 장개석 정부의 부패와 무능 때문이라는 국무부 조지 캐넌의 비밀보고서로 트루먼은 중국에서 손을 뗐고 중국은 공산화되었다. 또한 케넌은 누구보다 소

던 반공대륙(反共大陸)의 기회가 왔다고 기대하며 6월 25일 이승만 대통령에게 3개 사단과 전투기를 5일 내 한반도에 투입할 것도 제안했다. 트루먼은 그의 제안을 거절하고 한국전 발발 3일 후 1950년 6월 27일 7함대를 대만해협으로 급파하며 대만 공산화와 장개석의 반공대륙에 대해 강력히 경고하며 중립화했다. 한때 트루먼은 대만까지도 포기했지만, 한국전으로 생각이 바뀐다. 1954년 대만은 미국과 중미 공동방위조약을 체결했다. 대만에 친미 정권을 세워 대륙과 분리시키는 것이 미국의 태평양 전략이다. 대만과 한국은 미국에게 태평양 전략에 필수 불가결한 보물단지지만 순식간에 애물단지가 될 수 있다. 한국은 일본의 방패막이가 될 수 있고 미국이 일본의 이익을 위해 한국을 희생시킬 수 있는 계륵(鷄肋)일 뿐이다.

일본 총리 요시다 시게루(총리 재위 1948. 10. 15-1954. 12. 10)는 옆집에서 전쟁이 났고 일본이 이제 다시 일어설 기회가 생겼다고 호언하며 일본 부흥을 이루는 계기가 되었고 일본의 대외정책과 가치 체제가 확립되는 계기가 되었다. 한국전으로 인해 일본은 전범국이 아닌 미국의 동맹국, 협력국으로 올라서게 된다.

한국전을 거치면서 국내 정치는 이승만에게 유리한 국면으로 호전됐다. 한국군의 전투력이 급속히 발전했고 전후 60만 대군으로 성장했고 군 장비도 현대화됐다.

한국전은 중소 공산주의와 서구자유민주주의라는 복합적 성격의 미중소 대리전으로 1945년 이후 냉전체제와 패권주의에서 유래했다. 공산주의를 막아내는 것이 미국의 최우선 외교정책으로 결정됐고 한국전이 그 시초다. 아이젠하워 정부는 한국전을 치르는 동안 국방비는 4배(1952년 미 GDP 4.2%를 한국전에 투입) 증가했고, 세계 수백 곳에 군사기지를 설치해 세

련 체제와 국민의 속성을 꿰뚫어 보았다.

계의 경찰이 되며 PAX AMERICA를 연 계기가 된다.

1950년 북한 인구 970만 명 중 민간인 사상자만 150만 명이었다. 남한 남성 10%가 참전했고 30여 만이 전사 실종, 70여만 부상자, 민간인 사상자만 백만이 넘었다. 이산가족이 천만이 넘고 당시 남북한 인구 3,000만이 피해를 보았고 한반도 전 국토가 상처를 입고 피폐화되었다. 서민의 의식주뿐 아니라 의식구조까지 바꾸어 놓았다. 미국 문화가 본격적으로 소개되었고 미국의 밀가루 원조로 수제비, 찐빵, 국수집이 우후죽순처럼 생겨났다. 부산 밀면은 함경남도 냉면에서 시작됐고 속초의 오징어순대는 함경도에서 온 피난민들이 만든 음식이다.

임진각 주변

1983년 전두환 대통령이 버마 국빈 방문 중 아웅산 테러로 정부 각료와 특파원 등 17명이 사망하고 14명이 중경상 입은 랭군 사건을 기리기 위한 탑이 있다. 버마 아웅산 테러리스트는 세 명 중 1명 사살, 1명 사형, 종신형 선고받은 강민철은 2008. 5. 18일 오후 4시 30분 버마 감옥에서 사망했다. — **위령탑**

1차선 목재로 지은 다리만 복원했다. 1945년 9월 11일 서울을 출발한 기차가 신의주에서 서며 시베리아 노선은 끊겼다. 2007년 4월 시험 운행하며 2007년 12월 임진강-개성까지 15km, 임진 철도를 개통해 2008년 12월까지 운행했다. — **자유의 다리**

2004-2008년 200회 운행하던 경의선은 박왕자 사건으로 스톱되었다. 남북경제는 남 기술력, 자본, 경험, 북한 자원, 노동력이 어우러지는 상호 보완재였다. 경의선만 3조 6천억(고속철 24조 5,100억), 평라선 4조 7,202억, 경원선 1,508억이 예상된다. 남북 차이는 민족적, 지리적, 문화적 이유가 아니라 단지 포용적 정치를 택한 남한과 전체주의적 공산주의를 택한 차이이다. 통일 비용 3,000조가 될 것이다.
— 상호 보완재 철도

1971년 9월 25일 김일성은 군단별로 5개씩 모두 50개 남침 땅굴을 건설하라는 명령을 내렸다고 한다. 1975년 11월 15일 아침 7시경 25사단이 연천 고랑포에서 땅에서 김이 올라오는 것이 목격되며 지표에서 2m밖에 안 되는 제1 땅굴이 발견되었고 발견하자마자 적 초소에서 총격을 가하며 조사를 방해했다. 1975년 2월 철원 6사단이 45개 시추공을 뚫고 발견한 제2 땅굴은 가로, 세로, 높이가 2m가 넘고 철로까지 깐 가장 큰 땅굴이다. 지뢰를 묻어놓고 도망가 국군 3명이 사망했다. 1990년 2월 양구 펀치볼에서 발견된 제4 땅굴은 지하 145m, 길이 2,052m다. 레바논 헤즈볼라가 북한 조선광업개발 무역회사(KOMID)로부터 땅굴 자재와 기술을 공급받은 것으로 나타났다. 이 터널은 동쪽의 베카 계곡에서 지중해에 접한 서부 해안 지역까지 레바논의 여러 군사적 요충지를 동서로 연결한다. — **제1, 2, 3, 4 땅굴**

1953년 휴전이 성립된 후 200m 간격으로 높이 10cm 넓이 20cm 1,292개 콘크리트 말뚝으로 동해안에서 서해안까지 258km(155마일), 남북 4km에 걸쳐 군사분계선(MDA)을 표시했다. DMZ는 907㎢로 남한 면적 1%를 차지하는 비무장지대며 군사분계선 남방 15km 이내에 지정된 민간인 통제구역으로 1984년 민통선 마을 115개였다. 1954년 2월 미 8군 사령관이 농사를 제한하는 귀농선이 민간인 통제구역이 되었다. 오랜 시간을 격리된 채 원시림이 태고 신비를 간직하고, 이 땅에서 살아온 곤충과 식물, 동물이 황폐한 환경을 피해 그 안에 깃들어 살고 있다. 이곳은 북부와 중부 식생이 만나는 곳이며 북방계 곤충의 남방 한계선이기도 하다. 자연생태계 세계적 보고며 나비, 벌, 꽃 등 희귀곤충과 동물 등 건강하게 살아가는 곳이다. 비무장지대 자체가 거대한 식물원이자 자연 생태 박물관이다. 인간의 아무런 간섭도 받지 않고 원시 시대 상태를 이루는 자연 낙원이다. 1966년 이래 비무장지대와 그 인접지역에 대한 생태조사가 시작된 이래 많은 조사가 이루어지고 있는 영구히 보존되어야 할 지역이다.
— **DMZ, 비무장지대**

2015년 DMZ 자유 마을인 대성동 마을은 40만 평, 49가구 205명이 국세 납부와 국방 의무가 없어 소득은 약 6천만이다. 99.8m 태극기 게양대와 세로 12m, 가로 18m, 세계에서 두 번째로 높은 165m 기정동 인공기다. 군사분계선 남방 15km 이내에 지정된 민간인 통제구역인 통일촌도 국세 납부와 국방 의무가 없고 169가구 466명이 거주하며 해마루촌 70여 가구 170명 정도가 산다. DMZ에는 이러한 민통선 마을 9곳이 있다. 1973년 입주한 통일촌은 152가구 456명이 거주한다.
— **통일촌, 대성동 마을**

JSA는 정전협정에 따라 1953년 10월 군사분계선에 설치한 유엔군과 북한군 공동경비구역(JSA)으로 군사분계선 남쪽 400m의 보니파스 캠프에 동서 800m, 남북 400m 반경 400m다. JSA 한국군 600명, 유엔군 70명이다. 남북이 자유롭게 오갔지만 1976년 도끼사건 이후 군사분계선(MDL)이 그어졌다. 자유의 집은 1965년 준

공된 2층 건물이지만 1998년 4층 새 건물로 증축했고 1964년 지은 판문각은 1969년 새로 증축했다. 판문점-평양 200km다. 보니파스 캠프에는 한 홀짜리 파 3 골프코스가 있다. 2017. 11. 13일 북한군 오상병이 JSA를 넘어 탈북했다.
— JSA, 보니파스 캠프

종교, 체제 탄압으로 45-49년까지 4백만 인구가 남하했다. 1985년 시작된 이산가족 상봉은 2013년까지 18차례 했다. 2013년까지 신청한 가족 12만 9,264명 중 57,784명이 이미 세상을 떠났다. 2014년 현재 생존자 중 52%인 37,769명이 80세 이상 고령자다. — **이산가족**

현대아산은 66.1㎢ 개발을 계획했지만 3.3㎢만 이용했다. 2014년 개성공단 10주년이다. 123개 기업, 투자액 5,568억, 정부 투자액 927억이었다. 북한 노동자 54,000명, 주 48시간 근무, 임금은 2015년 5월 기준 보험 포함 최고 170$다. 공단에서 일하는 사람들은 개성이 아니라 평양과 인근에서 차출된 사람들이다. 2014년 누적 임금 3억$, 누적 생산액 20억$, 부양 인구 추정 25-30만이다. 개성공단의 가장 큰 의미는 자본주의 씨앗을 발아시켜 북한 사람들이 어느 날 문득 북한 경제가 남한경제 일부분이라는 것을 깨닫게 하는 것이었다. 2016년 개성 공단이 폐쇄되며 6조 이상 경제적 손실이 발생했다. — **개성 공단**

2013년부터 만 37세를 넘기면 의무 방위는 없으며 복무하면 이중국적을 허용하고 해외영주권을 얻은 남성은 37세까지 연기 가능, 19세부터 공군 27세, 해군 34세, 육군 35세 해병 28세가 상한선이다. 2025년 예산 673조 3천억, 국방예산은 61조 2,469억(GDP 대비 2.32%), 2025년 7월 국군은 총 45만으로 최소 병력 규모로 여겨지는 50만이다. — **의무방위 연령과 국방비**

중국은 단둥 외곽 도시 바신(八三)은 국제시세 5분의 1가격에 50만 톤 정도 북한 원유 소비량 절반을 제공하는 원유저장소가 있고 매년 식량 부족분 절반에 해당하는 30-40만 톤 식량, 석유 90%, 식량 45%, 생필품 80%를 공급하며 대중 무역의존도는 89.1%로 생명 젖줄, 산소호흡기다. 북한에 유일한 레버리지(지렛대)를 가진 중국이지만 중국의 북한 정책은 시시때때로 전술만 변하며 전략은 움직이지 않는다. 북한은 중국의 전략적 자산이며 동시에 중국 안보보험이다. 시진핑 정부의 대외 정책을 결정하는 외사영도소조에서도 북한이 전략적 자산 혹은 부채냐를 놓고 중국 지도부가 격렬한 논쟁을 벌였다고 한다. 결론은 북핵보다 한반도 안정이 더 중요하다고 결론 내린 시진핑 정부였다. — **시진핑 정부와 전략적 자산**

북한을 동북 4성으로 생각한다고 염려한 김정일의 말과 같이 이제는 북한뿐 아니라 한반도 전체를 전략적 자산이라 생각하는 것 같다. 하지만 통일은 도둑같이 온다는 말처럼 어느 날 갑자기 찾아올 것이며 독일과 같이 이웃 나라의 도움에 크게 의존할 것이다. 2013년 남북을 배제한 채 한반도 포괄적 미래에 대한 논의가 미국과 중국 간에 시작되었다. 남북한을 중심으로 4강이 힘겨루기를 하는 이런 상황이 언제까지 계속될 것이며 국민들은 언제까지 가슴 졸이며 자기 땅에서 자신 운명이 타인 손에 정해지는 그런 이방인, 방관자가 되어야 하는가? 구동독에 나토군이 존재하지 않을 것이라는 콜 슈미트 말에 고르바초프는 동의하며 통일을 앞당겼다. 이것을 우리에게 대입하면 통일 이후에도 원산 평양 이북에 미군이 존재하지 않을 것이란 확신을 중국에 심어주는 것이 통일의 절대적인 전제조건이 될 것이다. 또한 통일 한국은 중국과 같이 미래의 동반자가 될 수 있다는 인식을 확고히 심어주어야 한다. 남북 통일이야말로 김구, 이승만이 바라던 완전한 광복이며 국가 중흥 기회이자, 다음 세대를 위한 미래가 될 것이다. 신라처럼 당과 전쟁을 할 정도로 결연한 의지와 힘이 있을 때 토번 북방 침입이라는 행운이 찾아오는 법이다. 힘과 의지가 없으면 행운도 찾아오지 않는다.

1987년 6월 12일 레이건이 브란덴부르크문을 방문해 남긴 “MR GORVACHOV, TEAR DOWN THE WALL”이란 말은 철의 장막을 붕괴시키는 단초가 되었다. 통일을 밀어붙인 독일 콜 슈미트와 레이건이 영국 철의 여인 대처 수상과 프랑스 미테랑 수상에게 통일에 대한 의견을 물었을 때 둘 다 극력 반대했다. 다만 콜 슈미트와 독일 국민의 통일에 대한 끝없는 의지와 노력, 미국의 러시아 견제와 유럽 재편의 욕망, 러시아의 경제력 쇠퇴로 어쩔 수 없이 동의할 수밖에 없었고 프랑스와 영국의 보이지 않는 협력이 독일 통일을 이끌어 내었다. — **통일**

부록

제1편 한옥 사랑채

(1) 도선국사(道詵, 827-898)는 지기가 부족하고 허술한 곳을 보강하기 위해 절, 불상, 탑을 세워 국가의 안위, 백성의 행복을 바라며 고유 풍수를 창안했다. 운주사에 천불, 천탑을 봉안했고 마을의 안녕과 풍년을 바라는 비보(裨補) 장승을 세웠다. 장승은 마을 경계, 방향과 거리, 성역 표시, 액막이 전통 신앙으로 자리 잡았다. 장승은 지역, 마을마다 표정, 모양이 다양하나 대부분이 오뚝하게 솟은 콧날, 부리부리한 눈망울, 굳게 닫은 입술, 삐뚤빼뚤 휘어진 그대로 묵묵히 마을을 지켜왔다. 파격적인 해학과 소박한 익살로 마치 오랜 친구를 보는 듯하다. 도선비기는 왕건의 산천비보도감(山川裨補都監)과 신지비사(神地祕史)로 이어진다. 1997년 세골장을 지낸 도선국사 부도탑지에서 석관이 발굴됐다.

왼쪽부터 세월각, 도선

(2) 인간과 자연을 동일시해 자신을 자연의 한 부분으로 여기며 자신은 유한하지만, 후손을 통해 자신의 생명과 삶 역시 무한히 이어진다고 믿었다. 인간과 자연의 조화뿐 아니라 주변 환경과 조화, 건물과 사람의 어울림, 건물들끼리 균형도 중요해 서로 정면을 향하지 않고 등을 돌리며 양보하는 유기적 건축을 강조했다. 송광사 앞 달을 씻는 집으로 여자의 혼을 실은 가마가 들어가는 세월각(洗月閣)과 남자의 혼을 실은 가마가 들어가는 척주당(滌珠堂)은 서로 비스듬히 마주보고 있다.

(3) 해인사는 조선 중후기 180여 년간 큰 화재가 7번 발생했다. 불꽃 형상 남쪽 비봉산의 화기를 누르기 위해 양기가 가장 강한 단오에 남산 정상, 대적광전 앞마당, 우회당 뒷마당에 소금단지를 묻고 사천왕문 앞 돌절구에 새 소금을 넣는 의식을 치른다. 1871년 이 행사 후 더 이상 화재가 없다. 통도사 역시 단오에 항화마진언경을 새긴 한지로 장식한 새 소금단지를 각 전각에 올린다. 쌍계사 담은 수(水), 화(火)자가 장식하고 선

암사는 서까래에 海, 火를 넣은 이처럼 많은 절의 벽사 그림 역시 풍수와 관련이 깊다. 에른스트 아이텔(1838-1908)이 FENG SHUI, THE RUDIMENTS OF NATURAL SCIENCE IN CHINA를 통해 풍수지리를 처음 소개했다. 땅을 지키는 수호신이란 뜻의 그리스 GENIUS LOCI는 땅과 인간의 관계를 설명하며 풍수철학과 같은 의미다.

왼쪽부터 해인사 돌절구 소금, 통도사 용화전, 쌍계사 水

(4) 동양 숫자 100은 완벽함을 뜻해 99는 인간이 가질 수 있는 최고 숫자로 북경 원형 제단 기년전(祈年殿)의 바닥 돌 역시 9의 조합으로 이루어져 돌 99개와 건물이 백을 이루며 천자를 상징한다. 양(陽, 홀수)은 빛, 남자, 하늘, 음(陰, 짝수)은 어둠, 여자, 땅을 의미한다. 10은 음의 극수, 9는 양의 극수로 민속 절기도 양이 풍만하기를 기원해 삼짇날(3월 3일), 단오(5월 5일), 칠석(7월 7일), 중양절(9월 9일)이다. 불교에서 9는 영적인 힘, 완성, 성취를 의미하고 물, 불, 흙, 공기로 우주 본질로 여긴 그리스는 4를 신성하게 여기고 기독교는 7이 행운을 상징하며 이슬람의 7은 왕들이 신성시하는 신의 숫자로 완벽함, 많음, 8은 천국을 상징한다.

(5) 도시, 궁성, 전통가옥 사합원이 담으로 둘러싸인 담과 성의 제국, 중국이다. 중국 전통 사대부집 사합원 건물들은 중앙으로 향하고 제사와 외빈 접견 등 공식적인 의례(儀禮)가 열리는 당(堂)과 가족이 거처하고 생활하는 실(室)로 구분했다. 당당(堂堂)하다란 말의 유래가 된 집이다. 덥고 습한 남방 복건성, 광둥성, 강서성의 전통 원형 집, 토루 역시 외적을 방어하기 쉽게 두께 2m, 높이 8m 이상 높은 담과 긴 처마로 둘러싸였다. 1층은 주로 주방, 2층 식량창고, 3층에 기거한다. 2008년 유네스코 세계유산에 등재되었다. 중국은 거대한 황토의 나라로 황토 벽돌로 지은 집, 궁궐, 전탑, 만리장성을 등 벽돌 건축문화를 낳았고 우리는 국토 70%가 산이며 그중 30%가 화강암 산으로 화강암 석조 건축 문화, 일본은 삼나무

의 나라로 목재 건축문화를 자랑한다.
(6) 벼농사지역은 저수지가 필요하고 모내기도 품앗이로 해 집단결속의식이 강하다. 향약, 두레(집단노동), 품앗이 등 집단문화는 마을 사람들끼리의 강한 연대감, 종속감을 낳았다. 품은 일, 앗이는 서로 바꾸어 돌아가며 일하는 것을 말한다. 아차산에서 고구려시대 디딜방아가 발굴됐다. 우리 디딜방아는 밟는 부분이 둘로 갈라져 있어 두세 명이 같이 일하는 구조로 한국인만의 독특한 문화공동체를 상징한다. 양반과 일반 평민도 참여하는 조선시대 지방 향약은 자치제도로 마을의 풍습, 풍기를 문란한 자는 동네에서 추방하는 등 엄격한 마을 법이었다. 밀은 고온 건조하고 강수량이 1,000mm 미만에서도 잘 자라 큰 관개수로와 집단 농사가 필요 없어 밀 재배 지역은 대체로 개인적 특성이 강하다.
(7) 추수 후 새로 단장한 초가집 이엉은 여러 켜를 보이며 집의 연륜을 보여준다. 공기를 머금은 볏짚은 여름에는 뜨거운 햇볕을 막아주고 겨울에는 공기가 새 나가는 것을 방지한다. 그러나 초가지붕은 쉽게 썩어 2년마다 갈아야 하고 잦은 화재로 인해 굴뚝은 낮다. 제주도는 화산암과 10년-15년마다 억새 로 새로운 지붕을 이었다. 나무가 많은 강원도는 굴참나무 껍질의 굴피집, 소나무, 전나무 송판을 잘라 지붕을 이은 너와집이다. 기와 100년, 너와 천년이라고 해 오래가면 더욱 질겨지고 단단해진다. 굴피집, 너와집은 서양 벽난로와 비슷한 코를 닮은 코틀(코굴, 난로)을 집안에 설치해 겨울에 눈이 덮이면 보온성이 좋아 따듯하고 여름에는 바람이 잘 통해 시원하다.

왼쪽부터 굴피집, 너와집

(8) 휘어지고 파인 그대로 이용해 힘겹게 서 있는 개심사 종각 기둥은 한 번 보면 못 잊을 만큼 파격적이다. 심하게 굽어 쓸 수 없을 것 같은 목재를 기둥으로 쓰며 무게중심과 균형을 맞춘 목공의 눈썰미가 놀랍다. 문지방조차 굽은 나무를 쓰며 휘어지고 갈라지는 나무를 읽은 충실한 목공

의 안목이 돋보인다. 좋은 나무에서 좋은 재목이 나온다는 목공은 쇠못을 쓰지 않고 나무 질감과 무늬를 그대로 살렸다. 여름 습기가 많으면 늘어나고 겨울엔 건조해 수축하는 유연한 나무의 특성을 고려해 여러 나무를 섞어 사용했다. 서까래나 기둥에 물이 스며들면 쉽게 썩어 충분히 말린 나무를 사용한다. 이렇게 늘고 줄기를 몇 년을 반복해야 제대로 된 목재가 된다. 짜맞춤, 이음 결구법으로 오묘한 나뭇결을 살린 천연스러운 자연미와 예술성을 강조하며 기와 곡선과 나무 직선이 어우러진 격조 높은 한옥을 건축했다. 세련된 장인, 느긋한 세월이 함께 만든 가구며 한옥이다. 한옥을 해체할 때 나오는 수백 년 묵은 대들보와 기둥은 아직도 재활용할 만큼 튼튼하다. 1994년 4월 방한한 엘리자베스 여왕은 가장 한국적인 안동 하회마을과 봉정사를 찾으며 극락전을 보고 건물 자체가 공예품이라며 탄복했다고 한다. 황룡사 목공, 부석사 무량수전 기단에 새겨진 석공, 백제 왕비 은팔찌에 새겨진 세공사의 이름에서 보듯이 신라, 조선까지 만든 이의 이름을 새길 정도로 엄격한 장인 전통이 살아 있었다.

왼쪽부터 개심사 친환경 종각 기둥, 공예품 봉정사

(9) 남대문이 조선과 한양을 대표하듯 솟을대문은 집의 얼굴로 주인의 사회적 지위를 보여준다. 솟을대문은 당상관(정3품)[1] 이상이 아니면 지을 수 없고 5품 이상 오를 수 없는 중인과 서민은 평대문이다. 사(士)는 선비, 선비가 관료가 되면 사대부라 했고 문사(文士)와 무사는 문무를 고루 갖추는 것이 목표였다. 원래 사는 고대 중국에 나타나는 검을 숭배하는 무술 특수 집단이었지만 춘추시대 분리되었다. 세종 8년에 한양에 큰 화재로 3천여 채가 불이 났고 이후 14,000채를 새로 건설하며 대군의 집은 60칸, 왕의 친형제나 왕자 공주의 집은 50칸, 2품 이상은 40칸, 3품 이하

---

1) 당(堂)에 올라 당상의 의자에 앉을 수 있는 당상관이다. 헌(軒)은 높은 관료가 타고 다니던 수레를 뜻해 높은 곳이나 손님 접대하는 집을 말한다.

는 30칸, 백성은 10칸을 넘지 말라는 세종 13년 공포된 건축 가옥 규정이다. 집의 규모 형태, 장식, 재료에 엄격히 제한하며 사회 기본질서를 유지했다. 8C 삼국유사에 등장하는 39개 금입택(金入宅), 본피택(本皮宅), 양택(梁宅), 지상택(池上宅), 재매정택(財買井宅) 북유택(北維宅), 남유택(南維宅), 대택(隊宅), 빈지택(賓支宅) 등이 있었고 헌강왕 때 경주에 초가집이 없었다. 담장 높이로 신분을 제한해 5두품 7척, 6두품 5척을 넘지 못했고 5두품의 집은 중문(남문)과 사방문(四方)이지만, 육두품은 중문과 사방 문이 없었다. 왕의 가마는 40명이 끈 대여(大輿), 연은 왕의 작은 가마, 덩은 공주, 옹주 가마, 12인교와 8인교는 종친 가마, 4인교는 큰 가마 또는 쌍가마라 불리며 종1품 가마, 초헌(軺軒)은 종2품 이상이 타는 외바퀴 달린 가마다.

(10) 전통가옥 선교장(船橋莊, 배다리집)은 한옥의 풍모를 잘 보여준다. 1703년부터 100년에 걸쳐 만든 99칸 전형적인 사대부 가옥으로 유난히 많은 들어열개문, 창호문과 들쇠고리는 상상력이 풍부하고 섬세한 장인이 만들었을 것이다. 들어 열개는 문을 들어 올려 매달 때 이용하며 등자쇠라고도 한다. 열화당(悅話堂)은 가까운 이들의 정다운 얘기를 듣는다는 뜻이다. 황제택경에 기록된 이상적인 집터인 선교장은 뒤쪽 작은 산, 큰 연못으로 둘러싸여 있다.

(11) 느티나무는 잘 썩지 않고 갈라지거나 비틀림이 적고 단단하고 오래되어도 변하지 않고 색깔이 아름다워 흔히 책, 경전을 보관하는 가구로 쓰였다. 해인사 장경각 108개 대부분 기둥과 절의 나무 밥통(구시)이 느티나무다. 정자 木으로 동네 어른들이 그늘 밑에 평상을 깔고 더위를 식히며 동네 일상사를 논하는 휴식처, 쉼터인 동시에 마을을 지키는 수호신이다. 마을 안팎의 경계인 동구(洞口) 밖에서 마을 안녕과 풍요를 기원하는 느티나무 아래서 당제를 열었다.

(12) 산모와 신생아를 연결하는 태(탯줄)를 생명체, 영성이 깃든 존재로 여기며 아기의 성격과 인생이 탯줄에 달려 있다고 믿었다. 태(胎)의 순우리말은 삼이며 탯줄을 관장하는 삼신할머니를 뜻한다. 3일이 지나면 태워버리는 서민의 태에 비해 사대부는 좋은 날짜의 시간, 방위를 정해 묻거나 태웠다. 잉태되는 순간과 애를 낳는 장소, 시간에 따라 변하는 기운으로 산세, 땅의 영향을 받는 풍수다. 김유신(595-673)[2] 태를 보관한 태실

2) 김유신이 태어난 진천 태령산(胎靈山)에 김유신 태실(사적 제414호)이 있다.

은 고려에서 태실 제도를 체계적으로 확립했다. 고려는 地官을 뽑는 과거에 태장경(胎藏經, 태실 조성용 풍수지리서)이 있었다. 조선 왕가는 중국 풍수사까지 초빙하며 태실을 조성했고 왕실 원찰을 짓고 태실묘, 태실봉(胎室封)을 지켰다. 세종은 열여덟 왕자와 손자 단종 등 19명의 태를 모아 성주 선석산 자락에 태실을 조성했다. 하지만 일제는 관리하기 쉽다는 이유로 태실묘 54기를 파주 서삼능으로 이장하였고 이 와중에 유물은 모두 약탈당했다. 공식적으로 풍수 타도를 외치며 뒤로는 풍수를 따진 사대부들도 좋은 풍수를 찾기에 혈안이었다. 경주 양동 손중돈의 서백당 6칸짜리 안채는 외손자 이언적 탄생 후 아들에게만 출산을 허용했다. 양반끼리의 가장 많은 분쟁, 소송의 80%가 음택 풍수에 관한 집터, 묘 소송이었다. 광해군은 풍수에 집착해 잠도 가려 잤다.

(13) 조선시대 귀양지는 거의 모두 먼 섬에서 자급자족이 원칙이었다. 중앙관리들의 보호를 받던 지방 관리, 향반이 제공한 뇌물은 뒷배를 봐주던 중앙 관료의 주 수입원이었다. 송순, 기대승, 허준, 이이, 정철과 교유관계를 가진 선비로 김인후와 사돈인 해남 출신 유희춘은 20년 유배 동안 수없이 지방 관리, 토호들에게 뇌물을 받았다. 아부를 예절로 선물은 뇌물이었다. 1년 수입은 관직을 사려 진 빚, 2년은 만일 잘못되면 뒷배에게 줄 뇌물, 3년은 편안한 여생을 위한 것이었다.

(14) 주련(柱聯)은 기둥이나 벽에 붙인 글, 현판(懸板)은 나무판자나 글씨를 써 건물이나 문루 중앙 윗부분에 거는 액자, 편액(扁額)은 종이, 비단, 나무에 그림을 그리거나 글씨를 써 처마 밑에 단 것으로 건물의 얼굴이다. 대부분 중국 고전, 경전, 유명한 시문에서 따온 것으로 주인이 지향하는 철학, 가치관, 좌우명과 건물의 기능과 의미를 보여준다. 글이 곧 그 사람이라는 서여기인(書如其人)이라고 했듯이 사람의 인격, 교양으로 높이 평가했다. 가톨릭 성당이 전설적인 그림, 성인과 그들의 행한 기적으로 치장하듯이 우리의 서원, 정자는 유명 유학자들의 글로 도배했다. 중국 서법, 일본 서도에 비해 조선 서예는 선비 인격 수양의 방편으로 여기며 예술로 승화시켰다. 조선은 서예, 다례, 무예, 일본은 서도, 다도, 무도, 중국은 서법, 다예, 무술이라 한다. 2016년 5월 편액 550점이 한국 편액이란 이름으로 유네스코 아시아 태평양 기록유산으로 등재되었다.

(15) NOBLISS OBLIGE란 사회 지도층의 높은 신분에 걸맞은 도덕적 의무를 말한다. 유럽 왕족과 귀족은 장군으로 길러졌고 전쟁이 터지면 참

전했다. 200만 명이 희생된 우리 역사상 가장 참혹한 전쟁이며 호남의 노블리스 오블리주를 보여준 임란이다. 이순신 장군은 호남이 없으면 나라도 없다고 했을 만큼 나라의 운명을 좌지우지한 호남이다. 식량 절반, 국가 재정 35%[3]를 차지해 왜구가 호남을 점령하면 풍부한 식량과 물품으로 재무장할 수 있었다. 병졸과 백성, 노비, 스님 등 의병은 목숨을 걸고 호남을 지켰고 왜군은 군량미를 구하지 못해 조선은 살아남았다. 동래부사를 끝으로 담양으로 낙향한 60세 고경명과 40세 아들 고인후는 전라도 금산에서 왜병과 싸우다 죽고 고종후는 진주성에서 전사했다. 고경명, 고종후, 고인후 삼부자와 동생 고경신, 고경형 등 형제가 모두 죽었다. 하지만 선조와 관료들은 백성을 버리고 도망갔으며 막상 난이 끝나자 충신들을 변방으로 내쫓았다. 조선 오백 년 동안 전쟁에 참전한 왕도, 전사한 왕도 없다. 노블레스 오블리주는 약자를 도우며 명예를 지키고 전쟁에서 최전선에 나서는 것을 서양 최고의 명예, 덕목으로 여긴다. 26대 시어도어 루스벨트 아들 넷은 모두 1차 대전에 참전했고 막내는 戰死했고 32대 F, 루스벨트 큰아들은 해병대, 둘째 아들은 공군, 셋째와 넷째는 해군으로 2차대전 최전선에 참전했다. 한국전에 아이젠하워, 밴프리트, 워커 장군 등 미군 장성 아들, 142명이 참전해 35명이 전사했고 모택동 큰아들 모안영(毛岸英) 또한 전사했다. 1776년 대구 무장 출신 낙안 군수 유이주가 건립한 구름 속 새처럼 숨어 사는 집, 구례 운조루(雲鳥樓)는 호남 유일한 99칸 집으로 바깥 사랑채, 안 사랑채, 아래 사랑채로 사랑채만 셋이 있었고 운조루는 사랑채 누마루 이름이었다. 현재 73칸만 남아 있다. 궁핍한 이들을 위해 통나무 속을 비워내고 만든 원통형 뒤주로 "타인능해(他人能解)"라 새겨 누구라도 허기진 사람은 쌀을 퍼 갈 수 있었다. 17C 초부터 300년 동안 12대 만석꾼을 배출한 경주 최씨는 재물을 모으되 만석 이상을 쌓지 마라. 벼슬은 진사 이상 하지 말고 과객은 귀천 없이 융숭히 대접하라. 흉년에 땅 사지 마라. 사방 백 리 안에 굶어 죽은 이가 없도록 하라는 선조의 유언을 지켰다. 곡식을 나누었고 감자, 고구마는 항상 반만을 캐고 밭둑에서 구경하던 가난한 이들의 몫으로 남겨 두었다. 사대부의 본분을 잊지 않고 삶의 깊이와 넓음을 이해한 명가들이다.

(16) 고구려 벽화나 신라 금령총의 유물을 보면 삼국시대부터 갓(흑립, 黑

---

3) 곡창지대 호남은 역사적으로 수탈도 많이 당했다.

笠)을 썼던 것으로 추측되며 1357년 공민왕은 신분, 관직을 나타내는 표시로 관료의 갓 사용을 허가했다. 대나무실(죽사, 竹絲)로 틀을 짜 만든 갓은 머리카락을 걷어 올려 고정하는 망건을 두르고, 작은 비녀같은 동곶으로 상투를 고정했다. 정자는 갓에 다는 장식품으로『경국대전』에 대군은 金 정자, 1, 2, 3품은 銀 정자, 그 이하는 백옥, 청옥, 수정 정자 등 품계에 따라 달랐다.

(17) 12C 관혼상제(冠婚喪祭), 4례에 관한 禮를 기록한 宋 주자가례를 받아들인 조선은 국가 기본법이 되며 일반 서민까지 일상화된다. 관례(冠禮)는 남자 15-20세가 되면 머리에 상투를 틀고 갓을 쓰는 관례로 성년, 선비로 인정했다. 여자는 15세에 머리를 올려 쪽을 찌고 비녀를 꽂는 계례(笄禮)를 치르며 여인 대접했다. 여성은 보통 결혼과 동시에 계례하여 결혼식= 계례였고 결혼하지 않아도 15세가 넘으면 계례했다. 왕실은 성종 이후 길례(吉禮, 제사), 가례(嘉禮, 경사), 빈례(賓禮, 사신에 대한 예), 군례(軍禮, 군대 예절), 흉례(凶禮, 상례) 등 5례가 있었다. 왕세자는 10세 전후 관례를 치르고 자(字)를 받으며 성균관에 입학했다.

(18) 한때 16 정승을 배출한 회현동, 남산골 필동은 하급 관리, 벼슬길에 오르지 못한 몰락한 양반 동네가 되며 남촌, 아랫대라 불렀다. 나막신 한 켤레로 사철을 버틴 깐깐한 남촌 양반들은 정승도 끌어 내릴 만큼 세력이 강했다고 한다. 가죽신이 헤지면 그 위에 나막신을 꿰어 신어 딸깍거리는 소리가 나 딸깍발이 선비라 불렸다. 남촌 샌님들이 안주 없이 술을 마신 반면 북촌 양반의 풍족한 잔치를 일컫는 남주북병(南酒北餠)이었다. 오늘날 강남과 강북과 같았을 것이다.

(19) 19C 조선에 온 한 프랑스 여행가는 길을 가다 보면 만나는 사람들은 열에 아홉은 흰옷을 입고 열이면 열이 수백 가지 다양한 모자가 유행하는 나라라고 기록했다. 1888년 초대 주미공사 박정양이 워싱턴에 갔을 때 얼마나 신기하게 보였으면 어디서 온 서커스단인가라고 물었다고 한다. 19C 강화도에 화친하기 위해 온 프랑스 선장은 이상한 모자를 쓰고 긴 도포를 입고 정중하고 예의 바른 비인 현감의 태도에 놀라며 세계 어디에 내놓아도 손색이 없는 신사였다고 기록했다. 1894년 단발령이 시행되며 상투와 갓이 사라지기 시작했다. 어느 나라든지 모자는 신분의 상징이다.

(20) 北宋 때 유학을 새롭게 해석한 성리학은 선악, 옳고 그름이 중요한

원리주의적 유교, 성즉리(性卽理)에서 기원했다. 인간의 마음(性)은 하늘의 뜻과 같다고 인식해 그 뜻에 맞게 자연을 이해하고 순응하며 조화로운 삶이 목표였다. 하늘의 이치를 따르는 것을 도(道), 닦는 것을 교(敎)라 하며 자신을 먼저 닦고 남을 다스리는 수기치인(修己治人)이었다. 왕도 도학 정치를 이상향으로 삼았다. 또한 성리학은 개인의 이윤, 사적 소유의 추구는 세속적 탐욕주의로 여겨 농사와 부업을 통해 자립하는 소극적인 경제활동을 추구하고 재물을 탐하는 것을 수치로 생각했다.

(21) 병풍의 꽃과 나비는 사랑, 오리와 백로는 장원 급제, 포도 넝쿨은 풍요와 자손의 번영, 국화는 무병장수, 매화는 지조, 절개, 고목은 생명과 세월을 의미한다. 소나무, 대나무는 충절, 석류는 다남, 갈대와 기러기는 노후의 안락함, 바위는 천 년이 가도 변하지 않는 끈기와 장수를 의미한다. 게와 새우는 갑옷과 장수, 매미는 환생, 영생, 개미와 벌은 충성을 상징한다. 호랑이는 보은, 호랑이와 까치는 풍, 수, 화 삼재를 막는 벽사를 뜻한다. 잉어(자식) 돼지(부), 원앙(사랑), 패랭이꽃(청춘), 청둥오리(부부화합)는 쌍으로 등장한다.

반면 서양은 고대 지역 설화와 그리스, 로마의 신화가 채색되고 후대에 첨가되며 수십 가지 언어와 그리스, 로마, 기독교를 알아야 유럽의 예술과 문화를 이해할 수 있다. 종교, 역사, 문화와 세속적인 욕망 묘사와 뜻을 숨기고 때로는 시대적 상황과 역사적 광경을 사진처럼 정교하게 표현했다. 1803년 노트르담 성당의 나폴레옹 황제 대관식은 마치 사진과 같이 극적인 순간 분위기를 나타낸다. 푸른색은 신성, 붉은색은 예수의 피, 책과 두루마기는 신구약을 상징하고, 십자가는 죽음과 부활, 백합과 흰 손수건은 성모 마리아의 순결, 사과는 육체적 쾌락, 사자나 황소는 힘, 뿔 달린 투구는 신성, 올빼미는 지혜, 큐피드, 샘물은 사랑, 다산, 과일, 빵 등 음식은 미각, 악기는 조화와 아름다운 삶을 표현했다.

(22) 17C 중국 유명 시인의 글과 문장이 사대부를 중심으로 유행하기 시작하며 연행사를 중심으로 시화와 책이 쏟아져 들어온다. 허균(1569-1618)은 중국에 연행하면서 책 4천 권을 사 왔고 이익의 부친 이하진(1628-1682)도 수천 권 장서를 가져왔다. 조선 초기는 주로 고전과 실용서 위주였지만 17C부터 취미, 기호 등 관심이 있는 책들이 수입되었다. 책 냄새가 그윽한 서재, 만권당(萬卷堂), 만권루가 꿈으로 가문, 서원 위세를 과시한 서재였고 진기한 서책과 장서 경쟁이 유행했다. 대구 남평 문

씨 고서 2만 권 인수 문고가 시초였고 담양 유희춘(1513-1577)과 화순 하백원(1781-1845), 대구 화원 인흥마을 남평 문씨 수백당(守白堂)이 만권 댁으로 유명하다. 윤선도(1587-1671)의 책을 바탕으로 만권 댁이라 불린 윤두서(1668- 1715)였고 외증손, 정약용은 부유한 외가에서 읽고 싶은 책을 마음껏 보았을 것이다. 유배지 다산초당에서 20km 떨어진 윤선도의 종택이자 윤씨의 종가인 녹우당이다. 해남 윤씨 가문은 호남 명문으로 문중 사립학교, 종학당을 운영했다. 한국전에도 공비에게 피해를 보지 않을 만큼 백성을 사랑한 윤씨 집안이었다.

(23) 민화는 액막이, 기복을 위한 민간 장식품으로 해학, 익살, 풍자를 소재로 성행했다. 서민, 양반, 왕실에서도 소원과 덕을 빌며 왕실의 위엄을 나타내는 궁중 장식화로 이어졌다. 조선 후기 민초의 행복과 애환을 그린 채색화를 민속 회화, 민화라 불렀다. 민예품(민간의 소박하고 아름다운 공예품)은 여기서 탄생했다. 19C 서민이 성장하면서 민화 수요가 급증했다. 그러나 양반들은 가장 조선 서민적 이미지를 담고 있는 민화를 속화라 부르며 천시해 화가의 이름이 거의 전해지지 않는다.

(24) 18C 영조 때 처음 소개된 책거리 병풍은 강렬한 색채, 원근과 명암을 적절히 사용해 귀한 책, 문방사우, 서화, 옥기, 청화백자, 칠보 화병, 산호 등 귀중한 기물로 장식했다. 이 병풍 앞에서 차를 즐기는 양반들의 과시적이며 사치스러운 풍조가 만연했다. 르네상스시대 개인 서재(STUDIOLO)에서 시작된 책가도는 청-조선으로 소개되어 열풍이 불며 선비문화로 자리 잡았다.

(25) 가야금의 오동나무 둥근 위판은 하늘, 평평한 소나무, 밤, 잣나무 밑판은 땅을 상징한다. 10년 말린 오동나무는 뒤틀리지 않고 탄성이 좋아 소리가 깊다. 가야금의 비단실 12줄 현은 열두 달을 뜻하고 거문고는 6줄로 대나무 술대를 이용해 연주한다. 일본 정창원에 보존하던 1300년 전 신라금(新羅琴, 신라음악에 사용하는 12현 가야금)이 복원됐다.

(26) 동양 산수화는 물, 바위, 꽃, 나무 등 詩 속에 그림이 있고 그림 속에 詩가 있는 도교, 유교적 이상향, 무릉도원이 주를 이루었다. 8C 문인의 내면 정신세계를 그린 중국 남종화가 조선에 소개되며 화가의 교양, 품격을 담은 탈속적인 산수화, 수묵화를 선호했다. 하지만 임란과 병자호란 후 우리 문화와 개혁에 대한 싹이 트기 시작한다. 16C 이황, 이이의 성리학이 만개하고 문화에 관한 관심이 높아지고 자주성을 찾으며 알게

모르게 서로에게 영향을 주고받으며 민족의식과 실학, 음악, 예술이 발전한다. 우리 국토와 문화에 대한 고유한 아름다움을 깨닫고 이를 표현한 독자적, 민족주의적 진경산수화(眞景山水畵)가 출현한다. 화성(畵聖) 정선(1676-1759)은 처음으로 치밀하고 사실적인 진경산수화를 보이며 강세황 - 김홍도- 신윤복의 풍속화, 민속화로 계보를 이룬다. 숙종부터 정조까지 급속한 농업 생산력과 상공업의 발전은 그림, 판소리, 시조 등에 영향을 주고 꽃을 피우며 숙종-정조까지 125년간 조선의 르네상스, 진경(眞景)시대라 부른다.

(27) 거란(KHITANA DYNASTY)의 위협을 해결하기 위해 1123년 고려를 방문한 宋 사신 서긍(徐兢, 1091-1153)은 고려왕은 수만 권 책을 갖고 있으며 거리에도 책 파는 곳이 있고 고려왕 역시 황제의 황색 옷을 입었다고 기록했다. 1866년 병인양요 때 강화도를 습격하고 외규장각 도서를 약탈한 프랑스 해군 장교인 쥬베르는 "이곳에서 감탄할 수밖에 없고 우리의 자존심을 상하게 하는 것은 아무리 가난한 집이라도 책이 있다는 것이다"고 기록했다. 정조 때 창덕궁의 열고관(閱古觀)에는 6만-7만 권 책이 있었다. 1221년 몽골은 고려지 10만 장을 공물로 요구했고 몽골 징기스칸 손자 구육칸이 1288년 영국 에드워드 1세, 1289년 프랑스 왕에게 보낸 서신도 고려 종이일 것이다. 바티칸 비밀 서고에 몽골 황제가 1245년 교황에게 보낸 친서도 고려 종이일 것이다. 1643년 인조 때 청으로 보내는 조공 종이(방물지)는 87,000권, 1650년 효종 때 115,500권이었다. 1권은 20장을 뜻한다.

(28) 왜란, 호란 거치며 종이 제조하던 조지서가 파괴됐고 과거시험에 쓸 종이가 부족할 정도로 종이 수요는 급증했다. 국가에서 백성들에게 과도한 닥나무, 종이를 부역시켜 농민은 닥나무밭을 논으로 바꾸며 닥나무를 베기도 했다. 스님들은 종이를 자급자족해 책을 만들기도 했고 정부는 종이 뜨는 일을 사찰에 할당해 스님들이 紙役을 부담했다. 승려가 만든 종이로 선비가 글을 읽었다. 승려들은 지역이 힘들어 도망가 절이 폐사되기도 했다. 1623년 인조 때 억불정책으로 스님들의 도성 출입까지 제한되고 1895년 해제됐다. 사찰이 유생들의 놀이터로 변해 사대부의 시중을 들어야 하는 조선 사찰의 승려였다. 10-15C 유럽 수도사가 수도원으로 숨어들며 위스키, 맥주. 와인 등을 만들고 치즈를 생산해 극빈자들을 도와주는 것이 전통이듯이 산사에서 종이, 목판을 제조하며 사하촌 식솔

을 돕고 극락으로 인도하는 스님들이었다.

(29) 면포와 쌀이 화폐의 기능을 했고 대학, 중용의 합본 한 권은 상면포(上綿布, 상품 면포) 서너 필(현 가격 100-150만 원)이었다. 1744년(영조 20년)에 간행한 속대전에서 면포 1필 가격은 2냥이었다. 친구들이 이덕무의 사랑채를 지어주기 위해 책을 팔았을 정도였다. 임란 때 28만 명군이 대량 은(700만 냥, 263톤)을 전비로 조선에 들여와 銀 중심 경제로 바뀌며 대동법이 무너진다. 대동법은 소유한 전답에 따라 쌀, 삼베, 무명으로 내는 대동법으로 중간관리의 횡포를 막을 수 있고 국가 재정을 안정적으로 확보할 수 있었다.

(30) 만(卍), 포도 넝쿨, 원만 복(福)을 변형한 기하학적 무늬를 넣고 밀랍으로 코팅한 두꺼운 책 표지, 능화판(菱花板)이다. 팔만대장경판은 책판, 액운을 막아주는 부적 판, 꽃문양을 새긴 종이에 아름다운 그림과 글씨를 찍어내는 서판, 떡 문양을 찍는 떡판 등 종류가 다양하다. 능화란 연못이나 웅덩이에서 흔히 자라는 마름꽃 풀이다.

(31) 기와공, 목공, 옹기장, 나전장, 기와 번와장, 나전장, 칠장, 주철장, 인쇄공을 납치했고 금속활자, 책, 인쇄 기술을 싹쓸이했다. 심지어 두부 만드는 기술자까지 납치한 값비싼 대가를 치른 자기, 유학, 인쇄, 문화전쟁이었다. 도요토미는 사가 번주(佐賀藩主), 나베시마 나오시게(鍋島直武·1538-1618)에게 포로 중 손재주가 있는 자를 보내라고 지시했고. 가고시마 번주 시마즈 요시히로(島津義弘·1535-1619)에게 조선인 도공의 납치와 될수록 많은 약탈을 독려했다. 납치된 강항(1567-1618)이 전한 주자학과 퇴계의 학문이 도쿠가와 막부의 통치 철학, 사상적 배경이 되며 근대국가의 토대를 마련했다. 18C 도덕과 정치가 분리된 근대사상으로 확립되며 난학(蘭學)으로 이어진다. 1598년 히데요시 사망 후 도쿠가와 자신은 임란과 무관하다며 조선 사절을 파견해 달라는 화친 제의를 했다. 조선 강화(講和) 임무를 맡은 쓰시마의 소(宗)씨 가문은 국교가 재개된 1607년까지 23번이나 조선을 찾았고 납치된 조선인을 데려온다는 명목으로 쇄환사란 이름을 사용했다. 조선통신사는 관리, 선비, 장인들로 구성된 보통 500명, 총 6척 배로 평화와 문화의 사절단이었다. 통신사가 보여준 문화는 아직도 조선통신사의 행렬을 담은 축제인 아리랑 축제가 매년 11월 오사카 왔소축제다. 조선통신사는 1607-1811까지 12번이지만 일본 국왕사는 답례로 20여 차례로 훨씬 많다는 것은 무엇을 뜻하는 것일까?

전란 중 정신없이 약탈하며 일본으로 가져간 종이, 출판, 자기의 기술의 미흡함을 보완하려는 의도는 아니었을까?

(32) 연행사로 떠나는 아버지를 같이 수행한 김정희와 이상적의 인연이다. 역관 이상적은 제주에 유배된 추사가 부탁한 만학집, 대운산방문고, 황조경세문편 등 120권 79책을 보낸다. 귀중한 책을 보낸 이상적을 위해 매서운 겨울에도 푸른 기개를 잃지 않는 세한도로 보답했다. 김정희는 청의 유학자들과 교류하며 4번이나 북경을 방문해 전각(篆刻), 금석학을 공부했지만 1840년 55세 추사는 9월 제주 대정현으로 위리안치(圍籬安置)[4] 유배당한다. 10년간 한 치도 집 밖으로 나가지 못하고 처절한 인생풍파를 맛보며 자신의 학문, 예술세계에 몰두해 인간적인 성숙을 이루었다. 예, 해, 행, 초, 전서 등 서법을 섭렵하며 파격적이고 독창적인 자신만의 변화무쌍한 추사체를 창안했다. 사물의 본질을 꿰뚫는 조형미로 글에 문외한이라도 그의 石자는 돌의 울퉁불퉁한 질감을 느낄 수 있고 水를 보면 마치 자연스럽고 부드러운 물의 흐름을 느낄 수 있을 정도로 조형미와 문자 예술의 극치를 보여준다. 글씨와 그림은 한 뿌리(서화동원, 書畫同源)라는 말을 확실히 실감할 수 있는 추사의 글씨다. 1851년 제주 해배 후 또 북청에 유배되고 1852년 해배되어 1856년 과천 초당에서 70세를 일기로 쓸쓸한 죽음을 맞는다. 서울 봉은사 현판, 판전은 그가 죽기 3일 전 쓴 글이라고 한다.

(33) 1781년 정조는 고려 궁터, 강화 행궁에 강화사고 외규장각을 설치했다. 프랑스군은 한지에 천연 밀랍을 입혀 만든 세계적으로 희귀한 340여 책만 약탈하고 나머지는 불살랐다. 2011년 억지로 일부만 돌아온 외규장각 의궤는 기록문화의 꽃이라 불리는 왕에게 바친 어람용 의궤로 최고급 감지(紺地, 쪽물 종이)와 비단에 금니(金泥)로 꼼꼼히 기록한 최고 책들이다. 실록은 목활자로 2부씩 춘추관과 충주 사고에 보관하던 것을 세종 때 2벌씩 더 찍어 춘추관, 성주, 충주, 전주가 조선 전기 4대 사고다. 사고를 지키는 절에는 수십 명 승군까지 배치하고 정족산 사고는 사고 건물에 화방벽(火防壁)까지 설치해 실록을 보존했다. 하지만 임란 때 전주 사고만 남고 모두 소실됐다. 현 서울대 규장각에 남아있는 것도 이 전주본이다. 왜란 후 전주 사고를 바탕으로 다시 간행하여 5대 사고로 늘려 춘추관,

---

4) 위리안치(圍籬安置)는 탱자 가시나무 울타리 안에서만 지내야 한다.

강화도 마니산, 태백산, 오대산, 묘향산에 보관했다. 묘향산 것을 무주 적상산으로 옮기며 병자호란에서 살아남았다. 의궤는 국왕, 왕비, 세자책봉, 혼인, 장례, 성곽 건설 등 중요한 행사 때마다 임시관청인 도감에서 모든 과정과 참여한 관료, 장인 이름, 수, 내용, 소요된 물자와 기물 등을 기록한 책이다. 생활, 풍속, 민속, 문화뿐 아니라 미술사, 음식사, 복식학을 알 수 있는 총체적 문화 책이다. 궁궐, 성곽 등 국가 건축공사 때 영선의궤, 종묘 예식을 기록한 종묘의궤, 제사의 각종 의식을 기록한 사직서의궤, 능 조성 때 산릉도감의궤 등 현재 1100여 종 의궤가 남아있다. 중국 등 다른 나라에서는 볼 수 없는 의궤는 조선왕조실록과 함께 기록문화의 꽃으로 불린다. 2024년 14개 유네스코 문화유산, 기록 문화유산 16개, 종묘제례 및 종묘제례악(2001)을 시작으로 장 담그기(2024년)까지 인류무형문화유산 23건이다.

왼쪽부터 전주 사고, 적산산성 사고, 의궤, 직지

(34) 직지는 경한백운(景閑白雲, 1298-1374년) 화상이 청주 흥덕사(興德寺)에서 부처님과 조사들의 게(偈), 송(頌), 서(書), 시(詩), 법어(法語)를 기록한 책이다. 1377년 새로 금속활자로 주조했다. 사찰은 불화, 탱화, 사경 등으로 종이의 보고(寶庫)였다. 1887년 프랑스 대리공사였던 콜랭 드 플랭시가 가져가 파리 국립도서관에 소장돼 있다. 직지는 구텐베르크 42행 성서보다 78년 앞선 구텐베르크가 태어나기 전이지만 구텐베르크 금속활자본이 세계 최고라는 유럽의 뿌리 박힌 자부심을 바꾸기에는 쉽지 않아 아직도 유럽 여행객들은 반신반의한다. 직지는 1900년 파리 만국박람회에서 유럽인들에게 처음 공개 후 1972년 유네스코 책의 해 전시회에 특별 공개됐다. 2011년 대여 형식으로 반환된 외규장각 의궤와는 달리 약탈 문화재가 아니어서 환수 대상이 아니다. 『승정원일기』는 3,245책, 기사 수

140만 건, 글자 수 234,000,000자, 조선왕조실록은 태조부터 철종까지 25대 472년간 역사를 기록한 1,893권 888책, 52×33cm로 서울대학교 규장각에 보관하고 있다. 금속활자는 철을 주조하는 기술, 활자가 흐트러지지 않게 판을 맞추는 조판기술, 금속에 잘 묻는 먹 제조 기술이 필수다.

(35) 고구려 유민 고선지(704-787)는 패배의 책임을 지고 유배당했고 안녹산 난 때 부하의 시기와 모함으로 사형당했다. 나라 잃은 이민족 장군의 비참한 최후였다. 『구당서』〈고선지 열전〉은 훌륭한 장군이었으나 모함으로 사형당했다고 기록했다. 이 전쟁의 패배로 중앙아시아는 이슬람화됐다. 전쟁 후 762년 광주로 돌아온 두환이 쓴 아랍기행문인 경행기가 남아있다. 19C 영국 탐험가 Aurel Stein(1862-1943)은 알프스를 넘은 나폴레옹보다 더 위대한 군인, 정복자라고 극찬했다.

(36) BC 10C 아시리아 왕 아슈르바니발은 도서관을 세워 점토판을 보관하기 시작했고 이집트 프톨레마이오스 1세(BC 323-285)는 그리스의 학술원을 모방한 도서관을 건립해 그리스어로 된 당대 거의 모든 책을 소장하며 지혜의 샘으로 불렸다. 알렉산드리아는 그리스 국가들의 몰락 후 로마가 출현할 때까지 300여 년간 헬레니즘 문화를 꽃피운다. 이 영향으로 신약성서는 그리스어로 쓰였다. 640년 전쟁으로 도서관과 책은 불탔다. 과학 탐구는 이슬람 의무라는 마호메트의 말에 따라 7C 이후 아바스 왕조는 문학, 예술, 산수, 기하, 천문지리학, 점성학, 과학 등 닥치는 대로 책을 모으고 그리스어의 아라비아어 번역 운동을 일으키며 각지에 도서관을 건립했다. 학자와 기술자들 역시 몰려들며 연구하고 주석을 달며 풍성한 문화, 과학 발전을 이루며 학문 연구와 교류의 중심지로 만들었다. 이슬람 모스크는 종교시설이면서 도서관, 여관, 병원, 목욕탕, 시장의 역할을 했고 중세 수도원도 도서관의 역할을 했다.

(37) BC 3천 년 전부터 이집트는 파피루스를 얇게 잘라 건조한 후 상아나 조개 등으로 표면을 긁어 사용했다. BC 2C 이집트가 파피루스 수출을 중단하자 헬레니즘 문화의 중심지인 그리스 도시국가 페르가몬(BC 281년- BC 133년)은 이집트와 전쟁을 했고 양피지(PARCHMENT)를 발명했다. 아탈리드 가문의 페르가몬 도서관은 프톨레마이오스 2세 때 세워진 알렉산드리아 도서관과 비교될 만큼 거대했다. 인류 최초 종이는 BC 180-142년 흉노족의 땅이던 중국 감숙성 무덤에서 출토된 방탄지로 밝혀졌다. 아이러니하게도 가장 미개인이라 여긴 흉노족이 발명했다. 後漢 환

관 채륜은 종이의 품질을 개선한 이로 여겨진다.

(38) 필사는 주로 전쟁포로, 노예의 몫이었고 노련한 필사가는 수도원장 대접을 받았다. 정교한 불교 사경(寫經)은 스님 수행이며 신도들에게는 가장 큰 공덕이었다. 통일신라부터 금니를 사용한 사경들이 조성되었고 고려는 사경원을 둘 정도로 사경 제작이 성행했다. 그러나 목판이 발달함에 따라 직접 그림으로 그린 사경은 조선시대 사라졌고 활자 인쇄하는 판경으로 대체되었다. 일반적으로 불사경은 경전의 내용을 쉽게 그린 변상도와 표지 그림, 경전의 내용을 쓴 경문, 발원문 등이다. 국보·보물만 200여 점에 이르는 사경이다.

(39) 구텐베르크는 42행 성경 180부를 인쇄했고 그중 30부는 양가죽, 150부는 종이로 인쇄했다. 1978년 경매에서 240만 $, 1987년 539만 $에 팔렸다. 800년경 켈스의 책은 서기 4명과 삽화가가 수년에 걸쳐 만든 340page 책으로 양 185마리와 고급 안료가 쓰였다. 성경책 한 권에 양 660마리, 100쪽짜리 필사본 만드는 데 양 10마리가 들어간다고 한다. 구텐베르크가 활동한 마인츠에서 가까운 프랑크푸르트에서 1462년부터 인쇄업자가 주축이 되어 정기적인 도서 시장과 박람회가 열린다.

(40) 1500년경 WILLIAM TYNDALE은 성경을 최초로 영어로 번역했지만, 자신의 책과 같이 화형당했고 존 위클리프 역시 성경 번역 후 사형당했다. 1521년 마르틴 루터는 소수 지식인의 언어였던 라틴어 성경 대신 일반 서민의 독일어를 사용하며 독일을 계몽국가로 이끌었다. 다빈치는 물론 뉴턴(1643-1727)의 만유 인력 역시 라틴어로 쓰였고. 셰익스피어 이전까지 영어는 천민, 노예 언어의 언어였다.

(41) 동식물 등 자연물과 글자, 기하학적 무늬, 추상적인 문자와 그림에 걸맞은 뜻을 가진 문양이다. 담장, 기와, 벽돌, 정원, 사원, 궁궐건축과 관리 의복, 가구, 도자기 등 일상생활을 치장하며 대부분이 수복강녕 부귀다남을 기원했다. 인류의 문양, 문신은 원시시대부터 다양한 종족, 집단, 신분, 전쟁에서 피아 구별 등 같은 언어, 문화권의 상징으로 사용한 문양, 코드, 디자인이었다. 서양은 문장인 반면, 동양은 인장이 발달했다. 문장은 가문이나 가족, 국가의 전통과 역사, 자부심을 상징하는 그림으로 유럽은 대부분이 방패 문양으로 프랑스 왕은 백합, 영국 왕은 사자 문양이다. 일본은 왕권 강화를 위해 왕이 각 가문에 내려준 문양이 발달했고 모과(오다 노부나가), 오동(도요토미 히데요시), 제비꽃(도쿠가와 이에야스)이었

다. 중국은 씨족을 상징하는 깃발에 상징부호, 문양을 그리고 깃발을 중심으로 모이며 뛰어난 결속력을 자랑한다. 해적 깃발의 해골 무늬를 보면 알 수 있듯이 문양은 점차 기억하기 쉬운 문양으로 양식화, 도안화되며 체계적으로 발전했다.

(42) 조선 전기는 남녀평등 사회로 상속[5)]은 물론 제사까지도 남녀 차별이 없었다. 제사는 아들, 딸들이 돌아가며 모시는 윤회 봉사 제사와 공평한 재산분배가 이루어졌다. 아들이 없으면 딸이나 외손이 제사를 지내기도 했고 제사를 잇기 위해 형제의 아들을 양자로 삼기도 했다. 신사임당 친정집은 아들이 없어 율곡이 외손 봉사했다. 엄격한 신분사회였지만 유산 분배에 있어서는 철저한 균분상속으로 남녀가 평등했다. 宋 성리학자들의 사당 제사와 문중 재산처분권, 정치, 경제, 사회적 권한을 장자에게 상속하는 풍습이 조선에 전해지며 17C 후기 성리학적 주자가례(朱子嘉禮)로 장자 계승과 상속, 가부장적 사회를 이룬다. 위패 男左女右로 모시며 밤나무 신주는 풍요와 다산의 상징으로 큰 나무가 되어도 씨 밤은 그대로 있는 것을 본떠 초심을 잃지 않기를 바라는 마음으로 조상과 후손 연결을 뜻했다. 조상 숭배, 제사가 한국인의 혈족, 친족, 씨족을 이끌며 가장 큰 신앙적, 정신적, 정체성을 보여준다. 주자가례는 사당은 안채 동쪽에 배치하라 명시했다.

(43) 옮기지 않는 신위란 뜻의 불천위(不遷位)는 나라에 세운 공이 크거나 학문이 높은 사람의 신주를 묻지 않고 사당에 영구히 보존하며 제사를 지내는 것을 말한다. 불천위제사는 종묘와 같이 생고기를 올린다. 전국 170여 불천위 종가 중 안동에 47곳이 있다. 입향조(入鄕祖)란 처음 정착한 조상, 파종가(派宗家)란 종택, 시조를 제사할 사당을 갖추고 새로운 파를 이룬 종가를 말한다. 신위(身位)란 나무패나 종이에 망인의 이름과 죽은 날짜 등을 적은 패를 말한다.

(44) 조선 초기 국조오례의(國朝五禮儀)에 부모상을 당하면 3년 시묘살이를 일반화했다. 정몽주가 여막을 짓고 최초 3년 시묘살이했다고 한다. 조선은 국가를 위한 대충, 부모를 향한 효가 충으로 이어지길 바라며 효를 가정의 근간으로 삼았다. 사대부들은 시묘살이를 핑계로 그동안 하지 못했

---

5) 부자 처가, 외가 덕에 학문을 이룰 수 있는 터전을 마련한 이황, 김종직, 이언적, 정약용이다.

던 공부에 빠진 선비들이었다.

제2편 한옥 안채, 종부(宗婦)

(1) 옻칠은 경남 의창 다호리 고분, 광주 신창동, 경산 임당동 유물에서 보듯이 BC 2- 3C 시작되었다. 옻은 옻나무, 두릅나무에서 채취하고 자개는 조개껍데기, 나전(螺鈿)은 자개를 붙이는 것을 말한다. 옻은 방습, 방수, 살충력이 뛰어나 높은 온도에서도 변하지 않아 나무, 철, 동물 뼈 표면에 입혀 공예품, 장신구, 가구와 한약재로도 쓰였다. 고구려벽화, 팔만대장경도 생칠을 해 현재까지 보관이 가능하고 불상도 옻칠로 인해 금색이 떨어지지 않는다. 고려 귀족문화를 대표하며 금은, 동을 이용한 나전칠기, 입사(入絲)공예가 발달하며 상감청자로 이어진다. 임란 후 조선에서 약탈한 칠기로 꽃피운 일본 자개 japan은 옻 칠기를 의미하며 대문자는 나라 이름이다. 황금빛의 황칠은 큐슈, 제주도, 완도 등 서해안 지방에서 나며 경주 황남동 고분에서 발견된 최고급 도료다.

(2) 새해에 집마다 복을 걸러 가져오는 대나무 복조리를 만들어 집 안팎에 걸어두고 남녀가 윷놀이, 여자는 널뛰기, 남자는 연에 액을 매달아 하늘 높이 날려 보내며 무병장수를 비는 연 놀이가 유행했다. 세화(歲畵)라 불린 그림을 친지, 선후배에게 나누고 친척, 지인에게 복조리, 난, 차, 귀한 약주(藥酒) 등 선물을 보내고 새해를 축하했다.

(3) BC 2C 이집트, 메소포타미아에서 중앙아시아 스텝로드를 거쳐 들어온 고구려 벽화다. 고구려벽화는 염기성 탄산납인 연백(鉛白) 바탕을 먼저 칠하고 백색, 적색, 갈색, 황색, 녹색 등 무기질 안료가 사용되어 다른 나라 벽화보다 정교하며 천오백 년이 지난 지금도 원래 색채를 그대로 유지하며 세련된 예술적 감각을 자랑한다. 강서대묘와 안악 3호분의 인물, 풍속도는 우물, 마구간, 푸주간, 부엌, 마차고 등 고구려 살림살이 등 다양한 생활상을 기록하고 있다. 수산리 고분은 땡땡이 무늬 의복을 입고 춤추는 섬세하게 표현된 여인과 천상도, 망자의 내세 행복을 기원하며 달을 상징하는 두꺼비, 사람 몸에 소머리를 한 농사신, 벼를 든 태양신, 태양을 상징하는 삼족오가 돋보인다. 풍경도, 인물도, 사신도의 순으로 발전했다. 일본 다마쓰 고분의 원형이다. 현재 100여 기 고분벽화가 전해지며 평양, 즙안, 황해도에 집중분포한다. 2004년 세계문화 유산으로

등록되었다.

(4)

	방향	경복궁	4대문	오상	오행	오장
동	청룡	건춘문	흥인지문	仁	목(바람)	간
서	백호	영추문	돈의문	義	금(건조)	폐
남	주작	광화문	숭례문	禮	화(열기)	심
북	현무	신무문	숙정문	知	수(비)	신
중	黃人	보신각		信	토(습기)	비

	맛	계절	꽃	오음	팔괘	의미
동	신맛	청춘(青春)	춘매(梅)	각 角	리(離, 4 해)	정의
서	매운맛	소추(素秋)	추국(菊)	상 商	감 (坎, 5 달)	지혜
남	쓴맛	주하(朱夏)	하란(蘭)	치 治	건 (乾, 3 천)	풍요
북	짠맛	현동(玄冬)	동죽(竹)	우 羽	곤 (坤, 6 지)	생명
중	단맛					

동북소문	혜화문	홍화문	동북	진(震)	우레(動)	발
북서소문	소의문	소덕문	서북	손(巽)	바람(風)	다리
남동소문	광희문		남동	태(兌)	연못(潭)	입
북서소문	창의문	자하문	북서	간(艮)	산 (山)	손

(5) 혼례를 위해 신랑이 신붓집에 가는 것을 초행, 혼례 후 신부가 신랑집에 가는 것을 신행이라 한다. 신행 때 신혼부부는 부정한 기운을 쫓기 위해 대문에 놓인 박을 깨고 시댁 문지방을 넘었다. 이바지는 친정에서

시댁으로 보내는 음식으로 딸이 잘못해도 말하지 말라는 의미로 엿을 넣었다. 신랑의 집에서 비단을 보내면 신붓집 어머니가 정성껏 수를 놓아서 보내는 예단이다.

(6) 물과 습기를 차단하는 석회를 바른 두꺼운 부엌 황토벽은 한여름 태양열을 받아 뜨거워진 습기를 흡수하고 저녁에 방출해 여름에는 실외보다 최소 5도 이상 낮아 시원하고 겨울에 따듯하다. 60년대를 겪어 본 베이비 부머들이 원하는 황토집은 개발이라는 이름으로 너무 쉽게 허물어졌다.

(7) 고구려 안악 고분벽화에서도 보이는 북이다. 한쪽은 노루 가죽, 한쪽은 개가죽으로 노루장(獐)자와 개구(狗)자를 써서 장구(獐狗)라 한다. 가죽은 3-5년 된 황소 가죽을 으뜸으로 두께가 두껍고 털구멍이 작은 것을 최고로 쳤다. 가죽은 석회수에 담가 털을 빼낸 후 말려 소나무를 둥글게 깎아 북에 맞추어 가죽에 못을 박아 만든다. 나무는 소나무, 오동나무, 피나무, 미륵나무 등을 이용했다. 대나무 뿌리로 만든 궁글채의 궁은 심장 소리요, 대쪽으로 만든 열채는 맥박 소리라 한다.

(8) 7년 임란으로 명은 멸망했고 일본은 도쿠가와 막부가 설립되는 등 동아시아 정치를 뒤바꾼 국제 전쟁이었다. 사회문화뿐 아니라 정신적으로 심대한 영향을 끼친 문화전쟁, 혁명이었다. 임란이 우리에게 얼마나 크고 긴 전쟁이었고 얼마나 많은 인구이동이 있었는지를 단적으로 보여주는 온돌이다. 또한 17C 小氷期가 절정을 이루며 한겨울에는 바다마저 얼어붙었고 계속된 대기근으로 조선, 일본에서는 수만 명이 굶어 죽었다. 임란과 소빙기를 거치며 온돌이 전국적으로 일상화하며 좌식 문화가 시작된다. 임란 전까지 온돌이 없는 반빗간이라는 요리만 할 수 있는 작은 부엌이 있었다. 땔나무 수요가 급증해 양반들은 산을 사유화하기 시작했고 19C 이르러 벌거숭이산이 된다. 고려 살림집의 전통을 간직한 임청각은 총 70칸 중 온돌이 5칸에 불과했고 후대에 개조한 부분까지 전부 10칸이며 종로구 공평동 재개발 때 발견된 조선 전기 한옥은 10여 칸 집에 단 1칸만 온돌방이었다. 전돌을 깐 사랑방에 신발을 신고 들어가 식사하는 모습을 그린 기영회도(耆英會圖)다.

(9) 임란 때 明 군이 옥수수를 들여왔고 1763년 조선통신사 조엄이 일본에서 고구마를 들여왔다. 1824년에는 청에서 감자가 소개됐다. 척박한 땅에서 재배할 수 있는 고구마, 감자, 조, 메밀 등 구황작물이 주된 먹을

거리가 되며 인구 증가에 큰 영향을 끼쳤다. BC 3천 년 전부터 기르기 시작한 감자는 130여 국가에서 재배하며 세계에서 4번째 생산량이 많다. 漢 무제의 실크로드 개척과 아시아의 콜럼버스, 장건(BC 139-126)의 착공(鑿空)에서 시조전설적(始祖傳說的) 작물 전래가 전해오며 포도, 석류, 누에콩, 오이, 완두콩, 호도 등 서방에 기원을 둔 식물들은 거의 모두 그가 들여왔다고 한다. 콜럼버스 역시 사탕수수, 밀, 양, 칠면조, 말 등을 신대륙으로, 곡물, 감자, 완두 등 갖가지 작물을 구대륙으로 이식하며 인류의 식생활을 바꾸었다. 이탈리아 요리사에 의해 콜럼버스의 교환이라 명명된 신구 대륙의 대규모 종자 교환이다. 고추는 전해진 지 50년도 채 지나지 않아 서민들의 향료가 되며 세계인의 입맛을 사로잡고 식탁을 더욱 윤택하고 풍요롭게 꾸몄다. 한국 고추, 이태리 토마토, 프랑스, 독일 감자와 옥수수가 없다면 인류의 밥상은 어떻겠는가? 사탕수수는 아프리카 카나리아가 원산지로 1493년 콜럼버스가 바베이도스에 이식했다.

(10) 우리 식탁은 한꺼번에 음식이 차려지기에 공간적 식탁, 한 가지씩 서빙하는 서양은 시간적 식탁이다. 한국은 손맛, 중국은 불, 향료 맛, 일본은 칼의 맛이라 한다. 육식을 좋아하는 중국인은 부패를 방지하기 위해 후추를 사용하고 생선을 좋아하는 일본인은 생강을 쓴다. 중국과 일본의 숟가락은 주로 음식을 나누는 데 쓰이지만, 우리는 주로 먹는 데 사용한다. 우리 젓가락은 김치, 깻잎 등 넓적한 채소류를 집기 위해 두툼하고 넓다. 중국은 기름진 튀긴 음식이 많아 데일 염려가 있고, 먼 곳 음식을 집기 위해 젓가락이 굵고 길고 일본은 생선 가시를 잘 발라내기 위해 짧고 날카롭다. 7C 천무(天武)의 불교 전래 후 육식을 금지했다. 에도시대 생선 문화가 발달하고 메이지(1867년) 유신 후 육식이 허용된다. 세계 인구 40%가 손으로 밥을 먹는다. 특이한 것은 일본 왕실이 대대로 놋수저, 놋그릇을 쓰고 김치까지 담가 먹는다고 한다.

(11) 메주콩은 만주, 북한 등 동북아시아가 원산지다. 신라 일성왕이 재배했다는 기록이 있고 두만강(豆滿江)은 콩을 가득 실은 강이란 뜻이다. 1920년 미국 식량 조사에서 한반도에서 3,379종 콩이 발견되었다는 보고서다. 콩은 흔해 하층민의 먹거리였다. 공기와 볏짚 속에 발효를 돕는 균이 많아 짚으로 묶은 메주다. 염장 발효시킨 장, 김치의 곰삭은 맛, 감칠맛은 세월과 바람, 태양 등 자연이 만든 음식이다. 배추에 소금을 뿌리면 김치 젓산균이 장 속 유해균을 억제하며 몸에 좋은 유산균만 살아남

는다. 발효식품은 소화가 잘되고 비만을 억제하고 건강에 좋고 장수와 관계가 깊다.

(12) 옹기는 흙에 있는 유기물질로 인해 미세한 기공이 생기며 물은 통과하지 못하지만, 공기는 통과시켜 숨 쉬는 그릇이다. 방부성, 통기성으로 간장, 된장, 김치, 젓갈 같은 발효음식을 보관하기에 좋다. 왕이 사약을 내릴 때 살려주고 싶은 인물은 독기를 흡수하는 뚝배기에 내린다고 한다. 900-1,000도에서 구운 질그릇을 볕에 말린 뒤 유약 초벌해 윤이 나는 오지그릇을 옹기라 한다. 제주 옹기는 유약을 바르지 않는다. 임란 후 자기 제작에 사용하던 5칸 가마를 옹기가마에 맞게 변형했다.

(13) 우리나라는 계절에 따라 떡이 다르고 고을마다 다양한 떡의 종류도 많고 화려하다. 중국 풍습에서 기원한 복과 장수를 상징하는 가래떡이다. 삼짇날 진달래꽃을 얹은 진달래화전, 초파일 느티나무 어린 순을 넣은 느티떡, 단오절은 수리취떡, 단오 고사를 지내고 6월 유두절은 상화 떡이 유행했다. 송병(松餠)이라고 부르다가 조선 후기 송편으로 바뀌었다.

(14) 1909년 시작된 일제 주세법과 1913년 희석식 소주가 등장하며 전통 토속주는 맥이 끊겼다. 1916년 주세법을 강화하면서 한산소곡주, 경주 최씨가문 교동법주, 면천두견주, 평양 감홍주, 진도홍주, 담양 추성주, 천과하주는 국화꽃으로 만든 청주, 피로 해소에 좋은 금산인삼주, 경주 여간 이씨 회재 종택 청주, 영양 재령이씨 석계 종택 감향주 등 문헌에 남아 있는 500가지 명가 전통 토속주가 사라지며 밀주로 전락했다.

(15) 로마 여성들은 12세에 결혼하는 것이 일반적이었으며 그리스인들은 남성은 30세, 여성은 14세에 결혼했다. 스파르타는 결혼 후에도 아내 얼굴을 자주 볼 수 없었고 식탁에서 같이 식사하는 것도 허락되지 않았다. 외출 때는 천으로 얼굴을 가렸다. 14-15C 유럽도 12세에 결혼하는 것이 일상적이었다. 비록 정략결혼이지만 스코틀랜드 여왕 메리 스튜어트가 프랑스 왕자 프랑소와 2세와 약혼했을 당시 나이는 겨우 다섯 살이었고 18C 앤 공주 역시 5세에 결혼했다. 이렇게 결혼도 시대와 나라에 따라 많은 변화를 겪는다.

(16) 신부 얼굴 3개 연지는 시부모, 신랑, 자식의 의미였다. 연지는 주사(朱砂)와 달걀노른자를 섞어 만들고 벽사의 기능도 있었다. 주사(朱砂)는 귀신을 쫓는 적색 물감으로 주로 부적을 만드는 데 쓰였다. 거울처럼 매끄러운 돌로 경면주사(鏡面朱砂), 진사(辰砂), 당채(CINNER)라 불렀다. 쌍영

총벽화에서 여인들의 붉은빛 연지(臙脂)가 발견됐다. 唐의 삼국 국기에 신라 화랑들이 잇꽃으로 만든 연지를 이마, 눈썹, 입술, 뺨에 바르고 문신을 했다는 기록이 보이고 화한삼도회(和漢三圖會)는 백제인들이 화장품 만드는 법과 화장 기술을 알려주었다고 기록했다.

(17) 고려는 대부분이 처가살이였고 宋 사신 서긍은 고려 사회가 첩 제도가 있다고 기록했다. 조선도 16C까지 처가살이가 기본으로 혈통 중심 모계사회였고 이방원 역시 처가살이하면서 맏아들 양녕을 낳았다. 장가간다는 말은 장인 집에 간다는 말로 처가살이를 뜻하며 사위는 여자 집에서 사는 것이 일반적이며 일정 기간이 지난 후에 본가로 돌아올 수 있었다. 파주 파평면 율곡리가 본가인 이이는 어머니 본가인 강릉 오죽헌에서 태어났고 신사임당(申師任堂, 1504-1551)은 혼인한 지 19년 만에 시댁에 정착했다. 하회마을은 남자는 초년엔 외가 것 먹고 중년엔 처가 것 먹고 늙어야 자기 것 먹고 산다는 말이 있을 정도다. 부자 처가, 외가 덕에 학문의 터전을 마련한 이황, 김종직, 이언적, 정약용이다.

제3편 한옥 정원

(1) 의상이 676년 왕실의 지원으로 창건한 부석사는 높은 산에 위치하며 그의 위세와 자부심을 확연히 보여준다. 신라 통일의 근본 사상으로 조화, 융합의 원융사상이 중심인 화엄종은 主佛로 비로자나불을 모시는 것이 원칙이나 의상은 아미타불이 비로자나라고 주장하며 화엄 사상과 정토사상을 결합하며 해동 화엄종의 시조가 된다. 부석사 무량수전의 항마촉지인의 소조(塑造) 석가불은 동쪽을 바라보고 있다. 그의 제자 표훈은 김대성에게 화엄종을 가르치며 불국사 창건의 토대를 마련했다.

(2) 중국 정원은 크기를 강조해 존경심과 경외감을 느끼게 한다. 1709년 청 강희제가 넷째 아들 윤진에게 하사한 황실 정원, 원명원은 넓은 호수와 수로가 숲 사이로 어우러지며 중국 건축 양식과 서양 건축물이 조화를 이룬 동양 정원의 정수라 한다. 원만하게 비추다란 뜻의 원명원(圓明園)이었다. 하지만 1842년 1차 아편전쟁과 1856년 애로우 사건으로 영국, 프랑스가 베이징을 점령하며 불을 질러 폐허가 됐다. 하북성 청도 황제의 사냥을 위한 열하 피서 산장은 고향과 비슷한 초원을 만들고 전투, 사냥, 말타기를 즐기며 한족, 몽고족, 티베트족의 건축 특징을 집약시킨

정원이다. 북경의 이화원, 소주의 졸정원, 유원, 피서산장은 4대 원림으로 꼽힌다. 하지만 중국이 가장 자랑하는 정원은 명나라 어사 왕헌신이 조성한 장기판의 졸이 만든 정원이라는 겸손의 극치를 보여주는 졸정원이다. 졸정원은 작은 가산과 물길, 곳곳에 숨겨놓은 조각, 괴석과 미로처럼 숨어 있는 햇살 가득한 광창과 그림자, 바람의 미묘한 상호 작용으로 정원의 백미를 보여준다.

일식 정원은 도식화된 형식미 등 인위적인 노력과 정성을 높이 평가해 한 그루 나무, 화초, 작은 돌 하나까지 세심한 손길과 정성으로 군더더기 없는 축약식 정원이다. 큰 나무는 균형이 맞지 않아 심지 않았다. 후지산, 복숭아밭, 바다, 산, 강을 자신의 입맛에 맞게 정원으로 들여 계절에 따른 변화를 느낄 수 있다. 곡류 연못을 중심으로 섬과 다리를 연결해 산책로를 따라 걸으면서 감상하는 정원이다. 9C 전해진 선종, 수묵산수화의 영향으로 고요함의 미학을 상징하고 물을 쓰지 않고 돌과 흰 모래만을 사용해 산, 계곡, 바다를 뜻하는 연못 등 일본 선종의 특징을 가장 잘 표현한 가레산스이(枯山水)다. 교토 용안사(龍安寺)는 모래 바다 위에 분재한 석물과 키 작은 나무가 마치 바다에 둥실 떠 있는 구름, 섬, 다리를 연상시키며 신선 세계를 구현했다. 이시가와현 가나자와市 겐쿠로엔(兼陸園)은 1823년 에도시대 대표적 양식으로 마에다 5대 영주부터 13대 마에다 쓰나노리가 170년 만에 완공했다. 겐쿠로엔, 오카야마市 고라쿠엔, 미토市 가이라쿠엔이 일본 3대 정원이다.

아랍 정원은 신의 정원을 훔쳐보고 만든 정원이라 불릴 만큼 몽환적이며 물, 빛이 대비를 이루며 미로 같은 물길로 이어진 물 위에 뜬 궁정이다. 신과 인간의 합일을 꿈꾸며 천국을 연상시킨다. 사막 왕들에게 물은 곧 힘이며 권력이었다. 먼 곳의 물을 수로로 끌어오고 햇빛을 궁 안으로 깊숙이 들여 중정(中廷)을 조성하고 대리석 바닥 좁은 수로로 연결된 연못, 분수와 진기하고 아름다운 꽃과 정원수가 가득한 좌우대칭 정원이다. 실내외를 다양한 색의 화려한 푸른색 모자이크 무늬 타일, 마늘 모양 나무 격자 창살은 자연스러운 光井을 이루고 기하학적 문양, 식물장식, 서체가 강렬하다. BC 600년 공중정원을 건립한 바그다드는 아직도 정원 도시라 불린다.

16C 바로크 시대부터 유럽 귀족들은 자신의 부를 과시하기 위해 사치스런 정원을 꾸미기 시작했다. 정교한 대리석 조각상, 자연석 화단, 높은 벽

으로 둘러싸인 여러 개 작은 정원을 조성해 미로처럼 연결된 세밀한 화단을 꾸미고 아치와 분수나 개울을 만들었다. 계절에 따른 1년생, 다년생 등 다양한 꽃 군락과 열을 지은 나무를 특성에 따라 배치해 계절에 따른 장식적 요소가 강하다. 정확한 크기와 길이로 수로와 수조를 연결한 실용적이고 원근법을 적용한 르네상스 정원이다. 자생하는 활엽수와 화초를 활용한 좌우대칭과 기하학적 배치로 인공적 요소를 강조해 평온함이 돋보이는 프랑스며 로마 계단식 정원이 유명하다.

왼쪽부터 아랍 정원, 일식 가레 산스이 정원

(3) 선사 시대 건축물은 참나무 94% 소나무 4%, 삼국시대 참나무 54%, 느티나무 21%, 밤나무 13%, 소나무 6%, 고려 소나무 72%, 느티나무 22%, 조선 전기 소나무 73%, 후기 소나무 89%였다고 조사됐다. 6천 년 전 한반도에 정착한 소나무는 BC 2C 한반도 전역을 차지하며 현재 우리 산림의 23%를 차지한다. 시대와 풍토에 따라 변화한 나무로 홍수, 산불, 가뭄 등 자연현상뿐 아니라 인류의 생생한 역사를 기록하는 블랙박스다. 조상은 한반도로 이주하면서 주로 참나무로 만든 움막집에서 살았고 조선 유교 선비들에게서 시작된 소나무 사랑이다. 해인사 대장경을 판각한 나무는 산벚나무 70%, 돌배나무 13%, 층층나무 5%, 단풍 2%, 후박 3%, 박달나무 2%, 자작 1%, 잣나무 1%. 소나무 등이다. 사찰 입구에 많은 전나무는 종이 원료가 되며 많은 승려 지장(紙匠)이 불경을 출판하기 위해서 심었다. 한국과 중국의 건축재료가 주로 적송이지만 일본은 부드러운 삼나무가 주를 이룬다.

(4) 무령왕은 웅진에서 역동적 백제의 기틀을 이룬 왕이지만 출생부터 명확하지 않다. 큐슈 가키라시마(加唐島, 가당도)에서 출생했다고 알려진 무령왕은 누구이며 어떻게 왕이 되었을까? 그의 이름, 사마(斯麻)는 섬이라는 뜻이다. 동성왕의 아들(삼국사기), 개로왕의 아들 혹은 동생 곤지 아들(일본서기)이라는 설로 고대사의 온갖 의문을 간직한 왕이다. 503년 무령

왕이 친동생(男弟王)으로 추정되는 일본 계체천황(繼體 26대, 450(?)- 531년)이 되는 오호도 왕자에게 선물한 인물화 상경을 보관하고 있는 와카야마현 하시모토시 스다하치만(隅田八幡) 신사다. 계체왕의 후손이 敍明 천황(34대, 593- 641)으로 복잡하게 얽혀 있는 백제, 일본의 왕가는 혈연 운명 공동체였다. 아키히토 천황은 2001년 12월 23일 68세 생일 기자회견에서 간무 천황(781-806, 50대)의 생모가 백제 무령왕의 자손이라는 사실에 한국과 특별한 연을 느낀다고 말해 일본 정가를 뒤집어 놓았다. 무령왕은 황제를 칭하며 천자의 죽음을 상징하는 붕(崩)을 쓰고 신에게 묏자리를 산 동전과 매지권(買地權)이 나왔다. 도굴꾼이나 악의 침입을 막는 진묘석수(鎭墓石獸)를 배치했고 무령왕과 왕비가 베고 있던 두침(頭枕)은 붉은 주목(朱木)이다. 주목은 춥고 바람이 강한 곳에서도 잘 자라 천년, 죽어 천년으로 내세의 상징이며 신비한 기운이 도는 은은한 향을 뿜어내고 붉은색은 잡귀를 쫓는다고 믿는 고대 왕들의 신목이다. 조선 고위 관료들의 신표 역시 주목이다. 또한 두껍게 옻칠한 무령왕릉의 관이 일본 와카야마 고야산 특산 金松으로 최근 밝혀졌다. 왜 백제왕의 관이 유일하게 일본 남부 지방에서만 생산되는 일본의 금송인가? 백제 멸망 직후, 661년 정월 의자왕의 고모, 제명(齊明, ? -661) 여왕은 백제를 돕기 위해 70세 가까운 노구에도 불구하고, 왕세자 천지와 함께 아쓰카- 오사카에서 대규모 수군을 이끌고 세토나이카이-하타카에 도착하지만, 곧 죽는다. 천지(38대, 天智, 626-672) 천황이 등극하며 어머니 장례도 치르지 못한 채 어머니의 유지를 이어 백제 부흥 운동에 전념한다. 661년 2만 7천 군사를 파견하지만 백강 전투에서 나당연합군에게 전멸당하고 부흥군은 더 이상 힘을 잃는다. 820년 편찬된 『일본서기』는 "백제의 이름이 오늘로 끊어졌다. 이제 우리 조상들의 무덤이 있는 그곳을 어찌 다시 찾아볼 수 있을까?"라고 제명 여왕은 백제 멸망을 한탄했다고 기록되어 있다. 하지만 고구려, 신라계와 형제끼리의 반목으로 동생 천무는 절에 유배당하며 정치적, 사회적 기반을 잃고 겨우 목숨을 이어가나 천지가 죽자마자 정변을 일으키며 조카들을 모두 죽이고 왕위에 오른 천무(天武, 673-686) 천황이다. 이후 일본의 국수적인 민족주의가 싹트고 일본(NIPPON)이란 새로운 국호를 사용하며 한반도와 관계를 단절한다. 백제 멸망 후 유민들이 일본에 갔을 때 언어와 같은 생활 방식으로 전혀 문제가 없었다는 동경대 학자의 논문이 발표되었다. 이 뜻은 일본말은 그 뿌리가 백제이며 신라의 각필이 기초 언어라는 것을 보여준다. 은폐된 한일 역사는 언제나 입맛대로 추가, 삭제가 거듭되어 왜곡, 굴절된다.

(5) 에도(1603-1867)부터 우키요에(游世繪)라는 목판화 그림이 유행한다. 강렬하고 선명한 색채, 대담하고 뚜렷한 윤곽선과 서정미, 밝은 원색, 동양적인 비대칭 여백이 특징이다. 17C 후반 유럽으로 수출한 자기를 포장하던 종이에 목판화 그림이 그려져 있었고 이 그림이 클로드 모네, 에두아르 마네, 반 고호 등 유럽 인상파 화가와 화단에 신선한 충격을 주었다. 이를 계기로 1862년 영국 런던 박람회, 1867 파리박람회부터 일본 알리기에 올인하며 자포니즘의 기폭제가 되었다. 특히 1873년 오스트리아 빈 만국박람회 때 처음 일본정원을 소개한다. 인상주의를 탄생시킨 모네의 집에 일식 정원을 조영해 주었고 모네는 일식 그림으로 장식한 파리 근교 지베르니 연못과 화방에서 평생 일식 수련(睡蓮) 정원에 심취해 250점 수련 그림을 남겼고 아내에게 기노모를 입히고 일본풍 부채를 들고 춤추는 그림을 그렸다. 1900년 파리박람회를 발판으로 일본은 근대화된 국가라는 이미지와 문화를 심어주며 JAPONISM이 오늘날까지 이어진다. 야외에서 빛에 따라 변하는 모습을 표현해 색채의 마술사라 불린 인상파 화가들이다.

(6) 18C 말부터 모방의 천재인 일본문화가 서구에 깊숙이 스며들며 동양의 대명사가 되며 동양 유일의 근대화된 나라로 인식되었다. 1950-80년대까지 대부분 서양 학자, 외교관은 친일파였다. 그들의 눈에 비친 한국은 단지 일본 옆에 붙어 있는 작고 보잘것없는 나라였다. 한국학을 전공한 외국학자들 대부분이 처음부터 한국학을 전공한 것이 아니라 중국, 일본학을 연구하던 학자가 우연히 한국학을 접하거나 한국에 들렀다가 한국 문화의 매력을 발견해 공부한 사람이 많다. 참고로 버클리 대학 동아시아 책 100만 권 중 중국 44만 권, 일본 40만 권, 한국 10만 권으로 5:4:1이 원칙이며 스미스소니언 미술관의 소장품 중 중국(13,000점), 일본(15,000점), 한국 800점이고 일본불교 책은 1,800종, 중국 2,000종이지만, 한국 서적은 300종 서적이라 한다. 우리나라 문화재 관련 예산이 3%지만 일본은 12%다. 아직도 갈 길이 먼 우리 문화 알리기와 한국 문화다. 서양 교수들은 唐宋시대 禪 불교의 황금시대를 알고 싶다면 한국 절을 찾아보라고 조언한다고 한다.

(7) 라이샤워 교수는 엔린(圓仁)의 『입당구법순례행기(入唐求法巡禮行己)』를

연구하다 이를 통해 장보고를 국제적 인물로 만든 학자다. 또한 1950년대 한글과 영어 발음 운문 체계를 도입했다. 엔린은 838년 견당사와 같이 하카다(博多)를 출항해 장보고(?-851)가 824년 건립한 산동성 적산포(赤山浦) 사찰 법화원에 도착했다. 唐에서 10년 공부한 후 장보고의 도움으로 847년 적산포, 남해안 고이도, 거차도, 안도를 거쳐 귀국했다. 엔린은 일본 천태종의 개조가 되며 장보고를 모신 적산명신(赤山明神) 사당을 교토에 건립했다. 신라촌, 신라소, 신라방, 신라관에 관한 자세한 기록한 『입당구법순례행기』, 최부 『표해록』, 마르코 폴로 『동방견문록』은 3대 중국 견문록이다.

(8) 6C 후반 수당이 강력한 통일국가를 이루고 고구려를 침범하면서 동북아는 전쟁에 휘말리기 시작한다. 신라는 백제의 침략을 두려워한 구석진 변방의 소국에 불과했지만, 한강 유역으로 진출하면서 중흥하기 시작한다. 신라는 삼국통일에 대한 의지도 없었지만, 우연히 백제, 고구려 유민들이 대당 전쟁에 참전해 통일전쟁이 시작되었다. 『삼국사기』의 일통삼한(一統三韓)은 백제, 고구려 유민을 수용하며 한민족은 하나라는 개념에서 출발했다.

(9) 수 문제 양견, 당(618-907) 고조 이연의 조부 이호는 선비족(탁발족)[6]이 세운 서위의 대장군이었다. 기마민족답게 당 황실은 진취적인 포용성, 개방으로 호족과 한족의 호한(胡漢) 융합정책을 시행하며 타민족, 종교를 받아들이고 적극적인 동서양 교류로 거대한 제국을 이룬다. 당은 한 무제 이후 중단된 실크로드를 새로 개척하며 비단길 주변 소왕국을 정복하고 많은 나라들과 교류했다. 8C 당은 동로마 7차례, 아랍제국에 36차례 사신을 파견했다. 이미 7C 광주에 이슬람 상인들의 대규모 거주지가 있었고 인구 백만 장안은 네스토리우스, 마니교, 이슬람교, 조로아스터교의 성전들이 세워질 만큼 국제적인 도시였다. 모든 길은 로마로 통한다는 말이 있듯이 당 수도 장안을 거쳐야 했으며 로마 교역로를 따라 전파된 기독교와 같이 중국 문명이 유럽으로 소개됐다. 실크로드가 가장 번영한 시대였고 이슬람 상인을 위한 서쪽 시장은 당시 최고의 수출 상품 비단, 자기가 주 품목이었다. 당의 비단 수출은 막대한 세수의 증대를 가져오며 더욱 제국의 팽창과 부를 이룬다. 당 태종은 80척 높이 등나무에

---

6) 중국 역사가 진인각은 당 황실이 선비족 출신이라는 것을 밝혔다. 북방 유목민의 후손으로 아버지가 죽으면 생모를 제외한 아내들을 황제의 아내로 맞는 것이 유목민의 풍습으로 측천, 양귀비도 태종의 후궁이었다.

형형색색 모양의 황금, 백은, 보석으로 치장한 등을 달며 외국 사절 앞에서 제국의 부를 자랑했다. 당은 당시 세계 GDP의 55%를 차지했다고 한다. 이 모든 것이 실크로드가 가져온 부와 사치였다. 그러나 이 풍요로움을 한 번에 무너뜨릴 수 있는 아킬레스건은 시안- 둔황 - 투루판- 우루무치- 알마아타 - 타슈켄트- 사마르칸트- 부하라- 아슈하바트- 이스탄불로 이어지는 실크로드의 기마민족, 흉노족이었다.
BC 1C 로마에 전해진 비단이다. 황제들이 화려한 비단을 걸치면 삽시간에 시장에서 사라졌다. 거친 옷감에 길든 로마 여인들은 신비스럽고 몸을 감싸는 비단의 감미로운 촉감에 열광했고 서민에게 실크를 금지하기도 했으나 결코 막을 수 없었다. 1C 아우렐리우스 황제는 황후와 애첩들에게도 비단옷을 금지할 정도였다. 2C 로마의 산업과 교역은 어느 때보다 흥성했고 사회는 풍요로웠다. 비단은 나일강 변 이집트 알 할리 시장에서 서쪽 영국 브리타니아의 홍등가까지 로마제국을 뒤덮였다. 몇 달의 여정을 거쳐 비단이 바그다드, 비잔티움, 베네치아, 로마 궁성에 도착하면 비단 1파운드와 금 4-5파운드를 맞교환했다. 로마 전성기 때 국가지출의 ⅓이 실크를 구매하기 위한 것이라고 할 정도로 막대한 제국의 부가 유출됐다. 어떤 역사학자는 이로 인해 로마가 멸망했다고 하니 아마 직접적인 원인은 아닐지라도 상당한 영향을 미쳤을 것이다.
(10) 천인 감응(天人感應)으로 우주 중심, 만물을 주관한다는 도교는 자기수련과 절제를 통해 자연과 하나 되어 상상력과 통찰력을 기르고 불로장생, 우화등선이 목표다. 도교가 들어오기 전부터 고구려는 이미 도교를 받아들일 성숙한 조건이 형성되어 있었고 5C 고유 신앙과 융합하며 보장왕 때 크게 유행했다. 별이 수명을 관장한다고 믿어 북두칠성을 의인화한 7신을 모신 칠성각, 장수의 상징, 동방삭(東方朔), 십장생, 수복, 장수와 길상화로 표현하고 집집마다 상달고사를 치르며 소원을 빌었다.
(11) 별서(別墅), 별저(別邸) 정원은 선비들이 집과 떨어진 한적한 자연 속에 禪적, 도교적 유유자적 이상향을 담고 있는 별장, 원림이다. 정신세계와 자연관인 천인합일(天人合一) 사상이 녹아있다. 윤선도의 부용동, 양산보의 소쇄원, 이담로의 강진 동백원림(冬栢園林), 김정희의 부암동 북서(北墅)정원 등이 전해온다.
(12) 보상화 문양은 5천 년 전 이집트에서 PHALMET라는 부채모양 야자나무 잎과 부활, 풍요를 상징하는 포도 넝쿨에 갖가지 꽃과 다양한 식물

무늬를 결합한 상상의 식물 문양으로 영원, 끝없는 생명력, 영생을 뜻하며 피라미드 천장을 장식한 것에서 기원했다. BC 16C 메소포타미아, 페르시아로 전래하였고, 미케네, 그리스, 로마는 포도 무늬를 발전시키며 로마 저택을 장식했다. 이런 문양은 기둥머리무늬에 따라 이오니아, 도리아, 코린트 등 고전, 로마네스크양식, 고딕, 비잔틴, 르네상스, 바로크, 로코코 등 유럽 건축문화의 근간이다. 아칸서스(떡갈나무)의 풍성한 잎, 왕성한 생명력을 구현한 서양 건축 양식이다. 보상화는 BC 4C 알렉산더의 동방 원정 때 인도 힌두교, 불교에 문화충격과 영감을 주었고 PHALMET는 불교와 함께 중국에 소개되어 만초문(蔓草文, FOLLIAGE SCROLL)이라 부르며 위진 남북조(439-589)시대부터 연꽃과 함께 유행한 인동초다. 7C 신라에서 당초문(唐草文)으로 유행했다. 이러한 문양과 전통 양식을 조합해 장수, 벽사를 기원하며 음양오행, 오방색으로 장식했다. 또한 동물, 인간의 형상화가 금지된 이슬람 율법으로 이슬람은 식물무늬를 더욱 발전시키며 기하학적 문양과 함께 양식화된 도식적인 문양이 이슬람 문명의 기초가 되었다. 석굴암 올라가는 석축에 크게 새긴 보상화다. 13-14C 유리에 물감을 넣어 만든 색유리 또는 유리 겉면에 색을 칠한 스테인드글라스는 화려한 색상이 바래지 않고 빛의 양, 각도에 따라 다채로운 빛으로 변하며 성당 내부의 분위기와 표정이 달라진다. 빛이 예수의 탄생, 인류 구원과 신의 뜻으로 표현되는 가톨릭은 많은 창과 스테인드글라스로 빛을 들이며 환상적이고 경이로운 신의 세계를 빛의 예술로 조영한다. 파리 노트르담 성당의 장미창 STAINED GLASS나 이름 없는 작은 교회, 사원을 수놓고 있는 ARABESQUE 문양도 만달라의 일종이다.

(13) 세택이란 왕을 보좌한 태자의 비서기관으로 당시 화랑과 함께 태자의 권력과 임해전의 위상을 상징적으로 나타낸다. 골품제는 신분에 기초한 수직적 체제지만, 화랑도는 수평적 조직으로 원활한 국정 수행이 목표다. 화랑을 미륵, 왕을 전륜성왕(인도 아쇼카왕)의 아바타(AVATA)로 믿었다. 진흥왕 때 인재 양성을 목적으로 용기, 절제, 희생, 신의를 바탕으로 무예를 닦고 전쟁에 참여한 화랑을 처음 뽑았으며 후일 신라 통일에 큰 힘이 됐다. 삼국사기는 진흥왕이 고유의 신선 사상을 크게 숭상하여 풍월도를 창설했고 또한 음악에 대한 조예가 깊어 음악 발전에 이바지해 악성 우륵이 탄생했다고 기록했다.

(14) 1975년 임해전에서 다양한 음식 재료가 적힌 것, 사람 얼굴을 익살

스럽게 그린 것 등 97개 목간이 출토됐다. 월성해자에서도 526년 법흥왕 때 것으로 추측되는 가장 오래된 목간과 터번을 두른 아랍인 모습 토우가 출토되었다. 월성해자에서 발견된 목간에서 신라 왕경의 행정체계인 6부와 하부조직 리가 확인되었고 이후 많은 목간이 발견됐다. 진흥왕 때 축조된 것으로 여겨지는 함안의 성신 산성에서 삼국시대 최대 목간(238점)이 출토되었고 또한 백제 호적제도 정비를 보여주는 부여 궁남지 목간은 이름 뒤 21세 이상 남성을 뜻하는 정, 20세 이하는 중, 16세 이하는 소로 구분한 목간이 발견됐고 쌍북리에서 국내 처음으로 발견된 백제시대 구구단이 발굴되었다. 12- 13C까지 종이와 같이 널리 쓰인 목간은 당시 도시 구성요소, 인구, 물품 이동경로 등 생생한 생활을 상세히 보여준다. 적외선은 나무의 표면 속에 스며있던 먹을 인식하기 때문에 글씨를 판독할 수 있다. 중국은 40만 점, 일본은 30만 점이 있으나 우리는 수천 개에 불과하다.

(15) 병산서원(屛山書院)은 잔잔한 뒷산과 병풍을 두른 듯한 앞산 병산과 낙동강을 마주하며 절묘한 배산임수를 이루며 현대 건축가들이 최고 전통 건축, 서원 건축의 백미로 꼽는다. 넓은 백사장과 자연이 만든 병풍, 병산을 바라보며 자리 잡았다. 복례문(復禮門, 자기를 이기고 예를 회복한다)은 한 번 더 의관과 마음가짐을 정제하고 신선 세계인 만대루로 들어간다. 단청도 장식도 없고 단순히 기둥과 지붕밖에 없는 20m, 7칸 누각이다. 막돌 위에 자연 그대로 굽고 휘어진 나무의 개성을 존중한 만대루를 통해 낙동강이 들어오고 병산이 펼쳐지며 그대로 액자가 된다. 자연을 초대한 8개 기둥 사이로 철 따라 신록과 단풍이 들어차며 낙동강은 서원의 작은 개울이 되고 병산은 괘석이 되며 우리 조선 차경의 핵심을 보여준다. 입교당에서 보는 시야를 가리지 않도록 서재와 낙동강과 만대루 높이, 길이를 고려해 건축했다. 양쪽 서재를 약간 벌려 만대루를 서재보다 길게 지어 크게 보이며 시원한 유기적 생동감, 개방감을 보인다. 마치 창덕궁 진선문이 있는 서쪽 행랑은 길고, 숙장문이 있는 동쪽 행랑은 그보다 짧은 것과 같다. 서애는 자연과 인간을 떠난 학문을 인정하지 않았고, 제자들은 병산서원에서 완성했다.

(16) 김인후는 이황과 쌍벽을 이루는 호남 유림의 거두이며 그를 모신 장성 필암서원은 호남 유일의 문묘 종사다. 그는 용이 승천하는 꿈을 꾸고 환벽당 시냇가에서 물놀이하는 정철(鄭澈, 1536-1593)을 만나 외손녀(유강

항 柳强項의 딸)와 결혼시켰다. 을사사화에 연루된 정유침은 1551년 선친의 산소가 있던 담양의 당지산 기슭으로 내려갔고 그의 넷째 아들 정철이다. 나주 목사 김윤제가 제자로 삼고 정철은 학문으로 일가를 이룬 송순, 임억령, 양산보, 김인후를 스승으로 모시고 공부해 26세 진사시에 1등으로 합격했고 이듬해 별시 문과에 합격했다. 하지만 그의 불같이 강직한 성격으로 가는 곳마다 좌천과 복귀를 거듭했다. 이율곡이 말을 함부로 하는 버릇을 고치고 제발 술을 끊으라 할 만큼 술을 즐겼다. 유배된 곳에서도 술에 취하면 그의 입에서는 주옥같은 시조, 한시, 가사가 나왔다고 한다. 장진주사(將進酒辭)를 남기며 술과 낭만을 즐긴 조선 최고 시인이었다.

(17) 회갑(回甲), 회혼(回婚), 회방(回榜)은 60주년 생일, 혼인, 과거 급제로 인생 최고 복을 말한다. 송순은 양산보와 이종사촌이며 김윤제와 처남매부 사이였고 김윤제는 김성원의 당숙으로 지연, 혈연, 학연으로 뭉친 무등산 사람이었다. 면앙정(俛仰亭)은 하늘을 우러러보아 부끄럼이 없이 산다는 뜻이다. 일동지 삼승(一洞之三勝)라 불린 면앙정, 환벽당, 소쇄원이며 환벽당, 식영정, 소쇄원은 호남 3대 정자다. 소쇄원, 윤선도 해남 보길도 부용정, 영양 서석지는 우리나라 3대 정원으로 꼽힌다.

(18) 아버지 조원강을 따라 평안도로 온 17세 정암(靜庵) 조광조(1482-1519)는 평안도 희천에 유배된 유학의 대가 김굉필[7]을 찾아가 2년간 그의 도학주의 학문에 빠진다. 19세 때 부친이 돌아가자 용인 선산에서 3년 시묘(侍墓)살이하며 공부에 매달린다. 1515년 중종 10년 가을 알성시에 합격해 본격적인 벼슬길에 들어서며 사헌부 대사헌을 거쳐 중종 13년 국립대학인 성균관 대제학[8]이 되며 또 다른 학문, 정치에 입문했다. 그는 왕이 먼저 선비, 도덕군자가 되어야 나라가 태평해진다며 중종에게 도학적 인격을 강조했고 북송 여씨향약을 본뜬 향약과 상민, 천민을 가리지 않고 인재를 발굴하는 현량과, 도교 제사를 담당한 소격서를 폐지하는 등 급진 개혁정책과 훈구파[9]의 공훈삭제를 주장했다. 하지만 정통

7) 김굉필(1454-1504)은 연산군 4년(1498년) 무오사화로 평안도로 유배당했으나 다시 순천으로 옮기며 연산군 10년 유자광의 갑자사화 때 순천장터에서 사사당했다. 김굉필(金宏弼), 조광조(趙光祖)는 동방 18현으로 문묘에 모신다.

8) 삼정승 불여일 대제학이란 말이 있다. 삼정승이 1명 대제학보다 못하다는 뜻으로 학문에 뜻을 둔 선비면 누구나 부러워하는 최고 선비 자리였다.

9) 훈구파는 중종반정으로 연산군을 몰아내는 공을 세운 선비를 말한다.

성이 없는 중종은 그의 지나친 도학주의에 반감을 갖기 시작했고 정적과 훈구파의 강한 저항을 불렀다. 훈구파는 주초위왕 사건을 만들며 기묘사화를 일으켰고 조광조는 역적이 되며 그의 나이 38세, 벼슬길에 나선 지 불과 4년 만인 1519년 친구 양팽순이 있는 화순 능주면 남정리에 유배됐다. 그는 왕이 다시 부를 것을 대비해 항상 사립문을 열어 놓고 조석으로 왕에게 문안 인사를 잊지 않았다고 한다. 하지만 1519년 12월 20일 유배 1개월 만에 눈 오는 날 사사 당하며 왕의 마음을 헤아리라는 말까지 남긴다. 후일 선조가 직접 글씨를 써 현판을 조광조와 양팽순을 배향한 죽수서원에 하사했고 쌍봉사는 조광조와 양팽순 제사를 모신다. 당시 정치판은 쓸데없는 허례허식, 소모적인 논쟁이 극에 달해 정적에게 유배, 사사 등 가혹한 형벌을 내렸다. 광해군 때 유배지에 사약이 관례화되며 살아서 남대문을 나가는 정승이 몇이냐는 말이 있을 정도로 사화와 당쟁이 극에 달했다. 사대부의 사(士)는 사(死)를 의미했다.

(19) 장남은 3년 제사가 기본이지만 효종은 차남으로 1년 상이 원칙이지만 왕이었으므로 3년으로 할 것인가? 1년인가? 인조의 계비 자의대비(장렬왕후 조씨)가 어떤 상복을 입어야 하는가 하는 문제가 쟁점이 된다. 상주가 상복을 입느니, 못 입느니 하는 대의와 명분이 중요한 문묘 종사와 예론에 빠진 선비였다. 장례, 제사를 주도하는 문묘 종사에 관한 일은 곧 후계와 권력을 장악하는 일이었고 왕가의 상례를 두고 상복 의례, 상례로 포장한 죽기살기식 당파싸움, 권력 투쟁이었다.

(20) 밀양강 높은 언덕에 자리 잡은 밀양 영남루는 절경을 읊은 글과 선현의 가르침, 철학사상을 담은 300개 현판이 걸려 있었다고 한다. 임란으로 소실된 것을 1844년 중건했다. 634년 신라 선덕여왕 때 자장이 건립한 울산 태화루 역시 임란으로 소실됐다. 영남루, 태화루, 진주 촉석루, 안동 영호루는 영남 4대 누각이며 영남루, 평양 부벽루, 진주 촉석루는 조선 3대 누각으로 불렸다. 이런 누각들은 본래 모두 사찰이었다. 영남루는 743년에 지어진 영남사(嶺南寺), 부벽루는 광개토대왕이 지은 영명사(永明寺)의 부속 정자, 진주 촉석루는 용두사(龍頭寺)라는 절이었다.

(21) 고려와 조선 세종까지 네 명의 왕을 모시며 26년간 정승을 지내고 90세까지 장수한 청백리 황희였다. 종의 자식들이 수염을 잡아당겨도 웃었다는 너그러운 황희였고 그의 아내와 딸들은 제대로 된 치마가 없어 서로 번갈아 입었다고 한다. 1418년 태종이 양녕대군을 폐위하고 셋째

아들인 세종에게 물려주려 하자 이를 반대하며 남원으로 유배당한 황희였으나 태종이 세종을 달래며 다시 등용된 황희였다. 이때 황희가 지은 광한루 이름이다. 반구정에서 갈매기를 벗 삼아 여생을 보낸다.

제4편 서당, 서원과 과거, 성균관(成均館)

(1) 순수 우리 음악 향악은 생동감 있는 감정을 나타내는 가락 중심으로 장단이 뚜렷해 다른 나라에 비해 격정적이고 독특하다. 중국은 4박자, 일본은 2박자인데 우리 음악은 3박자로 자유분방한 자연미, 걸쭉한 음유, 해학적 개성 등 희로애락이 녹아들어있다. 쉽고 간결한 멜로디로 이루어진 민요는 어떤 가사를 넣어도 조화되고 열려 있다. 아악은 순수 중국 음악으로 고려에서 궁중에서 사용했고 당악은 당송(唐宋)에서 수입된 것으로 중국 악기와 한국 악기를 섞어 사용했다.

(2) 안향(安珦, 1243-1306)은 고향 풍기 골짜기를 백운동이라 이름을 짓고 사당과 서원을 세웠다. 안향이 공자와 주자의 화상을 처음 모신 강화도 교동 향교는 문묘(文廟)의 효시다. 지리적으로 강화도는 외국 문물을 가장 먼저 접했던 곳으로 현존 最古 절 역시 381년 고구려 소수림왕 때 얼굴이 검어 묵호자라 불린 인도인 아도화상이 창건한 전등사며 신라 최초 가람 도리삳도 창건했다. 1890년 11월 5일 조선 첫 못자리 성당으로 불리는 강화 성공회 한옥 성당이다. 강화 성당은 절 같기도 한옥 같기도 한 2층 건물로 동서 건축 양식이 혼합된 퓨전 스타일이다. 외래 종교에 대한 거부감을 줄이기 위해 초기 교회는 한옥 건물과 풍수, 음양 등 조선 풍습을 따를 수밖에 없었을 것이다. 마당에 이채롭게 십자가 문양이 있는 우리 범종이 걸려 있다.

(3) 사액은 왕이 현판을 내린다는 뜻으로 소수서원 현판은 명종의 글씨다. 학문을 닦는다는 뜻의 소수(紹修)라는 이름과 편액을 내렸다. 소수서원 강학당은 툇마루를 두르고 높은 기단을 쌓고 원장의 숙소인 직방제(直方齋)는 안팎을 바르게 하라는 뜻이며 교수들의 숙소인 일신제(日新齋)는 나날이 새로워지라는 뜻이다. 학주재, 지락재(至樂齋)는 원생들의 공부방, 기숙사다. 사당은 문성공묘(文成公墓)라 부르며 일반 서원의 祠보다 격을 높였다. 도산 서원 상덕사, 병산서원 존덕사다. 소수서원 자리는 원래 숙수사(宿水寺)란 절로 단종 복위 운동에 참여한 선비들이 소수서원을 싸고

흐르는 죽계천에서 사형당하며 절터에 지어 아직도 당간지주가 남아 있다. 이황이 지은 정자, 취한대(翠寒臺)다.

(4) 정사(精舍)는 불자들이 기거하는 승원(僧院)을 지칭했지만 주자는 유교에서 유래한 것이라고 주장하며 무이정사를 설립했다. 정사는 학문을 연마하고 후학들에게 학문을 가르치던 서재(書齋), 학사(學舍)다. 안평대군의 무계 정사, 정여창의 청계 정사, 강희맹의 만계 정사, 이현보의 영지 정사가 있다. 정사에 정(亭)을 붙이며 정자와 혼용되었다.

(5) 北宋 때 성리학의 창시자 주돈이(1017- 1073)는 인성과 우주원리를 담은 태극도를 중심으로 설명했고 퇴계는 성리학의 본질과 철학을 잘 이해하고 이를 발전시키고 자기만의 학문 세계를 이루며 조선 성리학을 꽃피웠다. 이황과 그의 제자 고봉 기대승(1527-1572)이 8년 동안 논쟁을 벌인 이기론(理氣) 사단 칠정(四端七情)론이다. 이(理)는 올바른 이치, 도덕, 정신, 형이상학을 뜻하는 관념 철학으로 현상이 일어나는 이치를 의미하고 기(氣)는 물질과 경험, 세상의 모든 현상을 말한다. 사단(四端)은 맹자의 실천 도량으로 측은지심(惻隱之心), 수오지심(羞惡之心), 사양지심,(辭讓之心), 시비지심(是非之心), 칠정은 희(喜), 노(怒), 애(哀), 구(懼), 애(愛), 오(惡) 욕(慾)을 말한다. 김굉필, 정여창, 조광조, 이언적이 구축한 토대 위에서 이황은 성리학의 사상을 체계화했다. 이후 성리학자들은 거의 이황의 제자라 할 만큼 거대한 퇴계학파를 이룬다. 풍산 류씨 가문의 스승으로 류운룡, 류성룡이 제자였고 전라도에 최초로 서원을 세우고 불천위제사를 받는 학봉 김성일도 제자였다. 대만 국립사범대학, 미국, 독일에도 퇴계학연구회 등 세계 퇴계 연구소만 60개가 있고 국제퇴계학회가 창설되어 국제 학술회의가 열린다.

(6) 성균관과 지방 국립대학 향교는 국가가 공인한 유학자를 모신 전묘후학(前廟後學)이지만 선비들이 자율적으로 관리한 서원은 지형에 따라 전학후묘(前學後墓)으로 달리 배치했다. 전묘후학은 공자의 제사를 모시는 사당이 중심이고 공부하는 강학, 서책 발간과 관리하는 공간으로 나뉜다. 전학후묘는 학문 탐구, 교육이 중심으로 강당이 중심 건물이다. 서원이 경사진 곳은 주로 전학후묘(前學後墓), 평지는 전묘후학(前廟後學)이다. 경상도 서원은 산중서원이지만 전라도 서원은 주로 평야에 건립했다. 자연을 통찰하고 천인합일을 지향하는 수양의 장소인 서원은 강, 병풍 같은 산으로 둘러싸여 잡념을 가질 수 없는 곳, 마을에서 멀리 떨어져 일반

인과 접촉하기 힘들어 환경의 유혹에서 벗어나 학문에 몰두할 수 있는 한적하고 풍수적 경관이 좋은 곳에 조성했다. 강안(江岸) 절벽을 앞둔 병산서원, 정약용의 산꼭대기 초옥, 윤선도의 해남 부용정 역시 일반인과 접촉하기 힘든 곳에서 불후의 학문이 나왔다. 서원은 건물 안에서 공부하며 생활하는 정면 앞산과 문필봉을 중요하게 여기며 이에 걸맞은 명당을 찾았다. 문필봉은 별자리 28숙 중 文運을 관장하는 규성(奎星, 文昌帝君)이다. 반면 불교 사찰은 부처가 내려다보기 좋은 곳에 자리를 잡았고 또한 신도들이 전각과 부처를 바라보며 배향해 뒷산 역시 숭배 대상으로 앞산과 뒷산이 사람과 교감하는 자연관을 따랐다. 조선 건축은 주례에 따라 좌묘우사(左廟右社), 전조후침(前朝後寢), 북궁후정(北宮後庭), 북좌남향(北座南向), 배북남면(背北南面), 전저후고(前底後高), 남동여서(男東女西), 좌양우음(左陽右陰), 좌고우저(左高右低), 주동객서(主東客西)를 기본으로 한다. 북(北)은 조상, 황제, 과거를 상징하고 남(南)은 자손, 신하, 미래를 상징한다.

(7) 삼태극은 하늘과 땅, 인간의 조화를 상징했다. 천지는 자연적이고 절대적인 법칙이 있고 태극에서 음양과 오행이 탄생하고 오행에서 만물이 생성된다는 유교적 우주관이다. 경주 감은사 탑 기단석부터 내려오는 삼태극이다. 태극기의 흰색 바탕은 밝음과 순수 평화를 사랑하는 민족을 상징하고 음양 조화, 우주 만물의 상호 작용을 의미하는 태극 문양은 국토를 뜻하고 건(乾, 하늘, 3) 곤(坤, 땅, 6) 감(坎, 달, 5) 이(離, 태양, 4) 사괘는 동서남북과 사계절, 국가의 주권을 상징한다. 1882년 미국과 조미 통상조약을 체결하며 고종의 지시로 김홍집과 역관 이응준이 만든 태극기다. 배재대학 손 교수에 의해 AD 1C 멕시코에서도 발견된 태극 문양이다.

(8) 2011년 10월 18일 1569년 선조의 윤허를 받고 퇴계가 귀향한 450주년 은퇴와 도산 서원 창건 450주년 고유제(告由祭)가 열렸다. 글을 뜻하는 문(文)과 먹물이 있는 문어는 선비들이 숭상해 경상도 제사상에는 빠지지 않는다. 문어의 빨판은 과거 급제를 상징하며 여덟 다리는 부(父)계, 모(母)계, 처가, 친 외가, 외가 등 8족을 상징한다.

(9) 안동은 황지에서 발원하는 남한에서 제일 긴 525km 낙동강이 도시를 감싸고 흐른다. 현재 26개 서원이 남아 있어 성리학의 본고장, 인재, 서원의 도시로 불리고 안동의 온혜, 상계, 하계, 계남, 원촌, 의인, 내앞, 하회, 무곡은 집 전체가 주자학으로 도배된 고옥이 즐비하고 국보와 322개 문화재가 산재해있다. 임란 후 권력에서 소외되었지만, 기개와 고집이 살

아있던 보수적인 강골 안동 선비였다. 상소문 하나에 1만 명이 서명해 임금에 올리는 만인소(萬人疏)만 살펴보아도, 알 수 있다. 조선시대 만인소를 올린 사례는 총 7번으로, 이 중 5번을 영남 유림이 올렸다. 10, 094명의 영남 유생이 올린 사도세자를 추존하는 만인소(萬人疏, 폭 1.11m, 길이 96.5m, 무게 16.6㎏)가 유네스코 아시아 태평양지역 기록유산으로 등재됐다. 광산 김씨 수운잡방(1540년), 장계향(1598- 1680)이 순수 한글로 쓴 디미방(1670)은 최초 요리서 안동 장씨 반가 음식을 며느리에게 전수하기 위해 74세에 쓴 요리서로 50가지가 넘는 가양주를 비롯해 146가지 요리가 기록된 책이다. 집집이 내려오는 향토 전통음식은 우리의 음식 역사가 오롯이 담겨 있다. 불교 화엄 철학의 산실인 봉정사, 부석사가 있고 무당 굿 성주풀이의 본향이다. 또한 안동에는 빼놓지 못할 것이 있다. 1910년 겨울 일제 침략에 맞서기 위해 강화학파 이건승(李健昇, 1858-1924)을 비롯해 소론 갑부 이석영(1855-1934)과 6형제, 이동녕, 안동 이석룡, 홍승헌이 이회영의 집(명동 YMCA터)에 모였다. 1910년 9월 24일 이건승[10]이 만주로 떠나고 이건영(健榮), 철영(哲榮) 회영(會榮) 시영(時榮) 소영(韶榮) 호영(頀榮) 등 7형제 중 다섯이 가산을 정리해 남양주 화도읍 땅(현 시세 2조)을 팔아 1910년 12월 만주로 떠나며 임청각 이상룡과 신흥 군관학교를 세우고 독립에 헌신했다. 신흥무관학교는 홍범도 대한의용군, 김좌진 북로군정서의 토대가 된다. 교장은 석주(石州) 이상룡(李相龍, 1858-1932)이다. 북경 이회영 집은 민족주의자, 공산주의자, 아나키스트, 혁명 투사의 등 독립운동의 사랑방이었다. 하지만 석영은 굶어 죽고, 건영과 신흥학교장 철영은 병사했고 호영은 의문의 죽음을 맞이했다. 고종의 망명을 계획한 다섯 째 동생 이시영만 살아남았다. 묘를 찾지 못해 동작동 현충원에 아내 이영숙 묘와 이회영(1867-1932)의 허묘가 있다. 이뿐 아니라 의성 김씨, 영덕 무안 박씨, 울진 평해 황씨. 영양 주실마을 한양 조씨의 문중 등 100여 가구 1000여 명이 만주로 떠나며 안동이 항일 독립운동의 거점이 됐다. 평가도 존경도 못 받으며 안타까운 과거 역사가 되어버리고 돌보는 이 없는 독립운동가 후손들이다. 독립투사 3대는 어렵게 살고 일제에 아부한 일본인이나 매국노, 친일파들은 아직도 3대가 떵떵거리며 잘 산다.

10) 구한말 만주 독립운동은 강화 계명의숙 교장으로 강화학파(양명학파) 이건승이 시원이었다. 심즉천(心卽天)으로 심학(心學)을 강조하는 윤증과 하곡 정제두(霞谷, 鄭齊斗, 1649-1736), 구한말 독립운동 강화학파(양명학파)로 이어진다.

(10) 서애 류성룡(西厓, 柳成龍, 1542-1607)은 임란 때 심각한 기근이 계속되자 압록강 중강개시를 열어 明의 곡식을 들여오고 전쟁 수행을 위해 소금과 철 생산을 관리하는 염철사를 건의하며 안팎으로 백성과 나라 구하기에 전력했다. 1590년 49세에 우의정과 이조판서를 겸직한 때 권율을 육군 사령관으로 정읍 현감인 이순신을 전라 좌수사로 추천한 덕분에 임란을 그나마 잘 막아냈다. 서애가 없었으면 이순신도 권율도 없고 승군도 없었을 것이다. 대동강-원산으로 대치 상태가 계속되고 明과 왜는 낮엔 싸우는 척하고 밤에는 화친하며 조선을 나눠 먹을 궁리만 했다. 왜와 명의 술수를 꿰뚫어 보며 나라를 구한 정승이었다. 심지어 왜는 明 심유경에게 진주성을 공격할 예정이라고 알려주었을 정도였다. 하지만 대비가 없었던 진주성은 개 한 마리까지 모두 도륙을 당했다. 류성룡이 공격을 채근하면 明 장군 이여송[11)]은 류성룡에게 또다시 왜구를 공격하라면 곤장을 치겠다고 위협했고 권율 장군을 처벌했다. 최고 관직인 영의정을 곤장을 때리라고 할 만큼 明의 횡포는 극에 달했다. 나라 잃은 재상의 굴욕이었다. 류성룡은 노비들이 왜적의 수급을 가져오면 양민이 될 수 있다는 당시로서는 획기적인 면천법을 시행했다. 이 면천법이 의병의 단초가 되며 죽음을 무릅쓰고 왜적과 싸우는 노비와 의병들이었다. 하지만 왜란이 끝나자 선조는 면천법을 없애고 피난길에 같이 도망친 관리들에게 공신 작위를 내리고 전쟁에 목숨을 걸고 싸운 충신을 죽이거나 푸대접했다. 나라를 도와준 은혜라며 재조지은(再造至恩)을 외치며 소중화를 외치며 조선과 명은 부자 관계가 되었다. 홍의장군 곽재우는 모함받아 임란 중 죽임을 당했고 이순신이 노량해전에서 목숨을 잃은 날 류성룡은 관직에서 쫓겨나 낙향했다. 이후 병자호란이 일어났지만 더 이상 의병이 없었다. 儒佛道와 풍수지리에 해박한 류성룡은 옥연정사 세심제에서 『징비록』을 집필했고 막부 사무라이들에게 베스트셀러가 되었다. 풍산 류씨는 대과에만 21명이 급제한 명가다. 병산서원(屛山書院)은 원래 풍악서당으로 류씨 교육기관이었으나 류성룡이 병산리로 옮기며 광해군이 존덕사를 세워 류성룡의 위패를 모셨다. 그의 사제사(賜祭祀)가 매 60년마다 열린다.

(11) 정기 식년시 삼일제(三日製, 3월 3일에 보던 과거)를 거행하면 응시자가

---

11) 이여송은 고려 장군 성주이씨 이장경의 후손이다.

너무 많아 창덕궁 인정전에서 금천교까지 늘어앉았다고 한다. 정시, 식년시는 조선의 정기적인 과거로 궐내에서 시험 보는 것을 말한다. 과거 시험 알리는 것을 방(榜)이라 하며 합격한 사람 이름을 적는 문서를 방목(榜目), 방목에 자기 이름이 오르는 것을 참방(參榜), 자기 이름이 오르지 않으면 낙방(落榜)이라 했다. 급제는 가문, 집안뿐 아니라 동네잔치였으며 서원에게도 큰 영광으로 모든 이들이 올인하는 유력가문들의 전쟁이었다. 세 가지 색깔 무궁화로 장식한 어사화와 대과 합격증 붉은 종이, 홍패(紅牌, 교지를 말한다)는 가보로 대를 물리기도 했다. 상서원에서 만든 마패는 말이 한 마리에서 다섯 마리까지 조각되어 있어 역원에서 이용할 수 있었다. 587년 隨에서 최초 과거가 시작되고 본격적으로 시행한 宋이다. 958년 고려 광종때 후주의 쌍기가 소개했다.

(12) 유교의 이념을 존중했던 관념 哲學의 사대부들은 절대적 기득권층으로 풍요와 편안히 소일하는 삶을 마치 자신들의 일상처럼 여기며 부정부패의 온상이었다. 이런 선비들의 청빈(淸貧)은 실생활에서의 물질적 궁핍, 재정적 가난이 아닌 많은 논밭과 노비가 뒤받쳐주는 철학적, 추상적 검약이었다. 아니면 그들이 자랑하는 큰 서원, 사당을 어떻게 건립하고 유지할 수 있었겠는가? 이황은 상당한 재산이 있는 의령의 김해 허씨 허찬(許瓚)의 딸과 결혼해 농지가 수십만 평, 노비만 3백 명이 넘었고 이이는 노비 119명, 토지를 나눠 가진 형제분재기(화회문기, 和會文記)가 전해온다. 그때나 지금이나 부동산은 최고의 재산이었다.

(13) 양반은 5대조 할아버지를 끝으로 관직이 없다면 양반에서 물러나는 것이 원칙이었고 높은 자리라도 자기와 어울리지 않으면 물러나는 게 선비들의 문화였으나 양반끼리 혼인으로 양반을 유지하는 데 급급했다. 왕족 역시 4대손까지 종친이었고 이후 사대부로 전환되며 과거를 허용했다. 양반은 임란 후 급격히 늘어나 숙종 때 6.7%, 정조 때 30%, 철종 때 44.6%로 많아지며 나라 재정은 빈곤해졌다.

(14) 삼국시대부터 호구 조사했고 조선은 호적을 3년마다 작성하며 양반과 중인, 대부분 농민과 상인인 상민(常民)과 천민으로 엄격히 인구 조사했다. 조선은 1392년 조선 인구 550만 명 중 노비가 150만 명(20-30%)이었다. 1415년 태종은 노비소유를 제한하는 법(1-2품 노비 130명, 3-6품 100명, 7품 이하 70명)과 종모법을 실시할 정도로 유력가문은 많은 노비를 보유해 조선 초부터 심각한 사회문제였지만 세종은 종부법을 시행해 노비

가 늘어났다. 임란 때 닥치는 대로 유린당한 조선은 붕괴 직전까지 갔고 왜란 직전 농지는 170만 결에서 54만 결로 줄어들었고 급격한 인구 감소(1511년 1000만, 임란 후 400-500만)가 있었다. 임란 후 감자와 고구마가 전해지며 인구는 폭발적으로 늘어났다. 노비 문적을 관장하던 장혜원이 불타버린 이유도 있겠지만 양반의 수가 평민, 천민의 수보다 많았고 1660년대 양반의 수가 절정에 이르러 17C 호적상 한성 인구 75%가 상민, 천민이었다. 노비는 토지와 함께 생산 기본 수단으로 노비 없는 양반은 없었다. 이황의 장남이 360명, 윤선도가 700명, 세종 아들 영응대군은 노비가 1만 명이나 되었다. 소수 권세 가문의 권력, 재산 세습화가 갈수록 심해졌다. 재산목록, 호적, 분재기에도 기록된 노비는 소나 말처럼 취급했고 천민의 인권은 무시되었다. 아들이 과거 급제하면 6명의 노비를 상으로 주기도 했고 계집종 몸값은 말값의 ⅓이었다. 노비는 재물이어서 문서에 명(名), 인(人)이 아니라 구(口)로 표현돼 있고 나이, 건강 상태, 결혼 유무, 소유주 등 호적과 분재기에 상세히 기록해 후일 상속 때 벌어질지도 모르는 만일의 불상사를 대비했다. 외거 노비는 주인집과 떨어져 다른 곳에 살며 연간 일정액의 노동력을 제공하며 양민과 다르지 않았고 또한 외거 노비는 재산을 축적해 토지를 소유할 수도 있고 노비를 가질 수 있었다. 1750년 靑나라는 노비제가 금지된다.

(15) 임란 때 잡혀가 3년 억류당한 일본 성리학의 아버지 강항(1567-1618)이 전해준 주자학이 막부와 상류층에 충격을 주며 막부는 주자학을 통치이념으로 삼고 문민정치를 시작한다. 강항의 제자격인 승려 후지와라 세이카(藤原惺窩)은 주자학 개조가 되고 오규 소라이(荻生徂徠, 1666-1728)는 주자학을 탈피해 현실 정치를 중시하며 새로운 철학을 제시했다. 18c 독자적인 도덕과 정치가 분리된 근대사상으로 확립되며 유럽 근대문명, 네덜란드 난학(蘭學)[12]으로 이어진다. 1760년대 에도에만 600개 난학 서점이 있었고 난학책들은 불티나게 팔려나가며 선진문화와 학문을 적극적으로 받아들인다. 1851년 유럽식 난학 교육기관(蘭學寮)을 설립하며 지식인이 몰두하기 시작했다. 일본이 근대화에 성공하고 제국주의의 바탕이 된 난학이었다. 당시 네덜란드는 유럽경제 절반을 차지하며 과학, 미술, 의학 등 각 분야에서 유럽을 선도했다. 1653년 7월, 타이베이에

12) 8대 요시무네(德川吉宗, 재위 1716-1751)는 난학을 공인했다.

서 나가사키로 가던 네덜란드 스페르베르호가 난파당하며 선원 36명이 제주도에 표류했다. 당시 최고 선박, 항해술, 무기를 가진 이들에게 잡초 베기, 땔감 만들기, 새끼 꼬기, 오물 치우기 등을 시키며 가두기에 급급했다. 1666년 하멜 등 7명이 일본으로 탈출하며 네덜란드로 돌아가 하멜 표류기를 출판했고 베스트셀러가 되며 영어, 불어, 독일어로 번역됐다.

(16) 삼국시대부터 남자들은 군역을 졌고 고려, 조선은 16- 60세 남자에게 1년에 2-6개월씩 교대하는 군역을 지웠다. 정도전은 모든 양인은 평소엔 농사를 짓다 순번이 되면 매년 1-2개월씩 군역을 지는 양인 개병제(良人皆兵制)를 실시했지만 개국공신 후손은 면세와 군역도 면제했다. 세종은 3품 이상 고관 자제들로 구성된 충순위(忠順衛)부대를 창설했다. 비참한 호란을 겪은 인조는 더 국방에 힘을 쏟아야 했지만 1627년 양반은 아예 군역에서 제외했다. 양반, 중인, 평민 등 16-60세 양인은 농번기를 제외한 연간 1-2개월 군역을 부담해야 했다. 거짓 신분을 얻어 향교에 등록만 하면 군역이 면제되어 왕족이나 공신의 자손으로 위장하거나 뇌물로 군역에서 빠졌고 서민은 병역 기피 수단으로 승려 자격증(도첩)을 받거나 절로 도망가 승려가 되었다. 성종 때인 1479-1483년 전국적으로 승려가 40만이다. 도첩은 아무나 승려가 되려는 것을 막아 승려 수를 제한하고 사원 건립 억제를 위한 것이었다. 조선 중기 토지에 대한 세금 전정(田政), 군포를 내는 군정(軍政), 곡식을 꿔주고 가을에 갚는 환정(還政)의 삼정이었다. 하지만 양반, 지주가 내게 되어 있는 지세도 농민에게 물렸고 추수기에 고리 이자를 받고 군역도 부담해야 하는 등 가혹한 징세로 이어졌다.

(17) 조선 왕들은 정월 초하룻날 중국 황제에게 망궐례(望闕禮)를 올렸다. 대궐에 황제를 상징하는 궐패(闕牌)를 모시고 문무백관을 거느리고 군신(君臣)의 예를 갖추었다. 숙종은 1704년 10월, 임란 때 구원병을 보낸 明 4대 신종(만력제, 1572-1620)을 제사 지내는 대보단을 창덕궁에 세운다. 1704년 송시열(1607-1689)의 유언에 따라 주자의 무이구곡(武夷九曲)을 본떠 권상하가 건립한 괴산 화양구곡(華陽九曲)과 만동묘는 소중화의 성지가 됐다. 화양은 중국문화가 햇빛처럼 빛난다는 뜻이다. 송시열과 서인은 오랑캐에게 짓밟힌 중화가 조선으로 건너왔다고 주장하며 망한 지 130년이나 된 明 연호(숭정, 崇禎)를 쓰며 淸 북벌론까지 주장했다. 그는 동방 18현, 기호파 수장으로 노론의 장기 집권 기반을 다진 실질적인 조선 왕이었다. 주자학을 자의적 해석하고 주자학 이외의 학문을 사악으로 규

정했다. 이후 주자학에 갇힌 선비들은 화이론(華夷論)과 소중화에 집착하며 한계를 벗어나지 못하고 폐쇄적, 교조적 학문으로 변질됐다. 영조 역시 명 태조, 신종과 마지막 의종까지 제사 지냈고 정조도 마찬가지였다. 대원군은 1865년 3월 29일 노론의 성지인 만동묘를 철폐했고 일제는 대보단 자리에 선원전을 지었다. 송시열은 청년 군주 숙종 때 장희빈 아들의 세자책봉과 자의대비 복상문제로 1689년 83세 노구로 귀양을 가던 중 정읍 길거리에서 사사 당했다.

(18) 宋 때 편찬된 小學은 어린이를 위한 생활 규범으로 착하게 사는 법을 가르치는 수신제가 학문이다. 스스로 수양해 집안과 나라를 다스려서 세상을 평화롭게 만드는 일을 가르치는 소학은 제왕학의 핵심으로 원자의 기본과목도 소학이었다. 유교 경전인 논어, 맹자, 중용, 대학의 4서, 시경, 서경, 주역 3경이다. 대학은 善의 학문, 중용은 誠의 학문, 맹자는 道의 학문, 논어는 仁의 학문, 시경, 통치학, 서경 순으로 공부한다. 유교 경전 4서, 논어, 맹자, 중용, 대학, 3경 시경, 서경, 주역이다. 詩經은 周나라 여러 제후국의 시가를 모아 놓은 시가집이다.

제5편 석굴암(국보 24호), 석굴사원

(1) 인도는 1200여 개 석굴사원이 있고 대표적인 아잔타 석굴은 조각보다 벽화의 시원으로 템페라 기법 회화가 유명하다. 일본인 우체부가 발견한 석굴암처럼 영국군 대위가 호랑이 사냥하다 우연히 발견한 아잔타 석굴이다. BC 2-3C부터 AD 7C 조성된 이 석굴은 현재 29개 석굴이 남아 있고 특히 9굴, 10굴에 가장 오래된 벽화가 있다. 중국은 둔황 막고굴, 낙양 용문 석굴, 대동 윈강석굴, 맥적산석굴 등이 유명하다. 366년 전진 때 낙준(樂僔)스님이 처음 조영한 둔황 막고굴은 벽화가 유명해 실크로드의 꽃으로 세계의 화랑이라 불리며 동서교류를 극명하게 보여준다. 부드러운 역암, 사암 등 찰흙, 모래로 이루어진 남쪽 492개, 북쪽 243개 총 735개다. 벽화를 떼어내면 5m 높이로 25km나 되며 또한 5만 점 불경과 고서화가 발견됐다. 영국 지리학자 스타인과 프랑스 동양학자 펠리오가 헐값에 사서 약탈해 간 후 세상에 널리 알려지며 둔황학이란 학문으로 탄생한다. 펠리오가 약탈한 17번째 장경 동굴에서 발견된 혜초의 『왕오천축국전』은 인도는 물론 중근동까지 세세히 기록해 당시 국제 정세 연구

에 중요한 자료로 세계 4대 기행문이다. 혜초는 해로로 인도에 갔다가 육로로 간다라, 서역을 거쳐 둔황에 머물렀던 것으로 기록되어 있다. 둔황의 신라 굴과 40여 개 굴에서 조우관을 쓴 고구려인이 발견되었고 몽골, 흉노, 티베트, 위구르가 조성한 벽화도 있다. 787년 티베트(吐蕃, 토번)에서 점령당해 약 70년간 지배받으며 밀교 상을 많이 조성했다. 남북조 시대(420-589) 후 隨가 통일하며 중국은 불교 국가가 된다.

(2) 마우리아 왕조(BC 322-185)를 세운 찬드라굽타는 셀레우코스와 전쟁해 파키스탄, 아프가니스탄, 네팔을 점령하고 대제국을 건설해 그리스, 페르시아 문화가 급속도로 유입된다. 그의 손자 아쇼카 왕은 형제 중 99명을 죽인 후 왕위에 올라 형제 살육을 괴로워하며 불교에 귀의했고 그의 아들 마힌드라는 스리랑카에 불교를 전파했다.

(3) BC 4C 피프라흐와 탑과 바이샬리 탑은 최초 근본 8탑으로 추측된다. 아쇼카왕이 건립한 것으로 알려진 산치 1탑은 지름 36m, 높이 17m로 연화대 기단(基壇), 동서남북 사방 문과 기둥마다 이집트 포도 무늬, 팔메트 등 페르시아 문화의 영향을 보여준다. 부처님 전생과 새, 꽃으로 장식하고 약시(여성), 약샤(남성), 신상(神像)이 보초를 서고 복발(覆鉢). 평두(平頭). 산개(傘蓋, 양산)가 둥그런 반원형 탑을 장식한 최초 정형화된 탑으로 평가받는다. 2탑과 3탑은 형체만 남아있다.

(4) 수천 년 전부터 인간의 이동은 끊임없이 이어져 왔다. 문화, 문명은 사람들끼리 접촉과 교류에서부터 시작되며 생활 습관, 의복, 음식 등이 서로에게 영향을 주고 진화했다. 실크로드는 지중해 연안부터 중앙아시아, 시안, 경주를 거쳐 교토까지 이어지는 인류 역사상 가장 크고 긴 만남의 길이었다. BC 3-2C 오아시스 물길을 따라 시작된 비단길은 타클라마칸 사막을 경계로 천산남로, 북로로 나뉜다. 18,000km로 하루에 40km를 가도 1년이 넘게 걸리는 길이다. 마치 바다 위에 점점이 떠 있는 오징어 배와 같은 오아시스 도시로 이루어진 실크로드다. 끝없는 대지에서 말과 양을 주식으로 살아가는 터키인, 페르시아인, 네팔, 티베트인, 위구르인, 몽골인 등 수많은 민족, 다양한 나라가 동서남북 종횡으로 그물코같이 서로 얽혀 모자이크를 이룬 약육강식의 길이었다. 길목마다 위험이 기다리고 있었고 단 한 번의 작은 실수와 미숙한 준비는 죽음을 의미했다. 도적 떼가 들끓고 군인의 습격을 받기도 하며 곳곳에 보이는 말과 낙타 뼈, 해골이 굴러다니고 나는 새조차도 두려워하는 천 길 벼랑길이

었다. 각 왕국에서는 이런 위험을 줄이고 치안을 유지하기 위해 곳곳에 초소를 세우기도 하였다. 거래되는 품목에 따라 국수의 길, 면화의 길, 종이와 활자의 길, 모피의 길, 옥의 길이라 불렸고 현 중국은 一帶一路 정책에 따라 에너지길, 철도길, 광물의 길이라 부른다. 캐러밴과 불교, 이슬람교, 기독교의 길이었다. 10명 중 2-3명만 돌아온 서역 구법승은 단순한 종교 지도자뿐 아니라 문화를 전달하는 종합 문화사절단으로 낙타 등 위에서 불교, 기독교, 아라비아 숫자, 대수학, 기하학이 퍼져나갔다. 19C 독일 지리학자 리히텐호프가 지리학서에 발표한 비단길이다.

(5) BC 8C 페르시아 국교, 조로아스터교(배화교, 拜火敎)는 신 중의 신, 지혜의 신, 정의의 신으로 우주를 관장하는 善과 빛의 유일신 아후라 마즈다를 경배하였다. 조로아스터가 30세 때 계시받아 창시했다고 하며 불을 신성시해 제단에 불과 봉헌물을 올린다. 인류 최초 종교로 유일신, 천사와 악마, 메시아(조로아스터), 지구 종말과 내세관, 인과응보, 영혼의 부활 등 유대교, 기독교, 힌두교, 불교, 이슬람에 많은 영향을 주어 세계 종교의 원형이라 불린다. 망자의 삶을 저울에 올려놓고 심판한다고 한다. 기독교와 이슬람의 뿌리인 유대교 유일신과 토라는 BC 5-7C 페르시아 정복 아래 바빌로니아 유배 시대에 조로아스터교의 영향으로 정립됐다. 조로아스터교는 죽음을 불결하다고 믿어 신성한 흙, 불의 오염 방지를 위해 화장이나 매장하지 않고 돌 기단을 쌓고 시신을 얹는 조장(鳥藏)을 했다. 육신을 빨리 하늘로 보내야 다음 생에 빨리 태어난다고 믿는다. 7C 압바스가 침입해 사산조 페르시아(226-651)가 멸망하고 조로아스터교는 7C부터 사라지며 중국 북위(386-534) 배화교가 소개된다.

(6) VEDA는 성스러운 지식이란 뜻으로 지혜의 시(詩)인 RIG VEDA, 아따르, 야쭈르, 사마, 야유르(전통 의술) 등 수많은 VEDA가 있다. 인도의 역사적 문학 작품인 〈마하바타라〉는 BC 10-14C 사촌인 빤다와 까우라 사이의 전쟁과 삶을 노래한 시다. 신과 사후세계가 주된 가르침으로 탄생했고 불경 역시 역사적 문학작품이며 개신교의 부활 신앙은 종말이 온다는 유대교 묵시문학의 영향을 받았다. 구약은 유대 신화가 전승된 것을 BC 15C - BC 4C에 문자로 기록했다.

(7) 힌두교 창조신 브라흐마가 연꽃에 앉아 세계를 창조했다는 것에서 유래한 연꽃으로 인도 국화(國花)다. 연꽃은 자궁과 탄생, 창조력과 생명력, 순수함, 청정함으로 진리, 극락을 상징하며 無 불상 시대는 부처를 상징

하며 힌두교, 불교 우주관의 중심이다. 연꽃이 활짝 핀 것은 성불한 것을 뜻하며, 피지 않은 꽃봉오리는 장차 피어날 불성을 상징한다. 도교에서 팔선(八仙), 유교는 연꽃은 진흙에서 자라지만 청정함을 잃지 않아 속세를 초월한 군자의 상징으로 조선 선비에게 백련(白蓮)은 올곧은 선비, 사랑, 화합, 풍요와 다산, 홍련(紅蓮)은 화려, 고귀, 농염한 미인을 뜻하고 무속에서는 수명을 보호하고 복을 주는 꽃이라 여겼다. 메소포타미아 이슈타르 여신, 페르시아 水神 아나히타(ANAHITA)에서 유래된 연꽃은 영원한 삶, 태양숭배를 상징한다. 카이로 국립박물관 연못은 여신(ISIS)이 파피루스(PAPYRUS)와 연꽃을 들고 당당한 자태를 자랑한다.

(8) 랴오허 서쪽에서 중국에서는 발견된 적이 없는 북방 기마민족 동이족의 묘제, 적석총이다. 고구려 초기 고분은 거대한 피라미드형 적석총이며 웅건한 기상을 표현하고 있다. 백두산을 향하고 있는 장군총은 장수왕이나 광개토대왕 무덤으로 추정하고 있다. 서울 석촌동 백제 적석총에서 고구려 화강암 묘(廟)의 원형을 볼 수 있다. 한성백제의 전성기를 이끈 근초고(재 346-375)왕 능으로 추정되는 가장 큰 3호분은 동서 길이 50.8m, 남북 길이 48.4m 네모난 3단 계단식 돌무지무덤이다. 1910년대만 해도 석촌동, 방이동에 수 백기 고분이 있었다. 현재 8기가 복원돼 있다. 5C 이후 화려하게 장식한 벽화로 유명한 무용총, 각저총 등은 돌 방을 흙으로 덮은 봉토분이다.

(9) 중국 남화선사는 조계문, 보림문, 사천왕문의 三門으로 첫 문을 산문(山門), 두 번째 대문(大門), 세 번째를 중문(中門)이라 불렀다. 7C까지 신라, 백제, 일본의 법륭사, 아즈카사, 사천왕사는 대문, 중문, 탑, 금당, 강당으로 2문이었고 3문 법칙(총문, 總門)이 아직 일반화되지 않은 것을 보여준다. 불국사에서 보듯이 통일신라 이후 삼문이 시작되었고 고려시대 확립되었다고 추측한다. 북좌남향으로 남문(南門)은 오시(午時)에 해당해 오문(午門, 자금성)이라 불리기도 한다. 신라, 백제는 강당을 축으로 남북 선상 2문이지만 일본은 강당을 축으로 탑과 금당을 좌우에 세워 금당과 탑이 마주 보고 있다.

(10) 금강저는 삼지창으로 반석, 절대적인 진리, 지혜, 빛, 깨어지지 않는 금강과 남성을 상징한다. 바즈라종은 여성적 에너지, 현실 세계를 의미한다. 금강저, 금강령은 주로 밀교에서 널리 사용하는 법구로 고려 때 티베트와 몽골불교가 전래된 이후 사용하기 시작했다. 2014년 8월 도봉서원

을 발굴하며 5대 명왕과 사천왕이 새겨진 청동 금강저가 나왔다. 1573년 지은 도봉서원은 고려시대 도봉사(영국사)란 절이었다. 고려의 절들이 조선의 억불정책으로 서원으로 바뀌었다. 그리스 제우스 신 역시 바람, 폭풍, 비, 구름을 다스리는 삼지창을 가졌고 바다의 신 포세이돈의 상징이다.

(11) 제3의 눈은 우주를 이해하며 인간을 꿰뚫고 통찰하는 눈을 뜻한다. 청정한 肉眼), 원만한 天眼, 신통한 지혜의 눈, 자비심이 가득한 부처의 눈을 말한다. 만물은 시작과 끝이 있고 창조와 파괴가 우주의 이치라는 파괴의 신, 시바의 눈이다. 인도 여성들이 미간에 붙이는 점, 반디는 존경, 사랑, 번영 등을 뜻한다.

(12) 삼도(인간-비구-여래)는 윤회하는 인과를 표현하고 三界란 감각적 욕망(慾界) 물질세계(色界), 천상 세계(無色界)를 말하며 이는 다시 지옥계, 아귀계, 아수라계, 축생계, 인간계, 천상계 등 육도로 나뉜다. 통일전쟁 때 삼국 불상도 마르고 살집과 삼도가 없었고 통견의를 입었다. 당시 사회 분위기를 닮은 표현을 의미하며 시대에 따라 환경 변화와 인간의 변덕으로 부침을 겪으며 시대적 배경을 보여주는 부처다.

(13) 항마촉지인(降魔觸地印, BUMISPASHA)은 선정에 든 부처에게 마왕(MARA)이 열반을 의심하자 석가가 악마를 내쫓으며 오른손을 들어 땅을 가리키고 지신(地神)을 불러 마군의 항복을 받은 수인이다. 예수 역시 악마에게 시험을 받은 유혹의 산 엔리코다. 우리 부처는 대부분 오른발을 왼 무릎 위에 얹은 항마좌이나 외국은 왼쪽 발을 오른쪽에 올려놓은 길상좌다. 오른팔을 다리를 세운 오른 무릎에 얹고 왼손으로 땅을 짚은 아소카왕의 윤왕좌는 원, 티베트 불교의 영향으로 고려 11-12C부터 관음보살 특히 수월 관음의 자세로 많이 표현했다. 반가부좌(半跏趺坐)는 가부좌한 다리 중 왼쪽 다리를 내려고 오른쪽 다리를 왼쪽 허벅지 위에 올린 것을 말한다. 유희좌(遊戲座)란 한쪽 다리는 세우고 다른 다리는 아래로 내려놓은 자세로 정면을 응시하는 자세를 말한다. 삼산관을 쓰고 상체는 당당하며 늘씬한 반가사유상(국보83호), 생동감 있고 온화한 입가의 미소 등 여성적인 금동 일월식 반가사유상(국보 78호)은 오른쪽 발목을 왼 무릎에 얹은 수평으로 접은 결가부좌(結跏趺坐)의 자세다. 아름다운 옷 주름, 균형 잡힌 우아한 곡선미를 느낄 수 있는 미륵반가(半跏)상이다. 이러한 반가사유상은 6C 후반 북제의 영향을 받아 신라에서 많이 조성되었다.

(14) DOME 천장과 원형 바닥으로 이루어진 아프가니스탄 바미얀 석

굴은 석굴암과 같은 형식이다. 로마 판테온 도움 천장에서 유래된 원형 천장이다. AD 2C 세워진 모든 신을 숭배하는 만신전 로마 판테온은 직경 8m 열린 천장은 태양을 상징한다. 내부 가장 높은 곳에 회중석이 있어 사원 내부로 직접 빛이 들어와 빛의 바다를 이루며 신의 세계를 표현했다.

(15) 일제는 조선을 자치할 능력이 없는 미개하고 야만의 나라로 묘사했다. 조선을 지배하기 위해 철저히 공부하며 문화를 파괴하기 시작했다. 1916년 조선 고적 연구, 조사한다는 허울 좋은 명분으로 고고학, 역사학, 인류학, 민속학자를 동원해 전국을 마치 파이처럼 나누며 샅샅이 조사해 세밀하게 기록하고 파괴했다. 개성, 강화도, 김해, 함안, 경주, 창원 등 전국을 파헤쳤다. 궁을 비롯하여 이름 있는 산에 쇠말뚝 박기, 우리 강산과 지역의 이름 바꾸기 등 자기들 입맛에 맞게 변형했다. 불법 도굴된 약탈품들이 일본 국보가 되며 전시되고 있다. 오사카시립 동양도자기 미술관에는 총 965점 전시품 중 200점이 국보급 조선 도자기며. 국립 東京박물관은 오구라가 기증한 한국 문화재 1,030점이 오구라 컬렉션으로 소장하고 있다. 한국학이나 한국사를 연구하는 사람은 반드시 일본 가서 연구해야만 하니 기가 찰 노릇이다. 문화재도 집 떠나면 개고생이다.

(16) 석가모니는 그의 참모습(형체)을 왜곡할까 염려해 제자들에게 자신의 형체를 만들지 말라고 했다. 자신을 왜곡할 수 있고 불상은 허상에 불과하다고 생각했다. 예수의 얼굴을 그리기 힘겨워했던 미켈란젤로같이 인도인들도 인간의 한계를 초월해 열반에 든 부처를 인간의 형상으로 담아내기는 어려웠으리라! 법륜(다르마 차크라)은 비슈누의 7개 무기 중 하나로 우주를 통치하는 최고 신을 장식했다. 부처님은 뽕나무와 상록수로 신성하게 여기는 보리수(PIPPALA) 아래서 깨달음을 얻는다.

(17) 두려움을 모르는 강인하고 카리스마 넘치는 알렉산더는 정복지에 자신의 이름을 딴 알렉산드리아란 도시를 17개나 남겼다. 아리스토텔레스의 제자답게 정복지까지 정치와 지리, 자연을 연구하는 학자들을 데리고 다닌 학자 왕이며 학자군대였다. 통치의 지장이 없는 한 정복지의 신과 종교를 포용했다. 전통적 보병 전쟁에 처음으로 말을 도입해 중무장한 기병을 창설하고 궁수와 그리스식 밀집 방진대로 이루며 전쟁개념을 바꾼 혁신적인 알렉산더의 부대였다. 이집트 철학, 과학, 음악, 조각을 숭배해 지중해 남동부 최대 교역 도시 알렉산드리아를 건설했다. 그의 영

향으로 서구 문명, 사상은 세계를 가로지르며 전파되기 시작했고 세계는 좁아지기 시작했다.

(18) 알렉산더가 죽자 원정로를 중심으로 그리스와 페르시아, 인도 오리엔트 문화가 혼합된 헬레니즘 문화를 꽃피운 식민도시가 세워졌다. 박트리아(BC 246-138, 페샤와르)에서 간다라 예술이 탄생하며 쿠샨(78-226), 굽타(320-550) 왕조로 이어진다. 기마민족 월지족(이란계 백흉노)이 아프가니스탄, 북인도, 東 투르키스탄을 정복하며 세운 쿠샨왕조는 그리스, 이집트 등 다채로운 복합적 외래문화를 받아들여 간다라미술 발전에 기여했다. 2-3C 경 번영을 이룬 쿠산은 보수적, 민족적이면서도 이집트의 포도 넝쿨 무늬, 팔메트 문양, 기법 등 외래문화를 인도화하고 발전시켰다. 간다라미술은 8-9C 쇠퇴하 였고 11C 회교도 침공으로 불교가 사라지기 시작한다.

(19) 보살(BODHISATTVA)은 보디(BODHI: 깨달음), 사트바(SATTVA)는 중생을 의미하며 깨우친 이, 깨우칠 이, 깨우칠 중생으로 대승불교에서 유래했다. 부처 세계에 들 수 있으나 인간세계에 남아 중생을 교화한다. 보살은 반야바라밀(般若波羅蜜), 보시(布施), 지계(持戒), 인욕(忍辱), 정진(精進), 선정(禪定)을 상징(보관, 귀걸이, 팔찌, 목걸이, 허리장식, 발찌)하는 장식과 보관을 쓰고 천의(天衣)를 걸친 인도 귀족의 모습이다. 모든 욕망에서 벗어난 부처는 장식이 없다. 브라흐마의 아내, 풍요의 여신, 사라스바티(SARASVATI)가 관음보살의 시원이 되었다. 부처의 우측 보현보살은 선정과 실천을 맡고 있으며, 흰 코끼리를 타고 오른손은 작은 찻잔을 받들고 왼손은 천의 자락을 잡고 있다. 문수보살은 부처님의 좌측에서 반야의 지혜를 상징하며 앳된 동자로 형상화되기도 한다. 또한 여래(如來, TATHAGATA)는 피안과 이승세계를 왕래하며 시공간 어느 곳이나 존재하는 분, 부처가 될 수 있는 불성(佛性)을 가진 이, 같이 온 분, 가신 분, 진리의 체현자, 수행을 완성한 분이다.

(20) 아바타(AVATA)는 부처가 중생을 제도하기 위해 인간세계로 내려오며 때와 장소를 가리지 않고 여러 모습으로 현신하는 것을 말한다. 관음(觀音菩薩)이 33가지 모습으로 나타나는 것을 보문시현이라 한다. 관음의 아바타로 여기는 달라이라마는 바다처럼 위대한 스승의 뜻이다. 힌두 신들은 아바타로 변신해 인간이나 동물로 다시 태어났다. 무적 전사인 크리슈나도 비슈누의 아바타이며 그리스 티토스의 공주 에우로페(EUROPE)가 황소를 좋아하자 제우스가 황소로 변신해 공주를 유혹해 납치한다.

이 황소는 제우스의 아바타다.

(21) 제국주의는 나라의 자존심과 정체성이 담긴 문화재를 경쟁적으로 훔쳤다. 오스만 튀르크의 영국 외교관 엘긴의 영주, 토머스 브루스(1766-1841)가 후진국은 문화재를 보존할 능력이 없어 과학적인 관리를 할 수 있는 선진국, 영국이 보관해야 한다는 명분을 내세우며 1799년부터 20회에 걸쳐 파르테논 신전의 석조유물 40%를 반출했다. 엘긴 대리석은 대영박물관 전용 전시실(Ellen's marble)이 있고 파르테논은 폐허에 가까운 모습으로 기둥만 남아 있다. 아테네의 수호여신 아테나를 모신 파르테논은 BC 490년 아테네와 페르시아 간 마라톤 전투를 기념하기 위해 지은 건물로 그리스 문명의 절정이라 불린다. 그리스는 문화재 반환을 놓고 협상 중이다. 8백만 점 유물을 소유한 대영박물관은 건물과 수위만 빼고는 전부 약탈 유물이라고 할 정도다. 약소국 유물을 약탈한 후 자국의 것으로 삼는 것을 문화제국주의(ELGINISM), 문화국가주의라 한다. 이에 반해 민족의 다양성, 자존심을 반영해야 한다는 문화 보편주의다. 2019년 문화재 반환-증여- 인도란 말장난뿐인 일본 문화재 반환이다. 수많은 일본 엘긴의 책, 도자기로 인해 지금까지 한국의 고대사는 전부 안개에 휩싸여 있다.

제6편 불국사

(1) 『삼국사기』는 헌강왕 때 북악신, 토함산 산신을 호국신으로 받들며 경덕왕 때 오악삼산신(五岳三山神)에 제사 지냈다고 기록하고 있다. 오악신은 선도산 성모, 치술산 신모 등 대부분 여성 산신이었다. 육촌장이 하늘에서 내려왔다는 중악, 낭산(狼山), 토함산(동), 선도산(서), 남산(남), 소금강산(백률사의 금산 또는 명활산, 북)으로 둘러싸인 화백회의가 열리는 신성한 영지였다. 후일 동 토함산, 서 계룡산, 남 지리산, 북 태백산, 중앙 팔공산이 오악으로 발전한 것으로 추측된다. 토함산은 동해에서 반월성까지 최단 통로(20km)로 왜구와 적의 침입을 막기 위해 곳곳에 명활산성, 남산신성, 도당산성, 고허성, 토성산성 등 많은 산성을 쌓았다. 이성계도 조선 건국 후 금강, 지리, 묘향, 삼각, 오대산에 오악 산신제를 봉행했다. 중국 황제가 천신과 지신에게 제사를 지낸 봉선을 거행하는 도교 성지, 동악 태산(泰山), 서악 화산(華山), 남악 형산(衡山), 북악 항산(恒山), 소림사가 있

는 중악, 숭산(嵩山)이다.

(2) 後漢 말 이후 인도, 중앙아시아 출신 승려에 의해 초보적인 번역이 이뤄졌으나 쿠차 왕족 출신 구마라집(Kumrajva, 鳩摩羅什, 343-413)이 300여 권 경전을 번역해 불교 전파에 이바지했다. 불교 전래 후 그의 역경 때까지 약 300년을 격의(格義) 불교 시대라 부른다. 격의 불교는 도교의 천계 신선 세계를 극락세계, 천인합일(天人合一)을 해탈, 승천(勝天)을 열반, 반야(般若)를 무(無) 등 중국식 도교의 개념으로 쉽게 설명했다. 유불도(儒佛道)의 근원이 같다는 삼교동원(三敎同原)으로 발전한다.

(3) 선덕여왕 분황사, 진성여왕 해인사, 문무왕이 679년 건립한 최초 1금당 2탑 사천왕사가 나라를 지키는 국찰(國刹)이었다. 세조 봉선사, 세종(영능)의 신륵사, 성종 봉은사, 사도세자 용주사, 순조 흥국사가 왕릉을 지키는 능침 원찰이다. 원찰(願刹)이란 사찰 창건, 중수, 보시하며 안녕과 명복을 기원하는 사찰을 말한다.

(4) 일주문(一株門)은 진리의 세계로 들어가 세속의 번뇌를 잊고 불교에 정진하는 수련을 상징한다. 불이문(不二門)은 일즉다다즉일(一卽多多卽一)을 상징하는 문이며 해탈문, 회전문(廻轉門) 등이 있다. 보통 일주문이 정문이면 불이문은 뒷문이지만 운문사, 마곡사같이 일주문이 되기도 한다. 윤회와 전생을 깨우치는 의미의 청평사 회전(廻轉)문이다. 어느 날 고승과 어린 동자승이 개천을 지나고 있었다. 마침 예쁜 여인도 물을 건너려 했으나 전날 비가 많이 와 여인은 건널 수 없었다. 고승이 기꺼이 여자를 업고 강을 건너고 각자 길을 떠났다. 그날 저녁 동자승은 고승에게 찾아와 어떻게 여자를 업을 수 있느냐며 고승에게 따지듯 물었다. 고승은 껄껄 웃으며 "얘야, 우리는 개천을 건넌 후 헤어졌는데 너는 아직도 그 여자를 아직도 가슴에 품고 있구나?"라 했다고 한다. 어느 날 학식 있는 선비들이 고승을 찾아와 득도에 관해 물었다. 고승은 대답하지 않고 바람에 흔들리는 나무를 가리키며 조용히 물었다. "왜 나무가 흔들리느냐?" 어떤 이는 바람이요, 어떤 이는 나무라 했다. 흔들리는 것은 자네의 마음이라 말했다고 한다. 당신이 생각하는 그것이 정답이다. 정답이 없는 선문답이며 마음먹기에 달렸다는 일체유심조(유교의 만물일체)다. 1,700여 개 공안(公案, 화두)이 있다. 예수는 어느 날 베드로에게 물 위를 걸으라 했다. 하지만 베드로는 의심이 들어 물로 들어가지 못했다. 베드로는 예수의 계속된 재촉에 마음을 단단히 먹고 강으로 나갔다. 물 위를 걸으며 기적

을 행하던 베드로는 의심하며 발밑을 바라보는 순간 빠졌다. 예수가 놀란 베드로에게 한 말은『믿어라』였다.

(5) 불두화(snow ball)는 4월 초파일 전후에 피며 부처 머리모양 같고 꽃이 떨어지면 열매가 없어 자식 없는 불자와 같다. 자생하는 백당나무를 개량한 불두화(상사화)는 꺾꽂이, 접붙이기가 없다면 생존할 수 없는 무성화다. 상사화 뿌리는 좀이 나지 않고 색이 바래지 않아 탱화, 단청의 재료로 쓰이며 산사의 앞마당과 주위에 심었다.

(6) 신장에 따라 문 이름이 정해지며 사천왕상은 천왕문, 인왕은 인왕문 또는 금강문이라 한다. 해인사 사천왕문은 앞산 비봉산 화기를 막기 위해 봉황문이라 했다. 풍수상 절 앞산이 火山이거나 봉황이 깃든 산을 봉황문이라 칭한다. 춘천 구룡사 일주문은 원통문이며 마곡사는 절 가운데로 내가 흐르는 절묘한 배치와 해탈문을 지나야 천왕문이 나오는 특이한 구조다. 문무왕이 지은 사천왕사에서 발견된 양지의 사천왕상이 가장 오래되었고 현 사천왕상 중 가장 오래된 장흥 보림사 사천왕이다. 인조 때 벽암 대사가 지은 법주사 천왕문은 가장 크고 문 앞 소나무가 마치 금강역사를 대신하듯 당당하다.

(7) 9C 초 완도 출신 장보고는 산둥에서 일어난 난을 평정하며 무령 소장이 되었으나 해적들이 동포를 납치해 노예로 파는 것을 보고 828년 완도에 청해진을 설치했다. 청해진은 남해와 서해가 만나고 중국 닝보- 흑산도-청해진-사천 늑도- 부산- 쓰시마- 후쿠오카를 연결한 국제 교통로였다. 당, 왜의 무역선, 견당사들은 반드시 완도를 거쳐야 해 장보고는 왜와 당의 무역은 물론 오키나와까지 아우르는 중계무역을 했다. 산둥성 신라 사찰인 법화원, 신라소 등 닻을 내리는 곳마다 절과 무역 사무소를 짓고 상인과 선승을 적극적으로 후원한 해상왕이었다.『삼국사기』와『續일본서기』,『당서』에 자세히 기록된 인물이다. 흥덕왕 비석에 무역지인간(貿易之人間)으로 기록된 장보고는 스페인 무적함대를 격파한 영국 SIR DRAKE와 같다. 최근 청해진의 중심지인 장도에서 월주요 등 청자와 고려자기의 태동을 알리는 가마가 발굴되었고 2013년 진도 앞 명량해협에서 삼국시대 토기를 비롯해 기린, 오리, 원앙 등 고려청자가 발견되었다. 당시 왜의 견당사는 십수 년 만에 한 번씩 파견되었으나, 신라와는 22년 동안 무려 15차례 통교했다.

(8) 경전, 교리 중심 교종은 법당, 탑이 중요한 예배의 대상이지만 선, 득

도 중심인 선종은 부처의 마음으로 수행이 중요하다. 중국 남종선의 육조(六祖) 혜능(638-713)이 40년간 조계산에 머물며 광동성 조계산 보림사(남화 선사)를 열고 남종선의 시조가 되었다. 혜능(638-713)과 마조(709-788) 도일을 이어받은 신라 9산이다. 9C 말부터 선종이 대중화되고 마조의 제자인 지장 선사로부터 전법을 받은 신라 말 도의 선사가 처음으로 가지산을 열고 속초 진전사를 창건했다. 이후 많은 선종 사찰이 건립되었고 경애왕이 선불교를 공인했다. 선종은 무학, 서산, 휴정을 거쳐 중시조 경허(1849-1912), 꽃 피운 경봉(1892-1982), 만공(1871- 1946) 선사로 이어졌다. 나라가 위급할 때 거침없이 칼을 들고 전란에 참가한 선승들이었다.

5교(교종)와 5대 적멸보궁[13]		9산(선종)
자장: 계율종 양산: 통도사		도의: 가지산 장흥 보림사
의상: 화엄종 영주: 부석사		홍척: 실상산 남원 실상사
원효: 법성종 경주: 분황사		혜철: 동리산 곡성 태안사
진표: 법상종 김제: 금산사		범일: 사굴산 강릉 굴산사
보덕: 열반종 전주: 경복사		무염: 성주산 보령 성주사
5대 적멸보궁	**삼보사찰**	지선: 희양산 문경 봉암사
오대산 상원사	해인사	이엄: 수미산 해주 광조사
영취산 통도사	송광사	현욱: 봉림산 창원 보림사
태백산 정암사	통도사	도윤: 사자산 영월 흥녕사
사자산 법흥사		
설악산 봉정암		

(9) 우리 선종은 연기(因起)법과 무아론(無我論)이 핵심이다. 삼라만상이 인연으로 맺어져 있는 직간접적, 상호 의존적인 인연으로 인해 끝없이 생

13) 적멸보궁에는 불상이 존재하지 않는다.

성, 소멸하는 인연, 인과(업, KARMA)를 뜻하고 그 안에 영원토록 변치 않는 실체인 我가 없다는 無我, 공(空)이다.
(10) 달마의 수행도량, 소림사는 동양 무술의 시작으로 본다. 붉은 눈이 내리면 제자로 삼겠다는 달마의 말에 스스로 팔을 잘라 눈을 붉게 물들이며 깨달음을 얻은 혜가다. 혜가의 한 팔을 기억하기 위해 소림사 승려가 한 손으로 합장한다. 달마, 2祖 혜가, 3祖 승찬, 4祖 도신, 5祖 홍인, 6祖 혜능, 마조로 이어진 선불교의 황금시대였다.

혜가가 자른 한 팔

(11) 죄인 옷인 삼베옷을 입고 전국을 유랑한 마의태자 전설이 깃들어 있는 수안보 미륵대원은 북쪽을 바라보는 미륵불(보물 96호)과 돌무더기만 남아있다. ㅁ 형태의 충주 미륵대원은 절 내에 야생동물로부터 말을 보호하기 위해 ㅁ 자 형태 마방이 있었고 바깥 ㅁ 자는 마부, 보부상, 봇짐, 등짐 꾼 등 여행객 숙소와 마의(馬醫)도 있었다. 조선시대 노원구에 가난한 이를 구호하고 병자를 치료했던 보제원(普濟院), 파주 혜음원이 있었다. 임란 후 院 제도가 폐지되며 서민의 숙박업소, 주막 등이 생겨났다.
(12) 그렝이 기법은 고구려의 튼튼하고 치밀한 축성술에서 유래된 고유한 돌쌓기 기술이다. 아랫돌 굴곡에 맞추어 윗돌을 자르고 잔돌과 막돌을 섞어 배치했다. 부석사 9품 석단(石壇)이 가장 정교하다.
(13) 대장경이란 부처가 49년간 설법한 경전을 말한다. 구전으로 전승되어온 부처의 말씀을 BC 1C 스리랑카 알루비하라 동굴사원에서 최초로 문자로 기록되기 시작했다. 종려나무 어린 잎(PIPPALA, 貝多羅)을 찌고 기록해 대나무 바구니에 담은 율장(律藏), 경장(經藏), 논장(論藏) 등 삼장을 TRIPITAKA라 한다. 쪄서 말리면 누런색이 되어 아직도 불경은 누런색이 전통이다. 부처는 서민, 하층민 언어인 팔리어로 설법했다. 팔

리어 경전은 주로 동남아로 산스크리트 경전은 중국과 한국으로 전해졌다. 많은 승려, 속인들이 불교를 배우기 위해 보리수(菩提樹, pippala)로 모인 것을 비유해 총림(叢林)이라 한다. 강의를 주로 하는 강원, 경전과 계율을 담당하는 율원, 스님이 수행하는 선원을 갖춘 사찰을 말한다. 삼보사찰과 덕숭총림 수덕사, 고불총림 백양사, 동화사를 더하여 6대 총림이다.

(14) 운문사는 법고, 범종, 운판, 목어의 순서, 월정사는 목어, 법고, 범종, 운판으로 절마다 다른 것 같다. 목어는 뿔 달린 용두어신이 대부분이지만 아가미와 지느러미를 갖춘 잉어 모습을 한 것 등 갖가지다. 운판의 문양은 구름 모양이다.

(15) 인간의 신체를 기초로 시작된 척도, 계량이었다. 도량의 정밀화와 표준화는 제왕 권력의 상징이었다. 바빌로니아 샤마시神 역시 함무라비왕에게 길이를 재는 자를 주었다. 로마, 진시황도 사람과 물자의 원활한 이동과 계량의 통일이 선 과제였다. 권(權) 자는 무게를 저울 재는 사람, 권력을 가진 이를 의미한다. 동양의 척은 발 길이, 촌은 엄지손가락 굵기였다. 서양은 헨리 1세의 발을 기준으로 FEET가 나왔고 1인치는 엄지손가락의 길이, 1야드는 코끝에서 손끝까지의 거리였다. 周 나라는 20㎝, 漢 23.7㎝, 唐 29.7㎝다. 신라는 당척(唐尺, 29.7cm)을 사용했고 고구려는 35.51㎝, 고려시대 봉정사 극락전, 수덕사 대웅전, 장안사 대웅보전, 개성 만월대는 31cm다. 나라마다 무게나 길이의 크기가 달라 큰 혼란이 일어났고 관리들은 도량을 악용하며 말로 받고 되로 주는 등 서민을 수탈해 암행어사는 자를 가지고 다니며 부정을 조사했다. 일제 강점기까지 마을마다 계량형 길이, 됫박의 크기가 지방마다 들쭉날쭉했다. 2014년 후기 구석기 시대 22개 눈금이 있는 세계 최고 자갈돌 자가 단양군 적성면 하진리에서 발굴되어 화제가 되기도 했다.

(16) 사리(SARIRA)는 산스크리트어로 육체, 시신을 뜻한다. 신성한 부처님의 사리(舍利) 분배를 두고 여러 부족 간에 이견이 벌어졌다. 제자 도나(Dona)가 8등분해 사리탑을 건립했다. BC 4C 피프라흐와 탑과 바이샬리탑이 최초 근본 8탑으로 추측된다. 사리가 안치된 스튜파(복발, 覆鉢)가 신앙의 중심이 되었다. 불탑은 수미산을 상징하며 탑신(塔身), 상륜부로 구성되어 있다.

(17) 국내 불탑 492기 중 안동, 여주 등 8기(1.6%)만 남아 있는 전탑이다.

신륵사, 안동 조양동 전탑도 기단은 화강암이다. 철로에 갇혀 있는 듯한 높이 17m 안동 신세동 7층 석탑은 장안 대안탑을 모델로 만든 신라 최대 전탑이다. 이 탑은 각층 지붕 윗면에 기와를 올렸던 흔적이 있어 목탑이 석탑보다 앞섰다는 것을 말하며 미륵사 탑의 흔적을 보여준다. 전탑은 벽돌로 쌓아 특별히 무게를 지탱해주는 큰 돌이나 기둥(우주)이 없어 자주 수리해야 할 정도로 관리가 어려워 왕의 무덤까지 벽돌로 화려하게 지었던 백제의 전탑은 모두 사라진 것으로 추측한다.

(18) 진흥왕이 새 궁궐을 짓던 터에서 황룡이 나타나자 자장의 건의로 용수(김춘추 아버지)가 총감독, 도편수는 백제 아비지였다. 당시 나제동맹으로 백제는 많은 장인을 보내주었다. 늪지에 굵은 돌을 깔고 흙을 시루떡처럼 수십 번 켜를 깔고 다지며 16년 만에 기초(9,500평)를 완성했고 4대 왕 93년이 걸린 최대의 절, 최고의 황룡사 목탑이었다. 1층부터 9층까지 외적인 거란, 당, 백제, 고구려, 왜 등 9개 나라를 새기며 외적을 물리치기를 기원한 호국 탑이다. 그 자체가 장엄한 목공예품으로 전망대와 망루로 사용하는 랜드마크였다. 사리함 안쪽에서 탑신 65m, 상륜부 15m 총 80m라는 기록을 발견했다. 현재 기술로도 세우기 힘든 불가사의한 탑이다. 제주 약천사는 3층밖에 안 되는데도 그 크기에 입이 딱 벌어진다. 또한 못하나 쓰지 않고 옛 목조 건축 기술을 그대로 이용한 진천 보탑사 3층 목탑은 높이 32.7m, 상륜부 10m, 총 42.7m로 무려 14층 아파트와 비슷하다고 한다. 현재 기술로도 이 이상은 무리라고 하니 80m 탑은 어떻겠는가? 그러나 아깝게 1238년 몽골 난으로 희생되었다. 현재 우리나라에 남아 있는 목탑은 조선시대 만들어진 2개뿐이다. 보은 법주사의 팔상전과 화순 쌍봉사의 대웅전이다. 팔상전은 5층이고 쌍봉사는 3층으로 지어졌지만 모두 올라갈 수 없다. 중국 탑은 올라갈 수 있고 지진이 빈번한 일본은 올라갈 수 없게 건축했다. 고려 명종 때 문신 김극기가 황룡사 베란다에 올라 시내를 바라보며 정경을 기록해 놓은 시가 전해진다. 경주 남산 탑골에 큰 바위에 새겨놓은 9층 황룡사 모습을 볼 수 있다. 아마도 탑을 짓기 전 설계도는 아닐까? 우리나라는 난리가 주기적으로 터지니 목탑은 살아남을 수 없었다. 남아 있는 사찰조차도 임란 때 소실된 왕실원찰, 삼보사찰을 중심으로 17C 초부터 복원하며 현재 모습이 되었다.

(19) 연등회는 음력 정월 대보름이나 2월 보름에 열리는 불교 행사로 풍년을 기원하며 사흘 밤낮으로 진행되었다. 진흥왕 12년(551년) 때 산천

제를 계승한 팔관회는 하늘과 산신, 용신 등 토속신과 조상숭배의식으로 11월에 열리며 천하태평, 국민화합을 기원하는 민족축제였다. 불교행사지만, 고려는 토속신에게 제사를 지내는 무속적 성격이 더해진다. 조선 팔관회는 죽은 영혼을 위한 조상 천도제, 위령제가 됐다. 2012년 국가무형문화재 제122호로 지정되었다. 이외에도 관불회, 만승회 등 많은 법회가 열렸다. 연등 행사와 제등행렬은 오늘날보다 더 화려했을 것이다.

(20) 숱한 기행을 남긴 원효(617-686)는 선덕여왕의 종교, 정치적 우군이었지만 결국 교종과 왕실에서 이단으로 몰리며 파계 당했다. 돌중 행세를 하며 모든 것을 내려놓아 지식, 계율로부터 자유로운 원효였다. 6두품으로 상류층으로 진입할 수 없었던 원효는 좌절감을 화엄경으로 노래한 무애(無礙) 춤으로 표현하며 세상을 떠돌았다. 그는 샤머니즘을 불교의 하위 신으로 받아들이며 샤머니즘 세계관과 충돌하지 않았다. 바라춤, 무당춤에서 출발한 원효의 무애 춤이 발전해 승무로 이어진다. 인간의 희로애락을 승화한 무당춤에서 나온 부채춤, 화관무, 승무, 태평무, 살풀이, 회심곡, 범패, 영산 회산곡 등 불교음악이다. 현존 사찰 중 120여 개가 원효가 창건하였다고 한다. 분황사에서 같이 주석한 왕족 의상(625-702)과 선덕여왕의 사촌, 자장(590- 658)은 왕실의 도움으로 당에서 유학하고 돌아와 사찰 제도를 정비하며 불교의 기초를 다지고 왕가 복식 제도를 중국식으로 만드는 등 국가 혁신을 주도했다.

(21) 기단은 탑신을 올려놓은 옥신(屋身)과 옥개(屋蓋)가 몇 층인지를 결정한다. 열반의 경지를 나타내는 보개는 보륜과 수연 사이에 있는 닫집이다. 수연은 탑의 상륜부에 붙어 있는 불꽃 모양 장식품, 보주(여의주)다.

(22) 조계사 종조(宗祖), 도의 선사[14]는 강원도로 쫓겨나 속초 진전사를 창건하고 가지산을 열고 염거화상(廉居和尙, ?-844)에게 전법하며 자연스럽게 설악산문(設岳山門)이 형성되었다. 제자 보조선사 체징(804-880)이 도의 선사를 1祖, 염거화상 2祖로 삼고 가지산문을 개창하고 보림사(寶林寺)를 건립하고 체증이 열반에 들자 신라 왕실은 보림사라는 사호를 내리며 동국 선문 총본산이 되며 고려에 이르러 9산이 성립되었다. (1910년 4월, 순조 맏딸 명온 공주의 집터에 한용운, 박한영 스님이 최초로 조계사 모태 각황사(覺皇寺)

14) 조사(祖師) 도의선사가 수행하던 조계산에서 유래한 조계사다.

란 이름으로 창건하였다. 일제는 조선불교마저 일본불교에 복속시키기 위해 전국 사찰을 31 본산으로 나누며 일본불교에 의해 대처와 식육이 시작되며 급격히 세속화되기 시작했다. 불교계는 자주적인 한국불교를 염원하며 1926년 정읍 보천교의 십일전을 옮겨 대웅전을 새로 지었다. 정면 7칸, 측면 4칸으로 515.6㎡다. 1938년 태고사로 개칭됐다가 1954년부터 촉발된 불교 정화 운동과 이승만의 대처승 추방으로 조계사로 바뀌며 태고승은 조계사를 떠났다. 조계사는 전국 24개 본사와 2,800여 개 절을 보유했다. 현 일주문은 2005년 건립했다.

(23) 페르시아 아카메네스 제국을 수호하는 사자가 인도로 소개되며 BC 3C 불교와 함께 아쇼카 석주에 등장한다. 인더스문명에서 보이지 않던 사자가 갑자기 왕권을 상징하며 불교를 수호하는 영물이 됐다. 인도 사자상은 페르시아적으로 도식화되었고 불국사 사자도 역시 이를 답습했다. 하지만 경주박물관 한 귀퉁이에 있는 석주의 사자상은 앞다리를 곧추세우고 다문 입, 얼굴 주위 갈기 등 금방 튀어나올 것 같은 마치 살아있는 듯한 명품이다.

(24) 미륵이 세상에 내려와 세 번 법회를 열어 중생을 구제했다는 미륵신앙에서 유래한 3금당 3탑이다. 백제 무왕의 통치이념인 미륵 하생 신앙을 구현한 익산 미륵사는 중앙 목탑, 좌우 석탑 3탑 3금당으로 최초, 최대 절 미륵사였다. 우리나라 탑, 전각, 존상 배치 등은 대부분 법화경(묘법연화경)에 따른 것으로 조선시대 집중적으로 건립된 대웅전이 절 중심이며 후불 영산회상도가 특히 많은 것도 법화경의 영향이다.

(25) 불경과 종파에 따라 차이가 있지만 일반적으로 아래와 같다.

아미 9존	관음, 대세지, 문수, 보현, 아미불, 미륵, 지장, 장애, 금강장보살		
아미 9존	보현, 문수, 약사, 일광, 아미불, 월광, 허공장[15], 미륵, 관음		
비로 3존	석가모니	비로자나	노사나
아미 3존	관음	아미불	지장보살

15) 자비와 지혜가 허공처럼 광대무변한 허공장보살은 지옥 중생을 구하고 모든 소원을 들어 주는 보살이다. 대세지보살은 지장보살로 대체되기도 한다.

아미 3존	관음	아미불	대세지보살
석가 3존	보현보살	석가	문수보살
미륵 3존	허공장보살	미륵	관음보살

(26) 예멘에서만 자라는 순하고 은근한 향기가 나는 유향나무에서 채취한 유향(FRANK INCENSE)은 예로부터 황제와 귀족의 전유물로 금보다 귀해 흥덕왕은 유향을 제한하기도 했다. 이집트는 미라를 만들며 계피를 넣어 향기를 적셨고 계피 연기로 죽은 첩을 위로한 네로였고 예수의 발을 씻은 향료였다. 침향은 물에 가라앉지만 녹지 않고, 태우기 전 달콤한 향이 나며 주로 동남아시아에서 자라는 자단, 백단 향나무에서 얻는다. 침향나무가 상처가 나면 수액이 덮어 막을 형성한 것이 침향이다. 침향은 오래된 나무일수록 좋고 최소 10년 이상 된 침향나무에서 채취한다. 2005년 해인사 비로자나불(883년 조성) 개금 당시 복장물에서 침향이 발견됐다. 헌덕왕은 왕명으로 진골과 6두품의 침향 사용을 금지했다. 기(氣)를 발하는 효능이 있는 침향나무로 사리함을 만들거나 불상을 조성했다. 연향은 향목을 가루로 만들어 사향이나 용연향과 꿀을 섞어 반죽한 것이다. 향나무, 백단, 침향, 정향을 꿀과 섞어 반죽해 만든 단약이 있다. 사향, 용현향, 침향이 3대 향이다. 세종 역시 침향을 좋아해 늘 복용했다고 전해진다.

(27) 수천 년 전부터 인간은 치밀한 하늘의 거대한 시계, 태양, 달, 북두칠성 등 별자리를 기록하며 사막을 여행했다. 특히 이집트인들은 달과 별로 날짜를 계산하고 정확한 방위와 기후를 알아내는 법, 바람 방향과 해류를 이해하는 등 뛰어난 천문학, 항해술이 발달했다. 카말 등 간단한 휴대용 항해기구를 고안하며 위도와 경도를 재고 3천 년부터 계절풍을 이용해 지중해, 아라비아해를 오가며 항로를 개척하고 바다를 지배한 아랍인들이다. 이슬람 상인들은 기원전부터 16C 대항해시대까지 동서무역을 중계하며 해상무역을 장악했다. AD 1C 이집트 상인이 쓴 에투리아 항해기는 홍해- 인도까지 1년에 약 120척 배가 항해했다고 기록했다. 7C부터 이슬람 세력이 침투하기 시작한 인도와 인도네시아, 말레이반도였다. 1402년 아랍인이 말레이반도에 상륙하며 말라카 왕국을 세웠고 캄보디아 시엔립에 새겨진 아랍 항해도다. 신라는 아랍어로 Alshilla, 페르시아

어로 Beshilla 등으로 표기되었고 아랍인이 신라에 정착해 살았다는 아랍기록이 있다. 이란 정통서사시 쿠쉬나메는 이란 왕자와 신라 공주의 사랑 이야기가 전해진다. 지리학자 이븐 쿠르다(845년)는 신라는 금이 많이 나고 기후와 환경이 좋아 많은 이슬람교도가 신라에 정착했다고 기록했다. 그 외에 신라를 소개한 알 마스우디(896-957) 등이 있다.

(28) 감로(甘露)는 중생이 마시면 고통에서 벗어나 열반에 이른다고 하는 이슬(넥타, 소마)이다. 16C 시작된 감로도는 인간세계와 지옥에서 벌을 받고 고통당하는 모습, 천국을 그린 탱화로 권선징악을 상징하며 중생구제, 망자를 극락으로 천도하기 위한 탱화다. 불교적 세계관 속에 조상숭배 사상, 민간신앙, 다양한 서민 모습, 풍속, 애환이 생생하게 녹아있어 풍속화로도 손색이 없다. 주로 영가 천도제, 수륙제에 쓰인다. 이 밖에도 바다 위에 떠 있거나 거북을 딛고 있는 용왕 탱화, 호랑이 등에 앉아 있는 산신탱화 등 신비주의적인 색채를 띠고 있는 탱화가 많다. 감로탱(甘露幀) 혹은 감로도(甘露圖)는 우리나라에만 있는 고유한 문화다. 건물 외벽 보호와 장식을 위한 벽화(프리즈)는 설화나 전설을 담고 있는 그림이 대부분이다. 흔히 보이는 소 그림, 심우도는 불성을 깨닫는 수행과정을 묘사하며 목동은 수행자, 소는 인간 본성, 집착을 버린 청정심, 자아를 말한다.

(29) 본존불 뒤에 불화를 배치하는 후불탱화는 신라만의 독창적인 양식으로 고려, 조선으로 계승되어 유행했다. 17C 후반 경북에서 승려들이 처음 고안한 독창적 입체 목각 후불탱화가 등장한다. 1675년 나무로 조각한 문경 대승사 목각탱화(아미타여래, 보물 321호)는 가장 오래되고 도상수도 많고 규모가 가장 큰 목각탱화다. 정릉 왕실 원찰 경국사는 나무에 금으로 채색한 목각아미타여래설법상(보물 748호)이 유명하다. 임란 후 등장한 괘불탱화(掛佛撐畵)는 절에서 큰 행사할 때 마당에 거는 불화다. 괘(掛)는 매달다는 뜻이며, 탱(撐)은 펼친그림을 말한다.

(30) 중생제도를 위해 인연에 따라 6번 사람으로 현신한 석가모니는 극락으로 돌아갔지만, 모체인 법신은 영원토록 불멸(不滅)이라는 것이다. 인간세상에 7번 왔다 갔던 7번 전생(과거칠불)이다. 어디나 존재하는 처처불(處處佛), 시방불(十方佛), 다불(多佛) 사상이 탄생했다. 7C 중엽 西安 자은사 대안탑에 동 약사불(藥師佛, 주), 남 석가모니불, 서아미타불, 북 미륵불이 조

성하기 시작했다. 신라의 5 岳과 결합해 동 미륵불[16], 서 아미타, 남 석가모니, 북 미륵, 중앙은 비로자나로 발전했다. 8C 조성된 칠불암 사방불상은 동 藥器를 든 약사불, 남 석가모니불, 서 아미타, 북 미륵으로 추정된다. 시대마다 변화한 사방불이다.

동 미륵불	재림	메시아	도솔천, 동방 향적 묘희 세계	아축불(阿閦佛)
서 아미타불	내세	인도자	극락정토, 극락세계	무량수불(無量壽佛)
남 석가모니	인간	성자	사바세계, 환희세계	보생불(寶生佛)
북 관음보살	속계	구제자	보타락산	불공성취여래
중 비로자나	지혜	진리	연화장세계	미묘성불(微妙成佛)

(31) 천 개 손과 눈으로 인간 소원을 표현하는 관음보살은 모든 중생을 구제한다고 한다. 손에는 보검, 금강저, 금강령, 활, 화살, 불자(拂子), 호리병, 방패, 도끼, 옥가락지, 연꽃, 보병, 보배 거울, 보배 상자, 창, 석장, 염주 등을 들고 있다. 화불은 관음보살만 있다.
(32) 부처는 머리카락이 모든 번뇌의 시작이라 생각해 머리카락과 수염을 허용하지 않았다. 마음을 비우고 속세와 인연을 끊어 밝음을 가리는 머리카락을 자르는 것이 부처의 가르침을 받아들이는 수행의 첫 번째다. 그리스인들은 수염을 사랑했지만, 로마인들은 기르지 않았다. 브리타니아 성벽을 쌓은 하드리아누스(AD 117-138년) 황제가 그리스풍 턱수염을 기른 최초 로마 황제로 이후 로마인들은 수염을 기르는 것이 보편화됐지만 점차 변하며 서로마 예수는 수염이 사라졌고 동로마 예수는 수염이 있다. 시대에 따라 변하는 인간의 입맛이다. 중세 가톨릭 수도자 역시 하나님께 봉헌한다는 의미로 머리를 잘랐고 마호메트는 수염을 허용했다.
(33) 8C 통일신라 초 명부 신앙이 소개되었고 지장보살 신앙이 아미타불과 결합하면서 고려에서 성행했다. 임란, 병자호란을 치르면서 망자의 명복을 비는 영가천도(靈駕薦度), 예수재(預修齋) 등을 위해 17C 명부전

16) 동 미륵불이지만, 약사유리광여래불, 약사불인 경우도 있다. 경주 분황사 보광전은 약함을 든 동방유리광약사여래, 봉화 청량사 유리보전도 동방유리광여래불을 모셨다.

이 많이 조성되고 망자의 위패를 보관하고 음력 3.3일, 9.9일 제사를 모신다. 원통전에 봉안된 지장보살도는 상단에 책상 앞에 앉은 시왕이 판관, 사자, 동자 등을 거느리고 망자를 심판하는 그림이며 하단에는 망자가 벌을 받는 지옥의 광경이 사실적으로 보인다. 지장보살, 도명존자, 무독귀왕을 일컬어 지장삼존(地藏三尊) 이라 하고 지장 신앙은 미타신앙, 관음신앙과 함께 한국 불교 3대 신앙이다.

(34) 미륵은 친구, 자비(METTA)라는 뜻을 품고 있다. 미륵 세계(도솔천)에서 태어나기를 염원하는 미륵상생신앙(彌勒上生信仰)과 사바세계에서 중생제도를 바라는 미륵하생신앙(彌勒下生信仰)으로 구분한다. 7C 삼국 전쟁 때 신라는 미륵상생신앙(彌勒上生信仰)이 성행했고 화랑을 미륵의 아바타로 여기며 많은 미륵반가사유상이 조성되었다. 미륵불을 모시는 용화전 후불탱화는 미륵불이 설법하고 있는 미륵정토변상(彌勒淨土變相), 중생을 제도하는 미륵하생도(彌勒下生圖), 미륵내영도(彌勒來迎圖)로 장식한다.

(35) 『삼국사기』는 신라 100회, 고구려 30회, 백제 30회 지진을 언급했다. 눌지왕 때 지진이 나 금성 남문이 무너지고 혜공왕 때 경주에서 수백 명이 죽는 큰 지진이 일어났다. 1978년 지진관측 이래 규모 2가 이상 891번 그중 5 이상 지진이 6회 발생해 한반도는 지진 안전지대가 아니라고 한다. 태평양을 둘러싼 불의 고리(ring of fire)에서 전 세계 지진 90%가 일어나고 일본은 유라시아판, 필리핀판, 북미판, 태평양판이 만나며 지진 10%가 발생한다. 일본 대지진(2011년)으로 동해 6cm, 한반도 5cm, 서해 1cm 정도 일본 쪽으로 끌려갔다고 한다. 이후 한반도에서 종종 크고 작은 지진이 일어난다. 2016. 9. 12 오후 8시 32분 5.8 경주지진이 일어났으며, 이후 1년 동안 640회 여진이 있었다. 2017년 11월 15일 포항에서 5.4 지진이 일어났다.

제7편 자기(瓷器) 탄생, 발전

(1) 유약(잿물)은 콩깎지, 콩대, 메밀대, 옥수수 대, 짚, 뽕나무를 태운 재에 냇가 차돌을 곱게 빻은 가루를 물에 섞어 찌꺼기를 가라앉혀 맑은 액체만 걸러낸다. 유약의 두께에 따라 자기 빛과 질감이 달라져 두께를 균일하게 맞추는 것이 중요하고 가마에 놓는 위치에 따라 색깔, 무늬가 달라진다. 중국 유약은 반투명한 빛을 띠며 대체로 무겁고 권위적인 위엄을

보이지만 우리 유약은 투명한 자연스러움과 깊은 맛을 낸다. 유약 성분은 산화철 5.6%, 석영 46.7%, 산화납 47.8%다.

(2) 중국인이 열광하는 연옥(軟玉)은 비단길 호탄 강에서 생산된다. 호탄은 신석기부터 옥기가 유명해 호탄-중국은 옥의 길이었다. 쿤룬산맥과 타클라마칸사막, 백옥 강, 청옥 강으로 둘러싸인 호탄을 옥의 나라로 불렀고 서방은 호탄을 비단의 나라로 불렀을 만큼 동서양 교착지로 국제적인 교역지였다. 한반도에서 첫 옥 귀고리가 나온 강원 고성 문암리(BC 6000년)유적이다.

(3) 고화도 오름 가마는 높은 온도로 인해 단단해지고 태토는 화학적 변화를 일으킨다. 6C 백제 사비시대 고화도 등요(登窯)가 출현한다. 10C 고려 초 저장성 벽돌가마와 유사한 중국식 가마가 제작되었고 11C 진흙으로 만든 고려식 소형 진흙 가마로 발전한다. 부안 진흙 가마는 길이 40m, 폭 230cm, 강진은 길이 20m, 폭 130cm 소형 가마다.

(4) 지금까지 발견된 고(古) 선박 모두 14척으로 고려 배 10척, 통일신라, 조선 각 1척, 중국 고선박은 신안선과 진도 통나무배 2척이다.

1975년 발견된 신안선은 1323년 4월 하순-6월 초 중국 영파(닝보, 慶元)항을 출발해 큐슈 도호쿠 절과 조자쿠 암자로 향하던 길이 34m, 폭 11m, 3개 돛을 가진 260톤, 중국 v자 첨저형(尖低形) 원양 항해무역선이었다. 절강성 용천요 청자 12,000점, 경덕진 백자 27,579점, 길주요 흑유(黑釉, 흑자), 복건성 건요 흑유잔, 하북성 자주요와 장요 자기 등 형태, 색상, 무늬도 다양한 자기가 인양됐다. 이 밖에 동전 28톤, 후추, 계피 등 향료, 한약재, 자단목, 목제바둑판 등이 발굴되며 해상로, 조선 기술을 상세히 알려준다. 또한 주문한 사람과 기관 이름, 화물 종류, 숫자와 목간이 여러 점 발견되었다. 고려청자도 6점이 나왔다. 29년간 복원작업을 거쳐 목포 해양 박물관에 전시한다.

2009년 태안 마도 앞바다 발굴된 마도 1호는 길이 10.8m, 너비 3.9m 51톤, 선원 11-14명이 양곡 천석 정도를 싣고 나주, 해남에서 개경을 운항하던 배로 보인다. 2019년 복원했다.

2010년 발견된 마도 2호선에서 400점 유물이 나왔다. 1213년경 전라도 곡물 등을 싣고 개경으로 가던 배로 개경 중방 도장교 오문부에게 꿀단지를 올리는 청자 매병 2점과 화물 꼬리표라 할 수 있는 죽찰(竹札 대나무 목간)이 발견되었다. 목간은 생산지, 생산연대, 소비자, 사용처 등이 기록되어 당시 사회상과 생활상을 정확히 보여준다. 도자기는 탄소연대 측정법으로 연대가 측정되지 않지만, 목간은 확실한 연대를 확인해 준다. 고려는 주산이 없어 나무토막에 칼로 수량을 새긴다는 고려도경의 기록이다. 마도 3호선은 1265-1268년경 전남에서 강화도로 가던 배였고 마도 4호선은 조선시대 유일한 고선박으로 1417-1421년경 조운선이었다.

주꾸미 청자로 유명한 12C 전기 태안선에서 23,000점 청자가 포장된 상태로 발굴됐다.

그 외에도 2013 우리나라 선박으로 가장 오래된(710-774년) 신라 영흥도선은 옹진군 영흥면 펄에서 발굴됐다. 특히 이 배에서는 최고급 도료인 황칠이 발견돼 화제를 모았다. 안산시 대부도 해역에서도 대부도선, 대부도 2호선이다. 신안 안좌도선(신안군 안좌도), 군산 십이동파도선(전북 군산시 십이동파도), 목포 달리도선(전남 목포시 달리도), 완도선(전남 완도군 약산면 어두리)이 있다.

2005년 산동성 최북단 항구 봉래(蓬萊)에서 강진, 부안에서 생산된 것으로 추정되는 자기를 실은 고려 한선 봉래3호, 봉래4호가 발굴되었다.

갯벌이 넓고 간만의 차가 큰 우리나라 해안과 지형에 맞는 u자형 평저선, 한선(韓船)은 폭과 밑바닥이 넓어 무게중심이 배 하부에 있어 짧아 느리지만 높은 파도에 흔들림이 적고 회전 능력이 뛰어나다. 길고 짧은 나무못으로 판재를 연결한 한선은 최고급 소나무를 바닷물에 담갔다 말리기를 반복해 더욱 단단하게 한다. 거북선, 판옥선이 이를 이어받았다. 삼나무로 만든 일본 전함 안택선은 빠르지만 무르고 약해 부딪히면 쉽게 깨진다. 짧고 넓은 한강 황포돛배는 서해수산물과 내륙농산물을 수송하던 장사배다.

(5) 1973년 경주 조양동 고분의 석제함에서 발굴된 화려한 당삼채(唐三彩) 골호(骨壺)는 8C 말 唐에서 수입한 것으로 추측된다. 7-8C 당에서 유행한 생활자기 당삼채는 그릇, 화장, 서예 용구와 천왕, 무사, 문관, 귀부인, 시녀와 말, 낙타, 개와 사자, 거북 등이 녹, 갈, 황색 등 화려한 갖가지 색으로 장식한 자기다. 흔히 보는 한 다리를 축으로 역학적인 균형을 잡은 포효하는 서역 말 당삼채는 당의 힘찬 역동성, 실크로드의 번영을 극명하게 보여준다. 초벌구이한 후 화려하고 선명한 색을 내기 위해 백토를 바르고 납이 섞은 연유(鉛釉)를 발라 재벌했다. 연유는 높은 온도에서 색을 제대로 내지 못하고 휘발해 비교적 낮은 온도(1,200℃) 굽는다.

(6) 7C 초 백제 사비시대 능산리 고분에서 월주요를 닮은 녹갈색 유약을 입힌 나팔 모양 녹유 그릇 받침이 출토되고 미륵사지에서 나온 녹유 기와와 해무리 굽 백자는 백제 자기의 시원을 추측할 수 있다. 미륵사지에서 발굴된 唐 해무리 굽, 완 수십 점과 宋 경덕진, 월주요는 고려 왕실과 사찰에서만 사용하던 값비싼 고급 접시였다. 무령왕(462-523)릉 출토 백자 등잔 6점은 연대를 측정할 수 있는 가장 빠른 백자다. 안압지에서도 해무리굽 접시 청자가 출토되고 황룡사 출토 백자호는 장인의 손가락 자국까지 남아있다. 9C 태양에 햇무리를 뜻하는 해무리 굽 청자가 자기 시작이라는 것이 통설이다. 신라 해무리 굽완은 화려하지 않고 차 마시기 편한 청자 찻잔이다. 993년 고려 왕실 종묘 향로제기인 35.2cm 순화 4년(淳化四年, 보물 237호, 이화여대 박물관)명호 항아리는 고려청자로 가는 중간 단계의 청자다. 제작연대, 만든 이, 사용처가 명확히 밝혀진 이 청자를 근거로 청자 제작 시기는 10C 이후라고 한다.

(7) 고려 전국 13 조창(漕倉) 중 영산포는 바다, 강으로 이어지는 너른 갯벌과 평야를 끼고 있어 풍요를 상징했고 中日을 잇는 교통요충지였다. 척당 800석 운반하는 60여 척 조운선이 대기하던 영암 장흥창(長興倉), 영산창이다. 조선 말까지 나주 양반, 영산포 뱃놈, 상놈으로 불렸지만 풍요로운 쌀, 면화, 소금, 삼백이 모였던 영산강이다. 19C 말 화폐경제가 발달하며 조운 제도는 사라졌다.

(8) 향신료는 육류에 풍미를 더하고 생선 비린내를 제거하며 독특한 향기로 식욕을 자극해 세계인들의 식탁을 사로잡았다. 금값이었다는 향신료의 여왕 사프란은 그리스, 로마에서 황금색 염색용으로 쓰이고 알렉산더도 사프란으로 목욕했다고 한다. 육두구, 후추는 유럽에서 가장 중요한 향료로 금과 같았다. 후추는 로마 때부터 치료제, 방부제, 진통제, 소화제 때로는 집세, 월급, 세금, 지참금뿐 아니라 서고트족에게 후추를 공물로 바쳤고 교황에게 뇌물로 쓰일 정도였다. 15C 오스만제국 때문에 아시아 길이 막히자 유럽 향료가격은 천정부지로 뛰어올랐다. 엔리케, 콜럼버스, 마젤란 등 신항로 개척은 인도 향신료와 후추를 선점하기 위한 것이었다. 향료는 더 이상 귀족의 사치품이 아니라 필수품이 되었다. 후추, 정향(CLOVE), 계피(CINNAMON)는 3대 향료다. 신라 귀부인들은 고래의 용연향, 페르시아산 장미수 등 유향, 향료에 열광했고 남자까지 향낭을 차고 다녔다. 고려는 향료를 기름이나 알코올에 용해한 향유(香油)를 송에 수출

할 정도로 향료 기술이 발달했다. 이러한 풍습은 조선시대까지 유행했고 조선 여인들이 이를 노리개로 발전시켰다.

(9) 삼국시대부터 도기나 금속·목재 바탕에 무늬를 새기고 재질이 다른 재료를 박아 넣은 상감(象嵌)이 시작됐다. 이질적인 금속, 나무, 조개 등의 어우러짐이 상감의 핵심이다. 천안 용원리 1호분에서 발견된 백제 환두대도는 상감입사의 시원을 보여준다. 고려는 나전칠기와 금속, 목제 공예품에 금은을 넣는 은은한 은입사, 상감기술이 성행했다. 화려한 귀족 문화를 보여주는 나전칠기, 상감 청자. 불화는 3대 미술 공예품이다. 이 기술을 응용해 서로 다른 색의 조화로 높은 품격을 보여주는 독창적인 상감 청자를 창조했다. 2014년 7월 15일, 900년 만에 전 세계 9점뿐인 고려 나전경함(螺鈿經函)이 일본에서 돌아왔다.

(10) 차반, 잘 차려놓은 밥상에서 유래되었다는 다반사는 흔히, 자주라는 말로 변형되어 현재까지 쓰인다. 이처럼 차는 고려인의 일상생활이었다. 불교에서 차는 다선일미(茶禪一味), 다선 일치(茶禪一致)의 의미였다. 차를 파자하면 백팔이 되어 무심(無心)의 차, 반야(般若)의 차라 부른다. 차는 물맛[17]에 좌우되니 고려들은 차의 종류뿐 아니라 찻물을 알아맞히는 시합이 있었다고 한다. 고려 의종(1157년)은 궁 후원에 청자기와를 올린 양이정(養怡亭)이란 정자를 건립했다. 화려하고 사치스러운 고려 왕실의 단면을 보여준다. 하지만 차 마시는 예법과 또 마시는 이의 정신을 강조했고 불교 행사와 제사 때 차를 올리는 행사가 너무 번거롭고 사치스러워 조선은 차를 배척했고 정도전이 금지령을 내렸다. 차도를 통해 도를 구한다며 복잡한 절차가 행해지고 사대부, 상류층만을 위한 차였다. 도연명(陶淵明, 365-427)은 차를 즐겼던 것으로 유명해 조선에서 이상적인 선비의 삶으로 동경했다. 차는 사찰에 차를 할당하기도 하고 백성의 고혈을 짜는 부역으로 서민은 차나무를 베어 버리기까지 했다. 1416년 태종은 제사에 차를 빼고 감주와 술을 쓰라고 명을 내려 제사를 지낼 때 술을 사용해 주례(酒醴)라 했고 차 풍습이 점차 사라졌다. 임란으로 독창적인 우리 차 문화는 끊기고 자기 역시 급격히 퇴보했다.

(11) 宋은 문인 중심 관료 사회를 이루며 쇠퇴했다. 1005년 宋과 遼(요)는

---

17) 선암사 마당 대나무로 연결된 4개의 물 허벅 중 첫 번째 물은 찻물, 두 번째 밥물이며 세, 네 번째는 허드렛물로 쓴다.

평화조약을 맺지만, 문예 군주 휘종(徽宗, 1082-1135)은 무를 경시해 거란과 金에 평화를 구걸하며 조공까지 바치기도 했다. 北宋은 북으로 遼와 金, 서남으로 서하(西夏)에게 둘러싸여 있었다. 宋과 고려를 단절시키려는 거란의 의도를 파악한 서희(942- 998)가 지혜로 수십만 대군을 물리치고 강동 6주를 반환받고 遼와 외교를 맺으면서 1021년부터 宋과 외교가 단절한다.

(12) 宋 이후 축적된 해양, 조선술, 천문학의 발전과 몽골제국의 영향으로 세계를 이해하고 있던 明 3대 황제 영락제(1360-1424)[18]는 바다로 진출했다. 최대 선단을 꾸미고 조공과 무역을 위해 이슬람 환관 정화(1371-1434)를 파견한다. 1405년 북서 계절풍이 불던 어느 10월 정화는 동남아 해로가 익숙한 선원과 원양항해에 경험이 풍부한 이슬람[19]도선사의 도움을 받으며 닝보항을 출발한다. 4개 마스트와 12개 거대한 돛대가 달린 길이 130m, 8천 톤, 승선 인원 1,000명 거대한 모함과 보선 62척, 小 함 200척 등 병사 28,000명이 승선한 大 함대였다. 콜럼버스의 산타마리아(26m)를 화물칸 한구석에 넣을 수 있었다. 명주-양주-광주-베트남을 거쳐 동남아 최대 무역항이며 말라카에 도착해 물자 보급, 기착지로 삼았다. 믈라카는 아랍 DHOW선과 중국 정크선이 세상 모든 물건을 거래하는 항구였다. 아체-자바[20]-팔렘방-실론-캘리컷을 거쳐 음력 2월 초 북동 계절풍(히파루스)의 도움으로 인도를 출발해 아랍으로 향했다. 아랍 선원들은 5-9월 홍해, 알렉산드리아부터 남인도까지 부는 계절풍, 11-3월 북동 계절풍은 인도에서 아라비아 해까지 불어 40-50일이면 고향으로 돌아갈 수 있었다. 호르무즈 해협을 거쳐 무스카트, 소하르, 항구에 도착해 다시 나우선에 실려 각 항구로 전해지고 육로로 지중해까지 운반된 상품들은 다시 해로로 스페인 갤리선, 포르투갈 캬라크 선에 실려 지중해를 가로질러 이태리, 프랑스, 스페인, 독일, 영국 귀족, 왕실의 식탁에 오르면 수십 배, 수백 배를 손에 쥐었다. 동양의 독특한 향과 맛에 길들어진 유럽

18) 주원장 4남 주체(1360-1424)는 조카를 죽이고 황제가 되며 1402년 베이징으로 천도하며 1420년 현 자금성을 건설했다.

19) 1498년 스페인의 바스코 다가마((1469~1524) 역시 히파루스를 이용해 오만인의 안내로 인도 항로를 개척했다.

20) 인도네시아 자바 스마랑시 삼푸콩(三保洞)사원에서 정화가 7차례 닻을 내리며 제사를 올렸다.

상류층은 동양 무역에 더욱 올인했다. 동양의 과학, 기술은 유럽을 훨씬 앞질렀으며 18C 무굴제국과 중국은 세계 교역량 80%를 차지했다. 정화는 1433년까지 28년간 7차례, 항차마다 16,000km, 60여 개국을 방문하며 시장과 항로를 개척했다. 하지만 영락제가 죽자 문신들은 정화를 살해하고 함대와 항해 안내서, 지도[21], 항해일지, 보고서마저 모두 불태우고 해외 도항과 사무역을 금지하며 해양 시대는 막을 내린다. 1570년 명은 海禁 정책을 해제했다.

(13) BC 1200-1500 건축된 가로, 세로, 높이 91,5m 7층 벽돌 신전, 바벨탑 꼭대기 신, 마둑과 이집트 투탕카멘 왕의 황금가면 역시 당시 최고 보석, 청금석으로 장식했다. 인도 아잔타 석굴, 실크로드 키질 석굴, 둔황 막고굴도 회회청으로 장식했다. 유럽도 신성을 상징하는 성모마리아와 그리스도의 색이었고 성경 필사본, 복음서 등 채색화에 쓰였다. 15C 초 오스만 튀르크(1129-1922)가 팽창해 보급로가 끊기며 코발트 가격이 치솟자 유럽 왕족마저 궁정 화가에게 청금석 안료의 사용을 지시할 정도로 귀했고 〈천지창조〉를 그린 미켈란젤로조차 제대로 사용할 수 없었다.

(14) AD 600년경 에티오피아에서 발견된 커피는 신의 음료, 약으로 불리며 이슬람의 기호품이었다. 예멘으로 이식되었고 예멘은 커피나무와 씨앗의 반출을 엄격히 금지했다. 15C 예멘 전도사들이 커피를 유럽에 처음으로 소개하였을 때 교황청은 아랍 와인, 악마의 음료로 취급했다. 그러나 커피를 마신 수도자들이 야간예배에서 졸지 않자 수도원을 중심으로 커피는 급속도로 퍼졌다. 또한 유럽 왕실과 상류층이 멋과 기호품으로 여기며 수요가 폭발적으로 증가해 16C 교황 클레멘트 8세가 공식적으로 커피를 받아들였다. 석회암이 주성분인 유럽은 샘과 우물이 좋지 않아 로마인들은 알코올 0.75% 스몰비어라 불리는 서민의 물, 맥주를 마셨거나 물을 탄 와인을 선호했다. 1629년 베네치아에 유럽 첫 커피하우스가 문을 열고 1680년 파리에 카페가 생기며 커피를 알아야 문화인이 될 수 있는 프랑스 사교계 거물들의 미팅 장소가 되었다. 몽테스키외(1689-

---

21) 정화가 이용한 지도가 한 장 남아있다고 한다. 北宋 조여괄이 편찬한 지리서 『제번지(諸蕃誌)』는 중국 대항해시대를 이끈다. 정화는 운남성 회족으로 마호메트의 마에서 따온 마화(馬和)였다. 주원장이 회족을 정복하고 아이들을 거세해 데려갔고 나중에 정씨를 하사받았다. 1999년 중국은 神舟에 대한 자부심으로 첫 우주선을 神舟로 명명했다.

1755), 루소(1712-1778), 볼테르(1694-1778)가 카페로 모여들며 천재들은 알게 모르게 서로에게 영향을 주고받으며 근대 진보적, 민주적 사상을 형성하고 시민사회와 계몽사상의 근원지가 되며 프랑스 혁명 사상이 잉태됐다. 1650년 영국으로 커피가 소개되며 프랑스와 마찬가지로 혁신사상이 움트며 17C 후반 왕 찰스 2세는 커피하우스가 혁명의 발원지라며 폐쇄했을 정도였다. 카페는 남자들만이 예멘산 커피, 럼주를 마시고 여성의 카페 출입은 금지됐다. 1675년 카페가 3천 곳을 넘어서며 영국 자본주의의 산실이 되었다. 1688년 로이드 카페에서 나온 로이드 보험이다. 반면 차는 여성의 기호품이 되며 여성들만의 찻집이었다. 남녀 氣싸움으로 카페는 백 년 만에 사라지고 여성 TEA GARDEN은 남녀 구별없는 사교장으로 유행했다.
차(茶)는 1610년 네덜란드 동인도회사가 마카오에서 네덜란드로 들여왔고 찰스 왕에게 시집간 포르투갈 공주 캐틀린이 1630년대 차를 소개했다. 유럽인들은 처음 보는 차를 동양의 만병통치약으로 여겨 17C 중엽까지 약국에서 판매했다. 특히 산업혁명 이후 자본가들은 하루 14시간 이상 혹사당하는 노동자에게 각성제와 영양 공급원으로 홍차, 설탕을 제공해 노동자들이 중독되기 시작하면서 차 수요는 더욱 폭발적으로 증가했다. 19C 초 영국인에게 차, 커피, 설탕은 필수품이 되며 국민 음료가 된다. 1693-1783년 차 교역은 400배로 늘고 항차마다 평균 5배 이익을 남기며 각 가정은 수입의 10%를 차에 쓰고 영국 세수입 10%가 차에서 나왔다. 또한 차는 미국 독립운동의 직접적인 원인이 되며 인류 역사에서 차가 얼마나 중요한 역할을 하였는지 상징적으로 보여준다. 17-8C 중국의 차, 비단, 자기는 국가 관리 대상으로 차나무의 반출을 엄격히 금지하자 1823년 영국 브루스 소령이 인도 아삼에서 차나무를 발견한 후 중국에서 차 재배법, 가공법을 훔쳐 다르질링, 아삼, 스리랑카에 재배하지만 실패했다. 1848년 스코틀랜드 정원사, 포천(1812- 1880)을 중국으로 파견해 차나무 재배와 제다법을 배웠다. 5년 뒤 포천은 윈난에서 차나무 2만 그루와 씨를 훔쳐 다르질링, 스리랑카에서 대량 재배했다. 영국은 50년 만에 세계 최대 차 공급국이 되었고 아셈 차나무를 개량한 다르질링 차는 최고 홍차로 대접받으며 인도는 현재 1위 홍차 생산국이다. 2005년 하루 1억 2천만 잔 홍차를 마시는 영국인이다. 중국 기홍문 차, 인도 다즐링, 스리랑카 우바가 세계 3대 홍차다. 갈색 차를 수입할 때 배 안에서 오랫동안 덥고 습한 인도양 기후로 인해 자연 발효가 많이 되며 검은색으로 변해 BLACK TEA[22]가 됐다. 찻잎 자체의 세포 효소가 상호 작용해서 일어나는 발효는 온도와 습도를 조절해 말리고 산화시키는 것을 말한다. 차는 야생종에서 재배종까지 100여 가지가 넘는다. 6-7C 인도인들이 찐 사탕수수에서 채취한 당즙을 말린 결정체인 설탕은 베네치아 상인이 11C 수입하기 시작했다. 사탕수수는 아프리카 카나리아 원산지로 1493년 콜럼버스(1451-1506)가 바베이도스에 이식하며 더 많은 아프리카 노예가 중남미로 팔려 가 설탕이 되고 아시아에서 향신료, 차로 변하고 영국으로 쏟아져 들어오며 산업혁명을 이끌었다.

(15) 고려와 조선 중기까지 저승에서 부처에게 차를 공양할 수 있도록 백자 잔, 향로, 찻주전자, 꽃병 등을 부장했지만 도굴이 심해지자 아예 자기를 깨어서 넣기도 했다. 임란 후 양반이 증가하며 제사가 늘어나자 17C부터 백자 부장용 제기 그릇을 따로 만들 정도였고 18-19C 굽이 높은 순백색 부장 백자가 대규모로 생산됐다.

(16) 다우선(DHOW)은 티크, 코코아나무를 이어 만든 길이 22m, 돛 길이 20m의 삼각 돛단배로 좁은 해협이나 맞바람이 불거나 바람 방향이 자주 바뀌는 곳에서도 항해할 수 있어 하루에 수백km를 항해했다. 쿠웨이트, 페르시아, 아라비아, 오만에서 연안무역, 고기잡이, 진주 조개잡이 배로 1980년대까지 아라비아해에서 흔한 배였다. 이 배에서 배운 삼각돛을 단 포르투갈의 카라벨선이 출현하며 유럽은 지중해를 벗어나 대서양으로 항해하기 시작했다. 낙타는 450kg를 하루 40-50km를 운반하지만, 다우선 1척은 낙타 2천 마리 분량을 하루 300-400km 수송했다. BC 2천 년 전 이집트는 파라오를 신에게 인도할 45m 다우선을 건조했다. 1998년 보르네오 벨리퉁섬(Belitung Island)에서 826년쯤 唐에서 제작된 메소포타미아 문양, 페르시아 서체를 흉내 낸 청화백자, 공예품 등을 싣고 아랍으로 향하던 다우선(길이 22m, 돛대 20m)이 발견되었다. 싱가포르 아시아 문명박물관에 전시되어 있다.

(17) 마르코 폴로(1254-1324)는 베네치아-바그다드-페르시아-중앙아시아-타클라마칸사막을 거쳐 3년 반 동안 12,000km를 여행하고 1274년

---

22) 5월부터 인도양에서 불어오는 고온 다습한 계절풍으로 발효가 많이 된 홍차는 16-17C 유럽으로 전파되었다. 우롱차를 만들다가 방치하는 바람에 우연히 발효가 더 되어 홍차가 만들어졌다는 설도 있다.

상도(북경)에 도착해 여름 궁전에서 쿠빌라이칸을 만나 관리가 되어 24년간 중국을 여행하며 기록을 남겼다. 1275년 마르코 폴로는 페르시아 몽골 왕에게 시집가는 元 코카친 공주 결혼 수행원으로 돛대 4개와 승무원 300명, 선실 60개, 정크 선과 아랍인 도선사의 안내를 받아 수마트라, 인도, 페르시아를 거쳐 41세에 베네치아로 돌아갔다. 몽골 황실조차도 험해서 두려워한 대륙 길, 실크로드다.

(18) 17-19C 이국적인 중국풍이 유럽에서 유행하던 귀족적 로코코, 바로크 양식과 결합해 CHINOISERIE라 불리며 폭발적인 관심을 끌었다. 당시 유럽 상류층은 담비 모피를 걸치고 노예 시중을 들며 중국 자기 잔에 차와 커피를 마시고 남미 담배를 즐기는 것이 가장 큰 사치였다. 태양왕 루이 14세(1643 -1715)는 중국식 모자와 옷을 입고 가마를 타고 상아, 나전, 거북 등딱지로 만든 중국 부채를 가지고 다닐 만큼 중국에 빠져 있었고 다른 나라 왕들도 별 차이가 없었다. 1793년 산업화를 막 시작한 영국이 靑 건륭제에게 무릎을 꿇고 무역, 외교관계를 신청했으나 거절당했다. 당시 세계 총생산 30%를 생산하던 중국은 이미 영국이 팔려는 교역품들을 자급자족하고 있었다.

(19) 유럽 화폐는 금은이었고 중국 역시 16C 만력제(1572-1620)가 銀을 세금으로 내는 일조편법(一條鞭法)을 전국적으로 시행했고 靑도 銀 지정제를 실시했다. 중국과 교역으로 유럽의 銀 수요를 더욱 부채질했고 17C 초 스페인과 중국교역은 每年 銀 6만 톤 정도로 세계의 은이 중국으로 빨려 들어왔다. 스페인은 페루, 볼리비아 포토시(POTOSI)에서 세계 최대 銀 광산을 발견하고 노예무역에 더욱 열을 올렸다. 백 명 노예가 광산에 들어가면 한 달 후 70명만 살아 돌아와 1510-1888년 1천 3백만 노예를 실어 날랐다고 한다. 노예로 인해 17C 남미에서 가장 큰 도시였다. 15-17C 남아메리카 銀 생산량은 13만-15만 톤, 세계 銀의 85%. 금 역시 세계 생산의 71%가 남아메리카에서 생산됐다. 피렌체의 탐욕스러운 은행가, 자본가는 영국 면직, 모직물과 공업제품-아프리카 노예-중남미 銀, 설탕-중국 청자, 차 - 말래카 향료-인도 면직물로 자본 제국주의가 탄생했다. 1526년 시마네현 이와미에서 일본 최대 銀 광산(石見銀鑛山, 옛 이름 이즈모, 出雲)을 발견한 일본은 포르투갈의 대포와 조총을 사들였고, 다이묘들은 광산 개발에 힘쓰며 금은 생산이 증가했다.

(20) 왕들은 전쟁터에서 전리품을 수집하기 바빴고 귀족교회, 수도원도

빠지지 않았다. 보물의 방, 호기심의 방이라 불리며 권력과 수집품을 과시하는 박물관의 기원이 됐다. 350명이 넘는 자식을 두어 헤라클레스라 불린 아우구스트 1세(1670-1733, 재 1679-1733)는 형이 일찍 죽어 작센 선제후, 폴란드 왕으로 즉위하며 1697년 아우구스트 2세로 등극한다. 그는 예술과 문화에 대한 각별한 애정과 관심은 특별했다. 1717년 청화백자 151점과 용병 600명을 맞바꾸며 중국, 일본 자기 35,000점을 소유했을 만큼 도자기 사랑이 유별났다. 1701년 드레스덴 궁에 불이 나자 바로크 양식으로 개축하고 1723년 최고 예술품으로 보석의 방, 은의 방, 청동의 방 등 10개 방을 꾸미고 드레스덴 궁을 미술관처럼 꾸몄다. 둥근 천장에 녹색 기둥과 벽으로 녹색금고(grunes gewolbe)라 불렀다.

(21) 로마는 촌수를 따지지 않은 족내혼과 근친결혼이 이루어졌다. 한때 바티칸을 정복할 만큼 대제국이었던 오스트리아 합스부르크왕가는 스페인 왕실과 한 집안이었고 막내딸 앙투아네트는 프랑스 루이 16세와 결혼했고 언니 카를리나는 이태리왕국 왕비였다. 「너희는 전쟁해라. 우리는 결혼한다」며 결혼을 통해 영토를 늘린 합스부르크였다. 빅토리아 여왕 외손자인 독일 카이저 빌헬름 2세는 적국인 영국 왕, 조지 5세(1859-1941)와 얼굴이 닮은 외종매부로 1차 세계대전은 집안싸움이었다. 외부의 오염을 두려워해 왕실끼리의 족내혼과 근친결혼이었지만 순혈은 오히려 독이 되었다. 영국, 러시아 로마노프 왕가는 혈우병에 시달렸고 합스부르크왕가의 간질과 통풍, 주걱턱 유전병이 전 왕가로 퍼져나갔다.

(22) 17C 기술자, 수공업자들은 독립된 공방을 운영하며 도제 제도를 발전시켰다. 장인들은 APPRENTICE(도제)-JOURNEYMAN(직인)-MASTER로 이어지며 10년 도제를 지낸 후 직인이 될 수 있었다. 반드시 길드에 소속되어 세금을 내야 비로소 본인의 물건을 시장에 내놓을 수 있었다. 유럽은 특정한 직업에 종사하는 조합, 길드의 세계였다.

(23) WEDGE WOOD는 1782년 영국 왕실과 러시아 안나 예카테리나 황후에게 식기 세트를 납품하며 성공을 거두자 증기기관을 이용해 기계화하고 런던 북부에 쇼룸(STOCK ON TREND)을 만들며 유럽 자기의 대명사가 된다. 1825년 탄생한 헝가리 HERAND 자기는 전통과 생활자기로 변화하며 유럽, 영국, 합스부르크, 아랍 왕실을 점령했고 19C 출범한 미국 레녹스 자기는 낸시 레이건이 백악관에 들여놓을 만큼 고급품이다.

(24) 손가락으로 꾹꾹 눌러 빚은 천연스럽고 투박한 신라 토기, 토우지만

장인의 온기가 배어있는 자유롭고, 기발한 상상, 독특한 성형 등이 돋보인다. 디자인한 듯 안 한 듯한 디자인이 가장 힘들다는 현대 디자이너처럼 극도의 단순함을 창출한 도공들이다. 진정한 고수는 원숙해질수록 잔재주, 기교와 덜어내 단순, 순박함으로 돌아간다고 한다. "GREAT MASTERSHIP LOOKS FOOLISH."라는 말처럼 어눌하고 서툰 것처럼 보이는 신라 도공의 대교약졸(大巧若拙)은 노자 도덕경에서 유래했다.

(25) 관요는 사옹원(司饔院)의 분원으로 조선 초기 설치되었다. 신라 말 청자 발생과 동시대 것으로 보이는 광주 이동면 서리에서 발견된 백자 다완(茶碗)이다. 불길이 균일한 중국 벽돌 가마에 비해 우리 진흙 가마는 불편하고 실용성에서도 떨어져 오래 타고 화력이 좋은 소나무만을 고집했다. 큰 소나무 숲이 아니면 관요를 설치할 수 없었고 큰 소나무 산이라도 옹막이 들어오면 몇 년 만에 민둥산이 되었다. 20m 가마에 불 한번 집혀 자기 굽는 데 최소 소나무 3톤이 필요했다.

(26) 자기 접시 안 바닥이나 그릇에 예빈시(禮賓寺), 내섬시(內贍寺) 등 관청의 이름을 찍거나 새겨 넣으며 도난을 방지했고 훔친 자는 유배 보냈다. 주문을 맞추려 여분의 도자기를 구웠고 납품 후 남는 도자기나 불량품은 유통하지 못하게 모두 깨트렸다. 또한 관요에서 어쩌다 명품이 나오면 이런 것만을 요구하는 관요 관리로부터 잔소리, 투정을 듣지 않으려고 일부러 깨트리기도 했다. 관청 이름이 표시된 경승부명 분청사기 인화문 접시와 한글이 적힌 귀얄문 어존명 귀족배(盃)가 남아 있고 궁의 명문이 새겨진 백자는 남은 것이 거의 없다. 산돼지 털 등 짐승 털로 만든 거친 붓으로 백토를 바른 것으로 거친 표면이 묵직한 분위기를 나타내는 귀얄은 조선 고유한 기법으로 발전했다.

(27) 11-12C 비색 상감 청자가 시작되기 전 탄생한 철화청자는 산화철이 포함된 검은 안료를 붓에 찍어 문양을 그린 뒤 유약을 발라 구운 청자다. 회청자(繪靑磁)라 불리며 산소가 충분한 상태에서는 붉은색, 산소가 불충분한 상태에서는 엷은 담황갈색(브라운)을 띤다.

(28) 17C 발전한 이앙법 보급으로 농업이 발전하고 상업으로 부를 축적한 영정조 이후, 사대부나 일반 부농까지 자기를 소유할 만큼 경제적 여건이 되고 부와 취향을 과시하기 위한 백자가 유행한다. 1995년 뉴욕 크리스티 경매장에서 15C 조선 청화백자 접시가 308만$에 팔려 당시 세계 자기 경매 사상 최고가를 경신해 조선 자기의 우수성을 세계에 각인시켰

다. 1996년 11월 뉴욕 크리스티 경매에서 845만$에 팔린 17C 청화백자 용문 항아리는 당시 자기 사상 최고가였다. 힘차게 용틀임하는, 역동적이며 화려하면서도 단아함을 간직한 용문 항아리다. 17C 철화 용문 항아리는 765만$에 낙찰됐다.

(29) 1597년 정유재란 때 남원성에서 끌려간 청송 심씨 심당길은 가마 속 불만 일본 것이고 흙, 유약 모두 조선 것이라는 뜻의 불만(히바카리, 火)이라는 이름의 찻잔을 생산한다. 현재 14대 후손이 심수관이다. 청송은 청송 심씨의 원조로 심당길 박물관이 있다.

(30) 포르투갈, 스페인 전도사들이 종교 문제를 일으키자 막부는 1637년 이들을 추방하고 포교를 금지하고 1641년 무역만 한다는 조건을 내걸며 개신교 네덜란드를 받아들인다. 네덜란드 상인들은 1633-1850년까지 166차례 동양 밖 세계에 대한 풍부하고 상세한 국제정세 보고서(風說書)를 막부에 제공했다. 네덜란드 동인도회사는 자체 군사력은 물론 화폐제조권도 소유했고 회사 수장은 총독을 겸임하며 경찰, 사법, 치안권 등 국가에 버금가는 권리를 가지고 있었다. 사무라이들을 용병으로 고용해 동남아로 데려와 치안 등 주민들을 통제했고 이들은 세력이 커지며 한때 태국 왕조를 넘보기도 했다.

(31) 1492년 신구교의 종교적 갈등이 커지자 스페인 이사벨라 여왕과 포르투갈은 유태인들을 쫓아내기 시작했고 프랑스 루이 14세도 하나의 종교, 가톨릭 순혈의 나라를 표방하며 위그노(신교도)를 추방했고 서민들은 국가나 영주를 떠나야 했다. 10C부터 다이아몬드와 보석 시장을 좌우했던 유태인 은행업자, 고리대금업자, 다이아몬드 세공업자들이 신구교의 공존을 택한 네덜란드, 스위스, 터키로 몰려들며 17C부터 150년간 유럽 귀금속, 금융 중심지가 된다. 합스부르크왕국 담보물 교환소이자 고리대부업으로 왕실의 보석들을 세공 판매하며 유럽의 사치품, 명품무역을 선도하기 시작한다. 네덜란드는 마드리드, 베네치아, 제노바와 아랍까지 촘촘히 뻗어 있는 유대 상인의 국제 교역 네트워크를 이용해 아시아 후추, 정향, 육두구 등 향신료, 중국 차와 자기, 중남미 설탕, 銀, 아프리카 노예무역을 선도했다. 젖과 꿀이 흐르는 인구 250만의 제국으로 당시 하녀, 하인까지 글을 읽을 수 있었다. 또한 17C 바로크 미술을 대표하는 렘브란트(1606-1669), 얀스타인(1626-1679) 등 유럽 화단을 이끈 화가가 탄생하며 문화 예술적으로 크게 융성했다. 1425년경 소빙하기로 북해까

지 밀려든 청어 염장법을 개발한 네덜란드는 이를 바탕으로 선박 기술을 발전시키며 해상무역 시대를 열었다. 13-17C 청어와 대구 등 어류가 유럽의 식탁을 차지했다. 육류 소비가 본격화된 것은 18C다. 특히 라인강과 대서양이 만나는 교통 요지며 활발한 개척 정신을 가진 네덜란드인에게 바다는 자신들의 안마당이었다. 길이 48m, 1,200톤, 2만 km를 항해할 수 있는 최첨단 대형선을 건조하고 1630년대 24,000척(유럽 상선 75%)을 보유했다. 현재 로테르담은 유럽 최대의 항구이며 세계 해운회사 1위 머스크의 중심지다. 또한 17C 바로크 미술을 대표하는 얀스타인(1626-1679) 렘브란트(1606-1669) 등 유럽 화단을 이끈 화가가 탄생하며 문화 예술적으로 크게 융성했고 당시 하녀, 하인까지 글을 읽을 수 있었다.

(32) 도쿠가와 막부는 문화정치를 표방하며 1번(藩) 1특기를 독려하며 초기 자본주의 시대를 연다. 1607년 일본을 방문한 강섬(姜暹)과 1623년 통신사 강홍신은 가는 곳곳마다 곡간에 곡식이 차고 넘친다고 일본의 부유함에 대해 보고했다. 박제가는 일본이 부유한 이유가 외국과 교통이라고 주장했고 정약용(1762-1836)은 일본의 성장을 매우 부러워하고 있다. 18C 청은 강희제, 온정제, 건륭제 시대로 세계 GDP의 33%를 생산한 황금기였고 에도시대는 일본의 르네상스였다. 당시 일본 인구 4,410만, 조선 1,700만으로 일본의 생산력은 조선의 5배였다. 에도는 인구가 백만을 넘는 대도시로, 장인 정신으로 무장한 상인들이 상공업을 이끌었고, 막부의 적극적인 상공업 진흥 정책에 힘입어 문물이 융성하였다. 또한, 서민문화가 성장해 예술가들은 다투어 서민문화를 소재로 한 그림, 소설, 동양 화풍에서 벗어난 미술이 유행했다. 일본 교육 역시 유럽에 비교해도 별 차이가 없었다. 1812년 마지막 12차 통신사는 재정난을 이유로 입국을 거절당하며 에도에 가지도 못하고 쓰시마섬에서 열렸다. 이미 볼 것 다 보고 더 이상 배울 것이 없는 막부는 이제는 가르칠 때가 되었다고 판단했고, 조선을 먹잇감으로 조선 사냥을 시작했다.

(33) 1582년 오다 노부나가가 죽은 후 권력을 잡은 도요토미 히데요시는 1592년 조선을 침략했다. 선조는 한양을 떠나지 않고 종묘사직을 버리지 않겠다고 약속했으나 뒤로는 금은을 궁으로 들이며 피난을 준비했고 선조와 대신들은 비 오는 새벽 조용히 한양을 빠져나갔다. 왜군이 불과 20일 만에 부산에서 한양까지 450km를 전진한 것은 조선군의 저항이 거의 없었다는 뜻이다. 7년 임란으로 조선 전토가 초토화되었다. 우리는

이순신과 의병 활동을 중심으로 한 민중 항쟁사로 받아들이지만, 중국은 조선을 도와 일본을 패퇴시켰다고 인식하며 일본은 히데요시가 죽어 다 이긴 전쟁을 놓쳤다고 믿으며 대륙진출의 선구적 업적으로 생각한다.

(34) 밥을 담으면 밥사발, 약을 담으면 약사발, 술 사발, 찻사발이 되는 막사발은 원래 진주, 웅천의 민간 제기로 16-17C 일본에서 어본다완(御本茶碗)이라 불리며 일본 왕실에 납품했다. 웅천 멧사발은 다리 굽 언저리에 몽글몽글한 형태 황백색 유약 방울, 포개 구은 흔적으로 투박하지만 당당한 모습이다. 진해 흙만이 이런 오묘한 노란색을 낸다고 한다. 도요토미 히데요시에게 선물한 이의 이름을 딴 기자에몬 이도(喜左衛門井戶, 도쿄 다이토쿠지 고호안 소장 국보 26호)다완은 웅천 도공이 만든 제사용 멧사발이라 한다. 1580년경 쌀 1만-5만 석에 거래되었다고 하며 어떤 다이묘는 성과 바꾸기도 했다. 임란 때 도요토미 히데요시가 남해안 일대를 중심으로 많은 도공이 납치된 이유도 이것과 무관하지 않을 것이다. 하동 샘골에서 유래했다는 이도다완(井戶茶碗)은 녹차의 독 성분을 빨아들인 후 밖으로 뿜어낸다고 한다. 17C 중반까지 찻사발은 조선에서 만들어졌으나 이후 맥이 끊어졌다. 일본 역사학자들은 조선 다완이 없었다면 일본 차 문화는 없었다고 단언하며 일본이 자랑하는 것 중에 조선의 은총을 받지 않은 것이 없다고 한다.

막사발

(35) 여덟 살 때 돌아가신 김수환 추기경(1922-2009)의 아버지 역시 군위의 옹기장이였고 추기경의 아호가 옹기(甕器)였다. 1868년 무진박해(戊辰迫害) 때 순교하며 몰락한 양반, 김보현이 할아버지다. 천주교도를 박해하고 무참히 살해한 대원군의 아내 민씨 역시 천주교도였다. 점놈(옹기쟁이), 백정, 뱃놈은 3대 상놈이었다. 고려 말부터 왜구의 잦은 침입으로 전라도 도공들은 광주, 문경, 청소 등 전국 각지로 흩어졌다.

(36) 자기는 색, 형태, 희소성, 비례(RATIO), 질감(TACTILE), 문양, 예술성,

보존 상태와 빛깔이 중요하다. 좌우상하의 길이, 너비가 대칭을 이루고 무늬의 비례가 걸맞은 자기가 상품으로 평가받는다. 초보자인 우리는 고려청자의 깔끔하고 세련된 형태, 유려한 색 등 격조 있는 멋을 제대로 이해하기가 힘들다.

제8편 경복궁

(1) 이성계에게는 여덟 아들이 있었는데, 신의왕후 한씨 소생 방우, 방과, 방간, 방원, 방연 6남, 신덕왕후 강씨 소생 방번, 방석이다. 태조가 방석을 태자로 봉하면서 5남 방원이 1398년 8월 정도전, 남은, 방번, 방석을 살해한 사건이 1차 왕자 난이다. 이방원의 왕권 중심 정치와 정도전의 재상 중심 정치 간의 싸움이었다. 1400년 방간과 방원의 2차 왕자의 난이다. 정종은 영, 좌, 우의정이 업무를 담당하고 육조 관원을 통솔하는 재상 중심 의정부서사제(議政府署事制)였으나 왕권주의자 태종은 육조가 왕에게 직접 명령받는 육조체제(六曹體制)로 바꾼다. 하지만 왕권이 안정된 세종 때 의정부 체제로 환원시킨다. 서인의 재상 중심 의정부 체제와 동인의 왕권 중심 육조 체계로 조선 내내 끊임없이 충돌했다.

(2) 한은 하나, 크다, 바르다는 순우리말로 한강(514Km), 한 우물, 한 소리 등 하늘과 우주를 말한다. 아우라지 조양강, 영월 동강을 거친 남한강은 충주, 양주 양수리 두 물머리에서 북한강과 만나 年 180억 톤 물이 거대한 강을 이룬다. 2,500만 남한 인구 절반이 기대어 사니 민족의 젖줄이다. 전국에서 세곡과 지방특산물을 싣고 모여들어 예성강을 통해 개성으로, 임진강을 통해 연천으로, 한강을 통해 충주까지 이어지는 삶의 물길, 생명의 물길이었다. 행주나루는 각도 세곡과 특산물, 수산물이 들어오던 한양의 길목으로 이곳이 끊기면 한양은 굶어 죽었다. 마포나루는 남대문을 통해 궁궐로 들어가는 최단 길목으로 1789년 인구가 15,000명 정도로 대구보다 컸었다고 한다. 4대 나루터 마포, 여주, 이포, 진천이었다. 한강 유역은 8천 년 전 신석기시대 암사동 유적지를 비롯하여 삼국시대는 대륙을 잇는 교통 요지로 고구려, 백제, 신라가 국가의 사활을 걸고 전쟁했다.

(3) 객사는 전국 주요 도시에 지방 출장 관리가 숙박하고 외국 사신 방문 때 연회를 열던 곳으로 정조는 수원 사도세자 능 원행 때 과천 객사에 머

물렀다. 대궐을 상징하는 높은 주관과 양쪽 날개 익관으로 이루어진 관아와 주택의 복합형으로 관리 사무소 겸 거주지였다. 임금을 상징하는 전(殿)자를 새긴 궐패를 모시고 매달 1일과 15일 고을수령과 관헌이 모여 대궐을 향해 충성을 다짐하는 망궐례(望闕禮)를 올렸다.

(4) 태조 12년 경복궁 뒤편으로 시장을 열었으나 너무 협소해 1412년 2월 태종 때 2,700여 칸 장통방(장교동, 관철동)에 상점을 열면서 본격적인 육의전(六矣廛)을 개설했다. 육의전 또는 시전이란 나라에 허가 받아 세금 내고 정부 물품, 주로 비단 파는 선전, 명주 면주전, 모시 저포전, 무명 면포전 종이 지전, 어물전 등 여섯 가지 취급품별로 납품하는 상점이다. 일반 서민은 그 한 편에서 옹기, 푸줏간 등 각종 점포를 열었으나 취급할 수 있는 물건을 제한했다. 초가와 기와지붕으로 꽉 찬 종로는 서민들의 장터와 축제장이었으며 투전판, 야바위꾼이 엉키는 난장판이 되기도 했다. 알록달록한 비단이 걸린 포목점이요, 마포에서 갓 잡은 싱싱한 잉어, 붕어, 가물치 등 온갖 생선이 펄펄 뛰며 굴비 두름 엮어 놓은 어물전, 산같이 쌓아 놓은 옹기전, 혹시 비 맞을까 가마니를 덮은 염전, 뚝섬에서 온 소, 말 달구지에 빼곡히 쌓인 땔감, 한 지게 가득 싣고 나온 짚신 장수, 쌀 · 콩 · 보리 오곡이 쌓여 있는 싸전, 마치 금방이라도 무너질 듯한 낡은 국밥집에서 허기 때우는 지게꾼, 시커먼 연기가 뿜어져 나오는 대장간 옆으로 기침하며 좌판을 벌인 여인네들이다. 돼지는 놀라 사납게 뛰어다니고 송아지의 어미 찾는 소리에 어미 소는 가뜩이나 큰 울음을 더 크게 울며 눈을 크게 뜬 채 궁금한 듯 기웃거리고 주인이 놓친 닭, 오리들은 홰를 치며 날고, 사람이 구름같이 모였다가 흩어진다고 하여 운종가라 불린 종로다. 종로는 일제 때도 독립적, 배타적인 조선인 상가가 일본인에게 상권을 넘겨주지 않고 지켜온 민족의 자존심이 결집된 시장이었다. 국가 허가를 받지 않고 몰래 물건을 파는 난전(亂廛)이 생겨났고 난전 상인들이 배타적인 금난전권(禁亂廛權)에 불만을 품고 시위를 벌이자 1791년 정조는 육의전만 제외하고 누구나 자유롭게 장사를 할 수 있는 신해통공(辛亥通共)을 시행했다. 남대문 옆 선혜청 자리에 서민들의 미세한 숨결과 애환이 묻어나는 저잣거리가 생겨나며 남대문 시장을 연다. 서소문 밖 칠패장, 동대문 밖 배오개 시장, 서대문 밖 채소밭은 한양 3대 시장이다. 지방에 열린 시장을 향시 또는 장시라 했다. 조선 후기에 수공업이 발달하고 화폐경제가 활성화되며 전국적으로 1,000여 개에 이르는

장시가 성행했다.

(5) 인재 등용은 큰 복이며 빛이 사방을 덮고 육이 만방에 널리 미치기를 기원하는 경복궁이며 상징적인 광화문이었다. 19C 서양인은 ENLIGHT-MENT GATE라 불렀다. 文을 숭상해 5대 궁 정문 이름은 化자, 정전은 政자가 들어있다. 도성은 천지 팔방을 뜻하는 4 대문과 4 소문이다.

숭례문은 1395년 건축하고 세종 29년 1447년에 개축했다. 숭례문 현판은 세종 형 양녕대군이 18세에 쓴 것으로 남쪽 관악산 화기가 너무 강해 이를 누르기 위해 세로로 쓰였다. 조선 궁궐과 도성 현판 중 세로로 쓴 것은 창덕궁 어수문, 경복궁 후원 집옥재 등 5개다. 숭례(崇禮)는 염(炎), 화기를 의미한다. 숙종 1년 양녕대군 외손인 우의정 허목이 지은 양녕대군 사당 지덕사(至德祀)에서 숭례문 탁본이 발견됐다. 일제는 요시히토 왕세자(다이쇼 일왕, 1912-1926) 방문 때 숭례문 아래로 고개를 숙이고 들어갈 수 없다며 1907년 9월 숭례문 좌우 성벽을 파괴했고 숭례문은 임란 때 가토 기요마사, 흥인지문은 고니시 유키나가가 입성한 문이라며 헐지 않았다. 1962년 국보 1호가 되었고 1963년 5월 14일 중수했으며, 2008년 1월 화재로 중건됐다. 태조, 세조, 성종, 1962년 그리고 현재까지 5번째 상량식이 이루어진 숭례문이다. 상량식은 기둥을 세우고 보를 얹은 다음 마룻대를 올리는 의식을 말한다. 충남 안면송으로 숭례문을 복원했고 천연호분(胡粉, 조갯가루)과 일본산 수간분채(水干粉彩)로 단청했다. 기와는 호평 기와를 바탕으로 250톤 흙을 사용하며 전통 등요식(登窯式) 가마에서 초벌구이한 기와에 유약을 입혀 900도에서 재벌했다. 手製 전통 기와는 공장 기와보다 1.5배 가볍고 소나무가 타면서 탄소가 기와에 자연스럽게 투과되어 입히는 꺼먹이 법으로 색도 자연스러운 은은한 색이 된다. 암기와 14,991장, 수키와 7,284장 암막새 488장, 수막새 519장 특수기와 96장 등 총 23,369장으로 단장했다.

동대문(흥인지문, 興仁之門)은 원래 늪지대였기에 지역이 낮아 지반을 다지고 1398년 축조했다. 하지만 매년 홍수로 물에 잠기고 왜의 침입을 경계하여 비보책으로 갈 지 자 한 자 더 넣고 옹성을 쌓았다. 현 동대문은 1869년 고종이 대대적으로 개축했다. 주로 한양 동북쪽에 많은 선대 왕릉에 참배하기 위해 드나들던 문으로 현판은 이황이 쓴 것이다.

북대문(숙정문, 肅靖門)은 풍수상 음을 상징하는 북문(神武門)으로 이 문을 열어 놓으면 성안의 음기가 극성해 여자가 바람난다고 해 항상 닫고 가뭄이 들면 불의 상징인 숭례문을 닫고 물을 뜻하는 숙정문을 열었다. 양기가 성한 봄, 여름 가뭄에는 열지만, 음기가 강한 가을, 겨울에는 열지 않았다. 정(靖)자는 지(智)와 뜻이 같다. 왕이 청와대 후원에서 하던 무과 때, 왕이 민심을 알기 위해 비밀리에 민정 시찰, 특별한 행차할 때를 제외하고는 닫아두었다. 주로 북문은 시녀, 내시 등이 병이 나거나 더 이상 일을 할 수 없을 때, 퇴궐할 때 이용하던 문으로 궁녀는 궁 안에서 죽을 수 없어 건강이 안 좋으면 사가로 보내졌고 궁내에 생필품을 공급하기도 했다. 1968년 군사 보호구역으로 지정되고 최근 개방됐다.

1396년 태조 때 사직동에 처음 건설된 서대문(돈의문, 敦義門)은 1413년 태종이 경희궁 부근으로 옮기며 서전문(西箭門), 1422년 세종이 신문로 언덕에 세우며 다시 돈의문(새문)으로 광해군 때 새로 지어져 새 문이란 이름을 얻었으나 1915년 일제가 철거했다.

보신각은 8개 도성문을 여닫고 새벽 5시경 불교 33천을 의미하는 파루(罷漏) 33번, 저녁 28숙 별자리를 상징하는 인정(人定)을 28번 쳤다. 1985년 누각을 새로이 짓고 1986년 무게 20톤 높이 4m 새 종을 달았다.

북소문, 자하문(창의문, 彰義門)은 4소문 중 유일하게 문루가 있고 창의문 밖 지세가 지네 모습을 닮아 천적인 닭을 추녀에 조각했다. 창의문 바깥은 개성 자하동을 빗대 자하문이라 불렸다. 2008년 숭례문이 불타며 1741년 영조가 지은 창의문 문루가 가장 오래된 건물이 됐다.

동소문, 혜화문은 은혜를 베풀어 교화한다는 뜻으로 원래 명칭은 홍화문이었으나 창경궁의 홍화문과 이름이 같아 1511년 혜화문으로 바꿨다. 한양 동북방 의정부, 양주, 포천으로 통하는 문으로 여진인과 야인의 출입문이었다.

남소문 광희문, 서소문 소의문 이 두 문만이 시체가 나갈 수 있어 시구문(屍軀門, 屍口門)이라 불렸고 공동묘지와 화장장이 있어 망자의 혼령을 위로하기 위해 무당들이 모여들어 신당이 생겨나고 신당동(神堂洞)이란 이름이 탄생했다. 倭 사신은 광희문으로 출입했다.

(6) 삼문은 천지인, 삼재(三才), 오행 등을 바탕으로 한다. 첫 번째 고문과 외조(外朝, 궐내각사), 치문과 치조, 노문과 내조(內朝, 연조, 燕朝)로 구성되어 있다. 외조는 광화문에서 흥례문까지 궁궐의 수비를 담당하고 관료와 궁중 관리들이 집무하는 곳이다. 치조는 근정문에서 향오문까지 근정전, 사정전(便殿), 만춘전, 천추전 등을 말한다. 내조는 향오문-아미산까지 강

녕전, 교태전 등 왕과 왕비가 생활하는 왕실의 개인적인 공간이다. 언덕을 끼고 조성한 고려 안압궁 역시 정전(회경전)을 축으로 광명천, 만월교(금천교), 신봉문(광화문)-창합문(흥례문)-회경문(근정문)-회경전(정전)-장화전(사정전)의 좌우대칭, 삼문이었다. 만월대 본궐(사료 이름, 연경궁)은 언덕에 지어 회경전을 올라가는 계단이 매우 가팔랐다고 한다. 조선 사람들은 달이 차서 기우는 고려 권력을 의미하는 만월대라 불렀다. 고려 궁궐은 1361년 공민왕 때 홍건적의 침입으로 불타 버렸다.

(7) 박자청은 고려말 노비에서 왕의 호위무사가 되었고 태종 때 건축 능력을 인정받아 종1품 공조판서에 오른 입지전적인 도편수였다. 당시 도편수, 영선감은 건설공사 책임자로 문, 가구 짜는 소목장, 기둥, 보, 도리를 만드는 정현편수, 창호(窓戶)편수, 단청 편수, 석수 편수 등 각 분야 최고를 편수라 불렀는데, 이들을 관리하는 역할이 도편수다. 수도 한양의 마스터플랜을 짠 이가 정도전이라면, 이를 실현한 이는 박자청으로, 경복궁, 창덕궁, 종묘와 태조 건원능 등 세종 때까지 70세 노구를 이끌고 청계천 준설 및 수표교 공사 등 그의 손길이 미치지 않은 건축이 없었다. 흔히 도편수는 정승감이어야 한다는 말이 있을 정도였다. 정조 때 수원성 영건감은 영의정, 채제공이며 현장 책임자는 정약용이었다. 영건이란 궁궐 등 대규모 건축을 말하며 이를 자세히 기록한 영건도감(營建圖鑑)이다. 도감은 정부, 왕실 주요 행사를 치르기 위한 임시관청이며 행사가 끝나면 모두 의궤청으로 모여 문서, 시간, 날짜, 종류별로 그림을 그려 도감의궤가 많다.

	내사산	외사산[23]	외사산성
북	북악산 342m	북한산 836m	북한산성
남	남산 265m	관악산 632m	호암산성
동	낙산 125m	용마산 327m	아차산성
서	인왕산 338m	덕양산 348m	행주산성

23) 성벽 18.6km이며 외사산은 현 서울 크기와 거의 일치한다.

(9) 태조 4년(1395년) 단군을 모시고 나라 제사를 지내는 남산 목멱 대왕을 위한 국사당을 현 팔각정 자리에 세운다. 1925년 일제는 신궁을 지으며 인왕산 선바위 밑으로 옮기고 인왕산(仁王山)은 인왕산(仁旺山)으로 바꾸었다.

(10) 청도기(淸道旗, 맨 앞에서 길을 여는 기)와 영기(令旗)를 앞세우고 봉황 의장기, 압도적인 크기(가로 3.5m, 세로 4m)의 국왕을 상징하는 교룡기와 비단 휘장을 두른 왕 행차였다. 뒤를 이어 갖가지 화려한 수를 놓은 관복을 입은 벼슬아치들이 서열 순으로 등장하니 서민들에게는 보기 드문 큰 구경거리였다. 상류사회의 화려한 풍속과 기호를 엿볼 수 있었다. 곱게 빗어 땋아 내린 귀밑머리를 한 수줍은 불그레한 처녀, 비녀, 뒤꽂이, 머리꽂이 등 다채로운 노리개 장신구들로 한껏 단장한 여인, 한량들은 갓과 술띠로 한껏 멋을 내고 향낭을 차고 연동까지 데리고 나왔고 남산 딸깍발이 양반들도 멀리서 자신의 화려했던 과거를 회상하며 먼발치에 섰고 육의전 장사치들, 마포, 서강나루 상인, 봇짐과 등짐을 둘러멘 보부상, 종루 술집 작부뿐 아니라 청계천 거지들까지도 모두 모여 인산인해를 이루며 눈송이처럼 하얗게 뒤덮었다.

(11) 장충단은 1900년 9월 민비를 보필한 홍계훈 장군과 임오군란, 을미사변때 전사한 이를 위한 제사를 지내던 곳이다. 1932년 일제는 장충단을 헐고 경복궁 국립민속 박물관 터에 있던 선원전(璿源殿)을 뜯어 이토히로부미 사당, 박문사를 세웠고 해방 후 순국선열을 위한 장충단이 세워지며 헐렸다. 현 신라 호텔 터에 박문사가 있었다.

(12) 고구려 벽화에 야철신, 제륜신(마차신, 바퀴신)을 숭배하였을 정도로 마차와 상업을 중시했고 고려는 해상무역하던 호족이 세운 상업 국가였지만 조선은 유교의 영향으로 상업을 가장 천하게 여겨 물류 활동이 매우 열악했다. 조선 내내 큰 길이 없으면 나라는 안전하다고 여겨 큰길, 다리를 건설하지 않았다. 박지원은 어촌에 쌓인 생선과 어패류가 썩어나가지만 도시나 농촌은 굶어 죽는 이가 속출하자 교통로와 수레 도입을 주장했다. 조선 말 선교사인 헐버트(1863-1949)는 길이 좁고 거칠어 우마차나 손수레와 인력거조차 제대로 다닐 수 없다고 기록했다. 청일전쟁 때 청 장수는 대포 하나 건널 만한 다리가 없어 패배했다고 변명했다. 청일전쟁 후 청은 철도 건설에 매달린다. 19-20C 백 년간 세계에 100만 km 철도가 깔리며 세상은 급격히 변화했다. 싱싱한 과일과 식량이 빠르게 대

량 운송되며 영양상태가 좋아지고 급격한 도시의 확산과 팽창이 이루어졌다. 병력과 무기가 빠르게 전장으로 보급되며 전쟁의 승패를 좌우했다. 광활한 인도 식민지 지배를 위해 영국은 빠르고 신속한 철도를 깔았고 일제는 이를 철저히 연구해 그대로 실천했다. 1899년-1945년 침략, 약탈을 위해 총길이 6,400km 철도를 부설했다.

(13) 무학은 승려는 선비의 책보나 들고 따라다니는 일이나 할 것이라며 크게 낙심했다고 한다. 그의 예견대로 조선 5백 년간 승려는 도성 출입을 마음대로 할 수 없는 천민이 되며 서원 공사 때 부역과 행사 때마다 동원되고 사찰은 사대부의 숙소가 되고 중은 시중을 들거나 가마꾼 노릇을 해 이판사판이란 말이 생겨났다. 장삼을 입고 있는 것 같아 장삼 바위라고도 불리며 기자신앙의 장소였으나 현재 巫 신을 모신다. 무학은 1326년 합천 출생으로 안면도에서 갈대로 삿갓을 만들며 살던 가난한 집안 출신이었다. 18세에 출가하여 자초라는 법명을 얻고 나옹을 만나 수학했다. 천문, 지리와 음양, 도참, 파자 점, 해몽에 밝은 무학은 꿈에 서까래를 졌다는 이성계의 말을 듣고 후일 왕이 될 것을 예언했다. 1392년 왕사며 이성계의 정신적인 스승이었던 무학은 새로운 왕조의 신념을 심어주며 왕도를 정하는 등 조선 건국에 절대적인 영향을 끼쳤다.

왕자난 후 이성계는 불교에 귀의하며 1398년 9월. 정종에게 왕위를 물려준 후 함흥 본궁으로 떠난다. 나라를 건국한 그도 자식 일은 어쩔 수 없었던 모양이다. 개국 공신과 이복형제를 살해한 이방원은 1328년 고려 충숙왕 때 지어진 양주 회암사를 조선 최대 왕실 원찰로 중건하며 함흥에 있던 이성계를 모셔 온다. 승려가 3천, 암자가 17개로 왕사, 국사가 주지를 맡은 회암사(檜巖寺)는 가장 큰 고려 사찰로 이성계를 위한 양주 경복궁이며 이성계 능침 원찰이다. 회암사 터에서 해자, 용 문양이 그려진 왕실 청기와, 잡상, 한국 최대 풍탁 등 왕과 관련된 많은 유물이 출토됐다. 풍탁은 풍경이라 부른 풍령의 일종이다. 무학은 이성계와 만나 회암사에서 말년을 보냈다. 1405년 무학이 79세 때 금강산 금강암에서 입적하자 이성계가 회암사에 모시며 사리탑을 세웠다. 회암사 무학의 부도에 새겨진 용 발톱이 5개다. 중종 때 독실한 불교 신자 문정왕후가 죽은 이후, 1566년에서 1595년 사이의 기록을 보면 유생들의 반대, 그리고 임란을 겪으며 회암사는 폐사되고, 원인 모를 화재로 불타버렸다.

정도전(1337-1398)은 봉화의 향리 출신인 정운경의 첩에게서 태어났다.

아버지가 이색(1328-1396) 아버지와 친구여서 이색에게 글을 배우며 정몽주, 이숭인과 동문수학했다. 24세 성균시, 26세 진사시에 합격하고 성균관 박사로 같은 나이 정몽주와 함께 명륜당에서 유학을 강의했지만, 정몽주는 공양왕의 스승이며 문하시중이 되었으나 미천한 가문 출신인 정도전은 배척당했다. 고려시대 비약적인 농업 기술 발전과 보의 설치 등으로 부를 이룬 신진 사대부들은 개혁을 꿈꾸었고 조선 건국에 결정적인 역할을 했다. 온건 개혁파 이제현과 그를 따른 이색, 정몽주와 급진개혁파인 정도전이었다. 1363년 12월 정도전이 모친상을 당하며 시묘살이 3년간 정몽주가 맹자 한 질을 보냈고 정도전은 맹자 역성 혁명론에 빠져들었다. 불우한 운명을 극복하고 싶은 개인적 욕망과 친명정책, 왕이 백성을 위하지 않으면 하늘이 이를 버릴 수 있다는 은근한 역성혁명을 주장하다가 나주로 9년간 유배당했다. 유배에서 돌아온 정도전은 동북면 도지휘사 이성계를 만나며 그에게 역성혁명의 정당성을 불어넣었다. 전쟁터에서 30년을 보낸 이성계에게 정치란 이해하기도 힘들었고 치세는 더더욱 모르는 일이었다. 그러나 새로운 세계에 대한 의욕이 넘쳤던 정도전은 명과 원의 대립 등 국제정세와 필연적인 고려쇠퇴를 설명하며 혁명의 당위성을 주창했다. 친구이자 조언자였으며 개국을 계획한 혁명가, 설계자인 정도전은 明의 이, 호, 예, 병, 형, 공 등 대명률[24]을 기본으로 조선 헌법, 형법의 기초가 된 조선경국전을 발행했고 철저한 재상 중심주의적 건설을 이상으로 삼고 불교를 적극적으로 반대했다. 한 고조(漢高祖)가 장량을 부린 것이 아니라 장량이 고조를 이용해 나라를 세웠다는 정도전의 취중 발언은 젊고 혈기 왕성한 이방원에게 왕권에 대한 도전으로 받아들이며 정도전 등 사대부와 동생들을 살해했다. 평생을 배불 정책으로 일관했던 그는 말년에 불교에 많은 관심을 가졌다. 살해되기 직전 망자의 명복을 빌고 극락으로 천도하는 명부전 현판을 썼다는 것은 얼마나 아이러니인가? 죽음을 미리 예견하고 쓴 것 같은 정도전의 글씨는 예사롭게 보이지 않는다. 훌륭한 왕과 유교 정신에 충실한 정치 이념을 가진 정도전, 조준, 황희, 신숙주 등 아직까지 사람의 입에 이름이 오르내리는 현명한 재상들이 많은 것은 초기 조선의 큰 복이었다.

---

24) 2013년 11월 영천 고경박물관에서 1389년에 목판으로 찍은 대명률 원판본이 발견됐다.

왼쪽부터 명부전, 회암사

(14) 중국 전설의 천제가 머무는 자미원(紫薇垣)을 본따 황제의 색깔을 상징하는 자(紫)와 일반인 접근을 막는 금(禁), 자금성(紫禁城)이다. 明은 한족의 자주성을 찾기 위해 1412-1428년 백만 명을 동원하며 자금성을 건설했다. 明清 황제가 통치한 자금성은 가로, 세로 750m, 960m, 720,000㎡로 방만 9,999개, 12층 규모 오문(午門, 남문), 12m 높이의 담과 성벽이다. 고압적 웅장함, 과시적 위압감으로 무장한 자금성은 금으로 용을 조각한 기둥으로 둘러친 정전, 태화전이 중심축이다. 보화전은 경축일 때 귀족들에게 연회를 베풀던 곳, 중화전은 큰 행사 전에 황제가 쉬던 곳이며 태화전, 중화전, 보화전이 전삼전(前三殿), 황제 침소인 건청궁, 황후의 숙소인 곤녕궁, 교태궁은 두 궁을 연결하며 후삼궁(後三宮)은 황제 가족의 사적 공간이다. 황제란 황토(黃土)를 다스리는 사람이란 뜻으로 지붕, 수레, 의자, 옷, 모자와 심지어 그릇까지 풍년, 풍요, 다산을 상징하는 황색이다. 천원지방을 기본 사상으로 진시황 아방궁, 漢 고조 미앙궁, 한 무제 건양궁은 모두 ㅁ자형 건물이며 좌우대칭으로 발전했다. 명은 朱씨로 불을 상징해 원의 기운을 누르기 위해 자금성 뒷산, 경산을 조성했고 청은 나라 이름도 물의 기운인 청으로 바꾸고 경산에 다섯 정자를 세웠다.
(15) 기린(麒麟)은 몸은 사슴, 말의 발굽과 갈기, 소의 꼬리, 머리는 오색빛깔 갈기와 외뿔로 입으로 신령스러운 초자연적 서기를 내뿜으며 힘차게 휘날리는 영험하고 신령한 도교 상상의 동물이다. 봉황, 용, 거북(현무)과 함께 사령수(四靈獸)다. 질병과 악을 물리치는 기린은 태평성대에 나타난다고 믿어 흥선 대원군은 태평성대를 기대하며 기린을 흉배했다.
(16) 궁궐과 종묘의 박석은 주로 강화 석모도의 것으로 바위에 가로로 생긴 절리는 망치로 쉽게 잘라낼 수 있고 쓰기 좋은 두께로 잘 잘린다. 동반은 정3품 통정대부 이상을 당상관, 정3품 통훈대부 이하를 당하관, 서반은 절충장군 이상을 당상관, 정3품 어모 장군 이하를 당하관, 종6품 이상을 참상관, 정7품 이하를 참하관이라 했고 서얼 출신 기술관은 정3품 당

하관이 최고였다. 종묘는 神道를 중심으로 어도(御道), 신하도로 삼도다.

(17) 용 두 마리의 발톱은 28개로 하늘의 28숙 별자리와 통치를 상징했다. 대한제국 선포 후 조성한 것으로 추측된다. 숫자 5와 10은 중앙, 토를 의미해 황제를 상징하며 등받이에 금박을 입히고 황금으로 5마리 용을 조각한 청나라 건륭제 태화전 자단목(박달나무의 일종)옥좌다. 조선 왕의 용교의(龍交椅)는 둥근 여의주를 감싸고 있는 5조 용을 조각한 이동 가능한 접이식 의자다.

(18) 송나라 등문고를 본떠 태조가 1401년 대궐 문루에 설치한 신문고다. 창덕궁 진선문, 경희궁 건명문 옆에 신문고가 있었다. 신문고는 자신이 사는 관아를 거쳐 사헌부의 허가를 받은 뒤 의금부에서 조사받고 칠 수 있어 글을 아는 양반 위주의 소원제도이며 서민들이 치기에는 불가능했다. 서민은 궐밖에 설치된 북을 치고 형조 당직 사관을 불러내어 소원했고 임금이 행차할 때 꽹과리를 치던 격쟁 제도다.

(19) 19C 선교사와 의사들은 조선의 불결함이란 글로써 표현할 수 없을 정도로, 더럽고 손을 안 씻는 위생과 방뇨가 가장 큰 문제라고 기록했다. 궁중에서조차 개울이나 수풀에 방뇨는 다반사였으며 전염병이 쉽게 퍼졌다. 인정전에서 삼일제(三日製, 3월 3일에 보던 과거)를 거행하면 응시자가 너무 많아 방뇨로 인정전 일대는 냄새가 진동했다고 한다. 경복궁에는 28개 화장실(창덕궁 21곳)[25]이 있었다고 한다. 한양은 소똥, 말똥 등 온갖 동물 배설물과 쓰레기 등 오물이 넘쳐나고 길은 비만 오면 다닐 수 없는 구덩이와 진흙탕이 되었고 대소변을 길에 버려 모기, 파리, 해충이 들끓었다. 음식을 준비하는 중에도 좁은 골목에 쌓여 있는 쓰레기 사이로 아이들과 거지와 돼지, 개 등 가축들이 뒤엉켜 있었다. 개천은 오물을 버리는 중에도 아이들을 목욕시키며 물을 긷고 빨래했다. 서민들은 전염병이 귀신이나 악마의 저주라고 생각해 한 번 큰 돌림병이 돌면 한양 인구 반이 죽어 나가기도 했다. 17C 홍역으로 한양에서만 만 명이 죽었고 19C 동학 농민운동과 청일전쟁으로 콜레라가 만연하며 수십만이 죽고 1919-1920년 3만이 사망하는 등 콜레라는 치사율 50%가 넘는 무서운 질병이었다. 로마제국의 목욕 문화는 유명하지만, 14C 페스트가 창궐하면서 땀

25) 2021년 7월 경복궁 동궁 남쪽, 하급 관리, 궁녀, 군인들이 상주하던 곳에서 경복궁 중건 당시 만들어진 길이 10.4m, 폭 1.4m, 한 번에 최대 8-10명, 하루 150명이 이용할 수 있는 수세식 화장실이 발굴됐다.

구멍으로 해로운 공기가 들어간다고 믿어 씻지 않았다. 엘리자베스 여왕은 한 달에 한 번 머리를 감았다고 한다. 18C 중반 런던 인구는 100만, 약 30만 마리 말똥, 소변으로 파리, 모기 등이 급속히 번식해 전염병은 심각했고 강은 거대한 화장실이 되어 1850년대 런던에서 콜레라로 수만이 죽었다. 유아 사망률이 50%를 넘었고 1890년 미국도 70%였다. 17C 베르사유궁 정원에 400개 분수가 있었지만, 화장실이 없어 요강을 따로 준비해야 했고 귀족들이며 풀밭이나 정원뿐 아니라 복도에 실례하는 것이 다반사였다.

(20) 어의 전순의는 음식을 통한 치료를 집대성한 『식료찬요(食療纂要)』와 최초 음식 조리서인 『산가요록(山家要錄)』를 남겼다. 1613년 내의원에서 목활자로 간행한 허준(1539-1615)의 『동의보감』은 일본판(1724년), 중국판(1766년) 등 30종이 넘는 판본이 간행됐다. 최초 근대식 병원은 1885년 설립된 광혜원은 제중원을 거쳐 루이스 세브란스의 후원금으로 현대식 병원이 된다.

(21) 채집, 사냥에서 육류 등 제대로 된 식사로 변한 것은 2백 년에 지나지 않고 인류는 전쟁, 기근 등으로 굶주림이 끝없이 이어졌고 18C까지 동서양 모두 하루 2끼였다. 17C 유럽서 가장 풍족한 네덜란드도 주로 축제 때만 먹을 수 있는 흰색 고급 빵이었다. 18C 말 영국 상류층의 테이블에 흰 식빵이 오르기 시작했고 중산층은 거친 호밀 흑빵이 전부였다. 18C 산업혁명이 일어나고 공장제 수공업의 발전으로 밤늦게까지 열악한 조건에서 일하는 노동자들도 하루 세끼를 먹기 시작했다.

(22) 봉수는 삼국시대부터 군사적, 전략적 요충지에 세운 통신망으로 국방의 기본이었다. 5개 노선으로 전국에 1,250개 봉수대가 있었고 세종 때 완성됐다. 낮에는 연기, 밤은 횃불로 평상시 1거, 적군이 출현하면 2거, 국경에 접근하면 3거, 급박한 전황이면 4거, 적군과 교전하면 5거를 병조에서 취합해 왕께 보고했다. 1시간 100km, 부산-한양, 함경도-경복궁까지 12시간이면 정황을 파악했다. 19C까지 가장 빠른 연락망, 봉수는 1894년 갑오개혁 때 폐지됐다 1871년 신미양요 때 미군이 가장 놀란 것은 깃발, 북, 징, 나각(소라)·나발 등을 이용한 우리의 빠른 수기 신호라고 기록했다. 봉수는 현재 레이더 기지와 겹친다.

왼쪽부터 남산 봉수대

(23) 조선 궁에는 궁녀는 보통 천 명 정도가 거주했고 성종 때 300명, 영조 때 600명 궁녀는 왕과 왕비 시중을 드는 상궁과 궁궐을 관리하는 하급 관리, 나인으로 나누어진다. 이러한 궁녀들은 왕의 개인 자산을 관리하는 내수사에서 공노비를 궁녀로 선발하였으나 대부분 상궁, 나인의 연줄로 들어와 궁녀가 됐다. 대개 4-16세에 궁궐에 들어와 15년 정도 교육받는 견습 나인을 거쳐 보통 18세에 계례를 한 후 정식 나인이 될 수 있었다. 정식 나인이 된 뒤 15년이 지나면 상궁이 될 수 있었다. 궁녀는 상궁 정5품부터 종9품까지 10단계다. 입궁하면 독신으로 살아야 했고 힘들고 고된 직업이었다. 내명부 지휘 아래 각 처소에서 궁녀를 선발했다. 왕비가 데리고 온 유모나 노비를 본방나인이라 부르며 왕비와 생사고락을 같이했다. 지극히 은밀하고 비밀스러운 뜻의 지밀(至密)은 왕, 왕비, 후궁, 대비, 왕세자, 세자빈의 침실을 뜻하고 왕과 왕비의 가장 가까운 곁에서 보필하는 지밀상궁과 나인들은 8명이 12시간 맞교대했다. 안전을 위해 왕이 언제 어느 침실에 드는지, 나인 몇 명이 어디에 근무하는지 등은 기밀이었고 왕 또한 침실을 번갈아 이용했다. 삼정승도 무시할 수 없는 지밀상궁은 서열이 분명하였는데, 대왕 대비전-대비전-왕 지밀상궁순이었다. 내명부 수장인 왕후의 명을 받들고 내전의 모든 재산을 총괄하여 맡아보던 가장 높은 제조상궁(提調尙宮)과 그 밑으로 副 제조상궁-상궁-나인이 있었다. 1907년 12월 영친왕이 인질로 일본 황궁을 방문했을 때 시중들던 상궁의 나이 60이 넘었는데도 수려한 외모로 젊게 보이고 바른 예법, 정숙한 화법 등 우아한 언행과 태도는 조선미의 전형을 보여주는 듯하다고 황궁 관리가 기록했다. 이익은 성호사설에서 궁녀 최고 관직 정5품이었고 궁녀가 648명, 환관이 335명으로 지급된 경비가 쌀 11,439석이라고 기록했다. 왕비, 대비를 모신 궁녀는 왕비, 대비가 돌아가시면 신

위를 모신 후 사가에 머물며 3년 상복을 입고 지내야 했다. 은퇴한 궁녀는 선왕의 후궁을 위한 수성궁, 영수궁, 자수궁이나 숭인동에 있는 정업원이라는 절에서 기거했다.
신라 흥덕왕 때 환관 제도가 도입됐다. 고려까지 내시는 과거급제한 문관, 나라에 공을 세우거나 음서제로 등용되어 왕의 최측근 비서관이나 정무를 담당하는 관료였다. 김부식 아들인 김돈중, 주자학 전래한 안향이 내시 출신이며 재상에 오른 내시가 22명이었다. 13C 고려 후기 元에서 받아들인 환관 제도로 환관이 내시가 되기도 하며 환관의 권한은 더욱 커졌다. 특히 기황후 이후 큰 세력을 이루며 권력을 가지고 역사 전면에 등장했다. 충선왕은 환관의 계략으로 티베트로 유배당하기도 했다. 환관이 내시가 된 것은 조선 중기 이후로 250-300명 내시는 전명(傳命) 수문(守門)과 세탁, 청소, 잡일, 궁녀의 관리뿐 아니라 왕실 음식을 담당하는 내외 소주방 역시 내시 관할이었다. 수라를 책임지는 상선 내시는 정2품으로 최고 내시였다. 내시는 왕의 최측근으로 막강한 권력을 행사하기도 했고 양반들은 권력을 유지하기 위해 내시에게 딸을 시집보내기도 했다. 내시는 처첩을 거느리고 결혼할 수 있었고 성이 다른 내시를 양자로 들여 대를 이으며 조상의 제례(祭禮)를 모셨고 족보를 만들었다. 청도 김씨 내시 고택은 정3품 통정대부 김일준(金馹俊, 1863-1945)이 낙향해 지은 집으로 400년 16대에 걸친 내시 가문이다. 왕을 배례하기 위해 서북향으로 지어진 사랑채에서 안채의 출입을 한 눈에 볼 수 있도록 배치했고 작은 사랑채와 연결된 판벽에 세 개 구멍을 뚫었다. 일반 사대부 집보다 더 폐쇄적으로 안마당이 건물과 담장으로 막혔고 안채 역시 북향으로 놓였다. 현 건물은 19C 지은 것으로 추정된다. 내시와 궁녀들은 은퇴 후 주로 기거한 구파발 이말산 백화사(白樺寺), 진관사며 이 인근과 불암산과 북한산, 노원구 초안산에서 내시 무덤이 자주 발견된다. 죽어서도 왕과 떨어질 수 없는 내시는 왕릉 가까운 곳에 묻히며 왕의 곁을 지켰다. 명나라는 약 10만 환관, 1만 명 궁녀가 있었고 1912년 마지막 황제인 푸이 때 1,500명 환관이 있으며 황실의 요리를 담당한 어선방(御膳房) 역시 내시가 독차지했다. 조선은 고환만 제거하였으나 성기와 고환을 모두 제거한 중국 내시는 2-3개월 지나면 수염이 없어지고 목소리가 가늘어진다고 한다.
(24) 1848년 대왕대비 순원왕후 김씨(순조 비, 1789-1857)의 육순과 신정왕후 조대비(1808-1890)의 망오(41세)를 기념해 창덕궁 통명전에서 붉은 장

막을 둘러치고 여자들의 잔치 내진찬(內珍饌)이 열렸다. 40종 음식을 쌓아 올리고 최고급 비단, 종이, 밀랍, 송홧가루로 만든 상화(床花)로 치장하며 대왕대비의 위엄을 과시했다. 상화란 궁의 연회나 의례 때 장식용 가짜 꽃을 말한다. 상화에 향기까지 담아 때로 나비와 벌이 찾아들기도 했다. 조선은 생명을 존중해 살아있는 꽃으로 장식하지 않았다. 임금이 장원한 이에게 내렸던 어사화(御使花), 머리에 꽂는 잠화(簪花), 가무할 때 상에 올리는 의장화(儀狀花) 등이 있다. 진작(進爵), 진찬, 진연(進宴) 진풍정(進豊呈) 등으로 구분하고 그중 진풍정이 가장 큰 연회였다.

(25) 고종(1852-1919, 재위 1863. 12-1907. 7. 19)은 창덕궁에서 즉위했지만, 결혼은 1866년 자기(15세)보다 한 살 많은 민비와 대원군(1820-1898) 사저, 운현궁 노락당(老樂堂)당에서 했다. 원래 왕실 결혼은 궁에서 하는 것이 법도였고 왕의 8촌 이내 친족은 벼슬하지 않는다는 종친불사(宗親不仕)가 원칙이었으나 법도 소용없는 대원군이었다. 사랑채 노안당은 정치 대소사를 좌지우지한 정치 사랑방이다. 흥선은 부인 민씨의 천거로 민치록의 딸 민자영을 택했다. 1864-1873년 세도가 절정을 이루며 운현궁은 궁과 같은 차양, 창호 기법을 사용했고 큰 대문만 4개가 있어 그 크기가 궁과 비교될 정도였다. 뇌물 중 약과가 왔을 때 "약괄세 약과"라는 말이 적다, 또는 좋지 않다는 뜻으로 유래됐다. 이하응은 영조의 후손인 남연군 넷째 아들이다. 추사의 제자 격인 대원군은 추사 김정희가 압록강 동쪽에 대원군만큼 난(蘭) 그림을 잘 그린 이가 없다고 할 만큼 인정한 대가이며 시인, 화가, 풍류객이었다. 1998년 새로 건축했다.

(26) 중국 천자는 육궁(六宮)이라 하여 1 황후, 2 비, 3 부인, 9 빈, 27 세부, 81 어처로 공식적으로 121명 처첩이 있었다. 청 4대 강희제 후궁이 100명 남짓으로 역대 황제 중 가장 적었다. 왕이 죽으면 3년 상을 지낸 후 자식을 낳지 못한 후궁은 출가하여 비구니가 되는 것이 관례였다. 아랍 왕들은 수천 명 첩이 있지만, 술탄 어머니가 동침을 결정하며 하렘에서 왕의 사생활은 철저히 통제됐다. 장자상속이 원칙이었지만 술탄은 왕위 계승을 위해 살인, 반역, 전쟁도 서슴지 않았다. 1574년 12월 22일 술탄 황제 무라드 3세 즉위식과 동시에 다섯 형제를 살해했으며 진시황 아들 역시 12명 형제를 죽였다.

(27) 세종(1397-1450, 재위 1418-1450)은 지독한 책벌레로 정치, 과학에 능통한 천재였다. 21세에 왕이 된 세종은 상왕을 4년 보필하며 1418년 보

위에 오른다. 세종은 재상 중심제를 갖추며 의정부 서사제를 도입했다. 1441년 세종 23년 현재 WMO 기준에도 맞는 세계 최초 우량계, 측우기를 만들고 앙부일구, 자격루, 천문대인 간의대를 쌓고 혼천의를 만들었다. 1444년 집현전 도서관, 장서각의 아랍 천문. 역법 책을 연구, 정리해 칠정산 내외편을 만들며 개기일식을 예측하기도 했다. 칠정은 해, 달, 화성, 수성, 목성, 금성, 토성을 말한다. 세종 때 조선은 세계에서 가장 창조적인 나라였다. 유능한 젊은 관료를 뽑아서 절, 집에서 공부하는 사가독서제(賜暇讀書制)를 실시하며 재충전의 기회를 주었다. 사가란 휴가를 말한다. 학문을 강조하면서도 국력 신장을 위해 외교와 국방에 힘써 영토를 넓히며 조선 왕조 정치의 기반을 확립했다. 또한 세종은 노비가 아이를 낳으면 7일 만에 일하였으나 100일 더 쉬도록 출산휴가를 주고, 산기가 임박한 임부는 한 달을 쉬도록 하며 여성, 노비, 임산부, 서자, 천민을 감싸는 백성을 위한 민본주의 정치를 했다. 당시 노비는 말의 ⅓로 팔리며 가축보다 못한 대접을 받았다.

(28) 1853년 7월 8일 새벽 미 해군 제독 페리(1794-1858)의 3척 함대가 구리야마 해안에 들어와 개항과 무역을 요구하며 살육과 약탈을 저질렀지만, 막부는 대항도 못 하고 1855년 불평등한 미일 수호 통상조약을 맺는다. 23년 후 이 흑선의 침략을 모방한 강화도 침략이다. 1874년 청의 눈치를 보며 대만을 점령한 일 정부는 1875년 1월 16일 6척 전선이 포격하며 강화에 상륙해 닥치는 대로 살육과 노략질을 했고 이듬해 일본 6척 함대가 제물포에 정박하고 영종도를 점령하며 조정을 위협해 체결한 제물포조약이다. 현재까지도 함포 외교가 일반적인 외교다. 정조는 강화도와 한양을 보호하기 위해 해협 양안에 5진 7보 53개의 돈대를 쌓았다. 돈대는 포대와 같은 의미이고 돈대를 모아 보와 진이라 부른다. 강화에 진무영을 두고 병조판서와 같은 정2품을 진무사로 배치했다. 중국을 왕래하는 사신과 상인들이 반드시 거쳐야 하는 강화도였다. 흑선에 올라 연구한 일본이지만 조선은 단지 이양선(異樣船, 모양이 이상한 배)이라 칭하며 배척했다. 일본은 화혼양재(和魂洋財)로 서양이 연구의 대상이었지만 조선은 위정척사(爲政斥邪)로 서양 문물을 내치며 조선 왕실과 사대부는 봉건체제와 기득권을 지키기에 바빴다. 흑선 후 후쿠자와 유기치가 중심이 되어 해외 유학 문물단을 조직하고 1862년 미국으로 견미사절단, 유럽

으로 천 명이 넘는 이와쿠라[26] 사절단과 유학생을 파견하며 20C 초까지 24,700명이 넘는 유학생을 교육하며 근대화를 이룬다. 조선에서도 일본으로 사절단과 유학생을 보내며 보고서를 올렸지만, 〈신사유람단 일기〉는 왕과 소수 집권층만 보았을 뿐 서가로 직행했고, 유학생들은 내팽개쳐졌다.

(29) 한반도에서 왕조의 개국이나 전쟁과 반란, 반역 정변, 소란으로 수많은 호족, 상류층이 일본으로 도망가는 삼국, 고려시대였다. 이들은 정원사, 장식장, 비단 직조장 등 기술자 집단을 이끌고 왜로 향했다. 이들은 문물을 전하며 상류층으로 자리 잡았다. 그 결과 왜의 조정 안에서 신라, 백제, 고구려, 가야계의 경쟁이 있었고 가문끼리의 전쟁이었다. 이렇게 성장한 무리들은 본토를 그리워하면서도 자신을 쫓아낸 사람을 미워하며 결국 反 신라, 反 고려로 이어진다. 백제계에게 신라는 고국을 멸망시킨 원수의 나라로 신라는 반드시 무너뜨려야 했고 백제는 반드시 돌아갈 고향이었다. 왜의 상류층 75-90%는 한반도에 대한 애증이 겹친 도래인이었다. 7C 백제 귀족 목씨, 왕권을 능가하는 권력을 가졌던 후지와라 노가마타리(藤原鎌足, 614-669) 가문은 신라정벌을 목표로 대마도, 큐슈에 백제식 성을 건설하고. 군대를 동원해 전쟁을 준비했다. 이를 눈치챈 신무왕이 군사력을 정비하고. 울산에 새로운 성을 축조한 후 신라 최정예부대, 강노병 5천을 배치했다. 『삼국사기』는 왜가 백제의 옛 땅을 찾기 위해 혈안이 되어 신무왕이 항상 두려워했다고 기록했다. 고려가 고향을 빼앗았다고 믿는 막부는 백제를 달라고 요청하기도 했고 『조선왕조실록』에 따르면 오우치(大内)씨는 1499년 조선에 사절을 파견하여, 왜구 퇴치의 은상으로 조선 반도에서 살아갈 수 있는 땅을 요구했다. 1500년간 이어지는 정한론이다. 백제계 싸쓰마번 영주인 시마스 요시히로(島津義弘)는 도요토미, 죠슈번(현 야마구치)은 도쿠가와를 지지하며 전쟁에 참여했고 싸쓰마번은 1600년 세키가하라 전투, 오사카성 전투에서 패하며 남서쪽으로 쫓겨 간 이후 조슈번과 240년 동안 앙숙이 된다. 당대의 전략가 사카모토 료마의 중재로 육군의 조슈, 해군의 사쓰마가 결합해 삿초(薩長) 동맹을 성립시키며 정한론의 원흉이 된다. 죠슈번은 메이지 유신 아버지

---

26) 1871년 12월 23일 요코하마 항에서 이와쿠라 도모미(岩倉具視))와 고위관료 유학생 107명이 이와쿠라(岩倉使節團) 사절단이란 이름으로 1년 10개월간 미국, 유럽 11개국을 돌아보는 당시 일본 예산 1%가 투입된 대규모 사절단이었다.

요시다 쇼인(吉田松陰, 1830-1859)의 정한론과 대륙진출의 발상지가 되며 막부(1868년 1월)를 무너뜨리고 백제계에 의한 정한론이 본격적으로 논의됐다. 영국, 독일에서 배운 유학생과 사무라이 등 신세력이 의식화, 무장화하며 침략과 지배를 정당화하는 정한론으로 발전했다. 죠슈 출신 이토 히로부미, 다카스키 신사쿠, 명성황후 시해 배후 인물, 이노우에 가오루, 데라우치 1대, 하세가와 2대, 3대 야마가타 아리모도 등 총독은 모두가 쇼닌의 고향인 조슈 출신이며 제자다.

(30) 그레이트 게임은 부동항을 찾기 위한 끝없는 러시아의 남진을 막으며 경찰국가인 영국이 벌인 아프가니스탄(1838-1842), 아제르바이잔(1848), 크리미아전쟁(1853-1856), 인도 세포이 반란(1858) 등을 말한다. 1888년 영국인이 중앙아시아에서 살해당하는 사건이 발생하자 영국은 타클라마칸사막으로 수색대를 파견하며 탐험과 약탈이 시작되었다. 19C 초 페르시아, 이집트, 인도, 발칸반도, 중앙아시아에서 보물찾기, 희귀한 동식물을 채취하는 탐험대, 원정을 벌였지만, 내심은 식민지 시장, 석유, 황금을 차지하기 위한 땅따먹기 게임이었다. 유럽 탐험가들은 국가와 왕실의 대대적인 지원을 받으며 영토 확장, 보물찾기에 나서며 각지에서 15-16C 신대륙 발견과 같은 영토 전쟁이 벌어졌다. 많은 자원을 가지고 있는 나라는 말할 것도 없고, 없는 나라도 별로 나을 것이 없었다. 19C 아시아인에게는 글자 그대로 암흑세계이며 굴욕의 시대였다.

(31) 미천한 사무라이 출신인 이토는 1863년 요코하마, 상해를 거처 4개월 항해 끝에 영국으로 밀항해 선진국을 경험한 후 돌아와 총리가 되어 헌법, 내각제 등 일본 정치 제도의 틀을 만들고 근대화의 아버지가 되며 조선 침략을 주도한다. 1905년 11월 6일 65세 이토는 무장한 일본군과 남산에 대포를 설치하고 11월 17일 덕수궁 별채인 중명전[27]에서 을사늑약(1905. 11. 15)을 체결하고 1906년 3월 2일 초대 통감이 된다. 이토(1841. 10. 16-1909. 10. 26)를 간악한 침략자로 보는 한국인이며 안중근을 살인자 테러리스트라 부르는 일본인이다. 영국, 프랑스, 러시아, 미국대

---

27) 고종은 자신을 보호해 주기를 바라며 영국, 프랑스, 러시아, 미국대사관을 기웃거리고 1897년 미 공사관과 장로교 선교사 숙소로 둘러싸인 덕수궁 별채 중명전(도서관)을 지었다. 1882년 순종은 민영익(閔泳翊, 1860-1914)의 딸(순명효황후)과 결혼하였으나, 1904년 그녀가 사망하자 1907년 중명전에서 계비 윤비와 혼인하였다.

사관을 기웃거리던 고종은 자신을 보호하기를 바라며 1897년 미 공사관과 장로교 선교사 숙소로 둘러싸인 덕수궁 별채 중명전(도서관)을 지었다.
(32) 1897년 마한, 진한, 변한을 아우른다는 의미로 대한제국(1897. 10. 12- 1910. 8. 29)을 선포하며 덕수궁에 많은 건물을 짓고 적극적인 개혁을 꿈꾸었다. 1902년 친정 40주년 기념으로 경운궁 중화전, 서양식 석조전 등을 새로 지으며 궁을 대대적으로 중수했고 30여 전각을 지었다. 경운궁에서 원구단으로 가는 통천로를 만들고 국태민안의 뜻으로 나라를 크게 평안하게 한다는 원구단 정문과 마주한 동문 대안문(大安門, 후일 대한문)을 세웠다. 1906년 고종은 풍수도참설을 믿고 대한문으로 개칭하였지만 1907년 강제로 퇴위하며 큰 놈(大漢)이 사는 경로당이 되었다. 고종은 1919년 1월 21일 함녕전에서 승하했다. 전통 양식과 서양식 건축이 함께 어우러진 10여만 평 덕수궁은 그 크기가 경복궁에 비해 결코 작은 궁이 아니었다. 19C 말 열강 속에서 조화를 이루고 살아남기 위해 덕수궁 정전은 중화전(中和殿)이 되었다. 중화문도 원래 근정전, 광화문같이 중층이었으나 중건하며 단층이 되었다. 이 왕가의 한 많은 사연을 간직한 덕수궁이다.
(33) 1861년 2월 3일 동북아 부동항을 확보하기 위해 러시아가 쓰시마섬에 무단 상륙하며 강제 점거했다. 영국은 동양 함대를 파견하며 러시아를 퇴거시켰고 이 사건은 이토와 막부가 그레이트 게임과 팍스 브리타니카 등 세계정세를 읽는 단초가 되었다. 빅토리아(1830-1914년) 여왕 때까지 극성기로 브리태니커가 정점을 이루고 런던은 세계 금융 중심지며 파운드화는 기축통화였다. 이후 영국의 도움으로 러시아로부터 일본의 안전을 보장받으며 만한교환론(만주를 러시아에 주고 한국을 차지한다는 논리)이 싹트면서 정한론과 대륙침략 논리로 발전했다.
(34) 일본 해군이 러시아 함대의 항복을 강요했을 때 바락호는 전원이 싸우다 죽음을 맞이했고 바락 호의 전사들은 러시아의 영혼이라 불리며 매년 인천항에서 추모식을 갖는다. 러시아가 전함과 수병들을 얼마나 명예롭게 중요시하고 있는지 알 수 있다. 2004년 러일전쟁 100주년을 맞아 러일이 서로 전쟁의 의미보다는 위대한 영웅, 영광의 전쟁이라며 민족주의, 국수주의로 이끌고 있다. 러시아 발트함대 오로라 호는 러일전쟁(1904. 2. 9-1905. 7) 때 동해에서 싸우다 배에 구멍이 난 채 러시아까지 도망해 온 군함으로 생 페테르부르크 항에 전시되어 있다. 2002년 3월 우

크라이나 흑해 함대 전함 바락이 수명을 다해 해체될 위기에 놓이자 한 홍콩인이 해상 호텔로 쓴다고 2천만$에 매입해 10년간 수리한 후 2012년 9월 25일 갑판 길이 302m, 최대속력 25노트, 항공기 50대 탑재하고 승무원 2천, 주력 항공모함 랴오닝으로 재탄생한다.

(35) 독섬-석도-독섬 음차 표기되며 독도로 바뀌었다. 울릉도에서 배를 만들며 독도까지 왕래했고 독설, 돌섬이라는 이름을 붙였다. 1787년 프랑스 해군 제독 리페루즈가 울릉도를 탐험했을 때 조선인이 배를 만들고 있었다고 기록했다. 일본이 제작한 지도에도 조선 해로 표기되어 있고 18C에 제작된 외국 고지도 역시 모두 동해를 한국해로 표시했다. 2천 년이 넘도록 동해로 부르짖은 한민족이다. 울릉도에서 87.4km, 인구 2만, 346㎢ 오키섬에서 157.5km, 떨어진 독도는 역사적으로나 지리적으로나 한국 영토다. 독도가 한국령이라는 문서는 일본에 더 많이 있고 일 영토라 증명하는 고문서는 한 건도 없다. 1696년 1월, 막부는 대마도에 봉서를 내리며 죽도에 가서 어업활동을 영원히 금지한다는 봉서를 내리기도 했다. 태정관은 메이지시대 최고 행정관청으로 독도는 조선 영토로 일본인이 건너가서는 안 된다고 기록했다. 1905년 일본 소학교 교재인 소학지리용 신지도에 없는 독도다. 일본의 고유영토라며 1905년 편입했다는 것은 무슨 뜻인가? 센카쿠는 분쟁지역이 아니지만 독도는 분쟁지역이며 북해 4도는 자기 것이라는 것은 무엇인가? 가장 최근 기록인 1946년 1월 29일자 맥아더 사령부 문서와 1949년 독도 3마일 이내 일본 선박의 출입을 금지한 맥아더 라인은 독도 영유권을 입증하는 확실한 증거다. SF(샌프란시스코) 강화조약이 발효되기 전 52년 1월 18일 이승만은 평화라인을 선포하며 독도가 한국 영토임을 천명하며 평균 97km를 연안 수역 평화선으로 그었다. 1951년 SF 조약은 미영, 일본, 연합국 48개국 조약에 의해 만들어진 새로운 세계 국제질서를 말한다. 이승만 라인으로 강제적, 불법적으로 점령당했다고 주장하며 국제 재판소에 세 번이나 회부한 일본이다. 자르기 공산주의 러시아에 맞서는 일본의 역할이 절실했던 미국은 1951년 샌프란시스코 조약, 조항에 구체적으로 독도라는 사실을 언급하지는 않았지만, 포츠담 자르기 선언을 역행하는 무단 점령이다. 2차 대전 종전되자마자 미국이 일본의 로비로 독도를 한국 영토로 분명하게 명시하지 않은 책임이 있고 영토분쟁의 빌미를 제공했다. 피상적인 보고서가 아니라 누구도 부인하기 힘든 정교하고 또 얼마나 자신들이 힘을 쏟

았는가에 대한 정밀한 증거를 가지고 독도를 빼앗으려 연구를 거듭하는 일본이다. 권리 위에서 잠자고 있는 자는 보호하지 않는다는 유명한 법언이 생각나는 독도다.

(36) 일본인은 도고 헤이하치로를 군신으로 추앙한다. 러일전쟁 후 부상당한 러시아 제독에게 면회 갔을 때 러시아 제독이 "당신은 영국 넬슨보다도 위대하다"고 하자, 도고 헤이하치로는 왜란 때 태어났다면 군신이자 바다의 신, 이순신 장군의 하사관이 되고 싶다고 할 만큼 이순신 장군을 존경했다고 한다. 이순신의 천재적인 전략은 근대전술로 계승되고 이순신을 다룬 책은 전 세계 해군이 연구하는 필독서가 되었다.

(37) THEODORE ROOSEBELT는 로스차일드와 JP 모건에게 일본이 발행한 전쟁 국채(전쟁 비용의 60%) 매입을 강요한 일본의 후견인이었다. 러시아도 영국, 미국 은행에 전쟁 채권을 시도했지만, 미영은 거부했다. 1898년 4월 24일 스페인과 전쟁이 일어나자 루즈벨트는 카우보이를 모아 싸운 국수주의자였고 미 제국주의를 창시한 인물이다. 미국은 스페인의 식민지를 뺏으며 일등국으로 부상했다.

제9편 경주와 박물관

(1) 신라인은 생명의 근원인 우물을 지상과 천상 세계와 연결한다고 믿어 신성하게 여기며 장엄한 제사를 지내며 신에게 신탁하던 곳이었다. 박혁거세 부인도 알영정에서 입술에 닭 부리가 달린 상태로 태어나 발천에서 목욕시키니 부리가 떨어져 나가며 아름다운 여인으로 태어났다. 2011년 나정을 발굴했으나 시조 제사 터인지 신궁인지 확실하지 않다고 한다. 식수를 길었던 우물가, 빨래터는 동네 아낙네의 잡담, 가십, 이야기 터로 같은 물을 먹는다는 동(洞)이다. 이러한 우물에서 목간, 나무 빗, 국자, 칠기 등이 많이 출토된다. 월성 옆 우물에서 개, 고양이, 멧돼지, 소, 오리, 꿩, 매, 대구, 민어 등 온갖 동물 뼈와 인신공양 한 것으로 보이는 어린아이 뼈가 나왔다. 한국과 일본 우물은 입이 하나(一眼井), 둘(二眼井)이지만 중국은 9개(九眼井)까지 있다고 한다.

(2) 6C 말-7C 초 당항진은 중국으로 가는 유일한 뱃길로 불교와 선진문물을 가장 먼저 전파된 당진, 서산으로 선원의 안전을 기원하며 마애불을 조성했다. 국보 84호로 시무외, 여원인을 한 2.8m 마애불은 백제 미

소로 불리며 세 부처 모두 연꽃과 불꽃무늬가 새겨진 보주형 두광을 장식하고 둥근 볼에 서글서글한 웃음은 보기만 해도 푸근해진다. 넉넉하고 온화한 미소를 머금은 부처들은 뱃사람의 염원을 담았다. 따듯하고 부드러운 미소 띤 우 협시보살은 과거불(데화갈라)로 아주머니같이 다소곳한 모습으로 손에는 보주를 들고 연꽃 위에 서 있다. 통통한 얼굴, 천진난만한 미소를 표현한 좌 협시보살은 미륵반가사유상으로 미소 띤 앉은 소년 부처를 조성했다. 금방이라도 벽에서 튀어나올 것 같은 인간적인 미소를 보이고 中日의 불상에서 느낄 수 없는 숨결과 체온으로 백제 특유의 세련된 서민적인 부처를 연출했다. 보주를 들고 있는 입상과 반가 보살이 함께 새겨진 것은 중국, 일본은 물론 고구려, 신라에서도 볼 수 없는 독특한 형식이라고 한다. 비바람이 정면으로 치지 않게 80도 각도로 만들었다. 동짓날 해 뜨는 방향으로 서 있어 햇볕을 충분하게 받아들여 햇빛 각도에 따라 변화하는 미묘한 색의 변화로 해 뜰 무렵이나 아침에는 밝고 평화로운 미소를 띠며 저녁에는 은은하고 날씨가 안 좋은 날에는 무표정하다고 한다.

(3) 박물관은 유럽 귀족들의 기독교 성유물 수집에서 기원했다. 1546년 프랑스와 1세가 루브르 요새를 박물관으로 개조했고 1803년 나폴레옹이 소장품을 공개했다. 18C부터 박물관은 국가의 정체성을 상징했다. 우리 중앙 박물관은 1905년 8월 국립고궁박물관 개관 때 500점, 1907년 왕의 어진, 어보 등 900점으로 늘어나며 재개관했다. 1910년 창경궁에 새 건물을 짓고 이왕가(李王家) 박물관이 된다. 이것마저 없었다면 모든 유물은 일본 것이 되었을 것이다. 일제는 1934년 조선 고적 보호령을 제정하고 4,500여 건을 지정했다. 1945년 국립박물관으로 개관하며 1962년 문화재보호법을 시행했고 15만 점 유물을 보존하고 1만 2천여 점을 상설 전시한다. 남산, 부산, 덕수궁, 경복궁, 구 중앙청, 용산으로 이사하며 파란을 겪은 중앙박물관이었다. 국보는 서울이 제일 많고 경주, 해인사 순이며 개인은 호암이 제일 많다.

(4) 여자는 아이들을 데리고 산, 들, 갯벌로 채집하러 나갔고 남자는 사냥에 매달렸다. 사냥이 실패하면 모두가 굶거나 채집해 온 것으로 연명했다. 1만 년 전 기후가 급격히 따듯해지며 농업 혁명이 일어나 채집과 사냥은 농경과 목축으로 바뀌며 인류의 삶은 획기적으로 개선된다. 석기나 골기에 연마가 시작된 신석기다. 이때부터 벼, 조와 기장을 경작하고

청동기 시대 콩, 맥류, 복숭아, 박, 들깨 등을 재배했다. 쌀의 기원은 인도, 태국, 중국 남부 설이 있고 우리 쌀 전래는 산동, 요동 2가지 설이 있다. 8천 년 전 신석기부터 쌀농사를 짓기 시작했고 4000년 전 청동기 전기시대 본격적인 농경사회로 정착하고 움집에서 살며 대규모 군집을 이루었다. 2005년 안동 서후면 저전리에서 BC 1,000-800년 전 철기시대 것으로 보이는 가장 오래된 저수지가 발굴되었다. 고려 말 모판에서 먼저 키워 비가 내릴 때 벼를 옮겨 심는 이앙법을 고안하며 많은 노동력을 덜었다. 쌀은 하늘이며 신앙이었다. 아열대 작물인 벼는 조선 후기까지 강릉, 임진강 유역이 재배 한계선이었다. 1971년 자포니카, 인디카를 교잡해 다수확 통일벼 육종에 성공하며 재배면적은 120만 헥타를 넘으며 1976년 자급자족하였으나 90대 이후 식생활 패턴이 바뀌며 쌀 소비가 연 82kg으로 줄고 1988년 605만 톤을 정점으로 2011년 420만 톤으로 줄었다. 우리나라 곡물 자급률 22.6%로 쌀을 제외하면 3.4%다. 쌀은 아시아에서 90% 생산하며 35억 인구 식량이다. 쌀밥 중심 식사는 비만과 성인병을 막는 자연 건강식이라 하여 서구인 식탁에서 점차 늘어가는 추세다. 우리나라와 일본 쌀인 자포니카(중국인은 시니카라고 한다. 1910년 일제가 조사한 조선 고유 쌀 품종은 1,451종이었고 근대적 분류법이나 학명이란 것을 알기 전에 1920년대 일본인들이 먼저 ICBN에 등록했다)는 여무는 데 20-40이 걸리는 반면, 동남아 쌀인 인디카는 20일이면 충분하다. 조선총독부 식물학자, 식물사냥꾼 나카이 다케노신(中井猛之進, 1882-1952)는 27세부터 수십 년 동안 한반도 식물을 조사하며 한국 고유 자생식물 4천 점 중 16% 학명에 그의 이름에서 따왔고 적송의 학명도 JAPANESE RED PINE이다. 울주 근방 살던 신라인이 일본으로 건너가 농사법을 전파하며 AD 3C 전국적으로 재배하며 야요이 시대 때 시작됐다.

(5) 작은 만으로 고래를 몰아 사냥했다. 작살, 화살촉 박힌 고래 뼈가 울산 황성리에서 출토되었다. 8천 년 전부터 고래사냥이 시작되었고 노르웨이, 알래스카, 캐나다도 고래사냥 암각화가 있다. 2-3만 년 전 스페인 알타미라, 프랑스 쇼베 동굴 벽화는 인간의 그림 본능을 일깨운 벽화로 보이며 동물에서 인간으로 발전한 예를 보여준다. 인도네시아 보르네오 루방 제레지 살레 석화암 동굴에서도 4만 년 전 붉은 색과 주황색으로 그려진 들소 그림이 발견되었다. 유럽과 아시아에서 비슷한 시기에 동일한 기법의 동굴 벽화가 발견된 것은 동시다발적, 독자적인 예술 활동의 증

거로 추측한다.
(6) 최근까지 빗살무늬 토기의 기원은 유럽이며, 시베리아-몽골- 만주-한반도로 건너왔다는 설이 지배적이었다. 빗살무늬 토기를 시베리아 신석기시대의 고아시아족이 사용하던 소위 캄 케라믹(Kamm-keramik, 독일어로 빗살무늬라는 뜻) 문화의 한 자락이 한반도에 들어온 것이라고 주장해 오랫동안 한반도 신석기문화의 기원이라고 여겼다. 그러나 1970년대부터 BC 4500년 시베리아 빗살무늬 토기보다 빠른 BC 6,000년부터 발해 연안 동이족이 창조한 홍산 문화에서 빗살무늬 토기와 청동기 문화가 무더기로 출토되자 한반도 신석기문화의 기원이라는 새로운 주장이 설득력을 얻으며 일제 때 경성 제국 대학교수 후지다 료사쿠의 시베리아 전래설은 침묵한다.
(7) 한민족 시원으로 여겨지는 바이칼 알혼섬(길이 72km, 폭 15km)에서 순록을 기르던 원주민, 코리족들이 길렀던 순록을 지칭한 코리가 코리아로 변형된 것으로 추측한다. 해빙기 때 바이칼 지역 순록유목민 일파가 초원로를 따라 남하해 요서, 요동, 만주와 한반도에 정착했을 것으로 보인다. 유전자 분석에 따르면 동이족의 인종적 특징은 북아시아와 동아시아인이 혼합된 형태로 황허 중하류의 한족(漢族)과는 골격이 다르다. 고조선과 부여가 분화하여 조선족, 선비, 여진족이 되었다. 몽골인은 북, 중, 남아시아, 에스키모, 아메리카 인디안, 고아시아인으로 몽고 반점이 있다. 한국 신생아 97%, 중국 86%, 일본 81%, 인디언 62%가 몽고점이 있다는 연구가 발표됐다. 우리와 인종학, 유전학으로 가장 가까운 연해주 치치하얼족이 BC 8-10C 베링 해협을 건너 북아메리카 나바호족 시조가 되며 아사나 문화를 창조했다고 한다. 나바호족은 한국인과 매우 흡사한 유전자를 가져 3대 질병이 한국인과 같은 고혈압과 당뇨라 한다. 한국인 30대 당뇨병 발병률은 9.5%로 세계 평균(4.7%)의 2배다. 나바호 장승과 무당은 몽골의 것과 같고 다만 장승 머리를 비와 천둥의 신인 거대한 천둥새(THUNDER BIRD)로 장식했다. 나바호족 신화에 의하면 천둥은 이 새의 부리에서 나오고 천둥소리는 새가 날개를 치는 소리라고 한다. 또한 서쪽 헝가리 말갈족, 오스만 튀르크 돌궐족도 동이족과 관계가 있다. 헝가리 조상은 2천 년 前 우랄 근처에서 이동했으며 우랄 알타이로 우리말과 어순이 같고, 이름에 성이 먼저다.
(8) 경주 내남면 화곡리에서 8C 國 자가 새겨진 토기가 발견되며 경주에

국가가 직접 관리하는 관요와 공방이 있었음을 보여준다. 빗살무늬 토기-민무늬 토기-연질(軟質)토기-경질(硬質)토기-청자 모방 녹유(綠釉)자기-청자-백자로 발전했다.

(9) 동양 토우는 중국 殷부터 시작되며 가축 토용은 수백 마리로 불어나기를 희망하여 주로 임신한 상태로 표현했고 진시황 병마용(Terracota warrior)도 토우의 일종이다. 크고 만들기 힘들고 어려워 漢부터 궁녀, 환관, 관리, 군대의 작은 토용을 만들어 부장했다. 토우, 토용은 고대 인류의 공통된 보편적 신앙, 관습이었다.

(10) 순장은 인류의 가장 오래된 간절한 소망인 영생을 상징하며 내세와 현세의 연결, 사자와 신의 연결을 의미하며 제물, 저승길 노자, 인신 공양 등 은 인류의 고대 신앙이었다. 현세 신분이 사후에도 그대로 이어진다고 믿으며 주술과 기원을 담았다. 이집트, 고대 켈트족, 슬라브족은 물론 북방 기마민족, 훈족 역시 왕이 죽으면 후궁과 노비, 군인을 죽여 같이 묻히는 것이 관습이었다. 중국은 사람을 화장해 그 연기가 이승과 저승을 이어주는 하늘로 보냈고, 水神 제사는 제물을 물에 넣고 地神 제사는 소, 양, 말과 함께 사람을 수백 명씩 묻으며 제사 지냈다. 희생자 대부분은 전쟁 포로였다. 아즈텍, 마야, 잉카제국은 태양신에게 한꺼번에 2만 명을 순장했다. 고조선, 부여, 고구려도 순장이 있었다. 순장 풍습이 없었던 백제 무령왕 묘에서는 의탄암으로 만든 석수(짐승, 국보 162호)로 장식했다. 2015년 4월 경주에서 금귀걸이, 금박을 장식한 은제 허리띠를 착용한 30대 귀족 여성 무덤에 남성을 순장했다. 목관 위에 20대 순장 남자를 올려두었으나 관이 썩으면서 두 유골이 포개진 것으로 보인다. 2010년 6C 초 16세 여성 1명과 20세 남자 2명, 여자 2명을 순장한 가야 고분이 발굴되었다. 엄지와 새끼발가락만 남겨두고 나머지 발가락을 양쪽 3개씩 제거하고 사슴 뼈를 발가락뼈 모양으로 가공해 넣었다. 대가야는 하급 관리, 무사까지도 순장했고 김해 대성리 57호 고분은 3명 여성이 순장되었다.

(11) 할아버지 진지왕(25대, 576-579)이 폐위되며 김춘추는 진골로 떨어져 원래 왕이 될 수 없는 신분이나 가야계 김유신과 힘을 합쳐 통일을 이루며 최초 진골 출신 왕이 됐다. 532년 법흥왕 때 신라의 진골로 편입된 가야 마지막 왕, 구형왕의 증손자(김무력- 서현- 김유신) 김유신은 멸망한 나라의 한을 품고 주류에 들기 위해 엄청난 노력을 했다. 오죽하면 누이를 불

에 태워 죽인다는 협박까지 해가며 왕족인 김춘추와 관계를 맺었겠는가? 또한 김유신은 자신의 친 누이동생 문희(김춘추의 부인)의 딸 거노공주(조카)를 아내로 맞이했다. 15세에 화랑도주인 풍류도(風流道) 월주가 되며 가야계 군사를 중심으로 군대를 이끌며 왕족의 꿈을 이룬다. 7C 이후 왕릉에만 12지신상을 조영하는 것이 원칙이나 9C 흥덕왕이 김유신을 흥무대왕으로 추존하며 그의 묘에 십이지신상 호석을 조성했다. 십이지신상은 점차 불교적인 색채를 띠고 4천왕을 닮아가며 능 수호신의 역할을 한다.

(12) 문무왕 비문에 신라 시조는 감숙성 무위 흉노족 휴도 왕의 태자, 김일제(金日磾, BC 135-85)라고 기록했다. 그는 경제에게 잡혀 그의 말 시중드는 시종이 된다. 경제 무덤 옆에 그의 무덤이 있는 것으로 보아 상당한 직책이었던 것으로 믿어진다. 김일제가 金人을 모셔 漢 경제가 김씨 성을 내렸다.

(13) 진시황은 어느 날 꿈에 붉은 개가 자기를 무는 꿈을 꾸었는데, 해몽가는 북 적(狄)이라는 북방 오랑캐 침입이라고 해석해 진시황은 만리장성을 쌓기 시작했다. 만리장성은 한족과 야만인인 북 흉노, 동쪽 동이족, 서쪽 훈족 방어를 위한 것으로 장성 밖은 사냥, 목축, 미개한 기마민족의 땅이며, 안은 농경문화 민족인 한족 땅이라 생각했다. 성벽은 5리마다 1개 소돈이 10리마다 대돈이 있어 저녁마다 봉화대에 불을 밝혔다. 만리장성은 서쪽 자위관에서 시작되며 발해만, 산해관에서 끝난다. 장성의 높이만큼 축성에 동원된 사람의 시체가 쌓인 것이라는 말이 있을 정도로 잔인한 성이다. BC 4C 漢 고조는 백등산 전투에서 흉노에게 패한 후 왕비인 연지에게 비단을 선우 왕에게는 후궁을 보내고 겨우 목숨을 부지하고 70년간 조공을 바치고 형제 관계를 맺는다. 큰 추위는 모든 가축을 동사시켰고, 유목민에게 비축한 식량은 없었다. 그때마다 중국에 도움의 손길을 청하거나 만리장성을 넘나들며 왕조를 위협하거나 때로는 왕조를 멸망시키기도 했다. 漢 무제 서방 원정은 몇 번 실패와 성공을 거듭하며 새로운 서역의 길을 개척하며 결국 BC 3C 강성한 흉노와 커다란 전쟁을 가져왔고, 흉노를 먼 변방으로 쫓아냈다. 한과 흉노, 북위와 유연, 수당과 돌궐, 명과 타타르는 이름만 다를 뿐 같은 기마민족으로 중국과 세기를 넘어 수천 년을 이어온 지루한 공방전이었다. 타타르는 13-16C 러시아를 지배했던 몽골족을 말하고 타르타로스는 그리스어로 가장 낮은 지옥을 뜻한다. 서양 역시 그리스- 페르시아, 로마-훈족, 사산조 페르시

아, 콘스탄티노플-오스만 터키전쟁으로 이어지며 세기를 넘는 대결이었다. 한편 왕의 죽음과 왕위 계승권을 놓고 형제끼리 반목과 내분으로 분열한 흉노는 서쪽으로 쫓겨 가며 중앙아시아 전역을 압박했고 이에 중앙아시아 민족들은 동요하며 다시 서쪽으로 쫓겨 우크라이나로 침입했고 우랄산맥 서쪽부터 이베리아반도에 이르기까지 마치 도미노 같은 이 민족대이동은 아시아와 유럽에 판로를 바꾸며 세계사에 큰 영향을 가져왔다. 훈족-알란–동고트-사르마트족-독일 부르군트 족, 이탈리아 북부 롬바르드족, 반달족-프랑크족-게피다이족-수에비족-부르군트족, 이베리아반도 서고트족의 민족대이동이다. BC 49년 1월 카이사르는 BC 3C부터 제국 북방을 침입하며 괴롭히던 게르만을 정벌하기 위해 루비콘강을 건너 정벌하지만, 그곳은 척박해 가축을 기를 수도 나무를 심을 수도 없는 땅으로, 지키기조차 힘든 야만인의 땅이었다. 시저는 춥고 음습한 라인강 북쪽을 경계선으로 정한다. 그러나 AD 376년 12월 유럽을 덮친 한파로 라인강은 꽁꽁 얼어붙었으며 추위와 굶주림에 지친 1만 5천 게르만, 고트족은 따뜻한 풍요한 땅을 찾아 강을 건너 갈리아로 밀려들기 시작한다. 동 스키타이, 서 붉은 머리 켈트족, 북 금발 게르만 등 다양한 부족으로 이루어진 게르만족이다. 유럽인들에게 반인반수 괴물, 훈족은 아틸라 때 전성기를 이루며 서로마는 무너졌다. 민족대이동으로 유럽 중세 봉건사회를 형성하기 시작한다.

(14) 신석기 시대 말기부터 청동기 후기인 2,500년 전까지 한반도에서 고인돌은 제단 혹은 권력자 무덤으로 사후세계와 영원불멸을 상징하며 이러한 거석문화로 선사시대 전 인류가 숭배한 보편적인 문화다. 쌀이 도입된 시기에 한반도 전역에서 유행한 고인돌은 유럽, 지중해 연안, 인도, 자바, 수마트라, 말레이, 대만, 오키나와, 중국 동해안, 절강성으로 이어진다. 이로 미루어 동남아시아를 통한 남방문화권의 영향으로 추측한다. 또한 몽고 선돌 사상은 6C 터키족의 몽고 진출 이후로 돌하르방의 기원도 일반적으로 몽고–원 이후의 고려풍습으로 추측된다. 전 세계 8만 개 중 남한 2만, 북한에 1만, 총 3만 개 정도(40%)로 주로 해안이나 강변에 집중적으로 산재되어 외국 학자들은 고인돌 왕국으로 부른다. 강화도에만 80여 개 존재하며 가장 큰 고인돌(덮개는 길이 5.5 m, 너비 4.5 m, 무게 300톤)이 있으며 고창 죽림리, 아산면 일대는 1,680기 고인돌이 있다. 청동기인끼리 서로 정복해 나가면서 고인돌 수는 줄어들고 점차 크기가 커지기

시작한다. 이는 부족장의 수는 적어지지만, 권위가 점차 커지는 것을 말해준다. 200톤 고인돌은 최소한 1,000명 인원이 필요했다. 역사학자들은 3만 개 고인돌이 전부 무덤이라면 당시 2만 명의 우두머리가 있어야 한다는 얘기로 의문을 제기한다. 고인돌 관에 그린 별자리 그림은 탄생과 죽음을 상징한다. 성황당, 장군석, 남근석 등 돌 숭배 사상이 전국에 남아 있다.

(15) 갑골문 대부분은 부족의 결속력을 유지하기 위해 제례의 내용을 담은 것으로 왕과 상류층만이 알 수 있는 기호였으나 점차 사회가 확대되며 문자의 구실을 담당했다. 점을 친 뒤 갑골 판에 구멍을 뚫어 끈으로 묶은 것이 책(冊)이다. 이러한 갑골문은 漢족, 동이족, 선비족이 만든 상형문자였다. 예를 들면 집 가(家)는 갓머리 변(宀)에 돼지 시(豕)가 들어있다. 그러나 중국에서는 돼지를 집안에서 키우지 않고 기마민족도 돼지를 키우지 않는다. 고구려만 집에서 돼지를 길렀다.

(16) 굿은 원시공동체 사회의 제의에서 시원했으며 질병, 죽음, 자연에 대한 주술적 신앙으로 신과 인간의 연결을 의미했고 고대인이 벽사와 기원, 망자를 저승으로 인도하는 가면이다. 우리나라에서 가장 오래된 신석기시대를 대표하는 동삼동 가리비 껍데기 가면이다. 우즈베크어 박쉬(BAXSHI)가 박수의 원형이라고 한다. 천대받으면서도 우리 문화의 원형을 잘 보여주는 무당(SHAMAN)이다.

(17) 논산에서 출토된 BC 4-5C 것으로 추정되는 국보 146호 동령(銅鈴)과 1971년 12월 24일 화순 대곡리 족장묘에서 발굴된 청동 팔주령(국보 제143호)은 방사형 여덟 개의 가지 끝에 각기 방울이 달린 형태다. 부산 복천동에서 삼국시대 청동 칠두령이 발견됐다. 청동은 구리와 금속의 부식을 막는 주석 합금으로 강하고 오래되어도 색이 변하지 않는다. 구리와 아연합금, 황동은 단단하지 않아 쉽게 부식되며 니켈합금 백동은 부식과 고온에 강하다. 중국 청동은 주석이 많지만, 우리 것은 아연이 많다. 특히 아연은 900도에서 날아가 합금이 어려워 고도의 기술이 필요하다. 우리는 고조선부터 황동 합금이지만, 중국은 漢 때 가능했다. 중앙박물관 청동기 문화 도록에 의하면 다뉴세선문경은 구리: 주석: 아연 비율이 7.6: 1.6: 0.8이다. BC 3500-BC 3000년 것으로 보이는 청동 주물한 흔적이 보이는 토제 도가니 조각과 청동 주물 그릇이 요동 반도에서 발굴되어 BC 2000년 청동기 시대 개막을 앞당겼다. 1993년 중국은 국제대회에서 이

같은 성과를 발표했지만, 세계학계의 공인을 받지 못했다.

(18) 우리 신화는 남방 난생설화(박혁거세, 김알지)와 태양과 새를 숭배한 북방 천손 사상(단군)의 결합이다. 쑥, 마늘을 가지고 곰을 숭배하는 바이칼호 알흔 섬 부근 민족과 호랑이를 숭배하는 만주 토착 세력의 투쟁을 전하는 웅녀와 단군신화로 고조선이 탄생했다. 알타이산맥의 브리야트, 예맥계 부여, 예맥과 동호(몽골, 선비, 거란, 여진)의 신화는 악을 정벌하기 위해 강림한 신의 후손 등 신화와 환인, 환웅, 단군신화와 매우 흡사해 같은 조상, 같은 핏줄임을 보여준다. 자기 조상을 신성하고 신비스럽게 표현하며 신화 속에 숨겨진 암시와 은유(隱喩)다. 제사를 주관하는 단군은 제사장(天君), 왕검은 통치자를 뜻하며 정치 종교 지도자가 하나였음을 보여준다.

(19) 1970년 발견된 청동 농경문은 BC 3C 한반도에서 본격적인 농경과 풍요를 기원하며 나체로 농사짓는 풍습을 보여주는 중요한 유물이다. 또한 당시 토기와 흡사한 마름모무늬가 선명한 항아리에 무언가를 담고 있는 듯한 여성, 솟대도 보인다. 장대와 가로목 위에 나무 기러기, 오리 세 마리가 북서쪽을 향해 앉은 솟대는 하늘, 땅, 인간을 연결하는 나무, 신간(神竿)이었다. 북방 유목 민족들의 공통적인 조령 신앙이다.

(20) 헤로도투스의 HISTORIA에 처음 등장하는 스키타이는 BC 8C부터 카자흐공화국 이식지방에서 발원한 기마유목민들을 말한다. BC 4C-3C 도나우강부터 몽골고원까지 유럽인들이 스키타이, 사르마트, 훈, 튀르크라 부른 기마민족의 땅이다. 유럽은 BC 4C까지 스키타이 시대, BC 3C부터 AD 3C까지 사르마트와 훈 시대, 6C 이후 튀르크 시대라 부른다. 스키타이족은 기본적으로 서방 튀르크족이었으나 페르시아인, 이란인, 위구르인, 네팔, 몽고, 티베트족, 만주족 등 다양한 민족혼합체로 북방 기마민족의 총칭이다. 이들에게 철제무기가 소개되고 말 사육과 특히 BC 8C-7C, 등자(橙子)를 발명 후 전투력을 극대화하며 유라시아대륙에 거대한 유목 민족 제국을 이루었다. 말 위에서 태어나 말 위에서 죽는다는 훈족은 대여섯 살이 되면 등자도 없이 말을 탈 줄 알았고 발이 등자에 닿을 때쯤이면 전쟁에 참여했다. 극한의 굶주림도, 혹한도 견디며 식량은 말고기, 물이면 충분했고 군대 전체가 야영해도 연기 한번 피우지 않았다. 초원을 유랑해 숲에 사는 악마 자손이라 불리던 훈족은 세계를 무대로 약탈, 침략을 서슴지 않는 무자비한 정복자였다. 그들은 포로 가죽과 두

개골로 술잔을 만들어 축배를 들었다. 동물 힘줄, 사슴뿔, 뼈 등으로 만든 짧고 간편한 훈족의 복합 반사궁은 200m 거리를 말 위에서 마음대로 발사할 수 있었지만, 로마는 고작 30m 거리 활이었다. 양날 검과 30개 화살을 가지고 잘 훈련된 훈족 기병 한 명은 보병 20명보다 낫다고 했다. 유럽 검은 찌르기에 치중해 두껍고 철갑옷은 무거워 민첩성과 기동성이 없었지만, 훈족 검은 가볍고 예리해 사용하기가 편하고 로마의 검보다 위력이 강했다. 5C 초 흉노족이 유럽 무대에서 사라질 때까지 로마인은 등자도 없었다. BC 4C 인류 최초 대제국, 페르시아 다리우스 1세는 초원을 마치 자기 안방처럼 여기는 말을 탄 이상한 야만인들을 정벌하기로 마음먹는다. 하지만 단지 말과 양 떼가 가진 것의 전부이며 초원과 사막은 그들의 집이었으며 고향이 말의 등이라고 하는 스키타이를 찾을 수조차 없었고 쳐들어갈 부락도 성곽도 없었다. 바람같이 나타나 자유자재로 활을 쏘고는 안개같이 사라지는 기마병을 대규모 군대로 따라잡기는 불가능했다. 몇 달에 걸친 힘든 추격전을 벌이며 변변한 전투도 해보지 못한 채 아시아 평원 깊숙이 들어온 다리우스에게 스키타이는 화살 3개를 보내며 최후 경고를 보낸다. 다리우스는 화살의 의미를 알아차리고 또한 너무 멀리 온 원정에 부담을 느껴 서둘러 원정을 포기하고 급히 해로로 철수한다. 인류 최초 대제국을 이룬 다리우스조차 두려워한 스키타이였다. 신의 채찍이란 뜻의 아틸라(406-453)는 카스피해에서 라인강까지 동유럽을 정복했고 전 유럽은 황색 공포로 떨었다. 불가리아에서는 아직도 아틸라 하면 우는 어린애도 그친다고 한다. 몽골족은 조상을 태양의 후손으로 여기며 자신을 훈누라 불렀는데, 훈은 몽골어로 사람이란 뜻이다.

(21) 김해 대성동 고분에서 출토된 가야 환두대도는 왜의 것과 쌍둥이다. 1991년 천안 화성리에서 상감 환두대도가 발굴되며 백제 최초 상감 유물로 기록되었다. 삼한의 환두대도 칼집은 상어 가죽이며 아산 현충사에 소장된 이순신 장검의 칼집(보물 326호) 역시 검은색 상어 가죽이다. 삼한 환두대도가 조선의 환도(還刀)로 꾸준히 전해져 왔다.

(22) 고구려 쌍영총, 각저총, 무용총 벽화에서 남성의 머리 위에 세 다리를 가진 까마귀(삼족오)와 여성의 머리에는 두꺼비가 그려져 있다. 하늘과 인간을 연결하는 삼족오는 천지인, 불로장생, 영원, 부부애와 가정의 화목을 의미하며 인간의 육신을 하늘로 보내는 동아시아 보편적 신앙, 태양신을 상징한다. 백제 왕의 복식에서 보이는 삼족오는 불사조를 의미하

며, 우두머리, 왕을 상징했다. 고대 동북 아시아인들에게 일식은 벌레가 태양을 갉아먹는다고 생각했고 이 벌레를 잡아먹는 삼족오는 태양을 지키는 수호신이었다. 그리스인 역시 월식을 괴물이 달을 잡아먹어 생기는 현상이라고 생각했다. 삼족오는 우리의 무관심으로 일본축구협회의 CI가 되었다.

(23) 태양과 불을 상징하며 인류문명의 신기원을 이룩한 철이다. BC 2천년 히타이트족(터키)은 우수한 용광로와 제철 기술로 양질의 대량 생산하고 BC 1400년경 정교한 금속 제련으로 마차 바퀴살마저 발명했다. 이후 바빌론을 멸망시키고 오리엔트와 지중해를 5백 년간 제패한 신기술이었다. 양질의 철을 대량 생산은 최소 1,370℃ 이상 온도를 유지하는 용광로와 숯 등 제철 기술이었다. 히타이트의 강력한 전차는 1명의 마부와 2명의 전투병을 태우고 1명의 전투병이 탑승한 이집트 람세스의 전차부대를 침묵시켰다. 서양은 BC 1,300년경 최초 철기 문명 도리안 족이 그리스 북부로 남하하며 청동기 미케네 문명을 정복했다. 철기 시대부터 대규모 성곽, 도시, 궁전이 시작되며 국가가 성립되고 역사학자들은 문자가 쓰인 철기시대부터 문명, 역사시대로 본다. 문자가 만들어지기 이전 선사시대는 유물, 유적을 통해서 그 시대 생활상을 추정할 뿐이다.

(24) 작은 사각형 또는 삼각형 물고기 비늘 모양 철편을 가죽끈으로 엮어서 만든 비늘갑옷(찰갑, 札甲)과 통철판을 연결해 만든 판갑옷(板甲)으로 나눈다. 찰갑옷은 활, 검을 맞으면 뚫리지 않고 철편이 밀려들어 갔다가 튕겨 나와 판갑보다 방어에 쉽고 가벼워 기동성과 활동성이 뛰어났다. 1982년 구정동 3호분에서 신라에서 가장 오래된 것으로 추측되는 두 벌 철 판갑옷(板甲)이 출토되고 이러한 철갑옷들은 4C 후반 고구려에서 신라와 가야로 전파되며 4C 이후 널리 보급되었다. 가야 판갑옷은 쇠를 얇게 20-30여 개 판으로 만들어 가죽이나 경첩으로 연결해 사람에 몸에 맞춘 갑옷으로 뒤 몸통과 앞 몸통을 분리할 수 있다. 또한 2014년 쪽샘 10호 목곽묘에서 발굴된 마갑(말 갑옷)은 목가리개 348개, 몸통 가리개 256개, 엉덩이 가리개 132개 등 총 736개 찰갑으로 이루어진 총길이 290cm, 너비 90cm, 무게가 36kg으로 고구려 것을 닮았다. 합천 옥전 고분군, 경남 김해 대성동 고분, 경남 함안에서 거의 완전한 형태의 마갑(馬甲)이 출토됐다. 5C 말은 평균 높이가 128㎝로 제주 조랑말과 비슷한 크기다. 이러한 작은 말이 중장기병(重裝騎兵)까지 120-130kg 무게를 지탱했었는지, 부

장품 혹은 실제 전투용인지 정확히 알 수 없다.

(25) 2019년 5C 조성된 것으로 보이는 신라 중장비 병 군사 행렬도와 기마 수렵이 복합적으로 묘사된 40cm 높이의 제사용 장경호(長頸壺, 긴목항아리 토기)가 경주 쪽샘 44호 고분에서 출토되었다. 인물, 동물, 복식이 구체적이고 생생한 회화성이 뛰어나며 전체적으로 고구려 안악 3호분과 무용(武勇)총 벽화와 닮았다.

(26) 훈족은 중요한 전투나 큰일을 앞두고 조상과 하늘에 종교적, 신앙적 동물인 백마를 바치며 제사 지냈다. BC 4C 카자흐스탄 이식 쿠르칸 고분에서 온갖 화려한 장식으로 순장한 17마리 말이 발굴되었다. 자작나무 껍질을 깔고 곽 외곽에 4렬로 16마리를 배치하고 1마리는 곽 안에 묻었다. 말은 조선시대 능 석물로 제일 앞줄에 세워졌고 불교의 일직, 월직 저승사자의 승물이다. 서양 역시 힘과 순결의 상징인 백마로 그리스는 말이 신으로 숭배되었다. 제우스의 말은 매일 태양을 끄는 반인반마 켄타우로스였고 알렉산더는 그의 애마가 죽자 도시의 이름으로 명명하기도 했다. 1차 대전 때 천만 마리 말을 동원하였을 정도로 전쟁의 중요한 무기며 수단이었다.

(27) 임나(任那는 왕의 땅)는 가야에 있는 왜의 성이었다. 임나일본부는 왜인이 한반도 남부에 정착, 거주하며 잠정적인 토착 세력으로 인정받고 신라, 백제, 가야, 왜 등이 자유롭게 교역하던 자유무역항으로 본국의 연락사무소였다고 추측된다. 일본은 왜의 이주 정착민으로 정치적 세력을 형성했던 집단으로 추측해 임나일본부의 기원이지만, 한국은 일본으로 이주했다가 회귀한 반도인이라고 주장한다. 나주 반남면 지역에 해자(垓字)로 연결된 13기 전방후원분은 1980년까지만 해도 일본 고유 묘제로 인정했지만, 현재는 양자강 문화의 영향을 받은 복합묘제로 받아들인다. 문화는 항상 높은 곳에서 낮은 곳으로 흐르는 물과 같다. 지리적으로 봐도 왜의 문화가 한반도를 걸치지 않고 어떻게 일본에 전파되었겠는가?

(28) 함안 도항리 발굴된 5-6C 가야 찰마갑(馬甲)은 길이 226-230cm, 너비 43-48cm로 보호 부위에 따라 비늘의 크기가 다른 450여 개를 연결한 가장 완벽한 상태로 발굴되어 보물로 지정되었다. 말머리를 가리는 투구, 목, 가슴을 가리는 경흉갑(頸胸甲), 몸을 가리는 신갑(身甲) 등 가야의 철 조련 기술, 공예기법, 조형감각 등을 보여준다.

(29) 1969년 카자흐스탄 이식(ISSYK) 쿠르칸 고분군(kurkan, 터키어로 큰 언덕)

에서 머리에서 발끝까지 황금으로 장식한 스키타이 황금 인간이 출토되었다. BC 8C-3C 중앙아시아에 번성했던 터키, 이란 계통 훈족 유목민 것으로 추정되는 황금 인간은 새털로 장식된 하늘과 연결을 상징하는 끝이 뾰족한 60-70cm 원추형 고깔 관모를 착용하고 새, 말, 표범, 그리핀, 호랑이 등을 장식했다. 기마민족 문화와 그리스, 로마, 아랍문화가 어우러진 유물이다. 카자흐스탄에서 경주까지 5,000km 훈족의 황금 길이었다.

(30) 1921년 일제가 졸속으로 발굴한 금관총에서 여성용 팔찌와 굵은 태환이식(太鐶耳飾) 귀걸이가 발굴되어 여성 무덤이라는 것이 일반적이다. 남성이 착용하는 세형(細形) 귀걸이와 환두대도가 허리 부위가 아닌 목관 위쪽에서 따로 발견되었다. 2014년 금관총에서 나온 토기와 환두대도에서 이사지 왕이라는 명칭이 확인되어 무덤 주인이 남자라는 의견이 대두되고 되고 있다. 智는 남성 왕족, 귀족에 붙인 존칭 어미로 왕족, 성골 귀족까지 왕으로 불려 진짜 왕인지, 왕족? 여자인지 남자인지? 확실하지 않다. 김춘추의 아버지 김용춘도 탁문흥갈문왕(卓文興葛文王), 진평왕의 동생도 국반 갈문왕(國飯葛文王)으로 기록되어 있다. 금제 장신구 등 유물들이 많고 무기류가 상대적으로 적은 것으로 보아 이 시기부터 신라가 정치, 사회적으로 안정기로 들어가고 있음을 반영하는 증거라고 한다. 2019년부터 다시 발굴하고 있다.

(31) 독널(옹관묘)무덤은 한중일뿐 아니라 여러 문화권에서 보인다. 4-5C 영산강 유역에 시신을 옹관묘에 넣고 높은 무덤을 조성하는 것이 유행했고 작은 옹관묘는 화장하고 남은 재나 뼈만 모아 넣은 것으로 보인다. 지석묘를 사용한 집단은 옹관묘 집단에게 멸망 당하고 옹관묘 집단 역시 5C 중반 고대국가 성립 이전에 사라지며 6C 백제 석실분이 나타난다. 6C 중엽 신라인들이 석실묘를 쓰기 시작하던 때 만들어진 보문동 합장분에서 적석목곽묘와 석실묘가 하나씩 1915년 7월 발굴되었다. 네 벽을 돌로 차곡차곡 쌓고 돌 표면에 회를 바른 석실분은 5C 가야에서도 유행했고 6C부터 한쪽 벽을 뜯고 추가매장을 할 수 있는 횡구식 석실묘가 조성됐다.

지하에 구덩이를 파고 직접 시신을 묻는 토광묘(土壙墓, 움무덤), 지하에 토광을 파고 매장하는 수혈식고분(竪穴式古墳, 구덩식 고분), 방 모양 무덤을 축조하고 매장을 한 다음 입구를 폐쇄한 횡구식(橫口式) 무덤, 연도(軟道, 고분입구에서 시신이 안치된 무덤방까지 이르는 복도), 입구를 만든 뒤 봉토를 씌운 횡혈식 무덤이다. 횡혈식, 횡구식은 동굴형식의 무덤에 주검을 넣어 매장하며 추가매장이 가능하다. 시신을 보호하는 관이 돌이면 석관묘(石棺墓), 구덩이를 파고 나무면 목관묘(木棺墓)다. 토광목관묘-4C 초, 토광목곽묘-5C 돌무지 덧널무덤(적석 목곽묘)-6C 돌무지 덧널 무덤(적석목곽분)-법흥왕이 최초 횡혈식 석실분(굴식 돌방 무덤)이다.

(32) 인류 최초 신은 영원한 생명의 상징인 태양과 달이었다. 해를 섬긴 이집트도 동쪽은 산자의 땅으로 왕궁을 해가 뜨는 방향에 지었고 서쪽은 죽은 자의 땅(NECROPOLIS)으로 왕들의 무덤이 있다. 이를 모방한 그리스였다. 북방 민족 사미족, 네네츠족은 사냥한 동물의 머리를 동향하며 재생을 기원한다. 유대교는 시신 머리를 남쪽, 기독교는 예루살렘을 향하고 이슬람은 봉분이나 묘지를 만들지 않고 메카를 향한다. 기독교는 성인의 유골, 유해 위에 베드로(로마) 성당, 성 마르코(베네치아) 성당, 프란체스코(아시시) 성당을 세우고 도시의 수호신으로 삼았다.

(33) 금관 6점은 천마총(국보 제188호) 서봉총(보물 제339호), 금관총(국보 87호), 금령총(보물 제383호), 황남대총(국보 제191호), 교동 금관에서 출토됐다. 가장 작은 교동 금관은 어린 왕자의 것으로 추정된다. 가야 금관은 고령에서 원시 가야시대 4단 출자 입식이 달린 금동관(국보 138)이 발굴되었다. 신라 금관과 달리 풀, 꽃무늬가 아름답게 장식된 수지형(樹脂形) 금관이며 내, 외관으로 구성되었다. 가야 금관은 2개로 1개는 도쿄 국립박물관에 있다.

(34) 법흥왕은 정체성을 규합하고 지배력을 강화할 방법으로 이차돈을 끌어들이며 불교를 공인하고 최초 사찰 흥륜사(544년)를 건립했다. 불교를 통해 강력한 문화적, 사상적 통합을 이루고 왕이란 칭호를 쓰기 시작하며 강력한 중앙 집권을 구축했다. 고구려 소수림왕도 불교를 공인하며 국내성에서 율령을 반포했고 백제 역시 성왕, 위덕왕, 법왕 모두 불교에서 따온 칭호로 불교를 통해 강력한 왕권을 강화했다. 인도 아쇼카 왕은 불교, 로마 콘스탄티누스 황제도 기독교를 공인하고 국가철학으로 자리 잡고 국가안정을 이루었다.

(35) 부여의 곰 토템은 고구려를 거쳐 백제로 계승되었다. 몽촌토성 주변 옛 이름도 곰말, 곰 마을이었고 수도는 웅진(熊津, 공주)이었다. 아이누족, 동이족, 동북아 기마 민족에게 곰은 숲속에 사는 사람이라는 뜻으로 힘과 용기, 숭배의 대상이었고 이들은 모두 곰의 토템을 가지고 있었다. 기

독교 문화가 전파되며 곰은 게르만, 야만인, 이교도의 상징으로 배척의 대상이 되며 사자가 대신했다. 828년 베네치아 상인들이 알렉산드리아의 교회에 안치되어 있던 산마르코의 유해와 그의 수호신, 사자상을 베네치아 마르코 광장으로 옮겨지고 베네치아 수호신이 됐다. 이후 황금사자가 등장하고 베네치아의 화폐, 공식 문서, 인장, 방패, 깃발, 다양한 장식물 등에 공식 상징물로 사용되었다 십자군 전쟁을 이끈 사자 왕 리처드가 방패에 새기며 전 유럽으로 확산하였다.

(36) 천마도는 고구려 무용총 수렵도와 유사하다. 천마도는 왜 신라에서는 잘 자라지 않고 북위 40도 이상 만주와 시베리아 일대에서 잘 자라는 흰 자작나무로 만들었으며 왕관의 신목 또한 자작나무인가? 일본은 신라를 하얀 나무를 뜻하는 시라기(白木)라 불렀다. 일본서기에 신라는 사로(斯盧), 사라(斯羅)로 불리며 흰 백(白)을 상징했고 백제는 모모, 가야는 가루, 갈, 가루, 가라 한자로 가류(珂瑠), 경(輕), 고구려는 고마, 구마로 불렀다. 크고 곧게 자라는 숲의 혼, 귀족 자작나무는 시베리아 전 지역에서 끝없이 펼쳐지고 북방 민족과 신라인에게 신성함을 상징하는 성스러운 순백의 정령으로 신과 통교하는 샤먼의 나무였다. 신목은 지혜의 나무로 권력을 상징해 신라왕의 애마는 백화 나무(거제수나무, 사스레나무)로 치장했다. 백화(白樺)는 오늘날 자작나무를 뜻하지만, 옛날은 흰 나무의 총칭이었다. 개마고원 일대(북위 42도)는 빽빽한 자작나무숲이다. 거친 말 위에 앉아 만주벌판을 호령하는 우리 선조를 연상시키는 자작나무다. 자작나무 껍질을 얇게 벗겨 종이로 쓰기도 했다. X ray 조사에 의해 말머리에 뿔이 보여 기린(麒麟)이라는 주장도 있지만, 전체적으로 고구려 덕흥리 무덤 벽화 천마와 흡사하고 건국 설화의 말이 등장하며 왕 제사 때 백마를 순장한 점 등으로 보아 말이라는 견해가 지배적이다.

(37) 유리는 BC 4천 년 전 메소포타미아에서 등장하며 BC 2300년경 이라크에서 유리 덩어리, 구슬이 발굴됐다. BC 1C 로마 대롱 불기법으로 획기적으로 발전하며 다양한 형태의 용기가 대량 생산됐다. AD 4C까지 로마제국에서 만든 유리를 로만 글라스라 한다. 주로 5-6C 신라 고분에서 출토된 유리 대부분은 문양, 기법으로 보아 로만글라스 계통이나 6-7C 페르시아제품으로 추정된다. 당시 페르시아-신라는 글라스 로드였다.

(38) 연주문은 유리뿐 아니라 기와 당초문, 토기나 자기의 테두리에 띠 모양으로 구슬 무늬를 배열한 문양을 말한다. 통일신라의 불교 공예품, 불

상, 도자기, 수막새 등 장식 문양에 등장한다. BC 550-330년 조로아스터교의 영광과 위엄을 상징해 왕관, 의복의 장신구로 애용된 진주를 형상화한 것으로 인도 간다라 유물, 산치 스투파, 아잔타 석굴에서 확인된다. 사산조 페르시아에서 금속공예품, 건축, 직물의 장식에 크게 유행한다. 부여 외리사지 와당 연주문(連珠文), 미륵사지 사리함에서도 볼 수 있다.

(39) 삼국시대 고분에서도 출토되는 젓가락은 5C 경에 전해졌다고 추측된다. 조선 전기까지 상류층 무덤에서 망자를 위한 숟가락, 젓가락, 사발 등 식기가 발굴된다. 시흥 호암산(315m) 정상 한 우물에서 글귀가 조각된 청동 숟가락이 발견됐다. 유럽에서 15C 처음으로 포크가 흑해로부터 비잔티움, 로마, 16C 프랑스로 소개되었고 나이프, 포크, 스푼 한 세트가 식탁에 오르기 시작한 것은 18C다.

(40) 먼 길을 떠나는 사람에게 길을 알려주고 농부에게는 씨앗 뿌리는 계절, 천지 운행을 알려주는 거대한 시계, 별과 별자리다. 인간의 명운은 하늘의 뜻이라 믿어 하늘, 해와 달을 관측했고 음양오행과 서양 점성술 모두 별에서 읽어내고 천문지리는 국가경영의 기본이었다. 유성과 별이 떨어지는 등 하늘에 중대한 변화가 발생했을 때 인간은 신을 찾았고 별똥별을 바라보며 소원을 빌고 운명을 점치고 자연재해, 질병은 하늘의 계시, 심판, 신의 징벌로 여기며 하늘에 희생물을 바치고 기원했다. 왕의 권력이 하늘에서 비롯된다고 여겼던 유교는 천문학을 제왕의 학문이라 여겨 曆法은 왕권 국가의 상징으로 새로운 왕조는 역법을 바꾸며 하늘에 따랐음을 나타냈다. 이성계도 새 왕조의 정당성과 하늘의 뜻이 담긴 역법과 천문지도, <천상열차분야지도>와 <혼일강리역대국도(混一疆理歷代國都地圖)>를 제작하며 통치의 기반을 다졌다. 1402년 태종 2년 권근이 주도해 중국 이택민(李澤民)의 성교광피도(聖教廣被圖), 청준(淸濬)의 혼일강리도(混一疆理圖)와 일본 지도를 기초로 1402년 이회가 제작한 혼일강리역대국도다. 조선을 중국 삼분의 일로 상대적으로 크게 그리며 조선의 주체성과 조선시대 세계관을 잘 나타내는 가장 오래된 세계 지도다. 천상열차분야지도는 하늘의 모양을 일정한 순서에 따라 늘어놓은 천문도로 1,464개 별, 300개 별자리를 밝기에 따라 다른 크기로 새기며 해와 달의 움직임, 절기의 변화를 읽을 수 있다.

제10편 한국전(1,129일)

(1) 1943년 이태리는 항복했고 독일과 일본은 패퇴를 거듭하며 전쟁의 승리가 가시화되던 때 전장에서 가까운 카이로는 승리를 상징적으로 보여주며 회담 장소로 선택됐다. 철저히 자국 이익을 우선시하는 연합국은 전후 세계질서 재편에 대한 속셈이 확연히 달랐다. 국공 문제와 대일전에 헤어나지 못하던 장개석조차 한반도에 욕심을 버리지 못했다. 장개석를 같은 동급으로 인정하지 않아 카이로 회담에 불참한 스탈린이며 대일전에 꼭 필요한 장개석을 초청한 루스벨트다. 스탈린은 루스벨트의 건강이 좋지 않다는 것을 알고, 크림반도 구석진 얄타로 유인한다. 유럽과 아시아에서 두 개의 전쟁을 치르던 미국은 피로했고 대일전쟁에 러시아 참전이 무엇보다 절실한 루스벨트는 병약한 몸으로 얄타까지 간다. 스탈린은 처칠을 무시했고 장개석을 배제한 채 얄타회담을 주도했다. 루스벨트는 독일 항복 후 2, 3개월 이내에 대일전 참전을 합의했으나 이를 미끼로 한반도 분할, 요령성 공업단지 대련(大連)과 여순항(旅順港) 및 러일전쟁에서 잃은 영토를 반환, 외몽골의 독립을 인정하고 독일의 분할 통치, 동유럽의 지배권까지 합의했다. 얻을 것을 다 챙긴 스탈린은 뒤돌아보지 않고 얄타를 떠났다. 강대국 지도자의 깊은 성찰 없이 즉흥적인 판단, 감정에 의해 세계와 우리의 운명이 너무 쉽게 결정되었다. 얄타 회담의 결과로 공산주의가 전 세계에 확산했고, 동서 냉전의 서막이 열리며 얄타 회담은 실패한 외교의 전형이 되었다. 루스벨트는 죄책감에 시달리다 1945년 4월 12일 회담 두 달 후 심장마비로 조지아州 웜 스프링스에서 사망했다.

(2) 루스벨트의 특별보좌관 해리 홉킨스가 작성한 한국 독립에 관한 내용이 담긴 선언이었다. 초안은 at the earliest possible moment이었지만 처칠이 고친 in due course였다. 아직도 애매한 이 문구가 여러 가지 해석과 문제를 낳고 있다. 미 국무부의 관련 기록(FRUS·1960년대 비밀 해제)과 루스벨트 보고서는 장개석이 만주와 한국 점령의 야심이 있는 것은 의심할 여지가 없다고 기록했다.

(3) 1932년 3월, 일제의 만주국 설립 후 소련과 몽골은 만주국을 인정하지 않고 淸 때 국경선을 고수한 스탈린은 관동군과 크고 작은 충돌이 그치지 않았다. 1939년 5월, 제23사단장 고마쓰하라 미치타로(小松原道太

郎) 중장은 몽골 병사가 국경을 침범했다며 몽골을 공격하며 노몬한 전투기 시작된다. 스탈린은 주코프[28]장군과 대규모 병력을 보내 관동군 2만을 전멸시키고 1939년 10월 4일 일본은 소련을 침공하자 10월 정전협정을 체결했지만,,스탈린은 시베리아 병력을 유럽 전선으로 이동하는 것을 주저한다. 한편 일본은 1941년 9월 6일 일왕 주재 어전회의에서 동남아시아침공으로 정해졌다. 한편 소련 스파이 리하르트 조르게는 일본이 만주를 침공하지 않을 것이라는 극비 보고서를 보냈다. 스탈린은 시베리아 전 사단과 비전투요원 등 백만을 신속히 이동시켜 모스크바 방어전에 투입하며 유럽전쟁에 전력투구했다.

(4) 러시아는 1905년 러일전쟁의 복수를 원했다. 당시 볼세비키 혁명으로 전쟁 수행이 더 이상 불가했지만 어쨌든, 러시아인에게는 큰 치욕이었다. 1945년 8월 9일 소련군이 남사할린을 침공하고 쿠릴 열도 전체를 점령했지만, 스탈린은 홋카이도까지 요구했다. 쿠릴열도는 러시아 캄차카반도에서 홋카이도까지 1,300km에 걸쳐 이어진 56개 섬이다. 1875년 상트페테르부르크 조약에서 일본이 사할린을 포기하는 대가로 러시아가 쿠릴열도를 차지했고 일본이 1905년 러일전쟁 승리로 사할린까지 점유했다. 에토로후, 구나시리, 하보마이, 시코탄 등 북방 4개 섬을 둘러싼 러일 분쟁이다.

(5) 1910-20년대 애국지사들이 연해주, 만주로 독립운동의 길을 떠났다. 1920년대까지도 독자적인 독립운동을 했으나 중공의 지원을 받고 의존하게 되며, 중국인과 연합 전선을 형성한 부대를 동북항일연군이라 한다. 김구는 공식적으로 장개석에게 망명정부로 인정받고 독립적인 광복군을 주장하지만, 장개석의 한반도 욕심으로 광복군을 국민당군 휘하에 예속시켰다. 이에 김구는 장개석의 방해에도 불구하고 1940년 9월 17일 충칭에서 이청천(지청천)을 광복군 사령관으로 하는 광복군사령부 창립대회를 열었다.

(6) 김구는 이승만의 자유 반공, 반탁을 협력해 단독정부를 지지했지만 1947년 12월 말부터 갈라서기 시작한다. 임정부터 지긋지긋한 공산주의와 아무것도 함께 할 수 없다던 백범은 이승만의 단독정부 수립을 막으

28) 주코프 장군은 이 전투 후 최고 전략가 장군으로 부상하며 스탈린그라드 전투를 승리로 이끌었다.

려 1948년 4월 19일 평양에 가 26일 김일성, 김두봉 김구, 김규식이 연립 정부를 협상했지만, 김일성의 술수에 말려들며 실패했다. 김일성에게 김구를 포섭하라는 스탈린의 지시를 담은 러시아 문서가 1994년 공개되었다. 5월 돌아온 백범은 주한 미군 철수와 자주적 통일을 외치며 미국과 소련 군대가 철군해도 전쟁은 결코 없을 것이라고 장담했다. 김구는 김일성에게, 김대중은 김정일에게, 문재인은 김정은에게 속은 것인가? 1919년 4월 11일 수립한 임정은 공산주의자. 사회주의자, 무정부주의자. 아나키스트, 혁명 투사, 민족주의자 등 각계각층의 인물이 뒤섞인 사랑방으로 각 계파끼리 파벌경쟁이 심했다. 영웅도 탈도 많은 임정은 이승만을 지지하는 민주주의 세력과 이동휘를 지지하는 사회, 공산주의 세력으로 갈라지며 많은 자유주의자, 민족주의자들은 임정을 떠났다. 여운형은 밤낮 앉아서 파벌 싸움이나 하는 무능한 사람들이 모인 단체라 비방했고 박헌영은 망명자 클럽이라며 폄하했다.

(7) 조선의용군은 중공군과 함께 대일전에 참가한 부대를 말한다. 1930년대 延安 대장정부터 조선인은 소규모로 장정에 참여했고 1941년 모택동은 조선의용대를 팔로군 정규 부대로 편성해 국공내전에 적극적으로 활용했다. 대일전 때 조선의용군은 수만 명으로 늘어났다.

무정(1905-1965, 함북 경성)은 중국 하북성 군관학교 포병과를 졸업하고 1924년 중국 공산당 입당해 모택동 대장정에 홍군 포병장교로 참여했고 포병연대장을 거쳐 팔로군 포병 사령관까지 지낸 최고위급 장교였다. 1944년 조선의용군 총사령관이 된다. 1945년 8월 11일 조선을 해방시키라는 모택동의 명령에 따라 11월 의용군 1,000여 명이 선양에 집결해 입북을 시도했으나 소련군은 소수 간부만이 입국시켰다. 무정은 같은 해 10월 8일 북조선 분국 대회에서 제2 비서가 된다.

방호산(1916-1959)은 1932년 만주에서 동북항일연군으로 참가하며 중국 공산당에 입당했다. 1938년 延安의 항일 군정 대학에 입학해 1948년 팔로군 제2 야전군 166사단장으로 심양 전투에서 국민당군 1개 사단을 섬멸하는 등 전과를 올려 조선의 임표라 불렸다. 김일성이 모택동에게 가장 먼저 요청한 방호선의 166사단은 1949년 7월 초 북한으로 들어와 6사단으로 재편된 최정예 사단이었다. 인천상륙작전 이후 대부분 북한군이 와해되어 무질서하게 도망가기 바빴지만, 마산 전투에서 궤멸 수준의 타격을 입은 방호산은 8천 패잔병과 남한 자생 빨치산과 대오를 유지하면서 퇴각했다고 한다. 6사단은 1950년 10월 말 5군단으로 재편성하며 강원도 현리에서 국군 제3군단을 격퇴하고 가평 전투에서 큰 전과를 거뒀고 제5차 공세에 영국군 2개 여단을 격퇴시키고 유엔군에게 포위당한 중공군 9병단 28군과 29군을 도와 팽덕회를 구했다. 그 외에도 2군단장, 김웅 1군단장이 작전을 지휘한 4사단 이권무, 5사단 김창덕, 7사단장 전우, 10사단장 이방남, 12사단장 최인, 김광협 등 사령관, 인민군 장교 태반이 팔로군 출신이었다. 그러나 이들은 단지 남침을 위한 일회용 소모품이었다. 군사 종합 대학 초대 총장이 되었으나 김일성 격하 사건 후 1959년 숙청당한다.

(8) 1946년 주소련 대사관 정무공사로 근무하며 미소 냉전을 예견한 탁월한 전략가 조지 캐넌은 1947년 6월 먼저 영국, 프랑스, 독일을 재건시킨 뒤 함께 세계를 경영한다는 전략, 마셜 플랜을 기안했다. 1948년 3월-1952년까지 132억$를 유럽에 쏟아부으며 1949년 나토창설 등 2차 대전 후 세계 전략의 기초가 된다. 그는 동북아에서 일본을 부흥시켜 러시아의 팽창을 막는 애치슨라인을 입안했고 한반도 문제에 관여할 필요가 없다고 주장해 한국전의 빌미를 제공했다. 21C에 들어와 북핵 등으로 제2 애치슨라인이 걱정된다. 우리에게 사활적 이해가 걸려 있는 한미 방위조약이며 국제적인 현실적 감각과 통찰력을 갖춘 지도자가 필요한 현실이다. 1971-1972년 주은래와 키신저는 중국과 미국은 한반도에서 배타적으로 이익을 공유하기로 합의했다. 무슨 뜻인가? 2017년 4월 시진핑은 트럼프와 정상회담에서 한국은 중국의 일부였다고 주장하며 중공의 한반도에 대한 인식을 선명하게 보여주었다. 그렇게 따지면 만주는 단군왕검 이래 고구려 땅으로 우리의 일부분이었다. 스탈린이 모택동에게 아시아 코민테른의 맹주 지위를 부여해 한국전에서 위대한 승리를 거두며 세계 평화에 큰 공헌을 했다는 시진핑이다. 중국은 한국전을 북한이 일으켰다고 인정한 적이 있지만, 필요에 따라 그때그때 달라진다. 2018년 핵협상에서 김정은은 시진핑에게 달려갔다. 김정은의 통 큰 꼼수, 트럼프의 쇼에 기만당하지 말아야 한다. 결연한 용기와 힘이 있어야 행운의 여신과 천사도 찾아올 것이다.

(9) 1949년 3월 2일 뉴욕 포스트 1면 머리기사는 극동 방위선에서 한국이 제외되었다고 보도했다. 애치슨(1949-1953)라인 발표 열 달 전이었다. 예일, 하버드대 졸업한 국무장관 애치슨이었지만 아시아, 특히 한국에 대

해 지식도 관심도 없었던 애치슨 국무장관과 미국은 한반도와 대만의 전략적 가치를 무시한 미숙한 결정을 했다. 그때까지만 해도 미국의 태평양 전략은 확고히 수립되지 못했고 스탈린의 핵심적인 극동 전략을 제대로 읽지 못했다. 미국에게 일본은 매우 중요했지만 한반도는 있어도 좋고 잃어도 상관없는 애매한 경계선상의 계륵이었다.

(10) 1920년 8월 레닌(1870-1924)의 도움을 받아 첫 공산주의 상하이 소조(小組)가 발족했고 1923년 1월 레닌은 중국 공산당에 국공합작을 지시했다. 레닌이 죽자 스탈린은 국민당과 중공을 저울질하며 양측을 적절히 길들이기 시작했다. 1927년 4월 장개석이 북벌을 빌미로 공산당원들을 숙청하자 모택동을 염려해 중공을 적극지원한다. 1936년 12월 시안 사변이 발생하자 스탈린은 국공합작을 전폭적으로 지지하며 장개석의 장남(장경국)도 1937년 3월 귀국시켰다. 1937년 7월 장개석이 항일전쟁을 선포하자 모택동의 지원 요청을 거부하고 정부군 장교를 모스크바로 데려와 훈련시키고 1,000여 대 항공기와 조종사들을 파견하며 장개석이 백만 관동군을 중국에 묶어놓기를 바랐다. 일본이 중일전쟁에서 승리하면, 언제라도 소만 국경을 넘어올 것을 잘 아는 스탈린이었다. 독일의 침공이 가장 큰 관심사였던 스탈린은 일본과 정전협정을 체결하고 1941년 4월 일소 불가침 조약을 맺지만 언제 일제에게 뒤통수를 맞을지 모르는 상황이었다. 일본 패망 후 스탈린은 수십만 홍군과 정부군이 만주로 밀려오는 것을 내심 반기며 둘의 전쟁을 즐겼다. 1946년 초여름 미국의 지원을 받은 압도적인 국민당 화력에 홍군은 하얼빈까지 밀리며 궤멸 직전까지 갔다. 스탈린은 장개석과 1946년 4월까지 소련군의 만주 철수를 전격적으로 합의했고 1945년 11월 말부터 철병하며 모든 전쟁물자를 임표에게 인계하며 스탈린의 도움으로 기사회생했다. 1949년 4월 21일 속유(粟裕)의 중공 야전군이 장강을 건너자 모택동에게 장강 이남은 장개석의 것이라며 도강을 강력히 반대했다. 중국 통일을 막는 것에 집착한 스탈린은 중국이 계속 내전 상태에 있기를 바라며 두 개의 중국을 꿈꾸었다. 통일을 방해하고 소련에 대한 위협을 제거하는 전략이었다. 스탈린의 의중을 꿰뚫어 본 모택동은 미소가 양쯔강을 경계로 중공을 양분하려 한다고 확신했다.

(11) 1930년대부터 스탈린은 중공의 공산혁명을 지지하지만, 모택동을 의심하고 농촌 게릴라 투사 정도로 여기며 무시했다. 1930-40년까지 모택동은 소련에 유학한 정통 마르크스-레닌주의에 따르는 볼세비키들과

대장정 중에도 끝없이 권력 투쟁을 벌여야 했다. 장개석에게 집착하는 스탈린의 의중을 꿰뚫어 본 모택동은 마침내 스탈린의 지지를 얻어 정치 투쟁에서 승리할 수 있었고 그에게 스탈린은 거역할 수 없는 큰 선배, 선생이었다. 한국전 파병도 스탈린이 마오쩌둥에게 사실상 명령과 다를 바 없었다. 레닌이 주도해 설립한 국제공산주의 조직, 코민테른은 세계 공산주의 연합으로 본부는 모스크바에 있었고 당시 중공은 국제코민테른의 일개 한 부서에 불과했다. 코민테른은 1943년 5월 해체됐다. 2차 국공합작도 스탈린이 적극적으로 지지했고 해방 후 소련은 모택동의 만주 진입을 저지했지만 1945년 9월 23일 국민당군이 장춘을 점령하자 스탈린은 중공군의 진입을 허락하고 김일성에게 적극적으로 후방 기지, 병참기지로 제공하라고 명령했다. 두 개의 중국은 스탈린의 가장 확실한 전략이었고 그의 전략은 상황에 따라 모택동과 장개석 사이를 오락가락했다.

(12) 인천은 조수 간만의 차가 커 육천분의 일이라는 어려운 작전이었다. 맥아더는 인천은 지형과 자연조건이 불리해 북한군도 대비가 소홀해 기습할 수 있고 서울과 최단 거리로 한 번에 전세를 역전시킬 수 있다며 워싱턴을 설득하며 상륙작전을 감행했다. 1차 대전 터키 갈리폴리 상륙작전 205,000명 사망, 2차 대전 노르망디 상륙작전 8,975명 사망, 인천상륙작전 사망 13명으로 세계 3대 상륙작전으로 불린다.

(13) 1956년 소련 전당대회에서 흐루쇼프(1894-1971)는 스탈린의 범죄와 개인숭배를 비판한다. 북한도 1956년 김일성 격하 운동이 8월 종파 사건으로 발화된다. 김일성은 남로당, 연안파, 갑산파, 소련파, 김두봉, 김원봉, 최창익, 윤공흠, 박창옥, 서휘, 무정, 방호산, 김창만, 윤공흠 등을 종파 세력, 미제 간첩으로 몰아 숙청했다. 延安파 출신 간부들은 중공으로 도망가며 모택동과 김일성의 관계는 냉각됐다. 모택동은 팽덕회를 보내 연안파 출신 간부들의 사면과 귀국을 종용했다. 주은래는 소련으로 기울고 김일성을 방문하며 1958년 10월 26일 44만 중공군은 한반도에서 완전히 철수했다.

(14) 미처 패주하지 못한 북한군은 낙오자가 되어 지리산으로 들어가 기존의 남로당 빨치산 이현상(1905-1953)과 함께 후방 교란작전 등 빨치산 투쟁을 벌여 54년 말까지 잔당 소탕 작전을 지속했다. 1946년 정판사 위조지폐 사건, 1948년 여순 반란 이후 이현상과 좌익들이 지리산으로 숨어들며 빨치산 투쟁을 전개하자 대대적인 섬멸 작전이 벌어졌다. 이현

상은 월북했으나 1948년 다시 남으로 내려와 빨치산 총사령관이 된다. 1951년 6월 공비 수천 명이 지리산으로 숨어들었고 1951년 9월 18일 유엔군은 제10 전투 비행 대장 김영환 대령에게 해인사와 그 주변에 집결한 북한군 낙오병을 폭격하라는 명령을 내렸다. 최범술 주지스님은 HAE IN SA라 쓴 광목으로 구광루 지붕을 덮으며 해인사를 알렸고 차마 폭격하지 못한 김영환 대령은 명령 불복종으로 이등병으로 강등당했다.

(15) 중공군 총지휘관 모택동과 임표(1907. 12. 5 -1971. 9. 13)는 홍콩정보망을 통해 유엔군의 움직임을 훤히 꿰뚫고 있었다. 유엔군의 전략, 진술, 전투정보가 스파이, 신문 방송에 낱낱이 보도되어 스탈린과 북경에 노출되었다. 임표는 북한군의 전선이 길게 늘어져 있어 보급과 병참에 문제가 있다며 만약 인천에 상륙해 한반도 허리를 잘라버리면 남쪽으로 내려간 북한군은 퇴로가 차단된다. 중공군을 파견한다면 38선 부근에서 전쟁을 종결해야 한다고 조언했다. 장개석은 임표를 가장 우수한 군사 전략가라며 극찬을 아끼지 않았지만, 공산당원이었다. 1933년 자기 병력의 2배가 넘는 장개석 정부군 6만을 포로로 잡아 전쟁 귀신이라 불렸고 스탈린조차 전신(戰神)이라 부른 전설적인 인물이다. 국공내전, 대일전에서 창의적인 전술로 신출귀몰한 임표는 전투 중 부상으로 소련에 머물 때 지형, 지세, 강, 하천이 표시된 상세한 지도를 놓고 몇 달을 연구해 1940년 5월 10일 독일의 프랑스 침공로를 정확히 예측해 스탈린을 경악시켰다. 모택동 암살 혐의를 받자 소련으로 탈출하다가 비행기 추락으로 몽골 고비 사막 온도르칸 분지에서 사망했다.

(16) 1910년대 말부터 시작된 만주 군벌 장학량의 엄청난 경제, 군수 교육투자로 자신을 얻은 만주 왕, 군벌 장작림(張作霖, 1875-1928년 6월 3일)은 1922년 동북 3성의 독립을 선포하고 군비 확장 및 동양 최대 동북 병기공장을 설립했다. 철광, 석탄, 목재 등 자원의 보고로 중공업이 발달한 광활한 만주는 대륙에서 떨어져 있어 독립국이나 다름없었다. 만리장성 밖은 중국이라 생각하지 않는 중국인과 19C 중반 이후 중앙정부의 힘이 미치지 못한 회색지대 만주였다. 만주인들은 장개석과 국민당 정부만 알고 모택동을 잘 몰랐다. 만주를 취한 자가 천하를 얻는다는 옛말이 유행해 모택동은 신중국 수도로 하얼빈을 생각할 만큼 만주를 중요시했다. 1932년 8월 18일 일제는 新京을 수도로 만주국을 세우고 중국 본토 침략을 위한 거대한 병참기지로 조성하기 시작했다. 1940년대 중국 공업 생

산량의 85%에 육박해 일제는 만주를 기반으로 중일전쟁과 태평양전쟁을 일으켰다. 1946년 중공 당 서기 고강은 만주를 총괄하며 토지개혁을 이끌고 식량 증산 운동으로 농공업 생산은 비약적으로 증가하는 등 짧은 기간에 탁월한 성과를 거뒀다. 모택동에게 고강은 만주왕, 동북왕(東北王)으로 불리며 유소기, 주은래에 비견되며 2인자로 불리기도 했다. 南北 1,700km, 東西 1,400km, 2021년 인구 1억 960만이다.

(17) UN의 참전 목표는 북한군을 38도선 밖으로 축출하는 것이었다. 한국전에 확고한 목표 없이 참전한 워싱턴은 38선을 넘는 것을 주저했고 이승만, 맥아더의 집요한 요청에 9월 28일 국방장관 마셜(1880-1959)은 38선 이북으로 진입해도 좋다는 명령을 내렸다. 당시 백악관은 한반도에 대한 뚜렷한 전략이 없어 체계적인 전략과 전술을 수립하기 힘들었다. 맥아더 라인(평북 정주-함남 함흥을 잇는 선)을 넘는 것조차도 주저했다. 게다가 워싱턴은 전장의 지휘자를 자르기까지 했다.

(18) 무정은 조선 해방을 목표로 조선에 들어오고 소련군 88여단의 김일성도 한반도로 이동한다. 11월 소련군이 철수하며 만주는 무주공산이 된다. 동북을 장악해야 중국을 차지한다는 것을 잘 알고 있는 장개석의 국민당군과 모택동의 8로군(八路軍)이 밀려들며 만주는 순식간에 전쟁터가 된다. 중공군 지휘부가 북한으로 들어오고 든든한 후방 기지를 제공한 김일성이다. 중공군은 평북 강계, 만포, 초산, 중강진 등 압록강 변 도시에 후방 병참기지를 설치했고 중공군 무기와 수십만 톤 전략물자도 북한 창고에 보관해 필요할 때마다 군대, 무기, 군량미, 의약품, 피복 등을 강 건너 다리쯔, 長白, 安圖로 실어 날랐다. 4년간 팔로군의 병참기지, 군사 훈련소, 군 병원, 피난처로 제공하고 상하이-남포-遼東으로 이어지는 해로를 이용하기도 한다. 팔로군 10만 명이 무장할 수 있는 군수품을 무상으로 지원했고 수만 명 부상병과 가족도 수용했다. 1931년 만주사변 이후 일제는 조선을 병참 기지화해 당시 북한에는 일본군이 놓고 간 무기와 탄약이 창고에 쌓여 있었다. 모택동이 가장 어려웠을 때, 동북 해방에서 헌신적인 김일성의 도움이 없었다면 중국의 공산화는 쉽게 이루어지진 않았을 것이다. 이에 대한 보답으로 한국전 때 모택동의 한국전 참전에 결정적인 대의명분이 되었고 적극 지원한다. 49년 초 모택동이 베이징에 입성하자 김일성도 한반도 통일에 대한 열망, 자신감으로 남침을 굳히고 서둘렀다.

(19) 이승만의 한국군 단독 북진, 미국 내 한국전 반대와 철수 여론에 지친 아이젠아워는 이승만의 휴전 동의를 얻고 한미방위조약(1953. 10. 1)을 체결했다. 한반도의 분단을 막지 못했지만 그나마 미국에게 한국의 전략적 가치를 인식시키며 대한민국의 기초를 다졌다. 한미 방위조약은 오늘은 공산주의자로부터 내일은 일본의 위협으로부터 한국을 지켜줄 것이지만 미국이 언젠가 일본을 위해 한국을 버릴 수도 있는 미국의 동북아 외교 전략을 깨달아야 한다고 했다. 러일전쟁 후 당시 경찰국가인 영국과 긴밀한 관계를 유지하는 데 실패한 일본은 이를 몹시 후회했다고 한다. 2차 대전 이후 국력의 쇠퇴를 직감한 영국 엘리트들도 선조의 나라란 이유로 미국과 특별한 관계를 맺고 국제 사회에서 자신의 명예, 지위를 유지할 수 있었다. 1904년 이승만은 옥에 갇혀서도 러일전쟁과 한일합방을 예고했고 공산주의의 본질을 꿰뚫고 있었다. 1937년 일본의 미국 침공을 예견하며 1941년 여름 JAPAN INSIDE AND OUT(일본내막기)를 출판했고 정확히 4달 후 1941년 12월 진주만을 폭격했다. 일본은 1920년대부터 미국과 전쟁이 불가피하다는 것을 잘 알고 있었다. 1921년 미국 중심으로 국제체제가 확립되면서 1922년 미국은 워싱턴 군축회의 회의를 통해 영일동맹을 폐기시키고 만주와 동북아에서 일본 군사력 확산과 해군함대를 규제했다. 원유 80%를 미국에서 수입하던 일본은 1933년 루스벨트가 원유를 금지(FUEL EMBARGO)하자 이를 빌미로 국제연맹을 탈퇴한다.

(20) 모택동은 팽덕회(彭德懷, 1898. 10. 21.-1971. 11. 29)를 사령관, 등화를 부사령관으로 낙점했다. 성격이 불같이 급한 팽덕회와 김일성의 만남은 험난한 앞날을 예고해 얼굴을 붉히고 싸움까지 하는 일이 종종 있었다. 김일성은 명령체계를 일원화시키기 위해 전쟁 중 베이징을 방문하기도 할 만큼 사이가 좋지 않았다. 중공 건국에 공을 세운 10대 원수 중 朱德에 이어 군 서열 2위 팽덕회는 권력투쟁에 패배해 문혁 때 홍위병에게 죽임을 당한다. 단둥 단교 공원에 조성된 항미원조 기념 조각상은 팽덕회가 압록강을 건너는 장면을 형상화했다.

(21) 식민지 총독, 일본 황제가 되고 싶어 하는 맥아더(1880-1964)라고 할 만큼 사이가 좋지 않은 트루먼(1884-1972)이었다. 1950년 10월 15일 맥아더와 트루먼은 웨이크섬에서 만나지만 경례가 아닌 악수였고 맥아더는 중공군이 참전하자 만주 폭격과 핵폭탄 투하를 주장했다. 1951년 4월 14일 트루먼과 함참 의장 애덤스, J 로턴 콜린스, 브래들리, 마샬 등 군

수뇌부는 결국 맥아더를 해임해 동료 장군들에서 왕따당했다고 생각한 맥아더였다. 맥아더는 필리핀 총독을 지낸 아서 맥아더 2세 중장의 아들이었고 육사를 수석 입학, 졸업했으며 5성 장군이었다.

(22) 1923년 손문(孫文, 1866-1925)의 명령으로 장개석은 소련의 지원을 받아 현대식 군사학교를 설립하기 위해 3개월간 모스크바에 체류했다. 1924년 6월 16일 손문은 황포 군사학교를 건립하고 소련의 군사전략 교수, 고문단, 무기 등을 대거 지원받는다. 스탈린은 이 학교를 중심으로 중국을 좌지우지한다. 손문이 세상을 떠나자 황포는 장개석의 권력의 모태가 됐고 이를 바탕으로 국민 혁명군을 창설하고 북방 군벌과 공산당을 토벌한다. 1927년 4월 황포는 폐교될 때까지 24기, 15,400여 명을 배출했지만, 이들 중 태반이 공산당원이 되며 공산당의 산실이 된다. 국공내전은 이 학교 출신들끼리의 전쟁이었다. 교장 장개석, 모택동은 생도 선발위원, 초대 중공 부주석 이지선(李濟深), 강사 周恩來, 부주석 유소기, 葉劍英, 진갱(陳賡), 대립(戴笠), 호종남(胡宗南), 임표(林彪) 등 중공 현대 역사를 좌지우지한 쟁쟁한 인물들이 있었다. 베트남 국부 호찌민, 조선의 용군도 최용건(崔庸健) 등이 황포 출신이다.

(23) 9병단, 20만과 미군 3만 명이 2주간 벌인 장진호 전투(1950. 11. 27-12. 11)는 스탈린그라드 전투와 더불어 세계 2대 동계전투라 불린다. 장진(長津)을 초신으로 표기한 일본 지도를 소지한 미군으로 이 전투에서 살아서 돌아온 미군이 적어 CHOSIN FEW라 부른다. 중공군은 이 전투에서 48,000여 명이 죽었다고 한다. 버지니아주 콴티코 해병대 박물관에 장진호 전투 기념비가 있다. 미국은 1989년 개발한 첫 이지스 순양함을 초신으로 명명하며 그들의 희생을 기억하고 있다.

(24) 2차 대전의 영웅으로 불침함으로 불리던 일본의 야마토를 전투기 4백대로 공격해 침몰시킨 알레이 버크(1901-1996)는 한국전에 참전하며 함흥 철수 작전을 지휘했다. 10군단 아몬드 장군과 흥남 철수(1950년 12월 12일-24일)가 시작된다. 미군, 한국군 105,000명과 피난민 10만 명을 실어 나른 화물선 메러디스, 빅토리아호와 193척 배. LST 수송선 등으로 부산과 거제도로 탈출했다. 정원 60명 상선 빅토리아호는 피난민 14,000명을 싣고 거제도까지 왔다. 알레이 버크 제독은 미 해군 참모총장에 오르고 미국의 첫 번째 이지스함에 그의 이름이 헌정되었다. 유엔군의 인도주의 정신을 보여준 흥남 철수다.

(25) 포로 송환은 포로의 자유의사를 존중해야 한다는 유엔과 전원소환을 주장한 중공의 대립으로 복잡한 문제가 되며 자유세계 대 공산 세계 경쟁으로 비화되었다. 북한은 한국전쟁 직후 국군 포로가 65,000명이라고 발표했지만 돌아온 국군 포로는 8,343명에 불과했고 유엔군 4천여 명이 자유의 다리를 통해 돌아왔다. 국군 포로로 52년간 억류되어 있다가 15년 전 탈북한 이모씨(90)가 2020년 7월 14일 별세했다. 1994년 조창호 소위 이후 탈북 귀환한 국군포로 80명 중 생존자는 22명만이 남게 됐다. 아직도 국군포로는 혹사당하고 있다. 7,149명 유엔군 포로 중 3천여 명이 죽고 돌아왔다. 1953년 8월 5일-9월 6일 유엔군은 북한군 76,000명, 중공군 7,100명을 송환했고 1954년 1월 3일 7,000명 중공군 포로가 평양에서 단둥으로 출발했다.

(26) 현재 11개국 2,300여 명이 잠든 유엔묘지다. 1952년 한국전 종전을 선거공약으로 내세운 아이젠하워(1953. 2-1961. 2)가 당선되었고 1952년 12월 4일 미 대통령으로 최초 유엔묘지와 서울을 방문했다. 연인원 1,789,000명을 파병한 미국은 147,000명 사상자가 발생했다. 36,574명 전사자, 4,439명이 포로, 3,737명 실종, 103,284명 부상자로 미군이 참전한 현대전 중 피해가 가장 컸다. 영국군 5만 6천(1,078명 전사), 캐나다 25,678명이 참전(516명 전사, 378명 UN 묘지 안장, 캐나다 참전비 홍천군), 터키 14,936 참전 (3,064명 전사 참전비 용인시), 네덜란드 5,322명 참전(참전비 횡성), 태국 참전 6,326명(참전비 포천), 필립핀 참전 7,429명(참전비 고양) 호주 참전 8,407명(참전비 가평), 콜롬비아 참전 5,314명(143명 전사, 참전비 인천시 서구), 그리스 참전 4,992명(187명 전사, 617명 부상), 뉴질랜드 참전 3,794명(참전비 가평), 에티오피아 참전 3,618명(참전비 춘천), 룩셈부르크 참전 83명(참전비 동두천), 남아프리카 공화국 참전 826명(참전비 가평), 프랑스 참전 3,421명(참전비 수원), 벨기에 참전 3,498명(참전비 동두천)에 있다. 의료 지원 6개국, 물자지원 39개국 등 60개국이 도움을 주었다.

(27) 중일전쟁 중 중국인 3,500여만 명이 전사, 부상당했고 2억 명이 고향을 떠나 유랑민이 되었다. 이 모든 것을 감수하면서 미국의 원조를 받으며 관동군 백만을 중국에 붙들어 놓은 장개석이다. 1949년 12월 10일 대만으로 패퇴하면서 미국이 자신을 배신했다고 여겼다. 한국전이 정리되자마자 1954년 9월 중공군은 금문도 포격을 시작했다. 1971년 중공이 유엔에 가입하고 대만이 유엔에서 쫓겨났다.

통계

남·북한 비교(2019년 4월 UN 발표)

	남한	북한
평균 수명	81.3세	69.9세
2016년 GDP	1639조 665억원(1조 5,000$)	36조 373억원(400억$)
무역 총액	9,016억 $	65억 $
GDP 대비 무역의존도	80.85%	52%
GDP 대비 수출	43.1%	-
전기	1억 587만 KW	766만 KW(5%)
탈북자		3만

길이들, 거리들

서울-휴전선 48㎞, 부산-고성 통일전망대 521km(고성-두만강 718km), 부산-신의주 950km(개성-신의주 412km), 판문점-평양 215km., 서울-평양 253km, 서울–원산 224km 온성-부산 1,020km, 온성-제주 1,180km.

- 백령도-장산곶 16km, 백령도-인천(191km 백령도-평양이 더 가깝다.)
- 부산-대마도 49.5km, 대마도-큐슈 111km.
- 동해 평균 수심 1,350m, 해양면적 40만 ㎢다.
- 3,348개 섬 중 유인도 470개, 무인도 2,876개다.

단위 (km)	압록강	두만강	낙동강	한강	섬진강	임진강
	803	550	521	514	225	245

한국

- 한국 100,148.2㎢(총인구 51, 635, 000명), 서울 605㎢(밀도 1㎢당 16,586명)
- 1926년 일제는 여의도(878,800평, 2,9㎢)에 군용비행장을 건설하고 1958년 김포공항으로 이전. 국회 때문에 서강대교는 견자교(犬子橋)라 불린다. 1917년 최초 인도교 한강 인도교 또는 제1한강교라 불린 한강대교, 1936년 광진교, 1965년 제2한강교(양화대교), 1969년 한남대교(제3한강교), 마포대교(1970), 잠실대교(1972), 영동대교(1973), 천호대교(1976), 잠수교(1976), 행주대교(1978), 성수대교(1979), 잠실철교(1979), 성산대교(1980), 원효대교(1981), 반포대교(1982), 당산철교(1983), 동작대교(1984), 동호대교(1984), 올림픽대교(1990), 강동대교(1991), 팔당대교(1995), 김포대교(1997), 서강대교(1999), 방화대교(2000), 신행주대교(2000), 청담대교(2001), 가양대교(2002)가 세워졌다. 28번째, 일산대교(2008), 미사대교(2009), 마곡대교(2010)가 세워지고 31번째, 구리암사대교(2014), 월드컵대교(2021)가 들어섰다. 2021년 한강 본류에 건설된 다리는 32개, 2022년 고덕대교가 세워지기 시작했다. 한강은 만국 다리 박물관이다.
- 1975년 건립된 국회, 2019년 국회의원 세비는 年 7억 3,200만이다.
- 2024년 예산 638조 7,000억, 국방비는 국방비 61조 5,878억, 2023년 병장 월급 67만이다. 보건복지 예산 109조 1,830억(17.1%), 2026년 656조 9,000억 예산안 심사에 돌입한다.
- 2023년 12월 7일 가구 평균 자산 5억 2,727만이다. 65세 이상이 자산 65% 보유했다.
- 2024년 3월 11일 2023년 최저 소득세 6.6%, 2018년 조세 부담율(세금) 20%다.
- 2024년 7월 11일 여성 근로자 천만 명(45.7%)
- 2024년 6월 13일 2023년 체류 외국인은 약 250만으로 전 인구의 4.89%다. 국적 취득자도 185,728명(8.4%)이다.
- 2020년 건강보험료율은 소득 6.67%(본인 부담 3.335%), 소득 8%가 상한으로 직장 건강보험료 평균 110, 510원, 지역 110,876원이다. 3대 사망원인은 암, 심장, 질환, 폐렴이다. 2023년 35만 사망자 중 폐 · 간암 사망률이 최고다.
- 2017년 연금은 식대, 차량비(10-20%)를 뺀 순수 소득(80-90%)에서

9%(사용자 4.5%, 노동자 4.5%, 月 평균 연금액이 577,976원(2022년 기준)이다. 공무원 정년 60세, 56세부터 연금 지급한다.

- 2026년 최저임금 시급 10,350원이다.
- 2025년 65세 이상 20.3%로 초고령사회다. 2023년 3월 화장률은 92.1%다.
- 2023년 9월, 초혼 연령 男 33.7세, 女 31.3세다.
- 2020년 골프장 개수는 450개다.
- 2020년 차량 수 2,430만 대로, 2.1명당 1대다.
- 2004년 주 5일제 근무 시작, 평균 휴가 6일, 연차 휴가일은 8.6일, 평균 총 15.1일, 법정 공휴일 한국 15일이다.
- 2020년 6개 광역시, 8개도(제주 자치 시), 141개 시, 81개 군)이다.
- 2004년 4월 완공한 21조 원 고속철이다
- 2023년 가톨릭 7.9%(4,89만), 기독교 19.7%(9,67만 6,000, 150종파, 교회 95,596개). 감리교 6,500개(19.7%), 장로교(2019년 70%), 침례교가 대부분이다. 불교 15.5%(7,619,000), 무종교 2,749만 9,000명(56.1%) 1976년 5월 21일 용산 이슬람 사원이 개원한 이후 무슬림 사원은 총 11개다. 한국인 35.000명, 외국인 10만 등 2022년 기준 무슬림은 16만 명. 2020년 여의도 순복음 교회는 신도 수가 72만 명이다. 2022년 12월 31일 기준 사찰 수는 130여 개다.
- 2024년 14개 유네스코 문화유산, 기록 문화유산 16개, 장 담그기(2024년)까지 인류무형문화유산은 23건이다.
- 2025년 6월 반구대 암각화가 유네스코 세계문화유산 17번째다.
- 1946년 미군정청이 치산 10개년 계획, 1946년 4월 5일 식목일 지정. 2020년 목재 수입은 83%(46억$, 자급률 16%)다. 스위스, 네팔과 같이 전국토 78%가 산지다. 한반도 나무 1,000종, 우리나라 야생초 4천, 자연 야생동물 267종이다.
- 2020년 2,085만 가구 중 51.1%가 아파트(1,001만) 거주, 연립주택 175만(48%), 한옥 3%. 2008년 주택 보급률 100%, 2013년 103%이다.
- 年 강수량 1,277㎜, 2015년 전국 저수지 17,477개(29억 톤)다.
- 1962년 5개년 경제 계획이 시작, 1972년 새마을운동이다. 1971년 다수확 통일벼가 탄생, 1976년 쌀 자급자족한다. 2022년 쌀 생산량은 3,764,000톤, 2024년 1인당 55.8kg 쌀을 소비한다.

- 2018년 옥수수 9백만(98%), 밀 370만(자급률 1.1%), 콩 150만 톤(자급률 23.7%) 등 2020년 사료 포함 전체 곡물 수요량은 2,383만 t 중 72%인 1,717만 t(20조 33%가 사료)을 수입해 세계에서 7번째 식량 수입국이다.
- 2025년 1월 19일 2024년 소고기 수입량은 461,027톤(39억 5,069만$) 중 57%(22억 4,288만$)가 미국산, 최대 수출국이다. 2025년 3월 13일 중일, 대만은 미국 소고기의 안전성과 품질을 인정해 30개월 월령 제한을 없앴다며 한국과 협의를 통해 이를 없애야 한다고 주장. 트럼프는 소고기 등 농축산물 관련 수입 압박이 커질 수 있다.
- 돼지고기 563,210톤 수입 중 미국 돼지고기가 195,610톤(34.7%, 2024년 수출국 3위). 2위 스페인의 두 배다.
- 2019년 고기 소비 53.9kg,(年 8백만 마리 소비. 자급률 43.8%) 2017년 6월 한우 소비량 2,65만 4,883마리,
- 2019년 우유 1인당 소비 82.2kg이다.
- 2025년 1월 30일, 2024년 생두, 원두, 커피 농축물, 인스턴트커피 등을 포함한 커피 수입은 13억 7,846만 $(215,838톤), 국내에서 1인당 年 소비는 2023년 405잔, 일본(281컵), 2위 싱가포르(290컵), 세계 1인당 소비량(152잔)의 2.7배. 2024년 말 한국의 스타벅스는 2,009개(매출 3조 1,001). 일본 1,991개다, 국내 커피전문점 개수는 2022년 말 기준 100,729개다.